Richard Ehrenberg

Die Geschichte der Brüder Siemens und ihrer Unternehmen bis 1870

Ehrenberg, Richard

Die Geschichte der Brüder Siemens und ihrer Unternehmen bis 1870

ISBN: 978-3-86741-628-3
Auflage: 1
Erscheinungsjahr: 2011
Erscheinungsort: Bremen, Deutschland

© Europäischer Hochschulverlag GmbH & Co KG, Fahrenheitstr. 1, 28359 Bremen

www.eh-verlag.de

Bei diesem Titel handelt es sich um den Nachdruck eines historischen, lange vergriffenen Buches aus dem Verlag G. Fischer, Jena (1906). Da elektronische Druckvorlagen für diese Titel nicht existieren, musste auf alte Vorlagen zurückgegriffen werden. Hieraus zwangsläufig resultierende Qualitätsverluste bitten wir zu entschuldigen.

Die Unternehmungen
der
Brüder Siemens.

Von

Richard Ehrenberg.

Erster Band.
Bis zum Jahre 1870.

Mit 7 Abbildungen.

Vorwort.

Dieses Buch soll keine Lebensbeschreibung von Menschen bringen, sondern eine Lebensbeschreibung wirtschaftlicher Unternehmungen. Auf Grund zuverlässiger Materialien soll genau ermittelt werden, wie Unternehmungen entstehen und sich entwickeln. Warum wir dies wissen müssen, habe ich in meinem „Thünen-Archive" gesagt; dort habe ich auch bereits durch Einzelstudien erwiesen, welche Ergebnisse sich auf solche Weise für die Sozialwissenschaften gewinnen lassen. Jetzt gilt es, für derartige Untersuchungen geordnete Materialsammlungen zu schaffen. Zu zeigen, wie das geschehen kann, ist die Hauptaufgabe dieses Buches. Sein Inhalt soll, zusammen mit anderen Materialien ähnlicher Art, im „Thünen-Archiv" allmählich in Wissenschaft verwandelt werden.

Für solchen Zweck hat noch nie ein Material zur Verfügung gestanden, wie es hier geboten wird. Es ist der vertrauliche Briefwechsel Werners von Siemens mit seinen Brüdern über ihre gemeinsamen Unternehmungen. Die Bedeutung dieses Briefwechsels liegt zunächst in den Personen der Brüder Siemens und sodann in seinem vertraulichen Charakter.

Werner Siemens ist in seiner Sphäre ebenso vorbildlich für das deutsche Volk, wie Bismarck in der seinigen: er besaß in höchster Vollendung Kräfte, denen die Deutschen ihre besten Erfolge verdanken, und die sie weiter pflegen müssen, wenn sie im Daseinskampfe bestehen sollen. Seine Brüder und sein Freund Halske waren von ihm durchaus verschieden; aber auch sie waren typische Persönlichkeiten. Daß so verschiedene Typen von Unternehmern bei denselben Unternehmungen zusammenwirkten, wird es ermöglichen, ihre Bedeutung vergleichend zu studieren.

Die vertrauliche Natur des Briefwechsels ermöglicht es uns ferner, sehr tief in das Wesen, in den Geist der Unternehmungen einzudringen, auf die er sich bezieht. Es kommt schon nicht allzu häufig vor, daß die Leiter großer Geschäfte durch örtliche Trennung und durch die Natur ihrer Unternehmungen gezwungen werden, über ihre wichtigsten geschäftlichen Interessen Jahrzehnte lang unausgesetzt miteinander zu korrespondieren. Und noch seltener kommt es vor, daß solche Unternehmer Neigung, Fähigkeit und Zeit besitzen, sich über ihre geheimsten geschäftlichen Gedanken schriftlich so eingehend und bedeutsam zu äußern, wie es namentlich Werner und dann auch Karl Siemens getan haben. Ihre Briefe, deren sie einander meist wöchentlich mehrere schrieben, sind Muster an Klarheit und Gründlichkeit.

Diesem Material ist hier nur das entnommen, was bedeutsam ist für die geschäftlichen Unternehmungen der Brüder Siemens. Nur insoweit wurden auch persönliche Empfindungen und Erlebnisse der Brüder in den Kreis der Beobachtung einbezogen. Im übrigen blieben sie ein noli me tangere. Auch der naturwissenschaftlich-technische Inhalt der Korrespondenz mußte hier größtenteils unbenutzt bleiben, schon weil ich auf diesem Gebiete nicht heimisch bin; nur soweit, wie es zum Verständnis der geschäftlichen Tatsachen unerläßlich war, mußte darauf eingegangen werden.

Die herrlichen „Lebenserinnerungen" Werners von Siemens habe ich natürlich unausgesetzt zu Rate gezogen. Aber ihr Zweck, ihr ganzes Wesen ist weit von dem dieses Buches verschieden. Sie wollten nur die Hauptmomente im Dasein der Brüder Siemens festhalten und geben uns auch von ihren Unternehmungen nur leichte Umrisse. Der hier benutzte Briefwechsel führt uns dagegen unmittelbar hinein in die Werkstatt, in die ganze Fülle der täglichen Arbeit. Ferner geben die „Lebenserinnerungen" nur die Auffassung ihres Verfassers wieder und zwar nur die Auffassung, die am Schlusse seines tatenreichen Lebens als dessen Extrakt bei ihm übrig geblieben war. Sie weicht oft ab von dem Bilde, das sich aus dem Briefwechsel ergibt; und letzteres ist, wenngleich durch die Absichten der Briefschreiber gefärbt, doch das richtigere; denn es setzt sich zusammen sowohl aus den verschiedenen Auffassungen der einzelnen Brüder, wie auch aus vielen unmittelbar aufeinander folgenden Augenblicksbildern. Endlich und vor allem besitzen wir noch ein unschätzbares Mittel, um dieses Bild zu ergänzen: den größten Teil der Geschäftsabschlüsse der Siemens-Firmen.

Im übrigen sind, wenigstens für die im ersten Bande behandelte Zeit, eigentliche geschäftliche Materialien nicht erhalten geblieben, und damit würde dem ganzen Material das feste Knochengerüst fehlen; aber wenigstens das Rückgrat ist da, eben die Geschäftsabschlüsse. Sie sind für den ersten Band im letzten Kapitel des dritten Abschnittes verarbeitet worden, und erst aus einer Vergleichung dieses Materials mit dem Inhalte des Briefwechsels wird sich ein richtiges Gesamtbild gewinnen lassen.

Unser Bild enthält, wie schon erwähnt, im wesentlichen nur die wirtschaftliche Tätigkeit der Brüder Siemens, die in den „Lebenserinnerungen" umgekehrt zu schwach hervortritt, weil Werner Siemens namentlich sich selbst nicht in erster Linie und nicht gern als Geschäftsmann betrachtete. Besonders charakteristisch dafür ist jene Stelle seiner „Lebenserinnerungen" (S. 276 ff.), wo er über die ihm drohende Verleihung des Kommerzienrat-Titels berichtet, die er ablehnte, „weil er sich mehr als Gelehrten und Techniker, wie als Kaufmann betrachtete". Aber diese sehr berechtigte Auffassung kann doch die Tatsache nicht aus der Welt schaffen, daß Werner Siemens auch ein großer Geschäftsmann war, dessen Eigenart eben in der Personalunion mit dem Gelehrten und Techniker bestand; und grade sie ist es, die sich an der Hand unseres Materials, wenn man es zusammenhält mit den „Lebenserinnerungen", sowie mit den „Wissenschaftlichen und technischen Arbeiten von Werner Siemens", eingehend studieren läßt.

Die „Lebenserinnerungen" bilden das verbindende Band für alle diese Seiten jenes großen Lebens. Ihr Reiz besteht außerdem in den Berichten über so viele interessante persönliche Erlebnisse, und vor allem geht er aus von der abgeklärten, vornehmen, überragenden Weltanschauung des greisen Verfassers. So werden die „Lebenserinnerungen" dauernd ein kostbarer Schatz für das deutsche Volk bleiben.

Von geringerer Bedeutung ist die durch den Engländer Pole verfaßte Lebensbeschreibung von Wilhelm Siemens.

Um so wertvoller ist die schon genannte Sammlung der „Wissenschaftlichen und technischen Arbeiten von Werner Siemens". Ohne sie hätte sich ein Buch wie das meinige unmöglich herstellen lassen. Immer wenn meine geringe Kenntnis naturwissenschaftlicher und technischer Elemente versagte, konnte ich die zum Teil so allgemeinverständlichen Abhandlungen und Vorträge der Sammlung zu Rate ziehen; hoffentlich wird es auf solche Weise gelungen sein, schwere Irrtümer zu vermeiden.

Zum Schluß ein Wort besonderer Dankbarkeit an die Familie Siemens. Herr Karl von Siemens, der letzte Überlebende der Brüder, war es, der mir zuerst die Benutzung des Archives seiner Familie gestattete; er tat es auf Befürwortung eines Mannes, dem schon für Größeres Dank gebührt, auf Befürwortung des Dr. Boediker, früheren Präsidenten des Reichs-Versicherungs-Amtes. Dann haben auch die Söhne Werners von Siemens und seines Bruders Friedrich mir alles Material zur Verfügung gestellt, dessen ich bedurfte. Mit stetem Dank werde ich selbst, wird die Wissenschaft des Verständnisses zu gedenken haben, mit dem sie die Bedeutung dessen erfaßten, was hier angestrebt wird, der Liberalität, mit der sie die Schätze ihres Archives rückhaltlos der Wissenschaft, dem Volke überantwortet haben. Auch das ist eine Pionierleistung von hohem Range.

Natürlich ist die Familie Siemens nicht verantwortlich für dasjenige, was ich hier veröffentliche; ich trage dafür allein die Verantwortung.

Rostock, im Februar 1906.

Richard Ehrenberg.

Inhalt.

Einleitung.
Vor dem Jahre 1848.

Goethe's Blick in die Zukunft S. XI. Stand der wirtschaftlichen Entwicklung S. XIII. Vorbedingungen weiterer Entwicklung S. XVII. Soziale Anschauungen S. XXI. Einkommen der untersten Volksschicht S. XXIII. Einkommen und Arbeitszeit der Handarbeit höherer Art S. XXVII. Lebenshaltung deutscher Handarbeiter S. XXIX. Blick auf andere Volksklassen S. XXXI. Volksgeist S. XXXIII.

Erster Abschnitt.
Der Telegraphenbau.

Seite

Erstes Kapitel. **Die Anfänge** 3
    Großvater und Vater der Brüder Siemens 3. Die Brüder Siemens 4. Erziehung und Vorbildung der Brüder Siemens 5. Erste Erfolge der Brüder Siemens 11. Weitere Erfindungs-Spekulationen 14. Werners Lage 17. Erste telegraphische Versuche 19. Werner entscheidet sich für die Telegraphie 22. Blick auf Wilhelms weitere Kämpfe 27. Erste Telegraphen-Erfolge Werners 29. Die Isolation mit Guttapercha 32. Begründung der Telegraphenbau-Anstalt 34. Die Ereignisse des Jahres 1848 39. Die ersten geschäftlichen Erfolge von Siemens & Halske 44. Erfahrungen und Kämpfe 51. Neue Bahnen 55.

Zweites Kapitel. **Rußland** 65
    Erste Anknüpfungen 65. Karl Siemens 69. Gatschina-Warschau 72. Ausdehnung des Geschäfts 79. Die Remonte 80. Neue Organisation des Geschäfts 84. Geschäftsergebnisse bis 1857 91. Der Umschwung in Rußland 93. Die Zeit der Projekte in Rußland 97. Glasfabrik und Sägemühle 104. Geschäftsergebnisse in Rußland 110. Karl Siemens verläßt Petersburg 116.

Drittes Kapitel. **England** 119
    Wilhelms erste Bemühungen im Telegraphenfache 119. Wassermesser 122. Kabeluntersuchungen für Newall & Co. 128. Das Verhältnis zu Newall & Co. 132. Begründung der Firma Siemens, Halske & Co. in London. Die Rote-Meer-Expedition 136. Lösung des Verhältnisses zu Newall & Co. Siemens & Halske im Dienste der englischen Regierung 143. Das Malta-Alexandria-Kabel 151. Andauernde Stockung im eng-

lischen Geschäfte 161. Das Cartagena-Oran-Kabel 164. Beginn der Ernte 171.

Viertes Kapitel. **Die Indo-Europäische Telegraphenlinie bis zum Beginn des Baues** 174

Die telegraphische Verbindung zwischen England und Indien 174. Die Konzessions-Verhandlungen in Preußen und Rußland 179. Die Konzessionsverhandlungen in Persien 189. Sorge für die Kapitalbeschaffung 194. Schwierigkeiten und Besorgnisse 196. Erörterung über das Kabelgeschäft 199. Die Gesellschaftsgründung 201.

Fünftes Kapitel. **Die Indo-Europäische Telegraphenlinie. Die Bauzeit** 209

Vorbereitungen zum Bau der Linie 209. Einteilung der Leitung 214. Der Transport des Materials nach Persien 216. Telegraphenstangen, Isolatoren, Kabel 217. Baukapital und voraussichtlicher Ertrag der Bau-Unternehmung 219. Remonte-Übernahme und Endvertrag mit der Gesellschaft 219. Gefährdung des Unternehmens durch neue Tarifermäßigung 221. Werner im Kaukasus 223. Georg Siemens in Persien 226. Erörterung über das Verhältnis zu England, Rußland und Persien 239. Sonstige Schwierigkeiten und Meinungsverschiedenheiten 243. Die Ausführung des Baues 246. Schwere Prüfungszeit der Indo-europäischen Linie 248. Erfolge und neue Kämpfe 259. Blick auf die weitere Entwickelung 264. Anhang. Auszüge aus Inspektionsberichten über die Indo-Europäische Telegraphenlinie 266.

Sechstes Kapitel. **Nachträge und Ausblicke** 269

Vorbemerkungen 269. Das Geschäft in Wien 1857—1864 269. Geschäftsstockung 1860/61 271. Allerhand Projekte. Alkoholometer. Pneumatische Depeschenbeförderung 272. Die Telegraphen-Apparate 274. Blick auf Werners politische Tätigkeit in der „Konfliktszeit" 276. Werners schlechter Gesundheitszustand 280. Schwerer Kummer. William Meyers Erkrankung 281. Der moralische Aufschwung des Jahres 1866 283. Neue Bahnen. Die dynamo-elektrische Maschine 286. Neue Anstrengungen, Sorgen und Leiden 290. Organisatorische Neuerungen in Berlin 292. London 297. Ausbruch des Krieges 1870 298.

Zweiter Abschnitt.
Andere Unternehmungen der Brüder Siemens.

Erstes Kapitel. **Regenerativöfen und Glasindustrie** 305

Das Regenerativprinzip und seine ersten Erscheinungsformen 305. Friedrich Siemens 308. Der Regenerativofen 310. Versuche mit Stahlschmelz- und Glühöfen 313. Glasöfen und Glasfabrikation 321. Friedrich Siemens in Deutschland 331. Übersicht über die spätere Entwickelung der Unternehmungen von Friedrich Siemens 336.

Zweites Kapitel. **Das Siemens-Martin-Verfahren** 341

Der Bessemer-Prozeß 341. Die Anfänge des Siemens-Martin-Verfahrens 342. Wilhelms weitere Bemühungen 346. Erste geschäftliche Erfolge 352. Landore. Prioritäts-Streitigkeiten 357. Schlußergebnisse 361.

Drittes Kapitel. **Kupferbergbau im Kaukasus** 365
    Walter Siemens 365. Die Erschließung des Kaukasus 366. Kupferbergbau-Projekte 367. Das Kupferbergwerk Kedabeg 369. Bedenken und Warnungen 370. Der Kauf von Kedabeg 374. Fall der Kupferpreise. Rentabilitäts-Berechnungen 376. Werners erste Reise nach dem Kaukasus 379. Erste Betriebseinnahmen. Schlechte Geschäftsleitung 381. Karls Übersiedelung nach dem Kaukasus 384. Walters Tod und Karls Fortgang 389. Otto Siemens. Werners zweite Reise nach dem Kaukasus 391. Änderungen in der Geschäftsleitung 394. Blick auf die spätere Entwickelung 397. Nachtrag 399.

Dritter Abschnitt.
Aus dem Innenleben der Siemens-Firmen.

Erstes Kapitel. **Kämpfe und Einigkeit innerhalb der Geschäftsleitung** 403
    Die Firma Siemens & Halske 1847—1867 403. Das Verhältnis der Firma zu Wilhelm Siemens 1847—1858 403. Die ersten Mißhelligkeiten der Firmen Siemens & Halske in Berlin und Petersburg mit Siemens, Halske & Co. in London 407. Zuspitzung der Konflikte zwischen Berlin und London 414. Die Krisis Berlin-London 419. Halskes Austritt aus dem englischen Geschäfte. Provisorische Regelung für die Zeit 1864—1867 428. Neue Erörterungen über die Zukunft der Siemens-Firmen 1866 440. Krisis Berlin-Petersburg 443. Prinzipielle Entscheidung für ein Gesamtgeschäft 448. Wilhelms Gesundheitszustand. Karl soll nach London übersiedeln, entscheidet sich aber für den Kaukasus 450. Die Begründung des Gesamtgeschäftes 1867 454.

Zweites Kapitel. **Personal, Umsatz und Ertrag der Geschäftsbetriebe** 457
    Vorbemerkungen 457. Die Beamten 457. Gewinnbeteiligung und Inventurprämien 470. Anfänge der Pensionskasse für Beamte und Lohnarbeiter 473. Kapitalbeschaffung und Kapitalverwendung 474. Kosten und Preise 477. Kosten, Umsätze und Erträge. 1847—1850 485. 1851—1854 486. Berlin 1855—1858 487. Berlin, London und Wien 1859—1862 489. Berlin und London 1863 496. Berlin 1864—1867 497. Rußland 1855—1867 502. Konjunktur und geschäftliche Rührigkeit 506. Das Gesamtgeschäft 1868—1870 508.

Einleitung.
Vor dem Jahre 1848.

Goethe's Blick in die Zukunft. Wer den Geist des 19. Jahrhunderts erkennen will, muß mit Goethe's Worten beginnen. Wie oft sind sie für solche Zwecke schon genutzt worden, und doch bleibt ihr Inhalt unerschöpflich: feingeschliffenen Edelsteinen gleich, entsenden sie immer neue Lichtstrahlen, wenn der Betrachter seinen Standpunkt nur ein wenig ändert.

Goethe's Freude an der Tat, sein Verständnis für das wirtschaftliche Leben ist hinlänglich bekannt: es erwachte schon in seiner ersten Kindheit und erlahmte nicht bis ins höchste Alter. Als dieses verdüstert wurde von „grauen Nebeltagen", da erkannte er, was den Deutschen fehlte, sah voraus, daß auf das „Elend der Zeit" eine starke tatenfrohe Zukunft folgen, und wußte, was sie von den Deutschen fordern werde.

„Unsere ganze jetzige Zeit ist eine rückschreitende", sagte er zu Eckermann, „denn sie ist eine subjektive. Jedes tüchtige Bestreben dagegen wendet sich aus dem Innern heraus auf die Welt, wie Sie an allen großen Epochen sehen, die wirklich im Streben und Fortschreiten begriffen waren."

„Das Landvolk ist noch bei guter Kraft, ist als ein Depot zu betrachten, aus dem sich die Kräfte der sinkenden Menschheit immer wieder ergänzen und auffrischen. Aber gehen Sie einmal in unsre großen Städte — — —. Wie sehen die jungen deutschen Gelehrten aus einer gewissen nordöstlichen Richtung aus? Kurzsichtig, blaß, mit eingefallener Brust, jung ohne Jugend. Dasjenige, woran unsereiner Freude hat, erscheint ihnen nichtig und trivial; sie stecken ganz in der Idee, und nur die höchsten Probleme der Spekulation sind geeignet, sie zu interessieren. Von gesunden Sinnen und Freude am Sinnlichen ist bei ihnen keine Spur, alles Jugendgefühl und alle Jugendlust ist bei ihnen ausgetrieben und zwar unwiderbringlich. Die künftigen Staatsdiener werden mit zuviel gelehrtem Ballast überladen. Dadurch wird die nötige geistige wie körperliche Energie ertötet, auch Liebe und Wohlwollen. Wie soll einer gegen andere Wohlwollen empfinden und ausüben, wenn es ihm selbst nicht wohl ist!"

„Es täte not, sagte Eckermann ein anderes Mal, daß ein zweiter Erlöser käme, um den Ernst, das Unbehagen und den ungeheuren Druck der jetzigen Zustände uns abzunehmen." — „Käme er, antwortete Goethe, man würde ihn zum zweiten Male kreuzigen. Doch wir brauchten keineswegs ein so Großes. Könnte man nur den Deutschen, nach dem Vorbilde der Engländer, weniger Philosophie und **mehr Tatkraft**, weniger Theorie und mehr Praxis beibringen, so würde uns schon ein gutes Stück Erlösung zuteil werden."

„Es ist jetzt die Zeit der **Einseitigkeiten**; wohl dem, der es begreift, für sich und andere in diesem Sinne wirkt. **Mache ein Organ aus Dir!**"

„Man sagt mit Recht, daß die gemeinsame Ausbildung menschlicher Kräfte zu wünschen und auch das Vorzüglichste sei. Der Mensch aber ist dazu nicht geboren; jeder muß sich eigentlich als ein **besonderes** Wesen bilden, aber den Begriff zu erlangen suchen, was alle zusammmen sind."

„Allem Leben, allem Tun, aller Kunst muß das **Handwerk** vorausgehen, welches nur in der Beschränkung erworben wird. Eines recht wissen und ausüben, gibt höhere Bildung, als Halbheit im Hundertfältigen."

So verstand Goethe die Devise „**Vom Nützlichen durchs Wahre zum Schönen!**" Und er wußte auch, wo die Lehrer zu finden sind für so hohe Weisheit: „**Da, wo die Sache zu Hause ist**, die Du lernen willst. Den besten Unterricht zieht man aus vollständiger Umgebung. Lernst Du nicht fremde Sprachen in den Ländern am besten, wo sie zu Hause sind?"

Hier ist alles Wesentliche beisammen: das Ende jener gewaltigen Zeit universalen Menschtums, deren letztes und größtes Erzeugnis Goethe selbst war; die Vernachlässigung des Körpers, der Sinne, der Beobachtung, das Überwiegen der Idee, als Zeichen des Verfalls; die Notwendigkeit einer Epoche der Tat; die Notwendigkeit vollkommener Beherrschung der elementaren Technik, scharfer Arbeitsteilung und Konzentration für das Gelingen der Tat; die Bedeutung der Landbevölkerung als Kraftquelle für die kommende Zeit; die Notwendigkeit, das Leben in seiner Fülle da zu studieren, zu packen, wo es zu Hause ist: „Da, wo Pygmäen, angereizt durch Metalladern, den Fels durchwühlen, das Innere der Erde zugänglich machen und auf alle Weise die schwersten Aufgaben zu lösen suchen, da ist der Ort, wo der wißbegierig Denkende seinen Platz nehmen soll." Waren es wirklich nur Pygmäen?

Stand der wirtschaftlichen Entwickelung. Deutschland war noch ein „Agrarstaat". In der ganzen ersten Hälfte des 19. Jahrhunderts nahm die Bevölkerung der agrarischen Landesteile wesentlich stärker zu als die der Industrie-Gegenden, am stärksten im Nordosten, dessen Landwirtschaft einen ansehnlichen Teil ihrer Erzeugnisse nach England ausführte und hierdurch glänzend gedieh. Hinterpommern und der Regierungsbezirk Gumbinnen hatten von allen deutschen Landesteilen ungefähr die stärkste Bevölkerungszunahme, wozu ihre Abgelegenheit natürlich beitrug, war doch die Auswanderung aus diesen Provinzen minimal, sodaß sie ihren Geburtenüberschuß fast ungeschmälert behielten. Aber auch im übrigen Ostelbien waren die Verhältnisse annähernd die gleichen; sogar die Bevölkerung Mecklenburgs nahm noch bis in die vierziger Jahre hinein stärker zu als diejenige Hannovers, Thüringens, des Großherzogtums Hessen und ganz Süddeutschlands. Die Boden- und Pachtpreise hatten sich im Osten seit 50—60 Jahren verdoppelt und verdreifacht.

Dagegen war die Entwickelung der Industrie in ganz Deutschland noch durchaus unzureichend. Die Textilindustrie war verhältnismäßig am besten entwickelt; aber sie war noch ganz überwiegend Hausindustrie und deshalb der mit Maschinen arbeitenden englischen Fabrikindustrie nicht gewachsen.

„Die deutsche Industrie," so berichtet ein sachkundiger Franzose über die Berliner Gewerbe-Ausstellung von 1844[1]), „verglichen mit der französischen und englischen, liegt noch in ihrer ersten Kindheit. So findet man manche Gewerbszweige, welche in den am weitesten vorgeschrittenen Ländern sich in großartigen, von den kräftigsten und künstlichsten Maschinen in Tätigkeit gesetzten Werkstätten konzentrieren, in Deutschland in armen Hütten zerstreut und von den Familien mittels Handarbeit aus-

---

1) Burat bei Junghanns, Der Fortschritt des Zollvereins 1848, S. 16 ff. Junghanns erklärt die Urteile des Franzosen für richtig; sie stimmen auch überein mit allen anderen Nachrichten.

geführt. Die Tuchmacherei z. B. betreiben in Schlesien und Sachsen zahlreiche kleine Meister, welche, unterstützt von ihren Frauen und Kindern, die manchmal durch sie selbst erzeugte Wolle spinnen oder außer dem Hause spinnen lassen, öfter noch sie kaufen und verweben." Die erste preußische Maschinen-Wollenweberei wurde 1842 in Wüste-Giersdorf (Schlesien) von der Königl. Seehandlung errichtet. Dagegen verwendeten die größten preußischen Tuchfabriken z. B. von Busse & Sohn in Luckenwalde, Lindenberg und Berlin (800 Arbeiter), von G. Startz, Leonhard's Sohn in Aachen (über 600), von J. van Gülpen ebenda (500), Leop. Schöller & Sohn in Düren (500) noch ausschließlich Handwebestühle.

Etwas weiter vorgeschritten war die Baumwoll-Industrie, besonders die Spinnerei; doch gab es nur wenige Spinnereien von 20000—30000 Spindeln, und diese waren erst vor kurzem errichtet; vorher hatten die größten 10000 Spindeln gehabt und in der Chemnitzer Gegend erreichte keine einzige diesen Umfang; überdies lieferte jede Spindel durchschnittlich nur $5/6$ des Garns einer französischen und auch nur gröbere Nummern (bis No. 50 nach englischer Numerierung). Die Weberei war noch ganz überwiegend Handbetrieb.

Am übelsten stand es mit der Leinen-Industrie, dieser seit alters bei weitem bedeutsamsten deutschen Export-Industrie. Bereits während der Kontinentalsperre und dann namentlich seit etwa 1820 hatte für sie durch die Konkurrenz der britischen Maschinen-Industrie eine schwere Krisis begonnen, die für weite deutsche Landschaften auf Jahrzehnte hinaus die schlimmste Not herbeiführte. Trotzdem gelang es lange Zeit nicht, in Deutschland Maschinen-Spinnereien zustande zu bringen; selbst 1846 gab es deren in Preußen nur 10 mit 2700 Arbeitern, wovon 2 mit 800 Arbeitern erst 1843 bezw. 1845 durch die Königl. Seehandlung errichtet worden waren. Damals äußerte sich der Minister Rother über die Aussichten der deutschen Leinen-Industrie folgendermaßen[1]:

„Es ist jetzt eine ziemlich anerkannte Wahrheit, daß Deutschland in der möglichsten Ausdehnung der Maschinenspinnerei zu lange das einzige Mittel vernachlässigt hat, für seine Leinen-Industrie den Markt zu behaupten. Das Zurückbleiben in der An-

---

[1] Vgl. die Schrift „Die Verhältnisse des Königl. Seehandlungs-Instituts und dessen Geschäftsführung und industrielle Unternehmungen". 1845.

eignung eines Fortschritts, welcher den Engländern nicht bloß auf den überseeischen Märkten den Sieg über das deutsche Leinen verschafft, sondern sogar es möglich gemacht hat, mit wohlfeilen, aber schlechten Maschinengarnen das Inland zu überschwemmen, ist die vorzüglichste Ursache der Not unter den Spinnern und Webern der schlesischen Gebirgsgegenden — —. Von Privat-Unternehmungen ist für die nächste Zeit kaum Nachfolge, noch weniger Vorgang zu erwarten. Neue Spinnereien werden von Privatleuten schwerlich errichtet werden; denn unsere größeren Kapitalisten sind nicht geneigt, ihre Gelder in Fabrikanlagen nutzbar zu machen. Auch von den jetzt bestehenden wenigen Spinnerei-Etablissements werden einige, deren Einrichtungen mit den fortschreitenden Verbesserungen der Engländer nicht gleichen Schritt gehalten haben, wahrscheinlich eingehen[1]), wenn sie nicht durch bare Kapital-Unterstützungen seitens des Staates aufrecht erhalten oder durch Zölle geschützt werden."

Im ganzen Gewerbe überwog noch durchaus der **Handwerksbetrieb**. Das Fabrikpersonal wurde für Preußen 1849 erst mit etwa 600000 Köpfen beziffert, wovon aber der bei weitem größte Teil auch erst hausindustriell tätig war. Das Volk war der Maschine noch entschieden feindlich gesinnt: „Das deutsche Volk, so schreibt jener französische Sachkenner, verabscheut die Maschine und würde sie gern zerstören. Selbst sehr aufgeklärte Personen huldigen noch der armseligen staatswirtschaftlichen Theorie, welche der Überschwemmung mit Maschinen die Leiden der Arbeitsklasse zuschreibt. — „Das ist Handgespinnst!" sagte man mir mit triumphierender Miene, indem man mir Garn und Leinwand von bewundernswerter Feinheit und unvergleichlicher Schönheit zeigte, und auf derselben Tafel stand eine Büchse, um Almosen für die Schulen zu empfangen, wo Kinder das Handspinnen lernen!"

Aber meist war **Billigkeit** die Parole des deutschen Publikums und demgemäß auch der Industrie, die doch noch nicht gelernt hatte, Billigkeit durch weitgehende **Arbeitsteilung** zu erzielen. „Alle Fabrikanten", so berichtet unser Franzose, „alle Kaufleute, die wir befragt hatten, klagen einstimmig darüber, daß ihre Kunden den hohen Preis der schönen Ware scheuen. Die Fabrikanten beschränken sich deshalb darauf, hinlängliche

---

1) Diese Befürchtung ging tatsächlich in Erfüllung.

Fabrikate wohlfeil zu liefern; dies ist allgemein der Charakter der deutschen Industrie. Sie besitzt keine Geschwindigkeit des Geistes, keine Fruchtbarkeit der Einbildungskraft und keine Fähigkeit, sich Neues anzueignen. Die deutschen Fabrikanten halten sich keine eigenen Zeichner, sondern beschränken sich darauf, die englischen und besonders die französischen Muster nachzuahmen. Die Moden halten sich in Deutschland länger als in Frankreich; die Deutschen können daher 3000—4000 Stück von einem Muster abziehen, die Franzosen nur einige Hundert. Aber der deutsche Seidenarbeiter beschränkt sich nicht, wie der in Lyon, auf ein Fach; er geht von einem zum anderen über."

Nicht anders stand es in der Eisenindustrie. Hier überwog noch durchaus das alte Herdfrisch-Verfahren, die „Einmalschmelzerei" mit Holzkohlen; das in England bereits zur Herrschaft gelangte Puddel-Verfahren breitete sich in Deutschland nur langsam aus. Der erste eigentliche Kokshochofen in Westfalen wurde erst in den 40er Jahren errichtet, im Ruhrgebiet sogar erst 1850. Nur zwei Eisenhütten gab es 1844 in Deutschland, die bereits moderne Großbetriebe waren: die 1808 entstandene Gutehoffnungs-Hütte in Sterkrade (Jacobi, Haniel & Huyssens, Betriebsleiter Lueg) mit 500—600 Handarbeitern und einem Puddlings-Walzwerk in Oberhausen, das 300 Handarbeiter beschäftigte, sowie die 1836 nach den Plänen von Wedding entstandene Laurahütte in Oberschlesien (Betriebsleiter Naglo) mit 700 Arbeitern.

Fritz Harkort wies nach, daß die Erzeugung eines Zentners Roheisen im westfälischen Sauerlande ungefähr doppelt so teuer war wie in England, und daß auch die Herstellung fertiger Eisen- und Stahlwaren noch ganz unvollkommen betrieben wurde. „Wo besteht", so fragte er, „in den hiesigen kleinen Werkstätten eine gute Drehbank, ein tüchtiger Schraubenkloben, Lochmaschine, kleine Rundsäge und andere unentbehrliche Hilfswerkzeuge? Wie jämmerlich sind unsere Schleifereien eingerichtet! Hier tut Hilfe not, um auswärtiger Konkurrenz begegnen zu können." Krupp beschäftigte 1843: 100, 1845: 122 Arbeiter, ging dann aber wieder bis auf 72 zurück, und 1848 wurde seine Lage so schwierig, daß er das letzte ihm verbliebene Silbergerät seiner Eltern einschmelzen ließ, um nicht weitere Arbeiter entlassen zu müssen.

So lagen die Verhältnisse in der ganzen deutschen Industrie. Um noch ein Beispiel anzuführen: die größten preußischen Glashütten waren um 1844: die gräflich Schaffgot'sche Josephinenhütte in Schreibershau (Schlesien), 1842 errichtet, und die Hütte der Gebrüder Schrader im Gernheim bei Petershagen (R. B. Minden), die schon 1812 entstanden war. Jene erzielte mit 350 Arbeitern einen Umsatz von 75 000 bis 80 000 Talern, diese mit 230 Arbeitern einen Umsatz von 120 000 bis 130 000 Talern; das waren also 200—400 Taler Umsatz für jeden Arbeiter. Dagegen erzielten die englischen Fabriken von Kron- und Flintglas um dieselbe Zeit mit 2000 Arbeitern einen Umsatz von 220 000 £; das waren über 700 Taler für jeden Arbeiter. Der Unterschied muß aber für die ganze Industrie noch viel größer gewesen sein; denn durchschnittlich beschäftigte eine preußische Glashütte damals nur etwa 30, eine englische 150 Handarbeiter. Sehr begreiflich unter solchen Umständen, daß die englische Glasindustrie stark exportierte, wovon in Deutschland nicht die Rede sein konnte.

Das Königreich Sachsen, später eins der wichtigsten Gebiete der exportfähigen deutschen Glasindustrie, konnte um 1848 noch lange nicht seinen eigenen Glasverbrauch decken, und Ernst Engel, damals noch ein unbekannter Bergingenieur, machte in einer seiner Erstlingsarbeiten vergeblich auf die Notwendigkeit aufmerksam, diesen Industriezweig zu entwickeln.

Im Königreich Sachsen gab es 1846 erst 197 Dampfmaschinen von zusammen 2455 Pferdekräften, davon
```
    im Bergbau . . . . . . . 54 mit 914 P.S.
    in der Spinnerei und Weberei 71  „  783  „
    in sonstigen Betrieben . . . 72  „  758  „
```
und von diesen Maschinen war fast die Hälfte erst in den letzten Jahren gebaut worden (1895 arbeiteten im sächsischen Gewerbe Dampfmaschinen von 237 000 P.S.).

Die preußische Steinkohlen-Produktion verdreifachte sich von 1830—1850, betrug aber 1850, auf den Kopf der Bevölkerung berechnet, erst ein Sechstel der großbritannischen Steinkohlen-Erzeugung.

Vorbedingungen weiterer Entwickelung. „Der Stoß ist gegeben", so schrieb jener französische Berichterstatter im Jahre 1844, „es ist nicht mehr das träumerische, tiefsinnige Deutschland, das sich in den Wolken der Metaphysik verlor und über einem Buche einschlief. Es weiß jetzt recht wohl, was hier unten sich ereignet. Es ist ans Werk gegangen." Gewiß, der Unternehmungsgeist des Deutschen war erwacht; aber er hatte sich den Schlaf noch nicht ganz aus den Augen gerieben. Der Bürgerstand zählte in seinen Reihen erst eine kleine Zahl neuzeitlicher Unternehmer. Das sicherste Zeichen hierfür ist die bedeutende Rolle, welche unter den wenigen Großbetrieben staatliche und standesherrliche Unternehmungen spielten. Im preußischen Steinkohlenbergbau war die Durchschnittsförderung landes- und standesherrlicher Gruben, auf den einzelnen Betrieb berechnet, dreimal so groß wie die der gewerkschaftlichen Gruben. Auch in der Textilindustrie war, wie wir schon sahen, die Bedeutung unmittelbarer staatlicher Einwirkung für die Entwickelung des Großbetriebes noch eine verhältnismäßig bedeutende. Am deutlichsten läßt sich Ähnliches für die Berliner Industrie feststellen.

In Berlin suchten die Königliche Seehandlung und namentlich der hochverdiente Beuth noch immer die Industrie zu beherrschen und zu leiten. Beuth hatte 1821 mit dem Staatsrat Kunth zusammen den „Verein zur Beförderung des Gewerbfleißes in Preußen" und das „Gewerbe-Institut" begründet, aus welchem letzteren schließlich später die Charlottenburger Technische Hochschule hervorgegangen ist. Beide Gründungen hatten die industrielle Entwickelung kräftig gefördert. Die Berliner Maschinenindustrie war hauptsächlich ein Werk Beuth's; die größte Fabrik, diejenige von Borsig, war erst 1837 entstanden, hatte 1841 angefangen, Lokomotiven zu bauen und bis 1844 deren 26 fertiggestellt, rechnete aber darauf, künftig 30—40 im Jahre bauen zu können; sie bezog ihr Rohmaterial größtenteils aus England, und nur der billige Lohn machte die sonstigen Nachteile wett, unter denen sie gegenüber England arbeitete; sie beschäftigte im Jahre 1844 schon 1100 Leute.

Im Jahre 1841 berichtet der kurhessische Zollvereins-Delegierte Schwedes: „Berlin wird immer mehr Fabrikstadt. Es gehen jetzt 62 Dampfmaschinen hier, welche eine große Menge Torf konsumieren". Acht Jahre später waren es schon 171 mit 3792 Pferdekräften, wovon aber nur 113 mit 1239 P.S. gewerblichen Betrieben angehörten. Schwedes berichtet gleichzeitig noch: „Beuth steht mit wenigen Menschen auf gutem Fuße, weil er voller Launen ist." Schlimmer war es, daß er außerhalb seiner „Leibgarde" nicht mehr ausreichende Fühlung mit der industriellen Entwickelung hatte und aufstrebenden Talenten nicht mehr entgegenkam. „Die Leute hier", äußerte Werner Siemens 1845, „sind zu sehr geneigt, über alles Neue den Stab zu brechen, zumal wenn es deutschen

Ursprungs und nicht von einem anerkannten Meister der Klique ausgegangen ist."

Ähnlich stand es mit der Seehandlung, die damals wegen ihrer Industrie-Unternehmungen heftig angegriffen wurde: „Die Seehandlung", schrieb Werner Siemens, „wäre grade ein Institut, wie wir es brauchen könnten. Sie muß, um wieder in Gunst zu kommen beim Publikum, ihr ganzes System ändern, muß wirklich das Neue protegieren und heben und Ausgezeichnetes leisten. So kann sie auch wirklich sehr segensreich wirken. Wie Pilze müßten neue Fabriken aller Art aus der Erde schießen." Werner Siemens sah aber bald ein, daß er zuviel von der Seehandlung erwartete; sie blieb bei ihrem veralteten Systeme der Bevormundung und eigensinnigen Verfolgung bestimmter Pläne.

Das gleiche System war auch für Beuth charakteristisch: „Das Gewerbe war mündig geworden und bedurfte nicht mehr der Erziehung nach dem Plane und in den Formen, welche er aufgestellt und festgehalten hatte. Alter und Zähigkeit des Charakters gestatteten ihm nicht, neue Bahnen einzuschlagen[1])."

Über dasselbe System büreaukratischer Bevormundung klagte man im Rheinland, wo namentlich Revision der Berggesetze im freiheitlichen Sinne verlangt wurde. Und auch in der Handelspolitik war das Verfahren ein ganz ähnliches: „Die Verwaltung war stolz auf die Erfolge, welche sie in glücklichem Kampfe mit zahllosen Sonderinteressen und Vorurteilen durch die Schöpfung des Zollvereins errungen hatte, aber aus diesem berechtigten Stolze erwuchs die nicht berechtigte Überzeugung, daß die Schöpfung so, wie sie war, vollkommen sei. Eine jede Änderung mußte schwer erkämpft werden, und eine jede Kritik des Bestehenden, namentlich wenn sie von unberechtigter Seite, d. h. von dem beteiligten Publikum ausging, erschien als Anmaßung[2])."

Den früheren Klagen über schlechte Verkehrsmittel hatte man schon abzuhelfen begonnen. Die Länge der preußischen Chausseen war von 1816—1848 von 420 auf 1573 Meilen gestiegen. Auch der Eisenbahnbau schritt als Erwerbsunternehmung in den Händen tatkräftiger Geschäftsleute rasch vorwärts, wie folgende preußische Zahlen beweisen; hierbei entfaltete der neuzeitliche deutsche Unternehmungsgeist erst recht eigentlich seine Schwingen:

---

[1]) Delbrück, Lebenserinnerungen I, 135. Beuth war sogar ein Gegner des Eisenbahnbaues in Preußen.

[2]) Delbrück, a. a. O. I, 183.

	1844	1850
Betriebslänge	56,5 Meilen	378 Meilen
Baukapital	14 Mill. Tlr.	146 Mill. Tlr.
Personenverkehr	1,8 Millionen	9,2 Millionen
Güterverkehr-Menge	2,7 Mill. Ztr.	45,1 Mill. Ztr.
„ Länge	7,6 Meilen	11,2 Meilen.

Für den rheinisch-westfälischen Steinkohlen-Bergbau erlangte der Eisenbahn-Verkehr 1847, mit Eröffnung der Köln-Mindener Bahn, unmittelbare Bedeutung; seitdem begannen die bis dahin noch sehr hohen Transportkosten zu fallen, der Eisenbahn-Versand und die Produktion hob sich von Jahr zu Jahr weit stärker als zuvor. Im Jahre 1851 ging schon von der ganzen preußischen Steinkohlen-Produktion über ein Fünftel an die Eisenbahnen, einschließlich ihres eigenen Verbrauchs.

Darüber, welche Wirkung die Eröffnung des Eisenbahn-Verkehrs in Berlin hervorrief, berichtet ein Zeitgenosse (Schwedes) in den Jahren 1841—1843: „Es ist merkwürdig anzusehen, welche Masse von Fremden mit den Bahnzügen anlangen und abgehen; aber sie treiben sich auch ebenso im Sturme herum, wie sie die Bahn befördert. Es wird alles in kürzester Zeit abgetan und in größter Eile wieder fortgerannt, als ob die Bewegung der Dampfräder in das Fleisch und die Seele übergegangen wären. Berlin verschönt sich immer mehr. Man sieht jetzt viele Läden mit ungeheuren Fensterscheiben aus einem Glase, neue Häuser wachsen wie Pilze aus der Erde. Man muß es mit eigenen Augen sehen, welche Veränderungen die hiesigen Eisenbahnen in das Leben bringen, und doch ist es erst der Anfang."

Damals kamen in Berlin jährlich etwa 100000 Fremde an, davon 12000 Ausländer und 26000 Handwerksgesellen.

Auch der Postverkehr hatte sich, dank einer im Jahre 1844 von Preußen durchgeführten Reform, wesentlich gehoben. Briefe von Hamburg nach Wien waren bis dahin 5 Tage und 8 Stunden unterwegs gewesen, jetzt 39 Stunden weniger. Das einfache Briefporto war ermäßigt worden für die Strecken:

Berlin—Wien von 11¼ auf 6½ Groschen (M. 1,12 auf M. 0,65).
Cöln—Wien   „ 12¾ „ 7¾   „   (M. 1,27 „ M. 0,77).

Der Briefverkehr stieg infolgedessen 1840—1847 von 39,3 auf 58,4 Millionen Stück oder von 2,63 auf 3,62 für den Kopf der Bevölkerung (1900: 59 Stück).

Soziale Anschauungen. In den dreißiger und namentlich in den vierziger Jahren des 19. Jahrhunderts begannen die deutschen Menschenfreunde sich weit eifriger als bisher, literarisch wie praktisch, mit dem „Pauperismus", mit der „Not im Volke" zu beschäftigen. Ausgehend von Hamburg, wo Büsch und Voght schon 1788 bahnbrechend für das Armenwesen gewirkt hatten, und wo jetzt Cäsar Godeffroy 1834 seine „Theorie der Armut" veröffentlichte, die ebenfalls Aufsehen erregte, — pflanzte die Bewegung sich rasch nach Mittel- und Süddeutschland fort. Im Jahre 1835 stellte bereits die königliche Akademie gemeinnütziger Wissenschaften zu Erfurt die Preisfrage auf: „Ist die Klage über zunehmende Verarmung und Nahrungslosigkeit in Deutschland gegründet, welche Ursache hat das Übel und welche Mittel bieten sich zur Abhilfe dar?" Der erste Teil dieser Frage wurde von Franz Baur dahin beantwortet, jene Klage sei unberechtigt, der deutsche Wohlstand sei in den letzten Jahrzehnten mächtig gewachsen. Dabei ging er noch davon aus, „daß Deutschland vorzugsweise auf **Ackerbau und Viehzucht** angewiesen ist, und daß es schwer und eine seltene Erscheinung bleibt, die landwirtschaftliche Gewerbstätigkeit mit der Fabrik- und Manufaktur-Tätigkeit in parallelen Aufschwung zu setzen und darin zu erhalten".

Diese Bewegung der Geister wurde in Deutschland ganz außerordentlich gefördert durch die Not der **hausgewerblichen Handarbeiter** in weiten Teilen Deutschlands, zumal der Leineweber, eine Not, welche, wie wir wissen, dem übermächtigen Wettbewerb der englischen Maschinen-Industrie entsprang. Aber die Bewegung hatte noch stärkere Wurzeln von ganz anderer Beschaffenheit.

Die Welt hatte begonnen sich abzuwenden von jenem naturrechtlichen Individualismus, von jener dogmatischen Vergötterung des Egoismus, der automatisch, naturgesetzlich das Glück der Menschheit herbeiführen sollte. Die Gegenwart, zumal in Deutschland, widersprach dem zu augenscheinlich.

Unter den verschiedenen geistigen Strömungen, die gegen den doktrinären Individualismus reagierten, erlangte der nicht minder doktrinäre **Sozialismus** von Anfang an in Deutschland erheblichen Einfluß, der dadurch nur größer wurde, daß er dem Volke noch wenig zum Bewußtsein kam; dieser Einfluß wird noch gegenwärtig für jene Zeit stark unterschätzt.

Im Jahre 1828 begann Bazard in Paris seine „Doctrine de Saint-Simon" zu veröffentlichen, das erste bedeutende System des neuzeitlichen Sozialismus. Dieses System erregte bereits in den folgenden Jahren in Berlin Begeisterung, namentlich in dem Kreise Rahels Varnhagen. Weitere Kreise wurden von Heine und Börne für den französischen Sozialismus interessiert, und auch deutsche Handarbeiter nahmen bereits damals in Paris, in der Schweiz den Keim des sozialistischen Denkens in sich auf[1]). Im Jahre 1842 veröffentlichte Lorenz Stein sein Buch „Der Sozialismus und Kommunismus des heutigen Frankreichs", das in Deutschland gewaltigen Eindruck machte.

Die Wandlung, die sich so in den Anschauungen vollzog, können wir aus einigen Äußerungen Johann Heinrichs von Thünen genau erkennen. Im Jahre 1826 schrieb er in der Einsamkeit seines mecklenburgischen Gutes jenen „Traum ernsten Inhalts" nieder, der unmittelbar hervorgegangen war aus dem unbefriedigenden Eindrucke der Werke von Say und Ricardo. Vier Jahre später faßte er diesen Eindruck folgendermaßen zusammen: „Alle Schriften der Nationalökonomie sind einverstanden darin, daß die Summe der zum Lebensunterhalte notwendigen Subsistenzmittel der natürliche Arbeitslohn sei. Die Wissenschaft beherrscht notwendig die Meinung aller Menschen; so finden wir auch, daß alle Regierungen diesem Grundsatz huldigen — und so wird jedes Streben nach höherem Lohn als Aufruhr betrachtet und bestraft".

Diesem Ausgangspunkte setzte Thünen 1826 einen andern entgegen, nämlich den Satz: „Unverhältnismäßig hoch ist die Belohnung jedes Industrie-Unternehmers im Vergleiche mit dem Lohne des Handarbeiters".

Hier standen zwei Dogmen einander gegenüber, die völlig unvereinbar waren. Sie beruhten beide auf durchaus unsicheren Beobachtungen. Dennoch sind sie die Grundlagen großer wissenschaftlicher Systeme, ja der Lebensanschauungen ganzer Zeitalter geworden.

Thünen, der eben erst in seinem unsterblichen Werke „Der isolierte Staat" die Möglichkeit vollkommen exakter Durchforschung des sozialen Lebens erwiesen hatte, fiel bei Betrachtung des „Looses der Arbeiter" sofort zurück in den von seinen Gegnern begangenen schweren Denkfehler, dasjenige, was erst bewiesen werden sollte, nämlich die unverhältnismäßige Ge-

---

[1]) Vgl. Georg Adler, Geschichte der ersten Arbeiterbewegungen in Deutschland. 1885.

ringfügigkeit des Lohnes der Handarbeit, als Ausgangspunkt von Betrachtungen zu wählen, die ihn später weit abgeführt haben von den im „Isolierten Staat" betretenen Pfaden. Dieser Rückfall des exakten Forschers in eine dogmatische Denkweise wurde dadurch veranlaßt, daß seine Betrachtungen über „das Loos der Arbeiter" sich bezogen auf einen Gegenstand, bei dem das menschliche Empfinden die Tätigkeit des Verstandes mächtig beeinflußt. Und so erklärt sich überhaupt wohl der Einfluß, den der Sozialismus damals schon in Deutschland gewann.

Im Jahre 1842 begann Thünen seinen „Traum" vom Jahre 1826 wissenschaftlich auszugestalten. Dabei tat er folgende höchst charakteristische Äußerung: „Als ich die in dem Traum dargestellte Ansicht auffaßte, stand diese der öffentlichen Meinung so schroff entgegen, daß ich fürchten mußte, durch eine Bekanntmachung dieses Traums für einen Phantasten oder gar für einen Revolutionär gehalten zu werden. Seitdem ist noch kein volles Vierteljahrhundert verflossen — und wie verändert hat sich in diesem kurzen Zeitraum die öffentliche Meinung und die Nationalanschauung über diesen Gegenstand! Wie milde, selbst matt erscheint jetzt das in dem Traum Verlangte, nachdem zur Förderung des Wohls der ärmsten und zahlreichsten Volksklasse die Sozialisten die Aufhebung des Erbrechts, die Kommunisten die Teilung des Eigentums, die Egalitaires gar die Zerstörung der Städte und die Ermordung der Reichen verlangt haben! Kann aber im Publikum in der Auffassung eines Gegenstandes ein solcher Umschwung in so kurzer Zeit erfolgen — wer vermag uns dann zu sagen, welche Ansichten nach dem abermaligen Verlauf eines Vierteljahrhunderts vorherrschend sein, und welche Folgen daraus entspringen mögen."

Einkommen der untersten Volksschicht. Wenn die öffentliche Meinung Deutschlands sich so rasch dem Sozialismus zuwendete, wie stand es denn mit den Tatsachen, auf welche sich die früheren und die neueren Anschauungen bezogen? Vor allem: wie war und wie entwickelte sich die Lage der deutschen Handarbeiter? Wir besitzen zwar kein Material, welches uns gestattet, diese Frage einwandfrei zu beantworten, aber doch genug Material, um eine deutliche Vorstellung zu gewinnen von der damaligen Lage der Handarbeiter in Deutschland.

Während der ersten Hälfte des 19. Jahrhunderts waren die Lohneinnahmen der ländlichen Tagelöhner nicht unwesentlich gestiegen, in Mecklenburg z. B. um 25—30 % und mehr. Dagegen waren die Löhne der meisten gewerblichen Handarbeiter am Schlusse der Periode ungefähr die gleichen wie im Anfange. Nur die Einnahmen der meisten Handspinner und Handweber, zumal in der Leinenindustrie, waren unter dem Drucke der englischen Konkurrenz stark zurückgegangen. Dafür waren aber auch die Preise von Brot und Fleisch nicht unwesentlich, diejenigen von Kartoffeln, importierten Genußmitteln, Fabrikaten meist sehr erheblich gefallen; nur die Wohnungsmieten waren in einzelnen Großstädten stark gestiegen, am meisten in Berlin, wo der „Fridericianische Wohnungsluxus", die von der Krone veranlaßte starke Bautätigkeit des 18. Jahrhunderts, die Mieten noch im Anfange des 19. Jahrhunderts niedrig gehalten hatte; dort verdoppelte sich die durchschnittliche Höhe der Wohnungsmieten schon fast von 1808—1824 und stieg seitdem bis 1845 noch um weitere 10 %. Zugleich verringerte sich das Einkommen der niedrigsten Arbeiterschicht, der ungelernten großstädtischen Handarbeiter, dadurch, daß die darbenden Spinner und Weber in die großen Städte strömten, wo sie nur für einen Teil des Jahres Beschäftigung fanden. Hier entstand jetzt in der Tat ein krasses Elend, das überdies viel sichtbarer war als dasjenige der Gegenden, woher die Zuwanderer kamen. Überwältigend erregte es das Mitgefühl und drängte alle anderen Beobachtungen in den Hintergrund.

Namentlich die hungernden schlesischen Weber kamen bereits damals massenhaft nach Berlin[1]). „Bei allen schweren, mit kargem Lohne verbundenen Arbeiten findet man sie: bei der Ramme, beim Handlangern, beim Karrendienst, ebenso bei den Erdarbeiten der Eisenbahnen. Den Berliner Proletarier beseelt, dieser armen Bevölkerung gegenüber, der Hochmut. Nur die schrecklichste Not treibt sie in dieselbe Beschäftigung, die hier höchstens mit 8 Groschen für den Tag gelohnt wird. Während der Berliner damit kaum zu leben weiß, versteht der Schlesier davon zu sparen, und zur Winterszeit bringt er einige sauer erworbene Taler in seine Heimat zurück — —. Acht bis zehn Mann liegen nachts zusammen in einem stinkigen Loche, in einer elenden Bretterbude. Die Nahrung besteht aus Abfall, aus Kartoffeln und Hering, von Schmutz starrt der Körper. Aber die

---

1) Vgl. Saß, Berlin in seiner neuesten Zeit und Entwickelung. 1846. Dieser Autor war freilich stark sozialistisch beeinflußt, doch vieles, was er berichtet, stimmt überein mit anderen Nachrichten.

Leute scheinen sich in diesen Verhältnissen, im Vergleich zu ihrer Heimat, ganz wohl zu fühlen. Ihre gutmütige, heitere Natur bricht selbst in ihrem Elend hervor, und in ihrem Gesicht entdeckt man niemals jene schrecklichen Züge, welche uns aus dem Gesichte eines vollendeten Berliner Proletariers entgegenstarren."

In ihrer Heimat verdienten diese hausgewerblichen Handarbeiter nicht mehr, wie früher, 2—4 Taler wöchentlich, sondern im Durchschnitt nur noch $1^1/_3$—$1^1/_2$ Taler. Davon konnten sie nur leben, wenn sie landwirtschaftlichen Nebenverdienst hatten. Daß dies tatsächlich meist der Fall war, erklärt die Zähigkeit des Todeskampfes jener Hausindustrien[1]).

In Berlin verdienten die gewöhnlichen Arbeitsleute, wenn sie in Fabriken ständig beschäftigt waren und außerdem nach Feierabend noch sonstige Arbeit fanden, um 1846 höchstens $3^1/_2$—4 Taler, und sie brauchten, wenn sie Frau und drei Kinder hatten, für Nahrung, Wohnung, Kleidung mindestens $3^1/_2$ Taler. Waren sie nicht in Fabriken ständig beschäftigt, so brachten sie es im Durchschnitt nur auf 2—$2^1/_2$ Taler. Wenn vollends, wie nach den schlechten Ernten von 1846 und 1847, Teuerung entstand, so fiel diese ganze unterste Schicht der Arbeiterschaft schrecklichem Elend anheim.

Ganz ähnlich war die Lage der gewöhnlichen Tagearbeiter in Hamburg-Altona; nach einer Berechnung von Flor[2]) verdienten dort Arbeitsleute in Speichern (bei 12 Groschen Tagelohn im Sommer, 6 Groschen im Winter), wenn sie während des ganzen Jahres beschäftigt waren und die Frau nebst zwei Kindern wöchentlich einen Taler hinzuverdiente, im ganzen $184^1/_2$ Taler. Das genügte bei Sparsamkeit und durchschnittlichen Lebensmittelpreisen; aber bei den hohen Preisen des Jahres 1847 waren 201 Taler erforderlich, so daß sich $16^1/_2$ Taler Defizit ergeben.

Noch schlimmer stand es mit der gleichen Volksklasse in Breslau, wo ein gewöhnlicher Tagearbeiter im Sommer 8, im Winter 6 Groschen Tagelohn bezog. Die Wohnungen waren etwas billiger als in Berlin, aber ebenso schlecht: in einem engen verpesteten Loche wohnten oft 2—3 Familien. Die Kattundrucker

---

1) Vgl. v. Reden, Der Leinwand- und Garnhandel Norddeutschlands 1838; v. Reden, Erwerbsstatistik des Königreichs Preußen (1883), I. 467 ff.; v. Reden, Ztschr. d. Vereins f. deutsche Statistik 1847, S. 569; Deutsche Gewerbe-Zeitung 1847, S. 133; Burat bei Junghanns, Der Fortschritt im Zollverein 1848.
2) Ztschr. d. Vereins f. Deutsche Statistik 1847, S. 900 ff.

(die ebenfalls zu den notleidenden Arbeitergruppen gehörten, da die englische Walzendruckmaschine auch in dieser Industrie die deutsche Handarbeit verdrängte) waren in Breslau oft nur drei Tage in der Woche beschäftigt; sie konnten dann aber nicht so schnell von der Fabrikarbeit zur gewöhnlichen Tagearbeit übergehen, weil sie sich erst in das Korps der Tagearbeiter „einprügeln" mußten [1]).

In jedem Frühjahr zogen aus den Dörfern Scharen rüstiger unverheirateter Arbeiter zu den Chaussee- und Eisenbahnbauten. Sie verdienten für damalige Verhältnisse gut — im Durchschnitt einen halben Taler täglich — vergeudeten aber den Verdienst meist rasch wieder, ließen ihre Familien zu Hause darben und fanden sich nach Aufhören der Sommerarbeit nicht mehr in das regelmäßige, einförmige Leben der Heimat, sodaß viele von ihnen Vagabunden und Verbrecher wurden.

Das waren die Menschen, von denen Fritz Harkort schon 1844 sagt: „Dieses Gefolge der Industrie, häufig ohne feste Heimat, ohne Hoffnung oder Zukunft, heute vergeudend und morgen darbend, fängt an, durch seine bedenklich wachsende Zahl der Wohlfahrt der bürgerlichen Gesellschaft gefährlich zu werden" [2]).

Zu der Unterschicht der Arbeiterschaft gehörten ferner damals schon viele weibliche Arbeiter. In Berlin verdienten Weißwaren-Näherinnen und Strickerinnen nur $2^{1}/_{2}$—4 Groschen täglich, in den Fabriken mehr: Anknüpferinnen bei Spinnmaschinen 5 Groschen, Hasplerinnen 5—10, Metallpoliererinnen 7, Wollsortiererinnen $7^{1}/_{2}$—8, gewöhnliche Fabrikmädchen 5—6 Groschen, andererseits Plätterinnen und Wäscherinnen 10—15 Groschen. Auch in sächsischen Baumwoll-Spinnereien verdienten Weiferinnen 1839: 4—$4^{1}/_{2}$ Groschen, 1846: 5 Groschen. Noch niedriger war natürlich der Lohn der leider damals auch in den Fabriken (wie von jeher in der Hausindustrie) beschäftigten Kinder: 10—24 Groschen wöchentlich, im Durchschnitt 15 Groschen.

Das waren Auswüchse. Aber die wirtschaftliche Lage der in den Fabriken beschäftigten Handarbeiter war schon in dieser Arbeiterschicht besser, als diejenige der meisten Haus-

---

1) Schneer, Über die Zustände der arbeitenden Klassen in Breslau 1845; Graf zu Dohna, Die freien Arbeiter im preußischen Staate 1847; Kreyßig, Denkschrift über die Not der Arbeiter 1849.

2) Harkort, Bemerkungen über die Hindernisse der Zivilisation und Emanzipation der unteren Klassen, 1844.

arbeiter aller Arten, während in sittlicher Hinsicht der Verfall der Heimarbeit unzweifelhaft überwiegend schlimme Folgen mit sich brachte. Die Schriften der Zeit sind voll von grellen Schilderungen des Wohnungselends, der Trunksucht, der Sittenlosigkeit im Proletariat der großen Städte. Man empfängt den Eindruck, daß es damit nicht besser, sondern weit schlimmer stand als gegenwärtig, sowohl bei den gewöhnlichen Tagelöhnern, wie auch bei den Handwerksgesellen und den gelernten Fabrikarbeitern.

Einkommen und Arbeitszeit der Handarbeiter höherer Art.
Steigen wir jetzt eine Stufe höher, zu den Handwerksgesellen. In Berlin waren von diesen um 1846 am schlechtesten gestellt Barbiergehilfen, die, außer freier Wohnung und Kost, täglich nur 3 Groschen, mit Nebenverdiensten etwa 10 Groschen erhielten. Die höchsten Einkünfte hatten dagegen die besten Schlachter-, Schlosser- und Drechslergesellen, ebenso Mechaniker und Optiker, die es bis zu einem Taler täglich, einschließlich Wohnung und Kost, brachten. Das war etwa die Obergrenze des Verdienstes auch bei den gelernten Fabrikarbeitern, eine Obergrenze, die nur bei Fleiß und Ausdauer sich erreichen ließ; bei Akkordarbeit, die noch selten war, ließ sich unter Umständen diese Obergrenze überschreiten.

Einige Beispiele mögen zeigen, wie die Fabrikindustrie auf die Lage der gewerblichen Handarbeiter wirkte. Schlossergesellen verdienten in Berlin beim Meister täglich 6—8 Groschen nebst Wohnung und Kost, $17\frac{1}{2}$—20 Groschen ohne Wohnung und Kost; in zwei Monaten des Jahres fanden sie beim Meister schwer Arbeit. In den Fabriken dagegen verdienten sie $17\frac{1}{2}$ bis 30 Groschen täglich und wurden das ganze Jahr über beschäftigt. So verdienten auch in Chemnitz Schlosser beim Meister durchschnittlich einen halben Taler, in Maschinenfabriken $\frac{2}{3}$ — 1 Taler. Drechslergesellen bekamen in Berlin beim Meister täglich 15 - 20 Groschen ohne Wohnung und Kost, in den Fabriken anfangs den gleichen Lohn, später aber bei Stücklohn bis zu einem Taler, vereinzelt sogar $1\frac{1}{2}$ Taler und mehr.

Ganz anders war die Lage in einigen Handwerken, in denen erst die Umwandlung zum hausindustriellen Betriebe begonnen hatte. So arbeitete z. B. ein großer Teil der Berliner Tischlermeister schon für Möbelhändler, die bei ihnen leichte Ware einer und derselben Art fertigen ließen und die Preise aufs äußerste drückten. Durch diesen Betrieb wurden auch die Gesellenlöhne heruntergebracht. Möbeltischler-Gesellen verdienten $12^1/_2$—20 Groschen täglich, erheblich weniger als die Bautischler-Gesellen. Die Arbeitszeit betrug volle 12 Stunden, und es gab Gesellen, die sogar 15—19 Stunden arbeiteten; diese brachten es dadurch zuweilen bis auf 7 Taler Wochenverdienst; doch wurde in drei Monaten jährlich weniger gearbeitet und verdient. Bei Schneidern und Schustern herrschten vielfach noch schlimmere Verhältnisse, die aber zum Teil durch Überfüllung dieser Handwerke — ein auch sonst vielbeklagter Mißstand — sowie durch die Konkurrenz kleinstädtischer Meister verschuldet wurden. Die zeitgenössischen Berichte hielten diese verschiedenen Elemente nicht genug auseinander und unterschieden ebensowenig zwischen Fabrik- und Hausindustrie, eine Unklarheit, die auch in der Gegenwart noch stark verbreitet ist. Schon damals wendete man, wie noch jetzt, die inhaltsleere Phrase an, die „Macht des Kapitals" sei Schuld an der Proletarisierung der Massen. Vergebens erwiderten sachkundige Fabrikanten, man müsse doch vor allem Hausindustrie und Fabrik auseinanderhalten; jene drücke, diese hebe gegenwärtig die Lage der Handarbeiter[1]). Übrigens war in manchen Zweigen der Hausindustrie die Lage der Handarbeiter noch eine recht gute; so verdienten die sächsischen und westfälischen Damastweber $3^1/_2$—5 Taler wöchentlich, während z. B. die sächsischen und altonaer Maschinenspinner erst 2—3 Taler verdienten. Die Löhne der Maschinenspinner waren seit längerer Zeit ziemlich unverändert geblieben, was bei der damaligen geringen Entwicklung dieses Industriezweiges begreiflich ist.

Die Jahresverdienste der gelernten Handarbeiter waren noch verhältnismäßig schwach differenziert, und auch der Unterschied zwischen den Verdiensten gelernter und ungelernter Handarbeiter bewegte sich nur etwa um 30% herum, wenn letztere einigermaßen gut beschäftigt waren. Die Obergrenze des Einkommens eines gelernten Handarbeiters (in Berlin 300 Taler) erhob sich etwa um 70% über das Existenzminimum (in Berlin 180 Taler), und jene Obergrenze wurde im Handwerk nur ganz selten, in der Hausindustrie kaum jemals, in der Fabrikindustrie dagegen schon häufiger erreicht, aber wohl nur in besonders rüstig vorwärts schreitenden Industriezweigen, wie in der Maschinenindustrie, die überhaupt so recht die Aristokratie der Industrie bildete.

---

1) Vgl. Saß S. 259ff. Dagegen z. B. Deutsche Gewerbe-Zeitung 1847, S. 133.

Die Möglichkeit, wenigstens im Inland mit der ausländischen Industrie konkurrieren zu können, beruhte durchaus auf der Billigkeit der Handarbeit, auf der viel gerühmten „Anspruchslosigkeit des deutschen Arbeiters".

Die Arbeitszeit war noch sehr lang. Die Berliner Handwerker arbeiteten meist im Sommer von 5—7 Uhr, mit 2 Stunden Pausen für Mahlzeiten, also 12 Stunden lang, im Winter eine Stunde weniger. Die Berliner Fabriken hatten dieselbe Arbeitszeit. Maurergesellen arbeiteten im Sommer 12 Stunden, im Herbst und Frühjahr 10, im Winter 7—8 Stunden, Buchdruckergehilfen 12—14 Stunden, Brauknechte 16—18 Stunden. Die Schuhmacher in Hamburg arbeiteten von morgens 6 bis abends 10, die Schneider von 6—9, die Schmiede von 4—6, die Schlosser von 5—7, die Tabak- und Zigarrenmacher von 6—8 Uhr.

Die Meyersche Stockfabrik in Hamburg, wegen der Humanität ihres Leiters als Musterbetrieb mit Recht gerühmt, hatte folgende Arbeitszeit:

im Sommer von 6—8 } mit $1^1/_2$ St. Frühstücks-
im Winter von 7—8 } und Mittagspausen,

was für den Sommer $12^1/_2$, für den Winter $11^1/_2$ Stunden Arbeitszeit ergibt. In den Berliner Fabriken wurde oftmals auch Sonntags gearbeitet. Die Berliner Bäckergesellen arbeiteten das ganze Jahr hindurch täglich 18 Stunden mit einigen Pausen; nur am Sonntage wurden sie zuweilen abgelöst.

Lebenshaltung deutscher Handarbeiter. Wie stand es damals mit der Lebenshaltung der deutschen Handarbeiter? Leider fehlen uns zur Beantwortung dieser Frage fast alle ziffernmäßigen Angaben. Dagegen besitzen wir eine Schilderung aus dem Jahre 1844, eine Schilderung, die von keinem Geringeren herrührt, als von Friedrich List, und die zwar jedenfalls für agitatorische Zwecke reichlich dunkel gefärbt war, aber unmöglich aus der Luft gegriffen sein konnte; sie wurde in der „Allgemeinen Zeitung" veröffentlicht und wäre, wenn unwahr, sicherlich rasch widerlegt worden[1]).

„Vor einiger Zeit", so beginnt List, „herrschte großes Wehklagen in Deutschland über die in England herrschende Noth,

---

1) Über die Beziehungen der Landwirtschaft zur Industrie und zum Handel, abgedruckt in Friedrich Lists gesammelten Schriften, herausg. von L. Häußer, II, 255 ff.

furchtbare Schilderungen eines unerhörten Elends, worin die arbeitenden Klassen dort schmachten sollten, waren im Umlauf. Die Arbeiter, hieß es, hätten nicht einmal die notwendigsten Lebensbedürfnisse, die freiwilligen Arbeits- und Zufluchtshäuser seien gefüllt, hilflose alte Frauen oder kleine Kinder litten sogar den bittersten Hunger. Das war reichliches köstliches Futter für unsere weichen Herzen, für unsere empfindsamen Gemüter und unseren glühenden Wohltätigkeitssinn — — —."

„Es gibt kein Volk auf Erden, wie das deutsche. Wir tragen unsere Bibeln in alle Länder, bis an das Ende der Welt — —. Ficht irgendwo ein Volk in einem entfernten Winkel der Erde um seine Freiheit, wir laufen hin, um unser Blut für seine Sache zu vergießen. Wir können nicht leben, solange die Sklaverei der Schwarzen noch besteht. Natürlich mußten wir schaudern, als wir hörten, ein großer Teil des englischen Volkes leide „an den allernötigsten Lebensmitteln" Mangel. Wir verstanden darunter, sie hätten keinen Pumpernickel, kein Hafermus, keinen Wälschkornbrei, keine Knödel, keine Kartoffeln, keine Salzgurken, kein Sauerkraut, keine abgerahmte Milch, noch viel weniger Schmalz und Speck, die Rauheit dieser Dinge zu mildern, oder keinen Kümmelbranntwein, sich eine heitere Stunde zu machen, und wahrlich, wenig fehlte, wir wären ihnen mit unserem Überfluß beigesprungen."

„Wie schade um alle jene edlen Tränen des Mitgefühls, sie waren vergebens geweint. Der ganze Jammer war rein umsonst und beruhte lediglich auf einem Mißverständnisse[1]). Man wußte bei uns nicht, was man in England unter den „notwendigsten Lebensbedürfnissen" verstand. In vielen Gegenden Deutschlands versteht man darunter Kartoffeln ohne Salz, eine Suppe mit Schwarzbrot zur höchsten Notdurft geschmälzt, Haferbrei, hier und da schwarze Klöße. Die, welche sich schon besser stehen, sehen kaum in der Woche einmal ein bescheidenes Stück frisches oder geräuchertes Fleisch auf ihrem Tisch, und Braten kennen die meisten nur vom Hörensagen. Ich habe Reviere gesehen, wo ein Hering, an einem an

---

1) Das ging natürlich zu weit. Im gleichen Jahre, als List dies schrieb, verfaßte der deutsche Sozialist Friedrich Engels seine Schrift „Die Lage der arbeitenden Klassen in England", die freilich auch arg einseitig düster schilderte, aber jedenfalls viel wirkliches Elend aufdeckte. Aber darin, daß man sich in Deutschland durch solche pessimistische Agitationen allzusehr beeinflussen ließ, hatte List unzweifelhaft Recht.

der Zimmerdecke befestigten Faden mitten über dem Tisch hängend, unter den Kartoffelessern von Hand zu Hand herumging, um jeden zu befähigen, durch Reiben an dem gemeinsamen Tafelgut seiner Kartoffel Würze und Geschmack zu verleihen."

„An dergleichen, glaubte man, fehle es den Engländern. Vergebens versuchten einige, welche die englischen Zustände mit eigenen Augen gesehen hatten, dem deutschen Publikum andere Begriffe von dem, was man in England die notwendigsten Lebensbedürfnisse hieß, beizubringen. Vergebens sagten sie, dazu gehöre bei einer beschäftigten Arbeiterfamilie von fünf Personen in der Regel und im Durchschnitt 5—6 Pfund Weizenbrot, 3—5 Pfund Kartoffeln, 3—4 Pfund frischgeschlachtetes Fleisch, $^1/_4$ Pfund Butter und Käse, 4 Unzen Zucker, $^1/_4$ Unze Tee, 1 Flasche starkes Bier (Porter oder Ale), das leichte Tischbier ungerechnet, sodann das erforderliche Gemüse und Gewürz, den Sonntags-Plumpudding nicht zu vergessen. Man hielt das für fabelhaft und glaubt, in keinem Lande der Welt könnte die arbeitende Klasse derart leben, das sei ja ein Tisch, zu gut für deutsche Honoratioren. Glücklicherweise befinde ich mich heute im Besitz einer Partie Küchenzettel, die der Statistiker Porter, ein Mann, der sich nur an Tatsachen hält und seiner Phantasie wenig Spielraum läßt, eigenhändig nach der Natur gezeichnet, d. h. in den betreffenden Küchen selbst aufgenommen hat, wodurch ich in den Stand gesetzt werde, jene Tatsachen auf unwiderlegliche Weise ins Licht zu stellen."

Die Zahlen, welche List nach Porter für den Konsum englischer Arbeiter und Pflegekinder mitteilt, wollen wir hier übergehen. Was er von der Lebenshaltung der untersten Schicht deutscher Handarbeiter sagt, stimmt jedenfalls überein mit anderen Beobachtungen[1]). Die Lebenshaltung der Bessergestellten kann man danach sich einigermaßen vorstellen.

Blick auf andere Volksklassen. So war die Lage der gewerblichen Handarbeiter beschaffen, als die neuzeitliche deutsche Fabrikindustrie sich noch nicht über die ersten Anfänge hinaus entwickelt hatte. Das Bild bedarf aber noch der Vervollstän-

---

1) Vgl. z. B. Saß, Berlin (1845) S. 300 ff. (nach Mitteilungen des Stadtverordneten Krebs in der Spener'schen Zeitung 1845 No. 296/98): eine Berliner Tagelöhnerfamilie mit 100 Taler Einkommen verzehrt täglich 6 Pfund Roggenbrod, aber Fleisch nur an höheren Festtagen. Vgl. auch schon oben S. XXIV ff.

digung durch einige Angaben über die damalige Lage deutscher Beamten.

Die preußischen Landschullehrer hatten 1842 durchschnittlich ein Jahreseinkommen von 85 1/2 Talern, fast 1200 hatten weniger als 20 Taler [1]). Diese Zahlen kann man erst würdigen, wenn man hört, daß nach Ermittelungen des Preußischen Landes-Ökonomie-Kollegiums aus dem Jahre 1848 der Lebensunterhalt einer ländlichen Arbeiterfamilie von fünf Köpfen in den Provinzen Preußen, Posen, Schlesien und Sachsen 96—108 Taler erforderte, in den Provinzen Pommern und Brandenburg 113—140 Taler, in der Rheinprovinz 107—204 Taler, im Durchschnitt der ganzen Monarchie 116 Taler. In Mecklenburg erhielten die ländlichen Tagelöhner nach Ermittelungen Thünens 1833/47 durchschnittlich 125 Taler Arbeitslohn, wovon der Lebensunterhalt bei einer Familie von vier Köpfen 100 Taler erforderte, so daß 25 Taler zurückgelegt werden konnten.

Für Berlin (und Hamburg-Altona) haben wir das damalige Existenzminimum mit etwa 180 Taler beziffert. Dieses Gehalt bezogen u. a. 1846 die Kondukteure der Berlin-Anhalter Eisenbahn und die Portiers der Berliner Ministerien, welche letztere aber außerdem noch frei Wohnung hatten, vermutlich auch Nebeneinkünfte. Die Obergrenze für das damalige Einkommen Berliner Handarbeiter war ein Taler täglich oder 300 Taler jährlich. Einkommen in solcher Höhe bezogen durchschnittlich die Bahnmeister und Güter-Expedienten der Berlin-Anhalter Eisenbahn, die Boten der Berliner Magistrats- und der Berliner Ministerien, auch die Polizei-Sergeanten; vermutlich waren einzelne dieser Beamten-Kategorien pensionsberechtigt. Die jüngsten städtischen Kanzlisten standen sich auf 350 Taler, diejenigen der Ministerien und die jüngsten Postsekretäre in Berlin auf 400 Taler. In den kleineren Städten betrug der Gehalt der Postsekretäre jahrelang nur 300 Taler, bei 11—12 stündiger Dienstzeit, nebst Nachtdienst bei Bedarf.

Auch die höheren und höchsten Beamten waren meist noch kärglich besoldet. Der jüngste Berliner Stadtrat bezog 800 Taler, der älteste 1500 Taler, ein Regierungsrat beim Polizei-

---

[1]) Nach amtlichen Quellen, zitiert bei Berger, Der alte Harkort, S. 295. Das Folgende nach v. Viebahn, Statistik des zollvereinten und nördlichen Deutschlands, II, 609; Kux, Berlin 1842; Giraud, Preuß. Postzustände 1843; Ztschr. d. Vereins f. deutsche Statistik 1847, S. 640.

präsidium 1000 Taler, ein Geheimer Postrat 1500 Taler, ein Ministerialrat 3. Klasse 1500 bis 2000 Taler, der Polizeipräsident 3500 Taler, der Generalpostmeister 4500 Taler, der Berliner Oberbürgermeister 5000 Taler.

Das preußische Ministergehalt war für damalige Zeit verhältnismäßig ansehnlich; es betrug (wie noch vor wenigen Jahren) 12000 Taler. Die Zahl der Preußen, die ein noch höheres Einkommen hatten, war jedenfalls nur klein. Von 7 $^1/_2$ Millionen Klassensteuerpflichtigen bezahlten 346 den höchsten Steuersatz von 144 Talern; in der obersten Hauptklasse, deren Steuersätze schon bis auf 24 Taler herunterreichten, befanden sich nur 4600. Von 70000 Berliner Wohnungen hatten nur 265 einen Mietswert von über 1000 Talern.

Wie sehr das Prinzip der Billigkeit auch in den höheren Bürgerkreisen noch vorherrschte, ersieht man aus einer Äußerung jenes Franzosen Burat, der 1844 Deutschland bereiste: „Man hört oft in Gesellschaft die Frauen sich in einem Wettstreite ergehen, wer die und die Artikel für die Toilette und den Haushalt am billigsten gekauft hat; darein setzen sie den nämlichen Stolz, den unsere eleganten Damen darein setzen, den **hohen Preis**, den sie für die glänzenden Neuigkeiten der Mode bezahlt haben, auszuposaunen und sogar noch zu erhöhen." Burat spricht unmittelbar vorher von **Kaufleuten und Fabrikanten**, mit denen er in Deutschland ausschließlich verkehrt zu haben scheint. Die Lebenshaltung auch dieser Kreise war also offenbar noch eine sehr bescheidene.

Volksgeist. Zum Schluß noch wenige Worte über die damaligen geistigen Interessen des deutschen Volkes. In dem Jahrzehnte, das mit der Julirevolution begann und bald darauf an Goethe's Bahre vorüberzog, überwogen noch immer die literarischen, künstlerischen, philosophischen Interressen. Aber der hippokratische Charakter dieser Geistesrichtung, den schon Goethe so stark empfunden hatte, prägte sich immer schärfer aus. Der Schwerpunkt deutscher Zeitkultur, der Brennpunkt des Volksinteresse verschob sich immer weiter in der Richtung nach Berlin. An die Stelle der rückwärtsschauenden Romantik trat die vorwärtsschauende Politik. Und Heinrich Heine war es, in dem diese Wandlung sich am stärkstem verkörperte. „Das tausendjährige Reich der Romantik hat ein Ende", so schrieb er 1846 an Varnhagen von Ense, „und ich selbst war sein letzter und abgedankter Fabelkönig. Hätte ich nicht die Krone vom Haupte fortgeschmissen und den Kittel angezogen, sie hätten mich richtig geköpft."

In der Wissenschaft war der Einfluß der Philosophie schon stark im Rückgange begriffen, während die Naturwissenschaften ihrer Hochblüte zustrebten, und in den Menschheitswissenschaften die Geschichtsschreibung emporzublühen begann. Auch in der Rechtswissenschaft vollzog sich der Übergang von philosophischer zur geschichtlichen Betrachtung, etwas später in der Nationalökonomie; nur der wissenschaftliche Sozialismus entwickelte sich noch unter dem Einflusse der Hegel'schen Philosophie, die sich dadurch am deutschen Volke für ihre Nichtachtung furchtbar gerächt hat.

In der bildenden Kunst blühte der Klassizismus länger als in der Poesie: Schinckel starb erst 1841, Thorwaldsen 1844. Und auch hier war die Herrschaft der Romantik von kurzer Dauer. Vollends die Anfänge realistischer Kunst verkümmerten oder lebten einsam in einer Welt, die sie noch nicht verstand. Dem einzigen Menzel gelang es, sich durchzukämpfen und seine Eigenart zu bewahren; aber erst nach Jahrzehnten erkannte das Volk, was es an ihm besaß. Die Kunst wurde, namentlich seit 1840, verdrängt durch Politik und Erwerb. Der deutsche Volksgeist wendete sich diesen neuen bedeutsamen Aufgaben zu, getreu dem Spruche, den ihm Goethe für seine Wanderung durch die Jahrhunderte mitgegeben hatte:

„Vom Nützlichen durch's Wahre zum Schönen!"

Erster Abschnitt.

Der Telegraphenbau.

Erstes Kapitel.

Die Anfänge.

Großvater und Vater der Brüder Siemens. Die Familie Siemens war, wie Werner von Siemens in seinen „Lebenserinnerungen" berichtet, seit Jahrhunderten am Nordabhange des Harzes ansässig und betrieb dort vorzugsweise Land- und Forstwirtschaft. In einer handschriftlichen Familiengeschichte, die nach den „Lebenserinnerungen" entstanden zu sein scheint, wird auch die Neigung zur Naturwissenschaft und Mechanik als für die Familie charakteristisch erwähnt. So beschäftigte sich insbesondere der Großvater der Brüder Siemens neben seinem landwirtschaftlichen Berufe mit dem Anfertigen optischer Instrumente:

> Noch im hohen Alter hatte er seine Lust daran, seine Enkel, die dafür Verständnis zeigten, über solche Dinge stundenlang zu belehren und die Aufmerksamkeit durch das Geschenk eines selbstgefertigten Mikroskopes oder Fernrohres zu erfreuen[1]).

Sein Sohn Chr. Ferdinand Siemens, ein „kluger, hochgebildeter Mann", war ebenfalls Landwirt, hatte aber in seinem Berufe kein Glück. Er starb am 16. Januar 1840 auf seiner Pachtung Menzendorf im Ratzeburgischen, nachdem er ein halbes Jahr vorher seine Frau verloren hatte. Die Vermögensverhältnisse der Familie waren die denkbar ungünstigsten. Am 16. Juli 1839, wenige Monate vor seinem Tode, schrieb Ferdinand Siemens an seinen Sohn Werner:

> Ich muß durchaus 70 Jahre alt werden (schrecklich zu sagen), sonst lasse ich hilflose Waisen zurück. Geld ist sehr knapp; denn bei

---

[1]) In Werners „Lebenserinnerungen" (künftig als L.-E. zitiert), welche des Großvaters wiederholt gedenken, findet man hiervon nichts erwähnt.

den großen Ausgaben habe ich keinen Raps[1]). — — Mache durch dickes Kuvert Deinen Brief nicht so schwer, daß er 1½ Porto kostet.

Und am 12. November 1839 schrieb er an Wilhelm, der noch auf der Schule war:

> Ich bin nie so in Geldmangel gewesen, wie diesen Herbst. Ich hätte Dir gern Deinen Bedarf bis Ostern geschickt; aber ich will froh sein, wenn ich mich so durchhelfe.

Nach seinem Tode berichtete der zweitälteste Sohn Hans, der das Gut noch eine Zeitlang bewirtschaftete, aus Menzendorf:

> Der Kram hier war gänzlich in Verfall. Vater hätte sich kein Jahr mehr halten können. Pacht war beinahe 2000 Tlr. rückständig, Zinsen lange nicht bezahlt, das Vieh gänzlich aus der Reihe, der Acker seit langer Zeit nicht gehörig bestellt. Kurz, es mangelte allenthalben.

Das Erbteil jedes der hinterbliebenen 10 Kinder betrug, wie es scheint, etwa 180 Tlr.

Die Brüder Siemens. Hier seien zunächst die 10 Kinder aufgeführt: Mathilde, geb. 1814 (heiratete 1838 den Physiker Dr. Himly in Göttingen, später Professor in Kiel); Werner, geb. 1816; Hans, geb. 1818 (anfangs Landwirt); Ferdinand, geb. 1821 (Landwirt); Wilhelm, geb. 1823; Friedrich, geb. 1826; Karl, geb. 1829; Walter, geb. 1833; Sophie, geb. 1834 (heiratete den Dr. Crome in Lübeck, zuletzt Anwalt beim Reichsgericht in Leipzig); Otto, geb. 1836. — Die Schwestern, sowie die Brüder Hans und Ferdinand werden uns nur selten beschäftigen, schon häufiger die jüngsten Brüder Walter und Otto. Wenn hier aber von den „Brüdern Siemens" die Rede ist, so haben wir vorzugsweise an folgende vier zu denken, deren angeborene Charaktereigenschaften, wie sie schon in ihrer Kindheit sich zeigten, hier kurz angedeutet werden sollen, während deren Betätigung, Ausbildung und Umgestaltung im späteren Leben der Brüder erst allmählich ersichtlich werden wird.

Werner bewies schon als Kind Tatkraft, Mut und Entschiedenheit des Auftretens; er war lernbegierig und unendlich fleißig, auch da, wo seine Neigung nicht beteiligt war, die sich früh der Mathematik und den Naturwissenschaften zuwandte. Ehr- und Rechtsgefühl waren ihm schon in jungen Jahren eigen, nicht

---

1) Die Ölfrüchte spielten damals in der Landwirtschaft eine ähnliche Rolle wie jetzt die Zuckerrüben.

minder das Bewußtsein der Verantwortlichkeit und der Pflicht, für seine jüngeren Geschwister zu sorgen. Seiner Mutter, als sie auf dem Totenbette lag, gab er das Versprechen, sich der Erziehung seiner jüngeren Geschwister anzunehmen.

Anders war der Charakter Wilhelms beschaffen. Er zeigte bereits als Knabe ein eigentümliches, etwas verschlossenes, aber intelligentes Wesen, klaren Verstand, große Behendigkeit im Aneignen von Kenntnissen und ausgesprochene Neigung zur Technik. Von frühester Jugend an war er, wie Werner berichtet, ehrgeizig und ein wenig zur Eifersucht geneigt.

Dagegen wird Friedrich in seiner Jugend geschildert als träumerisch, „allweise" und disputiersüchtig, eigensinnig, empfindlich und leicht verzagt, unpraktisch, ungewandt im Verkehr mit Menschen, im mündlichen wie im schriftlichen Ausdrucke, durchaus nobel denkend, lernbegierig und mit gutem Verstande begabt, aber auch beim Lernen nur der eigenen Neigung folgend.

Wieder ganz anders ließ sich Karl an: er war ein guter, prächtiger, liebenswürdiger Junge. Einen starken Lerntrieb besaß er damals nicht. Er entschloß sich schwer, eine Sache anzugreifen. Für ein entferntes Ziel zu arbeiten, war nicht seine Sache; aber vor eine bestimmte Aufgabe gestellt, entwickelte er große Tüchtigkeit und Feuereifer.

Erziehung und Vorbildung der Brüder Siemens. Der erste Mensch, der nachhaltigen Einfluß auf die Brüder ausübte, war (nach den L.-E.) ihr Hauslehrer Sponholz:

> Er wußte uns immer erreichbare Ziele für unsere Arbeit zu stellen und stärkte unsere Tatkraft und unseren Ehrgeiz durch die Freude über die Erreichung des gesteckten Zieles, die er selbst dann aufrichtig mit uns teilte. So gelang es ihm schon in einigen Wochen, aus verwilderten, arbeitsscheuen Jungen die eifrigsten und fleißigsten Schüler zu machen, die er nicht zur Arbeit anzutreiben brauchte, sondern vom Übermaß derselben zurückhalten mußte. In mir namentlich erweckte er das nie erloschene Gefühl der Freude an nützlicher Arbeit und den ehrgeizigen Trieb, sie wirklich zu leisten. Ein wichtiges Hilfsmittel, das er dazu brauchte, waren seine Erzählungen. Wenn uns am späten Abend die Augen bei der Arbeit zufielen, so winkte er uns zu sich auf das alte Ledersopha, auf dem er neben dem Arbeitstische zu sitzen pflegte, und während wir uns an ihn schmiegten, malte er uns Bilder unseres eigenen künftigen Lebens aus, welche uns entweder auf Höhepunkten des bürgerlichen Lebens darstellten, die wir durch Fleiß und moralische Tüchtigkeit erklommen hatten, die uns in die Lage brachten, auch die Sorgen

der Eltern zu beseitigen, oder welche uns wieder in traurige Lebenslagen zurückgefallen zeigten, wenn wir in unserem Streben erlahmten und der Versuchung zum Bösen nicht zu widerstehen vermochten.

Werner besuchte das Lübecker humanistische Gymnasium; gelangte aber nur bis zur Prima. Da ihm das Studium der alten Sprachen keine Befriedigung gewährte, gab er die griechischen Stunden schon in Sekunda auf und nahm statt dessen Privatstunden in Mathematik und Feldmessen, um sich zum Eintritt in die Berliner Bauakademie vorzubereiten. Das Baustudium erwies sich indes als zu langwierig, weshalb er 1834 beschloß, ins preußische Ingenieurkorps, und da auch dort die Aussichten ungünstig waren, in den Artilleriedienst einzutreten. Auf der Berliner Artillerie- und Ingenieurschule betrieb er (von 1835 bis 1838) namentlich naturwissenschaftliche und mathematische Studien unter der Leitung so hervorragender Lehrer, wie Ohm, Magnus und Erdmann. Das für die Militärexamina nötige Gedächtnismaterial paukte er sich mit eisernem Fleiße ein, um es nachher noch schneller wieder zu vergessen. In den folgenden Jahren ließ ihm der strenge Militärdienst nicht immer genug Zeit, um sich mit seinen Lieblingsstudien gründlich zu beschäftigen. Erst als er 1842 zur Berliner Artilleriewerkstatt kommandiert wurde, konnte er ihnen wieder mehr Zeit und Kraft zuwenden. Aber die bittere Notwendigkeit, Geld zu verdienen für die Erziehung seiner jüngeren Geschwister, zwang ihn zu „Erfindungsspekulationen", die wir nachher kennen lernen werden. Noch einmal machte er einen energischen Anlauf zur systematischen wissenschaftlichen Ausbildung 1845, als er den Erfindungsspekulationen Valet sagte.

9. Oktober 1845. Ohne Kenntnisse in der höheren Mathematik tappt man doch immer nur im Dunkeln. Ich will bei Jacobi im Winter Analysis und Anwendung derselben im Gebiete der höheren Mechanik hören. 13. November. Ich studiere jetzt höhere Mathematik und höre zu dem Ende täglich von 12—1 ein Collegium bei Jacobi. Das ist ein Hauptkerl.

Aber, wie er in seinen L.-E. berichtet, erkannte er bald, daß seine Vorbildung nicht ausreiche, um Jacobis Vorlesungen bis ans Ende zu folgen[1]):

Diese unvollkommene Vorbildung hat mich zu meinem großen Schmerze überhaupt immer sehr zurückgehalten und meine Leistungen verkümmert.

---
1) L. E. S. 33.

Wesentlich anders verlief Wilhelms Bildungsgang. Er sollte zuerst Kaufmann werden und besuchte daher eine Zeitlang in Lübeck eine Handelsschule, darauf — als feststand, daß er Techniker werden sollte — in Magdeburg, Werners damaliger Garnison, eine „höhere Gewerbe- und Handlungsschule". Werner half ihm in freien Stunden bei seinen Schularbeiten; auch veranlaßte er ihn, den nicht befriedigenden mathematischen Unterricht auf der Schule aufzugeben und statt dessen Englisch zu treiben. Mathematischen Unterricht gab Werner ihm selbst jeden Morgen von 5 bis 7 Uhr und hatte die Freude, daß er später ein besonders gutes Examen in der Mathematik machte. Als Wilhelm Ostern 1841 die Schule nach dreijährigem Besuche verließ, lautete sein Zeugnis folgendermaßen:

Sein deutscher Stil ist fließend und nicht ohne Gedankenreichtum, obwohl mitunter Korrektheit vermißt wird; recht gute Kenntnisse in der Mathematik, sehr gute in der Physik und Technologie.

Wilhelm selbst hat sich später ungünstig über die Magdeburger Schule ausgesprochen; es sei, so meinte er, fast unmöglich, daß er dort etwas wirklich Brauchbares gelernt habe, hätte doch z. B. der ganze elektrische Apparat der Schule aus einer primitiven Elektrisiermaschine und einer noch primitiveren Batterie bestanden.

Darauf bezog Wilhelm die Universität Göttingen, etwas Unerhörtes für einen angehenden Techniker. Freilich gab es damals noch keine Technischen Hochschulen. Werner berichtet in den L.-E., er habe den Bruder veranlaßt, zu studieren, während Wilhelm dies (ebenfalls im höheren Lebensalter) seiner eigenen Initiative zuschrieb und es sogar als „einen Akt der Auflehnung gegen seine Berater" bezeichnete. Wie dem auch sei, jedenfalls gab ihm Werner Ratschläge für sein Göttinger Studium:

Dein Hauptstudium muß jetzt Mathematik, besonders angewandte, ferner Physik und Zeichnen sein. Sehr gut wäre es, wenn Du einen Vortrag über praktische Maschinenkunde und Maschinenteile hören könntest; doch zweifle ich, daß Du in Göttingen einen findest. Zeichenunterricht mußt Du jedenfalls nehmen; das ist mit eine Hauptgrundlage Deines Faches, vor allen Dingen geometrische Projektionslehre.

Tatsächlich hörte er in zwei Semestern Geognosie und Technologie bei Hausmann, Differential-, Integral- und Variationsrechnung. Analysis und höhere Mechanik bei Stern, Physik bei Himly, unter dessen Leitung er auch ein chemisches Praktikum mitmachte! Alles „ausgezeichnet fleißig". Theoretische Chemie hörte er bei Wöhler. Endlich arbeitete er eine kurze Zeit in Wilhelm Webers magnetischem Observatorium. Wilhelm bezeichnete es später als Wirkung seiner kurzen Göttinger Studienzeit, daß er Liebe zur Wissenschaft in sich aufnahm und den Entschluß faßte, seinen eigenen Weg zu gehen. Aber zunächst verschaffte ihm Werner 1842 ein Unterkommen in der von Schoettler geleiteten, ehemals Aston'schen, damals Gräflich Stolberg'schen Maschinenfabrik in Magdeburg [1]). Schoettler galt als ein „zwar nicht gelehrter, aber praktisch sehr tüchtiger Maschinenbauer". Die Fabrik machte „sehr viele neue Dampfmaschinen, im vorigen Jahre gegen 20", und Graf Stolberg beabsichtigte, sie noch bedeutend zu vergrößern. Schoettler wünschte, daß Wilhelm Siemens seinem (Schoettlers) Sohne bei seiner wissenschaftlichen Ausbildung behilflich sein solle:

Wenn Du pfiffig bist, meinte Werner, hast Du dadurch den Alten ganz in der Hand. Also sei fidel, lieber Junge, Jungfer Fortuna hat Dir ein ganz warmes Nest bereitet.

Diese etwas naiven Hoffnungen gingen allerdings nicht in Erfüllung: Wilhelms Aufenthalt in Magdeburg war nicht von langer Dauer. Er arbeitete zunächst als Tischler, Drechsler und Schlosser, wurde aber bald als Maschinenzeichner und sogar als Konstrukteur verwendet. Werner riet ihm, er möge seine freie Zeit benutzen,

um die Theorie gründlich zu kapieren und mit Leichtigkeit Maschinenteile nach dem Modell und zusammengesetzte Maschinen unter verschiedenen Ansichten zu entwerfen. Mit Tusche brauchst Du Dich nicht viel zu befassen, wohl aber mit Konstruieren und genauen Linearzeichnungen. Besonders eifrig betreibe noch Mechanik und die Anwendung der höheren Mathematik auf dieselben. Daß Du in der Physik Dir gründliche Kenntnisse verschafft hast, besonders in dem mechanischen Teile derselben (z. B. in der Lehre von den Dämpfen, von den Instrumenten etc.), setze ich voraus.

Aber bald geriet auch er in den Strudel der zum Geldverdienen nötigen „Erfindungsspekulationen", und mit der weiteren systematischen Ausbildung war es vorbei. So war auch sein Bildungsgang ein sehr unregelmäßiger und unvollständiger, wenigstens nach heutigen Begriffen.

In noch weit höherem Maße war dies bei Friedrich der Fall. Er kam wegen seiner zarten Körperkonstitution erst mit

---

1) In Berlin wollte das Volk mehrere hundert Thaler Lehrgeld haben, bis 500, das ging also nicht (Werner).

11 Jahren zur Schule, mußte deren Besuch krankheitshalber oft unterbrechen und kam nicht vorwärts. Da ihn überdies der Onkel, bei dem er in Pension war, nicht richtig zu behandeln wußte, was freilich auch bei seinem eigentümlichen Charakter recht schwer war, so wurden ihm Schule und Onkel so zuwider, daß er beide 1842 verließ und als Schiffsjunge zur See ging. Mehrere Jahre lang machte er als solcher auf einer Handelsbrigg Seereisen in Nord- und Ostsee, erlebte fürchterliche Stürme und fühlte sich schließlich auch in diesem Leben recht unglücklich. Bewegt schrieb er an seinen Bruder Karl, es wolle ihm nicht gefallen, daß seine Brüder alle kluge Leute würden und er allein dumm bleiben sollte. Darauf forderte ihn Werner auf, nach Berlin zu kommen und auf dem ersten preußischen Kriegsschiffe, der Amazone, Seekadett zu werden. Friedrich folgte dieser Einladung im Frühjahr 1845, gab aber den Plan bald wieder auf. Inzwischen beschäftigte er sich eifrig, doch sehr unsystematisch mit Mathematik und Physik, nebenbei auch mit anderen Dingen, wie es ihm gerade einfiel. Werner konnte sich ihm anfangs nicht viel widmen, freute sich aber über seine guten Fortschritte und sagte voraus, er werde ein sehr tüchtiger Ingenieur werden. Im folgenden Jahre (1846) gab Werner ihm Stunden in Statik und Mechanik und beschäftigte ihn auch mit Zeichnungen für seine Telegraphen-Erfindungen, so daß er schließlich gewissermaßen Werners Assistent wurde; dazwischen war aber auch die Rede davon, daß er Maschinenbauer werden solle.

Er möchte sehr viel lernen und leisten, schrieb Werner damals an Wilhelm, und sein großer Ehrgeiz wird ihm über viele Schwierigkeiten hinweghelfen; doch hat er wieder große Abneigung vor dem steten Stillsitzen und dem kaufmännischen Spekulieren. Deshalb gefällt ihm die reine Maschinenbauerei wenig.

Er bewies auch viel Geschick zur Handarbeit und war überhaupt sehr fleißig, dabei aber so zerstreut und unentschlossen, daß er hierdurch Werner ernste Sorgen machte. Ende 1847 bezeichnete er endlich selbst als „sein ideales Ziel, Halskes Nebenbuhler zu werden, nämlich Telegraphen zu bauen und sich wissenschaftlich wie praktisch hauptsächlich hierfür auszubilden". Da kam das Jahr 1848, das ihn auch aus dieser Bahn vorübergehend wieder herauswarf. So ging es weiter, und es dauerte noch lange, ehe er endlich das Feld fand, auf dem er seine Anlagen mit dauerndem Erfolge verwerten konnte.

Karl besuchte die Schule zuerst in Lübeck, dann in Berlin und machte schon damals mit Vorliebe chemische Experimente. Als die Brüder im Herbste 1845 eine neue Wohnung bezogen, freute sich Karl namentlich, daß sie eine Küche hatte,

weil, wenn ich einmal etwas Stinkendes entwickle, nicht alle Leute rebellisch werden, wie es hier im Hause mal der Fall war; auch wenn ich was schmelzen oder kochen will, ist die Küche sehr nützlich. Friedrich und ich haben jetzt jede Woche dreimal beim Leutnant Roloff Mathematikstunde. Heute nachmittag gehen wir mit unserem Botanik- und Zoologie-Lehrer zum Zoologischen Garten.

Als er 1846 die Schule verließ, wandte er sein Hauptstudium der Chemie zu und betrieb es mit Leidenschaft:

Er chemisiert, schreibt Werner, auf eine arge Weise und hat unserer ganzen Behausung das Ansehen einer Apotheke gegeben.

Doch hieß es auch für ihn: Geld verdienen. Werner verschaffte ihm 1847 eine Stelle in einer Zementfabrik, wo er hauptsächlich sich mit chemischen Untersuchungen beschäftigen, aber nebenbei hinlänglich Zeit zu seiner weiteren Ausbildung behalten sollte.

Gelingt es Karl, schrieb Werner, einen vollkommen dem Portlandzement ähnlichen Zement herauszubringen, so soll er Teilnehmer werden. Einer von den Jungens wäre also nun völlig ausgebacken.

Tatsächlich erzielte er Erfolge, und seine Stellung war völlig gesichert. Aber im Frühjahr 1848 gab er sie auf, und nach Ausbruch der Revolution ging er mit seinen Brüdern nach Schleswig-Holstein. Dort war nicht viel Gelegenheit zu Taten für ihn vorhanden. Er wurde Assistent bei seinem Schwager, dem Chemie-Professor Himly in Kiel, gelangte aber allmählich immer mehr in Werners Fahrwasser; Ende 1849 hatte er sich gänzlich der Telegraphie zugewendet. Werner war anfangs dagegen und wünschte, er solle bei der Chemie bleiben. Doch Karl hatte nun einmal Lust zur Telegraphie, und Werner konnte ihm nicht direkt entgegen sein, weil die Chemie überfüllt war und wenig Aussichten bot. Da Karl für ein eigentliches Studium doch keinen Trieb hatte, so meinte Werner, er könne entweder in den Staatsdienst gehen als Telegrapheningenieur oder sich mit dem Bau von Privatlinien Geld verdienen. Tatsächlich versuchte er es zuerst (1850) mit dem Staatsdienste, ging aber bald zu Siemens & Halske, deren Interessen er 1851 und 1852 in London und Paris vertrat. Über die Einzelheiten dieser Tätigkeit später.

Wie wir sahen, war sowohl die Vorbildung Werners, wie diejenige seiner Brüder eine wenig systematische. Aber das entsprach keineswegs den Wünschen Werners, sondern war nur eine von ihm schmerzlich empfundene Notwendigkeit. Er war durchaus für ein gründliches und systematisches Studium. Als Wilhelm ihm später einmal für einen Neffen die englische Art gewerblicher Ausbildung, nämlich nur praktische Dressur zum Spezialistentum, vorschlug, wollte er davon nichts wissen:

> Was soll denn mal aus dem armen Jungen werden, wenn er nichts gründlich erlernt? Entweder muß er erst ein Handwerk, sei es Schlosserei oder Mechanik, gründlich erlernen und dann sich Kenntnisse erwerben auf einem Institut oder umgekehrt. Du hast den englischen Gang vor Augen, der dort manchmal gute Früchte geben kann. Das geht aber nur im Lande der Einseitigkeit.

Erste Erfolge der Brüder Siemens. Werner Siemens ließ sich seit dem Tode der Eltern bei seinen naturwissenschaftlichen Experimenten in steigendem Maße leiten durch das Geldbedürfnis, welches die selbstauferlegte Bürde, für seine Brüder zu sorgen, hervorrief. Um dieses Geldbedürfnis, das sich oft bis zur wirklichen Not steigerte, zu befriedigen, befaßte er sich mit den verschiedensten „Erfindungsspekulationen", wie er sie selbst später genannt hat. Die erste von ihnen, welche zu einem Erfolge führte, bezog sich schon auf eine Anwendung der Elektrizität, nämlich auf die 1834 von Jacobi in Petersburg erfundene elektrolytische Erzeugung von Metallüberzügen, auf die jetzt sogenannte „Galvanostegie". Namentlich beschäftigte ihn die galvanische Vergoldung und Versilberung, die in England zwar schon seit kurzem, ohne daß Werner es anfangs wußte, industriell ausgebeutet wurde, in Deutschland aber noch unbekannt war. Werner erinnerte sich von daguerreotypischen Versuchen her der Verwendbarkeit unterschwefligsaurer Salze für diesen Zweck, und zu seiner eigenen unsäglichen Freude gelangen die daraufhin von ihm angestellten Versuche überraschend schnell:

> Ich glaube, es war eine der größten Freuden meines Lebens, als ein neusilberner Teelöffel, den ich mit dem Zinkpole eines Daniellschen Elementes verbunden, in einen mit unterschwefligsaurer Goldlösung gefüllten Becher tauchte, während der Kupferpol mit einem Louisdor als Anode verbunden war, sich schon in wenigen Minuten in einen goldenen Löffel vom schönsten, reinen Goldglanze verwandelte.

Das geschah im Sommer 1841 auf der Zitadelle von Magdeburg, wo er eine Haftstrafe verbüßte, zu der er wegen Beteiligung an einem Duelle verurteilt worden war:

Magdeburg ist doch ein fatales Nest, hatte er noch kurz zuvor an Wilhelm geschrieben, nichts kann man hier erhalten, meistens alles teuer und schlecht. Meine Experimente können daher auch nur sehr langsam von statten gehen, da es mir am Besten fehlt. Das verdammte Geld ist doch der Knüppel, den man stets am Halse trägt.

Als aber die Versuche gleich darauf gelangen, suchte ihn alsbald ein Magdeburger Juwelier auf, der das Wunder vernommen hatte, und kaufte ihm das Recht der Anwendung seines Verfahrens für 40 Louisdor ab, die ihm die erwünschten Mittel für weitere Versuche lieferten. Er verbesserte seine Einrichtung und erhielt 1842 sein erstes (preußisches) Patent. Dieses Patent brachte ihm jedoch noch keine eigentlichen Einnahmen, sondern nur Gewinnaussichten und kleine Vorschüsse, welche ihm die Neusilberfabrik von Henniger in Berlin gegen einen Vertrag über Anlage einer Anstalt für Vergoldung und Versilberung gewährte. Einige Jahre später ließ Werner sich aus Not alle seine Ansprüche aus diesem Vertrage für 800 Taler (wovon 300 schon früher vorschußweise gezahlt waren) abkaufen, worauf die bis dahin nur klein betriebene Fabrikation bei Henniger plötzlich vergrößert wurde. Es war die erste derartige Anstalt in Deutschland.

Bei den schon 1842 geführten Verhandlungen über diese Anlage und bei der Einrichtung der Anstalt wurde Werner von seinem Bruder Wilhelm unterstützt, der sich zu dem Zwecke hatte Urlaub geben lassen. Der Aufenthalt in Magdeburg war ihm verleidet „schon der Freitische und sonstigen drückenden Verhältnisse wegen". Mit Freuden erklärte er sich bereit, nach England zu reisen, um dort Werners Erfindung zu verwerten. Wie die Brüder wußten, betrieb der Fabrikant Elkington in Birmingham die galvanische Versilberung nach einem anderen Verfahren (mit Cyanverbindungen) bereits in größerem Umfange. Werner hielt aber sein eigenes Verfahren für das schnellere und billigere. Er förderte Wilhelms Plan durch Beschaffung der notdürftigsten Geldmittel; doch konnte er, zumal er leidend war, nur ganz wenig Geld auftreiben, und seine eigene Kasse schrumpfte derart zusammen, daß er einmal einen Brief an Wilhelm nach England nicht frankieren konnte. Wilhelm erlangte unterwegs in Hamburg etwas Geld durch Verkauf überflüssiger Chemikalien — der dort schon vereinbarte Verkauf von Werners Erfindung zerschlug sich wieder —; aber als er für das Dampferbillet nach England 3 £ bezahlt hatte, meinte er selbst, mehr als 6 Louisdor dürfe er in England nicht verzehren, um noch mit Ehren wieder nachhause kommen zu können. Er brachte nur einen einzigen guten Empfehlungsbrief mit. Vom englischen Leben, von englischen Einrichtungen wußte er gar nichts. Die englische Sprache handhabte er weder fließend noch richtig. Werner gestand in seinen „Lebenserinnerungen", er habe sich immer darüber gewundert, daß Wilhelm unter solchen Verhältnissen seinen Zweck erreicht habe.

Gegen Mitte März 1843 kam Wilhelm in London an. Über seine ersten dortigen Erlebnisse hat er lange Zeit nachher einen Bericht erstattet, dem wir folgende charakteristische Einzelheit entnehmen:

Ich glaubte, es müsse hier ein Büreau geben, wo man Erfindungen prüfte, und wenn brauchbar befunden, entsprechend bezahlte. Da fiel mir auf der Straße ein großes Firmaschild ins Auge, auf dem ich die Worte las: „N. N. Undertaker". Das ist mein Mann, sagte ich mir. Als ich aber eintrat, bemerkte ich bald, daß ich für die Art Unternehmung, mit der man sich dort befaßte, entschieden zu früh gekommen war[1]).

Am zweiten Tage nach seiner Ankunft ermittelte er auf dem Patentamte, daß Elkington in Birmingham einziger Inhaber aller in Betracht kommenden Patente sei, und schloß daraus etwas voreilig, daß er Elkington so ziemlich in der Tasche habe. Er bot durch Vermittlung einer Firma in Birmingham, an die er empfohlen war, Elkington Werners Erfindung an und forderte dafür die Kleinigkeit von 3000 £. In dem Briefe an Werner, worin er dies berichtet, folgt gleich darauf der Satz: „Ich logiere hier sehr billig; ich brauche ungefähr 4 s pro Tag".

Elkington konnte sich nicht gleich entschließen, auf das Geschäft einzugehen; er antwortete den Vermittlern, erstens enthalte das angebotene Verfahren wahrscheinlich eine Verletzung seines Patents; zweitens sei es nicht vorteilhafter als das seinige; und drittens fordere Wilhelm gar zu viel, da es sich ja nicht um eine eigentliche Erfindung handle, sondern nur um eine (angebliche) Verbesserung. Im übrigen möchte Wilhelm doch mit seinen Apparaten nach Birmingham kommen. Das tat er denn auch, bewaffnet mit einer Einführung einer Londoner Patentanwaltsfirma. Es zeigte sich, daß die von Wilhelm verwendeten

---

1) „Undertaker" ist ein Begräbnisübernehmer.

chemischen Lösungen tatsächlich schon in einem von Elkingtons Patenten erwähnt waren. Dagegen bewies Wilhelm experimentell, daß sein Verfahren gegenüber demjenigen Elkingtons gewisse Vorteile hatte, die es übrigens doch nicht auf die Dauer konkurrenzfähig gemacht haben.

Wilhelm focht gegenüber einem Dritten, der auch Ansprüche machte, einen langen und schwierigen Streit vor dem Patentamte erfolgreich durch und hielt unverrückt an seinen „gigantischen Hoffnungen" fest, wie Werner sie nannte, der sie vergebens zu zerstören suchte. Schließlich gewann er Elkingtons Vertrauen in solchem Maße, daß er in dessen Hause aufgenommen wurde und in seiner Fabrik experimentierte. Nach mehrmonatlichen Verhandlungen bezahlte Elkington für die Erfindung 1600 £, wovon indes die Kosten des am 25. Mai 1843 erteilten englischen Patents mit 110 £ abgingen. Wie enorm die Summe für die damaligen Verhältnisse der Brüder war, wird besonders durch die Tatsache veranschaulicht, daß auch Wilhelm, der „Krösus", der „Goldfisch", wie er nach der Rückkehr von seinen Geschwistern genannt wurde, gegen Schluß seines englischen Aufenthalts einmal nicht so viel Geld besessen hatte, um einen Brief an Werner abschicken zu können.

Es war ein merkwürdiger Erfolg von Geschick, Zähigkeit, Sanguinismus, Dreistigkeit und — vielem Glück. Im Grunde war es doch überwiegend ein Glücksgewinn, der sich bald als ein Danaergeschenk erwies: er erweckte Erwartungen, die sich nicht verwirklichen ließen, und verleitete die Brüder zu weitausschauenden, dabei aber ziemlich planlosen Unternehmungen, die ihnen nur schwere Kämpfe und bittere Enttäuschungen bringen sollten. Werner war damals schon 27 Jahre, Wilhelm erst 21 Jahre alt. Daß der so viel jüngere und noch durchaus unreife Bruder den ersten größeren Erfolg erzielt hatte und deshalb zunächst die geschäftliche Führung übernahm, sollte sich rächen.

Weitere Erfindungsspekulationen. Bereits im August 1842 war Werner, durch eine Anregung Wilhelms veranlaßt, auf die erste Idee zu einer weiteren Erfindung gekommen, auf die des sogenannten „Differenzregulators" oder „Chronometric Governor", wie Wilhelm ihn nannte[1]). Es handelte sich um die an Wilhelm in Magdeburg gestellte Aufgabe, Dampfmaschinen, welche

---

1) Näheres L.-E. S. 28, 30, 88 ff.; Pole (engl. Ausg.) S. 34, 51 ff., 110 ff.

durch Wind- oder Wassermühlen in ihrer Arbeitsleistung unterstützt wurden, exakt zu regulieren, derart, daß sie jederzeit das erforderliche Maß von Arbeitskraft hergaben. Werner schlug dafür die Anwendung eines freischwingenden Kreispendels vor, eine Idee, die von Wilhelm begierig aufgegriffen und durch fortgesetzten Meinungsaustausch, sowie durch Experimente im kleinen Maßstabe bis Ende 1843 so weit ausgebildet wurde, daß Wilhelm, der auf einige Monate wieder in seine frühere Magdeburger Stellung zurückgekehrt war, sich entschloß, nochmals nach England zu reisen, um die Erfindung dort patentieren zu lassen und zu verwerten. Das gleiche wollte er noch mit einigen anderen Erfindungen Werners bewerkstelligen, so namentlich mit dem „anastatischen Druckverfahren", einer besonderen Anwendung des gerade bekannt gewordenen Zinkdruckes, und mit der elektrolytischen Vernickelung gravierter Kupferplatten[1]). Auch das Verhältnis zu Elkington erforderte Wilhelms Anwesenheit in England. Er kam am 8. Februar 1844 zum zweiten Male in London an, das nunmehr sein dauernder Wohnort wurde.

Damit begann für die Brüder ein abenteuerliches Leben. Wilhelms Hauptbeschäftigung bestand darin, mit Leuten aller Art Verbindungen anzuknüpfen, die Erfindungen möglichst bekannt zu machen und ihre Verwertung auf jede Weise anzustreben. Er fing wieder mit maßlosen Erwartungen an. So hoffte er, das „anastatische Druckverfahren" mit 3000 bis 4000 £ zu verkaufen und meinte, ein guter Kaufmann könne den Wert in einigen Jahren auf 20000 £ steigern. Sorge machte ihm einstweilen nur die Möglichkeit, übervorteilt zu werden:

Einen Ausländer zu betrügen, ist hier gar keine Sünde; man hat dafür einen eigenen Ausdruck.

Deshalb forderte er zunächst ungeheuerliche Summen, z. B. für den „Chronometric Governor" anfangs 36000 £! Die Erfindungen erregten tatsächlich viel Aufmerksamkeit. Es gelang Wilhelm, sie zur Kenntnis von Gesellschaften, wie die Society of Arts, die Institution of Civil Engeneers, die Royal Institution, zu bringen, die in England eine so große Rolle spielen. Für seine spätere Laufbahn war das sehr nützlich; aber es brachte kein Geld ein. Die Erfindungen erwiesen sich, trotz aller Anerkennung, die ihnen zuteil wurde, als nicht geeignet für die Er-

---

[1]) L.-E. S. 30 ff.; Pole S. 55 ff.

zielung wirtschaftlicher Erfolge. Um sie zu verbessern, waren Versuche nötig, die viel Geld verschlangen. Der Ertrag der ersten Reise Wilhelms war bald aufgezehrt, und es mußten Schulden gemacht werden, zuerst bei Verwandten und Freunden in Deutschland, dann auch bei Fremden in England. Als die entliehenen Summen nichts einbrachten, wurden die Geldgeber ungeduldig, und Wilhelms Lage gestaltete sich höchst unerfreulich.

Zwischendurch versuchte er es mit der Verwertung fremder Erfindungen. So interessierte ihn namentlich jahrelang ein von Frederick Ransome in Ipswich erfundenes Verfahren, Kunststeine zu fabrizieren. Auch Werner nahm an diesen Bemühungen teil, z. B. 1846 bei den Dombauplänen Friedrich Wilhelms IV:

> Der König will gern den Dom inwendig in verschieden gefärbten Steinen gebaut haben. Dem Baumeister gefiel namentlich ein schönes Fleischrot, welches eine Deiner Proben (Guirlande) zeigte.

Doch gelang es den Brüdern nicht, Erfolge zu erzielen, und erst später wurden solche dem Erfinder zuteil, ohne daß die Brüder Siemens an ihnen teil hatten.

Werners Leben war in den Jahren 1843 bis 1846 geteilt zwischen den strengen, einförmigen Anforderungen des Soldatendienstes — seine Briefe schließen manchmal mit Wendungen, wie: „doch meine Rekruten warten" — zwischen der nagenden Sorge für seine jüngeren Geschwister und zwischen der rastlosen, unruhigen Beschäftigung mit Erfindungen aller Art. Dazu gehörten, außer den schon genannten, noch eine „Tret-Fliege-Maschine", über die er eifrig mit Wilhelm korrespondierte, ferner die erste Erfindung der Schießbaumwolle (vgl. darüber L.-E., S. 41 ff.) und die damals bekannt gewordene Sterlingsche „Luftmaschine". Namentlich diese letzterwähnte Erfindung interessierte ihn außerordentlich. Auf sie werden wir zurückkommen müssen. Hier nur so viel: Werners Theorie der Maschine gab Wilhelm die Anregung zur vieljährigen Beschäftigung mit dem Regenerativsystem und dadurch mittelbar Friedrich den Antrieb zur Erfindung des Regenerativofens mit seinen weiteren unermeßlich bedeutsamen Folgen.

Wie leicht entflammbar und unkritisch Werners Enthusiasmus damals noch war, geht daraus hervor, daß er im ersten Feuereifer über die Maschine, am 15. Januar 1845, an Wilhelm schrieb:

> Ein Perpetuum mobile ist jetzt kein Unsinn mehr; denn der Wärmeverbrauch ist nur noch eine technische, keine Rechnungsgröße, und es

fragt sich, ob nicht durch Luftkompression oder Reibung mit der vorhandenen Kraft mehr als nötig zu erzeugen sein wird.

Aber als er im Sommer desselben Jahres in Dinglers Polytechnischem Journal seine Theorie der Maschine unter dem Titel „Über die Anwendung der erhitzten Luft als Triebkraft" (jetzt in seinen Wissenschaftlichen Schriften, S. 1 ff.) veröffentlichte, hatte er seinen Irrtum schon erkannt und war selbständig auf dem festen Boden des Prinzips der Erhaltung der Kraft angelangt, das als solches fast gleichzeitig von Robert Mayer aufgefunden wurde.

Die Notwendigkeit, Modelle der Erfindungen anfertigen zu lassen und Versuche anzustellen, brachte Werner mit einem geschickten Mechaniker, dem Urmacher Leonhard, in Verbindung, der auch selbst Erfinder war und seine Erfindungen durch Vermittlung der Brüder gern verwerten wollte. Überhaupt wurde namentlich Wilhelm, dessen erster Erfolg offenbar in Deutschland bekannt geworden war, mannigfach mit solchen Wünschen behelligt, unter denen sich auch das Angebot eines Perpetuum mobile befand. Die Verbindung mit Leonhard erwies sich wenigstens als anregend für Werner. Leonhard beschäftigte sich nämlich im Auftrage der Artillerie-Prüfungs-Kommission mit Versuchen zur Messung von Geschoß-Geschwindigkeiten. Das brachte Werner auf die Idee, hierfür die Elektrizität zu verwenden. Seine Methode, die Markierung eines schnell rotierenden polierten Stahlzylinders durch einfallende elektrische Funken, sollte sich als sehr fruchtbar erweisen, und vor allem: Werner wurde durch diese elektrischen Versuche seinem Lebensziele unbewußt wieder um einen Schritt näher gebracht.

Werners Lage. Bei alledem verschlechterte sich die Lage der Brüder immer mehr, und diejenige Werners war die schlimmste, weil auf ihm auch die Sorge für die jüngeren Brüder lastete. So schrieb er schon am 28. November 1843 an Wilhelm:

Die Brüder sind wohl und studieren fleißig. Ich muß sie jetzt von Kopf bis zu Fuß neu ausstaffieren. — — Weihnachten beziehe ich mit ihnen ein größeres Familienquartier (Luisenplatz), das für den Winter disponibel ist; das muß ich mir freilich nun selbst möblieren und vor allen Dingen mir ein Bett besorgen; doch das muß verbissen werden. — — Das Verhältnis zwischen meinen Ausgaben und Einnahmen ist ein sehr fallendes.

In den folgenden Jahren erreichte Werners Not ihren Höhepunkt. Wenn er in den L.-E. (S. 32 ff.) erzählt, daß er einmal — es muß 1844 gewesen sein — auf einer Reise in Paris direkt Hunger litt, so war das freilich nur die Folge des Ausbleibens eines Geldbriefes von Wilhelm, also ein Zufall. Zeichen dauernder Not war es dagegen, daß er am 15. Januar 1845 Wilhelm schreiben mußte:

Die jetzige Zeit ist der einlaufenden Buchhändler-, Schneider- und sonstigen Rechnungen wegen besonders verdrießlich. Dazu kommt Miete, Schulgeld und weiß der Henker, was sonst noch für Lumpereien.

Doch es sollte noch schlimmer kommen. Am 11. März klagte er:

Ich darf mich jetzt nur sehr wenig mit chemischen Geschichten abgeben, meiner Brust wegen. Ich habe drei Wochen das Zimmer gehütet; doch der alte Kasten scheint den Dienst so nach und nach aufsagen zu wollen, und ich habe mich wieder gesund gemeldet, weil das Kranksein doch zu nichts führt. Überhaupt ist mein Quartier diesen Winter ein wahres Lazarett gewesen, erst die Jungens, dann ich und jetzt noch mein Bursche! Dazu Ärger aller Art und ein leerer Geldbeutel! Karls Konfirmation, die morgen stattfindet, hat mich besonders viel gekostet, und dann mußte ich die Walzen-Reliefmaschine bezahlen (105 Tlr.), um nicht verklagt zu werden.

Im Juni war gar kein Geld mehr vorhanden, so daß Werner sich, sehr gegen seinen Willen, von dem Inhaber der obenerwähnten galvanoplastischen Anstalt 200 Taler leihen mußte und hierdurch von diesem Manne abhängig und im Herbste genötigt wurde, ihm seinen Anteil an der Fabrik für ein Geringes zu verkaufen.

Wegen Teilnahme an dem „Ronge-Kultus"[1]) am 21. August von seinem General mit einem „Zopfe" bedacht, entschloß sich Werner, seinen Abschied zu nehmen, sobald er mit einiger Sicherheit wenigstens für die nächste Zukunft seinen Gehalt würde entbehren können:

Jetzt kostet Walter freilich allein beinahe so viel! Ich suche eine neue Wohnung. Da ich jetzt oft Besuch erhalte in Geschäftssachen, so muß ich mich ein bischen besser einrichten; denn eine so traurige Behausung erweckt kein Vertrauen. Doch das leidige Geld kommt da wieder in die Quere.

Trotzdem nahm er eine neue Wohnung (Luisenstraße 39 II), welche viel größer und gemütlicher war, als die bisherige; sie

---

1) L.-E. S. 39 ff., hier irrigerweise aber erst in die Zeit nach der Anknüpfung mit Halske verlegt; Zusammenhang mit Erfindung der Schießbaumwolle L.-E. S. 41 ff.

bestand aus einer großen und einer kleinen Vorderstube, zwei Hinterstuben und einer Küche. — Am 25. September schrieb er an Wilhelm:

Daß Du endlich gegründete Hoffnung auf baldige Einnahmen zu haben glaubst, freut mich sehr. Es ist auch allerhöchste Zeit; denn die Schulden, die ich habe machen müssen, um die Jungens durchzufüttern, und die vielen Patent- und sonstigen Ausgaben zu bestreiten, fangen an, mir sehr drückend zu werden und lähmen alle weiteren Fortschritte.

Jene Hoffnung erwies sich bald als trügerisch, so daß Werner am 23. Oktober schreiben mußte:

Bei den jetzt gänzlich abgeblitzten Verkaufsverhandlungen wird mir doch oft angst und bange um die Zahlungen, die nächstens unabwendbar einbrechen. Wäre ich allein, so würde mich's wenig kümmern; aber so ist's sehr fatal.

Dann verschaffte ihm der Verkauf seines Anteils an der Versilberungsfabrik etwas Luft; er erhielt 500 Taler, verwendete davon 200 zur Bezahlung seiner unangenehmsten Gläubiger und behielt 300 für die Überwinterung seines Haushalts.

Im Frühjahr 1846 wurde ihm Wilhelms Erbteil ausgezahlt; auch schickte dieser selbst etwas Geld. Dadurch wurde Werners ‚dem Verwelken naher Subsistenzbaum bedeutend erfrischt". Aber bald darauf gestand er:

Früher hätte ich es nicht für möglich gehalten, daß wir uns so lange mit unseren großen Ausgaben für die Geschwister durchschwindeln könnten. Jetzt kann es aber nicht lange mehr so hingehen; denn die Quellen sind alle bis auf den Grund erschöpft.

Bald darauf hieß es: „Traktament und Juden müssen uns jetzt durchhelfen". Wilhelm versprach wieder und wieder, Geld zu schicken, was ihm aber nicht möglich war. Auch ein Vetter stellte Hilfe in Aussicht und ließ Werner ebenfalls sitzen. So war seine Lage beschaffen, als er anfing, sich für die Telegraphie zu interessieren.

Erste telegraphische Versuche. Wie wir aus den L.-E. wissen[1]), stellte der uns schon bekannte Mechaniker Leonhard damals — Mai und Juni 1846 — im Auftrage des Generalstabes der Armee Versuche an mit einem Wheatstoneschen Zeigertelegraphen. Dieser Apparat litt an bedeutender Ungleichmäßigkeit der durch ihn erzeugten einzelnen Stromimpulse, die nicht

---

1) L.-E. S. 37 ff., 89 ff. Technische Schriften S. 12 ff.

immer stark genug waren, um das Zeigerwerk des Empfangsapparates fortzubewegen. Die Schuld lag daran, daß die Stromimpulse durch Drehung einer Handkurbel erzeugt wurden, die nie gleichmäßig genug arbeitete. Leonhard ersetzte sie durch ein Uhrwerk, das aber auch nicht ausreichte:

Ich fand Leonhard vor etwa 14 Tagen — so schreibt Werner am 13. Juli 1846 — in großen Schwulitäten, weil sein neu konstruierter Telegraph Fehler machte, die er nicht ergründen konnte. Da mir die Quelle derselben gleich klar war, so gab ich ihm den Weg an, wie er sie vermeiden könnte. Der Ärger über meine Dummheit oder mindestens Unklugheit veranlaßte mich jedoch, über die Telegraphie weiter nachzudenken, wozu mir eine Ausarbeitung der Geschichte der elektrischen Telegraphie für den Jahresbericht der Physikalischen Gesellschaft, die ich machen mußte, noch behülflich war. Und siehe da, ich kam zu wirklich glänzenden Resultaten, die mir eine Umgestaltung des ganzen Systems und eine viel allgemeinere Anwendung in sichere Aussicht stellten. Mein Telegraph braucht nur einen Draht, kann dabei mit Tasten wie ein Klavier gespielt werden und verbindet mit größter Sicherheit eine solche Schnelligkeit, daß man fast so schnell telegraphieren kann, wie die Tasten nacheinander niedergedrückt werden können. Dabei ist er lächerlich einfach und ganz unabhängig von der Stärke des Stromes, wenn derselbe nur so stark ist, daß er den Anker zu heben vermag, was indes durch eine neue, bereits bewährte Konstruktion der Magnete schon durch ungemein schwache Ströme geschehen kann. Durch eine sehr einfache Vorrichtung kann ferner ein selbsttätiger Druckapparat dabei angebracht werden, der ebenfalls nur durch das Niederdrücken der obigen Tasten die Buchstaben oder Zahlen an beiden Stationen gleichzeitig druckt. — Es fragt sich nun: was tun? Nach langem Überlegen ging ich wieder zu Leonhard, der einmal ein denkender und bewährter Arbeiter ist, Sachkenntnis und hier das Heft in Händen hat. Ich kontrahierte mit ihm mit aller Vorsicht zu gleichem Gewinn und Verlust (auch für die in seiner Werkstatt angefertigten Apparate) und $1/_3$ Kommissionsgebühr für das Ausland. Er war gleich mit ganzer Seele dabei und ließ den ersten rohen Versuch noch die halbe Nacht hindurch klappern. Nach seiner Rechnung kostet ein druckender Apparat meiner Konstruktion nicht halb so viel wie seine kriechenden und komplizierten Dinger.

Darauf gibt Werner eine vorläufige Beschreibung des neuen Apparates und ersucht Wilhelm, sich nach den englischen Patenten zu erkundigen, namentlich danach,

ob Wheatstone wirklich ein Patent auf Elektrizität im allgemeinen (!) hat oder nicht. Seine Telegraphen sind übrigens sämtlich schlecht und teils unsicher, teils mit vielen Drähten.

Werners Zeigerapparat sollte allerdings nicht in allen seinen Teilen für die Entwicklung der Telegraphie sich als so wichtig erweisen, wie es Werner in der ersten Erfinderfreude schien. Doch hatten wenigstens zwei Neuerungen große Bedeutung, nämlich:

1. Vergrößerung der Hubhöhe des Neefschen Hammers durch einen dem Schieber der Dampfmaschine entsprechenden Mechanismus;
2. Herbeiführung des synchronen Ganges zweier oder mehrerer elektrischer Maschinen dadurch, daß ein neuer Hub- und Stromimpuls erst erfolgen kann, wenn alle in einen Stromkreis eingeschalteten Apparate ihren Hub vollendet haben und alle Selbstunterbrechungen wieder geschlossen sind.

Diese Neuerungen erwiesen sich als sehr fruchtbar für unzählige elektrotechnische Anwendungen. Schlechthin entscheidend aber wurde die Erfindung für Werners eigenes Leben, dem durch sie die endgültige Richtung gegeben wurde. Es dauerte freilich noch ein halbes Jahr, bis das sich herausstellte.

Zunächst folgten weitere Versuche, die zu wesentlichen Verbesserungen führten, sowie Korrespondenzen mit Wilhelm, der über die Leistungen der Apparate von Morse, Wheatstone u. a., sowie über Patentverhältnisse berichtete. Als um dieselbe Zeit der Physiker Dr. Heeren im Auftrage der hannoverschen Regierung nach England reiste, um das Telegraphenwesen zu studieren, empfahl ihn Werner an Wilhelm, und dieser ging mit ihm direkt zu Professor Wheatstone, der ihnen seine Erfindungen und Apparate vordemonstrierte. Gegen Werners Apparat erhob er verschiedene Einwände, die Werner ohne Mühe zurückwies.

Kam also Werner technisch tüchtig vorwärts, so blieb doch wirtschaftlich einstweilen alles beim alten. Leonhard ließ ihn mit der übernommenen Herstellung von Apparaten für den Verkauf im Stich, und Werners Not stieg derart, daß er am 19. November Wilhelm mitteilte:

Vielleicht werde ich mich genötigt sehen, dem Leonhard gegen ca. 500 Tlr. bar und Anfertigung eines gut ausgeführten Doppelexemplars die Sache in Preußen ganz zu übertragen, wenn ich mich nämlich nicht anderweitig durchfressen kann, und wenn er will — — —. Im nächsten Jahre denke ich mir einiges Geld durch Schreiben zu verdienen. Mir ist angeboten, an der neu zu gründenden statistischen Zeitschrift gegen 4 Friedrichsdor pro Bogen mitzuarbeiten, namentlich über das Kapitel „Deutsche Maschinenfabrikation und Patentgesetzgebung".

Die „500 Taler bar" hatte er für die Bezahlung der dringendsten Schulden nötig. Wilhelm meinte:

Wir müssen suchen, neue Erwerbszweige aufzufinden, wenn wir den Kopf bald über Wasser haben wollen,

reiste freilich zunächst nur nach Manchester, um dort den Regulator einznführen und schrieb alsbald in gewohntem Sanguinismus:

Hier ist ein ungeheures Feld, welches nur geöffnet werden muß. Binnen kurzem hoffe ich sagen zu können:
Dies ist das Land, wo die Geschäfte blühn,
Im dunkeln Rauch die Kohlenfeuer glühn.

Doch dabei beschäftigte ihn, neben den älteren Sachen, die überhaupt nach wie vor von den Brüdern lebhaft erörtert und behandelt wurden, bereits stark das **Regenerativprinzip**, das er damals auf Dampfmaschinen anwenden wollte. Werner ging auf die Anregungen, die Wilhelm in jenem „poetischen geschäftsblühenden und kohlenglühenden Briefe" gegeben hatte, hinsichtlich der „Luftmaschine" mit offenbar großem Interesse ein, meinte aber schließlich:

Die Sache scheint mir noch ihre bedeutenden Mucken zu haben, wenn das Grundprinzip auch gut ist und die Möglichkeit der Durchführung zugegeben werden muß. Unser Gut- oder Soll-Konto für die Zukunft wird dadurch um einen Posten reicher.

Er war ernüchtert. Selbst den Telegraphen nannte er noch am 11. Dezember in einem Atem mit den Kunststeinen von Ransome. Aber bereits zwei Tage darauf folgte ein Brief, der eine neue Anschauung erkennen ließ. Die Entscheidung stand vor der Türe.

Werner entscheidet sich für die Telegraphie. Hier lassen wir den Briefwechsel der Brüder Siemens allein sprechen, und zwar zunächst den eben erwähnten Brief Werners vom 13. Dezember 1846:

Ich bin jetzt ziemlich entschlossen, mir eine feste Laufbahn durch die Telegraphie zu bilden, sei es in oder außer dem Militär. Die Telegraphie wird eine eigene wichtige Branche der wissenschaftlichen Technik werden, und ich fühle mich einigermaßen berufen, organisierend in ihr aufzutreten, da sie, meiner Überzeugung nach, noch in ihrer ersten Kindheit liegt. Dieser Entschluß ist gekräftigt durch eine Aufforderung, welche von seiten der Akademie der Wissenschaften mir zugegangen ist, des Inhalts, daß sie wünschte, ich möchte meinen Vorschlag zur Messung der Geschwindigkeit der Elektrizität in Ausführung bringen und mich mit einem Antrage an sie wenden, wenn mir die Geldmittel fehlten. Man ist hier nämlich jetzt zu der Überzeugung gekommen, daß Wheatstones Messungen nur erdichtet sind. Dadurch werde ich mit meinem elektrischen

Telegraphen auch einen bedeutenden Schritt vorwärts kommen und vielleicht selbst die Ausführung unserer Staatstelegraphen übernehmen können. Es ist mir daher lieb, jetzt von dem Leonhard frei zu sein [1]). Wahrscheinlich werde ich unseren berühmten Chronometermacher Tiede zu beiden anwenden. Man muß doch endlich einmal suchen, irgendwo festen Fuß zu fassen. Meyer[2]) schenkte mir gestern eine Tasse mit der Aufschrift: „Schier dreißig Jahre bist Dn alt!" — Die Wahrheit dieses Ausspruchs macht bedenklich und spornt zur Eile an. Wenn nur das verdammte Geld einen nicht im Drecke fest hielte!

Dieser Brief übertrifft an Klarheit und Größe der Auffassung alles, was Werner bis dahin über sein Leben und seine Zukunft geäußert hatte; ein ganz neuer Mensch tritt uns hier entgegen; indes ist noch etwas Unentschlossenheit zu spüren, die erst im Laufe der folgenden Wochen schwinden sollte. Wilhelm beantwortete den Brief am 25. Dezember folgendermaßen:

Es freut mich unendlich, daß Du mit mir zu der Überzeugung gekommen bist, daß es durchaus nötig ist, ein bestimmtes Ziel und nur eins vor Augen zu nehmen und alle Hoffnungen, alles Wirken auf die Ausarbeitung desselben zu setzen. Es freut mich, daß Du Deine Augen auf Elektrotelegraphie gerichtet hast, indem ich glaube, daß dies nicht nur ganz in Deinem Bereiche liegt, sondern auch der Wichtigkeit der Sache wegen imstande ist, Deinen Ehrgeiz zu befriedigen. Du mußt mir nicht übelnehmen, die Resultate meiner sattlich bitteren Erfahrung grade auszusprechen: Mit 100 Beispielen könnte ich Dir beweisen, daß es durchaus falsch ist, auf eine bloße Erfindung schon einen positiven Wert zu legen. Unter den 6000 Patenten, die heute in England in Gültigkeit sind, sind etwa 2000 sinnreiche, aber kaum 60, die einen guten Gewinn geben, und $^3/_4$ von diesen sind solche, wo der Erfinder seine Erfindung nicht als Spekulation oder Kaufmannsware betrachtete, sondern als eine Stütze, um sich daran emporzurichten, und nur von diesem Gefühle beseelt, kann er den Mut und die Ausdauer haben, dieselbe jahrelang gegen die Vorurteile und die Bosheit der Welt zu verteidigen und sein Verdienst außer Zweifel zu stellen. Als ein Beispiel laß mich nur Bodmer mit seinen 100 sinnreichen Erfindungen und seiner fast unvergleichbaren Kunstfertigkeit anführen [3]). Er kam vor 20 Jahren mit gutem Kapital nach England, baute das weitberühmte Wasserrad von 100 Pferdekraft, war der erste, der Expansion, lange Lager, seine herrliche Maschine, endlose Räder zu schweißen, welche

---

1) Werner hatte erkannt, daß Leonhard für ihn nicht der rechte Mann war; L. hatte Werners Apparat überhaupt nicht begriffen, weshalb Werner ihm die wesentlichen Verbesserungen des ursprünglich noch rohen Prinzips gar nicht mitteilte. Eine Zeitlang drohte ein Prozeß; schließlich aber wurde der Vertrag aufgehoben.

2) William Meyer, Werners Jugendfreund, dem wir bald häufiger begegnen werden.

3) Vgl. Karmarsch, Geschichte der Technologie S. 601.

jetzt mit großem Vorteile arbeitet, seine Lokomotive, Marinemaschine, Roste etc. konstruierte, welche alle, obgleich oft zu kompliziert, unter seiner Hand die schönsten Resultate gaben. Und jetzt wird seine Britannia foundry hier niedergerissen, und er lebt in London in beschränkten Verhältnissen. Und was ist sein Lorbeer? Ein jeder zuckt mitleidig die Achseln und sagt: „Es ist schade, er ist ein Projektenmacher." Nach 20 Jahren werden viele seiner Erfindungen unter neuem Namen, aber in beharrlicheren Händen zu allgemeiner Bewunderung und Anwendung gelangen. — Dagegen Penn, der sein ganzes Leben eigentlich nur der oszillierenden Dampfmaschine gewidmet hat, ist damit schnell zu Reichtum und Ansehen gelangt, und der Erfinder Manby ist seinethalben schon längst vergessen[1]). Folgendes ist reine Tatsache: Obgleich 1 Pfd. Garn jetzt $1/2$ Penny billiger ist wie Baumwolle und einige Spinner pro Monat 10000 £ verlieren, so habe ich doch durch persönliches Interesse 4 Ordres gekriegt[2]), während man einem bloßen Agenten (schlechtweg Schwindler genannt) die Tür zeigen würde — —. Doch weshalb mehr hiervon? Ich will damit nur gesagt haben, daß wir uns notwendig jeder auf ein Fach beschränken müssen. Das beste, was ich im neuen Jahre tun kann, ist, 6 Monate lang wie ein Grobschmied am Regulator zu arbeiten und dann mein Hauptstudium, die damit in einem Strange liegende Maschine (er meinte die „Luftmaschine", welche aber in Wahrheit eine Regenerativ-Dampfmaschine werden sollte), zu machen; denn ich glaube ganz gewiß, daß Holesworth oder Fairbairn (dem ich jetzt einen Regulator zu seiner eigenen Maschine aufstelle und der, wenn er damit zufrieden ist, denselben allgemein adoptieren will) im Laufe einiger Zeit schon hinreichendes Vertrauen in mich setzen werden, um mich für die Maschine mit Kapital auszurüsten. — Wenn ich Dir raten darf, so suche doch ja einen bestimmten Auftrag in bezug auf Elektrotelegraphie zu erlangen. Bist Du damit sukzeßvoll, so wird Dir es gewiß leicht fallen, in Preußen, wo Du am meisten bekannt bist, den Bau einer Linie zu erhalten, und dann erst würde ich daran denken, fremde Patente zu nehmen, besonders in England, woselbst der Geist für Elektrotelegraphie noch nicht erwacht ist. Es wird Dich wundern, daß innerhalb 110 Meilen von Manchester noch kein einziger Elektrotelegraph existiert, obgleich Whitstone (sic) mit seiner Kompagnie[3]) schon viele Tausende verschwendet, und er selbst seine Professur darum aufgegeben hat. Sie verdienen jetzt aber tüchtig.

Dieser lange Auszug[4]) war nötig, schon um die Verschiedenheit der Auffassung Wilhelms von derjenigen Werners für jenen entscheidungsvollen Augenblick zu zeigen.

---

1) Nein! Vgl. Karmarsch S. 208.

2) Offenbar auf den Regulator; Wilhelm war damals noch in Manchester, wo der Geschäftsgang in der Baumwollindustrie schlecht war.

3) Die eben begründete Electric Telegraph Company, welche bald den ganzen großbritannischen Telegraphenverkehr monopolisieren sollte.

4) In dem Briefe wird u. a. noch mitgeteilt, daß Krupp sich „jetzt hier sechs Monate vor Anker gelegt hat, um seine Löffelwalze einzuführen". Vgl. Ehrenberg, Große Vermögen I, S. 176.

Werner zog sofort aus Wilhelms Schreiben die Folgerung, daß dieser mit ihm ganz übereinstimme, und daß sein eigener Weg nunmehr klar vorgezeichnet sei. So schrieb er denn am 3. Januar 1847 die inhaltsschweren Worte[1]):

Die trübe Stimmung (der Neujahrsnacht) wurde durch die neue Bahn, die ich mir zum 30. Geburtstage geschenkt habe, gemildert. Ich habe mich im alten Jahre aller sanguinischen Hoffnungen, aller der vielen sich teils durchkreuzenden Pläne entledigt und will, mit Deinem Rate übereinstimmend, alle meine Kräfte dem einen Ziele, der galvanischen Telegraphie und was daran hängt und dazu nützt, widmen! Ich will suchen, mich mit aller Anstrengung aus der verzweifelten Lage, in der ich mich befinde, herauszuarbeiten und wünsche mir selbst Ausdauer und Gesundheit dazu. Es freut mich, daß Du zu gleichem Entschlusse gekommen bist. Sieh zu, daß es Dir dort gelingt. Benutze dazu von unseren bisher gemeinschaftlichen Sachen, was Du willst. Das andere wirf weg. Ich kündige Dir hierdurch unsere Kompagnieschaft und entsage allen Ansprüchen auf die aus einer durch Dich vielleicht herbeigeführten glücklichen Wendung unserer bisherigen gemeinsamen Angelegenheiten entspringenden Einnahmen. Wir können darum doch treue Brüder bleiben, können uns gegenseitig raten und helfen. Kannst Du mir helfen, mein begonnenes schweres Werk, die Erziehung unserer Brüder, zu vollenden, so wirst Du es nach Kräften tun, das weiß ich, und gerne werde ich stets Deine Hilfe annehmen, selbst wenn es mir gelungen wäre, mich in eine sorgenfreie Lage hineinzuarbeiten. Du hast nicht nur die Pflicht, sondern auch das Recht, die Sorge für sie zu teilen. Glaube aber ja nicht, daß ich in momentaner Aufregung schreibe, und daß es mich reuen könnte, was ich ausgesprochen habe. Der Entschluß steht schon lange bei mir fest, und es fehlte mir nur eine passende Gelegenheit, ihn gegen Dich auszusprechen. Mache daher nicht etwa Gegenvorstellungen, die doch nichts nützen würden.

Das war nur schlichte Notwendigkeit und strikte Folgerung aus Wilhelms eigenen Ratschlägen. Aber es klang sehr hart, sehr geschäftsmäßig uud muß Werner, bei seiner vorher wie nachher oft erprobten brüderlichen Gesinnung, außerordentlich schwer geworden sein. Ob wirklich der Entschluß schon so lange unverrückbar feststand? Jedenfalls enthielt der Brief noch weitere wichtige Neuigkeiten, welche für den großen Entschluß unmöglich ohne Bedeutung gewesen sein können:

Mit den Mechanikern Boettcher und Halske, zwei jungen tätigen und unternehmenden Leuten, bin ich hinsichtlich des Telegraphen gestern ins Reine gekommen[1]). Ich gebe ihnen die Ausführung der Instrumente in Bestellung. Sie haben jederzeit das Recht, mir zu kündigen und Rückzahlung der Kosten des ersten, gleich in Arbeit zu nehmenden

---

1) Auszug bei Pole S. 63 ff., wo der Brief aber um ein Jahr zu früh datiert ist.

Doppelexemplars zu verlangen. Sie dürfen vor acht Jahren nicht ohne meine Bestellung Telegraphen bauen — —. Mein Augenmerk war dabei auf ein möglichst freies Verhältnis gerichtet, und sie dabei doch zu interessieren und zur Auslage der ersten Anfertigungskosten zu bewegen. Ich denke, in zwei Monaten werden die Dinger fertig sein und dann will ich suchen, die Kommission[2]) dafür zu gewinnen, was in der Person des Prof. Dove (s. u.) schon geschehen ist, und eine Probelinie zu erhalten. Den Bau der Telegraphenlinien, wobei das Hauptverdienst ist, habe ich mir ganz vorbehalten, ebenso das Ausland — —. Sieh Dich doch mal in Buchhandlungen p. p. um, was für Schriften oder Broschüren über galvanische Telegraphie existieren, und schicke mir alles derartige. Ich muß notwendigerweise alles studieren, was dagewesen ist, um Angriffen aller Art gerüstet engegentreten zu können. — — Einen großen Erfolg habe ich schon: Dove, der wissenschaftlicher Konsulent der Telegraphenkommission ist, war von Haus aus gegen mich und meinen Telegraphen eingenommen. Nach dreistündigem erbitterten Kampfe erkannte er aber die Richtigkeit meines Prinzips und, was noch mehr sagen will, das Neue desselben an und entschuldigte seinen Widerstand mit Kopfweh.

In demselben Briefe findet sich endlich noch folgende bedeutungsvolle Mitteilung:

Das Schicksal bot mir vor wenigen Tagen einen anderen bequemen und verdienstlosen Weg zur sorgenfreien Existenz. Ich schlug ihn aus und wählte den beschwerlichen, durch eigene Arbeit zu erkämpfenden. Die Entscheidungsstunde ist vorüber, und ich fühle keine Reue.

Dabei handelte es sich ohne Frage um die in den L.-E. (S. 45) erwähnte, aber jetzt erst zeitlich bestimmbare

verlockende Aussicht, mich vermöge meiner dominierenden Stellung in der Telegraphenkommission zum Leiter der künftigen preußischen Staatstelegraphen aufzuschwingen. Ich wies sie von mir, da ein Dienstverhältnis mir nicht zusagte und ich die Überzeugung gewann, ich würde der Welt und mir selbst mehr nützen können, wenn ich mir volle persönliche Unabhängigkeit verschaffte.

Daß diese Aussicht schon so früh Werner eröffnet wurde, läßt die Bedeutung seiner Ablehnung noch höher erscheinen. Beiläufig erwähnt sei noch, daß bald darauf Werners Schwager Himly sich bemühte ihm eine Professur der Physik an der Kieler Universität zu verschaffen; er reiste nach Berlin, um Humboldt dafür zu gewinnen, der seinerseits Oersted in Kopenhagen inter-

---

1) Vgl. dazu den hübschen kleinen Bericht in den L.-E. (S. 38 ff.), wie Halske für Werners Apparat gewonnen wurde.

2) Die Telegraphenkommission des Generalstabes, dem damals noch die Telegraphie in Preußen unterstand.

essieren sollte. Es ist nicht ersichtlich, wie Werner sich zu diesem Plane stellte.

Wie nahm denn nun aber Wilhelm die „Kündigung" des Bruders auf?

Heute früh — so schrieb er am 10. Januar — erhielt ich Deinen lieben Brief, der in mir ein seltsames Gemisch von Freude und Wehmut hervorgerufen hat. Freude darüber, daß Du mit dem neuen Jahre mutig die neue praktische Laufbahn betreten und darin schon ansehnliche Fortschritte gemacht hast. Dahingegen hat mich Deine plötzliche Kündigung unserer Gemeinschaft in Unternehmungen natürlich tief erschüttert, und ich glaubte zu Anfang, daß meine plumpe Ausdrucksweise im letzten Briefe zu einem Mißverständnisse Anlaß gegeben hätte. Nachdem ich jedoch reiflich überlegt habe, daß eine Kompagnieschaft in der Entwicklung verschiedener Erfindungen unpraktisch ist, indem es die Kräfte jedes einzelnen zersplittert und in mir wenigstens ein **entmutigendes Pflichtgefühl an die Stelle der nötigen Entschlossenheit** setzt, so erkenne ich die Notwendigkeit dieses Schrittes an. Auch glaube ich, daß unser Freundschaftsband dadurch nur gestärkt werden kann, indem ich jetzt Gelegenheit habe, mich für Wohltaten, die ich in meiner Jugend von Dir empfangen und die mir stets heilig bleiben werden, wahrhaft dankbar zu zeigen.

Dazu hatte Wilhelm sobald keine Gelegenheit. Im Gegenteil: er bedurfte noch viele Jahre hindurch Werners steter Hilfe; denn für ihn war die Zeit der resultatlosen „Erfindungsspekulationen" noch lange nicht abgeschlossen. Aber er sah später ein, wie richtig Werner gehandelt hatte. Zehn Jahre nach den eben geschilderten Vorgängen, als seine Sturm- und Drangzeit noch keineswegs abgeschlossen war, schrieb er, bei Gelegenheit einer Streitigkeit mit seinem Bruder Friedrich über Regenerativöfen, an Werner:

Gesellschaft ist sehr gut, wenn man festen Boden erreicht hat. So war es jedenfalls sehr weise von Dir, 1847 unsere Gemeinschaft aufzulösen.

Blick auf Wilhelms weitere Kämpfe. Wilhelms langjährige schwere Austrengungen, sich in England eine Position zu schaffen, können hier nicht genau verfolgt werden. Pole hat in seiner Biographie Wilhelms bereits manches davon geschildert, anderes wird hier später in dem Abschnitte über das Regenerativsystem berichtet werden, das fortan den Hauptgegenstand der Arbeiten Wilhelms bildete, zunächst namentlich in der Anwendung auf Dampfmaschinen. Diesem seinen Schmerzenskinde opferte er den besten Teil seiner Kraft und viel Geld. Da er aber auf solche Weise nicht das geringste erreichte, so mußte er sich daneben noch mit anderen Dingen beschäftigen, und sein Leben bestand nach wie vor aus rastlosen Kreuz- und Querzügen zwischen den verschiedensten Gebieten. Von den älteren Sachen gab er das „Anastatische Druckverfahren" (das die Brüder in eine Schuldenlast von 3000 £ verstrickt hatte) und die Kunststeine auf, der Regulator dagegen wurde beibehalten. Da Wilhelm einigermaßen sichere eigene Einnahmen erst viel später durch die Vertretung von Siemens & Halske, sowie durch den Wassermesser erlangte, war er bis dahin angewiesen auf gelegentliche Zivilingenieurgeschäfte auf den verschiedensten Gebieten. Dennoch begreift man kaum, wie er sich damals ernähren konnte. Das Jahr 1848 führte ihn mit den Brüdern zusammen nach Schleswig-Holstein. Im folgenden Jahre ergriff ihn, ebenso wie Friedrich und Karl, das Kalifornische Goldfieber. So führte er ein etwas abenteuerliches Leben. Um den Unterschied seiner damaligen Lebensauffassung und derjenigen Werners zu veranschaulichen, werden einige Äußerungen des letzteren genügen:

6. November 1847: Unsere alten Sachen liegen mir gar nicht mehr so recht im Gesichtskreise. Ich merke auch schon, daß ich die jugendliche Spannkraft, die das gleichzeitige Auffassen und Durchführen vieler Pläne möglich macht, verliere. Du kannst daher auf meinen Rat und Hilfe nicht viel geben. Willst Du noch einen Gang mit Fortuna auf diesem Felde wagen, so prüfe daher wohl die eigene Kraft.

20. Dezember 1847: Daß Du so guten Mutes vorwärts gehst und Dich durch so häufiges Fehlschlagen Deiner Hoffnungen nicht von neuen kühnen Schritten abhalten läßt, zeugt von Deiner größeren Jugendkraft. Ich bin jetzt ein ziemlicher Philister und Sicherheitskommissarius geworden. Nun, Du hast auch noch sechs Jahre mehr zuzusetzen.

Was Werner hier „Mangel an jugendlicher Spannkraft" nennt, war jene durch schwere Erfahrungen und Nachdenken erlangte Reife, welche den Geist mit Bewußtsein auf einen Gegenstand konzentrierte. Daß Werner kein „Philister" geworden war, hat er später zur Genüge bewiesen. Auch wie er 1849 die Goldgräberpläne der Brüder aufnahm, zeigte die hohe Überlegenheit uud Vorurteilsfreiheit seiner ganzen damaligen Lebensauffassung. So schrieb er Karl am 21. Januar 1849:

Dein Drang, in die Ferne auf Abenteuer zu gehen, ist mir erklärlich; ich würde ihn in Deiner Lage auch haben und namentlich gehabt haben! Ich bin auch nicht gesonnen, Dir ein nüchternes Gegenexempel zu machen; denn es würde Dich doch nicht überzeugen. Dich durch meinen Wunsch, auf den Du vielleicht Rücksicht nähmest, zurückhalten will ich auch nicht. Ich rede daher nicht ab, obschon ich gestehen muß, daß es mir ein trauriges Gefühl verursacht, Euch so fortziehen zu sehen, in eine Ferne, die uns vielleicht für immer trennt. Doch das ist ja dummes Zeug. Wenn Ihr Euer Glück dort machen könnt, so wird es mich ebenso freuen, als wenn es hier wäre.

und an Wilhelm am folgenden Tage:

Obschon mir das Goldholen nicht so einfach scheinen will, obgleich ferner zu bedenken ist, daß Du, Fritz sowie Karl aus Eurem Lebensberufe, in dessen bester Ausbildung Ihr begriffen seid, herausgerissen werdet, so ist auf der anderen Seite dort augenscheinlich ein in schnellem Aufschwunge befindlicher Kulturpunkt, und da findet ein arbeitsamer und unterrichteter Mann einen guten Boden. Amerika geht bergan, wir hinab (!), das ist klar. Drum, so weh es mir tut, Euch auf lange, vielleicht auf immer von Europa scheiden zu sehen — habt Ihr einmal Lust zum Abenteuern und seid Ihr entschlossen, so will ich Euch nichts in den Weg legen, Euch im Gegenteil nach Kräften behilflich sein — —. Ich glaube übrigens, daß man viel besser tut, mit dem Vorsatze hinzugehen, kein Gold zu suchen, sondern zu machen. Der Preis der Handarbeit wird sich ausgleichen müssen, und da das Goldsuchen eine Manie geworden ist, wird diese Arbeit die schlechteste sein. Bierbrauen, Branntweinbrennen, Werkzeugmachen etc. wird das beste Goldsuchen sein.

Ob wohl damals viele andere Menschen, gegenüber den gleißenden Schätzen Kaliforniens und dem fortreißenden Zuge dorthin, sich die gleiche Freiheit, Klarheit, Sicherheit des Urteils bewahrt haben mögen, wie Werner Siemens?

Erste Telegraphenerfolge Werners. Das Jahr 1847 begann für Werner unter sehr günstigen Aussichten, die sich aber nicht so rasch verwirklichen sollten, wie er anfangs hoffen durfte:

25. Januar. Die Telegraphenkommission ist schon größtenteils für mich gestimmt. Der Telegraphendirektor Oberst Etzel ist mein entschiedener Protektor geworden. Eine Eingabe an die Kommission ist von ihm befürwortet. Ferner habe ich die Aufforderung erhalten, den Chef des Generalstabes (unter dem die Telegraphie ebenfalls steht) Krausneck und dem Generalstabe einen Vortrag über Telegraphie zu halten. Meine Vorträge in der Polytechnischen Gesellschaft beginnen in der nächsten Woche. Ferner wird in einigen Tagen eine Eingabe an Humboldt vom Stapel laufen, und endlich baut unser berühmter Chronometermacher Tiede eine galvanische Uhr nach meiner Angabe. Du siehst, ich bin nicht faul und habe viel zu tun. Es ist aber auch hohe Zeit, daß ich vorwärtskomme, wenn ich oben bleiben will. Wenn Louis und Hans, der Vetter Georg und vor einigen Tagen auch Dru-

mann [1]) mir nicht mit Geld hilfreich beigesprungen wären, so müßte ich schon lange Bankrott gemacht haben. – 1. April. Gestern sind die Telegraphen endlich in ihren Hauptstücken zusammengekommen. Der Versuch ist gleich anfangs im ganzen gut ausgefallen — —; einige Wochen werden aber gewiß noch mit Versuchen hingehen, und ich will zufrieden sein, wenn ich sie nach vier Wochen vorlegen kann. — 29. April. Meine Angelegenheit geht gut vorwärts. Mit drei Eisenbahnen bin ich in Unterhandlung und denke auch in drei Wochen, wenn ich ganz fertig bin, abzuschließen. Geld habe ich im Augenblick durch eine Anleihe bei Hans. — 17. Mai. Meine jetzigen Erfahrungen im Gebiete der Elektromagneten haben mir die Überzeugung verschafft, daß man Elektromagnete sehr gut und selbst ökonomisch als Triebkraft verwenden kann. Bisher hat man es außerordentlich dumm angefangen. Wenn ich mal Muße und Geld habe, will ich mir eine elektromagnetische Droschke bauen, die mich gewiß nicht im Dreck sitzen läßt. — 31. Mai. Mein Telegraph ist noch nicht wieder zusammengesetzt (er war zur Anbringung von Verbesserungen auseinandergenommen worden). Mit den Mechanikern ist nicht viel aufzustellen. Sie sind durch die Gelehrten verdorben und in einen Künstlerschlendrian verfallen, der eine energische und einseitige Tätigkeit sehr hindert. Ich habe jetzt auch einen zweiten, nicht druckenden Telegraphen für Eisenbahnen in Arbeit gegeben, der viel billiger und schneller ist. Die Eisenbahnen geben nichts auf den Druck, was die Sache sehr erleichtert und einen besonderen Draht für die Läutewerke in der Wärterbude spart. — 5. Juli. Mein Telegraph ist seit 8—14 Tagen fertig und hat schon eine Masse Besichtigungen erfahren. Er arbeitet sehr schön, sicher und mit sehr wenig Strom. Allen gefällt er sehr. Namentlich sind Dove und Nottebohm sehr von ihm eingenommen. Letzterer ist mir sehr wichtig, da er einmal eine Hauptperson bei der Telegraphenkommission, zweitens Referent der Patentkommission und drittens Direktor der Anhaltischen Eisenbahn, die einen Telegraphen anlegen will, ist. Ich würde schon Bestellungen haben, wenn nicht Kramer [2]) die Preise verdorben hätte. Er hat allen Eisenbahnen seine Telegraphen für ein Spottgeld, ich glaube 50—100 Taler angeboten, während Leonhard 800 erhält. Unsere Forderung von 600 Talern wird daher immer noch für unverschämt gehalten — —. Es fehlt jetzt vor allen Dingen nur Geld, um die Sache kräftig fortzuführen — —. Leonhard hat mir jetzt wieder Kompagnieschaft angeboten — —. Trotzdem wir dann Bestellungen mit Leonhardschen Preisen in Masse bekommen würden, will ich doch nicht darauf eingehen. — 9. Juli. Meine Telegraphen operieren schon seit drei Tagen zwischen hier und Potsdam und zwar höchst brillant. Gestern war große Besichtigung durch die Telegraphenkommission. Dieselbe war ganz entzückt, und Dove schwatzte von Potsdam her ohne Unterbrechung vier

---

1) Hans, der Bruder Werners; Louis, ein Vetter; Georg, derjenige Vetter, der bald darauf das Kapital zur Begründung der Firma Siemens & Halske hergab; Prof. Drumann, der Vater von Werners erster Frau.

2) Ein anderer, aber nur ephemerer Telegraphenerfinder.

Stunden lang. Mein Prinzip hat sich glänzend bewährt, und ich hoffe jetzt sicher, daß es mit der Zeit alle anderen schlagen wird. — —. Die Sicherheit namentlich ist vollkommen und besonders die Aufstellung und Verkuppelung vieler Instrumente auf langen Linien außerordentlich leicht. Morgen reise ich nach Hamburg, um mit dem russischen Gesandten die Übernahme des Petersburg-Moskauer Telegraphen zu verhandeln [1] — —. Bestellungen sind von vielen Seiten im Anmarsche; nur Geld fehlt jetzt wieder gänzlich. — 13. Juli. Ich stehe jetzt mit der Anhaltischen Bahn in direkter und wahrscheinlich glücklicher Unterhandlung. Der Hauptverdienst muß bei den Läutewerken (in den Wärterbuden) sein, die für die ganze Bahn 42000 Taler kosten werden. Die Preise der Telegraphen ohne Druck habe ich auf 400 Taler pro Stück, die Meile Kupferdraht auf 480 Taler (ohne Stangen), die Meile Eisendraht (ohne Stangen) auf 400 Taler und die Meile unterirdische Leitung auf 1000 Taler gesetzt — —. Mein Telegraph hat sich vollständig bewährt, und mein früherer Gegner Nottebohm erklärte neulich selbst, es läge ein solcher Fortschritt darin, daß die Aufgabe durch mein Prinzip ganz der Mechanik anheimfalle, daß man die Größe der künftigen Fortbildung gar nicht übersehen könne und daß man mit Sicherheit annehmen könne, daß es künftig alle anderen besiegen werde —. Lange kann die Sache aber nicht geheim bleiben, darum muß in England bald etwas geschehen (Patentierung); sonst ist es zu spät — —. Geld ist wieder sehr knapp. — 10. August. Ich komme, hauptsächlich aus Geldmangel, gar nicht recht vorwärts. Meine Sache gewinnt zwar täglich Anerkennung; doch zum Kontraktmachen will es noch gar nicht kommen, hauptsächlich, weil die Herren Direktoren im Bade sind — —. Mit Schießübungen und Bagatellendienst bin ich auch ehrlich gequält, und als vorläufige Beantwortung eines sechsmonatlichen Urlaubsgesuches bin ich nach Wittenberg (!) versetzt, zum 1. Oktober. Ich wollte schon mein Abschiedsgesuch abschicken, als mir Etzel, der Telegraphendirektor, anbot, mein Kommando zur Telegraphie zu erwirken. Der Kriegsminister scheint darauf einzugehen. Ich werde aber in eine sonderbare Lage geraten, wenn ich darauf eingehe [2] — —. Nächstens, vielleicht schon morgen, wird in den Zeitungen eine Polemik über mein System eröffnet werden. Ich habe sie durch meinen Vortrag in der Polytechnischen Gesellschaft selbst hervorgerufen, da dies das einzige Mittel ist, den allgemeinen Angreifungen anderer zu entgehen. Jedenfalls ist also der kritische Zeitpunkt eingetreten, wo in England etwas geschehen muß, wenn es nicht ganz aufgegeben werden soll. Das nötige Geld werde ich in 8, höchstens 14 Tagen schon schaffen können, wenn auch nur unter ungünstigen Bedingungen. Suche daher doch die Sache dort zu sichern; 14 Tage gehen ja doch wohl bis zur Zahlung

---

1) Er verfehlte den russischen Gesandten (Struve) und reiste nach Kiel weiter.
2) Nach L.-E. S. 43 schien dies Kommando eine etwas andere Entstehungsursache gehabt zu haben; auf solche kleine Verschiebungen in der Berichterstattung wird hier nicht eingegangen.

hin. Eile ist aber Haupterfordernis. Unter der Bedingung der Teilnahme könnte ich von meinem Wirte, einem schlauen Kopfe, gleich Geld bekommen — —. Geld muß ich haben, es koste, was es wolle! Meine und Hans' kombinierte Kasse ist in diesem Augenblicke 5 Taler stark! Der Vetter Georg hat mir auch Geld angeboten, bis 10 000 Taler; doch der weiß einmal selbst nicht recht, was er will, und dann scheint er erst den Abschluß mit einer Bahn abwarten, auch Teilnahme haben zu wollen. Kann ich ohne ihn durchkommen, so ziehe ich es vor. Du siehst aber, daß ich Ressourcen habe, daß ich Dich also nicht sitzen lassen werde, wenn Du etwas tust.

Die Briefe Wilhelms aus dieser Zeit sind nicht erhalten geblieben. Man sieht aber deutlich, daß Wilhelm zögerte, wie Werner wünschte, dessen Erfindung beim Patentamte anzumelden.

Die Isolation mit Guttapercha[1]). In jener Frühzeit der Telegraphie wollte man nirgends, wenigstens auf dem europäischen Festlande, von oberirdischen Leitungen etwas wissen, da man diese für unsicher hielt; man glaubte nämlich, daß das Publikum sie zerstören werde. Deshalb wurden allerorten Versuche mit unterirdischen Leitungen gemacht, die aber anfangs noch durchweg an ungenügender Isolation litten. Werner Siemens war der erste, der hierfür die Guttapercha verwendete. Wilhelm schickte ihm von diesem Stoffe, der damals zuerst auf dem englischen Markte erschien, 1846 eine Probe. Deren ausgezeichnete Eigenschaften, in erwärmtem Zustande plastisch zu werden und, wieder erkaltet, ein guter Isolator der Elektrizität zu sein, erregten Werners Aufmerksamkeit. Und zwar muß das schon um dieselbe Zeit gewesen sein, als er überhaupt zuerst anfing, sich mit Telegraphen zu beschäftigen; denn sowohl in den L.-E., als auch schon in einem kurzen Rückblicke auf die Entstehung der ganzen Sache, den er Wilhelm am 27. Dezember 1848 lieferte, sagt Werner ausdrücklich, daß bereits 1846 mit einem von ihm durch Guttapercha isolierten Drahte eine Probe angestellt wurde[2]). Lassen wir jetzt wieder Werners Briefe reden:

---

[1] L.-E. S. 44 ff., 81; Technische Schriften S. 26 ff.

[2] An der Tatsache selbst, die für Werners Prioritätsanspruch vielleicht wichtig sein könnte, darf angesichts dieses Doppelzeugnisses nicht gezweifelt werden. Aber es sind einige Widersprüche vorhanden: in den L.-E. wird die Anhaltische Bahn, in dem Briefe vom 27. Dezember 1848 die Potsdamer als Ort der ersten Probe erwähnt, und ferner heißt es in den L.-E., daß bereits der Versuch von 1846 durch die Telegraphenkommission angeordnet wurde, während nach dem Briefe von 1848 Werner erst im Frühjahr 1847 der Kommission einen dahingehenden Vorschlag unterbreitete. In der

13. Juli 1847. Ich habe von dem hiesigen Fabrikanten X eine Probe Kupferdraht mit Guttapercha isolieren lassen. Das geht ganz brillant und kostet außer dem Draht und Gummi beinahe nichts. Für 200—300 Taler wird sich bei dem jetzigen hohen Preise des Guttapercha die Isolierung herstellen lassen, für 500 Taler die deutsche Meile mit Kupferdraht gut. Ich ziehe diese Isolierung den Bleiröhren bedeutend vor, aus vielen triftigen Gründen. Die deutsche Meile in Bleiröhren kostet hier 1300 Taler, ein beträchtlicher Unterschied. Frage: Ist in England G.-P. schon zur Isolierung angewendet? Im Verneinungsfalle will X das Geld zum Patent dort hergeben. G.-P. eignet sich wegen seiner Festigkeit, seiner Bildsamkeit und seiner Unzerstörbarkeit durch Kupfer (Oxyd) ganz ausgezeichnet zur Isolierung. — 10. August. Das Unangenehmste ist, daß der X mich hinters Licht führen zu wollen scheint. Er wollte sich vor einigen Tagen entscheiden, ob er Geld geben wollte und unter welchen Bedingungen, hat aber nichts von sich hören lassen. Aus mehreren triftigen Gründen schließe ich, daß er um ein Patent in England eingekommen ist. Ich weiß, daß er es auch hier getan hat, habe aber Schritte getan, daß ihm die Sache nichts nützt, da ich meine Kenntnis der Sache schon früher dokumentiert habe. Durch ein Patent in England würde auch mein Telegraph ihm dort zufallen, da das Wesentliche hier jetzt bekannt ist, wenn auch nicht die spezielle Konstruktion. — 25. August. Die Erfindung der Isolierung mit G.-P. geht, genau genommen, von mir allein aus und nicht von X. Ich forderte ihn auf, Isolierungsversuche zu machen in Gemeinschaft mit mir. Er wollte nicht, da er meinte, sein umwickeltes Gummi (Vulkanit) leistete allen Anforderungen Genüge. Als ich ihm nun mitteilte, daß ich ein Verfahren wisse, mittels dessen er die Masse aus einem Gusse um den Draht formen könne, fiel auch ihm die G.-P. ein, und er meinte, damit ging's. Anfangs waren wir uns beide einig, ganz gemeinschaftliche Sache zu machen. Er brachte mir seine Proben, die ich der Kommission vorlegte, wollte Geld zu Patenten hergeben — — —. Nachher zögerte er — — — (wie oben 10. August). Ich lege übrigens auf die Isolierung größeren Wert als auf den Telegraphen.

Wie Werner bald von Wilhelm erfahren haben muß, hatte sich schon 1846 in London eine Gesellschaft mit einem Kapital von 500000 £ gebildet, die Guttapercha Company, der es gelang, die Zufuhr roher Guttapercha völlig in ihrer Hand zu vereinigen. Auch kaufte sie alle in England auf Erfindungen zur Verwendung von G.-P. erteilten Patente, so daß sie nicht nur den ganzen Handel in roher G.-P., sondern auch den in G.-P.-Fabrikaten monopolisierte. Die Verwendung des Materials zur Isolation von

---

Korrespondenz mit Wilhelm, die für 1846 freilich sehr lückenhaft erhalten ist, begegnet die Guttapercha erst seit Juli 1847, und zwar so, als ob nichts vorhergegangen wäre.

Telegraphendrähten wußte sie, wie wir sehen werden, ebenfalls sehr bald an sich zu bringen, wenigstens für Großbritannien.

Begründung der Telegraphenbauanstalt[1]). Bisher war Halske, zusammen mit Boettcher, lediglich beauftragt gewesen, Werners Telegraphenapparate anzufertigen. Dies wurde jetzt anders:

25. August 1847. Ich habe mit dem Mechanikus Halske, der sich schon von seinem Kompagnon getrennt hat, definitiv die Anlage einer Fabrik beschlossen, und hoffentlich wird sie in 6 Wochen in vollem Gange sein. Georg Siemens will vorläufig bis 5000 und später bis 10000 Taler Geld schaffen und soll dafür mit 15—20 Proz. (noch nicht ganz entschieden) beteiligt werden. Davon muß meine Schuld an Hans von 1500 Taler bestritten werden. Mein Patent gehört der Kompagnie, doch für das Ausland erhalte ich $1/8$ vorweg, in Summa also 60 Proz. Halske, den ich völlig gleichgestellt habe mit mir in der Fabrik, bekommt die Leitung der Fabrik, ich die Anlage der Linien, Kontraktabschlüsse etc. Wir wollen vorläufig nur Telegraphen, Läutewerke für Eisenbahnen und Drahtisolierungen mit G.P. machen. Doch denke ich, wir nennen uns einfach „Maschinenbauanstalt", um die Hand ganz frei zu behalten. Das nötige Kapital ist eigentlich nur gering. Einige tausend Taler genügen für die Anlage, und wir können, wenn wir Glück haben, hundertmal so viel im Jahre umsetzen. Es fehlt eine solche Anstalt bisher gänzlich, wir sind daher ohne Konkurrenz und außerdem durch mein Patent und meinen schon ziemlich bedeutenden Einfluß geschützt — —. Nach Ablauf unseres ersten fünfjährigen Kontraktes wird Georg Siemens sein Geld wohl zurückerhalten können. Ich habe noch die arrière-pensée, daß ich vielleicht vom Staate so placiert werde, daß ich es der Fabrik vorziehe und dann Fritz in meine Stelle eintreten kann — —. Auf Phantasien dürfen wir uns alle nicht viel mehr einlassen, sondern müssen den Sperling in der Hand festhalten — —. Bestellungen, die uns ziemlich sicher sind, sind die Verbindung des Potsdamer Palais p. p. durch unterirdische Telegraphen, ferner eine Anlage in Berlin, um die Spritzenhäuser und das Polizeibureau durch Glockenwerke miteinander zu verbinden, endlich die Anhaltische Bahn und der Staat.

Danach hatte Werner also dem Gedanken, preußischer Telegraphendirektor zu werden, doch noch nicht ganz Valet gesagt. In dieser Zeit müssen auch die in den L.-E. (S. 46) erwähnten sehr hohen Beziehungen Werners angeknüpft worden sein, die seine Bemühungen förderten, den Telegraphen, der in Preußen noch eine rein militärische Einrichtung war und bleiben sollte, zum Gemeingut des Volkes zu erheben.

---

1) L.-E. S. 45.

J. G. HALSKE.

15. September. Nach langem Suchen ist endlich ein passendes Quartier für unsere neue Werkstatt gefunden und gemietet, mit den Fenstern nach dem Anhaltischen Bahnhofe hinaus. Da ich die Akquisition dieser Bahn für sicher halte, und jedenfalls in einigen Wochen die Legung meines isolierten Probedrahtes ($1^1/_2$ Meilen) dort stattfindet[1]), so hat diese Lage manches Bequeme für uns, da wir in der Werkstatt schon die Instrumente auf der Linie prüfen können. Ich wohne Parterre, die Werkstatt eine Treppe, Halske zwei Treppen hoch, in Summa für 300 Taler. Bald nach dem 1. Oktober werden wir die Arbeit beginnen. Meine alten Apparate sind seit einigen Monaten in unausgesetztem Gebrauche zwischen hier und Potsdam. Da die Leitung außerordentlich unvollkommen isoliert ist, so ist es eine scharfe Probe, die sehr glücklich bestanden ist, obschon die Instrumente manche erkannte Mängel haben, die bei den neuen beseitigt werden — —. Das Geld bildet allerdings immer den Haupthaken — —. An Hans habe ich 800 Taler zurückgezahlt, die er zur Übernahme seiner Brennerei nötig gebraucht; die anderen 400 Taler machen mir noch Sorge, da Georg so schnell nicht zu Gelde kommen kann. Ob ich das englische Patent noch rechtzeitig erschwingen kann ohne weitere Opfer, weiß ich im Augenblick noch nicht. — — Ein Dritter will das Geld zum Patente gegen Gewinnanteil hergeben; doch ich hoffe, wir werden es selbst erübrigen können. — 11. Oktober. Ich sitze jetzt schon seit acht Tagen in der neuen Wohnung (Schönebergerstraße 19); über mir feilt und quiekt es schon bedeutend; die Werkmaschinen fehlen noch sehr, da erst eine Drehbank eingesprungen ist — — —. Glaubst Du, daß sich der Guttapercha-Kompagnie eine Licenz wird halten lassen (?), so laß die Überziehung mit Guttapercha registrieren. Ich glaube beinahe, daß es nicht mehr Zeit ist. Die Abgesandten der Kompagnie sind hier gewesen, und ich weiß, daß sie erfahren haben, daß die Guttapercha dazu hier angewendet wird.

Tatsächlich wurde das englische Patent den Brüdern Siemens durch die Guttapercha-Kompagnie weggeschnappt; doch setzte Werner seine Versuche fort und erfand eine Maschine zur Umpressung des Drahtes mit Guttapercha ohne Naht, wodurch die Isolation erst haltbar wurde.

6. November. Ich habe heute gesehen, daß die Guttapercha prächtige Dienste leistet, wenn das Material richtig gewählt ist. Die Guttapercha muß wasserfrei und dunkel sein, sonst isoliert sie nicht — —. Anfangs ging es langsam; heute ward aber schon $1/_4$ Meile gelegt, und morgen, denke ich, noch mehr. Das Nomadenleben auf der Eisenbahn bekommt mir recht gut und bringt mich hoffentlich gleich wieder auf die Beine. Ist die Meile fertig, so wird die Kommission bis Großbeeren (ca. 3 Meilen) weiterbauen lassen, wenn die erste Meile sich bewährt, woran nicht mehr zu zweifeln. Wir erhalten dadurch Gelegenheit, einen

---

1) Das war die zweite Probe mit einem Guttaperchadrahte.

Normal-Eisenbahntelegraphen aufzustellen, der unser Renommee begründen soll.

Die Telegraphenkommission schrieb für März 1848 auf Werners Antrag eine öffentliche Konkurrenz auf eine Telegraphenleitung nebst Apparaten aus, mit Geldpreisen und Anwartschaft auf spätere Lieferungen für die Sieger:

6. November. Die Konkurrenz geschieht eigentlich meinetwegen, da ich jetzt als Partei und Richter erscheinen würde, wenn die Kommission meine Apparate ohne weiteres annähme. Ich zweifle nicht, daß ich siegen und dadurch die telegraphischen Angelegenheiten in Preußen ganz in die Hand bekommen werde — —. Halske ist ein durchaus braver und talentvoller Mensch, mit dem ich sehr gut fertig werde. — — Der Kontrakt lautet auf acht Jahre, wie mein Patent. — 29. November. Ich werde zu Weihnachten mit den in Arbeit befindlichen Telegraphen so weit sein, daß ich sie in Hannover produzieren kann. Da, hoffe ich, wirds Bestellungen geben, und dann können wir ans Ausland, namentlich an England, denken — —. Du hast recht: Die Elektrizität ist unser spiritus familiaris! Sie wird uns zuerst aus dem Drecke ziehen — —. Ich sehe, daß es fortgeht, wenn auch langsam, doch sicher. Wenn nur Georg seine weiteren Zahlungen innehält, wird alles gut gehen. Könnte ich auf andere Weise Geld bekommen, so könnte mirs ganz recht sein, wenn Georg nicht weiter zahlte; denn dann sparte ich die zwei pro Mille(?) Einzahlung (bis 10000 Taler), die er am Unternehmen hat. Die Hälfte hat er bald beschafft; doch scheint mir die Beschaffung des übrigen schwierig für ihn. — 3. Dezember. Zwei Telegraphen und zwei Läutewerke neuer Konstruktion für Eisenbahnen (in den Wärterbuden, mit schweren Eisenglocken), mehrere Untersuchungsinstrumente und eine Maschine zum Bekleiden der Kupferdrähte mit Guttapercha werden in etwa 14 Tagen wohl fertig sein. — 20. Dezember. Es ist Mitternacht vorbei, und meine Müdigkeit ist groß — —. Die Durchführung meiner Sachen im Detail ist ein verdammt mühsames Ding, besonders wenn alles, wenn auch nicht für die Ewigkeit, doch mindestens für lange Zeit, definitiv festgestellt werden soll. Ich muß bis in die Nacht hinein zeichnen. Dafür gehen aber die Telegraphen und Läutewerke über Erwarten schön und sicher — —. Unsere Werkstatt ist ganz besetzt und wird von sonst seltenen Arbeitern überlaufen (10 Mann jetzt). Wenn nur Geld disponibel bleibt, wird schon alles gehen. Die Geldnot ist namentlich in meiner Privatkasse sehr groß. Neulich hat sich ein Konkurrent aus Hamburg (Verwandter und Mandatar Wheatstone's), ohne sich zu nennen, in unsere Werkstatt mit anderen hineingeschwindelt, und ich Schafskopf habe ihm selbst meine neuen Telegraphen gezeigt. Zwar glaube ich dadurch einen Konkurrenten (auf der öffentlichen Konkurrenz im März 1848) beseitigt zu haben; denn er war sehr kleinlaut geworden; doch fürchte ich jetzt sehr den Contrecoup in England — —. Der Elektromagnetismus ist noch ein wissenschaftlich und technisch namentlich ganz unbebautes Feld und einer ungemeinen

Ausdehnung fähig. Mit dem verständigen und durchaus praktischen Halske im Bunde, fühle ich mich gerade berufen, ihn zu Ehren zu bringen. Arbeit ist aber dabei für zehn und hoffentlich auch Verdienst. Da ich die Staatstelegraphie [Posttelegraphen[1]) durch ganz Preußen] nicht aus den Händen geben will, so bleibt mir für die Anlage von Eisenbahntelegraphen hier und fürs Ausland wenig oder gar keine Zeit. Halske darf der Werkstatt nicht entzogen werden; wir müssen also notwendig, wenn es Ernst wird, uns nach **mehr Kräften** umsehen, und da habe ich denn natürlich zuerst an **Fritz** gedacht.

Tatsächlich wurde, wie wir schon wissen, Friedrich von Werner in der Werkstatt beschäftigt, namentlich mit Zeichnungen. Außerdem half auch Werners Freund und militärischer Kamerad **William Meyer** in seinen dienstfreien Stunden, wo er konnte.

Das Jahr 1848 brach unter den günstigsten Aussichten an, die sich zunächst noch immer besser gestalteten.

25. Januar. In Hannover habe ich einen großen Sieg errungen. Ich wurde sehr kühl und mit bedeutendem Vorurteil aufgenommen; doch schon nach der ersten Besichtigung waren alle ganz von meinem Telegraphen eingenommen. Karmarsch und Heeren waren namentlich meine eifrigsten Fürsprecher, sowie auch der Maschinenmeister Kirchweger, die eigentliche Eisenbahnseele in Hannover. Letzterer gab sein offizielles Urteil dahin ab, daß die Telegraphie durch meine Apparate auf eine Stufe gekommen sei, die er bis jetzt nicht geahnt habe. Das will bei ihm namentlich viel sagen, da er selbst Telegraphen baut (nach Wheatstone's System) und mein hauptsächlichster Konkurrent ist, da durch ihn die Eisenbahnverwaltung die Telegraphen selbst und sehr billig fabrizieren kann. Der hohe Preis meiner Apparate (ich will das Paar, solange es geht, nicht unter 500 Taler, die Läutewerke für Wärterbuden nicht unter 80 Taler verkaufen) und die bereits den Ständen vorgelegten Anschläge waren das einzige wesentliche Hindernis der sofortigen Adoption meines Systems — —. Doch jetzt kommt die Zeit, wo ich meine Apparate nicht länger der Öffentlichkeit entziehen kann und daher da, wo ich sie sichern will, Maßregeln treffen muß. Ein Hindernis ist für England freilich der **Geldpunkt** (Patentgebühr), da Georgs Quellen ziemlich versiegt zu sein scheinen, und Einnahmen noch nicht gekommen sind. Das wird sich in einigen Wochen aber wohl arrangieren — —. In der Werkstatt geht jetzt schon alles hübsch fabrikmäßig. Die jetzt in Arbeit befindlichen **vier** (!) Apparate für die Konkurrenz im März werden beinahe in der halben Zeit fertig sein.

So schwellte Werners Feuereifer die Segel seines Lebensschiffleins. Es ist doch geradezu rührend, wie er die Herstellung von vier Apparaten in mehreren Monaten schon als fabrikmäßigen

---

[1]) Das Studium der rein militärischen Telegraphie war also schon überwunden.

Betrieb begrüßte, der tatsächlich selbst viele Jahre später noch nicht erreicht wurde.

Die für das junge Unternehmen so wichtige öffentliche Konkurrenz nahte heran. Es hatten sich 12 Konkurrenten gemeldet, unter denen sich der angesehene englische Telegraphenerfinder Jacob Brett befand, der einen Drucktelegraphen einsandte. Der Druckmechanismus Bretts war besser als die früheren Werners, der aber einen neuen in Arbeit hatte.

18. Februar. Der Abgesandte Bretts hat meinen Telegraphen arbeiten sehen. Er war sichtlich überrascht und wollte lange gar nicht glauben, daß kein Mechanismus (Uhrwerk) dabei wäre. — — Brett scheint mir der einzige einigermaßen zu respektierende Gegner. Er betrachtet mich ebenso, und so denke ich, können wir uns vorher zu einander stellen — —. Meyer ist mit Bretts Abgesandten später sehr intim geworden. Er hat mir durch Meyer raten lassen, sobald als möglich in England ein Patent zu nehmen. Er hat dies Meyer nochmals mit einer gewissen Dringlichkeit gesagt. Vielleicht will Brett ein Patent nehmen, wodurch er mir um sechs Monate vorauskäme, und jener will mir dies aus Freundschaft für Meyer andeuten. Mein Telegraph wird jetzt hier überhaupt zu bekannt, und am Ende ist's sehr leicht, wenn man einmal weiß, daß der Telegraph, wie die Dampfmaschine, den Strom bei jedem Hube selbst unterbricht und wieder herstellt, auf dasselbe Mittel, den Schieber, zu fallen. Es wundert mich eigentlich, daß die Leute nicht von Anfang an auf diese naheliegende Idee gekommen sind. Mein ceterum censeo ist daher, möglichst schleunigst ein Patent in England zu sichern, um auf alles gefaßt zu sein. Georg erhält binnen kurzem 1500 Taler, von denen das nötige Geld entnommen werden muß — —. Schnelligkeit ist jetzt nötig; es möchte sonst, wie bei der Guttapercha, zu spät werden! Meine Maschine zum Überziehen der Drähte arbeitet sehr schön. Die Drähte werden so glatt und dicht überzogen, daß ich den Überzug viel dünner machen kann. Ich denke, die Meile isolierten Leitungsdraht mit beträchtlichem Gewinn für 500 Taler liefern zu können. — 11. März. Ich bin jetzt mitten in der Konkurrenz, die binnen acht Tagen wohl entschieden werden wird. Der Kampf hat noch nicht begonnen; doch denke ich, der Sieg kann nicht fehlen. Das Schlimme ist, daß wir mit allem noch nicht fertig sind. Es ist aber eine verdammte Sache, jetzt, wo alle Art von Aufregung auf mich einstürmt, zusammenzubauen. Ich muß mich erst mit Gewalt ermüden, um mit Ruhe an Stromleitungen denken zu können! In Hannover ist der Sieg unser. Vor einigen Tagen kam die durch die hohen Preise früher erschreckte Direktion ganz zahm an, wollte ein Paar haben und die Preise von 50 Stück Telegraphen und einigen hundert Läutewerken wissen. Das wären gegen 30000 Taler, ein ganz guter Anfang in dieser, für Geschäfte nichts weniger als günstigen Zeit, wo wir schon glaubten, die Bude schließen zu müssen.

Bis dahin hatte die Telegraphenbauanstalt noch immer kein einziges wirkliches Geschäft gemacht, und auch die Hannoverschen Aussichten wurden wieder zu Wasser; einige Monate später hören wir nur noch:

> In Hannover hat die erste Kammer alle Bewilligungen für elektromagnetische Telegraphen abgelehnt, die zweite alles genehmigt; es fragt sich, was nun wird.

Aber auch die öffentliche Konkurrenz, die am 15. März eröffnet wurde, fand ein jähes Ende, und nicht besser ging es der ganzen Telegraphenkommission; denn drei Tage darauf brach die Revolution aus, und kein Mensch dachte noch an Telegraphenbauen. Werner selbst auch nicht; nur Halske arbeitete ruhig weiter, obwohl es an Bestellungen gänzlich fehlte.

Die Ereignisse des Jahres 1848. Werner Siemens war das echte Kind einer politisch stark bewegten Generation des deutschen Bürgertums. Aber ihm als Soldaten war die Teilnahme an politischen Bewegungen versagt, und von schweren wirtschaftlichen Sorgen umdrängt, in bedeutsame technische Aufgaben vertieft, hatte er damals wenig auf die Vorzeichen des herannahenden Sturmes geachtet. Nur im Sommer 1845 hatte er sich, wie wir wissen, einmal zur Beteiligung an einer Art öffentlicher Demonstration, an dem „Ronge-Kultus", hinreißen lassen, was ihm aber beinahe schlecht bekommen wäre. Damals hatte er Wilhelm geschrieben:

> Unsere Verhältnisse fangen wirklich an, interessant zu werden. Der Wunsch nach freien Institutionen wird wirklich jetzt allgemein leidenschaftlich. Besonders wirken die kirchlichen Zustände sehr belebend ein. In Köthen sind jetzt immer große Volksversammlungen, die letzte von 5000 Menschen besucht, wobei eine rationale Gestaltung des Christentums verhandelt wurde.

Seitdem hatte er sich wenig um solche Dinge gekümmert. Da traf ihn die Nachricht von der Pariser Revolution. Wie sie auf ihn wirkte, ersehen wir aus demselben Briefe vom 11. März, dem wir schon einiges entnommen haben:

> „Vive la France!" würde ich mit Dir aus vollem Herzen rufen, wenn man noch das Glück hätte, auch moralisch zu den Proletariern zu gehören. Doch das tut nichts, wir machen Riesenfortschritte. Eine solche Bewegung der Gemüter, ein solcher Drang nach Vernichtung aller unwürdigen Fesseln und Scheidewände muß gute Früchte bringen. Zwar im Norden Deutschlands wird der Kampf hart werden. — — Warte

doch die jetzige Krisis ab, ehe Du Dich vollständig von Deutschland lossagst[1]). Wer weiß, was die nächste Zukunft gebären wird, und wohl dem, der volle Freiheit zu handeln hat!

Die „nächste Zukunft" sollte in der Tat Neues bringen. Was Werner über die Berliner Märzrevolution in seinen L.-E. (S. 49) sagt, war nicht der unmittelbare, sondern der bleibende Eindruck; jenen entnehmen wir einem Briefe vom 20. März:

Ich beeile mich, lieber Bruder, Dir meinen ersten Gruß aus freiem Lande zu überbringen! Gott, welche Änderung seit zwei Tagen! Die beiden aus Versehen getanen Schüsse am Schloßplatze haben Deutschland mit einem Sprunge um ein Menschenalter fortgeschoben! Vor meinen Fenstern organisiert sich soeben die Bürgergarde unseres Reviers. Die Reste des Militärs ziehen mit Trauermusik, wie das Volk es verlangt, aus der Stadt. Es war eine schrecklich schöne Nacht! Der klare Vollmond war von einem strahlenden Kreise umgeben, alle Fenster glänzend erleuchtet, wo nicht grade der Kampf wütete. Auf den Straßen kein trauriges oder ängstliches Gesicht, nur furchtbarer Ernst in den Zügen aller Leute, die Weiber nicht ausgenommen, gepaart mit Kampflust und dem, den Berlinern auch bei den ernstesten Dingen eigentümlichen Humor. Bruder, ich habe den Berlinern in jener fürchterlichen Nacht feierlich Abbitte getan für die schlechte Meinung, die ich bisher von ihnen gehabt habe! Mit Tränen im Auge habe ich die gesunde kräftige Logik der Leute aus den untersten Klassen angehört und die Überzeugung habe ich gewonnen, daß kein Volk reifer für die Freiheit sein kann[2]). Du hättest sehen sollen, wie mutig alles fortstürmte, wie es hieß: „Sie kommen — vorwärts Brüder!" Und denke Dir, während der ganzen Revolution ist keine einzige Laterne zerschlagen, kein einziges Stück Privateigentum berührt! Alle Häuser standen offen, und die Menge durchströmte sie, Treppe auf und ab, und nicht ein Stück ist gestohlen! Kann man jetzt nicht stolz darauf sein, ein Deutscher zu heißen? Eine fürchterliche Buße ward von dem erbitterten Volke dem Könige auferlegt, doch sie war gerecht! — — Noch eine eigene Erscheinung: trotz der Erbitterung freut sich doch das Volk über die brave Haltung des Militärs, von dem kein Mann übergegangen ist. Überhaupt ist es eigentümlich, daß sich beide Parteien eigentlich um dieselbe Sache schlugen. Den Soldaten ward gesagt: der König hat alle Forderungen bewilligt, doch der Pöbel will morden und brennen, und Franzosen und Polen führen ihn an, damit Preußen zugrunde geht. Der König hatte in der Tat alles bewilligt, mit Ausnahme der Bürger-

---

1) Wilhelm hatte damals schon die Absicht, sich in England naturalisieren zu lassen.

2) Damit vergleiche man die Stelle in den L.-E.: „Das Rauchverbot für die Straßen der Stadt und namentlich den Tiergarten — — bildete wohl die einzige Beschwerde, die von der großen Masse der Berliner Bevölkerung wirklich verstanden wurde, und für die sie in Wahrheit kämpfte."

bewaffnung. Das Volk aber glaubte ihm nicht und hielt sich für verraten. Daher die Erbitterung auf beiden Seiten.

Werners amtliche Tätigkeit hatte mit der Telegraphenkommission aufgehört, und eine andere war ihm nicht angewiesen worden. Seinen Abschied konnte er nicht fordern, da man Krieg erwartete. Inzwischen hatte sich Schleswig-Holstein gegen Dänemark erhoben, was ganz Deutschland begeisterte. In Kiel fürchtete man ein Bombardement durch die dänische Flotte, und Werners Schwester Mathilde schrieb ihm in großer Angst, die um so begründeter war, als ihres Mannes, des Professors Himly, Haus am Hafen lag, dessen Einfahrt den Dänen vollständig freistand, weil die diese Einfahrt beherrschende Seebatterie Friedrichsort sich noch in dänischen Händen befand.

Da kam Werner auf den Gedanken, den Hafen durch Unterseeminen mit elektrischer Zündung, die man damals sonst noch nicht kannte, zu verteidigen. Er teilte den Plan seinem Schwager Himly und dieser der provisorischen Regierung mit, die ihn billigte und die preußische Regierung um Beurlaubung Werners ersuchte. Am 1. April berichtete hierüber Mathilde Himly an Wilhelm:

Himly und Werner hoffen die dänischen Kriegsschiffe mit Hilfe des Galvanismus in die Luft zu sprengen. Himly ist seit drei Tagen fort, um alles mit Werner in Berlin vorzubereiten. Doch nur der Prinz[1]) ist eingeweiht, weil man die hier lauernden dänischen Spione fürchtet.

Die preußische Regierung war wohl geneigt, Werner zu beurlauben, konnte dies aber nicht tun, bevor der Krieg gegen Dänemark beschlossen war, was erst einige Wochen später geschah. Inzwischen bereitete Werner seine Seeminen vor, wobei zum ersten Male für unterseeische Leitungen die Isolation mit Guttapercha verwendet wurde. Endlich kam die Entscheidung:

Der deutsche Michel — so schrieb Werner an Wilhelm noch aus Berlin — scheint die Schlafmütze, die er seit drei Jahrhunderten nur auf kurze Zeit ein bischen gelüftet, jetzt gänzlich abgelegt zu haben und mutig und trotzig um sich zu blicken. Das Neueste ist: morgen früh gehe ich mit Himly, der als Bevollmächtigter der provisorischen Regierung in Kiel hier ist, nach Rendsburg ab, um die Dänen mit gehörigen deutschen Hieben über den Belt jagen zu helfen. Ich denke, speziell einige Kriegsschiffe galvanisch gen Himmel zu besorgen und überhaupt die Küste zu sichern — -. Fritz und Karl wollen absolut mit nach Schleswig; ich habe sie bisher mit Rußland vertröstet, mit dem wir

---

1) Prinz Friedrich von Noër, Mitglied der provisorischen Regierung.

binnen drei Wochen in Krieg sein müssen. Was doch vier Wochen machen können! Es ist, als wenn die Donner des jüngsten Gerichtes sich über Deutschland entlüden und das Weltgericht die treulosen Fürsten vor sein Forum geladen hätte! Die allgemeine Stimme ist hier für ein deutsches Kaiserreich mit demokratischen Formen. Die republikanische Partei hat sich mit der Zukunft vertröstet. Wenn nur der alte Fluch Deutschlands, die Kaiserwahl, nicht der Eckstein ist, an dem der ganze junge Bau zerschellt! Es wäre traurig! Sollte eine Dänenkugel für mich gegossen sein, so sorge Du für die Brüder.

Über die erfolgreiche Verteidigung des Kieler Hafens durch Werner Siemens hat dieser in seinen L.-E. so ausführlich und interessant berichtet, daß hier nur darauf verwiesen werden kann. Wilhelm, Friedrich und Karl gingen auch nach Kiel, scheinen dort aber weniger Gelegenheit zu besonderen Taten gefunden zu haben. Und selbst Werner büßte seinen kriegerischen Eifer bald ein, wozu der unglückliche Gang der revolutionären deutschen Bewegung das meiste beitrug; so schrieb er Wilhelm am 25. Juli:

Ich habe mein Abschiedsgesuch (für Schleswig-Holstein) schon lange eingereicht und mich entschlossen, auch meinen Abschied vom Militär in kürzester Zeit zu nehmen — —. Wahrscheinlich wird der Krieg nun allmählich einschlafen, wenn nicht ein großer europäischer Krieg daraus wird. Im letzteren Falle wird die altpreußische Partei mit einem Teil von Norddeutschland (Hannover z. B.) versuchen, wieder ihren alten Posten zu erringen, wozu ihr die jetzt herrschende Abspannung und der Verdruß über die weiter um sich greifende Zerrüttung aller Verhältnisse des öffentlichen und Privatlebens sehr zu Hilfe kommt. Da mag ich nicht mithelfen, nicht vielleicht gar auf seiten Rußlands stehen! Wie gewaltig der Umschwung der Stimmung in Preußen, in Berlin namentlich ist, geht u. a. daraus hervor, daß selbst Meyer reaktionär geworden ist. Das spezifische Preußentum erholt sich jetzt wieder mit Macht und öffentlich, wozu das unpolitische Benehmen der Frankfurter Linken, das den Preußenstolz beleidigt hat, viel beiträgt. Es ist eine unabweisbare Notwendigkeit zur Befestigung oder vielmehr Erzielung deutscher Einigkeit geworden, daß entweder Preußen zugrunde geht und Deutschland nach langen Stürmen eine Republik wird, oder daß der preußischen Eitelkeit geschmeichelt wird, Deutschland mithin mehr oder weniger preußisch wird. Mein Privatinteresse stimmt jetzt grade für das letztere.

Der letzte Satz wird nachher seine Erklärung finden. Genug, Werner kehrte im August nach Berlin zurück und richtete von dort aus an Wilhelm am 21. dieses Monats einen Brief, der seinem politischen Scharfblick alle Ehre macht:

Hier wird der Kampf zwischen Deutsch- und Preußentum jetzt mit ziemlicher Erbitterung geführt. Ich glaube aber, daß ersteres siegen wird, wenn die Frankfurter, in denen das süddeutsche Element und Interesse zu sehr prädominiert, nicht zu unklug verfahren. Du mußt nicht zu ungerecht die preußische Reaktion verdammen — —. In Preußen hat das untere Volk einen gewissen preußischen Patriotismus, die einzige haltbare Basis, die Bewährung in Zeiten der Not und Gefahr, dem alten Kriegsruhm, mithin dem Selbstvertrauen entsprossen[1]). Im übrigen Deutschland ist das Volk im großen indifferent, das ist der wesentliche Unterschied. Und es ist für Deutschland als ein Glück anzusehen, daß es noch irgendwo im Volke irgendeinen Patriotismus gab, der den Kern eines künftigen deutschen Patriotismus bilden konnte und Deutschland vor dem gänzlichen Falle bewahrte. Die wichtigste Frage ist nur die, wie diese Umwandlung geschehen soll. **Vollständig kann es nur durch eine neue Not- und Bluttaufe geschehen, in der Deutschland als Ganzes zusammensteht oder fällt!** — — **Der wichtigste Kampf, der vorher durchgefochten werden muß, ist der der materiellen Interessen** — —. Sieh nur die Beschlüsse der Gewerbeversammlung in Frankfurt an, die man hier als Vorspiel der Beschlüsse der Reichstages ansieht: gänzliche Vernichtung der Gewerbefreiheit, Prohibitiv-Aus- und Einfuhrzölle, bei denen der Handel und die norddeutsche Industrie zugrunde gehen würden. Das sind die eigentlichen ins Leben schneidenden Fragen, und aus diesem Gesichtspunkte mußt Du den hiesigen Wiederstand, dem sich die deutschgesinntesten Männer bis zu einem gewissen Grade beigesellt haben, betrachten. — 26. September. Ich würde mit Leib und Leben für die Republik einstehen, wenn wir nur Republikaner hätten; doch da fehlt es leider! **Wir sind wirklich politisch noch sehr unreif.** Viele, ja fast alle scheinbar glänzende Koryphäen dieser Seite werden blind und unrein, wenn man sie scharf betrachtet. — 7. November. Man sieht die Ultra-Stockpreußen und die äußerste Linke freundschaftlich zusammenstimmen. Überhaupt weiß kein Mensch mehr, was er will — —. Nur eine Partei macht eine Ausnahme, die blutrote; die weiß, was sie will und hat es durch ihre Stimmführer offen ausgesprochen: Einführung des politischen und sozialen Chaos, aus dem dann nach und nach neue und gesunde Zustände herauskristallisieren sollen. Doch nur sehr wenigen liegt wohl an diesem Endresultate. Das Chaos ist ihnen die Hauptsache — —. So viel ist gewiß, daß wir erst im Anfange der Wirren und Stürme sind. **Preußen allein könnte noch ein mächtiges Bollwerk werden**, wenn wir nicht auch eine Kamarilla und einen schwachen phantastischen König hätten. Überhaupt, in dem einen Gefühl sind jetzt alle Parteien und Lappen Deutschlands einig, **daß in Berlin jetzt Deutschlands Zukunft geschmiedet wird.** 27. Dezember. Die Politik wollen wir lieber nur ganz unberührt lassen; es wird doch aus der ganzes Geschichte nichts Gescheites. — —

---

[1]) Motivierung dazu an anderer Stelle: „Der gemeine Mann vermag sich nicht an einer Idee so zu erwärmen und durch sie auf einen so hohen Standpunkt sich emporzuschwingen, daß er sich ihretwegen so leicht alter, ihm teuer gewordener Erinnerungen und der ungewissen Zukunft zuliebe der für sicher erachteten Gegenwart und Vergangenheit entschlagen könnte."

Was nützt es, Idealen nachzujagen, die keinen gesunden Boden haben? Du weißt, ich habe mir nie große Hoffnungen machen können, bin daher auch nicht so enttäuscht, wie andere.

So wandte sich Werner unmutig von der Politik ab, der er dann ein Jahrzehnt lang fernblieb. Nur noch einige charakteristische Äußerungen aus den Jahren 1849 und 1850:

27. August 1849. Ihr (Wilhelm und Friedrich) seid noch immer die gutmütigen politischen Träumer, glaubt an ideale Verhältnisse und antike Volksgröße, wo nur gemeine Leidenschaften und eingerostete Vorurteile herrschen. — — Der deutsche Michel hat mit Schmerz seinen leer werdenden Geldbeutel befühlt und brummt; „O selig, ein Kind noch zu sein!" Bald wird er wieder schlafen. Wenn wir graue Haare haben und unsere Kinder der Hafer wieder sticht, wird er wohl mal wieder die Augen öffnen und sich ein bißchen unartig gebärden. — 5. Juli 1850 (nach der Schlacht bei Idstedt). Ich stand auf dem Sprunge, nach Holstein zu gehen. Es ließ sich aber nicht machen, ohne eingegangene (geschäftliche) Verpflichtungen zu vernachlässigen, und so habe ich mich denn gestern zum Hierbleiben mit Sammeln und Scharpiezupfen entschlossen und reise noch heute nach Oberschlesien ab, wo ich hoffentlich im Drange der Geschäfte die deutsche Schmach vergessen lerne.

Die ersten geschäftlichen Erfolge von Siemens & Halske. Schon aus dem Kriegslager in Holstein hatte Werner wieder angefangen, über geschäftliche Dinge zu verhandeln. So wurde im Juni 1848 Friedrich nach England gesandt, um dort unter Wilhelms Leitung Werners Telegraphenapparate einzuführen. Aber es ging damit ähnlich, wie mit der Guttapercha: die allmächtige Electric Telegraph Company, welche Nadeltelegraphen eingeführt hatte und nicht davon lassen wollte, hielt die Brüder nur mit Verhandlungen hin und bekundete schließlich keine Neigung, Werners Erfindung zu kaufen, obwohl sie große Vorzüge besaß und durch Friedrich noch verbessert wurde. Mit Ende des Jahres 1848 erkannten die Brüder, daß auf solche Weise nichts zu erreichen war. Doch setzte Wilhelm, wie wir später sehen werden, die Bemühungen fort. Friedrich blieb in England als Assistent Wilhelms bei dessen Versuchen zur Ausführung des Regenerativprinzips, worauf ebenfalls zurückzukommen sein wird.

Inzwischen hatten sich in Preußen die Aussichten für Werner günstig gestaltet. Politische Gründe drängten doch zum schleunigsten Bau einer Telegraphenlinie nach Frankfurt a. M. und einer zweiten nach Aachen. Die Telegraphenverwaltung wurde dem Handelsministerium unterstellt und ihre Leitung dem Regierungsassessor Nottebohm übertragen. Die technische

Leitung des Baues wurde Werner Siemens anvertraut, der allerdings sich der Unterstellung unter den Assessor Nottebohm nur ungern fügte, aber den ihm von der Militärbehörde wieder gewährten Urlaub gern benutzte, um den schließlich unleidlich gewordenen Verhältnissen in Holstein zu entrinnen, ohne aufs neue dem Garnisondienst anheimzufallen. Die Lieferung der Apparate erhielt Halske, die der mit Guttapercha isolierten unterirdischen Leitungsdrähte die Berliner Gummiwarenfabrik von Fonrobert & Pruckner. Werner war also an dem Bau der Linien 1. als Staatsangestellter, 2. als stiller Teilhaber von Halske und endlich 3. hierdurch auch bei den Drahtlieferungen beteiligt, von denen der Telegraphenbauanstalt vertragsmäßig eine freilich nur geringe Gewinnquote zukam. Ein verwickeltes und offenbar auf die Dauer nicht haltbares Verhältnis! Dabei wurde an dem Unternehmen nicht viel verdient. Werner meinte: „Wenn 5000 Taler übrig bleiben, können wir zufrieden sein"; doch wurden es jedenfalls schließlich bei weitem nicht so viel.

Werner leitete den Bau der Linien persönlich; nach Berlin kam er im Herbst 1848 nur auf wenige Tage. Es war für ihn eine Zeit voll Anstrengungen und Sorgen, aber auch voll interessanter, wertvoller Erfahrungen, wie denn überhaupt die Jahre 1848—1850 recht eigentlich die praktische Lehrzeit des Telegraphenbaues für Siemens & Halske bildeten. Jene vielseitigen Erfahrungen sind aus den Briefen Werners keineswegs sämtlich zu entnehmen, wohl aber aus seinen zusammenfassenden Veröffentlichungen. Wir wollen sie daher nach ihnen später schildern und einstweilen nur den äußeren Gang der geschäftlichen Entwicklung, soweit wie möglich, an der Hand des Briefwechsels verfolgen.

26. September 1848. Bis Cöthen soll in einigen Tagen die Linie eröffnet werden (unterirdisch). Die Strecke von Frankfurt bis Kassel muß leider noch überirdisch geführt werden, da das Planum der Eisenbahn noch nicht fertig ist, ebenso von Eisenach aus einige Meilen quer durchs Land. Doch denke ich trotzdem von Berlin nach Frankfurt in einem Zuge sprechen zu können (ca. 85 deutsche Meilen). Meine Telegraphen gewinnen jetzt immer mehr eine entschiedenere Anerkennung. Hannover und Braunschweig haben bereits abgeschlossen (mit den Staatstelegraphen 60 Stück). Die Eisenbahn zwischen Halberstadt und Magdeburg ist in Unterhandlung. Die Anhaltsche Bahn baut im Frühjahr, andere sind in Aussicht. Kurz, wenn kein politisches Chaos hereinbricht, so werden wir ganz gute Geschäfte machen und müssen an bedeutende

Vergrößerung der Werkstatt gehen. — 7. November. In acht Tagen, denke ich, soll die Thüringer Bahn fertig sein. Dann geht es an die überirdische Leitung nach Frankfurt wie Kassel. Noch ein tüchtig Stück Arbeit bei dem Wetter und ohne Eisenbahn. Doch hoffe ich noch immer, in diesem Herbste d. h. bis Mitte Januar fertig zu werden. Die bisher gelegte Linie von ca. 50 Meilen macht sich ganz gut, natürlich die letzte Strecke, trotz ungünstiger Verhältnisse weit besser, als die erste, infolge größerer Erfahrungen in der Fabrikation und auch im Legen p. p. des Draths. — 27. Dezember. Wir haben jetzt schon für ca. 15000 Taler Telegraphen in Bestellung, können sie aber vor Frühjahr nicht fertig schaffen, obgleich Halske von allen Seiten gedrängt wird — —. Sylvester werde ich wohl, wie Weihnachten, auf der Landstraße verleben. — 5. März 1849. Die Linie ist jetzt schon seit 14 Tagen bis Frankfurt im Betriebe; doch gibt es noch immer darauf zu tun. Die unterirdische Leitung macht sich sehr gut, trotzdem hier die ersten Proben gemacht sind und die neuen Leitungen wohl zehnmal besser isoliert sind — —. Mit Rußland sind Unterhandlungen über die Lieferung von Telegraphen und Leitungsdrähten im Gang. Kannst Du uns die Anlage der Leitung durch den Kanal verschaffen, so wird uns das in jeder Hinsicht erwünscht sein. — Meyer ist bereits um Abschiedsurlaub eingekommen, und ich werde in den nächsten Tagen nachfolgen und mich aus dem Staatsdienste ganz zurückziehen. Der verträgt sich nicht mit der praktischen oder vielmehr selbst schaffenden Tätigkeit. Meyer wird wahrscheinlich im Staatstelegraphendienst gut angestellt werden — —. Nach Stettin, Hamburg und Wien sind auch schon Linien beschlossen. Erstere werden bald in Angriff genommen, wenn Mecklenburg betr. Hamburg zustimmt. — — Aus Frankreich und Amerika sind auch Anfragen hierher gelangt über die unterirdischen Leitungen — —. Die Sache hat sich jetzt praktisch vollkommen bewährt und verspricht einen großartigen Aufschwung zu nehmen, den man benutzen muß. — — In einigen Tagen wird nun noch ein Kampf mit dem Morseschen System stattfinden, der allerdings gefährlich ist, weil diesem System eigentümliche Vorzüge auf langen Strecken nicht abzusprechen sind. Ich habe jetzt hierfür ein neues System in Arbeit, welches mit Steinheilscher Bezeichnung arbeitet .:|:|·.:.:.!..... Ich denke mit demselben Morse auch in Geschwindigkeit gänzlich zu schlagen und mit ein bis höchstens zwei Zwischeninstrumenten direkt bis Frankfurt zu sprechen. — 9. Juni 1849. Leider sieht es mit der schnellen Lieferung von Telegraphen noch schlecht aus. Mangel an Arbeitern, Raum und geeigneten Individuen zu Werkmeistern verhindern schnelle Vergrößerung, und für die doppelte und dreifache Größe wäre hier noch Absatz genug. In Oberschlesien habe ich eben eine neue Eisenbahnanlage (Breslau-Krakau) halb und halb schon übernommen. Sie wird sich gewiß bis Warschau ausdehnen und dann viel einbringen, da die Leitung (unterirdisch) dann das meiste abwirft und die Russen gut bezahlen können und müssen. Natürlich muß ich mir Krieg mit Rußland fürs erste verbitten. Der Kostenpunkt für die Apparate stellt sich ungefähr so, daß wir bei dem bisherigen Preise etwa die Hälfte verdienen. Die von Halske, unter dessen alleinigem Namen die Werkstatt bisher geht, nicht aufgestellten Reserveapparate werden zu 180 Taler gerechnet, die kleinen Eisenbahn-Telegraphen kosten 100, sind aber für Korrespondenz nicht zu empfehlen; die meisten Eisenbahnen haben auch große genommen (Braunschweig-Aschersleben und Magdeburg-Halberstadt). Wenn die Vergrößerung der Werkstatt durchgeführt ist oder sonst Bestellungen fehlen, so können wir wohl auf 150 heruntergehen, natürlich aber nicht ohne Not. Der englische Absatz könnte namentlich im Falle eines Kontinentalkrieges sehr wichtig für unsere Erhaltung werden. Die Aussicht auf einen solchen ist auch ein großes Motiv gegen die nötige Ausdehnung, worunter hauptsächlich Ankauf eines Hauses. Der Übergang von einer Werkstatt (mit ca. 25 Arbeitern) zu einer Fabrik hat in diesem Fache überhaupt manches Mißliche, z. B. sämtliche mechanische Werkstätten Berlins haben zusammen nicht so viel Arbeiter, wie wir schon jetzt, und von ersteren ist nicht der dritte Teil für uns brauchbar, da Halske mit Recht nur die besten Arbeiter verwendet. Schlosser und dergleichen Arbeiter sind nur in sehr geringer Zahl verwendbar. Die neuen Telegraphen und die Morse'schen, die von der Regierung bestellt sind, haben uns nun auch auf die Uhrmacherei hingewiesen; doch auch dann kann nur langsam vorgegangen werden, da die Arbeiter immer erst für das ihnen ganz neue Feld angelernt werden müssen — —. Es sind jetzt einige 70 Telegraphen meines Systems in Tätigkeit — —. Mit Bayern sind Unterhandlungen im Gange. Vater Steinheil wird sich wohl nächstens sehr entschieden für unterirdische Leitung und meine Telegraphen aussprechen. Er ging sehr entzückt von dannen.

Bald darauf führte Werner den Entschluß, seinen **Abschied vom Militär** zu erbitten, aus; er erhielt ihn als Premierleutnant (mit einem Tadel wegen eines Formfehlers) und verzichtete auf die ihm für mehr als 12jährigen Offiziersdienst zustehende Pension, weil er sich — wie es in den L.-E. heißt — gesund fühlte und kein vorschriftsmäßiges Invaliditätsattest einreichen mochte. Das war aber ein Gedächtnisfehler; denn gerade um jene Zeit war er häufig und lange krank, so daß sein Freund William Meyer an Wilhelm nach London schrieb: „Krauskopf — Werners Spitzname — kränkelt neuerdings in einem fort."

4. August 1849. Alles schöne Fett des vorigen Jahres ist zum Henker gegangen, und ich bin wieder der alte magere Hering! Doch nun scheint die schlechte Zeit wieder vorüber[1]) — —. Ich weiß nicht, ob ich Euch schon geschrieben habe, daß ich meinen Abschied erhalten habe. Mit leeren Händen, wie ich in den Dienst gegangen, habe ich ihn auch wieder verlassen und bin zufrieden damit. Ich werde jetzt noch die einmal übernommene Breslauer Linie vollenden und dann das

---

1) Diese Hoffnung ging nicht in Erfüllung; er kränkelte auch in der folgenden Zeit.

Leben mit eigenen Augen betrachten — —. Es sind jetzt russische Abgeordnete hier, um mit mir zu unterhandeln. Bis jetzt ist noch gegenseitiges „Mißtrauen" obwaltend, da wir schon mit Bayern und Österreichern schlecht angekommen sind. Zu machen würde allerdings in Rußland viel sein, wenn nicht, wie ich hoffe, Krieg mit ihnen kommen wird, der allein unsere faulen Zustände wieder etwas auffrischen könnte. Doch zum Henker die Politik! — — Meyer wird auch in wenigen Tagen seinen Abschied erhalten und dann eine Anstellung bei der Telegraphie als Telegraphen-Ingenieur erhalten. Er hat schon die Linie von Braunschweig nach Aachen und von Düsseldorf nach Elberfeld gebaut und ist jetzt mit der Berlin-Stettiner beschäftigt. — 27. August 1849 aus Oppeln, abgeschnitten von aller Welt und $1^1/_2$ Tagereisen von Berlin entfernt. Ich denke hier in drei Wochen fertig zu sein, dann Meyer die weiteren Anlagen für den Staat zu überlassen und so ganz frei zu werden — —. Die russische Grenze habe ich mit einigem Schaudern überschritten, in Begleitung des Thronfolgers, d. h. mit seinem Extrazuge.

Die russischen Verhandlungen führten damals noch zu keinem Ergebnisse. Werner meinte, Halske und Pruckner, welche diese Verhandlungen führten, hätten das „Schmieren" nicht verstanden. Aber damit verkannte er die Sachlage. Der Vertreter der russischen Regierung, Kapitän Lüders, ein durchaus ehrenwerter Mann, war beauftragt, auf einer Rundreise durch Europa das beste Telegraphensystem zu ermitteln, und brachte später dasjenige Werners in Vorschlag. „Geschmiert" (d. h. mit Bestechungen gearbeitet) haben Siemens & Halske bei ihren in der Folgezeit so großartigen russischen Geschäften niemals[1]).

Vielleicht mag das dadurch erklärt werden, daß die Verhandlungen stets direkt mit den höchsten Staatsbehörden geführt und abgeschlossen wurden, und daß die politischen Verhältnisse die schleunige Herstellung der notwendigen telegraphischen Verbindungen erforderten. Es soll damit nicht gesagt werden, daß wir uns nicht unteren Beamten für die bei Ausführung der Linien geleisteten Dienste in landesüblicher Weise erkenntlich gezeigt hätten (L.-E.).

11. November 1849. Leider muß ich noch heute nach Halle abreisen und bin die nächste Woche zwischen Halle und Leipzig beschäftigt — —. Der Druckapparat geht fast über Erwarten gut; er läuft schon seit einigen Wochen auf der Frankfurter Strecke mit, ohne daß sich eigentlich einer darum bekümmert — —. Die Belgier machen jetzt große Anstalten, ganz Belgien mit einem Schlage zu telegraphisieren. Sie wollen Drähte und Apparate von uns nehmen und sollen wir auch die Anlagen machen. Da nun auch der Staat gegen 100 Stück bestellt hat, und Russen und Ostindien im Hintergrunde stehen, so wird jetzt an umfassender Vergrößerung gearbeitet — —. Wenn die nächsten beiden Druckapparate fertig sind, in vier bis höchstens sechs Wochen,

---
1) L.-E. S. 122.

werde ich mit Fonrobert nach Belgien reisen, um dort, dem Rate des Gesandten gemäß, mit Leopold die Sache in Ordnung zu bringen. Von dort komme ich nach England. Halske ist 14 Tage zwischen hier und Aachen mit Aufstellung des Morse- und der Zwischenwerker beschäftigt gewesen. Das hat die Entwicklung des Druckes p. p. etwas aufgehalten. — 13. Dezember. Halske reist heute, an meiner Stelle, mit Meyer und dem 100. Telegraphen nach Oderberg p. p., um dort aufzustellen — —. Die Hamburger Bahn hat mir die Anlage eines Eisenbahntelegraphen mit Läutewerk in der Wärterbunde und unterirdischer Drahtleitung angeboten. Ich denke, die Sache wird in Ordnung kommen. Ich will dünne Drähte nehmen, so daß der Draht nur ca. 300 Tlr. pro Meile kostet. Dann will auch die Bergisch-Märkische und die Rheinische Eisenbahn unterirdische Leitungen haben, dazu die Russen und Belgier; kurz, zu tun ist in Menge. Die Werkstatt zählt jetzt 32 Arbeiter, soll aber bald auf 45 gebracht werden, wobei dann gegen vier Telegraphen wöchentlich fertig werden. Es scheint aber kaum, daß dies für das nächste Jahr ausreichen wird — —. Die Telegraphen gehen jetzt auch bei den größten Entfernungen mit direkten Strömen ganz sicher. — 31. Dezember. Wie sieht es denn mit Ostindien aus? Wir können jetzt vier Apparate wöchentlich liefern und haben bis jetzt nur bis Ende Mai Bestellungen. Erhalten wir diese (ostindische) Aufträge[1]), so können wir unsere Leistungen bald bis auf sechs steigern — —. Ich hoffe, daß unsere Prüfungszeit jetzt überwunden ist. — 2. Januar 1850. Ich habe viel Vertrauen zu 1850. Es muß in unserem Schicksalskalender der Erntemonat werden.

Das Jahr 1850 wurde wirklich ein sehr gutes; aber unmittelbar darauf entstand für das junge Unternehmen die erste schwere Krisis, die dann freilich den Antrieb zu einer Entwicklung ohnegleichen gab. Einstweilen ging es noch in bisheriger Weise weiter:

In den Preisen der Drähte — so heißt es am 2. Januar 1850 — können wir von hier aus keineswegs mit der Gutapercha-Kompagnie rivalisieren, die fast Alleinherrscherin über die Guttapercha, in diesem Augenblicke wenigstens, ist. Pruckner liefert die Drähte jetzt an die preußische Regierung und an uns zu 1 Tlr. $2^1/_2$ Sgr. pro Pfund aufgetragener Masse, anderen zu 1 Tlr. 5 Sgr., und das ist der Preis, den wir berechnen. Außerdem haben wir 3 Proz. an allem, was Pruckner fabriziert. Wir könnten mithin im Notfalle noch die $2^1/_2$ Sgr. fahren lassen. Werden die Drähte dünner überzogen, wie für den preußischen Staat (495 Pfund pro Meile Gewicht der Guttapercha, ebensoviel das des Drahts), so rechnen Fonrobert & Pruckner auch den Preis der Guttapercha höher. Bei unserer Bestellung für die Hamburger Eisenbahn zahlen wir $1^1/_3$ Tlr. und rechnen 1 Tlr. $12^1/_2$ Sgr. Von diesem Drahte gehen auf die Meile 3 Ztr. Kupfer und $2^1/_3$ Ztr. Guttapercha; Kupferdraht

---

1) Vgl. das dritte Kapitel dieses Abschnittes.

pro Ztr. 47 Tlr. Das macht für den dicken Draht ca. 800 Tlr., für den dünnen 500 Tlr. die Meile. Die Guttapercha-Kompagnie kann beinahe $1/4$ billiger liefern. Das beste wäre, wenn wir mit dieser Kompagnie einen Vertrag schließen könnten, des Inhalts, daß wir ihnen unser Verfahren zum Aufsuchen der fehlerhaften Stellen der Dräthe (durch Induktionsapparate) und der Revision der Dräthe, sowie unsere sonstigen Erfahrungen gegen einen festen Preis mitteilten und sie sich verpflichtete, uns bei eigenen Bestellungen einen Rabatt zu bewilligen, so daß wir mit Vorteil ihre Preise halten können. — Mit der sardinischen Regierung habe ich soeben, vorbehaltlich der Genehmigung, für eine Linie von 20 Meilen mit vier Stationen abgeschlossen; sie geht gerade über den Mont Cenis.

Im Februar 1850 reiste Werner nach Belgien, um dort für Einführung seiner Apparate und für unterirdische Leitungen zu wirken; aber

in Belgien scheint nichts zu machen zu sein. Der König etc. waren sehr erbaut von meinem Telegraphen, und er wie die Minister erklären es für einen Unsinn, die Drähte nicht unter die Erde zu legen; doch „Quetelet le veut," daß sie überirdisch genommen und mit Nadeltelegraphen versehen werden, und da läßt sich nichts machen; denn Quetelet ist der Inbegriff der Wissenschaften in Belgien.

Dann ging es nach London, wo Werner mit Wilhelm über ihr geschäftliches Verhältnis wichtige Abreden traf — davon später — und dann nach Paris, wo er bis Ende April blieb. Dort trat er mit dem Uhrmacher und Mechaniker Bréguet in Verbindung, um ihn für Vertretung seiner Erfindungen zu interessieren. Das gelang noch nicht in ausreichendem Maße. Dagegen erzielte er einen schönen Erfolg dadurch, daß er seine Erfindungen der Pariser Akademie der Wissenschaften vorlegte[1]).

Die Anwesenheit von du Bois war mir dabei außerordentlich nützlich; 14 Tage habe ich mit ihm die französische Beschreibung der Leitung und des Telegraphen geschrieben, die beide in der Akademie durch Regnault verlesen sind und in 4 Wochen im Journal de Physique et Chemie erscheinen. Einer so offiziellen Veröffentlichung gegenüber wird es wohl auch in England niemand wagen, die Sache als seine Erfindung auszugeben — —. In der Akademie habe ich hier großen Sturm erregt. Leverrier und seine Partei traten ergrimmt gegen Regnault auf. Er ist Rapporteur der Nationalversammlung in Telegraphen-Angelegenheiten, und ich kam ihm sehr in die Quere. Doch er fiel durch — —. Jedenfalls habe ich erreicht, daß ich hier bekannt geworden bin.

Inzwischen gingen auch in Berlin die Verhandlungen über neue Anlagen ihren Gang: mit Mecklenburg, Württemberg, Baden,

---

1) Vgl. im übrigen L.-E. S. 85.

den Bergisch-Märkischen Bahnen usw. Die Russen zeigten sich ebenfalls wieder am Horizonte; doch gleichzeitig traten schon Fehler hervor bei den in zu großer Eile gelegten ersten preußischen Leitungen, und es begannen Differenzen mit der preußischen Telegraphenverwaltung, die der Geschäftslage eine bedenkliche Wendung gaben.

Erfahrungen und Kämpfe [1]).

Werner Siemens war jetzt seit 1848 praktischer Telegraphenbauer; den Bau einer Reihe von Linien hatte er persönlich auf der Strecke geleitet, wodurch er mit allen Einzelheiten des Baues und, da er die Apparate ebenfalls lieferte, auch des Betriebes der Linien vertraut geworden war. Auf Grund der dabei gewonnenen Erfahrungen hatte er manches als fehlerhaft erkannt, hatte seine eigenen Erfindungen wesentlich verbessert und war sogar zu wichtigen neuen Ergebnissen von wissenschaftlicher Bedeutung gelangt, die zwar für ihn selbst zunächst nur Mittel zur Erkenntnis und Verbesserung technischer Fehler waren, deren Wert aber später weit darüber hinausging.

Werners automatische Zeigerapparate wurden anfangs in Deutschland viel angewendet, bis 1849 (nicht 1850, wie die L.-E. berichten) die auf Handgeschicklichkeit beruhenden Morse'schen Schreibapparate bekannt wurden. Wie wir sahen, erkannte Werner sofort die Gefahr dieser Konkurrenz. Er verteidigte und verbesserte natürlich zunächst sein eigenes System, während die preußische Telegraphenverwaltung sich bald dem Morse-System zuneigte. Das trug für kurze Zeit zu den Verstimmungen bei, welche damals zwischen dieser Verwaltung und der Telegraphenbauanstalt entstanden. Doch entschloß sich letztere rasch, ihre Aufmerksamkeit auch dem Morse-System zuzuwenden, das sie nun gleichfalls verbesserte. Die wichtigste dieser Verbesserungen war die Einführung eines vollständigen Translations-Systems, das den bis dahin benutzten Relais beim Sprechen auf größere Entfernungen weit überlegen war. Die zu dem Zweck angewendeten, von Werner damals „Zwischenträger" oder „Zwischenwerker" genannten Apparate wurden in der Korrespondenz mit Wilhelm bereits 1848 und 1849 oft erwähnt. Sie funktionierten sehr gut, so daß Werner am 27. August 1849 melden konnte:

---

1) Vgl. hier L.-E. S. 69 ff.; Wiss. Schriften S. 15 ff., 30 ff.; Techn. Schriften S. 26 ff., 29 ff., 58 ff.

Die Entfernung ist bei oberirdischen Leitungen jetzt ganz, bei unterirdischen bis mindestens 60 Meilen direkt überwunden.

Werner war ein entschiedener Vertreter der **unterirdischen Leitungen**. Zwar verbesserte er auch die oberirdischen durch Erfindung der Glockenisolatoren von Porzellan, die zuerst auf der Frankfurter Linie zwischen Eisenach und Frankfurt angewendet wurden. Aber gerade bei dieser Strecke machte er schlimme Erfahrungen: fast täglich wurde sie durch Mutwillen, Diebstahl, Zufall oder Naturereignisse unterbrochen, so daß sie durch ein starkes Wärterkorps bewacht werden mußte. Dies bestärkte Werner in seiner Vorliebe für unterirdische Leitungen.

Für die Isolation solcher Leitungen hatte er, wie wir wissen, zuerst die Guttapercha verwendet. In den Jahren 1848—1850 verbesserte er wesentlich das zur Bekleidung der Drähte mit Guttapercha angewendete Verfahren und erfand Methoden zur Prüfung der Leitungen in der Fabrik, sowie zum Aufsuchen von Leitungs- und Isolationsfehlern. So gelang es ihm schließlich, Leitungen von außerordentlich hoher Isolierung herzustellen. Zugleich führte ihn das Studium gewisser, bei den unterirdischen Leitungen sehr störend auftretender, überraschender Ladungserscheinungen zur Aufstellung einer Theorie der elektrostatischen Ladung geschlossener und offener Leitungen, einer Theorie, die freilich erst Glauben fand, als sie einige Jahre später durch bedeutende englische Physiker, namentlich durch Thomson, selbstständig entdeckt und vervollkommnet wurde.

Diese Erfahrungen ließen für die Zukunft Großes erwarten. Aber die Telegraphenlinien, auf denen sie gesammelt worden waren, hatten erst teilweise von ihnen Nutzen und litten außerdem noch an Fehlern, die zum Teil anderen Faktoren zur Last fielen.

Der plötzlich auftretende große Bedarf nach Guttapercha guter Qualität konnte nicht befriedigt werden, die vorhandenen Qualitäten isolierten schlecht, die Vulkanisierung der Guttapercha und die Überziehung der Drähte mit Blei erwiesen sich als Fehlgriffe, die Technik der Drahtfabrikation war der Aufgabe noch nicht gewachsen. Trotzdem drängte die Telegraphenverwaltung aus politischen Gründen auf schleunigste, aus finanziellen auf billigste Herstellung der Anlagen; die Vorstellungen Werners blieben unberücksichtigt. Die Leitungen wurden ohne äußeren Schutz und nicht tief genug in das lose Erdreich von Eisenbahndämmen gebettet und bald durch Arbeiter und Nagetiere beschädigt. Es ergaben sich viele Isolationsfehler und Drahtbrüche, deren Aufsuchung und Reparatur von der Verwaltung unerfahrenen Leuten übertragen wurde. Überhaupt wurden Werner Leute zugewiesen, die er nicht brauchen konnte, technische Anordnungen getroffen, die er als schädlich erkannte, kurz, es kamen Reibungen und Differenzen vor, die ihm die Freude an seiner Arbeit verdarben. Er legte deshalb noch im Jahre 1849 sein Amt als technischer Leiter der preußischen Telegraphenanlagen nieder, das dann auf seinen Vorschlag seinem Freunde William Meyer übertragen wurde.

Werner beschwert sich in den L.-E. namentlich über seinen unmittelbaren Vorgesetzten in der Telegraphenverwaltung, den Regierungsassessor, späteren Regierungs- und Baurat Nottebohm, dessen Stellung zu Werner indes, nach den Briefen des letzteren, wiederholt geschwankt haben muß:

27. Dezember 1848. Es ist Zeit, daß wir persönlich (in der Öffentlichkeit) auftreten, und es kann am besten von dort (London) aus geschehen, da ich hier für den Augenblick noch viele Rücksichten zu nehmen habe, namentlich auf Nottebohm, der gern das Verdienst der ganzen Sache auf sein Haupt laden möchte, mir aber viel nützen und schaden kann; (folgen Daten für eine in England zu veröffentlichende Beschreibung von Werners Erfindungen). Damit die Beschreibung unparteiisch ist, wäre es gut, den Namen des Regierungsrates Nottebohm als Oberdirigenten der Telegraphenanlagen in Preußen zu nennen. — 9. Juni 1849. Wegen der Publikationen bitte ich zwei Punkte zu berücksichtigen: erstens den Ehrgeiz Halskes, den ich durch häufige Erwähnung befriedigt sehen möchte, um so mehr, als er wirklich ein großes Verdienst um die glückliche Durchführung der Sache hat, und zweitens meine Stellung zu unserer hiesigen, ebenfalls ehrgeizigen Regierungsbehörde. Der von Dingler aufgenommene frühere Artikel hat bei Nottebohm schon böses Blut gemacht, da mir darin die ganze Leitung der Telegraphenanlagen vindiziert war. Wir haben Nottebohm viel zu danken, und er bleibt eine wichtige Person für uns. Darum wäre es mir sehr lieb, wenn auch ihm dort etwas Weihrauch gestreut würde. Er sowie der Unterstaatssekretär Mellin im Handelsministerium haben auch große Verdienste um die energische Durchführung der Telegraphie in Preußen. Ersterer hat die unterirdische Leitung und meinen Telegraphen durchgesetzt, letzterer hat die Telegraphie finanziell groß gehätschelt und durchgebissen, wozu jetzt gute Zähne gehörten, und hat mit Nottebohm auch immer auf meiner Seite gestanden. — 11. November 1849. Mellin ist jetzt wohl schon in England — —. Er ist ein ganz netter braver Mann und besser als zehn Nottebohms. — 31. Januar 1850. Sehr günstiges Attest der preußischen Telegraphenverwaltung (gez. Nottebohm) über Werners Leistungen (zur Verwendung in England). — 5. Juli 1850. Ich werde wohl für den Staat die Anlage von Stettin nach Swinemünde ausführen. Ich tue dadurch Nottebohm einen großen

Dienst, kann es machen, ohne eigenen Unternehmungen zu schaden, lerne dabei, da die Anlage unter der Chaussee und durch das Haff geht und kann gelegentlich ein Seebad nehmen. — 5. April 1851. (Einige Engländer besichtigen die preußischen Telegraphenanlagen) — —. Ich suchte ihnen begreiflich zu machen, daß — — unsere Telegraphenverwaltung schlecht und Nottebohm mein persönlicher Gegner ist (letzterer hatte sie gegen Zeigerapparate und unterirdische Linien einzunehmen gesucht).

In der Zeit zwischen den letzten beiden Äußerungen hatte Werner einen Schritt getan, durch den er in offene Fehde mit der preußischen Telegraphenverwaltung geriet. Gegenüber dem traurigen Zustande der durch ihn zuerst angelegten unterirdischen Linien und gegenüber den Vorwürfen, welche ihm deshalb von allen Seiten gemacht wurden, veröffentlichte er eine Verteidigungsschrift unter dem Titel: „Kurze Darstellung der an den preußischen Telegraphenlinien mit unterirdischen Leitungen gemachten Erfahrungen"[1]). Darin wies er die Schuld an dem Zusammenbruche der von ihm vorgeschlagenen Leitungssysteme energisch zurück und machte Vorschläge für Besserung der gemachten Fehler. Die nächsten Folgen dieses Schrittes werden in den L.-E. folgendermaßen geschildert:

Es war natürlich, daß die Veröffentlichung dieser Broschüre mich in Differenzen mit der Verwaltung der preußischen Staatstelegraphen brachte. In der Tat hörte für mehrere Jahre jede Verbindung derselben mit meiner Person sowohl wie mit meiner Firma vollständig auf. Es wurden uns alle Bestellungen entzogen, und unsere Spezialkonstruktionen anderen Fabrikanten als Modelle übergeben. Dies bildete eine schwere Krisis für unser junges Etablissement, das sich schnell zu einer **Fabrik mit einigen hundert Arbeitern** (?) hinaufgeschwungen hatte.

Aber Werner fügte hinzu:

Glücklicherweise bot die **Eisenbahntelegraphie** einen unabhängigen Markt für unsere Fabrikate. Der Bruch mit der Staatstelegraphie trug auch viel dazu bei, uns mehr dem **Auslande** zuzuwenden und dort Absatz für unsere Erzeugnisse, sowie Gelegenheit zu größeren Unternehmungen zu suchen.

In der Tat gab erst jene schwere Krisis den eigentlichen Antrieb zu dem, was Siemens & Halske in späterer Zeit geworden sind, zur Entstehung eines Geschäftshauses von Weltruf und weltwirtschaftlicher Bedeutung.

---

1) Technische Schriften S. 58 ff.; L.-E. S. 92.

Neue Bahnen. Am 1. Januar 1850 wurde der erste Geschäftsabschluß des jungen Unternehmens für die Zeit seit 1. Oktober 1847 aufgestellt:

Einnahme.		Ausgabe.	
Anlagekapital	Tlr. 6 842.20.—	Geschäftsunkosten	Tlr. 22 890. 4. 1
Geschäftseinnahme	„ 27 084. 8. 9	Zurückgez. Kap. an W. S.	„ 6 842.20.—
An Werkzeugen	„ 3 700.—	Privatkonto:	
An Warenbestand	„ 3 300.—	G. Siemens	„ 400.—
Forderungen	„ 4 924.—	W. Siemens	„ 1 620.—
		J. G. Halske	„ 1 640.—
		Schulden des Geschäfts:	
		an Waren	„ 1 000.—
		G. Siemens Anteil	„ 420.—
		Kassabestand	„ 514. 4. 8
		Guthaben des Geschäfts	„ 10 504.—
	Tlr. 45 850.28. 9		Tlr. 45 850.28. 9

Diese Zahlen bedeuten folgendes: Justizrat Georg Siemens hatte 6842 Tlr. 20 Gr. bar eingeschossen, die Werner Siemens zur Bezahlung seiner Schulden erhalten hatte. Der Betriebsüberschuß betrug:

Bareinnahme	27 084 Tlr.
+ ausstehende Forderungen	4 924 „
	32 008 Tlr.
abzügl. Barausgaben 22 890 Tlr.	
+ Betriebsschulden 1 000 „	= 23 890 „
Betriebsüberschuß	8 118 Tlr.
Außerdem steckten in Werkzeugen (3700 Tlr.) und Waren (3300 Tlr.)	7 000 Tlr.
Der Reingewinn betrug also	15 118 Tlr.
Die drei Teilhaber hatten entnommen: 400 + 1640 + 1940 Tlr. = 3680 Tlr.	
Justizrat Siemens hatte außerdem noch zu fordern . . . . 420 „	= 4 100 „
Das Gesellschaftskapital betrug also 514 Tlr. bar und 10 504 Tlr. im Geschäfte angelegt, zusammen	11 018 Tlr.

Am 31. Dezember 1850 wurde ein zweiter Geschäftsabschluß angefertigt, der schon etwas anders aussah:

Einnahme.		Ausgabe.	
Kassenbestand von 1849 Tlr.	514. 4. 8	Geschäftsunkosten Tlr.	48 891.25.10
Einnahme „	53 147. 2. 5	Privatkonto „	4 125.—
Werkzeuge „	3 560.—	Schulden des Geschäfts „	5 760.—
Materialien „	1 389.—	Kassabestand „	644.11. 3
Warenvorrat „	4 818.—	Guthaben des Geschäfts ..	38 792.28.11
Angefangene Arbeiten „	2 638.—		
Patent in England „	3 446. 2. 0		
Patent in Frankreich „	500.22. 6		
Forderungen „	28 201. 4. 5		
Tlr.	98 214. 6.—	Tlr.	98 214. 6.—

Der Umsatz in diesem einen Jahre war also über doppelt so groß wie in den ersten 2¼ Jahren, das Geschäftskapital hatte sich fast vervierfacht, wovon allerdings die beiden Patente in England und Frankreich, die sich später als wertlos herausstellten, abzuziehen sind. Kehrseite der Medaille: Zunahme der ausstehenden Forderungen von 5000 auf 28 000 Taler, während der Kassebestand minimal geblieben war[1]). Dazu liefert der Briefwechsel unerfreuliche Illustrationen:

21. Dezember 1850. Die Bahnen wie der Staat lassen sich diesmal sehr treten zur Zahlung. Doch denke ich, Anfang Januar wird unsere Kassenebbe sich in Flut verwandelt haben. — 25. Februar 1851. In Preußen nur Halbheit und Falschheit, nur Geld für Mo- und Demobilisation, sogar die Staatsbahnen haben kein Geld, um ihre Bestellungen zu bezahlen. Ich will suchen, Geld in Westfalen einzutreiben (ca. 10000 Taler).

Die Bestellungen und Verhandlungen über solche gingen einstweilen noch ihren Gang wie bisher:

25. Februar 1851. Ich erwarte einen russischen Abgesandten in Berlin. — 10. März. Ich werde wahrscheinlich in sehr kurzer Zeit mit Telegraphen nach Warschau müssen, da auch die Eisenbahn von dort nach der preußischen Grenze einen Eisenbahntelegraphen anlegen will. Diese, Petersburg-Moskau und der Berliner Feuer- und Polizeitelegraph sichern für diesen Sommer unsere Tätigkeit. Einige Eisenbahnanlagen und Staatstelegraphen kommen dazu, also gegen 200 gesichert.

Der größte dieser Aufträge war der für den Berliner Feuer- und Polizeitelegraphen: sechs Meilen Leitung, Apparate für 45 Stationen, Betrag 34 000 Taler:

Aufgabe interessant dadurch, daß der Feuermann an allen Stationen gleichzeitig Nachricht geben, der Polizeimann aber nur zwischen der Zentralstation und irgend einer anderen sprechen wollte, ohne daß den übrigen Stationen es möglich wäre, sich einzuschalten. Hat Kopfzerbrechen

---

[1]) Danach ist die Angabe bei Pole S. 83 (engl. Ausgabe) richtig zu stellen.

gemacht, ist aber vollständig gelungen[1]). — 15. März 1851. Wir werden dieses Jahr alle Hände voll zu tun haben, da sämtliche noch nicht mit Telegraphen versehenen Eisenbahnen par ordre de mufti diesen Sommer einen anlegen müssen; außerdem Moskau und Warschau, wohin ich notwendig binnen kurzem reisen muß. — 5. April. Die Russen bestellten 75 Apparate für Petersburg-Moskau. — 22. April. Sehr große Bestellungen, namentlich für Drucker, würden wir für diesen Sommer nicht mehr annehmen können, da keine Arbeiter mehr zu haben sind, für solche besseren Arbeiten.

In diese Zeit fällt die Beschickung der ersten Londoner Weltausstellung. Schon im Sommer 1850 hatten Siemens & Halske für sie eine ganze Reihe von Apparaten und sonstigen Objekten angemeldet. Werner hatte damit die Aufstellung der Spezifikationen für das jetzt unerläßliche englische Patent verbunden und bei dieser Gelegenheit einen Zeichner angestellt, die erste derartige Kraft in der Telegraphenbauanstalt. Der Mann wurde im Herbst, übrigens nebst einem großen Teil der Arbeiter, bei der Mobilisierung vor Olmütz in die Landwehr gesteckt und ein neuer war nicht zu haben! Indes wurde alles noch rechtzeitg fertig. Mit der ersten Sendung von Apparaten reiste Friedrich, der sich gerade in Wilhelms Interesse in Deutschland befand, wieder nach London, während eine zweite Sendung im April 1851 von Karl mitgenommen wurde, der damals zuerst Deutschland verließ. Auch Halske reiste nach London, kam aber mit sehr ungünstigen Ansichten über England zurück. Zwar fanden die Ausstellungsobjekte von Siemens & Halske allgemeine Anerkennung und trugen ihnen die höchste Anerkennung, eine „Council medal", ein, was ihr Ansehen erhöhte. Aber der geschäftliche Erfolg war gering. Vergebens bemühte sich Wilhelm: die Electric Telegraph Company ließ ihn nicht aufkommen, und auch Verhandlungen mit in England anwesenden Amerikanern zerschlugen sich wieder. Als im folgenden Jahre die große Preismedaille in Berlin ankam, schrieb Halske an Wilhelm:

Haben Sie schon eine große englische Preismedaille gesehen? Abgesehen vom Kupfer und der schlechten Komposition, welche auf dem Revers einen Eskimo von 3 Fuß 7 Zoll im Mehlsack als Britannia erscheinen läßt und einem Merkur mit kurzem und langen Bein, sowie noch einem Frauenzimmer aus dem nordischen Geschlechte ein Paar Flederwische mit berechneter Genauigkeit um die Ohren schlägt, so liegt doch eine Malice darin, jemandem, der nicht zu den Hottentotten gehört.

---

[1]) L.-E. S. 83.

hin. Eile ist aber Haupterfordernis. Unter der Bedingung der Teilnahme könnte ich von meinem Wirte, einem schlauen Kopfe, gleich Geld bekommen — —. Geld muß ich haben, es koste, was es wolle! Meine und Hans' kombinierte Kasse ist in diesem Augenblicke 5 Taler stark! Der Vetter Georg hat mir auch Geld angeboten, bis 10000 Taler; doch der weiß einmal selbst nicht recht, was er will, und dann scheint er erst den Abschluß mit einer Bahn abwarten, auch Teilnahme haben zu wollen. Kann ich ohne ihn durchkommen, so ziehe ich es vor. Du siehst aber, daß ich Ressourcen habe, daß ich Dich also nicht sitzen lassen werde, wenn Du etwas tust.

Die Briefe Wilhelms aus dieser Zeit sind nicht erhalten geblieben. Man sieht aber deutlich, daß Wilhelm zögerte, wie Werner wünschte, dessen Erfindung beim Patentamte anzumelden.

Die Isolation mit Guttapercha[1]. In jener Frühzeit der Telegraphie wollte man nirgends, wenigstens auf dem europäischen Festlande, von oberirdischen Leitungen etwas wissen, da man diese für unsicher hielt; man glaubte nämlich, daß das Publikum sie zerstören werde. Deshalb wurden allerorten Versuche mit unterirdischen Leitungen gemacht, die aber anfangs noch durchweg an ungenügender Isolation litten. Werner Siemens war der erste, der hierfür die Guttapercha verwendete. Wilhelm schickte ihm von diesem Stoffe, der damals zuerst auf dem englischen Markte erschien, 1846 eine Probe. Deren ausgezeichnete Eigenschaften, in erwärmtem Zustande plastisch zu werden und, wieder erkaltet, ein guter Isolator der Elektrizität zu sein, erregten Werners Aufmerksamkeit. Und zwar muß das schon um dieselbe Zeit gewesen sein, als er überhaupt zuerst anfing, sich mit Telegraphen zu beschäftigen; denn sowohl in den L.-E., als auch schon in einem kurzen Rückblicke auf die Entstehung der ganzen Sache, den er Wilhelm am 27. Dezember 1848 lieferte, sagt Werner ausdrücklich, daß bereits 1846 mit einem von ihm durch Guttapercha isolierten Drahte eine Probe angestellt wurde[2]. Lassen wir jetzt wieder Werners Briefe reden:

---

[1] L.-E. S. 44 ff., 81; Technische Schriften S. 26 ff.

[2] An der Tatsache selbst, die für Werners Prioritätsanspruch vielleicht wichtig sein könnte, darf angesichts dieses Doppelzeugnisses nicht gezweifelt werden. Aber es sind einige Widersprüche vorhanden: in den L.-E. wird die Anhaltische Bahn, in dem Briefe vom 27. Dezember 1848 die Potsdamer als Ort der ersten Probe erwähnt, und ferner heißt es in den L.-E., daß bereits der Versuch von 1846 durch die Telegraphenkommission angeordnet wurde, während nach dem Briefe von 1848 Werner erst im Frühjahr 1847 der Kommission einen dahingehenden Vorschlag unterbreitete. In der

dem jetzigen Getümmel habe ich keine Zeit und geistige Freiheit finden können, um eine Telegraphenbeschreibung zu machen — —. Es wäre mir lieb, das amerikanische Patent auf Siemens & Halske nehmen zu können, da Halske an den neuen Sachen viel Anteil hat und er mehr dadurch für die Sache interessiert wird. — 11. Oktober. Unsere Firma ist jetzt definitiv: Telegraphen-Bauanstalt von Siemens & Halske. — 10. November. Morgen werde ich ich nach Magdeburg (um mit Schwartzkopf und den Buckauern abzuschließen), Köln, Aachen, Frankfurt a. M., Kassel reisen, um Kontrakte zu machen (mit Eisenbahnen), dann nach Osten (Riga, Königsberg, Warschau und Breslau) — —.

Nach Königsberg zog ihn schon lange die Liebe zu seiner Cousine Mathilde Drumann:

Für mich — so schreibt er in den L.-E. — war jetzt die Zeit gekommen, einen lange gehegten Wunsch zu erfüllen, ohne meinem alten Vorsatze untreu zu werden, erst zu heiraten, wenn meine eigenen Mittel dies erlauben würden. Halske hatte gut gewirtschaftet. Wir hatten in Berlin ein ansehnliches Grundstück, Markgrafenstraße 94, gekauft, auf dessen Hinterterrain eine hübsche geräumige Werkstatt errichtet wurde, während das neu ausgebaute Vorderhaus gute Wohnungen für uns gab. Es fehlte also zum Heiraten nur die Braut.

In der Erinnerung muß Werner die damalige wirtschaftliche Lage des Unternehmens weit günstiger erschienen sein, als sie war. In der Tat gehörte viel freudige Zuversicht dazu, um in jenem Augenblicke ein teures Haus zu kaufen und zu heiraten. Gerade hatten sie den Preis der Morse-Apparate „infolge einer Konkurrenzintrigue mit L. in Hannover" von 200 Taler auf 150 herabsetzen müssen „mit kleinen Vereinfachungen":

Wir haben uns auch zur Anfertigung von Morse-Telegraphen bis zum Preise von 50 Talern (!) erboten!

Werner wollte um jeden Preis geschäftlich vorwärts kommen:

18. Dezember 1851. Ich reise gleich nach Neujahr. Das Haus ist gekauft für 40000 Taler. Etwa 10000 Taler wird der Ausbau kosten. Wir denken schon Ostern mit dem Umzuge beginnen zu können. An Platz ist jetzt kein Mangel, da nicht der fünfte Teil benutzt wird und rechts und links Freiheit zur Ausdehnung durch Ankauf ist. Suche nur irgend ein Arrangement zu treffen, das uns Anwendung unserer Apparate in England bringt, ohne zu große Rücksicht auf direkten Gewinn. Wir haben jetzt Nottebohm gegenüber durchaus moralische Effekte nötig.

Da in England nichts zu machen war, dachten die Brüder an Frankreich, wo Wilhelm schon Verbindungen besaß und namentlich Werner bereits vorgearbeitet hatte. Während dieser im Osten sein Heil versuchte, ging **Karl** nach Paris, um mit dem Mechaniker Bréguet zusammen Werners Apparate dort einzuführen und zugleich die von Wilhelm und Werner erfundenen Wassermesser, auf die später zurückzukommen ist.

Karl hatte sich schon während der Londoner Ausstellung als ein tüchtiger junger Geschäftsmann erwiesen und sollte nun in Paris selbständiger für die Firma arbeiten. Die dortigen Angelegenheiten standen zu Anfang des Jahres 1852 bei Siemens & Halske im Vordergrund. **Wilhelm** hatte die Errichtung einer eigenen Telegraphenfabrik in Paris empfohlen. Werner war dafür, während Halske Bedenken hatte. „Vetter Georg", der, solange Werner in Rußland war, dessen Stelle in Berlin vertrat, schwankte. Anfangs versprach er sich viel von Paris; aber er wurde bald durch die Sorgen Halskes angesteckt, die auch keineswegs unbegründet waren, kostete doch das Haus mit Bau weit mehr als der ganze Betrag des Geschäftskapitals, und war ferner vor allem der Kredit der Firma durch den allgemein bekannten Streit mit der Telegraphenverwaltung ernstlich gefährdet. Unter solchen Umständen sich in Paris mit neuen großen Summen zu engagieren, wäre Leichtsinn gewesen:

Georg an Wilhelm 8. Februar 1852. Daß Werner in Rußland gute Geschäfte macht, ist sehr nötig. Solange Nottebohm am Ruder bleibt (und seine Stellung scheint jetzt ziemlich fest), ist auf Preußen nicht zu rechnen. Sämtliche Stationen arbeiten nur mit Morses, und die Zeigerapparate sind ganz zurückgestellt — —. Etwas bedenklich (gegen den Pariser Plan) ist Halske. Einerseits ist richtig, daß wir durch den Hauskauf in unseren Mitteln ein wenig beschränkt werden. Andererseits muß ich zugeben, daß die Sache, wenn sie viel kosten sollte, etwas unsicher bleibt. Halskes Ansicht ist eigentlich die, daß in Betreff der leichten Herstellung, der Einfachheit und Sicherheit die Telegraphen von **Morse** manche Vorzüge haben. Sie sind schon in einem großen Teil von Europa, namentlich in Österreich und Preußen, als Staatstelegraphen eingeführt und werden sich, wie er meint, auch anderwärts Bahn brechen. Wäre dies der Fall, so würden die Zeigertelegraphen, so gut sie auch eingerichtet sind, leicht in den Hintergrund treten können — —. Vielleicht wäre es gut, wenn Du selbst einmal an Halske schreibst und ihm den Vorteil der Sache, sowohl in finanzieller Hinsicht, als auch von Seiten der Ehre darstellst. Er ist, wie manche Personen, von Natur etwas soupçonneux und könnte leicht glauben, daß er zu Werners Nachteil (?) übergangen werden sollte.

Wilhelm schrieb darauf an Halske; doch fiel dieser Brief, Wilhelms Natur entsprechend, etwas ungeduldig aus, so daß er

Halske nicht überzeugte. Dieser antwortete, er habe an sich keine Abneigung gegen Paris, sondern rein Mangel an Geld, was mich veranlaßt, sehr vorsichtig zu sein — —. Moralische Wirkung auf Preußen? Die Regierung hat keine Vorliebe für auswärtige Artikel — —. Vor allem keine Geldanleihen für unsichere Spekulationen. Das ist der erste Schritt zum Konkurse.

Friedrich war damals wieder in Berlin und korrespondierte mit den Brüdern in London und Paris. Nur aus seinen Briefen erfahren wir, wie kritisch die Lage bald darauf in Berlin wurde:

Fritz an Wilhelm 1. März 1852. Halske ist in großer Geldverlegenheit, so daß er sich Geld allenthalben hundertthalerweise pumpen muß, um nur die Leute zu bezahlen. — Fritz an Karl 14. März. Die Sache scheint dort (in Paris) ja einigermaßen faul zu stehen, weil kein Geld disponibel ist. Halske ist durch den Hausankauf in große Geldnot geraten und scheint überhaupt ganz ratlos zu sein, seit Werner fort ist, und der Vetter ist ein . . . . . ., mit dem sich gar nichts anfangen läßt. Ich habe mir alle mögliche Mühe gegeben, damit er Geld anschaffen soll; er hält das ganze Geschäft aber jetzt für bankerott und ist auf keine Weise zu bewegen, sich an der Sache zu beteiligen — —. Man sieht, daß nur Gewinnsucht ihn an uns gefesselt hat. — Karl an Wilhelm 18. März. Es scheint mit dem Geschäfte in Berlin faul zu stehen. Der Vetter hält es schon für bankerott und verweigert alle Beteiligung. Fritz hat sich ganz mit ihm erzürnt, und Halske ist nahe daran. — Wilhelm an Karl 22. März. Nachdem ich Deinen letzten Brief erhalten, schickte ich gleich 50 £ an Halske. Ich begreife nicht, wo ihr Geld alle steckt; denn was im Hause angelegt ist, bleibt doch Kapital und kann nicht zum Bankerott führen. Gott gebe, daß Werners Krankheit nicht ernstlich ist, und daß er bald nach Berlin zurückkommt! Mit ihm scheint alle Zuverlässigkeit und Energie ausgewandert zu sein.

Werner war in Petersburg schwer erkrankt und kam erst im Sommer wieder nach Berlin, wo er sich nur kurz aufhielt, um abermals nach Rußland zu reisen. Er hatte dort große Geschäfte eingeleitet, die für die ganze Zukunft von Siemens & Halske entscheidende Bedeutung erlangen sollten. Wir werden sie im nächsten Kapitel behandeln.

Inzwischen bemühte sich Karl in Paris vergebens, mit Bréguet zu einem Abschlusse zu gelangen. Der war ein Fuchs, welcher nur mit dem Gelde von Siemens & Halske arbeiten wollte und sich zurückzog, als er merkte, daß von ihnen kein Kapital zu erlangen war. Karl versuchte dann, anderweitig Geschäfte zu machen, was aber ebenfalls mißlang. Die Franzosen wollten von den Zeigerapparaten nichts wissen. Es ging Karl in Paris recht schlecht:

28. September an Wilhelm (dankt für Zusendung von 5 £). Ich war seit 1 ½ Wochen ohne einen Pfennig, so daß mich die Hunde auf der Straße an — — —. Ich habe F. schon angepumpt, um wenigstens Morgens Kaffe trinken zu können — —. Ich lerne hier in Frankreich (gegenüber Versuchen, ihn zu übervorteilen), ein ungeheurer Vorsichtskommissarius zu sein — —. Ich glaube, daß wir mit Telegraphen hier nie etwas machen werden. Bréguet hat sich die Leute alle zu sehr zu Freunden gemacht.

Karl verbrauchte in diesem Jahre, trotz größter Sparsamkeit, in Paris etwa 3000 Fr., während er fast nichts verdiente. Darum hatte er „das halbe Bummelleben ohne Verdienst bis über die Ohren satt" und wollte fort. Werner mahnte ihn zum Ausharren, bis irgend ein Resultat erreicht sei. Doch ging er im Januar 1853 wieder nach London und folgte einige Monate darauf dem Rufe Werners nach Rußland. Die Pariser Zeit, so ergebnislos sie in geschäftlicher Hinsicht war, erwies sich für Karl doch als eine ungemein wirksame Schule im Umgange mit Menschen und namentlich im Geschäftsverkehre. Sie sollte sich später tausendfach bezahlt machen.

Die Werkstatt von Siemens & Halske wurde im Sommer und Herbst 1852 nach dem Hause in der Markgrafenstraße verlegt. Sofort mußte dort mit Hochdruck für Rußland gearbeitet werden, das ungemein kurze Lieferungsfristen stellte:

Juli und August sind immer die telegraphischen Überstürzungsmonate, da dann die Linien immer fertig werden sollen; dann kommt Ruhe. — Fritz an Wilhelm 31. August. Sonnabend gab Halske der Werkstatt einen famosen Ball in dem Arbeitssaale des neuen Hauses, wodurch dasselbe eingeweiht wurde. Die Möbel Werners wurden zur Ausschmückung des Ballsaales verwendet.

Am 1. Oktober feierte Werner in Königsberg seine Hochzeit mit Mathilde Drumann und reiste dann mit seiner Frau an den Rhein und nach Paris, wo sie mit Karl und Wilhelm zusammentrafen:

Nach den verflossenen, in Sorgen und schwerer Arbeit verbrachten Jahren genoß ich dort in vollen Zügen mein junges eheliches Glück, noch gehoben durch den traulichen Verkehr mit den Brüdern (L.-E).

Aber kaum nach Berlin zurückgekehrt, wurde Werner wieder von schweren geschäftlichen Sorgen bedrängt. Wilhelm hatte es durchgesetzt, daß in der neuen Werkstatt eine besondere Abteilung für die hauptsächlich von ihm erfundenen Wassermesser eingerichtet wurde, daß diese fabrikmäßig hergestellt und allen anderen Arbeiten vorgezogen wurden, während er doch noch fortwährend an ihrer Konstruktion änderte. Das verursachte herbe Verluste und schädigte, bei dem großen Mangel an guten Arbeitern, den ganzen Betrieb ungemein:

Rechnest Du dazu — so schrieb Werner an Wilhelm am 12. Dezember 1852 — daß auch unsere anderen Unternehmungen nicht recht vorwärts wollen, daß Rußland mit 30 000 Talern im Rückstande ist und nicht zahlen kann, der Hausbau und jetzt meine Einrichtung viel Geld verschlingen, und dieser Jahresabschluß, der vielen Versuchsarbeiten etc. wegen höchst ungünstig auszufallen scheint, so findest Du wohl Grund genug zur Mißlaunigkeit. Dazu kommt noch, daß die Richtung, in der die Brüder Hans, Fritz und Karl sind, mehr oder weniger verfehlt oder problematisch erscheint, und daß auch sie mir manche Sorgen machen.

Bald wurde die Lage noch wesentlich schlimmer. Auf Wilhelms Veranlassung hatten sich Siemens & Halske auf umfangreiche **Drahtexporte** nach England und von dort nach Amerika eingelassen und an den Preisschwankungen des Eisens ganz hübsch verdient. Aber sie hatten den deutschen Lieferanten (Fonrobert & Pruckner) ihr Akzept gegeben und erhielten dagegen von England keine Deckung, weil ein großer Teil des Drahtes dort nicht abgenommen wurde. Es war eine sehr schlimme Lage:

12. Mai 1853. Geld! Geld! am 21., spätestens 22. müssen wir notwendig 1500 £ haben, damit unser Kredit nicht wackelig wird. Die mußt Du verschaffen und rechtzeitig schicken.

Tatsächlich gelang es Wilhelm, den Draht anderweitig zu verkaufen, wobei er noch das Glück hatte, daß der englische Einfuhrzoll auf Draht gerade aufgehoben wurde, als die Schiffe mit dem deutschen Draht im Hafen lagen. So konnte er Werner rechtzeitig helfen. Aber inzwischen schwebte dieser in Todesangst:

Ginge die Sache schief, so könnte diese leidige Spekulation unser Ruin werden. Ehe sie in Ordnung, bin ich zu nichts recht zu gebrauchen.

So schlecht waren noch um diese Zeit, trotz der russischen Bestellungen, die Aussichten, daß sich Siemens & Halske dringend um gewöhnliche Hahnarbeiten (Fittings) für die neuen Berliner Wasserwerke bemühten, und daß Werner sogar am 20. April 1853 äußerte:

Bekommen wir die Fittingsarbeit, so **werden wir den Telegraphen wohl nach und nach adieu sagen**. Die Sache ist zu anlockender (?) Natur und lohnt die Mühe nicht genug.

Werner und Karl warteten in Berlin lange Zeit auf einen Vertreter der englischen Unternehmer des Wasserwerks, obwohl dringende Geschäfte sie nach Rußland riefen. Schließlich erhielten sie die „Fittings" nicht einmal, wurden aber durch die rasche Ausdehnung des russischen Geschäftes weiterer Bemühungen dieser Art überhoben.

Von den geschäftlichen Ergebnissen der beiden Jahre 1851 und 1852 wissen wir nur, daß der Gesamtgewinn nicht mehr als 8678 Taler betrug, und daß Werner sowohl wie Halske sich ihre Gewinnanteile auszahlen ließen. Daher kann das Geschäftskapital Ende 1852 kaum höher gewesen sein, als Ende 1850. Dabei befand sich die Buchhaltung der Firma in bedenklicher Unordnung, sodaß der Abschluß vielleicht den Verhältnissen nicht entsprach. So schrieb Werner an Wilhelm am 5. Dezember 1852:

Unsere komplizierte Abrechnung macht viel Kopfzerbrechen. Telegraphen, Verdampfer, Wassermesser, Brüder etc. machen ein solches Chaos, daß Fiedler ganz verzweifelt. Es fehlt uns noch ein sicherer Abrechnungsboden, den Du schaffen helfen mußt, damit die nötige formelle Buchhaltung inne gehalten werden kann. Bisher kamen zu viele Zahlungen, die kein geeignetes Geschäftskonto fanden, auf mein Privatkonto, wodurch dies aber unnötig und übermäßig belastet wird. — 11. Mai 1853. Unser Buchhalter wird Dir hinsichtlich des noch schwebenden Jahresabschlusses eine Reihe von Fragen vorlegen, die auf die definitive Buchung von Einfluß sind — —. Es wird wohl auch das dritte Jahr ohne Jahresabschluß verfließen.

Vielleicht war also die Geschäftslage damals noch ungünstiger, als der schließlich doch zustande gekommene Abschluß erkennen ließ, und jedenfalls entsprach sie weder den hohen Erwartungen, noch den gewaltigen Anstrengungen, den bedeutsamen technischen Fortschritten der letzten Jahre. Die geschäftlichen Ergebnisse der Jahre 1851 und 1852 blieben weit zurück hinter denen des Jahres 1850.

Zweites Kapitel.

Russland.

Erste Anknüpfungen. Wie wir wissen, hatte die russische Regierung schon seit 1848 wiederholt mit Siemens & Halske über Telegraphen verhandelt. Aber ein Geschäft war erst im Frühjahre 1851 zustande gekommen: die Bestellung von 75 Apparaten für die Telegraphenlinie Petersburg-Moskau, eine Bestellung, welche auf Vorschlag des Kapitäns Lüders erfolgt war, damals und noch lange Zeit nachher des einzigen wirklichen Sachverständigen in der russischen Verwaltung. Werner Siemens wurde später mit ihm befreundet, was Lüders nicht hinderte, nach seiner Ernennung zum russischen Telegraphendirektor (1867) die Staatsinteressen gegenüber Siemens & Halske kräftigst wahrzunehmen.

Jene Bestellung war der erste Erfolg, den Siemens & Halske über ihren Hauptkonkurrenten in Rußland, den Engländer Brett, davon trugen. Da weitere Geschäfte in Aussicht standen, reiste Werner, wie wir auch schon wissen, im Winter 1852 über Riga (wo er die Anlage einer Linie nach der Küste übernahm und vorbereitete) nach Petersburg. In seinen L.-E. hat er die beschwerliche Winterreise im offenen Bauernwagen und Schlitten ausführlich geschildert, ebenso seine Aufnahme und schwere Erkrankung in Petersburg. Der Briefwechsel enthält nur weniges über diese seine erste russische Reise:

Fritz an Wilhelm 1. März 1852. Von Werner kam kürzlich wieder ein Brief, wonach er sich in Petersburg äußerst wohl befindet, und seine Aussichten insofern sehr gut sind, weil er sich das Feld vollständig gesäubert hat, und wie er meint, keine Konkurrenz in Rußland zu fürchten braucht. Von Herkommen sagt er nichts, als daß er erst von Minister Kleinmichel Urlaub haben müßte, ehe er nach Warschau abreisen kann, wohin er muß, um mit dem Fürsten Paskiewitsch zu sprechen wegen der Linie Warschau-Graniza (Preuß. Grenze), was sich in Warschau erst entscheiden kann.

Auch diese letzterwähnte Angelegenheit war schon früher erörtert worden. Zunächst machte indes Werners Erkrankung einen Strich durch seine Pläne. Er schrieb zwar noch am 1. April an Wilhelm:

In telegraphischer Hinsicht denke ich aller Konkurrenz im voraus die Wege verstopft zu haben und noch beträchtliche Bestellungen für Polen mitzubringen;

aber zwei Monate später war er noch immer in Petersburg, wo Lüders mit ihm über eine Telegraphenlinie von Petersburg nach Oranienbaum mit anschließender Kabelverbindung verhandelte. Nach den L.-E. wären diese Verhandlungen schon damals zum Abschluß gelangt, was aber kaum richtig sein kann; lange nach seiner kurzen zweiten russischen Reise, nämlich am 21. Nov. 1852, schrieb Werner aus Berlin an Wilhelm:

Graf Kleinmichel hat befohlen, einen genauen Kostenanschlag der Submarine-Anlage nach Kronstadt einzureichen, und es ist dadurch Brett ziemlich geschlagen, wenn wir keine Zeit verlieren — —. In Polen habe ich mit Hans ein ganz gutes Stangengeschäft gemacht, und wir werden infolgedessen mit dem Kontrakt noch ganz gute Rechnung finden.

Offenbar bezog sich der Kontrakt zunächst nur auf die unterirdische Linie bis Oranienbaum; das Kabel bis Kronstadt kam dann hinzu. Die Stangenlieferung dagegen war für den oberirdischen Eisenbahntelegraphen von Warschau bis zur preußischen Grenze bestimmt. In Bezug auf diesen machte Werner am 21. November Karl schon folgenden Vorschlag:

Wenn es mit Spanien nichts ist (Karl sollte dorthin gehen), kannst Du im Frühjahr nach Polen spazieren und die Telegraphenanlage machen. Vielleicht wäre es zweckmäßig, vorläufig später dort die Inspektion der Linie zu übernehmen und den Leuten Beamte auszubilden. Hast Du erst in Rußland festen Fuß gefaßt, so wird sich schon für Dich dort ein gutes Fortkommen finden. Schreib' mir doch mal Deine Meinung darüber, lieber Karl, ob Du wohl Lust hättest, dem russischen Kaiser vorläufig ein Probejahr als Telegraphendirektor dienstbar zu sein — —. In Polen ist noch viel zu machen, und ich glaube, Du würdest dort am schnellsten einen geordneten und Deine Zukunft sichernden Tätigkeitskreis gewinnen.

Diesen Gedanken, daß Karl nach Rußland gehen solle, hatte Werner schon 1851 wiederholt geäußert. Karl antwortete aus London:

Was mich betrifft, so will ich Dir ein für allemal sagen, daß ich überall hingehe, wo ich Dir nützlich sein kann. Ich habe Dich bis jetzt sehr viel gekostet und Dir noch nichts genützt, und ich habe jetzt bei Gott keinen anderen Wunsch, als die Sache mal umkehren zu können.

Zunächst schienen sich allerdings in England Aussichten für Karl zu eröffnen, und Werner selbst meinte noch am 26. März 1853, das wäre für ihn besser als die Tätigkeit in Polen. Aber am 8. April hatte sich die Sachlage wieder wesentlich verändert, so daß Werner nunmehr folgende direkte Aufforderung an Karl ergehen ließ:

Graf Kleinmichel hat sich bereit erklärt, mit mir wegen der gesamten Anlage von Petersburg nach Warschau abzuschließen und erwartet meine Ankunft Ende des Monats. Ich denke, Du kommst daher sobald wie möglich und reisest mit mir nach Warschau und von da nach Petersburg. Im Spätsammer könntest Du dann, nach Vollendung der Warschauer Linie, die Petersburger und vielleicht auch die Kronstädter Anlage machen. **Wir kriegen so die russischen Anlagen ganz in die Hände,** und ich hoffe, Dein Weizen wird dabei zu blühen anfangen.

Karl kam daraufhin nach Berlin. Aber die Abreise der Brüder verzögerte sich, erst durch eine Erkrankung Werners, dann durch eine merkwürdige dänische Denunziation wegen dessen holsteinischer Kriegstaten, wodurch die Visierung der Reisepässe auf der russischen Gesandtschaft in Berlin verhindert wurde. Darüber findet man einen interessanten Bericht in den L.-E. Erst am 31. Mai konnte Werner abreisen, während Karl noch kurze Zeit in Berlin blieb; die letzte Verzögerung wurde durch jenes früher erwähnte Warten auf die Vertreter der englischen Unternehmer des Berliner Wasserwerks verschuldet. Karl hatte aber auch noch immer mehr Lust für eine Stellung in England; „denn Rußland — so meinte er — scheint mir sehr faul". Auf so schmaler Schneide balancierte damals sein Geschick und dasjenige von Siemens & Halske.

In Warschau trafen die Brüder wieder zusammen. Dort blieb Karl noch bis Ende Juli und leitete den Bau der Linie zur preußischen Grenze, während Werner nach Petersburg vorauseilte. Auch unterwegs machte ihm jene dänische Intrigue noch zu schaffen, und erst in Petersburg wurde er durch die Intervention des allmächtigen Grafen Kleinmichel von dem Verdachte, ein politisch gefährlicher Mensch zu sein, befreit.

Dieser dritte Aufenthalt in Petersburg brachte die Entscheidung. Da Lüders erkrankt war, verhandelte Werner direkt mit dem Grafen Kleinmichel, dem Chef des Ministeriums der Wege und Wasser-Kommunikationen:

Graf Kleinmichels Macht war damals so groß, daß ihr, solange Kaiser Nikolaus lebte niemand zu widerstehen wagte. Der Graf hatte Vertrauen zu mir gewonnen und übertrug dasselbe später in vollem Maße auf meinen Bruder Karl. Nur seinem mächtigen Schutze verdanken wir die Möglichkeit, die großen Werke, deren Ausführung er uns übertrug, durchzuführen (L.-E.).

2. Juli 1853. Werner an Wilhelm. Die Kabelangelegenheit ist ein Stadium weiter gerückt. Ich bin mit dem Grafen einig, und es fehlt nur noch der offizielle Kontrakt — —. Nötig ist vor Schluß der Schiffahrt in Kronstadt ein Kabel von 5 engl. Meilen Länge, auf eine Trommel gewickelt, von welcher es gleich abgespult werden kann; dreidrähtig braucht es nur zu sein, nur umsponnen; Brett hat 10 Dräte No. 8 angegeben — —. Ich denke das Kabel im Winter bei Eis zu legen; doch möglich, daß ich den Entschluß ändere; es wären Erfahrungen über das Legen mir daher sehr lieb — —. Ich hoffe in 14 Tagen hier fertig zu sein. Hoffentlich werde ich die projektierte Badereise noch ausführen können, da ich notwendig für meinen ziemlich unsoliden Körper mal was tun muß — —. Ich denke John Bull wird sich wohl mit Zähnezeigen zufrieden geben[1]), sonst würde er mir einen häßlichen Strich durch meine jetzigen Projekte machen. 13. Juli. Endlich ist die Sache hier definitiv abgemacht. Bestelle daher ohne Vorzug das Kabel, wenn es noch nicht geschehen ist — —. Die Zeit ist aber eine große Hauptfrage. Da wir das Kabel im Winter legen werden, in eine aufgeeiste Rinne, so kommt es nicht sehr darauf an, ob es aus einem Stück besteht oder nicht.

Wie Werner in den L.-E. berichtet, wünschte Graf Kleinmichel ihn damals ganz in Rußland zurückzuhalten. Werner konnte darauf nicht eingehen, kündigte dem Grafen aber die nahe Ankunft Karls an, der im Linienbau große Erfahrungen hätte (von 1849/50 her, als er in Preußen unter Nottebohm Telegrapheningenieur gewesen war) und des Grafen Befehle besser ausführen werde als er, Werner, selbst. Dieser ahnte damals wohl kaum schon, wie richtig das war. Froh über das Erreichte reiste er Ende Juli von Petersberg ab, wo Karl einige Tage später eintraf. Unterwegs war er im Postwagen mit einem Grafen Apraxin zusammengereist, der sich des höchsten verwunderte, als Karl Siemens sagte, was er als blutjunger Mensch ohne eigene Beziehungen in Petersburg ausrichten wolle.

Ehe Karl überhaupt für Rußland in Frage kam, hatte Werner den Bankier Kap-herr in Petersburg zum Agenten be-

[1] Erste Anzeichen des Krimkrieges!

stellt, ebenso für die polnischen Anlagen den Bankier **Fränkel** in **Warschau**. Beiden hatte er zusammen 10 Proz. der Brutto-Einnahmen als Provision zugesichert, eine Abmachung, die sich später als ein Fehlgriff erweisen sollte. Die ganz ungewöhnliche Höhe der Provision beweist, wie hoch Werner damals die Hülfe der Bankiers bei Erlangung von Geschäften in Rußland bewertete. Kap-herr namentlich förderte diese anfangs in der Tat nicht unwesentlich; bald aber entstand aus dem Verhältnisse zu ihm großer Schaden.

Karl wurde von Werner jetzt ebenfalls bevollmächtigt, Siemens & Halske zu vertreten, jedoch sollte er dabei Kap-herr zu Rate ziehen. Karls Einkommen wurde zunächst auf 1800 Rubel jährlich und 15 Proz. vom Gewinn der durch ihn abgeschlossenen Geschäfte bestimmt. Zugleich wurde ihm aber schon in Aussicht gestellt die Errichtung einer besonderen Filiale in Petersburg und seine Aufnahme als Teilhaber in das Berliner Geschäft. Den Instruktionen, welche Werner dem Bruder damals hinterließ, sei folgendes entnommen:

Rußland ist ein Land, wo viel zu verdienen ist, wenn man sein Terrain kennt. Du mußt es studieren, Dir Freunde und Bekanntschaften erwerben, namentlich das Vertrauen des Grafen Kleinmichel und des General von Gerstfeld gewinnen — —. Gegen den Grafen **Kleinmichel** sei grade und ungeniert, stelle Dein Licht nicht unter den Scheffel, sage ihm Schmeicheleien über seine Eisenbahnen, die Newabrücke, die Chausseen etc. Er verträgt viel — —. Ruhig, kalt und entschieden, auch wenn er wild wird, ist die beste Behandlungsweise. Bietet sich eine Chance, die Arbeiten der Legung des Drahtes nach **Gatschina** zu übernehmen, so tue es ja. Es würde für 22000 Rubel gehen; doch es würde ein Präjudiz für die Zukunft sein. Besser scheint es vorläufig, die Sache gar nicht zustande kommen zu lassen und dann zu rechter Zeit den Grafen aus der Verlegenheit zu ziehen. — Ich brauche Dir nicht zu sagen, daß ich nicht will, daß Winkelzüge in einem Geschäfte gemacht werden, bei dem ich beteiligt bin — — —. Mit der **Kap-herr**'schen Familie suche Dich zu befreunden, laß Dich aber nicht ganz einfangen und tritt, bei aller Freundschaft, sehr entschieden gegen ihn auf, wo die Interessen ins Spiel kommen. Sei nicht all zu vertrauend!

Karl Siemens. Karl war, als sein Bruder ihn auf einen so schwierigen und verantwortlichen Posten berief, erst 24 Jahre alt. Ganz auf sich selbst angewiesen, — sein einziger technischer Gehülfe war ein Berliner Klempner namens Loeffler — sollte er in dem fremden Lande folgenschwere Entschlüsse fassen, große Unternehmungen einleiten und durchführen. Aber er hatte sich

— wie Werner und auch andere Nahestehende bald bemerkten — namentlich in dem Pariser Jahre, ungewöhnliche Gewandtheit im Erkennen und Benutzen von Verhältnissen, wie in der Behandlung von Menschen erworben, ein Haupterfordernis für seine Aufgabe in Rußland: die Erlangung guter Geschäfte. Er sah sehr scharf, war ruhig und überlegen, in Äußerungen wie im Handeln vorsichtig. Damit verband er doch viel Beweglichkeit, Anpassungsfähigkeit und eine Vielseitigkeit, die ihn später in manche gewagten Unternehmungen verstrickte, die es ihm aber zunächst wesentlich erleichterte, sich in Rußland zurechtzufinden. Seinem Bruder Werner war er, wie wir schon wissen, unbedingt ergeben. Beide haben einander immer viel besser verstanden, als Werner und Wilhelm, zwischen denen nicht selten weitgehende Mißverständnisse obwalteten:

Mit Dir, lieber Karl — schrieb Werner einmal in solchem Augenblick — ist doch am allerbesten zu kramen. Wir verstehen uns immer richtig, Du sagst immer Deine aufrichtige Meinung und erwartest es auch von anderen, hast dabei praktischen Sinn und gesundes Urteil.

Ein Fehler, der Karl wiederholt in schlimme Lagen brachte, war seine zu große Gutmütigkeit und Nachgiebigkeit, vor welcher Werner, der freilich auch daran litt, den Bruder häufig warnte:

Die dumme persönliche Gutmütigkeit ist einmal unser Familienfehler. Hüte Dich, daß sie nicht Dich und uns mit ins Verderben führt. — G. will, daß alle Stangen von uns nachgeputzt werden sollen. Kneif' ihn tüchtig. Er hält Dich für einem gutmütigen jungen Deutschen. Treib' ihm den Gedanken gründlich aus. — Halte etwas straffes und entschiedenes Regiment, überlasse Deiner Gutmütigkeit nicht die Zügel. Danken tut Dir niemand, der Dich nicht fürchtet. — Nachgiebigkeit und Gutmütigkeit sind eine Drachensaat, die in Geschäftssachen stets Hader und Ärger gebären. Erst seitdem ich grundsätzlich das Gegenteil tue oder wenigstens zu tun suche, als wozu mich gutmütige Schwäche verleiten will und einige wichtige Siege hierin über mich selbst errungen habe, — habe ich viel mehr Ruhe und weniger Ärger, namentlich weniger über mich selbst, und der tut am wehesten.

Die Hauptsache war und blieb in Rußland, namentlich für den Anfang: Karl gewann das Vertrauen der leitenden Männer überraschend schnell und vollständig. Wie ihm dies mit dem Grafen Kleinmichel gleich anfangs gelang, hat Werner in den L.-E. berichtet:

Als Karl sich dem Grafen vorstellte, war dieser überrascht durch seine jugendliche Erscheinung. Er zeigte sich infolgedessen sehr verdrießlich, gab ihm aber den Auftrag, einen Vorschlag zu machen, wie man die Leitung des im Bau befindlichen Telegraphen nach Oranienbaum und Kronstadt in das Turmzimmer des kaiserlichen Winterpalais, in dem sich bis dahin die Endstation des optischen Telegraphen nach Warschau befand, einführen könnte, ohne an dem Wohngebäude des Kaisers störende Arbeiten vorzunehmen. Als Bruder Karl sich das stolze Palais mit dem turmartig ausgebildeten Erker, worin das Bureau des optischen Telegraphen untergebracht war, aufmerksam ansah, fiel ihm auf, daß in einer Turmecke keine Wasserrinne niederführte, wie das in den anderen der Fall war. Auf diese Wahrnehmung hin kehrte er sogleich zu dem Grafen zurück, der ihn, ärgerlich über seine vermeintliche Umständlichkeit, ziemlich unwirsch anfuhr, was er denn noch wolle. Karl teilte ihm nun den Plan mit, in der leeren Ecke des Turmes ein solches Rohr anzubringen, wie es in den übrigen vorhanden wäre, und darin die isolierten Telegraphenleitungen hinaufzuführen. Das imponierte dem Grafen. Er schimpfte auf seine Offiziere, die nichts anderes gewußt hätten, als Rinnen in das Mauerwerk zu schlagen, „und nun, so drückte er sich aus, muß so ein junger, bartloser Mensch kommen und sieht auf den ersten Blick, wie leicht die Sache zu machen ist". So war es Karl gleich bei seinem ersten Auftreten gelungen, den Grafen für sich zu gewinnen, der ihm von diesem Augenblicke an eine Autorität einräumte, der er ebenso wie der meinigen unbedingtes Vertrauen schenkte. Er hat sich hierin auch nicht getäuscht [1]).

Kleine Ursachen, große Wirkungen! Aber Karl erwies alsbald seine Tüchtigkeit noch weit triftiger, indem er die Linie nach Kronstadt noch vor Beginn des Winters, unter sehr schwierigen Verhältnissen, fertigstellte, mehrere Monate früher, als versprochen war, so daß ihm Werner schon am 4. Dezember schreiben konnte: „Du hast Dich brillant aus dieser Affäre gezogen!"

Aus seinem damaligen Verkehre mit dem Grafen Kleinmichel seien hier noch etliche bezeichnende Einzelheiten angeführt. Kap-herr trieb ihn einmal, zum Grafen zu gehen, um ihm zu sagen, daß das Kabel aus England schon seit acht Tagen angelangt sei, was der Graf bereits durch einen seiner Offiziere, den Oberst Gerhard, wußte:

Als ich ihm sagte: „Das Kabel ist schon seit acht Tagen hier", wurde er ganz rot vor Wut und sagte: „Nun, so kann es doch wohl noch drei Tage hier bleiben! Sie können doch wohl warten, bis ich es dem Kaiser vorgestellt habe". Darauf machte ich einen Diener und antwortete: „Ich hielt es für meine Pflicht, es Eurer Erlaucht anzuzeigen, da ich aber Ihr Mißfallen dadurch erregt zu haben scheine, so werde ich mich, wenn Sie mir sonst nichts zu befehlen haben, Ihnen gehorsamst empfehlen", und dann machte ich linksum kehrt. Darauf wurde

---

[1]) Nach mündlicher Erzählung des Herrn Karl von Siemens enthält dieser Bericht einige Ungenauigkeiten, die indes das Wesen des Tatbestandes nicht berühren.

er ganz freundlich, hielt mich zurück und erklärte mir, daß es mit dem Kaiser nicht so ginge, wie ich vielleicht glaubte etc.

Wie Karl ein anderes Mal mitteilte, machte der Graf stets Abzüge bei den Kontrakten,

um sich beim Kaiser damit zu brüsten; aber ich werde ihm diese Ehre sauer genug machen. Grob muß er erst werden; denn je schwerer es ihm wird, desto mehr achtet er einen nachher.

Einmal wurde die für Kronstadt projektierte Kabelanlage vom Kaiser beiseite gelegt, vielleicht, wie Karl meinte, nur deshalb, weil der Graf dem Kaiser nicht erklären konnte, wieso der elektrische Kreislauf durch das Wasser geschlossen wird:

Ich habe dem Grafen deswegen eine schriftliche Erklärung machen müssen, aber er hat es für Unsinn erklärt. Glaubst Du wohl, eine Erklärung davon machen zu können, die jeder Berliner Nachtwächter mit Leichtigkeit begreift? Wenn Du das glaubst, so schicke mir eine solche, damit ich weiterkomme.

Auf solche Weise gelangte Karl schon nach wenigen Monaten dahin, daß der Graf nichts ohne den „Prussky Ingener Siemens" tat, den er z. B. gegen Ende des Jahres 1853 zum Mitglied einer Kommission ernannte, die sonst fast nur aus Exzellenzen bestand.

Aber auch andere hochgestellte Personen wurden sofort von Karl erobert, z. B. schon in Warschau der General Aureggio, der ihn bei jedem Beisammensein „à la polonaise" küßte und bei allen Telegraphensachen um Rat fragte, während Karls Nachfolger in Warschau nicht mit dem General fertig werden konnte.

Gatschina-Warschau. Karl vollendete, wie bereits mitgeteilt, die Kronstädter Kabellinie noch im Herbst 1853 zu Graf Kleinmichels voller Zufriedenheit:

Es war dies die erste submarine Telegraphenlinie der Welt, die dauernd brauchbar geblieben ist[1]). Die für sie verwendeten, mit Eisendrähten armierten Guttaperchaleitungen bewährten sich vorzüglich. Zugleich mit der Anlage der Linie war uns auch ihre Instandhaltung, die sogenannte Remonte, auf sechs Jahre in Entreprise gegeben. Die Leitung wurde in dieser ganzen Zeit nur einmal durch Schiffsanker schwer beschädigt und nach Ablauf der sechs Jahre in tadellosem Zustande an die Regierung übergeben. Sie ist bis in die neueste Zeit in Tätigkeit geblieben und liefert daher auch einen Beweis für die Dauerhaftigkeit gut konstruierter submariner Kabel (L.-E.).

---

1) Werner Siemens irrt sich hier offenbar; statt „erste" müßte es wohl „zweite" heißen; das erste Unterseekabel, welches dauernd brauchbar geblieben ist, war das von Crampton 1851 durch den Kanal gelegte; es war ebenfalls mit Eisendrähten armiert.

Inzwischen mehrten sich schon gegen Ende des Jahres 1853 die Zeichen bevorstehender **kriegerischer** Verwickelungen zwischen Rußland und den Westmächten. Bereits im Sommer hatte deshalb Wilhelm Siemens in London, bei Verschiffung des Kabels nach Rußland, eine höhere Assekuranzprämie bezahlen müssen. Im Herbst mahnte Werner zur Vorsicht bei Krediterteilung. Kap-herrs Wechsel wurden damals in Berlin nicht gern genommen, wegen seiner großen Kornspekulationen à la hausse, an denen er indes 70 000 Rubel verdiente. Aber auch weitere Geschäfte mit der Krone erachtete man in Berlin als bedenklich. Später wurde Wilhelms Position in England durch die russischen Geschäfte von Siemens & Halske vorübergehend erschwert; doch arbeiteten sie im Laufe des Krimkrieges sowohl für England wie für Rußland und sollten sogar für England Kriegstelegraphen liefern, was Werner aber ablehnte.

Im Herbst 1853 hielten Werner und Halske die russische Position des Geschäftes für gefährdet, und es dauerte noch lange, bis sie erkannten, daß gerade der Krimkrieg erst die Vorbedingungen für die großartige Entwicklung ihrer russischen Unternehmungen schaffte.

Die russische Regierung brauchte dringend Telegraphen. Schon im Oktober 1853 begann Graf Kleinmichel mit Karl über Anlage einer oberirdischen Linie zwischen Gatschina (das bereits unterirdische Leitung nach Petersburg hatte) und Warschau zu verhandeln; es dauerte aber einige Monate, ehe der Kontrakt abgeschlossen wurde. Der Übernahmepreis war durch russische Konkurrenz gedrückt:

Der Graf, so schrieb Karl, hat mich förmlich gebeten, die Geschichte für 190 000 Rubel zu übernehmen und ihn nicht zu zwingen, sie Gerschau, dem Oberst von der Wasserkommunikation, zu geben. Er sagte, wir sollten später auch alle Linien zu machen bekommen, und er wollte künftig jeden Konkurrenten aus der Tür werfen. Die Sache war sehr komisch — —. Zu guter Letzt hat mir der Graf noch aufgegeben, eine Erklärung und Zeichnungen von dem Schnellschreibeapparat zu machen, die er dem Kaiser vorlegen will. Am Sonntag Mittag hatte ich meine Konferenz, und morgen (Mittwoch) soll es schon fertig sein. Das war eine harte Nuß — —. Als ich dem Grafen sagte, ich wollte ihm die Geschichte gleich auf Russisch geben, da warf er mir Kußhändchen zu und klopfte mich auf die Schulter.

Werner fürchtete die russische Konkurrenz nicht:

Was wir nicht schaffen können, kann niemand schaffen, da wir die meisten Quellen und Kräfte haben; ein Russe hat Ende Mai noch nicht die Hälfte der Drähte dort, und sie kosten ihm das Doppelte. Größer ist freilich die Gefahr, daß der Kaiser das ganze Projekt aufgibt oder aufschiebt, wenn sein Termin nicht innegehalten wird.

Diese Festsetzung des Termins für die Fertigstellung der Linie gab noch zu langen Verhandlungen Anlaß. Der Graf wollte Karl den 1. Mai als Termin aufnötigen; das hätte der Kaiser befohlen:

Ich bin mit den Worten aus der Tür gegangen: „Es wird doch nicht fertig werden!", und er rief mir nach: „Es wird fertig!"

Schließlich wurde der 1. Juli vereinbart. Aber niemand glaubte in Wahrheit daran, daß dieser Termin innegehalten werden würde, taut doch der Boden selbst in Polen erst im Mai auf. Drahtbeschaffung, Stangenbeschaffung, Geldbeschaffung, Wahl der geeigneten Transportwege, alles war sehr schwierig, bei der Kürze der Zeit und unter dem Drucke der Kriegsbefürchtungen. Es wurde vereinbart, Karl solle seine Tätigkeit auf den Teil der Strecke nördlich von Dünaburg beschränken, Werner dagegen die Arbeit in Polen organisieren und ihre Durchführung dem früheren Hauptmann Beelitz übergeben, einem früheren Kameraden Werners, der in den Dienst der Firma Siemens & Halske getreten war; er war verläßlich und energisch, wenn auch nicht gerade ein großes Lumen.

Karl begann im Januar mit der Stangenbeschaffung im eigentlichen Rußland; sie gestaltete sich schwierig und teuer:

2. Februar 1854. Es ist sehr übel, daß es keine Juden im Gouv. Petersburg gibt; die hiesigen großen Holzhändler wollen gar nichts mit solchen Lieferungen zu tun haben. Wenn ich hier nur bis Rjeschitza abschließen könnte; denn nachher gibt es Juden.

Werner dagegen reiste mit Beelitz erst am 26. Februar nach Polen. Es war höchste Zeit; denn die Stangenbeschaffung mußte noch bei Frost vorgenommen werden. Wie Werner befürchtete, trat das Frühjahr ungewöhnlich früh ein; die kleinen Flüsse hatten auch nicht genug Wasser; die Stangen mußten daher per Achse transportiert werden, was enorme Kosten verursachte.

Besser ging es mit den Drähten, aber auch erst nach mannigfachen sorgenvollen Erörterungen.

Werner 5. Januar: Die deutschen Drahtfabriken stehen still, wegen des strengen Winters. Englischer Steinkohlendraht hält bei strenger Kälte nicht aus und würde künftiges Geschäft in Rußland verderben. Englischer Holzkohlendraht zu teuer und nicht schnell in großer Menge zu haben. 21. Januar. Drähte werden jetzt schön, aber teuer in Köln gemacht. 1. Februar. Den Draht lassen wir nur in Adern von 1000—1200 Fuß Länge machen. Dazu brauchen wir nur kleine Haspel und gewöhnliche Transportwagen.

Die Flüsse, welche die Linie zu kreuzen hatte, sollten zuerst durch Unterwasserkabel überwunden werden; dann entschied man sich für Überwasserverbindung mit starken Masten. Aber die schlimmsten Sorgen machten Krieg und Geld:

Werner an Karl 6. Februar: Jeder Tag ist jetzt Gold wert — —. Wir müssen so rechnen, als ob Krieg schon ausgebrochen, also auf Seetransport gar nicht zu rechnen wäre — —. Ist Preiserhöhung wegen Krieg zu erlangen? Dadurch entstehen in der Tat große Mehrkosten — —. (An Wilhelm: Rußland macht viel Sorgen. Es kommt kein Geld und auch nicht definitive Nachricht des Kontraktabschlusses. Der Winter, während dessen die russischen Wälder zugänglich sind, verstreicht, und am Ende sperrt England die russischen Häfen, und wir müssen die ganze Drahtmenge zu Lande transportieren.) Daß $^3/_4$ des Kaufpreises erst nach Beendigung bezahlt werden sollen, ist auch sehr mißlich, da wir dadurch Bankiers in die Hände fallen und im ungünstigen Falle, wer weiß wie lange, auf Zahlung warten müssen. Es ist diese Anlage eine Existenzfrage für uns, im Falle sie unglücklich ablaufen sollte. — 9. Februar. Es schaudert mich bei dem Gedanken, Arbeiten und Transporte auf der Chaussee auszuführen, während das Gardekorps vielleicht auf derselben nach Warschau marschiert — —. Der Kontrakt ist mit eigenen Geldmitteln nicht durchzuführen, da rechtzeitige Zahlung der 50000 Rubel (welche die russische Regierung vorweg bezahlen sollte), sehr zweifelhaft und wir selbst nach drei Monaten zahlen müssen. Die Leute sind jetzt alle sehr zäh mit Zahlungen, und unsere Geschäftsverbindung mit Rußland lähmt unseren Kredit — —. Du wirst die Sache vielleicht leichthin, mit Petersburger Anschauung beurteilen, für uns ist sie aber sehr ernst. Welches die Folgen des ersten Kanonenschusses zwischen den Großmächten sein werden, mögen die Götter wissen, und es ist die Frage, wieviel die 190000 Rubel, wenn sie in Papier und nicht bar bezahlt werden, eigentlich wert sind.

Für Werner begann Ende Februar eine überaus anstrengende Zeit. Zuerst reiste er nach Polen, ließ dort Beelitz und fuhr mit Bauernwagen und Schlitten nach Petersburg weiter, kehrte in der zweiten Hälfte des März nach Berlin zurück, um nach wenigen Tagen abermals nach Warschau zu fahren. Von dort schrieb er an Karl:

Ich bin jetzt ein für allemal meiner Brust wegen getröstet; denn daß sie das ohne allen bleibenden Nachteil ausgehalten hat, ist eine gut bestandene Gewaltprobe — —. In Polen ist die Anlage zum Stillstand gekommen, auf Befehl der Chausseeverwaltung, die nicht instruiert ist — —. Die Behörden wollen die Bäume nur auf unsere Kosten beseitigen.

Er hätte gern ein paar Tage Ruhe gehabt. Aber das war unmöglich. Sobald die Beelitzsche Arbeiterkolonne organisiert war, mußte er wieder nach Petersburg, um dort mit Karl zusammen eine zweite Kolonne zu organisieren, die unter dessen Befehl der Beelitzschen entgegenarbeiten sollte. Die Rückfahrt von Dünaburg bis Warschau erfolgte abermals bei permanentem Sturm, Regen und Schnee, so daß der vielgeplagte Mann halbtot in Warschau ankam. Am 20. April war er schon wieder in Berlin. Doch die Hauptsache war erreicht.

Wenn keine Beamtenschwierigkeiten kommen, werden wir fertig werden.

Zur Unterstützung Karls wurde gegen Ende April Werners früherer Offiziersbursche Hemp nach Petersburg gesandt, der der Firma dann lange Zeit in Rußland treu und erfolgreich gedient hat. Er erhielt anfangs 1000 Rubel Gehalt und freie Station.

Werner 26. April 1854. Hemps Gehalt hat hier alles toll gemacht, und Weiß ist ganz unbrauchbar, wenn wir ihm nicht nach Rußland Aussicht lassen.

Anfang Mai sah es in Polen noch immer traurig aus. Die Materialien lagen fast sämtlich an der Grenze, die aber wegen bloßer Formalitäten verschlossen blieb. Die Stangen erwiesen sich teilweise als schlecht. In Rußland sah es noch nicht viel besser aus: die Chausseewärter wollten dort die Bewachung der Materialien nicht übernehmen, es wurden viele Stangen gestohlen usw. Die Zentralbehörde in Petersburg hatte die erforderlichen Befehle nicht rechtzeitig erlassen. Überall wurde über „Widerstand der Behörden" geklagt. Werner mußte aufs neue nach Warschau und Petersburg reisen. Dazwischen hatte er in Kopenhagen mit der dänischen Regierung und der schwedischen Eisenbahngesellschaft Arrangements wegen einer Telegraphenanlage getroffen.

Der Krieg war jetzt wirklich ausgebrochen, und Werners Sorgen wuchsen:

Werner an Wilhelm 4. Mai. Unser ganzes Wohl und Wehe liegt jetzt in den Händen des Zaren, der uns in diesem Sommer ca. 250000 Rubel zahlen muß (60000 noch von der Kronstädter Anlage). Ich wünsche ihm zum Zahltage ein Stück von der englischen Flotte, um ihn guter Laune zu machen. — 17. Mai. Ich werde hoffentlich mit dem letzten Drahtende in Petersburg sein, bevor Napier es in Grund gesegelt hat. — Es haben sich dem Bau unendliche Schwierigkeiten büreaukratischer Natur entgegengestellt. Auch hat der Hauptlieferant der Stangen uns infolgedessen sitzen lassen, und wir müssen jetzt die Stangen selbst auf seine Kosten beschaffen und sie mit Gewalt von den Stapelplätzen holen. Die Goldausfuhr ist auch noch nicht erwirkt und Export durch Warensendungen bisher unser einziger Exportweg. Der verd.... Krieg hätte auch noch ein paar Jahre warten können — —. Ich muß gestehen, daß mir die Zukunft sehr schwarz erscheint. — Karl an Werner 30. Mai. Da Guerhardt krank ist, so hat der Graf einen Oberstleutnant S. für Ausführung unserer Linie ernannt, und der scheint uns viele Schwierigkeiten machen zu wollen. Er scheint mir sogar vorschreiben zu wollen, wie und wann wir die einzelnen Sachen machen sollen. Ich werde mich natürlich tüchtig wehren — —. Wir haben jetzt mit einem dummen und bösen Menschen zu tun — —.

Am 1. Juli sollte die Linie fertig sein, und mit Zuhilfenahme der Nächte kam es bis zu diesem Tage wirklich so weit, daß Werner am 1. Juli aus Dünaburg Karl schreiben konnte:

Jetzt stehen alle Stangen und wir werden mit der Linie fertig! — Am 8. Juli etwa wird die Warschauer Kolonne in Ostrowo ankommen und die Deinige hoffentlich noch etwas früher. Ostrowo soll Haltepunkt sein, wenn nicht eine Kolonne besonderen Aufenthalt hat. Kommen wir zusammen, ehe die Linie geht, so muß von Ostrowo aus gleich eine Depesche an den Grafen abgesandt werden per Estafette, die ihm meldet, daß die Linie fertig ist, und nur die Telegraphisten noch fehlen.

Bald darauf müssen tatsächlich die beiden Kolonnen zusammengetroffen sein, aber nicht in Ostrowo, sondern nach den L.-E. in Dünaburg:

Als die Translationsstation nach Überwindung einiger Schwierigkeiten richtig funktionierte, konnte Karl dem Grafen Kleinmichel die Vollendung der Linie melden. Der Graf war von der Nachricht sehr überrascht und wollte nicht recht an ihre Richtigkeit glauben. Er begab sich sofort in das Stationslokal im Telegraphenturm des Winterpalais und richtete selbst eine Frage an dem Stationschef in Warschau. Erst als er von diesem augenblicklich Antwort erhielt, war sein Zweifel besiegt, und höchst verwundert meldete er dem Kaiser das glückliche Ereignis (L.-E.).

Die Russen waren eben an so schnelle, gut organisierte Arbeit nicht gewöhnt! Werner aber schrieb an Wilhelm mit berechtigter Befriedigung:

Linie Warschau-Petersburg in sechs Wochen hergestellt! Eine Teufelsarbeit! Acht Tage habe ich von vielem Ärger am Gallenfieber krank gelegen und muß nach Marienbad oder Karlsbad, um mich zu erholen und für die nächste Herbstkampagne zu stärken.

Auch die russische Regierung war hochbefriedigt:

Karl an Werner 15. August. Jüngst kam der Graf hier auf die Station und war ganz ungewöhnlich mit allem zufrieden. Er dankte mir wenigstens zehnmal und fügte jedesmal hinzu: „Schreiben Sie auch Ihrem Bruder, daß ich sehr zufrieden bin und ihm danke." Beim Weggehen ließ er jedem Mann 1 Rubel geben (16 Mann); unerhört!

Aber die versprochene Bezahlung der Linie ließ auf sich warten.

Wegen des für die Warschauer Linie bestimmten Geldes gibt es hier zwei Meinungen: die eine ist, daß das Geld aus den Ökonomiegeldern der Wasserkommunikation genommen werden sollte, und daß es nicht ausgereicht hat, und die andere, daß der Graf das angewiesene Geld zu anderen Zwecken verbraucht hat. Der Graf will jetzt versuchen, neues Geld dafür vom Kaiser zu bekommen.

Erst gegen Ende September erfolgte die Zahlung, und zwar erst nachdem Siemens & Halske die Anlage einer weiteren Linie, von Moskau nach Kiew, übernommen hatten, was sie noch mit gemischten Gefühlen taten. Zwar schrieb Werner an Wilhelm am 23. Juli:

Macht nur noch länger Krieg mit Rußland so schlapp wie bisher, damit wir noch viele Linien bauen können;

aber am 27. September, nach Abschluß des neuen Kontraktes wegen Moskau-Kiew, hieß es:

In Rußland sind wir leider bis über beide Ohren enfiliert — —. Beschwerlich sind diese russischen Geschäfte, uud wenn der Zar nicht gut bezahlt, hätte ich nichts dawider, wenn die Engländer und Franzosen ihn vor Beendigung der Linie fräßen!

Zur Erklärung dieser Stimmung ist, außer auf die gefährliche politische Lage und auf die finanziellen Schwierigkeiten, welche die großen Geschäfte hervorriefen, noch darauf zu verweisen, daß Siemens & Halske damals noch keineswegs wußten, ob sie bei den russischen Bauten verdienten oder verloren.

Auf der Linie Gatschina-Warschau kam zuerst das von Werner für die russischen Linien erfundene **automatische Telegraphensystem mit Schnellschreiber** in Anwendung, bei dem die Morsezeichen mittels des sogenannten „Dreitastenlochers" in einen Papierstreifen eingelocht, und dieser dann in dem Schnellschreiber durch ein Laufwerk zwischen einer mit Platin bekleideten Walze und einer Kontaktfeder oder Bürste hindurchgezogen wurde[1]).

---

1) Vgl. L.-E. S. 173; Techn. Schriften S. 80 ff.

Ausdehnung des Geschäfts. Im ganzen Monat August des Jahres 1854 waren in Varna Vorbereitungen zur Einschiffung der englisch-französischen Truppen nach der Krim betrieben worden; am 2. und 4. September erfolgte die Einschiffung, am 14. September die Landung in der Krim, am 20. September wurden die Russen an der Alma geschlagen, am 10. Oktober begann die Belagerung von Sebastopol. Dieser Tatbestand erklärt den dringenden Wunsch der russischen Regierung, mit dem Süden des Reiches schleunigst eine telegraphische Verbindung herzustellen. Von Petersburg nach Moskau bestand eine solche schon. Sie sollte jetzt zunächst bis Kiew fortgesetzt werden:

Karl 3. September. Der Graf ist außer sich vor Wut, daß wir den Kontrakt nicht für 152000 Rubel und zum 15. Oktober unterschreiben wollen. Er ließ sich zuletzt bis auf den 15. November handeln — —. Natürlich hat er 160000 geben müssen.

Karl gibt den Schluß seiner Unterredung mit dem Grafen wörtlich wieder:

Ich: Erlaucht, ich werde jetzt, Ihrem Befehle gemäß, den Kontrakt unterschreiben, versichere Sie aber auf mein Ehrenwort, daß ich der moralischen Überzeugung bin, daß wir es nicht zum Termin fertig machen können, und ich unterschreibe den Kontrakt nur, weil Sie es durchaus so haben wollen. Graf: Dann hänge ich Sie auf. Ich: Dann können Sie mich gleich als einen Gehängten ansehen, und Sie haben mich auf Ihrem Gewissen; denn Sie tragen die Schuld, weil Sie mich zwingen, den Kontrakt so zu unterschreiben. Graf: Ich werde Sie nicht am Halse aufhängen, sondern — — —. (Der Rest dieses anmutigen Gespräches läßt sich leider nicht wiedergeben.)

Auch Werner hielt die Einhaltung des Termins für höchst unwahrscheinlich und meinte, die Russen würden den Fall von Sebastopol wohl noch ohne Telegraphen erfahren. Karl aber machte sich unverzagt an die Arbeit; den Bau dieser Linie organisierte er schon allein, wobei wieder große Schwierigkeiten zu überwinden waren.

26. November. Morgenstern's Kolonne hat schwere Tage auf der neuen Chaussee gehabt, sodaß die Polizei den Arbeitern hat Ruten geben müssen, damit sie nicht sämtlich fortliefen. Hiesige Arbeiter sind unbrauchbar — —. Ich habe sie aus dem Kalugaschen Gouvernement geholt. — 29. November (aus Dowsk an Dnjepr). Das Reisen geht jetzt schon sehr schlecht; ich habe vier Tage und vier Nächte von Moskau bis hier zubringen müssen (vier Nächte gefroren und nicht geschlafen). — 27. Dezember (aus Kiew). Endlich ist die Linie in Gang gekommen, nachdem ich hier zwei Wochen beinahe, wie auf feurigen Kohlen, die Wiederherstellung erwartet habe.

Der Draht war bei 18—20° Kälte gezogen worden und daher spröde, bei einer schlechten Fabriklötestelle war er am Maste eines Flußüberganges abgerissen. Karl litt an einer Augenentzündung.

Hätte ich meine Augen nicht schonen müssen, so hätte die Geschichte nur drei Tage dauern können.

Wenn also auch der Termin nicht eingehalten werden konnte, so wuchs doch sichtlich die Geschicklichkeit in der Überwindung aller solcher Schwierigkeiten und mit ihr auch der Mut zur Übernahme weiterer Anlagen. Der Augenblick, diesen Mut im vollsten Maße zu betätigen, war schon vor Fertigstellung der Moskau-Kiewer·Linie erschienen.

Die Remonte. Im folgenden wird viel die Rede sein von der „Remonte", d. h. von der Instandhaltung der russischen Telegraphenlinien nach ihrer Fertigstellung. Siemens & Halske übernahmen regelmäßig auch die Remonte, dachten diese sich aber anfangs viel schwieriger, als sie tatsächlich war, und fürchteten zeitweilig, daran zu verlieren, während sie schließlich gerade durch die Remonte das meiste verdienten. Wir müssen hier zunächst wieder in der Entwicklung etwas zurückgehen.

Werner an Karl 12. August 1853. Die Unterhaltung der Linie nach Kronstadt wollen wir jedenfalls übernehmen. Sie muß aber gut bezahlt werden, da sie uns zwingt, stets jemand in Petersburg zu lassen. — Karl an Werner 2. Februar 1854. Hat für Remonte 12 Proz. der Bausumme verlangt, unter der Voraussetznng, daß die Chausseewärter die Linien mit beaufsichtigen und Zerstörungen provisorisch, durch von uns geliefertes Material, reparieren. — Werner an Karl 1. Februar. 60 Wärter für oberirdische Leitungen kosten allein 12000 Rubel. Diese müßten Reparaturen anstellen, provisorisch alles flicken und an vier bis sechs Ingenieure, die wir anstellen, berichten. — Karl an Werner 17. April 1854. Moskauer Remonte-Projekt. Wird 56000 Rubel jährlich fordern (= 35 Proz. der Bausumme) und sich bis 50000 handeln lassen. — 29. Mai. Wegen der Moskauer Remonte ist russische Konkurrenz entstanden, welche den Preis drückt, das Handeln wird also wohl wieder losgehen. — 30. Mai. Die Moskauer Remonte ist ziemlich sicher verloren.

Bei Übernahme des Baues von Moskau-Kiew, am 3. September 1854, schrieb Karl an Werner:

Die Remonte will der Graf mit Dir selbst abmachen, in Gegenwart von Guerhard. Halte Dich tapfer und gib ja nicht nach! Der Graf erwartet Dich, laß ihn warten! Darauf Werner: Ich möchte dem Grafen

meine Reisen nach Petersburg abgewöhnen und ihn an Dich durch Guerhardt weisen lassen. Ich hoffe, G. wird dem Grafen alle Hoffnung nehmen, daß ich ihm mehr ablasse von der Remonte, wie Du, und ich brauche dann nicht nach P., wo ich auch gar nichts zu tun habe.

Wir werden gleich sehen, daß die Brüder ihre Forderung in der Tat durchzusetzen wußten.

Im Herbst 1854, während des Baues der Moskau-Kiewer Linie, begannen Verhandlungen über den Bau weiterer Linien. Als Werner Bedenken äußerte, wegen Geldbeschaffung, Risiko, zu kurzer Lieferfristen, antwortete Karl am 6. November:

Konkurrenz gibt es nicht, und Linien werden noch en masse gebaut werden. Zunächst Odessa-Nikolajew und Helsingfors-Petersburg — —. Wir müssen die Kontrakte abschließen, und wenn wir ein Jahr nach dem Termine fertig werden sollten. Das Geld wird uns schon vorher angewiesen, und da wir auf Ladungsscheine auch das Material vorher bezahlt bekommen, so ist doch am Ende die Gefahr nicht so groß. Je mehr sich unser Geschäft ausdehnt, um so unentbehrlicher werden wir hier, und man muß uns Geld geben und über die Grenze bringen lassen, wenn man vermeiden will, daß alle Linien auf einmal stille stehen. Mit Nichtinnehaltung der Termine ist es hier nicht so schlimm, wie Du bei der Moskau-Kiewer Linie sehen wirst. Der Graf fragte mich neulich, wann wir fertig würden, und der 1. Dezember schien ihn ganz zufrieden zu stellen — —. Du schreibst, ich müßte einen Mechanikus nach Kiew schicken; wo soll ich denn einen herkriegen? Es ist durchaus notwendig, daß Mechaniker von Berlin geschickt werden und zwar mehr, als vorläufig nötig, damit für spätere Linien eingeübte Leute disponibel sind. Es fehlt hier überhaupt sehr an Personal — —. Wie soll ich z. B. die Moskau-Kiewer Remonte einrichten, da ich das jetzige Personal zur Odessaer Anlage behalten muß? Ferner ist ein großer Übelstand, daß ich immer solange von Petersburg wegbleiben muß. Das Geschäft leidet mehr darunter, als Du vielleicht glaubst. Ich mache Dir daher den Vorschlag, Meyer zu bereden, daß er herkommt; er kann mit einem guten Gehalt etc. in Petersburg Chef der ganzen Remonte werden. Meyer kann sich keine bessere Stellung wünschen; denn mit dem Grafen und den Behörden wird er nichts zu schaffen haben, so daß ich stets den Kohl auszufressen haben werde, den er einrührt. Das Geschäft wird zu umfangreich, und tüchtige Leute sind durchaus erforderlich.

Doch ehe Werner hierauf antworten konnte, kam der für die ganze Entwicklung des russischen Geschäfts entscheidende Augenblick, am 8. November 1854:

Heute, so schreibt Karl, haben die Sachen sich so bedeutend geändert, daß mir, trotz meines dicken Felles, fast der Kopf schwindelt. Es sind folgende Geschäfte mit dem Grafen abgemacht worden und so gut als sicher:

1. Anlage der Linie von Kiew nach Odessa zum Preise von 219485 Rubel, fertig zum 1. Mai;
2. Remonte dieser Linie auf 12 Jahre zu 52404 Rubel (jährlich) mit Bewachung;
3. Anlage von Petersburg nach Helsingfors 115515 Rubel, zum 1. Mai; doch soll's den Hals nicht kosten;
4. Remonte wie oben, zu 30434 Rubel;
5. Remonte der Moskauer Linie zu 53000 Rubel.

Alles mußte angenommen werden, ob möglich oder nicht; aber zuverlässige Leute brauchen wir dazu in Menge: Meyer! Mir wächst die Sache jetzt buchstäblich über den Kopf. Ich müßte permanent in Petersburg bleiben; denn Kap-herr wird sonst zu üppig und schadet der Sache.

Darauf antwortete Werner am 22. November:

Wir nehmen jetzt wirklich einen fast schwindligen Flug an, hoffentlich nicht à la Icarus. Auch im Okzident steigen unsere Aktien sehr. Die nun widersprechenden Apparate, sowie auch etwas die Münchener Medaille[1]) haben neue Bewegung gebracht. Es besteht jetzt Verbindung mit Gordon und Newall[2]), und eine große Agitation wird in England entstehen. Für Amerika haben wir ziemlich sicher eine Eisenbahn-Telegraphenlinie mit allen Chikanen, von Philadelphia ausgehend, zu bauen. Für Chile ist schon alles Material unterwegs. Im lieben Vaterland werden wir von Eisenbahnen und excl. Preußen und Österreich, von allen Mitgliedern des Telegraphenvereins förmlich um Apparate bombardiert.

Auch mit Österreich knüpfte Werner damals zuerst an; er reiste selbst nach Wien und schrieb frohlockend:

Ich denke, Nottebohm soll bald isoliert sein und dann zu Kreuze kriechen;

aber von allen diesen glänzenden Aussichten erwies sich nachher keine einzige als stichhaltig. Nur in Rußland ging es mit Riesenschritten weiter:

Werner an Wilhelm 5. Dezember 1854. Es scheint, als wenn unser Familiengenius uns jetzt grade sehr wohl will. Unser Geschäft nimmt sehr großartige Dimensionen an, so daß mir bisweilen etwas schwindlig wird. Während ich in Warschau war und Karl in Petersburg am Draht hatte, hat Karl wieder großartige Verträge abgeschlossen. Wir bauen gleich weiter nach Nikolajew und Odessa und noch eine andere Linie in Finnland, haben gleichzeitig die Unterhaltung aller russischen Linien für 230000 Rubel jährlich übernommen auf 12 Jahre. Die Anlagen betragen ca. 500000 Rubel, d. h. die jetzt in Arbeit befindlichen. Schnellschreiber und Doppelsprecher sollen wir zehnmal

---

1) „Gegensprecher" vgl. L.-E. S. 178 ff.; Techn. Schriften S. 83 ff. — Allgemeine deutsche Industrieausstellung in München.
2) Vgl. das folgende Kapitel.

so viel liefern, wie möglich. Kurz, wenn nicht die Politik uns großartige Maulschellen gibt, so sind wir bald obenauf! Freilich brauchen wir jetzt sehr viel Geld zur Ausführung der übernommenen Arbeiten und werden davon $^1/_2$ Jahr lang etwas Kopfschmerzen haben. Ich denke Meyer und Elster (junior) zu engagieren, um nicht von gewöhnlichen Geschäftslasten zu sehr beansprucht zu werden. Außerdem erhält Karl eine ganze Armee zur Disposition. Karl macht sich ausgezeichnet. Er hat in Rußland seinen rechten Boden gefunden. In diesem Augenblicke ist er mit der Vollendung der Kiew-Moskauer Linie, die doch noch nicht zu spät für Sebastopol fertig wird, und den Vorbereitungen für die Verlängerung bis Odessa, die auch noch zur rechten Zeit kommen soll, beschäftigt. — Karl an Werner 29. November. Du wirst vielleicht unzufrieden sein, daß ich auf so viele Geschäfte eingegangen bin; aber was machen? Hätte ich eins abgewiesen, so wäre unser Monopol zu Ende, und dann handelt es sich um ca. zwei Millionen Rubel in 12 Jahren.

Auch damit fand die Ausdehnung des russischen Geschäfts noch nicht ihr Ende, trotzdem die Geschäftsleiter dies dringend wünschten:

Werner an Karl 4. Januar 1855. Kap-herr wird zu üppig, macht Kontrakt auf Kontrakt, eigentlich ohne Vollmacht — —. Dabei bedingt er zu schlechte Preise. Ich habe ihm bestimmte Ordre geschickt, keine weiteren Abschlüsse zu machen.

doch als Werner im Frühjahr 1855 in Petersburg war, wurde er plötzlich um Mitternacht zum Gehülfen des Grafen Kleinmichel, dem General Guerhardt, geholt, der ihm eröffnete, der Kaiser habe den schleunigen Bau einer Telegraphenlinie nach der Krim bis zur Festung Sebastopol befohlen, und der Graf wünsche Kostenangabe und Vollendungstermin bis zum nächsten Morgen um 7 Uhr von Werner zu haben.

Meine Bedenken hinsichtlich der Schwierigkeit der Beschaffung und des Transportes der Materialien auf dem allein offenen Landwege von Berlin bis Perekop und Sebastopol, sowie der Unmöglichkeit eines Linienbaues nach dem Kriegschauplatze, wo alle Wege und Transportmittel vom Militär in Anspruch genommen wären, wurden durch das in Rußland alles überwindende Wort „Der Kaiser will es!" niedergeschlagen. Und in der Tat bewährte sich dies Zauberwort auch in diesem Falle. Die Linie wurde gebaut (L.-E.).

In den L.-E. hat Werner berichtet, wie ihm auch die Bedingungen des Baues, Preis wie Termin, einfach aufgenötigt wurden, und mit welchen, den ungewöhnlichen Verhältnissen entsprechenden Mitteln Karl und Beelitz die etwa 200 km lange Linie noch so zeitig fertigstellten, daß der voraussichtliche Fall von Sebastopol telegraphisch von dort nach Petersburg gemeldet werden konnte [1]). Karl opferte dabei aber ein Stück seiner Gesundheit:

Karl 12. Oktober 1855. Ich habe früher kaum gewußt, daß ich ein Rückenmark hatte; nur als ich in Odessa ankam, empfand ich bei jedem Stoß der Telegge einen heftigen Stich im Rücken, und als ich das letzte Mal aus Dünaburg zurückkam — diese ewigen verfluchten Reisen! — da war es mir immer im Rücken, als ob man mir mit einem Eisen in einen hohlen Zahn führe. Seitdem ist mir das gerade Sitzen schwer geworden, und seit einigen Wochen habe ich fast fortwährend Stechen und Ziehen im Rückenmark und dabei zuzeiten eine unausstehliche Unruhe in den Füßen.

Karl klagte seitdem oft über körperliche Beschwerden, die schließlich viel dazu beitrugen, ihm „Rußland und sein Hundeklima" zu verleiden.

Neue Organisation des Geschäfts. Die Aufgabe, welche den Brüdern Siemens jetzt oblag, war vor allem eine organisatorische: neue Kapitalien, neue geeignete Arbeitskräfte der verschiedensten Art mußten beschafft und zweckentsprechend verwendet werden; sodann war auch eine ganz neue Ordnung nötig, sowohl im technischen wie im kaufmännischen Betriebe.

Am leichtesten erledigte sich die Kapitalfrage, welche Werner zuerst so viel Kopfzerbrechen gemacht hatte; von ihr war kaum noch die Rede. Für den Anfang trat Kapherr, der ja an allen Geschäften enorm verdiente (5 Proz. von der Brutto-Einnahme!), ohne wesentliche Arbeit und ohne großes Risiko, mit ansehnlichen Beträgen in Vorschuß; aber wie Karl vorausgesagt hatte, liefen die Zahlungen der russischen Regierung zeitig genug ein, um die Ausgaben für weitere Bauten bestreiten zu können, und in kurzer Zeit hatte das Geschäft so viel abgeworfen, daß es ohne fremde Hülfe bestehen konnte.

Weit schwieriger war die Beschaffung ausreichender und geeigneter Arbeitskräfte. Das gilt schon von den Handarbeitern:

Werner 22. November 1854. Es fehlt an Mechanikern, Halske bekommt jedesmal einen Todesschreck, wenn wieder welche nach Rußland sollen — —. Es ist schwieriger, passende Leute zu finden und zu schicken, als Du denkst. Mit Apparaten lernen die Mechaniker erst

---

[1]) L.-E. S. 116 ff.

nach langer Praxis umgehen, können auch nicht telegraphieren. —
15. Dezember. Mechaniker sind gar nicht mehr zu haben. Es ist jetzt
faktisch, außer Weiß, niemand in der Werkstatt, der was anderes wie
Feilen versteht. Es ist sehr schwer, verläßliche Leute zu finden.

Noch dringender waren leitende und ausführende Ingenieure, sowie kaufmännische Beamte nötig, sowohl in Berlin wie in Rußland. Werner empfand, wie schon erwähnt, das Bedürfnis, „von gewöhnlichen Geschäftslasten nicht zu sehr beansprucht zu werden" und sich immer mehr auf die Oberleitung, sowie auf die damals gerade sehr rege Erfindungstätigkeit konzentrieren zu können. Von Karl sind uns schon ähnliche Äußerungen bekannt; hier noch eine weitere:

26. November 1854. Ich muß möglichst viel in Petersburg bleiben, obgleich ich wohl lieber in der Welt umherflitzte; aber ich muß dort wie ein Schießhund aufpassen, damit man uns keinen Possen spielt. Man vergißt uns alle, wenn ich lange wegbleibe.

Auch Werner mahnte Karl, als er zur Fertigstellung der südlichen Linien unterwegs war, doch so bald wie möglich nach Petersburg zurückzukehren. Namentlich die schon wiederholt berührte unklare und auch sonst bedenkliche Stellung Kap-herrs machte dies durchaus nötig. Der Vertrag mit ihm war auf 12 Jahre abgeschlossen und ließ sich nicht abschütteln; um so nötiger war es, Kap-herrs Geschäftsbereich zu begrenzen:

Karl 29. November 1854. Kap-herr ist während meiner Abwesenheit gewaltig üppig in Petersburg geworden. Guerhardt hat ihn wieder mit dem Grafen zusammengebracht, und er hat ihm eingebildet, daß er die 15 000 Rubel von seinem eigenen Vorteil bei dem Geschäft abläßt. Der Graf hat ihm gesagt: „Sie sind der Unternehmer", und am nächsten Tage hat er geäußert: „Ich habe die Remonte der Moskauer Linie an Kap-herr gegeben." Zwei Tage vorher sagte mir der Graf: „Ich kann den Namen Kap-herr nicht mehr hören." So sind die großen Herren! Kap-herr scheint das zu gefallen; doch werde ich ihm die Pfauenfedern bald wieder nehmen, wenn ich erst mal wieder auf längere Zeit nach Petersburg komme — —. Ich mußte jetzt, der Klugheit wegen, schweigen, weil ich fort mußte, und noch alles in der Schwebe blieb. Kap-herr kann die vorliegenden Geschäfte erst alle abmachen, und dann werde ich ihm schon einen Zaum anlegen. Es ist nicht schwer, dem Grafen und allen übrigen zu zeigen, daß ich dort die erste Violine spiele. Wenn er nur nicht Kontrakte in seinem Namen allein abschließt, was ihm sehr leicht sein würde, indem der Graf befiehlt, den Kontrakt mit ihm zu schließen. Die Behörden halten sich dann an den Buchstaben des Befehls und kümmern sich nicht um Siemens & Halske.

Diese Befürchtung verwirklichte sich, wie wir wissen, schon nach kurzer Zeit: Kap-herr ließ sich, in Karls Abwesenheit, „auf Befehl des Kaisers" verleiten, Kontrakte abzuschließen, die für Siemens & Halske unvorteilhaft waren, und erlaubte sich auch sonst gegenüber Karl Übergriffe:

Karl 20. Januar 1855. Kap-herr hat mir eine Kopie von seinem famosen Projekt zum künftigen Arrangement des Geschäfts eingeschickt. Er macht sich so sans façon zum Chef — —; mich behandelt er indirekt als seinen Employé — —. Na, warte!

Werner kündigte am 14. Februar seine bevorstehende Ankunft in Petersburg an.

Bis dahin halte Frieden mit K. Ich habe ihm geschrieben, daß wir seine Tätigkeit bei der Remonte und die ganze Organisation persönlich besprechen würden und daß wir uns bestreben müßten, unsere Interessen mehr in Übereinstimmung zu bringen, da niemand Disponent sein könne, wenn er nicht beim Verdienst, sondern beim Umsatze des Geschäftes beteiligt wäre. Bleibe dabei und tue soviel Du kannst, selbst. Das andere wird sich dann schon finden.

Doch begannen die Feindseligkeiten schon vor Werners Ankunft. Wie dieser anerkannte, benahm Karl sich klug und gemäßigt. Die Wirkung blieb nicht aus:

Karl 16. März. Kap-herr benutzt jede Gelegenheit, zu Guerhardt zu gehen; ich tue mein möglichstes, ihm sie zu nehmen, indem ich ihn über alles im Dunkeln lasse. Niemand von unseren Leuten geht zu ihm oder schreibt an ihn. Das habe ich allen gleich indirekt zu verstehen gegeben: „Vergessen Sie nicht, daß Sie bei Siemens & Halske im Dienste stehen und daß ich hier deren Vertreter bin; daher sind Sie auch persönlich für alles verantwortlich, was Sie ohne besondere Ordre von mir tun werden." — Kap-herr ist schon so ganz allmählich kleinlaut und außerordentlich vorsichtig geworden — —. Er tut keinen Schritt, ohne sich mit mir beraten zu haben, und wenn irgend etwas von Wichtigkeit ist, so bittet er mich um eine schriftliche Ordre.

Aber Werner hielt es doch für nötig, gründlichere Maßregeln zu treffen:

9. März. Wir werden K. durch die vollständig durchgeführte Organisation in einem ihm fremdem, mehr verwaltungsbüreaukratischen Sinne schon in seine richtige Stellung zurückbringen — —. Er ist nach unserem früheren Übereinkommen unser Bankier, Helfer und Ratgeber; das soll er auch bleiben. — 12. März. Die Stellung, die Du in Rußland einnimmst, muß weiter gekräftigt werden.

Man wird gleich sehen, wie das geschah. Schon vorher, nämlich Mitte Dezember, hatte Werner seine Absicht ausgeführt, einige neue hervorragende Hülfskräfte für das Geschäft zu gewinnen. Der erste war sein Jugendfreund William Meyer. Diesem war seine Stellung als Nachfolger Werners in der preußischen Telegraphenverwaltung unter dem Regierungsrat Nottebohm längst drückend geworden. Mit Freuden nahm er jetzt das für ihn sehr günstige Anerbieten Werners an: er wurde auf 12 Jahre, die Dauer der russischen Remonte-Kontrakte, Oberingenieur und Prokurist des Gesamtgeschäftes mit 2000 Talern Gehalt und 5 Proz. Tantieme vom Gesamtgewinn,

was, wie Werner meinte, recht gut die doppelte oder dreifache Gehaltshöhe werden kann, wenn die Geschäfte gut gehen.

Werner erhoffte also damals für gute Jahre einen Gesamtgewinn von durchschnittlich 100000 Talern, eine Hoffnung, die allein schon für Rußland sofort weit übertroffen wurde. Meyer hatte die höhere Technik des gewöhnlichen täglichen Geschäftsbetriebes vorzugsweise zu leiten; er führte die geschäftlich-technische Korrespondenz, soweit sie von Bedeutung war, und unterzeichnete die meisten Briefe. Als Oberbuchhalter und kaufmännischer Korrespondent wurde Karl Haase engagiert, der sich große Verdienste erwarb um die bis dahin recht im argen liegende, manchmal keineswegs leichte kaufmännische Ordnung des ganzen Betriebes.

Für Petersburg wurde als technischer Hauptgehülfe Karls O. Elster („Elster junior") gewonnen, mit 2000 Rubeln Gehalt, drei Rubeln täglicher Reisediäten und einer Gratifikation von 150 Rubeln am Schlusse des ersten Jahres, bei voller Zufriedenheit mit seinen Leistungen jährlich um 150 Rubel steigend; dagegen verpflichtete er sich, in Rußland unter keinen Umständen ein eigenes Geschäft zu begründen, während der Dauer des zwölfjährigen Kontraktes. Werner führte ihn bei Karl als brauchbar für Petersburg ein, jedoch mit der Einschränkung, „wenn Du ihn hinlänglich zu zügeln verstehst", eine Bemerkung, die sich später, zum großen Schaden des Geschäfts, als vollkommen richtig erwies. Anfangs machte Elster sich sehr nützlich und wurde daher bald mit $2^1/_2$ Proz. Tantieme am Gewinn des russischen Geschäfts beteiligt. Beelitz und Hemp blieben als technische Gehülfen Karls in Rußland; als Buchhalter und Korrespondent siedelte Fiedler nach Petersburg über. Dazu kamen noch zahlreiche weitere Hülfskräfte der verschiedensten Art.

Nachdem Karl zuerst die erforderlichen Kräfte veranschlagt hatte, stellte Werner mit Meyer einen förmlichen Organisations- und Arbeitsplan auf. Im Frühjahr 1855 reisten beide nach Petersburg, um mit Karl die Organisation endgültig festzusetzen und einzuführen. Außer der Zentralverwaltung mit ihrer Werkstätte in Petersburg wurden drei Ingenieurabteilungen eingerichtet, in Petersburg, Kiew und Warschau. Jede Abteilung erhielt ihr bestimmtes Personal an Ingenieuren, Assistenten, Schreibern, Mechanikern usw. Jede Abteilung erhielt einen festen Bezirk, mußte monatlich berichten und abrechnen. Ausgaben über 50 Rubel mußten bei der Zentralverwaltung beantragt werden, wo die ganze Rechnungsführung konzentriert, jährlich Inventar und Jahresabschluß angefertigt wurden. Für alle geschäftlichen Vorkommnisse wurden Schemata aufgestellt. Die Akten wurden fest geordnet, täglich Auszüge aus ihnen für die Geschäftsleitung angefertigt usw. Kurz, es wurde eine mehr büreaukratische, als geschäftliche Organisation eingerichtet. Werner hielt das für nötig, um in dem großen Getriebe Ordnung und Übersicht zu behalten.

Dann erhielt das Petersburger Geschäft eine eigene wohlklingende Firma. Für russische Verhältnisse bezeichnend ist es, wie das Bedürfnis danach entstand:

Karl 26. November 1854. Lüders dünkt sich ein telegraphisches Licht und macht sich gern wichtig. Er fängt schon an, uns zu schaden, indem er in Briefen an die drei Arrondissements uns „Podretschiki" (Lieferanten) nennt, was bisher noch niemand getan hat und was unserer Stellung sehr schadet. Ich werde dagegen protestieren beim Grafen selbst, wenn nötig. Ich habe es dem L. an der Nase angesehen, was er denkt, und so sehr er auch Dein Freund sein mag, so ist doch seine Eitelkeit gekränkt; denn warum sollte er das „Preußische Ingenieure" vermeiden, da wir doch bisher nur so genannt sind. Der Graf hat uns immer so genannt und nie Podretschik.

Es wurde nun der Titel gewählt: „Die Kontrahenten für den Bau und die Remonte der Telegraphenlinien im Kaiserreiche, Siemens & Halske", und diese Institution erhielt des Recht für ihre Beamten, Uniformen zu tragen, was zur guten Durchführung der ganzen Aufgabe unbedingt erforderlich war, da das russische Publikum nur die Träger von Uniformen respektierte. Werner hat in den L.-E.[1] anziehend berichtet, wie Karl durch Vorlage einer Mappe mit künstlerisch in Berlin ausgeführten uniformierten

---

[1] S. 21.

Gruppenbildern den Widerstand des Grafen Kleinmichel gegen Bewilligung der Uniform besiegte.

Der Schlußstein wurde in das ganze Gebäude der Neuorganisation eingefügt dadurch, daß Karl als Teilhaber in das Gesamtgeschäft aufgenommen wurde. Mit dem Vetter Georg standen Werner und Halske schon seit Ausbruch der Nottebohmschen Krisis und der Geldklemme, welche nach dem Hauskauf in Berlin eingetreten war, nicht mehr gut. Gegen Ende des Jahres 1854 trat ein offener Bruch ein, infolgedessen der Vetter ausschied. An seiner Stelle wurde nun im Frühjahr 1855 Karl als Teilhaber aufgenommen, „in Anerkennung seiner bedeutenden Erfolge, seines klugen und gemäßigten Verfahrens gegen Kap-herr, und um seine Stellung in Rußland weiter zu kräftigen".

Was Werner von Karl erwartete, wird ersichtlich aus folgender Äußerung:

Werner an Karl 30. September 1855. Du als jüngstes eben hinzugetretenes Mitglied unserer Kompagnie mußt jetzt notwendig Dich durch angestrengte nützliche Tätigkeit hervortun. Halske und ich haben stets gänzlich unserem Geschäfte gelebt. Vergnügungsreisen haben wir eigentlich beide noch gar nicht kennen gelernt.

Karl lernte solche Reisen gleichfalls noch viele Jahre lang nicht kennen; er konnte nicht einmal eine Hochzeitsreise machen.

Das Gesellschaftskapital stellte sich nach dem Abschlusse für 1854 auf 262159 Taler. Davon gehörten 50000 Taler dem Vetter; dieser Betrag sollte in Jahresraten von 10000 Talern zurückbezahlt werden. Es blieben also als eigenes Geschäftskapital von Werner und Halske 212159 Taler übrig, die jedem von ihnen zur Hälfte gehörten. Karl trat ohne eigenes Kapital ein. Vom Reingewinn sollten künftig Werner und Halske je zwei Fünftel, Karl ein Fünftel erhalten. Außerdem bezog Karl seinen bisherigen Gehalt mit 10 Proz. Teuerungszulage für Petersburg weiter.

In dieser Organisation begann die Firma ihre neue große Tätigkeit. Meyer blieb einstweilen noch in Petersburg und berichtete von dort aus an Werner am 23. Oktober 1855:

Unsere Ordnung befestigt sich gottlob immer mehr, Disziplin und Gehorsam heben sich auf Grund Deiner ursprünglichen und von uns weiter ausgebildeten Bestimmungen mehr und mehr.

Das Verhältnis zu Kap-herr besserte sich für einige Zeit, wozu viel beitrug, daß Karl sich mit dessen Tochter Marie verlobte. Werner ließ sich dadurch bestimmen, mit Kapherr einen neuen Vertrag abzuschließen, der für diesen noch günstiger war als der bisherige. Daraus entstanden nach Karls Verheiratung neue tiefgehende Streitigkeiten. Wir können sie nicht übergehen, zumal sie von großer prinzipieller Bedeutung waren. Zunächst wurden sie hauptsächlich von Meyer geführt, später wurden aber auch Karl und Werner wieder hineingezogen. Letzterer befürchtete, ebenso wie Meyer, Karl werde Kap-herr nicht genug entgegentreten, Karl wußte aber genau, was er wollte, und mußte nur naturgemäß vorsichtig zu Werke gehen.

Meyer in Petersburg an Werner 18. Oktober 1855. Kap-herr nützt uns für unser technisches Geschäft rein gar nichts. Wie er Geld eintreibt, das weiß ich nicht. Ich weiß nur, daß die Zahlungen für uns von selbst stets angewiesen worden sind, weil bis dahin die Regierung recht gut weiß, daß sie uns nötig hat, daß ihr nichts mehr zurzeit nützt, als der Telegraph. Wäre das nicht, so würden wir ebenso gut als Smolin u. a. seit Jahr und Tag keinen Kopeken erhalten haben. Das günstige Resultat lag aber in den Verhältnissen, nicht in dem Einflusse von Kap-herr. — Karl an Werner 12. Oktober. Meyer bildet sich nun mal ein, daß ich mich durch den Alten unterfuttern lasse — —. K. hat sich bitter bei den Damen über mich beklagt, und später hat er mir selbst sein Herz ausgeschüttet. Ich habe ihm erwidert, er möchte sich nicht so viel um Sachen kümmern, die ihn nichts angehen, und namentlich unserem Geschäft gegenüber pedantisch in den ihm vorgeschriebenen Grenzen bleiben; denn solange er sich noch gerierte, als sei er von großem Einflusse und unentbehrlich darin, würde ich immerfort Mißtrauen zeigen und gegen ihn gesattelt bleiben wie bisher. — Werner an Karl 31. März 1856. Ich muß gestehen, daß ich lieber mit solchen Leuten, die wie K. immer zur Herrschaft streben und dabei immer wissen, was sie wollen und in ihrem Sinne vernünftig und energisch handeln, wie mit Leuten verkehre, die selbst nicht wissen, was sie wollen, und um augenblicklichen Unannehmlichkeiten zu entgehen, fünf grade sein lassen, bis der Bogen zu straff gespannt ist und bricht. Hat man sich mit ersterer Klasse einmal auseinandergesetzt, so weiß man, woran man ist, und wie man steht gegenseitig. Ich gehöre eigentlich von Natur zur letzteren Klasse; doch fester Wille und Erfahrung, worunter auch der Geschäftsverkehr mit K. zu rechnen, der mir sehr nützlich gewesen ist, haben mich ziemlich kuriert, und ich befinde mich sehr wohl dabei. — Werner an Karl 7. Juli 1856. Ich sehe mehr und mehr ein, daß ich K. ganz falsch beurteilt habe, und schäme mich des mit ihm abgeschlossenen für unser Geschäft so ungünstigen Kontraktes. Die Tage der ungetrübten Freude über Deine Verlobung ließ ihn mir in einem nobleren Lichte erscheinen. Ich glaubte speziell für Dich zu sorgen, wenn ich Kapherrs Beteiligung sicherte und erweiterte, und glaubte seinem, uns beiden gegebenen Worte, daß er unserem Geschäfte mit seiner Beteiligung nie schwer fallen und nie von Geschäften Verdienst nehmen würde, von denen wir selbst keinen Verdienst hätten. Die Tatsachen sprechen jetzt für meinen Irrtum. Er hat entschieden abgelehnt, den im früheren Arrangement bestehenden Vorbehalt, daß wir doppelt so viel verdienen müßten wie er, gelten zu lassen, verlangt auch bei einfachen Lieferungen die vollen 10 Proz., obschon der neue Kontrakt, wo diese nicht speziell ausgenommen sind, wie im alten, noch nicht zur Geltung gekommen ist — —, will uns nicht das Recht zugestehen, sein Kontokorrent zu prüfen und hält sich für berechtigt, seine Abstimmung ohne unsere Zustimmung zu machen. Die Sache muß durchgefochten werden. Mir tut sie namentlich Deinet- oder eigentlich mehr Deiner Frau wegen leid; es läßt sich ihr aber der Kampf zwischen Kindes- und Gattenliebe nicht ersparen. Wir sind entschlossen, ein Ende zu machen den ewigen widerwärtigen Streitigkeiten um Mein und Dein. Wir haben stets unser Geschäft auf generöse Weise betrieben und die begründeten Ansprüche anderer mehr, wie unsere eigenen berücksichtigt. Mit K. aber sind wir zu Ende gekommen, und die russischen Geschäfte fangen an, uns widerwärtig zu werden!

Der ganze Streit wurde von Werner so ernst aufgefaßt, daß er Karl sogar riet, Petersburg, wenn es durchaus nötig sei, zu verlassen, trotzdem er für das russische Geschäft, welches die wichtigsten Interessen des Gesamtgeschäftes in sich vereinigte, nicht zu entbehren sei:

Diese verd.... Differenzen haben uns schon dadurch enorm geschadet, daß sie unsere Kräfte zu sehr in Anspruch genommen haben. Eine solche eiternde Wunde muß kühn amputiert werden. Sonst frißt sie auch das Gesunde.

Diese Operation wurde in der Tat vorgenommen. Doch fiel Kap-herrs Provision erst Ende 1860 ganz fort. Sein Gewinn bei den russischen Geschäften von Siemens & Halske muß über eine Viertelmillion betragen haben.

Geschäftsergebnisse bis 1857. Glänzend waren auch für Siemens & Halske ihre russischen Geschäftsergebnisse in diesem Zeitraume. Schon die ersten zwei Jahre ihrer russischen Unternehmungen — 1853 und 1854 — hatten ihr Geschäftskapital von 40000 auf 260000 Taler vermehrt, hatten sie weit über die kleinlichen, drückenden Verhältnisse hinausgehoben, wie sie noch im Anfange des Jahres 1853 bestanden hatten. Aber die eigentliche Hochflut der russischen Geschäfte begann erst 1855. Die Neubauten der Jahre 1855, 1856 und 1857 warfen allein 210000 Rubel ab, wobei freilich die einzelnen Linien große Unterschiede ergaben. Am vorteilhaftesten stellte sich von den großen Linien Kiew-Odessa, wobei pro Werst 73 Rubel oder 25 Proz.

des Kontraktpreises übrig blieben, was allein über 50000 Rubel ausmachte, während z. B. bei Petersburg-Helsingfors der Gewinn nur 25 Rubel pro Werst oder 12 Proz. des Übernahmepreises betrug.

Mit den Remonten ging es ganz eigen. Ursprünglich hatten Siemens & Halske sie, wie wir wissen, nur ungern übernommen. Werner wollte für sie einen umfangreichen und kostspieligen Wachtdienst einrichten, während Karl vorschlug, diesen größtenteils durch Verwendung von Galvanometern zu ersetzen, welche viel billiger arbeiteten. Werner hielt noch geraume Zeit lang an seinem Organisationsplane fest und betrachtete demgemäß die Remonten mit geringen Erwartungen:

18. Oktober 1855. Soviel scheint mir leider klar, daß unser Bauverdienst durch die Remonten ziemlich verzehrt ist, wenn nicht noch mehr.

Ja, noch Ende 1857 wünschte er die Remonteverträge an die Regierung zurückzugeben. Karls Verdienst war es, daß er darauf nicht einging, vielmehr gerade diese Verträge zu den eigentlichen Milchkühen des Geschäftes machte[1]). Die Remonten ergaben 1855: 41000 Rubel, 1856: 148000 Rubel Gewinn. Davon wurde allerdings nur ein Teil dem Kapitale sofort zugeführt. Vielmehr wurde ein „Remonte-Reservefond" gebildet, zur Deckung späterer Ausgaben für Instandhaltung der Linien bis zu deren Ablieferung nach 12 Jahren. Diesem Reservefonds wurden jährlich $33^{1}/_{3}$ Proz. der von der Regierung gezahlten Remontegelder überwiesen. Aber auch die auf solche Weise aufgesammelten großen Summen waren größtenteils wirklich verdient, da der Reservefonds schließlich sich als viel zu groß angelegt erwies.

Die Abschlüsse des russischen Geschäfts für die Jahre 1855 bis 1857 ergaben folgendes:

	1855	1856	1857
Gesamtgewinn	R. 209869	R. 150317	R. 195210
Davon erhielt der Reservefond	„ 68196	„ 107723	„ 110528
Das Geschäftskapital also nur	R. 141673	R. 42594	R. 84682

Die Remonteverwaltung erstreckte sich im Jahre 1857, als sie ungefähr ihre größte Ausdehnung erreicht hatte, auf rund 8500 Werst oder ebensoviel Kilometer. Das Geschäftskapital (nur für Rußland) stellte sich damals auf 245386 Rubel. Karl konnte also mit Fug und Recht sagen:

---

1) Die Technik des Kontrollsystems mit Galvanometern hat Werner in den L.-E. S. 120 beschrieben.

Sollten wir künftig keine Bauten mehr bekommen und rein auf die alten Remonten angewiesen sein, so würden wir ungefähr 80000 Rubel jährlich verdienen — ---. Unsere hiesige Zukunft mag nun werden, wie sie wolle, so können wir doch im allgemeinen sehr zufrieden mit dem russischen Geschäfte sein; denn das zuerst hineingesteckte Kapital ist mit einem gehörigen Zuschuß ganz wieder heraus, und ein neues Geschäft steht unabhängig mit einem eigenen Kapital und einer sicheren jährlichen Einnahme von 350000 Rubeln da.

Solche Erfolge konnten unmöglich erzielt werden, ohne daß der Neid der Götter rege wurde, die in diesem Falle den höchsten russischen Regierungskreisen angehörten. Ehe wir indes davon sprechen, zunächst noch ein Blick auf die Erträge des Berliner Geschäfts während dieser Jahre.

In Berlin arbeitete man damals, namentlich anfangs, mit Aufbietung aller Kräfte für Rußland, betrugen doch allein im Jahre 1855 die Lieferungen dorthin etwa 500000 Rubel. Aber der Größe der Umsätze und der Arbeit entsprach scheinbar nicht die Höhe der Gewinne. Der Reingewinn betrug nämlich nur:
1855: 50170 Taler, 1856: 20073 Taler, 1857: 18614 Taler, so daß das Berliner Geschäftskapital in diesen Jahren nur von 260000 auf 350000 Taler wuchs.

Von den Ursachen dieser verhältnismäßig sehr geringen Erträge des Berliner Geschäfts wird im dritten Abschnitt die Rede sein.

Der Umschwung in Rußland.
Am 2. März 1855 starb Kaiser Nikolaus. Dieses Ereignis sollte in seinen Folgen auf die Stellung von Siemens & Halske in Rußland tiefgehende Wirkungen ausüben. Anfangs indes trat davon noch nichts zutage:

Karl 16. März 1855. Ob Kleinmichel bleiben wird oder nicht, läßt sich jetzt gar nicht sagen; doch glauben die meisten das erstere. Er steht mit dem Jetzigen sehr gut und tut grade, als sei gar nichts vorgefallen. Sollte dem aber nicht so sein, so wird das auch keinen so großen Einfluß auf uns haben; denn die Telegraphen sind jetzt sehr nötig.

Aber schon nach einem halben Jahre änderte sich die Lage ganz wesentlich:

Karl 23. Oktober 1855. Der Graf hat gestern dem Kaiser seine Entlassung eingereicht. Der Kaiser hat ihm einen ungnädigen Brief geschrieben über den Zustand der Wege und das auf sein Alter geschoben, auch gesagt, die Offiziere gehorchten nicht mehr seinem Befehl — ---. Alles ist hier in Spannung, Freude und Leid — - -. Wird Guerhardt mächtig, so haben wir manche Plackerei zu erwarten. Jedenfalls sind wir bis jetzt ziemlich gleichgültig, die Ruhe beruht auf unserer Unentbehrlichkeit. Es gibt hier keine selbständigen noblen Charaktere, obwohl mir Lüders besser als Guerhardt erscheint. Letzterer ist ein falscher Mensch, der uns nur die Künste absehen und uns dann beiseite werfen möchte. Bis jetzt weiß er aber noch blutwenig, und das Lernen wird ihm auch schwer — —. Immer Intrigue, immer Angst, immer Hinterlist.

Zum Nachfolger des Grafen Kleinmichel wurde General Tschewkin ernannt. Von ihm rühmt Bismarck, der drei Jahre später nach Petersburg kam,

eine Schärfe und Feinheit des Verständnisses, wie sie bei Verwachsenen mit der ihnen eigentümlichen Kopfbildung nicht selten gefunden wird[1]).

Jedenfalls war er also das Gegenteil des geraden, etwas grobkörnigen Kleinmichel. Karl konnte mit ihm nicht fertig werden:

12. Oktober 1855. Ich hatte doch lieber mit unserem alten Grafen zu tun, als mit diesem kleinen Ungeziefer. Er behauptete, sein Freund, der Baron Schilling, sei der wahre Erfinder des elektromagnetischen Telegraphen, und es war ihm durchaus nicht angenehm, daß ich ihn nicht kannte. — 12. Januar 1856. Ich habe mich $1^{1}/_{2}$ Stunde mit T. gekatzbalgt. — 27. Januar. Ich habe Freund T. gehörig meine Meinung gesagt, so daß Gerstfeld noch ganz voll davon war. Als ich herausgegangen, hat G. gesagt: „Der Siemens scheint ein fixer Kerl zu sein; er bleibt keine Antwort schuldig und kennt die Verhältnisse des Landes, als sei er hier geboren; worauf T. gemeint hat: „Ach ja, er ist mehr als zu pfiffig."

Dann wurde, im April 1856, Frieden geschlossen, und damit schwand das dringende Bedürfnis nach schleunigstem Ausbau des Telegraphennetzes. Die Brüder kamen alsbald zu der Überzeugung,

daß die Zeit des Kleinmichel'schen Regiments gründlich vorbei ist und daß bei späteren Bauten nicht mehr viel zu verdienen ist. Großes wird unter Tschewkin nie zustande kommen; denn er will nur von seinen Einkünften bauen.

Karl mag um diese Zeit hin und wieder den Bogen wohl etwas zu straff gespannt haben; wenigstens wurde an der im Jahre 1856 gebauten Linie Mantselä-Abo, einschließlich der Kapherr'schen 10 Proz., pro Werft 67,60 Rub. verdient, d. h. 30 Proz. des Übernahmepreises (201,60 R.) oder 50 Proz. der Selbstkosten (134 R.).

---

1) Gedanken und Erinnerungen Bd. I, S. 219.

Die russische Regierung hatte erfahren, daß Kapherr 10 Proz. von der Bruttoeinnahme erhielt, und sagte sich, wie Werner meinte, nicht mit Unrecht:

Die Leute müssen zuviel verdient haben, wenn sie 10 Proz. abgeben können. Daß Kapherr soviel wie wir verdient hat, glauben sie natürlich nicht.

Es kamen aber noch weitere Momente hinzu, die in gleicher Richtung wirkten:

Werner an Karl 1. März 1857. Guerhardt hat in Berlin zu Chauvin (neuer preußischer Telegraphendirektor) und Meyer gesagt, er sei gezwungen, selbst zu bauen, weil wir in Frieden noch mehr hätten haben wollen als im Kriege, und da das Gerede von der Million, die wir gewonnen hätten, zu allgemein verbreitet gewesen wäre. So soll es auch dem Kaiser vorgestellt sein, daß wir über die Hälfte aller Kosten in die Tasche gesteckt hätten. Du könntest viel tun, den ungerechten Schein von unseren großen gewonnenen Reichtümern auf sein richtiges Maß zurückzuführen. Wir sind keine Kaufleute, denen der Schein des Reichtums Nutzen bringt. Uns schadet er nur.

Man hatte Tschewkin weit übertriebene Angaben über Karls Aufwand hinterbracht; ferner:

Tschewkin ist gegen alles, was vom Grafen herrührt, also auch gegen uns. Sein Plan ist, alles billiger zu machen, als der Graf, um dem Kaiser zu zeigen, was für ein lumen mundi er ist.

Kurz, es kam zum Kampfe zwischen Tschewkin und Karl. Ersterer verstieg sich zu offenen Drohungen, sodaß Karl ihm sagen ließ, er würde der Gewalt natürlich weichen müssen, und Tschewkin solle nicht erst nötig haben, ihm Gendarmen ins Haus zu schicken.

Werner 15. März 1857. Wir wollen ruhig die Regierung selbst bauen lassen und uns ihr sogar gefällig erweisen. Die Regierung baut mit der Zeit doch teurer, und wir erhalten von den Eisenbahnen gute Preise. Machen wir Konkurrenz, so müssen die Offiziere auch billig bauen, und wir verlieren dann die guten Preise der Eisenbahnen. — 7. April. Natürlich ist es Tschewkins Absicht, uns die Lust an den Remonten zu verleiden, damit er sie früher zurück erhält. Er muß einsehen, daß unser Fell sehr dick ist, und daß er sein Pulver nutzlos verschießt.

Aber Werners „Fell" war in Wirklichkeit gar nicht so dick: er dachte, wie wir wissen, zeitweilig ernstlich daran, die Remonten der Regierung zurückzugeben und schrieb einmal an Karl:

Gott ist zwar hoch, und der Kaiser weit in Rußland; doch wenn Tschewkin nur so gut sein wollte, uns recht schreiendes Unrecht zu tun, so legen wir die schwierige Reise doch wohl noch glücklich zurück — —. Ich habe große Lust, Herrn Tschewkin mal in die Augen zu schauen und seinem russischen Hochmut deutschen Stolz gegenüber zu stellen. Wenn wir nicht ganz gut miteinander fertig werden, wird es freilich Funken geben.

Schließlich war es doch wieder Karl, der ein leidliches Verhältnis herzustellen wußte. Er machte sogar dann und wann mit der Regierung von neuem Geschäfte; nur waren sie nicht mehr so bedeutend wie früher, und es war an ihnen nicht mehr viel zu verdienen:

Werner an Wilhelm 20. Oktober 1858. Die Russen sind jetzt mit allen Hunden gehetzt und kennen unsere Preise bis auf den Kopeken. — Karl an Wilhelm 18. November 1858. Der Gewinn am Telegraphengeschäft ist ziemlich gering — —. Wie Du wissen wirst, baut die Krone seit einiger Zeit ihre Linien selbst und bezahlt mehr als die Eisenbahn-Kompagnien an uns, obgleich die Krone ihre Beamtengehälter nicht mit in Rechnung bringt und ausnahmsweise bei den Telegraphenbauten keine Unterschleife gemacht werden.

Ganz ähnlich ging es später mit der Remonte. Bevor Siemens & Halske diese übernahmen, hatten die Chaussee-Verwaltungen die Bewachung der Linien zu besorgen gehabt.

Das Resultat war, daß in Wirklichkeit gar keine oder doch nur eine höchst unvollkommene Bewachung stattfand. Zufällige oder absichtliche Zerstörungen der Linie wurden in der Regel erst nach Verlauf vieler Tage entdeckt, und die Reparatur erfolgte gewöhnlich erst nach längerer Zeit und oft mangelhaft, so daß auf sicheren Dienst der Telegraphen nie zu rechnen war (L.-E.).

Karl hatte die Kosten dieser unwirksamen Staatsbewachung erfahren und sich zur Übernahme der Remonte für den gleichen Betrag erboten, worauf Graf Kleinmichel gern eingegangen war. Siemens & Halske richteten dann, wie wir sahen, ihr sehr wirksames und billiges mechanisches Kontrollsystem ein, wodurch sie schließlich weit mehr verdienten als an den Neubauten. Aber als sie nach Ablauf ihrer Kontrakte später die Remonte abgaben, ließ man ihre bewährte Einrichtung meist eingehen, was sofort sehr lange Unterbrechungen des Verkehrs hervorrief.

Danach läßt sich schon einigermaßen beurteilen, ob sie wirklich „zu viel verdienten". Vor allem sind auch die gewaltigen Schwierigkeiten zu bedenken, welche sie in den ersten drei oder vier Jahren überwinden mußten, und das hohe Risiko, welches sie damals übernahmen. Erfahrungen für russische Anlagen solcher Art, in kürzester Frist unter höchst ungewöhnlichen Verhältnissen auszuführen, lagen nicht vor. Es war ein vollkommener Sprung ins Dunkle. Auch von den Remonten fürchteten sie lange Zeit Schaden zu erleiden. Daß es anders kam, war ihr eigenes Verdienst. Aber die russische Regierung sah das nicht ein, und so gelangten die eigentlichen Telegraphen-Unternehmungen der Firma in Rußland bald fast ganz zum Stillstand. Neben der Remonteverwaltung, die bis 1867 bestand, kam es nur verhältnismäßig selten noch zu größeren Geschäften auf diesem Gebiete. Wie dadurch die Entwicklung des Gesamtgeschäftes in neue Bahnen gedrängt wurde, werden wir im nächsten Kapitel kennen lernen. Hier kann zunächst nur die Wirkung des Umschwungs auf das russische Geschäft verfolgt werden. Sie war höchst verderblich.

Die Zeit der Projekte in Rußland. Karl Siemens hatte für die Firma Siemens & Halske, sowie für seinen Schwiegervater Kap-herr Hunderttausende erworben; aber er selbst war noch ein mäßig bemittelter Mann. Sein Anteil am russischen Geschäft betrug Ende 1857 erst etwa 25 000 Rubel, derjenige am Berliner Geschäft auch nur etwa 53 000 Taler. Nach russischer Art mußte er auf ziemlich großem Fuße leben, namentlich seitdem er verheiratet war. Sein Anteil an den regelmäßigen Remonte-Einnahmen reichte kaum hin, um den Unterhalt seiner Familie zu bestreiten. Schon aus diesem Grunde mußte er andere Erwerbsquellen zu erschließen wünschen. Doch konnte auch das damalige russische Telegraphengeschäft unmöglich den Geist eines tüchtigen jungen Geschäftsmannes befriedigen. Sehr begreiflich ist es daher, daß er bereits am 11. Juli 1857 Werner schrieb:

Ich möchte hier wohl noch andere Geschäfte haben. Das Telegraphengeschäft ist sehr langweilig geworden und kommt mir vor, wie ein Leierkasten, den ich zu drehen verpflichtet bin.

Werner hatte damals ganz ähnliche Empfindungen und gerade kurz vorher hatte er auch seinerseits Karl gegenüber geäußert:

Das Telegraphengeschäft wird jetzt recht ordinär und unvorteilhaft. Wir haben gar nicht übel Lust, es ganz fallen zu lassen und andere Zweige zu kultivieren. Weder Anerkennung wirklicher Fortschritte noch Verdienst ist dabei. Die Abnehmer sind, mit Ausnahme Englands, alles Behörden, und bei denen ist die Sache selbst immer Nebensache, Persönlichkeiten stehen stets in erster Reihe.

Er erwog alle möglichen Projekte, auf die hier nicht eingegangen werden kann, und von denen auch wenig zustande kam.

Vor allem aber wurde er durch diese Sachlage veranlaßt, sich Seekabel-Unternehmungen zuzuwenden, also einer Unternehmungsart, die ihm nahe lag, die nichts anderes war, wie die naturgemäße Fortsetzung seiner bisherigen Berufstätigkeit. Karl dagegen suchte lohnende Beschäftigung auf den verschiedensten sonstigen Gebieten zu erlangen. Einen verhängnisvollen Einfluß übte dabei auf ihn sein erster Gehülfe und Prokurist Elster aus, der von einem zügellosen und, wie sich später herausstellte, direkt krankhaften Unternehmungsgeist beseelt war. Den äußeren Anstoß gab ein großer Gründungsschwindel, der im Jahre 1858 in Rußland ausbrach.

Zuerst dachte Karl an Geschäfte, die ihm als Vertreter einer großen Mechanikerfirma noch nahelagen, nämlich an Ausführung von Gas- und Wasseranlagen, wie sie ja Siemens & Halske schon unmittelbar vor den russischen Unternehmungen hatten betreiben wollen, und wie sie Karl durch den gerade in Schwung kommenden Wassermesserbetrieb Wilhelms jetzt besonders nahegebracht wurden. Er setzte sich deshalb mit Wilhelm in Verbindung:

Karl an Wilhelm 18. November 1858. Wir müssen durchaus in solche Geschäfte hineinkommen, da das Feld groß, Rußland im Aufschwunge, und das Telegraphengeschäft nicht genug beschäftigt — —. Gerade jetzt ist der richtige Moment, weil alles sich auf Spekulation wirft, seitdem der Bankzins erniedrigt worden. — 26. November. Es müßte mit dem Teufel zugehen, wenn wir bei unseren Bekanntschaften und bei dem jetzigen Schwindel hier im Lande nicht gute Geschäfte machen sollten. Die Aktiengesellschaften wachsen hier wie die Pilze aus der Erde, und es gibt fast nur kolossale Geschäfte — —. An Geld fehlt es nicht, der ganze Remonte-Reservefonds steht zur Verfügung.

Er dachte an Röhrenimport aus England, aber auch an Brücken, Achsen, Räder usw. Wilhelm ging bereitwillig auf Karls Ideen ein. Aber schon nach kaum zwei Monaten stellte dieser seine Bemühungen ein: die in Aussicht stehenden Brückenbestellungen waren in Paris erfolgt, die Gas- und Wasserröhrenlieferungen hatte eine Glasgower Firma erhalten, wobei sie ein mit Karl geschlossenes Arrangement kaltblütig brach und ihn um 20 Proz. unterbot. Namentlich in den „Schmiergeldern" scheinen Karls Konkurrenten groß gewesen zu sein: „Die Franzosen machen es in dieser Beziehung noch ärger als die Russen."

Kurz vorher hatte Karl Werner gegenüber eine riesenhafte Grundstücks-Spekulation vorgeschlagen, die Werner aber mit der Motivierung ablehnte, sie seien für solche Geschäfte noch nicht stark genug, ein solider Geschäftsmann dürfe nie mehr wie ein Drittel seines Vermögens in eine Spekulation stecken. Werner verkannte nicht, daß das russische Geschäft Neues unternehmen mußte; aber er wollte nichts von sehr riskanten Geschäften wissen und tat in diesem Zusammenhange den bemerkenswerten Ausspruch:

> Mein altes Prinzip, möglichst solche Geschäfte zu betreiben, wozu wenig totes Inventarium und Risiko, dagegen viel Intelligenz und Tätigkeit notwendig ist, bleibt immer zweckmäßig.

Ein Ausspruch, den man als Motto für die nächsten Unternehmungen der Familie Siemens verwenden kann. Karl seinerseits knüpfte im Frühjahr 1859 wieder mit Wilhelm an:

> Wir sind jetzt russische Kaufleute geworden, müssen dafür 1400 Rubel jährlich zahlen und selbstverständlich an Wiedererwerbung dieser Summe denken.

Kommissions-Import von landwirtschaftlichen und anderen Maschinen, Armstrong'schen Kanonen usw. wurde erörtert, ebenso der Verkauf von Demidoffschem Kupfer in England; doch kamen nur geringe Geschäfte zustande.

Elsters Einfluß wurde im Herbst 1859 geschwächt dadurch, daß er Siemens & Halske die ganz unwesentliche Erfindung eines russischen Mechanikers im Telegraphenwesen als etwas Epochemachendes anpries und verlangte, es sollten gleich überall Patente genommen werden usw. Darauf wurde ihm von Werner ein scharfer kalter Wasserstrahl zuteil, der seiner Fruchtbarkeit an Projekten für kurze Zeit Einhalt tat; doch beachtete man zu wenig den Fingerzeig, der auf Größenwahn deutete, und sein Einfluß wurde überdies vorübergehend durch andere ersetzt, die in gleicher Richtung arbeiteten:

> Werner an Wilhelm 6. Jan. 1860. Schwartzkopf[1]) ist jetzt in Petersburg und macht bedeutende Geschäfte. Er ist auf Du und Du mit Todleben und dadurch mit dem ganzen Ingenieurwesen in Rußland. Er hat Karl ganz unternehmungswild gemacht, so daß wir bremsen müssen. U. a. soll Schwartzkopf ein Pfahlrost durch den Finnischen Meerbusen schlagen, eine große Stahlfabrik für Kanonen anlegen etc. — 8. Februar. Karl will mit Schwartzkopf die Einrammung von einigen hunderttausend Pfählen in 30 Fuß tiefem Wasser, bis zur Oberfläche reichend, in zwei parallelen Wänden, 14 Fuß voneinander, vornehmen. Schwartzkopf will

---

1) Berliner Maschinenfabrikant.

zwei eiserne Schiffe bauen, die durch eine Brücke verbunden sind und durch Einpumpen von Wasser versenkt werden sollen, und will zwischen ihnen rammen — —. Schwartzkopfs 35 bis 40 Fuß tiefe Schiffe wollen mir gar nicht gefallen. — Werner an Karl 17. Februar. Schwartzkopf scheint jetzt, wie die meisten anderen Maschinenbauer, in großer Geldnot zu sein. Wir haben ihn mit ca. 6000 Taler flotthalten müssen. Überhaupt ist in dieser Zeit die Kapitalfrage bei weitem No. I.

Die Firma zog damals einen Teil ihres russischen Geschäftskapitals nach Berlin, zunächst weil sie, namentlich für England, Betriebsfonds gebrauchte, und ferner, um Karls Unternehmungslust zu dämpfen, die aber durch das Anwachsen des Remontereservefonds aufs neue angereizt wurde:

Karl an Werner 5. April 1860. Ich weiß jetzt gar nicht mehr, was ich mit dem Gelde anfangen soll: 250000 Rubel sind verfügbar.

Es wurden Staatspapiere und Aktien gekauft, an denen aber allein in Rußland 25000 Rubel verloren gingen, außerdem in Berlin, wo sich die Firma an der Gründung des „Vulkan" in Bredow bei Stettin beteiligt hatte, noch weitere 40000 Taler. Karl wandte sich infolgedessen wieder industriellen Projekten zu.

Des große Rammprojekt spielte noch eine Zeitlang weiter. Die Krone hatte für Wasserbauten in Kronstadt große Summen bewilligt, und manche Leute hatten schon dabei viel Geld verdient. Karls Vermittler war ein Sägemühlenbesitzer, Oberstleutnant Schwede, dem Karl versprach, 10000 Rubel für seine Sägemühle zu geben, um ihn für seine Bemühungen zu entschädigen und mehr ins Siemens'sche Interesse zu ziehen. Aber die Krone zog später ihre Bewilligung zurück, und Karl mußte schließlich die Sägemühle selbst übernehmen, woraus große Verluste entstanden.

Im Jahre 1860 belebte sich vorübergehend das russische Telegraphengeschäft wieder, namentlich dadurch, daß Karl unter sehr schwierigen Verhältnissen in einer Submission der „Großen Russischen Eisenbahngesellschaft", eines französischen Unternehmens, für Lieferung von Telegraphenmaterial in Höhe von 135000 Rubeln siegte, und ferner dadurch, daß er sowohl für die genannte Eisenbahn, wie für die Krone wieder ansehnliche Telegraphenbauten übernahm.

Karl 25. Oktober 1860. Auf das Eisenbahngeschäft sehe ich mit einer gewissen Selbstbefriedigung zurück. Es ist auch wirklich famos, wenn man bedenkt, daß wir, trotz der Franzosen enormer Konkurrenz,

Mißgunst und aller Manöver der Direktoren selbst, uns hinauszuwerfen, immer wie Fett obenauf geschwommen und außerdem tüchtig dabei verdient haben. — Werner 2. November. Du hast darin recht, daß Dein Geschäft mit der französischen Gesellschaft ein ganz ausgezeichnetes war und Deinem Unterhandlungs- und Menschenbehandlungs-Talente die größte Ehre macht — —. Es hat mir oft Spaß gemacht, daß das scheinbar unnütz (1852) in Paris mit unserer dortigen Eintagsfirma verspekulierte Geld als Schulgeld für Dich dem Geschäfte so gute Früchte gebracht hat. Ohne das würdest Du weder Russen, noch Franzosen so richtig zu behandeln gewußt haben.

Der Abschluß des russischen Geschäfts für das Jahr 1860 ergab einen Reingewinn von 214 671 Rubeln (gegen 73 883 im Jahre 1858 und 109 725 in 1859). Es wurden nämlich verdient:

	Umsatz Rubel	Gewinn Rubel	In Proz. des Umsatzes
1. **An Geschäften mit der Großen Russischen Eisenbahngesellschaft**			
Apparatlieferung	32 162	5 306	16,50
Große Materiallieferung	135 301	24 672	18,23
Bauten	31 631	18 176	57,60
2. **An Geschäften mit der Krone**			
Bauten	119 525	11 630	9,80
Remonten	201 084	92 154	45,80
	519 685	151 938	29,24
3. **Ersparter Reservefonds und Zinsen auf drei abgegebene Remonten**	—	78 714	—
		230 652	
Dagegen Verluste	—	15 981	
Reinertrag	—	214 671	

Dadurch wuchs das russische Geschäftskapital auf 511 913 Rbl., wozu noch der Reservefonds in Höhe von 382 985 kam. Für den Betrieb des Remontegeschäfts genügte der Reservefonds, so daß das gesamte eigentliche Geschäftskapital für sonstige Unternehmungen verfügbar blieb. Auch das Jahr 1861 ergab noch einen überdurchschnittlichen Gewinn: 126 161 Rubel. Kapital und Reservefonds wuchsen auf fast eine Million Rubel, ohne im Telegraphengeschäft irgendwie ausreichende Beschäftigung zu finden. Die Wirkungen dieser Sachlage mußten sich bald fühlbar machen.

Im Frühjahr 1860 fingen bereits Elsters Projekte wieder an, zum Ärger Werners:

Meine Ansicht ist, daß Du ohne einen tüchtigen praktischen Maschineningenieur Dich auf gar keine in dieses Fach einschlagende Projekte einlassen kannst. Jeder versteht nur das gründlich, was er gelernt hat, und es wird immer zu teuer, will man das Lehrgeld im eigenen

Geschäfte bezahlen. Es ist ein großer Unterschied, allgemeine Kenntnisse von einer Sache zu haben oder sie ex fundamento zu verstehen.

Auch Karl empfand in diesem Jahre Elsters Tätigkeit als hinderlich und wünschte seine Versetzung an die Wiener Filiale von Siemens & Halske. Die Motivierung seines Wunsches ist bedeutsam genug, um hier vollständig wiedergegeben zu werden:

Hier ist Elster mehr als entbehrlich; denn durch die bedeutende Einschränkung der Remonten und gehörige Regelung aller Verhältnisse ist der büreaukratische Teil des Geschäfts beinahe ganz beseitigt. Jetzt ist es mehr ein kaufmännisches Geschäft geworden. Mir fehlt es bisweilen sogar an hinlänglicher Beschäftigung, und ich mache meine Sache immer viel besser, wenn ich auf mich allein angewiesen bin. So verläßt sich häufig einer auf den anderen, wodurch manches verzögert wird. Elster besorgt schon seit Jahren die Details des Geschäfts fast selbständig, und geniere ich mich daher immer etwas, wenn ich direkt eingreifen möchte. Meine Zustimmung muß ich indessen zu allem geben, und so verliert man durch Fragen und Besprechen häufig mehr Zeit, als durch die Arbeit selbst. — Was die Führung der I. Abteilung[1]) anbetrifft, so geschieht das durch Hemp[2]) bei weitem besser, als durch Elster. Überhaupt fehlt es Hemp nur an der nötigen Schulbildung, um ein ganz ausgezeichneter Administrator und Telegrapheningenieur zu sein. — Elster hat sich vollständig mit Tschewkin, Guerhardt, Lüders und der ganzen Telegraphenverwaltung verfahren; ich darf es gar nicht mehr wagen, mich durch ihn vertreten zu lassen; er darf kein Papier mehr unterschreiben; denn dadurch allein entsteht gleich böses Blut, wie Guerhardt mir häufig sagte. Er verdient jetzt 5800 Rubel. Kann Wien einen so teuern Beamten bezahlen, so ist es sehr gut; er kann dort viel mehr nützen als hier. — Kommt die Versetzung zustande, so werde ich mir nie wieder einen Prokuristen aufhalsen, auch wenn das Geschäft noch so groß werden sollte. Liegen mal viele Arbeiten vor, so gehen unbemerkt viele Geschäftzweige an den Prokuristen über, und Gewohnheit, sowie natürliche Bequemlichkeit begründen ein gewisses Recht darauf. Anderenteils kann ich mit gutem Gewissen sagen, daß ich das Geschäft in Elsters Abwesenheit gewiß nicht schlechter führe. Im Gegenteil habe ich alsdann manches vervollkommnet, indem ich gezwungen war, mich um alles zu kümmern. Ich kenne meine Schwächen sehr gut, und spielt unter diesen die Faulheit eine große Rolle; dagegen gehe ich aber auch um so kräftiger ins Geschirr, wenn die Notwendigkeit vorliegt und der Anfang gemacht ist. Daher muß ich immer so viel wie möglich auf mich allein angewiesen sein, und es ist ein Glück für mich und auch fürs Geschäft, wenn Elster wegkommt. So habe ich z. B. schon lange die Absicht, die I. Abteilung als solche ganz eingehen zu lassen; die III. ist es schon, und die II. pfeift auf dem letzten Loche.

---

1) Erste Ingenieurabteilung des russischen Geschäfts, mit dem Sitze in Petersburg.
2) Vgl. oben S. 76.

Dadurch ersparen wir viele Kräfte, und ich behalte viel mehr die Übersicht — —. Für den Fall einer Reise würde ich Fiedler und Bolton eine Gemeinschaftsvollmacht geben. Man kann durch die jeden Tag besser werdenden Korrespondenzmittel wichtige Entscheidungen immer selbst treffen.

Elster wurde darauf nach Wien gesandt, kam aber bald wieder nach Petersburg zurück, wo sein übermäßiger Geschäftseifer sich immer mehr entwickelte.

Auf die in dem eben zitierten Briefe schon angedeutete Tatsache, daß das russische Geschäftspersonal zu groß war, kam Karl gleich darauf nochmals zurück:

14. November 1860. Die nächstjährigen russischen Bauten betragen 400000 Rubel. Tschewkin will Lizitation. Wenn wir sie bekommen, können wir tüchtig daran verdienen. Sonst weiß ich nicht, wie ich das Personal im kommenden Jahre verwenden soll.

Die Bauten der Krone fielen nur zum allerkleinsten Teile Siemens & Halske zu, und die übermäßige Stärke des Personals, das meist auf längere Zeit engagiert war, also nicht bald entlassen werden konnte, fiel als ein weiteres Moment ins Gewicht, um Karl zu anderen Unternehmungen zu drängen.

Im Jahre 1861 handelte es sich um Fabrikation von Gußstahlkanonen, um Platinschmelzen, Walzwerkbetrieb, Dockbau in Petersburg. Werner prüfte jedes Projekt sorgfältig und verhielt sich durchaus nicht immer ablehnend; so erschien ihm z. B. die Kanonenfabrikation als entschieden aussichtsvoll, und ernstlich wurde der Kauf einer sächsischen Gußstahlfabrik erwogen. Über Bildung einer Gesellschaft zur Versorgung Moskaus mit Gas wurde sogar jahrelang verhandelt. Aber alle diese Projekte verliefen schließlich im Sande.

Dagegen führte Karls Mitteilung, daß in Rußland dringender Bedarf nach einem guten Spiritusmeßapparat für Brennereien herrsche (14. Januar 1862), später zu einem wichtigen Ergebnisse, nämlich zur Erfindung des „Alkoholmeßapparates von Siemens & Halske" (1867), jedoch erst nach schlimmen Erfahrungen, welche Karl schon 1862 mit den damals noch sehr unvollkommenen Apparaten machen mußte. Die Lieferungen befriedigten nicht, und nur mit Mühe entging Karl der Zahlung hoher Konventionalstrafen; die Sache bereitete ihm eine Zeitlang große Sorgen. Aber wenig bedeuteten diese im Vergleiche zu denjenigen, welche ihm aus zwei anderen Unternehmungen erwuchsen, aus der Glasfabrikation in Chmelewo bezw. Gorodok, sowie aus der Sägemühle in Strupowa.

Die Geschichte dieser letzterwähnten beiden Unternehmungen bietet ein erhebliches wirtschafts-pathologisches Interesse dar und darf deshalb nicht übergangen werden. Aber weil es sich bei ihnen nur um vorübergehende Seiten- und Irrwege von der Entwicklung des Telegraphengeschäfts handelt, kann ihre Schilderung hier gleich angeschlossen werden.

Anders steht es mit dem im Jahre 1864 begonnenen Bergbauunternehmen im Kaukasus, das zwar auch noch teilweise aus der uns bekannten Lage des russischen Geschäfts hervorging, aber nicht von der Firma Siemens & Halske übernommen wurde und zu so großer selbständiger Bedeutung gelangte, daß ihm im nächsten Abschnitte ein besonderes Kapitel gewidmet werden muß.

Glasfabrik und Sägemühle. Im April 1861 wurde Werner, der damals schon ohnehin genug Sorgen und Ärger durchzumachen hatte — wir werden später sehen, wodurch — schmerzlich überrascht durch Karls Vorschlag, einen Teil der überflüssigen russischen Kapitalien in Grund und Boden anzulegen, was Werner bereits einmal abgelehnt hatte. Doch handelte es sich jetzt nicht um ein so großes Objekt wie das erste Mal, vielmehr nur um den Kauf des Gutes Chmelewo am Ilmensee für 60000 Rubel. Karl hielt diesen Kauf für sehr vorteilhaft, wobei der Einfluß von Elster und auch von Hemp mitwirkte, die ihn beide, wie er später sagte, zu dem Unternehmen „furchtbar persuadierten". Werner riet zunächst dringend ab, gab indes schließlich nach:

Werner 19. April 1861. Deine Gutskaufgeschichte kommt jetzt ziemlich ungelegen. Ich gönne Dir natürlich sehr gerne den Besitz eines angenehmen Gutes in der Nähe Petersburgs, denke mir auch eins zuzulegen, wenn ich mich mal zur Ruhe setzen will. Halske billigt Deinen Plan vollständig[1]). Vielleicht macht Halske es Dir bald nach, und ich bin genötigt, ein Gleiches zu tun, um nicht mein ganzes Hab und Gut dem Geschäftsrisiko auszusetzen. Wir werden dann natürlich in der Hauptsache bald unseren Privatinteressen leben, und das Geschäft wird in Frieden entschlafen! Meinetwegen! Ich werde mir schon wieder einen Wirkungskreis schaffen. Aber eine geordnete Basis muß vorhanden sein. Du mußt also den Antrag stellen, daß der Kontraktspassus, welcher uns verpflichtet, unsere ganze Tätigkeit dem Geschäfte zu widmen, aufgehoben wird. Wir werden Beide zustimmen. — —. Bist doch wohl etwas an-

---

[1] Halske wollte damals das Geschäft ganz auflösen. Vgl. den dritten Abschnitt.

gesteckt vom Taumel des jetzt möglich gewordenen Land- alias Seelenbesitzervergnügens, welches bisher nur der hohen Aristokratie vorbehalten war, und kannst die Zeit nicht recht abwarten! Doch ich erkenne den großen Einfluß der Meinungen und Bestrebungen an, die Einen umgeben, und verdenke es Dir daher nicht — —. Verzeihe, wenn ich vielleicht bisweilen etwas schroff oder gar bissig war. Ich bin in der Tat etwas mißlaunig.

Karl 25. April. Meine Seele hat nie daran gedacht, mich so allmählich in den Ruhestand zu begeben. Das Gut ist nur 10 Reisestunden von hier entfernt, und ein Verwalter betreibt es bequem ganz allein. Dabei bleibt also meine Tätigkeit vollständig dem Geschäft reserviert. Die Lage des Gutes ist ganz vorzüglich für eine spätere Fabrikanlage[1]). Was sollte sich wohl besser dafür eignen, als dieser Platz mit fertigen Fabrik- und Wohngebäuden? „Seelen" gibt es dort gar nicht. Dabei wird der Wert der Fabrikgebäude gar nicht in Rechnung gebracht. Wir können uns noch Herrenhaus und Gärten reservieren, und mit Kußhand gibt man uns 3000—4000 Rubel Pacht, also mindestens 5 Proz. Zinsen. Abgesehen von der Fabrik hätten wir also unser überflüssiges Geld absolut sicher in gutem zinsentragenden Grund und Boden angelegt und noch viele Vorteile und Annehmlichkeiten in Perspektive behalten. Jedenfalls bin ich überzeugt, daß das Landgut mich unendlich viel weniger Zeit gekostet haben würde, als z. B. Halske durch die Stadtverordneten-Geschäfte verliert. Wenn man sich ein Gut kauft und es verwalten läßt, so ist das ungefähr gerade so, als ob man sich zinstragende Staatspapiere kauft — —. Aber zum Glück war das Geschäft bei Ankunft Deines Briefes noch nicht abgeschlossen, so daß noch Zeit war, mich wieder davon loszusagen. Heute tut es mir sogar schon wieder leid, aber jetzt ist's vorbei.

Das war nun wohl nicht so ernst gemeint, wie es klang. Jedenfalls verstand Karl es, Werners Bedenken zu beseitigen, indem er dessen Wunsch benutzte, eine **Glasfabrik** zu errichten, um Friedrichs Erfindung des **Regenerativofens**, die sich gerade in England für die Glasindustrie praktisch erprobt hatte, in größerem Stile zu verwerten. Karl schlug Chmelewo für die Errichtung einer Glashütte vor, wozu es sich, wie er meinte, durch seine Lage vorzüglich eignete. In der Tat versprachen die damals sehr hohen russischen Glaspreise glänzende Erträge. So wußte er Werner mit sich fortzureißen. Dieser meinte, er sei nur gegen **Karls Privatgutskauf**, den Halske billigte und nachahmen wollte:

Damit wäre die Privatvermögensbildung, der ich immer aus guten Gründen entgegengewirkt habe, eingeleitet. Es handelt sich dabei

---

1) **Das Gut** hatte einer Aktiengesellschaft gehört, die dort Eisenindustrie betreiben wollte, dies aber nach Errichtung der Fabrikgebäude aufgeben mußte, weil der Eisenzoll ermäßigt wurde.

weniger um die Zersplitterung der Zeit, als des Interesses, und das letztere halte ich für verderblich.

Karl kaufte also das Gut im Juli, sah es in seiner Blütezeit und berichtete hochbefriedigt:

Der dortige Boden sucht seinesgleichen. Solche Wiesen wie dort habe ich nirgends gesehen.

Auch nahm er sofort einen Glasmeister an, den ihm Elster dringend empfahl. Werners Warnung vor überstürztem Vorgehen wurde nicht beachtet:

Wolltest Du Dich doch wegen des Glasmeisters beruhigen; er kennt die Fabrikation ganz genau. Da wir alle Gebäude schon haben, wird die ganze Anlage nicht mehr als höchstens 5000 Rubel kosten, also riskieren wir nur eine Lumperei.

Während Werner damals die Glasfabrikation so genau wie möglich studierte und die großen Schwierigkeiten, die dem Nichtfachmanne dabei entgegenstanden, bald erkannte, verließ Karl sich auf seinen Glasmeister und versprach sich von der ganzen Sache goldene Berge. Karl hat diese, bei einem Geschäftsmanne von seiner hohen Tüchtigkeit schwer begreifliche Art des Vorgehens später selbst erklärt durch Elsters unausgesetztes Zureden, welches bei ihm das Gefühl der Verantwortlichkeit schwächte.

Gegen Ende desselben Jahres (1861) mußte Karl auch die Sägemühle des uns schon bekannten Oberstleutnant Schwede in Strupowa übernehmen, um das ihm geliehene Geld zu retten. Wieder warnte Werner, zumal Karl große Waldungen pachten mußte, um die Sägemühle betreiben zu können. Dieses Unternehmen bereitete Karl von Anfang an schwere Sorgen:

Werner 10. Januar 1862. Wir wollen noch arbeiten, und zwar fabrizieren, müssen also darauf fest hinblicken und uns nicht durch zu viele andere Spekulationen verlocken lassen — —. Diese Sache ist Holzhandel, Sägen nur ein Absatzmittel, Holzhandel kostet viel Geld und ist gefährlich für jeden, der kein geborener Holzhändler ist — —. Mußt Du es weiter treiben, so suche Dir einen tüchtigen und routinierten Kaufmann für diese Branche, der das Fach des Holzhändlers in dortiger Gegend versteht. —
Karl 14. Januar. Unsere Projekte vermehren sich jetzt derart, daß mir schon etwas bange wird. Wenn wir nur die verdammte Sägemühle nicht auf dem Halse hätten! Was diese Sache mir schon für Sorge gemacht hat, kann ich Dir gar nicht beschreiben. Nicht, daß ich Verluste dabei befürchte, aber weil uns das Geschäft gegenwärtig durchaus nicht passen kann.

Vor allem waren sehr bedeutende Kapitalien nötig, um die Sägemühle betreiben zu können, und jetzt hatte Karl keine flüssigen Kapitalien mehr zu seiner Verfügung; auch herrschte damals in Rußland überhaupt großer Geldmangel, so daß Berlin aushelfen sollte. Er erklärte sich bereit, das Geschäft für seine Privatrechnung zu übernehmen; denn daß es sich rentieren würde, glaubte er fest:

Hauptsache ist, Holz zu haben, und dessen bin ich schon für etliche Jahre sicher. Die Preise des Holzes sind bekannt wie die Preise der Bretter, so daß man sich bei gesundem Menschenverstand dabei nicht verspekulieren kann. Hier ist das Holzgeschäft ein ganz anderes wie in Deutschland, da hier alles nur für den Export geht. Der Absatz der Bretter ist daher unendlich, und die Preise sind bestimmt wie die Börsenkurse, nur nicht so schwankend. Arbeit wird mir das Geschäft so viel wie gar nicht machen; denn ich würde mich natürlich mit Schwede vereinigen und ihm das Geschäft übertragen — —. Ich möchte während der nächsten zwei Jahre ohne weitere Verantwortlichkeit, als die gegen mich und meine Kinder, operieren können. Ihr könntet nun freilich sagen: „Was will der Mensch? Wir haben ihm ja niemals Vorwürfe gemacht"; aber ich bin nun einmal solch ein empfindlicher Kunde und hätte Vorwürfe vielleicht lieber als Stillschweigen. Ich quäle und sorge mich am meisten, wenn ich mit mir selbst unzufrieden bin, und habe mir oft schon eine gewisse Dosis Leichtsinn gewünscht.

Werner suchte Karl jetzt seine Gewissensbedenken auszureden:

Da können wir uns viel eher vorwerfen, mit „Continental"[1]) und „Vulkan" schlechte Spekulationen gemacht zu haben, da persönliches Interesse für Wilhelm und Gutmütigkeit Früchtenichts Nöten gegenüber die leitenden Motive waren. **Doch wir sind mal Menschen und wollen auch fühlen und nicht immer egoistisch rechnen, keine reinen Geldsäcke und Geldmacher werden.** Hättest Du keine anderen Motive, um die Sache zu halten (als geschäftliche), so würde ich vielleicht raten, sie einstweilen zu sistieren. Willst Du aber Deinem Freunde Schwede damit forthelfen, so biete ich auch mit Freuden dazu die Hand — —. Wenn alle Spekulationen gut ausliefen, so müßte man ja im Umsehen Schätze sammeln. Wenn mehr einschlagen, als fehlschlagen, muß man zufrieden sein. **Was ist es denn für ein haarsträubendes Unglück, mal eine tüchtige Maulschelle zu erhalten!** Das ist im Gegenteil notwendig von Zeit zu Zeit, um vorsichtig zu werden und mobil zu machen, damit das Verlorene bald wieder eingebracht wird. Das brillante **Gesamtresultat** Deiner bisherigen Geschäftsführung sollte Dich doch in dieser Beziehung nachgerade etwas dickfellig machen. Deine Anerbietungen, den etwaigen Verlust allein zu tragen, können mich ordentlich ärgern. Daß wir auf solche Schwärmereien nicht eingehen würden, und wenn es Dich noch so glücklich machte, weil wir es für

---

1) Eine von Wilhelm begründete Gesellschaft zur Fabrikation von Regenerativmaschinen, die bald verkrachte und Siemens & Halske große Verluste zufügte.

unrecht und unnobel halten würden, das mußt Du Dir doch selbst sagen. Wenn Du nur der kleinen Schwäche entsagen willst, daß alles, was Du entriert hast, sich auch glänzend bewähren soll, so wirst Du schon das Richtige finden.

Das Jahr 1862 war ein Unglücksjahr: der Glasmacher erwies sich als ein Pfuscher; der ganze Viehbestand in Chmelewo krepierte an der Pest; das dortige Fabrikgebäude brannte durch Nachlässigkeit des dortigen Aufsichtspersonals nieder; es war nicht versichert; bei dem Bankrott eines befreundeten Hauses in Petersburg verlor die Firma 6000 Rubel. Dazu kam der gewaltige Kapitalbedarf des Sägemühlenbetriebes. Karl schwankte fortgesetzt zwischen Angst und Hoffnung.

12. November 1862. Holzgeschäft. Solange ich keine positiven Zahlen hatte, war ich ganz im Dunkeln und daher auch so besorgt und mißmutig. Jetzt weiß ich endlich, was das Holz an Ort und Stelle kostet, und da auch der Wert der Bretter bekannt ist, so läßt sich endlich eine Berechnung machen. Wir haben ungefähr 60000 Balken beschafft, welche ca. 90 000 Rubel kosten und 107 000 für den englischen Markt passende Bretter geben, mit 167 000 Rubeln Erlös. Von dem Überschusse von 77 000 Rubel wären also zu decken: Zinsen, Amortisation, Betrieb der Mühle und Transport der Bretter nach Kronstadt resp. Petersburg — —. Wie werde ich meinem Schöpfer danken, wenn diese Geschichte ein gutes Ende nähme. Ich kann Dir gar nicht beschreiben, welche Sorge es mir schon gemacht hat. Schickt mir nur einen tüchtigen Sägemüller. — Die Glasfabrik in Chmelewo muß durchaus stark betrieben werden, wenn sie gut rentieren soll, damit die Generalunkosten sich verteilen. Die Vergrößerung der Fabrikation kostet nur Arbeit; denn Baumaterial, Holz und Gebäude sind vorhanden. Die Öfen sind nur aufzubauen, und das Personal ist zu vergrößern. Solche Verhältnisse trifft man sonst nirgends.

Karl klagte damals sehr über die Unselbständigkeit seiner Mitarbeiter und wünschte dringend, Werner möchte kommen, damit sie miteinander über die schwebenden Fragen beraten könnten; Elster war in Wien.

15. November. Mein Kontorpersonal ist nicht besser als Brennholz. Es sind nur Maschinen, die nur tun, was ich ihnen speziell vorschreibe. Solange alles gut ging, war weiter nichts nötig; aber nachdem ich einige tüchtige Ohrfeigen bekommen habe, hat sich das Gefühl der Verantwortlichkeit auf fast unerträgliche Weise gesteigert, und eine gewisse Unsicherheit hat sich eingefunden. Hier in Petersburg werde ich sehr gut allein fertig. Aber ich möchte unbedingt zuverlässige Leute für Chmelewo und Strupowa haben. Wenn ich auch bisweilen auf einige Tage hinreisen kann, so ist damit doch nicht viel genützt. Hier lebe

ich in fortwährender Sorge für Chmelewo und Strupowa, und dort habe ich erst recht keine Ruhe wegen des Petersburger Geschäfts. Bis zum Frühjahr kann Elster in Wien bleiben; dann muß er aber auf einige Zeit nach Chmelewo. Er war doch im Ausland, um die Glasfabrikation zu studieren und hat in Belgien eine Menge Materialien und Maschinen gekauft, welche ich ohne ihn nicht zu verwenden weiß. — Wäre ich doch ruhig beim Telegraphengeschäft geblieben! Wie könnte ich jetzt ruhig und zufrieden leben! Zum Kauf von Chmelewo haben mich Elster und Hemp persuadiert, und in die Sägemühle bin ich so hineingetorkelt. Natürlich bin ich immer allein schuld; denn ich hatte das Kommando. — Nach Deinem Briefe zu urteilen, scheint Ihr das hiesige Geschäft für viel schlechter zu halten, als es in Wirklichkeit ist. Die diesjährigen Verluste sind im Verhältnis zum Gesamtgewinn eigentlich sehr unbedeutend. Wir werden etwas weniger verdienen. — 9. Dezember. Gewissermaßen ist es mir recht lieb, daß ich hier jetzt ganz allein und unbeeinflußt zu disponieren habe. Denn jetzt bedenke ich mich zehnmal, wenn es sich um Entscheidung einer wichtigen Frage handelt, während ich viel leichter darüber hingehe, wenn ich die Sache vorher mit Elster, welcher seine Meinung mit sehr großem Eifer zu verteidigen pflegt, besprochen habe. Sogar nicht ganz stichhaltige Opposition regt zum Handeln an, namentlich wenn sie in einer Weise stattfindet, welche einen verletzt und ärgerlich macht — —. Im Geschäft ist es sehr still, wie gewöhnlich im Anfange des Winters, und weiß ich kaum das Kontorpersonal zu beschäftigen. Wir haben überhaupt zuviel Personal, und begreife ich jetzt gar nicht, womit Elster, welcher doch auch selbst viel arbeitete, sein Abteilungspertonal immer beschäftigte. Einer kann das mit Leichtigkeit machen, wofür zwei da sind. — Hätte ich nur erst tüchtige Leute für Chmelewo und Strupowa! Mit der Glasfabrikation haben wir uns leider bedeutend überstürzt. Man hätte das Fach vorher tüchtig studieren müssen; aber Elster hatte einen Narren an M. (dem Glasmeister) gefressen und persuadierte mich so lange, bis ich den von ihm vorbereiteten Kontrakt unterschrieb.

Das zum Betriebe der Sägemühle erforderliche Kapital veranschlagte Karl damals auf 200 000 Rubel; für die Unterhaltung des Personals waren allein 10 800 Rubel jährlich aufzuwenden.

Es kommt also sehr auf die Zahl der zersägten Balken an. Wir zersägen jetzt mit zwei Gattern 140—150 Balken in 24 Stunden, und könnten auf russische Weise 240—250 schaffen — —. Bis Schluß der Schiffahrt müssen wir alles vorjährige Holz versägt haben, damit wir wieder Geld herausbekommen — —. Ich bin ganz mit dem Sägemühlgeschäft ausgesöhnt, wenn erst das Sägen ordentlich geht. Wir beschaffen das Holz teilweise billiger als die alten routinierten Holzhändler, weil wir prompte Zahler sind, und das rechnen die Russen sehr hoch an — —.

Werner konnte nicht, wie Karl es wünschte, nach Petersburg kommen, ersuchte ihn aber um gründliche schriftliche Mitteilungen.

Es ist manches in unserem Geschäft unklar geworden, daß wir mal überall umherleuchten müssen. Lieber direkte Verluste, wie unklare zweifelhafte Geschäfte fortsetzen!

Es kam nun, nach Aufstellung des russischen Geschäftsabschlusses für das Jahr 1863, zu einer eingehenden Erörterung zwischen Berlin und Petersburg, deren Ergebnisse wir in Folgendem mitteilen, indem wir, daran anschließend, die weitere Gestaltung des russischen Geschäfts bis zum Ablauf der Remonteverträge und dem Ausscheiden Karls aus der Leitung dieses Geschäfts verfolgen wollen.

Geschäftsergebnisse in Rußland 1862—1863.

Activa des russischen Geschäfts.	1862 Rubel	1863 Rubel
Chmelewo, Grundstück	32 454	34 000
„ Gutsverwaltung	31 049	32 405
Gorodok[1]), Grundstück	19 407	48 004
„ Glasfabrik	47 697	39 840
Strupowa, Sägemühleneinrichtung	57 350	62 733
„ Sägemühlenbetrieb	112 752	267 580
„ Conto pro Diversi	—	22 891
Tschekuschi[2]), Grundstück	36 600	36 600
Filpola[3]), Grundstück	20 825	—
„ Gutsverwaltung	5 078	—
	363 212	544 053
Telegraphengeschäft (inkl. Anlagen des Reservefonds)	742 023	606 702
	1 105 235	1 150 755
Gewinnberechnung.		
Gewinne: Remonten	90 151	83 190
Telegraphenbauten und -lieferungen	17 951	18 123
	108 102	101 313
Verluste: an Papieren des Reservefonds	—	14 725
durch Brand in Gorodok	25 000	—
Glasfabrik, Betriebsverlust	—	16 305
Gutsverwaltung Chmelewo und sonstiges	9 069	3 600
	34 069	34 630

Danach nahmen zwar die Kapitalaufwendungen besonders für den Sägemühlenbetrieb bedenklich zu; aber die Verluste waren

---

1) Gehörte zu Chmelewo. 2) Gehörte zum Holzgeschäft. 3) Ein Gut, das Karl übernahm, um für Elster ein Kapital zu retten, das dieser darauf geliehen hatte; es verschwand aus den Geschäftsbüchern dadurch, daß Karl es zum Kostenpreise privatim übernahm; er hat es später ohne Schaden verkauft.

buchmäßig noch nicht sehr groß, und Karls optimistische Erwartungen überwogen noch seine Sorgen. Er bemerkte zum Abschlusse für 1862 wegen der Gutsverwaltung in Chmelewo, sie werde sich künftig auf Wiesenkultur beschränken, die sich rentieren würde; indes hatte sie damals bereits an einem Lieferungsvertrage in Heu für den Kaiserlichen Marstall durch Mißraten der Heuernte 8000 Rubel verloren. In den beiden Jahren 1862 und 1863 wurden durch Meliorationen ungefähr 240 Morgen Feld und 100 Morgen Wiesen gewonnen und dafür, ferner für Inventar- und Viehbeschaffung, sowie als Betriebskosten 55000 Rubel ausgegeben, wogegen 21000 Rubel Betriebseinnahmen erzielt wurden. Der Reinertrag für Heu betrug 1863 allein 2200 Rubel, und Karl erwartete für 1864 wenigstens 3000 Rubel, was eine Verzinsung des angelegten Kapitals von $4\,^1/_2\,^0/_0$ bedeutete; bis 1866 sollte sich die Verzinsung auf $9\,^0/_0$ steigern.

Grundstück und Glasfabrik Gorodok (zu Chmelewo gehörig) hatten bereits 87800 Rubel verschlungen (davon 29000 Rubel für Bauten) und außerdem 16300 Rubel Betriebsverlust. Letzterer war veranlaßt worden durch viele mit dem Glasofen gemachte kostspielige Versuche, sowie dadurch, daß der Ofen, weil fehlerhaft angelegt, sechs Monate lang unbrauchbares Glas lieferte und stete Reparaturen erforderte. Die bisherigen Hüttenmeister hatten weder den Glasofenbetrieb noch die Tiegelfabrikation genügend gekannt. Dazu kam das Anwachsen der Glasbestände und vor allem der Rückgang der Glaspreise. Er war eine Folge der Bauernbefreiung, welche den Bedarf stark einschränkte.

Karl 17. Februar 1864. Das russische Geschäft hat nur einen faulen Punkt, und das ist Chmelewo, unser Mexiko. Als wir die Glasfabrikation anfingen, war der Preis 60—65 Rubel pro Kiste, und jetzt ist derselbe zur Not 45 Rubel. Wir machen ungefähr 1000 Kisten pro Jahr, und wenn wir nach jetzigen Preisen eben auskommen, so wäre nach früheren ein sehr bedeutender Gewinn gewesen. Jetzt steht die Sache aber noch viel schlechter, als es nach Obigem scheint; denn es fehlt der Absatz, und es fehlt uns ein tüchtiger Hüttenmeister. — Werner 3. März. Ich fürchte, Chmelewo wird ein noch viel schwärzerer Fleck als Oran[1]) werden. Der Kabelverlust wird sich durch Fabrikationsgewinn bald auswetzen lassen, während Chmelewo nicht reproduktiv ist.

Werner riet daher, den Betrieb sofort einzustellen und den Verlust abzuschreiben. Dazu konnte Karl sich nicht entschließen. Ein neuer Hüttenmeister wurde engagiert; Karl glaubte endlich

---

1) Mißglücktes Kabelunternehmen.

mit der Regenerativofen-Konstruktion ganz ins klare gekommen zu sein und künftig viel Brennmaterial zu sparen, wodurch er die Rentabilität als gesichert erachtete. Aber der Absatz blieb schwach.

Für den Sägemühlenbetrieb waren bis Mitte des Jahres 1863 im ganzen 164 000 Stämme beschafft, die nach Karls Ansicht zu ca. $1\frac{1}{2}$ Rubel im Betriebe einen Wert von 246 000 Rubeln repräsentierten

und an und für sich wohl mit keinen ungünstigeren Augen zu betrachten sein dürften, als etwa eine Kapitalanlage in Fonds und Aktien, welche nur zu oft bedeutenden Kursfluktuationen unterworfen sind, während die Stämme resp. Nutzhölzer seit Jahren ihren Preis halten und Bretter draußen wie hier gut bezahlt werden.

Aber die Sägemühleneinrichtung erwies sich als unzureichend, so daß der Betrieb bei weitem nicht mit voller Kraft arbeiten konnte. Absatz und Verschiffungen begannen erst im Juli 1863, und ein geregelter Betrieb ließ sich selbst dann noch lange nicht erzielen.

Bei den großen Schwierigkeiten — so schrieb Karl im Sommer 1864 — welche sich uns beim Absatze entgegenstellten, da die Produkte unserer Sägemühle noch auf keinem ausländischen Markte bekannt waren, konnten sich unsere Verschiffungen nur auf ein geringes Quantum beschränken, und mußten wir es dankbar anerkennen, schon im ersten Jahre, zu gleichem Preise mit anderen, vier Ladungen fest verkauft zu haben.

Der Abschluß für das Jahr 1864 gab den Anlaß zu einer neuen und dieses Mal wesentlich gründlicheren Prüfung der Sachlage. Ein exakte Kalkulation für die Sägemühle ergab zunächst, daß die im Jahre 1863 gekauften 164 000 Stämme sich zu teuer stellten. Dadurch, sowie infolge der mangelhaften Einrichtung der Mühle durch die Maschinenfabrik, endlich durch Zinsen und Amortisation war ein Betriebsverlust von rund 98 000 Rubeln erwachsen, der jetzt abgeschrieben wurde. Für die Zukunft wurden bessere Resultate in Aussicht gestellt.

Bei Holzbeschaffung zu gleichen Preisen wie 1864, gleicher Versägung und ebenso gutem Absatze werden nicht allein Zinsen und Amortisation, sondern auch noch weitere 13 000 Rubel verdient werden. Leider stockt im Augenblick (Sommer 1865) der Absatz nach dem Auslande, hauptsächlich nach England infolge der dortigen großen Vorräte vom vorigen Jahre usw. Wir werden uns wahrscheinlich entschließen müssen, 10 Proz. niedrigere Preise zu akzeptieren, als im vorigen Jahre.

In der Glasfabrik hatte sich die Lage auch verschlechtert. Nur für 17000 Rubel Glas war abgesetzt worden, für 40000 Rubel als Bestand verblieben. Es wurden 10000 Rubel als Verlust abgeschrieben und außerdem noch 50000 Rubel auf das Grundstück Gorodok, d. h. dessen ganzer Buchwert. Die Gutsverwaltung Chmelewo hatte den erhofften Überschuß nicht erbracht; darauf wurde alles bis auf den ursprünglichen Kaufwert abgeschrieben.

Die Abschreibungen betrugen im ganzen fast 200000 Rubel. Sie verschlangen nicht nur den ganzen Gewinn des Jahres 1864 in Höhe von 90000 Rubeln, sondern außerdem noch 107000 Rubel, die dem Reservefonds zur Last geschrieben wurden. Dies bedeutete, daß Glas- und Holzindustrie den Gewinn des Telegraphengeschäftes für etwa $2\frac{1}{2}$ Jahre vernichtet hatten.

Damit waren die Verluste aber noch lange nicht abgeschlossen. Im Jahre 1865 wurde Karl durch die ungünstigen Resultate der Holzverschiffungen für eigene Rechnung und durch die Unlust der ausländischen Käufer, auf Käufe „frei an Bord" einzugehen, zu Konsignationen gezwungen; es wäre sonst kein Platz zum Lagern des Holzes geblieben und an Zinsen und Entwertung der Qualität verloren worden. Aber da alle Holzverschiffungsplätze in derselben Lage waren, erfolgten infolge Überfüllung der ausländischen Märkte starke Preisrückgänge; das Gleiche war im Inland der Fall, weil infolge der Bauernbefreiung die Bautätigkeit stockte, alles Umstände, die sich nicht hatten vorhersehen lassen. Schließlich war 1866 selbst zu 15—25 Proz. unter den Preisen des Vorjahres nichts zu verkaufen. Ferner stellte sich heraus, daß die Sägemühle in der Holzbeschaffung nicht mit den ausländischen Holzhändlern konkurrieren konnte, die entweder, vermöge ihrer genauen Sachkenntnis, den Wert des Holzes im Walde sehr genau abschätzen und es für Pauschsummen billig kaufen konnten oder wenn sie, gleich Strupowa, stammweise kauften, die Aufseher bestachen und dadurch nur einen Teil des wirklich geschlagenen und abgefahrenen Holzes bezahlten.

Ebenso schlecht gestaltete sich die weitere Entwicklung des Glasgeschäftes. Als der Abschluß für 1865 bei diesem Geschäfte wieder einen Verlust von 10000 Rubeln ergab, geriet Karl aufs neue in große Aufregung, zumal Halske sein Mißvergnügen über die ganze Sache zu erkennen gab, und Berlin aufs neue die Auflösung wünschte. Dazu konnte sich Karl immer noch nicht entschließen. Vielmehr legte er im Februar 1866 einen Reorganisationsplan vor, der den Neubau der Hütte und die Ausdehnung des Geschäfts in sich schloß. Werner sprach sich dagegen aus, schlug auch vor, Fritz zu konsultieren und das Geschäft an diesen abzutreten. Noch einmal wußte Karl seine Vorschläge durchzusetzen. Er ging selbst nach Chmelewo, um den Neubau der Hütte zu beaufsichtigen, und blieb dort den Sommer über; aber das Unglück verfolgte ihn nach wie vor: ein kostbarer neuer Schmelzofen fiel, infolge schlechten Materials und schlechter Arbeit, gleich wieder zusammen:

> Mir war, schreibt Karl, als wäre meine Seele mit in den Ofen gefallen, und noch liegt es mir wie Blei in den Gliedern. Ich möchte mir die Haare ausreißen.

Ein neuer in Deutschland engagierter Glasmeister erwies sich wiederum als unverwendbar und mußte schließlich mit polizeilicher Hilfe an die Luft gesetzt werden. Er hatte in Belgien für schweres Geld Glasarbeiter angeworben, die mit großen Kosten zurückgeschickt werden mußten. Fritz kam, prüfte die Hütte, als der Ofen gerade zum dritten Male neu gebaut werden sollte, und schilderte den Zustand als „ein wahres Chaos". Kurz, auch Karl mußte einsehen, daß es so nicht weiterging. Er riet im Anfange des Jahres 1867, das Unternehmen endgültig aufzugeben und nur eine kurz zuvor in Chmelewo angefangene kleine **Porzellanfabrik**, welche Isolatoren herstellte und sich dabei glänzend bezahlt machte, beizubehalten. Nach einiger Mühe wurde im April 1867 ein Pächter für die Glasfabrik gefunden: die Pacht betrug nur 1200 Rubel jährlich! Um dieselbe Zeit stellte auch die **Sägemühle** ihren Betrieb ein; aber die Verwertung der großen Holzbestände dauerte noch geraume Zeit und erforderte weitere große Opfer.

Um so besser gestaltete sich in dieser Zeit die finanzielle Lage des russischen Telegraphengeschäftes. General Lüders wurde 1866 Telegraphendirektor, und wenn er auch die Interessen der Krone gegenüber Siemens & Halske kräftig wahrnahm, so wußte er doch deren Leistungen zu würdigen und war frei von Engherzigkeit und kurzsichtigem Fiskalismus. Das russische Geschäft führte in den Jahren 1866 und 1867 wieder ansehnliche Telegraphenbauten aus. Vor allem aber verlief die **Abnahme der Remonteverwaltungen** weit über Erwarten günstig:

Karl 27. Januar 1866. Bei Abgabe der Remonten können Hunderttausende verloren gehen, wenn nicht richtig vorgegangen wird. — 11. März. Allein die Abgabe der Moskauer Linie kann einen Menschen den ganzen Sommer über beschäftigen. Es sind 36 Stationen mit allen Möbeln und einer Unzahl von Kleinigkeiten, welche alle entweder repariert oder durch neue ersetzt werden müssen. — 20. September. Mit den Remonten geht es jetzt sehr gut. Von allen Seiten erhält Guerhardt die besten Berichte über den Zustand unserer Linien. — 13. Mai 1867. In wenigen Wochen sind sämtliche Linien bis auf die Krim-Linie abgegeben, und ist damit das gute alte Remontegeschäft zu Grabe getragen. Nur die Begräbniskosten sind dann noch zu zahlen.

Die „Begräbniskosten" waren auch nicht sehr erheblich, und das Endresultat des russischen Telegraphengeschäfts stellte sich wesentlich besser, als selbst die Nächstbeteiligten geglaubt hatten. Das war aber auch nötig; denn Chmelewo, Strupowa usw. rissen zuletzt noch klaffende Löcher in den gefüllten Geldbeutel.

Gewinnberechnung.

1865			1866		
Gewinne: Remonten	. .	R. 131 773	Gewinne: Telegraphengeschäft		R. 131 308
Sonstiges	. . .	„ 9 515	Sonstiges	. . . .	„ 6 612
		R. 141 288			R. 137 920
Generalunkosten		R. 36 636	Generalunkosten		R. 30 738
Verluste a. Gorodok			Sägemühle	. . .	„ 24 056
u. Chmelewo	. .	„ 13 791	Glasfabrik	. . .	„ 15 731
Sonstiges	. . .	„ 2 770 „ 53 197	Gutsverwaltung		
			Chmelewo	. .	„ 3 704
			Holzhof Tschekuschi		„ 2 725
			Sonstiges	. . .	„ 8 790 „ 85 744
	Reingewinn	R. 88 091		Reingewinn	R. 52 176

1867					
	Gewinne:		Abschreibungen und Ausgaben des Remonte-Reservefonds:		
Remonten	. . . . .	R. 51 228	Remonten: Neubeschaffungen		R. 30 851
Bauten und Lieferungen	.	„ 21 137	Sägemühle	. . . . . .	„ 42 479
Holzexport	. . . . . .	„ 7 241	Glasfabrik	. . . . . .	„ 55 030
Porzellanfabrik	. . .	„ 2 436	Grundstücke	. . . . .	„ 62 237
Alkoholometergeschäft	. .	„ 6 399	Holzhandel	. . . . . .	„ 16 855
Zinsen	. . . . . .	„ 6 680	Gutsverwaltung Chmelewo	. .	„ 11 333
Börsenpapiere	. . . .	„ 6 014	Sonstiges	. . . . . .	„ 2 473
Sonstiges	. . . .	„ 7 626			R. 221 258
		R. 108 761			
ab Generalunkosten		„ 15 333	ab Gewinn		„ 93 428
		R. 93 428		Verlust	R. 125 830

Wohl hatte Karl Anlaß, auszurufen:

15. März 1867. Es ist zum Tollwerden, welche Masse Verluste wir 1866 und 1867 abzuschreiben haben; und 9. Mai: Das sind verteufelt kostspielige Erfahrungen gewesen, und sehr bald wird man meinen Haupthaaren ansehen, daß es noch etwas mehr als Geld gekostet hat;

aber er durfte hinzufügen:

> Trotz aller Verluste stellt sich unsere Schlußrechnung noch viel besser, als wir vor ungefähr fünf Jahren veranschlagten. — Das Sprichwort sagt: „Wo gesägt wird, da fallen Späne", und dem müssen wir uns auch unterwerfen.

In den 15 Jahren seit 1853 hatten Siemens & Halske in Rußland mindestens 1 600 000 Rubel verdient; genau läßt es sich nicht feststellen, weil die Abschlüsse für 1853 und 1854 fehlen. Ohne Chmelewo und Strupowa wären es freilich noch 400 000 Rubel mehr, also volle 2 Millionen gewesen. Auch war von jener Summe ein Teil verbraucht, ein weiterer Teil — darunter Karls ganzes Kapital — im Kaukasus festgelegt, ohne Aussicht, je wieder herauszukommen. Aber selbst unter solchen Umständen hätte Karl auf das Schlußergebnis wohl mit einiger Befriedigung zurückschauen können, wäre sein Geist nicht niedergedrückt gewesen durch die lange Zeit schwerer geschäftlicher Sorgen und durch langes schweres Leiden seiner Frau:

> Es ist vielleicht lächerlich, aber wahr, daß diese verfluchten Extrageschäfte mich geistig zum Greise gemacht haben. Vielleicht ändert sich das wieder, wenn ich in andere frischere Verhältnisse komme; aber jetzt bin ich so weit, daß mir eigentlich nur geschäftliche Erfolge Vergnügen machen. Wenn ich mich jetzt à la Kap-herr zur Ruhe setzte, so würde ich, glaube ich, bald verfaulen.

Karl Siemens verläßt Petersburg. Daß Karl nach Ablauf der Remonteverträge Petersburg verlassen würde, stand längst fest; er versprach sich nichts von der Zukunft des dortigen Geschäfts, und dieses war ihm überhaupt verleidet. Zuerst beabsichtigte er auf Wunsch Werners, in die Leitung des Berliner Geschäfts einzutreten. Dann suchte Wilhelm im Einvernehmen mit Werner ihn für London zu gewinnen. Wir werden später von diesen Vorgängen ausführlich zu sprechen haben. Genug, Karl konnte sich nicht zur Übersiedlung nach London entschließen und wählte den K a u k a s u s als Feld seiner nächsten Tätigkeit, von dem er für die Gesundheit seiner Frau viel erhoffte, und wo sein Vermögen von sehr unzuverlässigen Händen gänzlichem Verluste immer näher gebracht wurde. Im Herbste 1867 siedelte er dorthin über.

Bereits seit Jahr und Tag hatte Karl mit Werner die Z u k u n f t d e s r u s s i s c h e n G e s c h ä f t s erörtert. Werner war geneigt, sie günstiger aufzufassen als Karl:

Werner 4. April 1866. Ein bestehendes, bekanntes, gut renommiertes Geschäft, wie unsere dortige Firma, findet immer Gelegenheit zu verdienstreichen Unternehmungen, wenn es durch Kapital und auswärtige Verbindungen unterstützt ist und dabei technisches Spezialrenommee hat. Es muß nur die schwere Kunst verstehen, gute Geschäfte abzuwarten — —. In Rußland ist Intelligenz noch mehr wert als im Westen. Wir verdienten Prügel, wenn wir nach Abwerfung der Remontenbürde nicht bald wieder gewinnbringende Geschäfte fänden.

Zuerst dachte Werner daran, Elster die Leitung des Petersburger Geschäfts nach Karls Abgang zu übergeben, jedoch nur kollektiv mit einem der anderen alten Beamten. Aber Elster wollte keine Kollektivprokura annehmen. Er gab damals immer deutlichere Zeichen geistiger Umnachtung, die im folgenden Jahre seinem Leben ein Ziel setzte.

Darauf erhielten zwei andere Beamte, Fiedler und Donner, Kollektivprokura, und zugleich wurde das Petersburger Geschäft vereinigt mit dem Betriebe eines dortigen Feinmechanikers Brauer, der namentlich wegen seiner optischen Instrumente sich eines europäischen Rufes erfreute.

Werner an Wilhelm 9. August 1867. Er ist ein sehr tüchtiger, angesehener und braver Mann, der zwar wenig Geld, aber viele Freunde und Gönner hat, die ihm Arbeit zuwenden. Karl und ich sind der Ansicht, daß wir (S. & H. in Berlin als Associés en commandite) seinem Geschäfte beitreten. Dadurch werden wir uns den ganzen russischen Markt erhalten. Denn in Petersburg ist Arbeit teuer, und Brauers Werkstatt, die nicht vergrößert werden darf, ist durch nichttelegraphische Arbeiten vollauf beschäftigt, wird aber die gelieferten Telegraphenapparate zusammensetzen. Es ist Befehl, ohne Rücksicht auf den Preis in Rußland arbeiten zu lassen. In diesem Jahre hat das Petersburger Geschäft sehr viele Eisenbahntelegraphen zu bauen, ebenso Tiflis lange Staatslinien — —. Es wäre doch schade, dies so frisch blühende Geschäft ganz zu verlieren.

Schließlich wurde nur die Leitung der mechanischen Werkstatt Brauer übergeben, die Kompagnieschaft aber wirklich begründet, offenbar ein verwickeltes und unklares Verhältnis, das schon nach wenigen Monaten zu schlimmen Irrungen führte. Als Werner im Januar 1868 nach Petersburg kam, um Ordnung zu schaffen, fand er einen trostlosen Zustand vor:

Werner an Karl in Petersburg 28. Januar 1868. Fiedler ist zwar schwach, aber tätig, fleißig und treu; man muß ihm manches zugute halten. Bei seiner Langsamkeit und dem vielen Wirrwarr hier in der ersten Zeit nach Deiner Abreise ist ihm Hören und Sehen vergangen. Traurige Nachrichten aus Chmelewo (der Glaspächter zahlt nicht und die Arbeit stockt) und von der Linie Balta-Kiew (die zur Ausführung der Arbeiten hingeschickten Leute sind fortgelaufen und haben alles stehen und stecken lassen. Sehr fatal!). **Mit dem Brauerschen Geschäft geht es so nicht.** Er ist nichts wie ein mechanischer, etwas eigensinniger Künstler und zur Geschäftsleitung gar nicht geeignet. Er arbeitet bisher ausschließlich an den 12 Hughes'schen Apparaten, von denen erst zwei der Vollendung sich **nähern**, obwohl schon seit Monaten Konventionalstrafe zu zahlen ist! — — Vorläufig scheint mir am besten, das hiesige Geschäft soviel wie möglich abzustreifen, es mit schwachen Mitteln sich selbst zu überlassen und uns dagegen möglichst große Freiheit, nach Rußland selbst zu liefern und event. hier Bauten auszuführen, vorzubehalten.

Dem entsprechend ordnete Werner die Verhältnisse im Februar 1868:

Ich habe einen Kontrakt mit B. abgeschlossen, welcher ihn **faktisch zum Werkführer macht**, habe Holbein aus Berlin kommen lassen, der die neue Werkstattführung ganz nach vereinfachtem Berliner Muster einrichtet, lasse einen tüchtigen Hughes-Arbeiter kommen und habe Hage zum eigentlichen Kommandanten in der Werkstatt gemacht — —. Anlagen bleiben jetzt Sachen von S. & H. hierselbst, die zum Berliner Filial mit sehr beschränkter Disposition degradiert sind: Brauer bat selbst, ihn mit allen Anlagesachen zu verschonen, da er nicht die Spur davon verstände. Es war also unmöglich, ihm als **Chef** unseren alten Beamten gegenüber die Disposition zu lassen.

Im September desselben Jahres mußte das Verhältnis zu Brauer unter erheblichen Opfern ganz gelöst werden. Das russische Geschäft schien sich dann gut zu entwickeln, und jedenfalls waren die Aussichten dazu sehr günstig; aber auch Fiedler erwies sich als Geschäftsleiter nicht geeignet, und im Sommer 1870 herrschte in Petersburg wieder Verwirrung und sonstiges Unheil. So fiel das russische Geschäft nach dem Ausscheiden des berufenen Leiters längerer Desorganisation anheim. Karl hatte den Kaukasus zwar schon 1868 wieder verlassen, siedelte aber im Herbste 1869 nach London über und kehrte erst 1880 wieder nach Petersburg zurück. Dann gelangte das russische Geschäft zu neuer Blüte. Doch gehört die Schilderung dieser späteren Entwicklung nicht mehr zu unserer gegenwärtigen Aufgabe.

Drittes Kapitel.

England.

Wilhelms erste Bemühungen im Telegraphenfache. Seit 1844 wohnte Wilhelm Siemens jetzt in London. Werner hatte ihm zwar 1846 die gemeinsamen „Erfindungs-Spekulationen" gekündigt, war aber im übrigen unausgesetzt mit ihm in engster Verbindung geblieben. So hatte er auch, seit seinen ersten telegraphischen Versuchen im Jahre 1846, Wilhelms Dienste auf diesem Gebiete oftmals benutzt, anfangs namentlich für Erkundigungen technischen Inhalts, bald aber auch im unmittelbaren geschäftlichen Interesse. Einiges davon ist schon im ersten Kapitel mitgeteilt worden; doch ist hier noch manches nachzutragen.

Die Brüder verfolgten, in jener für das Telegraphenwesen so entscheidungsvollen Zeit, alle Fortschritte desselben mit wachsamem Auge. So finden wir dann auch in ihrem Briefwechsel manche Äußerungen über die ersten Versuche zur Legung von Seekabeln:

Wilhelm 11. Februar 1847. In Portsmouth sind jetzt Drähte, in Harz- und Bleiröhren, eine Meile lang unter Wasser gelegt. — Werner 7. November 1848. Es war einmal ein Projekt im Gange, eine Leitung unter dem Meere zwischen England und Frankreich zu etablieren. Ist das eingeschlagen? Nach meinen bisherigen Erfahrungen unter dem Rheine hindurch[1]) macht das nicht viel Schwierigkeiten, und ich hätte wohl Lust, die Anlage auf meine Garantie hin zu unternehmen. Erkundige Dich doch mal nach den Gründen der Nichtausführung uud dem damaligen Kostenanschlage. — Werner 5. März 1849. Ich würde vorschlagen, zuerst einen Versuch mit unseren gewöhnlichen[2]) Drähten zu machen und die-

---

1) Zwischen Köln und Deutz, vermutlich im Herbst 1848; doch begannen, wie wir wissen, Werners erfolgreiche Versuche mit Guttaperchadrähten für unterirdische und Unterseekabel schon 1846.

2) d. h. natürlich mit Guttapercha isolierten Drähten, nur ohne weitere Armierung.

selben ohne weiteres auf den Grund des Meeres fallen zu lassen, in der Nähe der Küste aber mit Eisenröhren zu bekleiden. Natürlich müssen alle 1000 Fuß Anker versenkt werden, die den Draht nach beiden Seiten halten und Stellen gewählt werden, wo die Gefahr vor Schiffsankern gering ist. Hält dieser Draht die Meeresströmungen aus, so ist es am vorteilhaftesten, mehrere einzelne Drähte zu legen, damit die Zerreißung eines derselben die Verbindung nicht unterbricht. Anderenfalls müßten die Drähte mindestens noch einmal so dick genommen werden und Eisen anstatt Kupfer. Dann würde der Draht vielleicht besser ganz schwimmend angebracht.

So dachte sich damals Werner noch das Kabellegen! Im April 1850, als gerade lebhaft über das projektierte Kabel zwischen Dover und Calais debattiert wurde, und Werner kurz zuvor sich in London persönlich über den Stand der Sache unterrichtet hatte, schlug er folgendes vor:

Entweder einzelne Drähte mit Röhrenketten für die Küstenenden, Tonnen zum Markieren und Wiederauffinden, Pfähle zum Halten der Röhrenketten, Befestigen des Kabels mit kleinen Ankern, die an langen Guttaperchastangen sitzen, welche mit Guttaperchaklappen am Drahte befestigt sind, um ein zu weites Fortführen des Drahtes durch die Strömung namentlich in der ersten Zeit zu verhindern, oder Stränge aus drei Drähten (solider, aber teurer), zu langen Enden durch Silberlot verbunden; um dieselben wird ein Rohr aus Guttapercha gepreßt, während die Drähte schneller fortgezogen werden, wie das Rohr sich bildet.

Der zweite Vorschlag bekundete schon mehr Verständnis für das Problem; doch fehlte namentlich noch die Armierung. Das im August desselben Jahres von Brett wirklich gelegte Kanalkabel bestand auch nur aus einem unbeschütztem, mit Guttapercha überzogenen und mit Blei beschwertem Kupferdrahte; es wurde am Tage nach der Legung von einem Fischer zerstört, und erst 1851 gelang es, ein brauchbares Kabel zu legen.

Nachdem Friedrich, wie wir schon wissen, sich 1848 vergeblich bemüht hatte, Werners Apparat an die Electric Telegraph Company zu verkaufen, begannen im folgenden Jahre Wilhelms Versuche, den Fabrikaten von Siemens & Halske sonstigen Absatz zu verschaffen. Dieser Gedanke lag um so näher, als man sich in England nicht besonders auf Feinmechanik verstand und viele der wichtigsten wissenschaftlichen Instrumente aus Paris, Berlin und Wien bezog. Schon damals sagte Werner voraus, die Firma werde später in England eine eigene Werkstatt anlegen müssen, und richtete an Wilhelm die Aufforderung:

Bestimme selbst Deinen Anteil am Gewinn, bestimme ihn aber nicht zu gering; denn ich sehe lieber fünf Taler in Deiner Tasche, als zwei in meiner. Keinesfalls sollte es weniger als 10 Proz. sein, bei Bestellungen in Berlin [1]).

Am 16. März 1850 wurde dann zwischen Werner und Wilhelm ein Vertrag geschlossen, wodurch letzterem die Agentur von Siemens & Halske für England übertragen wurde. Siemens & Halske übernahmen alle Patentkosten. Wilhelm erhielt 210 £ als Vorschuß. Er sollte ferner ein Drittel des sich aus seinen Bestellungen ergebenden Reingewinns bekommen und außerdem bei Apparatlieferungen aus Berlin $12^1/_2$ Proz. Aufschlag berechnen dürfen. Friedrich sollte, als Wilhelms Assistent, ein Viertel von dessen Gewinn erhalten.

In der folgenden Zeit bemühte Wilhelm sich tatsächlich auf die verschiedenste Weise: er suchte eine Telegraphen-Kompagnie zu begründen, veranlaßte Interessenten, Werners Erfindungen in Deutschland zu prüfen und bewog Werner, sich von den Verwaltungen, denen er Apparate usw. geliefert hatte, Zeugnisse ausstellen zu lassen. Es war schon die Rede von Begründung einer Guttaperchafabrik, wie auch einer Telegraphen-Bauanstalt in England. Der große moralische Erfolg, den Siemens & Halske auf der Londoner Weltausstellung 1851 errangen, wurde ausgebeutet durch Anknüpfung mit Interessenten aus Ostindien und Nordamerika, durch Veröffentlichungen in Zeitschriften usw. Es kam auch wirklich zu einigen Lieferungen nach überseeischen Ländern, namentlich zu dem am Schlusse des ersten Kapitels erwähnten Drahthandel, der aber fast ein schlimmes Ende genommen hätte. Wilhelm wußte allerdings schon in diesen Jahren **persönliches** Ansehen zu erlangen dadurch, daß er in den wissenschaftlich-technischen Vereinen, die in England eine große Rolle spielen, in der Royal Institution, in den Vereinen der Mechanical Engeneers, der Civil Engeneers usw., über Werners telegraphische und seine eigene thermodynamische Erfindungen berichtete. Aber nennenswerte **geschäftliche** Erfolge vermochte er noch nicht zu erzielen. Im Gegenteil: Wilhelm war der Firma Siemens & Halske viel Geld schuldig geworden und konnte es nicht zurückzahlen. Es kam sogar zu Mahnungen und spitzen Bemerkungen.

---

1) Pole (engl. Ausg.) S. 84 ff.

Im Jahre 1853 entstand in England ein großer „Unterseetelegraphen-Schwindel". Wilhelm riet sofort, diese Stimmung zur Begründung einer Gesellschaft für Anlage und Betrieb eines Kabels nach Indien zu benutzen; doch in Berlin war man nicht geneigt, auf solche und ähnliche Projekte einzugehen, wie sie Wilhelm damals mehrfach vorschlug. Dagegen bestellte Werner im Jahre 1853 von Rußland aus ein kleines Kabel für die erste Linie, die dort ausgeführt wurde (Kronstadt), bei Wilhelm, der das Kabel von Newall & Co. in Gateshead-on-Tyne bezog. Es war das erste Geschäft mit dieser Firma. Bezeichnend für den damaligen Stand der Kabeltechnik ist die Thatsache, daß Werner sich dem Grafen Kleinmichel gegenüber weigerte, ein Jahr lang für das Kabel zu garantieren, „da man in den seltensten Fällen einen Fehler im Kabel entdecken und reparieren kann". Tatsächlich hielt es sich nachher aber ausgezeichnet.

In den folgenden Jahren hatten Siemens & Halske so viel für Rußland zu tun, daß sie nicht daran dachten, für England zu arbeiten, und auch Wilhelm war seinerseits mit anderen Dingen beschäftigt, vor allem mit den Versuchen zur Ausgestaltung des Regenerativprinzips, von denen später die Rede sein wird, und mit dem bereits mehrfach erwähnten Wassermesser. Diese letztere Erfindung und ihre Bedeutung für die Brüder Siemens ist am besten hier zu besprechen, obwohl sie nicht zum Telegraphengeschäft gehört. Aber durch sie gewann Wilhelm zuerst festen Boden in England und trat auch zuerst mit der Werkstatt von Siemens & Halske in regelmäßige Verbindung. Dabei ergaben sich sofort Gegensätze deutscher und englischer Arbeitsweise und Geschäftsauffassung, Gegensätze, die uns später noch viel beschäftigen werden, die aber kaum je wieder so klar zum Ausdruck gelangt sind, wie bei diesem ersten Anlasse.

Wassermesser[1]). Gegen Mitte des 19. Jahrhunderts entstanden die ersten modernen Wasserwerke. Sie hatten starke Wasserverschwendung zur Folge, und es stellte sich das dringende Bedürfnis heraus, die Benutzungsgebühr nach dem Verbrauche abzustufen; aber es fehlte noch an einem brauchbaren Wassermesser. Werner und Wilhelm hatten sich mit Versuchen zur Abstellung dieses Mangels schon in der Zeit ihrer „Erfindungs-

---

[1] Pole S. 105 ff.; L.-E. S. 94; aber gerade die wichtigsten Momente sind dort nicht einmal erwähnt.

spekulationen" beschäftigt, Versuchen, welche Wilhelm nachher fortsetzte. Im Jahre 1850 konstruierte er einen Apparat, unter Benutzung einer rotierenden Doppelschraube, schloß mit Stephan Schwabe in Manchester einen Vertrag wegen Verwertung des Apparates und ließ das erste Exemplar bei Siemens & Halske in Berlin anfertigen. Dabei nahmen Werner und namentlich Halske bedeutende Änderungen an der Konstruktion vor, die sich für exakte Arbeit nicht eignete. Wurde hierdurch der Apparat erst wirklich brauchbar, so künstelte andererseits Halske lange Zeit bei einzelnen besonders exponierten Teilen mit allerhand wunderlichen Materialien, wie z. B. mit Wallroß- und Nilpferdzähnen herum, wodurch der Apparat nur verteuert und Zeit verschwendet wurde. Als Werner das erste Stück Wilhelm übersandte, empfahl er dringend, den Apparat längere Zeit sorgfältig zu probieren, namentlich auf den Grad seiner Empfindlichkeit, sowie daraufhin, ob er auch bei schlechter Handhabung und Erhaltung noch richtig zeigen würde. Es sei aber unmöglich, in dieser Güte der Ausführung den Wassermesser für 5 £ herzustellen, wie Wilhelm gewünscht hatte.

Es ist viel kitzlige Arbeit dabei, die sich nicht fabrikmäßig herstellen läßt; das Zählen namentlich muß mit großer Sorgfalt gemacht werden, wenn es leicht gehen soll — —. Kommt es aber bei ihm auf ein bißchen veränderliche Reibung nicht an, ist er überhaupt unempfindlich für kleine Störungen, so läßt die Konstruktion sich vereinfachen und die Arbeit etwas mehr fabrikmäßig machen, wodurch der Preis sich bedeutend ermäßigen wird.

Wilhelm machte wegen des geschäftlichen Verhältnisses folgenden Vorschlag, der angenommen wurde:

Wenn der Wassermesser gut einschlägt, so kriege ich vom Gewinn ein Drittel vorweg als Agent. Das Übrige wird gedritteilt zwischen Siemens & Halske, mir und Friedrich, da wir alle drei daran erfunden haben. Solange Siemens & Halske allein fabrizieren, wird ihr Drittel als in den Kaufpreis eingerechnet betrachtet.

Das war im Sommer 1851. Im Laufe dieses Jahres hatte die Stadt Manchester eine Reihe von Wassermessern verschiedener Konstruktion probiert und sämtlich verworfen. Am 28. November führte Wilhelm sein Modell mit glänzendem Erfolge vor, worauf Schwabe sich sofort bereit erklärte, die Generalagentur für England zu übernehmen. Er hatte damals für die Sache schon über 500 £ ausgegeben, wovon Wilhelm ein Drittel zu tragen hatte. Aber jetzt spielte Geld anscheinend auf einmal gar keine Rolle mehr: Schwabe war ganz begeistert, erklärte, er wolle 1500 £ für eine Fabrik in Manchester hergeben usw. Auch Wilhelm versprach sich goldene Berge und allein für Manchester Absatz von vielen Tausenden. Einstweilen bestellte die Stadt Manchester aber nur — sechs Wassermesser, zu liefern bis zum 28. Februar 1852, dann zwei Monate lang zu probieren und dann erst zu bestellen, vorausgesetzt, daß sie **ebensogut arbeiteten wie das Modell**. Schwabe war schon wieder ernüchtert und mahnte auch Wilhelm zur Geduld, erklärte sich aber bereit, 400 £ zu 5 Proz. Zinsen für Bestreitung aller Patentkosten herzuleihen, gegen Wilhelms Akzept, das fünf Jahre lang immer wieder prolongiert werden könne. Schwabe sollte als Generalagent 5 Proz. Provision bekommen, sowie von der Gebühr für Benutzung der Patente 5 s. pro Stück oder 20 Proz. bei Verkauf des ganzen Patentrechtes. Schlechte Schulden sollten Wilhelm Siemens zur Last fallen.

Ein Dutzend Wassermesser (sechs große und sechs kleine) wurden Anfang Dezember 1850 in Berlin bestellt, wobei Wilhelm eine Anzahl Änderungen vorschlug, die merkwürdigerweise in Berlin fast sämtlich schon vorher gerade so in Aussicht genommen waren. Im übrigen meinte Werner:

Für den Augenblick ist es uns ganz recht, außertelegraphische Arbeit zu haben, da Bestellungen jetzt sehr knapp sind, und wir uns daher einschränken müßten. In acht Tagen haben wir wahrscheinlich das Grundstück erstanden[1]) und können dann, wenn Du es am zweckmäßigsten und am billigsten findest, hier machen zu lassen, soviel schaffen, wie nötig ist. Nötigenfalls könnte man die Zähne (die diffizilste Arbeit) sehr billig machen, wenn dies nach Art des Gaszählers in Klempnerarbeit geschehen soll. Doch mußt Du bedenken, daß der Gaszähler ca. zwei Umdrehungen in der Minute, dieser vielleicht 10 in der Sekunde machen soll.

Nun begann eine unerfreuliche Zeit. In Berlin war man auf solche Arbeit noch nicht eingerichtet, und es haperte an allen Enden. Halske war zu sehr „Künstler". Der Ablieferungstermin konnte nicht eingehalten werden:

Friedrich an Wilhelm 27. Januar 1852. Die Wassermesser sind noch immer zurück, weil Heckmann die Röhren nicht ordentlich ziehen kann. Er macht jetzt noch einen neuen Versuch, seitdem Halske draußen gewesen ist und ihm einige Fingerzeige gegeben hat. In der Zwischen-

---

1) Vgl. oben S. 59. Es war die Zeit der schlimmsten Nottebohm'schen Krisis.

zeit besorgt Halske sich selbst eine Ziehbank, welche jedoch wohl noch acht Tage auf sich warten lassen wird — —. Die Gußstücke werden in einigen Tagen von Wöhlert anlangen. Der Preis, den Du zuletzt angabst, ist viel zu gering. Halske meinte, 20 Taler seien mindestens der Selbstkostenpreis. — Vetter Georg an Wilhelm 8. Februar. Es hat aufgehalten, daß zu viele Professionen dabei nötig sind, und wenn die eine ihr Versprechen nicht erfüllt, sofort ein neuer Aufschub dadurch entsteht. Schreibe nun, wann sie abgesandt werden sollen, und gieb einige Gründe an, warum die Zeit drängt; denn sonst kommt Halske leicht etwas ins Zaudern. — Halske an Wilhelm 15. Februar. Die 12 Wassermesser haben uns bis jetzt ca. 700—800 Taler gekostet. Der Preis wird sich nach den jetzigen Erfahrungen und Einrichtungen für die großen auf 80 Taler, für die kleinen auf 50 Taler stellen. — 1. März Friedrich. Die sechs kleinen Wassermesser sind fertig, die sechs großen auch ziemlich fertig. **Halske muß zu allem seine gehörige Zeit haben.** Seine Gefühle sträuben sich vollständig gegen eine eilige und demzufolge, wie er sagt, flüchtige Arbeit.

Als die Wassermesser in England anlangten, war man dort sehr erbaut über die vorzügliche Arbeit; aber — der Mechanismus wurde für **zu zierlich** erklärt: too delicate for common use!

Wilhelm an Karl 14. April 1852. Es ist viel schöne Arbeit darin verschwendet; aber auf Zweckmäßigkeit, Zeit und meine Anforderungen wird keine Rücksicht genommen. Ich bestelle jetzt welche in England.

Das Verhältnis Wilhelms zu **Schwabe** mußte damals gelöst werden. Schwabe wollte nicht länger Kredit geben, und Wilhelm erwies sich als überaus reizbar und wenig verträglich:

Schwabe 26. März. Diktatorisches Benehmen hindert Verständigung. — 28. März. Wir passen durchaus nicht zusammen in conducting business, das ist mir sehr klar geworden. Ich verzichte lieber auf Profit, als mit Leuten mich zu verbinden, with whom I cannot pull friendly together. Sie sind zu reizbar, ich habe auch meine Fehler, Feuer und Wasser vertragen sich nicht zusammen.

Dagegen knüpfte Wilhelm eine andere, viel wertvollere Verbindung an: mit einer sehr leistungsfähigen Fabrik von Wasserwerkartikeln, **Guest & Chrimes** in Rotherham. Diese Firma hatte sich schon nach dem ersten Erfolge des Wassermessers in Manchester mit einer Anfrage an Schwabe gewendet. Jetzt gelangte Wilhelm mit ihr rasch zur Verständigung:

Wilhelm an Karl 10. Mai. Guest & Chrimes sahen den ersten Wassermesser am vorigen Sonnabend, am Montag machten wir ab, und ich gab einige Daten, am Freitage hatten wir den ersten Wassermesser fertig. Halske braucht dazu mindestens vier Monate. — Wilhelm an

Fritz 23. Mai. Endlich bin ich hier in Manchester fertig! Obgleich die Korporation noch mit größeren Aufträgen zurückhält (unter dem Vorwande, daß die gelieferten Wassermesser nicht stark genug sind, aber in Wirklichkeit, um noch im Trüben zu fischen), so habe ich doch alle die Kuku's aus dem Neste gebissen und mit Guest & Chrimes abgeschlossen. Bedingungen: £ 250 baar und £ 250, sobald Aufträge für 200 Wassermesser eingegangen sind. Ferner Teilung des Gesamtgewinnes. Guest & Chrimes tragen aus ihrer Hälfte die £ 500 Anzahlung, ferner schlechte Schulden und ein Drittel der Verteidigungskosten des Patents. Sie garantieren uns ein Minimum von £ 300 jährlich. Es sind dies Leute von außerordentlicher Tätigkeit — —. Als Beweis will ich Dir anführen, daß sie binnen vier Tagen den ersten Wassermesser mit verbundenen Trommeln, Zähler etc. produzierten, natürlich nicht brillant gearbeitet, aber dem Zweck entsprechend. Sie sind jetzt mit Leib und Seele bei der Arbeit — —. Da Mr. B., der C. E. der Manchester Wasserwerke, indirekt bei Guest & Chrimes interessiert ist, so gewinne ich hier an Einfluß durch diesen Kontrakt, welcher überhaupt sehr günstige Resultate verspricht.

Aber so rasch wie Wilhelm glaubte, verwirklichten sich diese Aussichten nicht. Wilhelms begreifliche Ungeduld, erwartete er doch von dieser Erfindung seine ersten sicheren Einnahmen, wurde auf eine harte Probe gestellt. Guest & Chrimes suchten ihn mittels eigener Erfindungen zu schädigen, was indes nicht gelang. Ferner mußten geraume Zeit hindurch viele Wassermesser, weil schlecht gearbeitet, gegen bessere umgetauscht werden. Daher war noch im Jahre 1854 kein Überschuß erzielt, und erst 1856 begannen die regelmäßigen Zahlungen der Fabrik an Wilhelm.

Inzwischen hatte Wilhelm die Verbindung mit Berlin doch aufrecht erhalten. Siemens & Halske sollten ebenfalls Wassermesser liefern, und als sie ihr neues Haus bezogen, wurde darin gleich eine besondere Wassermesser-Abteilung eingerichtet:

Werner 2. August 1852. Halske ist jetzt warm und wird sich um so mehr daranhalten, als die Telegraphenbestellungen mit dem Sommer ihr Ende finden.

Aber dieser Frieden war nicht von langer Dauer, da Wilhelm aufs neue an der Konstruktion änderte:

Werner 8. Oktober 1852. Die Nachricht Deiner neuen gänzlichen Umkonstruktion hat Halske wieder sehr chockiert, da alle Formkosten dadurch nutzlos werden. Halske glaubt, ganze Wassermesser nicht unter 40—50 Talern liefern zu können. Hinsichtlich der Lieferung will Halske für jede veränderte Konstruktion vier Wochen für die Modellanfertigung und dann in vier Wochen immer das bestellte Quantum liefern. — 6. November. Es wird jetzt der eine ganze Arbeitssaal ausschließlich für

Wassermesser bestimmt. — 28. November. Die Formkosten für eine Wassermessergarnitur betragen ca. 200 Taler. Die Polizei hat gestern einen Vertrag mit einer englischen Gesellschaft wegen einer Wasseranlage hierselbst abgeschlossen. Die Engländer geben 1 $^1/_2$ Millionen. Scabell wird Direktor. — 11. Dezember. Deine Absicht, alle Wassermesser jetzt aufrecht zu machen, ist uns ganz neu. Wie Dein Brief ankam, waren die Modelle fast fertig, manche schon gegossen — —. Halskes Rat, erst mit der Hand solange einzelne zu machen, bis die Konstruktion unabänderlich feststände, war doch nicht so schlecht; wenigstens hätte hierdurch sehr viel unnötige Formarbeit gespart werden können. Es lassen sich zu Formarbeiten nur die besten Arbeiter benutzen, an denen großer Mangel ist — —. Es erzeugt immer ein unbehagliches Gefühl, sich den Kopf auf eine Formkonstruktion zu zerbrechen und lange Plage damit zu haben, in der Voraussicht, daß in einem nächsten Briefe das Ding wertlos wird. — 12. Dezember. Ich habe es durchgesetzt, daß die Wassermesser allen anderen Sachen vorangesetzt werden, wodurch bei den großem Mangel an guten Arbeitern unsere ganze Fabrikation ungemein leidet. Halske setzte mir früher stets ententgegen, daß die Wassermesser noch im Versuchsstadio sich befänden, es daher zu gewagt sei, sich auf fabrikmäßigen Betrieb einzurichen, ehe sich eine bestimmte Konstruktion als unveränderlich und völlig zweckmäßig herausgestellt habe. Ich behauptete, dies sei der Fall, und nun ist die halbe Arbeit ganz nutzlos, die andere Hälfte wird nur benutzt, um sie nicht fortwerfen zu müssen.

Man hoffte damals in Berlin auf Bestellungen der Berliner und Hamburger Wasserwerke, welche Erwartung aber nicht in Erfüllung ging. Noch im Jahre 1860 glaubte Werner nicht, daß es sich lohne, die besondere Wassermesser-Werkstatt fortbestehen zu lassen. Der ganze Gewinn, den Siemens & Halske bis einschließlich 1860 an den Wassermessern erzielt hatten, betrug nur etwa 2300 Taler, wobei die alten, weit höheren Versuchskosten nicht in Rechnung gebracht worden waren. Gewiß hatte Werner recht, wenn er noch 1858 Wilhelm schrieb:

Die Wassermesser werden bei Guest & Chimes wirklich säuisch gearbeitet: bei einem griffen die Räder nur teilweise ein — —. Die Reparaturen sind meist ohne wesentliche Neuanfertigung nicht durchzuführen.

Aber der Absatz durch Guest & Chrimes war damals schon längst ein glänzender. Bis Ende 1856 waren bereits etwa 1000 Stück geliefert, und Wilhelm allein erhielt die folgenden Gewinnanteile:

1. Juli 1855/56	£	902. 6.8
1. Juli 1856/57	„	1052.19.9
1. Juli 1857/58	„	942.14.6
1. Juli 1858/59	„	1368.14.2
1. Juli 1859/60	„	1240. 2.1
	£	5506.17.2

Dann erst begann auch in Berlin sich das Geschäft zu entwickeln. Die dortige Wassermesser-Abteilung warf im ganzen ab:

1861:	1 601 Tlr.		1866:	10 821 Tlr.
1862:	3 368 „		1867:	16 230 „
1863:	5 133 „		1868:	15 653 „
1864:	4 350 „		1869:	18 773 „
1865:	13 428 „			

Dazu gehört eine Bemerkung Werners aus dem Jahre 1866:

Unser Wassermesser-Abschluß ist wirklich brillant geworden. Über die Hälfte der Einnahmen sind Gewinne, trotz abgegebener 10 Proz. Und doch arbeiten wir viel besser und daher auch wohl teurer als Guest & Chrimes. Die Kerle müssen bei ihren großen Lieferungen gehörig verdient haben.

Die Gewinne von Guest & Chrimes bezw. Wilhelm aus dieser Zeit ließen sich jetzt nicht mehr ermitteln.

Kabeluntersuchungen für Newall & Co. Wilhelm Siemens stand seit 1851 in nahen Beziehungen zu Lewis D. B. Gordon, Professor des Ingenieurwesens an der Universität zu Glasgow und Teilhaber der Firma R. S. Newall & Co. in Gateshead-on-Tyne. Diese Firma nahm bei den sich in den folgenden Jahren rasch entwickelnden Kabel-Unternehmungen eine führende Stellung ein. Durch Wilhelms Vermittlung kam sie mehrfach in Geschäftsverbindung mit Siemens & Halske. Namentlich bezogen diese von Newall & Co. 1853 das Kabel für die von Karl gelegte Telegraphenlinie Petersburg-Kronstadt und lieferten ihnen dagegen Telegraphenapparate für das durch sie während des Krimkrieges im Interesse der englisch-französischen Kriegführung gelegte Kabel Varna-Balaclava.

Aber die englischen Kabel-Unternehmungen litten daran, daß die Kabel nicht gehörig auf ihre Leitungs- und Isolationsfähigkeit geprüft werden konnten.

Wissenschaftliche Kenntnisse und Methoden hatten damals in der englischen Industrie noch ebensowenig Eingang gefunden, wie in der unserigen. Man begnügte sich damit, zu konstatieren, daß Strom durch die Leitung ging und die telegraphischen Instrumente befriedigend arbeiteten (L.-E.).

Werner Siemens hielt allerdings noch 1853 die Auffindung von Kabelfehlern nach der Legung für sehr schwierig[1]), aber bei seinen unterirdischen Linien hatte er schon seit Jahren Methoden gefunden und angewendet, um ihre Leitungs- und Isolationsfähigkeit vor, während und nach der Legung elektrisch zu prüfen. Er begann jetzt, diese Methoden auch auf Seekabel anzuwenden:

Werner an Wilhelm 10. November 1855. Mit der Kabeluntersuchung bin ich vollauf beschäftigt und werde Euch bald Resultate schicken können. Die Sache wird sich gut machen; nur das „wie?" ist noch nicht ganz klar.

Bald darauf gelangten die russischen Unternehmungen von Siemens & Halske ins Stocken. Das Telegraphengeschäft auf dem Lande wurde überhaupt unlohnend und „langweilig"[2]), so daß sie schon daran dachten, es ganz aufzugeben. Da bot sich ihnen die willkommene Möglichkeit, es zur See fortzuführen. Wilhelm war eifrig hierfür tätig, indem er namentlich die Verbindung mit Newall & Co. immer enger und regelmäßiger zu gestalten suchte und indem er ferner Werners Verdienste um die Telegraphie nach Kräften in England bekannt machte.

Werner an Karl 5. Juni 1856. Am 7ten treffen Newall und Gordon aus England, Wilhelm aus Paris hier ein. Es soll ein wichtiges Übereinkommen über Unterseeleitungen, Entreprisen in England und den Kolonien usw. getroffen werden. — Wilhelm an Werner 30. Januar 1857. Das Resultat der Kabeldebatte[3]) ist sehr günstig gewesen. Ich habe hohe Ansprüche für Dich gemacht, und in Ermangelung von Gordon, der sich gedrückt hatte, kam Faraday vorwärts, um meine Aussagen zu bestätigen, scheinbar gegen seine Inklination.

Die schließliche Entscheidung über die Hauptrichtung der weiteren geschäftlichen Entwicklung von Siemens & Halske fiel im Juli 1857. Die Firma Newall & Co. hatte die Legung eines Kabels von Cagliari in Sardinien nach Bona in Algier übernommen, die ihrem Konkurrenten Brett bereits zweimal mißglückt war, weil er die für das flache Wasser der Nordsee brauchbare Art der Kabellegung ohne weiteres auf das tiefe Wasser

---

1) Vgl. oben S. 122.
2) Vgl. oben S. 97.
3) Vermutlich in der British Association for the Advancement of Science.

des Mittelmeeres und auf ein schweres Kabel mit vier Leitern anwenden wollte.

Newall & Co. beauftragten nun durch Wilhelms Vermittlung Siemens & Halske, für diese Linie die Apparate zu liefern und die elektrischen Prüfungen bei und nach der Legung vorzunehmen, was Werner persönlich zu tun versprach. Zugleich beschlossen Siemens & Halske, in London eine kleine Werkstatt und eine besondere Firma zu begründen[1]).

Werner an Karl, London 26. Juli 1857. Wir können nicht umhin, in London eine kleine Werkstatt und eine Filiale zu etablieren. Nur dadurch haben wir Aussicht, die Unterseelinien ganz in die Hände zu bekommen und Absatz von Apparaten zu erhalten. Newall & Co. und Wilhelm wollen als Kompagnons eintreten. Firma Siemens Halske & Co. Ohne Wilhelms Leitung kann es nicht gehen. Newalls Teilnahme sichert uns seine Treue und damit die Unterseelinien, die er fast alle macht. Ich habe versprochen, die Legung zwischen Bona und Sardinien im nächsten Monate mitzumachen und die Apparate aufzustellen.

Die Ausführung des Beschlusses wegen Firma und Werkstatt wurde noch vertagt. Dagegen vollzog sich die Legung des Kabels unter Werners Teilnahme, der darüber in den L.-E. einen genauen und bedeutsamen Bericht erstattet hat[2]), auf den hier verwiesen werden kann.

Werners wissenschaftliches Denken errang dabei einen ersten großen Sieg über das roh empirische Denken der ebenfalls anwesenden Engländer Newall und Liddle; und zwar geschah das nicht bei einem elektrotechnischen, sondern bei einem rein mechanischen Problem, das ursprünglich Werner ganz fern lag, das gar nicht zu seinen Aufgaben gehörte, und von dessen glücklicher Lösung doch das Gelingen der Expedition abhing, nämlich bei Bestimmung der für die Legung selbst anzuwendenden Methode. Newall und Liddle wollten sich dabei nach den zufällig von ihnen bei einer anderen Kabellegung gemachten Erfahrungen richten, während Werner Siemens, auf Grund allgemeiner physikalischer Gesetze, eine einfache Kabellegungstheorie aufstellte, die er dann sofort in die Praxis überführte, wobei sie durch die Erfahrung bestätigt und weitergebildet wurde. Dies geschah unter äußerst schwierigen Verhältnissen, besonders in steter Gefahr, daß das Kabel riß, mit den primitivsten technischen Mitteln:

---

1) Pole's Mitteilung (p. 113) aus dem Jahre 1853 ist irrig.
2) L.-E. 125 ff.

Ich konnte mich gegen Ende dieser Legung, bei der ich mir keinen Augenblick der Ruhe und Erholung gönnen durfte, nur durch häufigen Genuß starken schwarzen Kaffees aufrecht erhalten und brauchte mehrere Tage zur Wiedererlangung meiner Kräfte.

Nach Berlin zurückgekehrt, legte er sofort seine Kabellegungstheorie in zwei langen Briefen an Gordon nieder, fügte eine Reihe wertvoller praktischer Ratschläge hinzu[1]) und schloß seine Mitteilungen mit den Worten, Newalls hätten die Erfahrungen und eine richtige Theorie des Legens billig genug erhalten:

Wollen Sie meine Vorschläge benutzen, so werden sie künftig mit großer Seelenruhe eine Legung unternehmen können.

Das war damals wohl noch etwas zu viel gesagt, wie die eigenen späteren Erfahrungen von Siemens & Halske bewiesen haben. Aber sicherlich muß Werners Theorie der Firma Newall & Co. bei ihren weiteren Kabellegungen sehr nützlich gewesen sein. Sie bewährte sich auch später vollkommen; nur gehörten noch manche schlimme Erfahrungen dazu, um sie zu vollenden. Werner Siemens hat dies selbst getan und die Ergebnisse 1874 in einer der Berliner Akademie der Wissenschaften vorgelegten Abhandlung veröffentlicht[2]).

Werner verbesserte ferner, auf Grund der Erfahrungen bei jener ersten Kabellegung, die er selbst leitete, seine Methode der **Kabeluntersuchung** ganz außerordentlich und erfand für längere Kabellinien den „**Induktions-Schreibapparat**", der zum ersten Male durch ein polarisiertes Relais kurze **Wechselströme** für die Unterseetelegraphie verwendete, wodurch auf längeren Kabellinien erst eine rasche und sichere Korrespondenz ermöglicht wurde[3]).

Die auch noch 1857 von Newall & Co. gelegte Kabellinie von **Cagliari** nach **Malta** und **Korfu** wurde durch Ingenieure von Siemens & Halske (Löffler, Steinert und Viechelmann) geprüft und mit Induktions-Schreibtelegraphen versehen, ebenso in den folgenden zwei Jahren noch andere Linien.

Werners Aufmerksamkeit richtete sich um diese Zeit immer mehr nach England und nach der See:

Werner an Karl 2. Oktober 1857. Für unser hiesiges Geschäft wird England immer mehr Hauptkunde. Es war zu dem Zwecke nötig,

---
1) L.-E. 130 ff.
2) Wiss. Schriften 234 ff.
3) L.-E. 135 ff.; Wiss. Schriften 82 ff.; Techn. Schriften 114 ff., 118 ff.

dort die Fäden wieder etwas zu vereinigen und namentlich die Unterseelinien, die die Anknüpfungsadern zu neuen Linienkomplexen in anderen Weltteilen bilden, in die Hände zu bekommen. Das scheint gut gelungen. Es hängt jetzt eigentlich nur von uns ab, wie weit wir uns bei den Kabellegungen Newalls beteiligen wollen. Wäre ich 10—20 Jahre jünger, so würde ich die Anlagen als leitender Ingenieur übernehmen; so habe ich dazu nur im Notfalle Lust; denn die Zeit kräftiger geistiger Wirksamkeit ist nicht gar lang mehr und muß zu Rate gehalten werden. — Werner an Wilhelm 6. Januar 1858. Deine Bestellung hat frischeres Leben ins Geschäft gebracht (es handelte sich um 70 Apparate). — Werner an Karl 6. Januar 1858. Es ist unmöglich, Geld zu Fabrikzwecken nach Rußland zu schicken. Überhaupt müssen die Bedürfnisse des Telegraphengeschäfts stets vorgehen. Es wäre aber der umgekehrte Fall möglich, da die Mama jetzt wieder fruchtbar zu werden scheint, und neue Kinder nicht stiefmütterlich behandelt werden dürfen. — 14. Mai 1858. Unsere Blicke waren bisher zu sehr an Rußland gebannt, und das hat uns zurückgebracht in Beziehung zu anderen Ländern.

Werner dachte damals sogar schon an Kabel-Unternehmungen für eigene Rechnung, wenn auch gemeinsam mit Newall & Co., so namentlich an eine Verbindung zwischen Odessa und Konstantinopel. Dem aber stellte sich die eigenartige Gestaltung des Verhältnisses zu Newall & Co. entgegen, das viel Anlaß zu schwierigen Erwägungen und Verhandlungen darbot.

Das Verhältnis zu Newall & Co. Dieses Verhältnis war für Siemens & Halske unzweifelhaft bedeutsam, da es sie in die Kabelgeschäfte einführte und ihnen hierdurch eine neue große Bahn eröffnete. Aber andererseits gestaltete sich das Verhältnis für sie zunächst dadurch ungünstig, daß sie den englischen Geschäftsfreunden rückhaltlos vertrauten und ihnen ein weitherziges, im Geschäftsverkehre sonst nicht übliches Entgegenkommen bewiesen, das von den Engländern keineswegs erwidert wurde; im Gegenteil: diese nahmen ihre Interessen gegenüber Siemens & Halske rücksichtslos wahr und wendeten dabei Mittel an, die sich von einer normalen Geschäftspraxis wohl ebenso weit entfernten, wie das entgegengesetzte Verfahren der Berliner Firma.

Werner an Wilhelm 11. Januar 1858. Kommt ein ehrliches und billiges Arrangement mit Newall zustande, d. h. nicht so, daß Newall, wie er es liebt, den Löwen spielt, so könnten wir alle anderen in die Tasche stecken. Ich muß aber gestehen, daß mich das Benehmen von Newall und namentlich Liddle bei der letzten Anlage gegen unsere Leute nicht sehr dazu encouragiert. Kleinliche Eifersüchtelei scheint ihr Hauptmotiv zu sein. — Februar. Es scheint, als habe Newall alle Segel aufgespannt, um uns Löffler abspenstig zu machen, und als wäre das nicht ohne Eindruck geblieben. In diesem Falle würden wir natürlich alle Verbindung mit Newall abbrechen, da ein Mißbrauch unserer Gefälligkeitsdienste, als welche wir unsere bisherige Beteiligung bei den Anlagen nur betrachten, vorläge. Wir sind überhaupt durchaus nicht gesonnen, uns irgendwie weiter bei ihren Anlagen zu beteiligen, wenn Newall nicht ein festes Arrangement mit uns auf eine Reihe von Jahren machen will. Wir können unsere Kräfte besser im eigenen Interesse verwenden. Bei Apparatlieferungen verdienen wir nur sehr wenig, bei besonderen Konstruktionen gar nichts und wollen nicht pour le roi de Prusse arbeiten! — — Gordon hat mir geschrieben, er wünsche zu wissen, wie Löfflers Experimente ausgefallen sind, und ob man mit Sicherheit würde transferieren können bei Unterseeleitungen von ca. 500 miles Länge. Ich kann darauf nur antworten: ja, wenn man auf jeder Station tüchtige Telegraphisten hat und nicht solche Esel, wie man im Mittelmeer angestellt hat. Löffler ist der Überzeugung, daß die Malta-Linie nächstens auch stillstehen wird, da kein Mensch eine Idee von der Sache hat. Das schadet dem Kredit der Unterseelinien und uns mit. Jansen konnte wenigstens gut arbeiten und kannte so einigermaßen die Apparate; den haben sie entlassen und Vollblutesel angestellt! echt englisch! Das Sprechen auf lange Unterseelinien erfordert besondere Einübung, um sicher und schnell zu gehen — —. Wenn wir künftig darauf eingehen sollen, Apparate aufzustellen und die Linie in Gang zu setzen, so müssen wir wenigstens einen Beamten pro Station selbst ausbilden und anstellen. Sonst leidet unser Kredit darunter. Unter dieser Bedingung will ich es aber unternehmen, die längste Linie mit Translation in guten Gang zu setzen, falls die Leitungen so gut wie möglich isoliert sind. Natürlich nur dann, wenn es sich der Mühe lohnt! Brett und Newall berechnen, wie ich weiß, große Summen für die Elektriker, behalten sie aber in der Tasche. Ich glaube wirklich, wir würden mit Glass & Elliot[1]) oder anderen besser fahren.

Siemens & Halske konnten nicht einmal für ihre großen Vorschüsse von Newalls Deckung erlangen. Unter solchen Umständen dachten sie ernsthaft an eigene Kabelunternehmungen: Wilhelm sollte dafür eine Kompagnie begründen, und diese sollte nur die Kabel von Newalls beziehen. Auf Teilarbeiten wünschte Werner sich nicht einzulassen;

daraus entsteht nur Zank; entweder alles übernehmen, wie in Rußland, oder nur Materiallieferungen event. Stellung geübter Kräfte, ohne Verantwortlichkeit.

Wilhelm schilderte seinerseits die Schwierigkeiten und Voraussetzungen eines ganz selbständigen Vorgehens:

---

1) Eine andere Firma für Kabelunternehmungen.

Um hier mit Bildung einer Telegraphengesellschaft anzufangen, müßte man jedenfalls mit einer fertigen Konzession auftreten. Ich glaube nicht, daß es schwer fallen würde, Kapitalien zu finden. Aber es hängt alles von der Fassung der Konzession und der augenblicklichen Meinung ab. Inzwischen habe ich an Gordon geschrieben, um zu sehen, ob Newall & Co. ein Drittel des Kapitals nach Jahresfrist nehmen wollen. Scheint mir nicht wahrscheinlich, da Newall & Co. Geld gebrauchen. Zur Bildung einer Gesellschaft können sie noch mehr schaden als nützen — —. Andererseits halte ich es für sehr gefährlich, mit Newall & Co. jetzt zu brechen; denn sie haben die Kabelfabrikation und Legung jetzt in Händen, und es däucht mich unser Interesse, dabei so viel wie möglich zu profitieren. Glaß & Elliot sind ohne Ansehen und Geld und beschränken sich einfach auf Kabelspinnerei gegen bare Zahlung. Es ist natürlich, daß Dich Newalls Undankbarkeit und Arroganz ärgert. Die Firma macht eben nicht in Dankbarkeit, wohl aber verdankt sie ihre ganze Existenz deutscher Gutmütigkeit. Sie war ganz bereit, Dir 5 Proz. vom Werte der Kabel für Deine Mitwirkung zu geben, und ich begreife eigentlich nicht, was Dich bewog, L. und V. gratis zu schicken — — Da wir keine Forderungen zu machen haben, scheint es mir am klügsten, nichts merken zu lassen und bei nächster Gelegenheit sie soviel wie möglich bezahlen zu lassen. Du siehst, auf welche Stufe der Niederträchtigkeit ich bereits gekommen bin! Darum will ich mich auch nächstens naturalisieren lassen[1]).

Newall & Co. forderten für Kabellieferungen zu hohe Preise, und auch aus anderen Gründen ließen Siemens & Halske ihre Absicht, selbst Kabel zu legen, einstweilen fallen. Andererseits erschien bald der von Wilhelm erwartete Augenblick, der Newall & Co. nötigte, sich ihrerseits Siemens & Halske zu nähern. Sie hatten nämlich aufs neue Kabel zu legen und brauchten dabei die Hilfe der Berliner Firma:

Wilhelm 29. April 1858. Gordon schreibt, daß er täglich auf Abschluß der India-Linie gewartet habe[2]) und dann mit Dir eine vertrauliche Konferenz haben wollte über unsere Beteiligung. Ich denke, man läßt sie etwas in der Patsche sitzen. — 5. Mai. Wilhelms Bericht über Beginn der entscheidenden Verhandlungen mit Newall: N. war anfangs sehr breitspurig und meinte, es sei unsere Schuldigkeit, die Apparate in Gang zu setzen, sonst würde er anderwärts bestellen usw. Er schalt sich selbst einen Esel, daß er nicht schon vor Jahren einen Privatelektriker engagiert hätte. Zu seinem Ärger stimmte ich vollkommen bei und schlug ihm Whitehouse oder Varley als geeignete Personen vor. Dabei stellte sich denn heraus, daß W. 10000 £ (?) für Herstellung von

---

1) Das geschah erst ein Jahr später, bei Wilhelms Verheiratung mit der Schwester seines Freundes Gordon.

2) Es handelte sich schon um die Rote-Meer-Linie.

ein Paar Apparaten verplempert, daß V.'s Apparate unzureichend seien und daß Herr Newall doch schließlich zu S. & H. kommen müßte. Ich schlug vor, daß N. & Co. und S. & H. sich dahin vereinigen sollten, daß sie beide **nicht ohne den anderen Teil** Kabel anlegen oder Instrumentierung derselben unternehmen sollten, daß N. & Co. an S. & H. nicht nur die Fabrikpreise für Apparate und Barauslagen für Leute, sondern außerdem noch einen gewissen Prozentsatz vom **Werte des Kabels an Bord des Schiffes** zahlen sollten. Wir sind hierin bis auf den Prozentsatz selbst übereingekommen — —. Es ist wohl kein Zweifel, daß N. & Co. die Kabelzukunft wenigstens noch auf mehrere Jahre in Händen haben, und daß vielleicht noch in diesem Jahre bis Indien gelegt wird. Ich rechne daher auf Quantität. — Kommt ein Kontrakt der Art zustande, so wird es vielleicht profitabel, **Löffler hier permanent zu stationieren und mit Einrichtung einer kleinen Werkstatt** vorzugehen, wodurch der Verkauf von Apparaten hierselbst für Landlinien allein festen Boden fassen könnte.

Werner machte darauf einige Gegenvorschläge. Vor allem verlangte er 1 Proz. von dem Übernahmepreise, den Newall & Co. erhalten würden, nicht vom bloßen Kabelpreise. Dadurch würde klarere Rechnung geschaffen und eine Quelle der Streitigkeiten verstopft. Newalls könnten sonst die Verteilung zwischen Lege- und Kabelkosten beliebig vornehmen. Auch würden die Linien immer mehr in entfernten Gegenden gebaut, wo der Kabelwert oft ganz verschwindend klein sei, gegenüber den Lege- und Reisekosten. Endlich seien Siemens & Halske überhaupt mehr beim Legen interessiert, als bei der Kabelfabrikation. — Werner forderte ferner Entschädigung der Reisekosten und 1 £ pro Tag für Ingenieure, $^1/_2$ £ für Gehilfen. Dagegen versprach er, soviel Leute zur Verfügung zu stellen, wie Newalls brauchten. Der Vertrag solle auf mindestens fünf Jahre geschlossen werden. Die Nachteile der Vereinbarung sah Werner schon ebenso klar voraus wie ihre Vorteile:

8. Mai. Es wird nicht immer flott mit dem Kabellegen vorwärts gehen; wir beschränken unsere Freiheit des Handelns. Werden N. & Co. von anderen überflügelt oder ist überhaupt nichts zu tun, so können wir auch wesentliche Nachteile von dem Kontrakte haben. — 12. Mai. (Wenn N. nicht nachgeben will, ist der status quo vorzuziehen.) Die großen Summen sind zwar recht verlockend, aber man darf auf sie nicht rechnen — —. Soviel ist klar, daß wir, mit N. offiziell vereint, eine **Macht bilden, die nicht so leicht zu beseitigen oder zu überflügeln ist**. Es würde sowohl in N.'s wie in unserem Interesse liegen, diese **Vereinigung bekannt zu machen**. Jeder hat seinen Kreis von Gläubigen, und unserer ist nicht eben klein. Österreich, Holland und Rußland würden wir ziemlich sicher mitbringen, und alle drei haben große Pläne,

namentlich Holland in den Ostindischen Kolonien. — 14. Mai. Leute für Newalls müssen wir aus Rußland kommen lassen, wo unser Hauptdepot ist. Die Beamten bleiben bei uns, weil sie aus Erfahrung wissen, daß wir niemand entlassen, wenn er nichts verschuldet hat, selbst wenn wir nichts für ihn zu tun haben. Unsere russischen Kontrakte machen das ausführbar. Dagegen hat J.'s Entlassung seitens Newalls unseren Leuten den Beweis geliefert, daß sie sich bei anderen nicht auf solche Rücksichten verlassen können. Wir würden daher doch den Leuten versprechen müssen, sie wieder aufzunehmen, wenn sie von N. entlassen würden, wir behielten daher die ganze Last. Andererseits können wir die Leute auch leichter beschäftigen, sei es in England, hier, Rußland oder Wien, wenn N. sie nicht braucht. Bleibe also nur fest bei den gestellten Bedingungen. Sie werden schon kommen, wenn nicht jetzt, so später, wenn sie in der Klemme sind. Ich bin damit einverstanden, daß wir nur mit N.'s Zustimmung Apparate für andere Unterseelinien verkaufen — —. Werner an Karl 14. Mai. Newall wehrt sich noch; ich denke, er wird nachgeben; denn die Zeit drängt. Dann ist es ein brillantes Geschäft, ohne alles Risiko und wohl 50000—100000 Taler jährlich wert. Machen wir selbst Kontrakte, so gibt N. noch 5 Proz. mehr für die Ausführung. Also Kabelmachen ist die Losung!

Erst gegen Ende Juni 1858 wurde der Vertrag mit Newall & Co. endgültig abgeschlossen, anscheinend ganz nach Werners Wünschen. Sofort begannen dann auch die entscheidenden Beratungen über die längst geplante Begründung eines eigenen Geschäfts in London. Die Brüder waren wieder erfüllt von hohen Erwartungen und Unternehmungslust.

Begründung der Firma Siemens, Halske & Co. in London. Die Rote-Meer-Expedition. Am 1. Oktober 1858 begann die Firma Siemens, Halske & Co. in London ihre Geschäftstätigkeit. Ihre Aufgabe bestand in der Beteiligung an Unterseeanlagen und etwa sich aus ihnen ergebenden außereuropäischen Unternehmungen. In London wurde zugleich eine kleine Reparatur- und Instrumentenwerkstatt eingerichtet. Die oberste Leitung des Londoner Geschäfts übernahm natürlich Wilhelm. Zu seiner Unterstützung wurden zwei besonders tüchtige Kräfte von Berlin entsandt, der Ingenieur Löffler, der zunächst namentlich für Kabelexpeditionen tätig sein sollte, sowie der Mechaniker und Monteur Mittelhausen, dem die spezielle Führung der Londoner Werkstatt oblag. Auf wichtige, mit Risiko verbundene Unternehmungen durfte Wilhelm sich nur mit Zustimmung der Berliner Firma einlassen. Letztere sollte vom Londoner Gewinne zwei Drittel erhalten, Wilhelm ein Drittel. Für die gegenseitigen Berechnungen wurden noch weitere

Bestimmungen getroffen, die bald Anlaß zu vielen Weiterungen gaben. Wir werden sie im dritten Abschnitte besprechen, wo die Gestaltung der inneren geschäftlichen Verhältnisse im Zusammenhange dargestellt werden soll.

Es war die Zeit, als Cyrus W. Field seinen ersten Versuch machte, eine telegraphische Verbindung zwischen Europa und Nordamerika herzustellen. Das Kabel funktionierte nur 20 Tage lang. Aber diese Zeit genügte, um eine neue Periode großer Kabel-Unternehmungen herbeizuführen. Namentlich wurde dadurch ein bedeutsamer Versuch veranlaßt, das dringende Bedürfnis Englands nach einer telegraphischen Verbindung mit Indien zu befriedigen. Dieser Versuch wurde von Newall & Co., mit Hilfe der Siemens-Firmen in London und Berlin, im Auftrage der Red-Sea and India Telegraph Company unternommen.

Zunächst dachten Siemens & Halske zwar ernstlich daran, ihre Absicht zur Übernahme von Kabellegungen für eigene Rechnung wieder aufzunehmen. Aber sie waren dabei vertragsmäßig für die Lieferung der Kabel an Newall & Co. gebunden, die ihnen diese Unternehmungen wieder durch Forderung zu hoher Preise verleideten:

Werner 20. Oktober 1858. Die Glaß & Elliot'schen Preise sollen sehr viel billiger sein wie die Newall'schen. — Karl 18. November. Newall & Co. sind köstlich mit ihren Kabelpreisen; sie scheinen selbst nicht darüber klar zu sein, was sie eigentlich haben wollen. Es ist bereits das dritte Mal, daß sie die Preise verändern. Wenn alle Engländer auf diese Weise zu Werke gehen, so mag der leibhaftige Satan mit ihnen Geschäfte machen. — Werner 2. Dezember. Newalls scheinen uns möglichst von direkten Kabelgeschäften zurückzuhalten ——. Newalls Kabelpreise sind gut ein Drittel höher wie die von Felten & Guilleaume, obschon diese bedeutend besser fabrizieren. — Werner 21. Dezember. Es ist doch fraglich, ob der Kontrakt mit Newalls mehr nützt wie schadet; eigene Anlagen macht er uns ganz unmöglich. — Werner 30. Dezember. Warum geben Newalls keinen Preiskurant, meinetwegen mit Vorbehalt der Preisveränderungen der Materialen, mit Proben oder auch speziellen Angaben mit Zeichnung, wie es andere und namentlich Felten & Guilleaume tun? Freilich kann man dann nicht so gut im Trüben fischen. Der englische Geschäftsverkehr scheint mir überhaupt auf sehr unsolide und schlüpfrige Bahnen gekommen zu sein.

Indes gestaltete sich die Verbindung mit Newall & Co. zunächst wieder so intim, daß z. B. sogar die Dienstinstruktionen für den Betrieb von Newall'schen Kabeln bei Siemens & Halske in Berlin ausgearbeitet wurden. Drei Expeditionen wurden noch vor Schluß des Jahres 1858, unter Beteiligung von Siemens & Halske, ausgeführt: von Konstantinopel nach Chios und Candia, von Syra nach Chios und von Candia nach Alexandria. An Streitigkeiten fehlte es freilich auch dabei nicht:

Werner 27. Dezember. Klage über schlechte Kabelkonstruktion und -legung durch Newalls: Der Hanf[1]) hängt fast nur in Fasern umher und liefert fast gar keinen Widerstand gegen Durchstoßung usw. Es wäre sehr gut, wenn man sich keine bessere Isolation und geringere Ladung vorlügt, die dann später mit Schrecken vergeht; vide Atlantisches Kabel! Das Candia-Alexandria-Kabel ist jedenfalls entzwei gegangen, weil man es während des Legens auf dem Grunde nachgeschleift hat, das Chios-Kabel ist nach und nach auf Fels- oder Korallenspitzen im Grunde durchgescheuert. — 30. Dezember. Du solltest doch N. & Co. gegenüber einen Trumpf daraufsetzen, daß sie uns mit einfältigen Ansichten solcher Esel wie B. und J. ganz verschonen. S. meint auch, es wären Narren, die es gar nicht hätten beurteilen können, da sie ja in Canea und nicht auf dem Schiffe waren. Auf dem Schiffe nahm die Isolation stets ab usw.

Alle damals von den Engländern gelegten Kabel waren mangelhaft und gingen bald wieder zugrunde oder hörten rasch auf zu funktionieren.

Im Herbste 1858 wurden in Berlin die Arbeiten für die Rote-Meer-Expedition ausgeführt. Für Werner persönlich erwuchs hierbei zunächst die schwierige Aufgabe, Apparate für eine Unterseeleitung von (mit der Strecke durch den Indischen Ozean) 3500 Seemeilen zu konstruieren, während bis dahin solche nur auf höchstens 700 Seemeilen (Cagliari-Korfu) erprobt worden waren. Werner löste die Aufgabe durch sein später sogenanntes „Rotes-Meer-System", das Batterieströme von wechselnder Richtung verwendete, statt der bisherigen durch Induktion erzeugten Wechselströme[2]). Die Besteller forderten dabei auch eine veränderte Schaltung, welche große mechanische Schwierigkeiten und für Werner persönlich ebenfalls bedeutende Mehrarbeiten verursachte. Diese Forderung wurde namentlich von Löffler unterstützt oder ging vielleicht sogar von ihm aus:

Werner 6. Januar 1859. Die Manier Löfflers, seine, nicht einmal besonders zweckmäßige Schaltung und Konstruktion à tout prix einzuführen, muß ihm ernstlich gelegt werden.

---

1) Seit kurzem wurden die Kabel regelmäßig mit Hanf umsponnen, was Werner längst vorgeschlagen hatte.

2) L.-E. 138; Techn. Schriften 133 ff.

Doch erwies sich, daß das System durch die neue Schaltung an Einfachheit und Übersichtlichkeit der Anordnung, sowie an Unempfindlichkeit gegen Temperaturänderungen usw. gewann. Dagegen widersetzten sich Siemens & Halske dem englischen Wunsche, die Ausstattung der Apparate nach Art der Landlinien zu gestalten und dadurch größere **Billigkeit** zu erreichen:

Unser Bestreben ist nicht, vor allem billige, sondern vor allem die **solideste** Arbeit zu machen. Leider ist hier der Markt so heruntergekommen, daß bei den bestehenden Preisen niemand mehr ernsthaft gute und vorzügliche Arbeiten ausführen kann. Was für ein Grund liegt aber vor, daß wir ohne drängende Umstände auch die Submarineapparate selbst so heruntertreiben? — — Wir halten es für nützlich, die Submarineapparate auch fernerhin als etwas Außergewöhnliches hinzustellen; denn nähern wir uns erst im Äußeren wie in der Ausführung den Landapparaten, so liegt der Gedanke, französische u. a. Apparate aus allerbilligster Quelle zu nehmen, natürlich auch nicht fern.

Wir werden später sehen, zu welchen langen und unerfreulichen Erörterungen gerade diese Kostenfragen Anlaß gaben; indes gelang es damals noch, den englischen Angriff abzuschlagen.

Im Dezember 1858 kam Kapitän Stewart von der indischen Telegraphenverwaltung nach Berlin, um die Apparate zu prüfen, ein sehr unterrichteter Mann:

Er schien von dem hiesigen Getriebe sehr befriedigt und hat versprochen, wenn er Direktor in Ostindien werden würde, daß der Bedarf dieses kolossalen Marktes durch uns allein gedeckt werden sollte.

Im Februar folgte eine Schar englischer Telegraphisten, Beamte der Red Sea Company, die in der Handhabung der Apparate unterwiesen wurden.

Zugleich entschloß Werner sich, persönlich mit einem ganzen Stabe von Elektrikern und Mechanikern nach dem Roten Meere zu reisen, um sein Apparatsystem dort gründlich zu erproben. Dabei ergaben sich schon wieder Differenzen mit Newall & Co., welche unbedingte Verfügung über die Berliner Beamten haben und dagegen die geforderten Diäten nicht bezahlen, auch die Mitwirkung von Siemens & Halske nicht an die Öffentlichkeit gelangen lassen wollten, was Werner verlangte. Dieser gewann schon damals den Eindruck, daß nach Beendigung der Expedition der Kampf zwischen den beiden Geschäften offen ausbrechen würde.

Viel hing von dieser Expedition ab. Siemens & Halske strengten ihre Kapitalkraft sehr an und lieferten allein für 30000

Taler Apparate an Newall & Co., deren Existenz schwer bedroht war, wenn die Expedition mißlang, während ihr Gelingen für beide Firmen eine Ära gewinnreicher Unternehmungen herbeiführen mußte.

Ende März 1859 reiste Werner mit Meyer über Triest nach Ägypten und kam erst im Juli wieder nach Berlin zurück. Der Bericht der L.-E. über den Verlauf der Expedition[1]), so interessant er ist, bedarf dringend einer Ergänzung, namentlich hinsichtlich der für unsere Zwecke wichtigsten Punkte. Die Lücken lassen sich aber glücklicherweise ausfüllen durch den Inhalt eines langen Briefes Werners an Wilhelm, geschrieben Anfang Juli, gleich nach Beendigung der Expedition, an Bord der „Ellora". Dieser Brief beleuchtet vor allem das Verhältnis zu den an der Expedition teilnehmenden Engländern, unter denen, außer Newall und Liddle, namentlich der Regierungs-Ingenieur Gisborne zu erwähnen ist.

Das Newall'sche Kabel erwies sich wieder als fehlerhaft und wurde durch die im Roten Meere herrschende Hitze noch weiter verschlechtert. Dagegen erweckte die Art, wie Newall die äußere Leitung der Expedition durchführte, Werners Bewunderung:

Glück haben Newall & Co. mehr, wie ihre Vorbereitungen verdienen. Doch bei der Ausführung ist Newall tüchtig und ein ganzer Mann, das muß ihm der Neid lassen — —. Die Fehler ließen sich genau bestimmen, weil sie sehr groß waren. Ich werde jetzt die Fehlerbestimmungen noch weiter kultivieren und unsere Unterseejugend gut einexerzieren. Diese glücklichen Fehlerbestimmungen, das schöne und sichere Sprechen und namentlich die schnelle Translation zwischen Suez und Aden haben Newalls Respekt vor uns sehr erhöht. Er ist jetzt sehr zivil und denkt nicht daran, uns durch seine dummen Jungens zu verdrängen.

In den L.-E. findet man eine solche Fehlerbestimmung speziell geschildert. Sie brachte den bis dahin von den Engländern verspotteten „scientific humbug" mit einem Schlage zur Geltung. Ermöglicht wurden diese Bestimmungen dadurch, daß Werner an Stelle der bisherigen Strommessungen Widerstandsmessungen, unter Zugrundelegung einer Quecksilbereinheit, anwendete, die erste sichere und brauchbare Art zur Messung des elektrischen Leitungswiderstandes.

Das leichte Sprechen zwischen Suez und Aden wurde, wie wir schon aus den L.-E. wissen, durch eine andere Neuerung

---

1) L.-E. 137 ff.

Werners noch verbessert, nämlich durch die erstmalige Anwendung eines Kondensators in der Kabeltelegraphie, wobei allerdings der zufällige Umstand mitspielte, daß ein überschüssiger Kabelrest einstweilen von Aden aus verlegt worden war und von Werner leicht als Leidener Flasche verwendet werden konnte.

Wie geschickt auch sonst Werner seine wissenschaftlichen Beobachtungen während dieser Expedition im geschäftlichen Interesse zu verwerten wußte, beweist folgende Stelle seines brieflichen Berichtes:

Ich fand zu meiner Überraschung eine sehr große elektrodynamische Induktion (Extrakurrentwirkung von Windung auf Windung), welche das Sprechen außerordentlich verlangsamte. Durch das ganze auf dem Schiffe befindliche Kabel von beinahe 800 Knots Länge war fast gar nicht zu sprechen, selbst durch 400 Knots nur langsam und mit starker Batterie. Beim Auslegen des Kabels nahm die Sprachgeschwindigkeit schnell zu und war, als wir in Cosseir angekommen und der Rest von ca. 100 Knots abgehauen war, über viermal so groß wie vorher, fast unbegrenzt geschwind. Das ist eine wichtige Beobachtung! Beim Legen langer Kabel muß man künftig, so wie wir es später taten, das Kabel an vorbereiteten Stellen aufdrehen und eine metallische Verbindung herstellen, durch die man spricht, bis das Ende beinahe ausgelegt ist, dann wieder isolieren und ca. 400 Knots weitergehen. So kann man immer gut sprechen. Durch schlechtes Sprechen auf dem Lande muß man sich nicht abschrecken lassen, wohl aber andere! Daher nie Sprechversuche auf dem Lande mit unseren Apparaten ausführen, andere aber recht viel probieren lassen!

Werner hatte offenbar von den Engländern auch schon einiges gelernt. Wir werden sehen, daß er in dieser Schule noch weitere Fortschritte machte. Hören wir zunächst, wie er über seine geschäftlichen Erörterungen mit ihnen an Wilhelm berichtete. Das Verhältnis zu Newall hatte sich, wie schon gesagt, während der Expedition wesentlich gebessert, nicht dagegen dasjenige zu Liddle, dem Elektriker von Newall & Co.:

Löffler klagte, Liddle habe gesagt, er (Löffler) habe den Fehler, den er genau bestimmt hätte und der in Exzentrität des Drahtes bestand, durch Anwendung zu starker Ströme selbst erzeugt, indem er den Draht erhitzt und die Guttapercha dadurch geschmolzen hätte!! Erst ärgerte ich mich, dann aber benutzte ich den Fall, um Liddle nicht allein bei Gordon & Newall, sondern auch ganz offen bei Gisborne und der ganzen Gesellschaft gründlich lächerlich zu machen. Newall meinte, es wäre ein Witz von Liddle gewesen; es kann aber nichts schaden, wenn Du darauf herumreitest. Liddle muß vom Legen ausgeschlossen werden, da er prinzipiell unser Gegner ist. Newall und Gordon sagen schon, er hat kein Glück — meinetwegen! Wir haben uns redlich nützlich gemacht, und alle erkennen dies, wenn auch mit Mißgunst, an. Wir können daher in allen Punkten fest und entschieden auftreten. Dazu gehört z. B., daß wir unter keinen Umständen Newall & Co. gestatten, einen eigenen Elektriker zu unserer Assistenz oder Kontrolle mitzuschicken. Ich bin dafür, daraus eine Kapitalfrage zu machen.

Auch das Verhältnis Werners zu Gordon hatte sich nicht wesentlich gebessert, trotzdem dessen Schwester sich kurz vorher mit Wilhelm verlobt hatte; Werner suchte ihm nach Kräften gerecht zu werden:

Gordon ist wirklich ein rechter Gentleman. Man wird aber nicht so recht warm mit ihm. Liegt wohl mehr an seinem Wesen.

Inwieweit dies Urteil zutraf, werden wir später sehen. Wichtiger ist jedenfalls, daß Newall & Co., nach Werners Eindruck, schon damals „legemüde" waren. Jene anfänglichen günstigen Ergebnisse waren auch, wie sich gleich nach Beendigung der Expedition herausstellte, nur von kurzer Dauer. Als die Leiter der Expedition von Aden auf dem großen englischen Passagierdampfer „Alma" zurückkehrten, scheiterte das Schiff an einem Felsen, und die Passagiere mußten auf einer kleinen wüsten Insel unter Hitze und Durst vier Tage lang schwer leiden, wurden auch durch die Farbigen der Schiffsmannschaft bedroht, so daß die Lage schließlich kritisch wurde. Im letzten Momente fast brachte Newall Hilfe; er hatte sich in einem offenen Boote aufs Meer gewagt, in der Hoffnung, einem Schiffe zu begegnen; die „Alma" war nämlich acht Seemeilen außerhalb des gewöhnlichen Kurses der Schiffe gestrandet. Tatsächlich wurde Newall von einem englischen Kriegsschiffe entdeckt, auf dem ein Ingenieur von Siemens & Halske sich befand, und zwar entdeckte dieser ihn selbst mittels eines ausgezeichneten Fernrohres, das Werner sich für diese Reise hatte bauen lassen. Weiteres über die ganze Episode dieses Schiffbruchs findet man in den L.-E.

Newall brachte die traurige Botschaft mit, daß das Kabel bereits an zwei Stellen beschädigt wäre. Es wurde zwar repariert; aber bald zeigten sich neue Fehler, die nicht zu bessern waren, weil das Kabel zu nahe dem Ufer lag, wo Korallenbildungen es am Boden festhielten. Auch wußten die Beamten der Red Sea Company die Apparate nicht zu handhaben. Endlich und vor allem

war man, wie Werner in den L.-E. sagt, damals noch nicht zu der Überzeugung gekommen, daß bei Unterseekabeln nicht die Billigkeit, sondern die Güte in erster Linie anzustreben ist. Man überlegte nicht, daß jeder Fehler, wenn er nicht repariert werden kann, das ganze Kabel entwertet, und daß aus jedem kleinen Isolationsfehler mit der Zeit ein großer wird. Fast alle in der ersten Zeit von den Engländern gelegten Kabel gingen zugrunde, weil man bei der Konstruktion und Herstellung, sowie bei den Prüfungen und der Legung sich nicht von richtigen Grundsätzen hatte leiten lassen.

Wie sehr in dieser Hinsicht Werner Siemens und seine Leute Newalls überlegen waren, bemerkte schon während der Expedition der Regierungs-Ingenieur Gisborne, und er machte infolgedessen Werner wichtige Vorschläge, die dieser sofort Wilhelm übermittelte.

Lösung des Verhältnisses zu Newall & Co. Siemens & Halske im Dienste der englischen Regierung.

Sehr wichtig — so schrieb Werner schon an Bord des „Ellora" an Wilhelm — ist für uns Gisborne. Ich habe nun $3^1/_2$ Monat mit ihm zusammengelebt und muß sagen, daß ich mein anfängliches Mißtrauen gegen ihn verloren habe und wirklich befreundet mit ihm geworden bin. Eine nähere Verbindung mit ihm kann uns nur nützlich sein, vielleicht mehr als die mit N. & Co., die legemüde geworden sind. Er hat mir manche Propositionen gemacht, über welche ich Dir die Entscheidung anheimgestellt habe. Er wird nicht eine Legung ohne uns, viel lieber ohne N. & Co. übernehmen. Jetzt hat er von der Regierung den Auftrag zu einer Linie zwischen England und Gibraltar, später Malta—Alexandria. Er proponiert, wir sollten als Elektriker der Regierung dabei funktionieren. Wenn die Sache sich mit dem Newallschen Vertrage verträgt, so wäre sie sehr gut. Die Regierung will das Risiko selbst tragen und Newalls nur die Bespinnung und persönliche Mitwirkung beim Legen übertragen. Wir müssen suchen, in England mal zu offizieller und öffentlicher Anerkennung zu kommen, was bei N. schwerlich der Fall sein wird, da wir nur als seine Gehilfen auftreten. Gisborne wird Dich gleich besuchen. Komme ihm ohne Mißtrauen und englische Zurückhaltung entgegen. Er ist in dieser, wie mancher anderen Beziehung kein Engländer — —. Er wünscht namentlich, daß wir die Drähte schon in der Guttaperchafabrik probieren und abnehmen — sehr vernünftig! Vielleicht können wir Newalls Zustimmung durch Erlaß von $1/_2$ Proz. leicht bekommen, nötigenfalls auch des ganzen Prozents.

Werner kam von der Expedition leidend zurück: er hatte Blutgeschwüre am ganzen Körper und ging zunächst auf einige Wochen nach Rehburg zur Kur. Wilhelm dagegen trat sofort mit Gisborne und Newall in Unterhandlung:

Wilhelm 5. Juli 1859. Ich freue mich, daß ich Gisborne keine Grobheit gesagt habe, wie ich beabsichtigte, für einen Times-Artikel (vor

14 Tagen), worin er und Newall zum Himmel erhoben wurden, und Du nicht mal erwähnt warst! Jetzt soll mir dieser Umstand als Anlaß dienen, entschiedene Forderungen zu stellen. Es ist jetzt die richtige Zeit, entschieden aufzutreten, und es soll dazu an mir nicht fehlen. Bei dem Gibraltar-Kabel habe ich in Gemeinschaft mit Forde (Gisbornes Teilhaber) offiziell zu tun. Gestern kehrte ich von der Bay of Biscay zurück, wo ich drei Wochen an Bord H. M. Firebrand umhergeschwommen bin, um Tiefen zu messen! — — Gisborne und Forde sind beide „people engeneers", aber als solche gewandt. Es ist aber wohl zu bedenken, daß ihr Kapital „hinter den Zähnen steckt", während N. & Co. eine **Macht** jetzt bilden. Größere Unabhängigkeit scheint mir unsere beste Politik zu sein. 9. Juli. **Newall hat seinen Konsens gegeben, daß wir direkt für die Regierung arbeiten**, nachdem ich ihm vorstellte, daß unser allseitiges Interesse dadurch gefördert würde.

Schon am 13. Juli wurde der Kontrakt wegen des Gibraltarkabels mit der Regierung abgeschlossen. Die Siemens-Firmen übernahmen die Prüfung des Kabels für ein Fixum von 4000 £ und eine Prämie von 2500 £ für den Fall des Erfolges. Wilhelm bezeichnete die Vornahme der nötigen Versuche als dringlich, ebenso die Abgabe einer Offerte für die Fortsetzung der Rote-Meer-Linie nach Indien; doch

ein bedeutender Übelstand ist, daß ich am 23ten Ehemann werden soll und auch einige Zeit fortreisen muß.

Werner wäre, trotz seines leidenden Zustandes, gern direkt nach London gereist, was aber nicht ging, da er noch immer in der Garderobe eines Schiffbrüchigen sich in Rehburg aufhielt und sich von dort zunächst nach Berlin begeben mußte, auch um die gewonnenen Erfahrungen zu nutzen. Er beschäftigte sich in Berlin mit Vervollkommnung der Fehlerbestimmungen, sowie mit Versuchen zur Verbesserung der Kabelkonstruktion:

17. August. Von großer Wichtigkeit sind die Versuche, die ich mit dem mit Gummi überzogenen Kabelstück angestellt habe. Isoliert unerwarteter Weise besser wie das Alexandria-Kabel, muß eine andere Sorte Gummi sein — —. Die Gefahr der Exzentrität ist bei Guttapercha zu groß. — 19. August. Die Kabelfabrikation ist noch schlecht und muß notwendig verbessert werden. Die Drähte der Guttapercha-Kompagnie verdienen kein Vertrauen, wie sie jetzt sind. — 13. September. Ich sehe in der Gummibekleidung der Kabeldrähte eine ungeheure Zukunft der Submarine-Telegraphie. Die Isolation der beiden Proben 1 und 3 ist so vollkommen, daß man sie als Leydener Flaschen so laden kann, daß sie $3/4$ Zoll lange Entladungsfunken geben und die Ladung lange Zeit fast ungeschwächt behalten — —. Woher gerade das jetzige dunkelbraune Gummi so ausgezeichnet isoliert, weiß ich nicht, wahrscheinlich ist es ganz wasserfrei — —.

Wilhelm dagegen wandte nach der Rückkehr von seiner Hochzeitsreise seine Aufmerksamkeit hauptsächlich der Prüfung des neuen Regierungskabels Falmouth-Gibraltar zu, wobei Werners Prüfungsmethoden zum ersten Male in vollem Umfange angewendet wurden[1]).

Inzwischen wurde das Verhältnis zu Newall & Co. immer lästiger, zumal diese von der Höhe ihrer bisherigen Stellung zu sinken begannen:

Werner 11. Juli. Sie sind jetzt nicht mehr zu großem Risiko geneigt. Ferner lassen sie sich bedeutende Vorschüsse geben. Bei der Rote-Meer-Expedition haben sie 70 Proz. erhalten, wollen aber künftig mindestens 80 Proz. nehmen. Es werden also nur 20 Proz. hasardiert. Dies ist auch insofern wichtig, als $7/10$ unseres Prozentes nach Kontrakt längst zahlbar sind. — 17. August. Löffler erzählt, daß Gordon ihm mit einigem Nachdruck gesagt habe, Thomson u. a. billigten unsere Untersuchungen gar nicht. Dieses stete Schwanken und Umherhorchen Gordons ist sehr unangenehm. Ich glaube, es wird mal notwendig werden, N. & Co. unsere Bereitwilligkeit, den Kontrakt aufzugeben, zu bekunden, wenn sie uns nicht unbedingt vertrauen wollen oder können. Thomsons Autorität will ich wohl im mathematischen Kalkül anerkennen, sonst aber durchaus nicht. Was ich tue, werde ich schon wissenschaftlich begründen und auch ihm gegenüber verteidigen — —. Bewahren wir die **Unabhängigkeit unseres Wirkungkreises!** sonst lieber völlige Freiheit ohne Kontraktsfesseln, die uns doch nur schädlich sind. Ohne unsere Widerstandsetalons und Methoden wird uns so leicht niemand Fehlerbestimmungen nachmachen, und mit Instrumenten werden wir auch tüchtig vorwärts kommen. Wollen doch nicht umsonst im Roten Meere geschwitzt und gedurstet haben.

Dazu kam der Zustand der Rote-Meer-Linie, der sich immer mehr verschlechterte.

Werner 29. August. Die Linie kann so nicht bleiben, wie sie ist; denn ich fürchte, nach Verlauf von einem halben Jahre wird die schlechte Stelle durchgefressen sein. Als gut läßt sich die Linie so nicht ausgeben. Gut und sicher sprechen tut sie, tat sie wenigstens vier Wochen lang. Das mußte der Kompagnie nach Kontrakt wohl genügen.

Die Red Sea Company behauptete freilich, das Kabel sei nicht brauchbar gewesen; doch konnte Dr. Esselbach, ein Beamter von Siemens & Halske, aus den Stationsjournalen nachweisen, daß der Verkehr in der Zeit nach Legung des Kabels sehr lebhaft gewesen war; trotzdem war keine Zahlung zu erlangen.

---

1) Näheres in dem Bericht über das Malta-Alexandra-Kabel, der 1866 dem Parliamentary Committee on East India Communications erstattet wurde (Parliamentary Papers, Reports from Committees 1866 IV, fol. 582 ff.).

Ferner erlaubten sich Newall & Co. immer mehr Übergriffe. Ihr Kabelschiff mit den Ingenieuren von Siemens & Halske war fortgesetzt unterwegs, ohne daß diese erfuhren, wo ihre Leute sich befanden; Werner beschwerte sich bitter über Newall & Co.,
die alle Firmen hintansetzen und uns als **Handlanger** behandeln, die man durch andere Arbeiter bestellen läßt. Wir wissen nichts von der Linie nach Otranto und über die Balearischen Inseln. Newall & Co. oder wenigstens Herr Liddle hätte uns davon laut Kontrakt Mitteilung machen und uns rechtzeitig um Sendung der nötigen Ingenieure angehen müssen. Herr Liddle hält sich zu vornehm in seinem dummen englischen Dünkel, um direkt mit uns zu verkehren — —. Sehr schlimm, daß die Alexandria-Legung wieder verunglückt. Kommt noch mehr Unglück, so könnte die Sache schlimm für N. & Co. werden.

Die Legung des **Gibraltar-Kabels** entging Newalls und wurde Glaß & Elliott übertragen, dann aber überhaupt verschoben. Das Kabel wurde schließlich (1861) für die Strecke Malta-Alexandria verwendet, worauf wir zurückkommen werden. Dagegen ging im Herbste 1859 eine Newall'sche Expedition ab, um das **Rote-Meer-Kabel** von Aden bis Kuradschi in **Indien** zu verlängern, wobei **William Meyer** die elektrischen Arbeiten leitete. Im ganzen waren damals 13 Siemens'sche Leute in Newall'schen Diensten tätig. Aber die Beziehungen wurden gerade während der Expedition nach Indien immer gespannter:

Werner 30. November 1859. Nach Mitteilungen von Wm Meyer aus Alexandria folgt aus Äußerungen von Beamten von N. & Co., daß dieselben selbst an ein baldiges Aufhören unseres Zusammenwirkens glauben. Auch zu der Kuradschi-Expedition wollen sie B. mitnehmen. Meyer wird demselben keine Mitwirkung bei unseren Operationen gestatten. — 5. Dezember. Aus Hölzers Erzählungen hat sich meine Überzeugung bestärkt, daß es N.'s fester Entschluß ist, unseren Kontrakt zu brechen und daß er nur eine passende Gelegenheit sucht. Er hat H. sogar den direkten Antrag gemacht, im nächsten Sommer in seinen Dienst zu treten, was dieser abgelehnt. B. soll sich dieses Mal alles mit größter Genauigkeit ansehen — —. Direkten Grund zum Bruch darf N. nicht haben, weil er sonst nichts bezahlen wird; das ist ihm am Ende die Hauptsache. — 21. Dezember. Mit N. werden wir bald zum Bruch kommen. Er bricht die Veranlassungen vom Zaune. Pfeiffer, der eben mit Hölzer II. zurückgekehrt ist, ein ruhiger, zu besonnener Mann, erzählt wirklich Wunder von der Unverschämtheit, mit welcher Newall und Liddle im Bunde über uns, unsere Leistungen, Methoden etc. räsonniert hat. So spricht N. überall die Unwahrheit aus, wir hätten im Roten Meere die Lage der Fehler alle verschieden bestimmt. Das muß ihm entschieden und öffentlich gelegt werden. — 5. Januar 1860. Brief von Meyer aus Aden. Sie haben auf der Überfahrt viel gerechnet mit meinen verschiedenen **Fehlerbestimmungsformeln** auf Grund hier gemachter Versuche. M. ist entzückt von der Genauigkeit der letzten Formel (bei welcher zu vorhandenen und gemessenen Fehlern ein neuer hinzukommt) und meint, er ginge jetzt den gefürchteten Fehlern sehr mutig entgegen. Sehr wichtig!

Die Streitigkeiten mit den Engländern nahmen allmählich immer größere Dimensionen an: die Red Sea Company wurde hineingezogen, und namentlich trat immer deutlicher das **nationale Moment** hervor. Die Brüder dachten deshalb jetzt ernstlich an **eigene** Kabelunternehmungen, Errichtung einer Kabelfabrik, neue Kabelkonstruktionen und Mechanismen zur Abwickelung des Kabels bei der Legung, — alles, um von Newall & Co. sich unabhängig zu machen.

Werner 6. Januar 1860. Briefe aus **Frankreich**, daß man dort jetzt absolut eine Anlage für Kabelfabrikation haben will („l'empereur le veut!"), um **unabhängig von England zu werden** — —. Es fragt sich, unter welchen Bedingungen Du die Mitleitung einer Kabelfabrik und der Kabellegungen übernehmen willst. — 1. März. Die Zänkereien mit der Kompagnie sind sehr fatal — —. Nationale Eifersucht ist doch die Hauptsache.

Schon im Herbste waren in der angesehenen englischen Fachzeitschrift „Engeneer" Angriffe erschienen gegen Kabelkontrakte der Regierung mit einer „deutschen Firma". Doch Wilhelm ließ sich dadurch nicht beirren: „England ist und bleibt der **Weltmarkt**"; und auch Werner beharrte in seiner guten „Meinung" für schnelle und großartige Entwicklung des englischen Geschäfts. Nur von Newalls wollten die Brüder jetzt beide loskommen, auch Wilhelm, trotz dessen inzwischen vollzogener Verheiratung mit Gordons Schwester Anne. Liebe und Geschäft kollidierten hier auf ganz ähnliche Weise wie bei Karl in Rußland:

Werner an Wilhelm 8. März 1860. (Brief von Meyer aus Ägypten.) Sehr leid tut es mir, daß M. eine so ungünstige Meinung von **Gordon** bekommen hat. Ganz unrecht scheint er mir allerdings nicht zu haben. Gordons Eitelkeit ist mehr als die Newall'sche dadurch verletzt, daß er nicht als alleinige wissenschaftliche Autorität bei ihren Unternehmungen dasteht. Ganz offen ist er nicht, wie mir auch öfter vorgekommen. Er sieht nur mehr wie N. den Nutzen ein, den wir ihnen bringen können und ist freier von spezifisch englischem Vorurteil. Darin hat Meyer auch recht, daß wir künftig eine andere Basis für unsere Beteiligung an den Anlagen gewinnen müssen. Wir müssen uns an den Anlagen **selbst** auch mit Geld beteiligen und einen Teil des Risikos tragen. Durch ein solches Abkommen wird sich die Sache noch regulieren und ein besseres Verständnis einführen lassen. Lieb wäre es mir, besonders wegen Deines verwandtschaftlichen Verhältnisses zu G., wenn der jetzige Mißton sich beseitigen ließe. Ich weiß von Karl her, wie fatal solche Stellungen sind. Die Frauen urteilen stets mehr mit dem Herzen, wie mit dem Kopfe; das macht sie gerade liebenswürdig. Besser, man erspart ihnen eine drückende Alternative. — Wilhelm an Werner 15. März. Daß unsere Stellung N. & Co. gegenüber eine schwierige ist, daß wir gegen nationale und persönliche Eifersucht zu kämpfen haben, und daß N. & Co. ihr möglichstes tun werden und getan haben, unser Verdienst zu schmälern und selbst au fait zu bleiben, sind Tatsachen, die sich voraussehen ließen. Trotzdem hat die Verbindung ihr Gutes gehabt für beide Teile, abgesehen von dem unmittelbaren Gewinn, der für beide Teile bis jetzt noch sehr unbedeutend gewesen ist. N. & Co.'s Eifersucht ist eigentlich das beste Kompliment, was sie uns machen könnten (man streichelt nur die unschädlichen Tierchen). Auch haben sie nach hiesigem Brauche das Recht, sich das ganze Verdienst beizumessen, weil sie die ganze Verantwortlichkeit tragen, ebenso wie Bob Stephenson alles Verdienst an der Britannia Bridge beansprucht, obgleich Fairbairn die Form und alle Details festgestellt und selbst patentiert hatte — —. Meine Bemühung ist dahin gegangen, daß wir außer N. & Co. uns einen festen Anhalt verschaffen und uns namentlich durch Verbesserungen und Patente notwendig machen — —. Sollten ernste Differenzen mit N. & Co. eintreten, so berücksichtige, bitte, nicht meine Annie; denn ich bin gewiß, daß sie keinen Augenblick schwanken wird. — Werner 19. März. (Meyer von Ägypten zurück.) Schickt Briefe von Newall und Gordon an Meyer, die als unbedingt anerkennend von Wichtigkeit sein können. — —. Jedenfalls kannst Du infolge dieser Briefe Zahlung des 1 Proz. verlangen. Ich glaube auch, es wird gut sein, das mit geschäftlicher Pünktlichkeit zu tun. — Ich bin damit einverstanden, daß Du den Kontrakt aufzuheben suchst; ich weiß nur nicht, ob direktes Verlangen der richtige Weg ist. Das wird sie stutzig machen und vielleicht das Gegenteil verursachen. Ich glaube aber, es ist jetzt gerade sehr unser Interesse, den Kontrakt wirklich aufzuheben oder wenigstens sicher wesentlich zu modifizieren. Zahlen sie nicht sehr pünktlich, so so haben wir volles Recht, den Kontrakt einseitig aufzuheben. Anderenfalls müssen wir ihnen „laut Kontrakt" das Leben etwas schwer machen, um sie zum Wunsche der Auflösung zu bewegen. Da N. & Co. in ihren Berichten und Publikationen uns nie nennen, höchstens als ihre gemieteten Elektriker und gleich anderen ihrer Leute bezeichnen, so müssen wir mit Beschreibung unseres Verhältnisses zur Sache und unserer Tätigkeit vorgehen.

Gegen Ende des Jahres 1859 hatten die Siemens'schen Ingenieure, nebst Walter Siemens (einem jüngeren Bruder), an einer Kabellegung von Singapore nach Batavia sich beteiligt, die Newall & Co. für die holländische Regierung ausführten. Darauf beziehen sich folgende Bemerkungen Werners:

Gordons Zorn soll, wie Walter meint, daher mit stammen, daß die Holländer aus Animosität gegen die Engländer und als unsere alten Kunden und Bekannten unsere Partei immer nehmen, der Gouverneur sogar bei einem Bankett von einem von Deutschen und Holländern ausgeführten Werke sprach. Darüber hat Gordon acht Tage mit Walter gebrummt — —. Im ganzen gebe ich Deiner Auffassung des Verhältnisses zu N. & Co. vollen Beifall. Um so mehr ist es aber nötig, mal die Zähne zu zeigen und sie zur Überzeugung zu bringen, daß wir beißen können und werden, wenn nötig. — Die Holländer sind sehr wütend auf N. & Co., die sie mit Reservekabeln, Legemaschinen usw. sehr übers Ohr gehauen haben. Walter sagt, der Telegraphendirektor hätte ihm gesagt, sie würden bald mehr Kabel legen, sich dann aber direkt an uns wenden. Ferner schreibt Karl, daß Graf Amursky (Murawieff), welcher uns die sibirische Linie übertragen will, den Anschlag einer Kabellinie von Nikolajeff (Amurmündung) nach Schanghai haben möchte. Mache doch einen solchen Anschlag ohne N. & Co., da diese sonst gleich direkte Anerbietungen machen. Sobald wird die Sache wohl noch nicht ins Leben treten, später aber gewiß, da Rußland China am Bande haben will, um nach und nach die Erbschaft anzutreten.

Aber diese Aussichten verwirklichten sich nicht, und der einzige Weg zur Eröffnung des Weltmarktes blieb England. Die Erwartungen für das dortige Geschäft belebten sich noch dadurch, daß der englische Eingangszoll auf mechanische Apparate abgeschafft wurde[1]). Werner wollte zuerst hieran kaum glauben:

8. März 1860. Das wäre sehr wichtig, und ich würde dann zum ersten Male sagen: die Engländer sind Freihändler, da sie den bisher mit größter Strenge durchgeführten Schutz der Arbeit haben fallen lassen. Ich weiß bisher nur von Weinen, Seife und solchen Dingen, bei denen die Arbeit nicht das Wesentliche ist! Alle Arbeit ist bisher mit dem großen Schutzzolle von 10 Proz. des Arbeitswertes belastet! Ist die Aufhebung wahr, so schicke nur bald eine Vergleichung der gangbarsten mechanischen Instrumente. Wir wollen dann tüchtig konkurrieren. — 30. März. Wir müssen einfache Konstruktionen sehr billig machen, das ist unabweislich. Da der englische Eingangszoll aufgehoben ist, so können wir uns damit einen großen Markt schaffen.

Das war eine Gedankenreihe, die mit Werners sonstigen Überzeugungen gar nicht übereinstimmte; denn diese gingen dahin, nicht durch Billigkeit, sondern durch Güte der Erzeugnisse zu wirken. Werner kehrte auch bald wieder jenen entgegengesetzten Absichten den Rücken. Aber es ist wichtig, festzustellen, daß die Aufhebung des englischen Zolles vorübergehend

---

1) Das geschah infolge des englisch-französischen Handelsvertrages vom 23. Jan. 1860. Werner wußte offenbar damals von handelspolitischen Angelegenheiten wenig; aber richtig ist, daß die englischen Zölle auf Ganzfabrikate zuletzt verschwanden-

selbst ihn zur Herstellung von Massenwaren anreizte. In dieser Richtung wirkte auch ein anderes Moment:

Karl 5. April 1860. Ihr müßtet Euch eigentlich auf die Fabrikation eines **Handelsartikels** legen, um daran immer **während der Stockungen** des Geschäfts arbeiten zu können, auch wenn es ohne Gewinn geschehen müßte.

Tatsächlich bemühten sich Siemens & Halske eine Zeitlang, ihr Geschäft auf solche Weise zu entwickeln. Wir werden darauf zurückkommen.

Die Erfahrungen und Erwartungen der letzten Zeit mußten Werner und Wilhelm immer mehr in ihrem Entschlusse bestärken, das Verhältnis zu Newall & Co. zu lösen; doch dauerte es noch mehrere Monate, bis das gelang. Inzwischen kam Tropfen auf Tropfen hinzu, so daß das Faß schließlich überlief:

Werner 28. März. Daß nationale Eifersüchtelei unser Hauptgegner ist, das ist klar. Hier habe ich durch indirekte Beeinflussung der Redakteure bisher jede Publikation über unsere submarine Tätigkeit zu verhindern gesucht. Die Kreuzzeitung will uns, glaube ich, einen Schabernack spielen — —. Wäre von dort aus eine Erklärung unserer bekannten Tätigkeit bei den Unterseeanlagen erfolgt, so wären ihre dummen Redensarten im vorigen Sommer vermieden worden. Die Leute sehen und hören unsere Beteiligung und erfahren nichts Positives darüber. Sie machen sich also Nachrichten oder schnappen sie von Arbeitern auf — —. Newalls müssen gezwungen werden, uns öffentlich anzuerkennen und müssen wissen, daß sie uns nicht als ihre jointers oder clerks behandeln dürfen — —. Gordons schwankendes Urteil trägt meiner Ansicht nach die Hauptschuld an allem. — 29. März. Über Meyers Brief und Bericht wirst Du Dich in vielen Punkten ärgern. Du mußt aber in Rechnung ziehen, daß das wegwerfende und arrogante Benehmen von N. & Co. unter allen unseren Leuten eine lange angewachsene Erbitterung erzeugt hat, die sie nur mühsam unterdrückt haben. Bei solcher Schwüle ist mal ein Gewitter nötig — —. Mit Löffler war Gordon faktisch im Unrecht. Meyer mußte L.'s Partei nehmen bei der tödlichen Beleidigung, die ihm G. antat, schon um Selbsthülfe zu vermeiden. Die kleine Lehre kann G. nicht schaden. Es wird sich schon alles wieder zuziehen, wenn erst ein neuer fester Boden gewonnen wird; behalte Du nur volle objektive Ruhe —.

Das bezog sich wohl nur auf das persönliche Verhältnis zu Gordon. Jedenfalls gab es noch manchen Verdruß, bis schließlich im Sommer 1860 der Vertrag mit Newall & Co. aufgehoben wurde: Die Siemens-Firmen bezahlten für ihre „Freiheit" 1000 £ und gestatteten Newalls, nach wie vor die gemeinsamen Erfahrungen zu nutzen. Unmittelbar danach hielt Wilhelm einen Vortrag in der British Association, wodurch diese Erfahrungen

Gemeingut wurden. Newall & Co. aber stiegen jetzt vollends von der Höhe ihres früheren Ansehens herab. Andere Firmen traten in den Vordergrund, namentlich Glaß & Elliot. Im Anfange des folgenden Jahres kam es zwischen den beiden Firmen zu skandalösen Prozessen: Glaß & Elliot beschuldigten Newall & Co., daß sie einen Arbeiter gedungen hätten, in ein Kabel der anderen Firma einen Nagel zu schlagen. Tatsächlich wurden Newall & Co. zu 10000 £ Schadenersatz verurteilt. Sie schafften um diese Zeit ihre Kabelmaschinen ab, so daß ihre ganze Tätigkeit als Kabelunternehmer das Verhältnis zu den Siemens-Firmen nur um ein geringes überlebt haben kann; doch scheinen sie ihren Entschluß zur Aufgabe des riskanten Kabelgeschäfts schon früher gefaßt zu haben.

Den Siemens-Firmen hatten die Kabel-Unternehmungen bis dahin nicht nur höhere Umsätze gebracht, sondern auch schon ganz ansehnliche Gewinne, die sich freilich mit denjenigen des russischen Geschäfts nicht messen konnten. Sie betrugen 1859 36000 Taler und 1860 90000 Taler, wovon ein Drittel Wilhelm, zwei Drittel der Berliner Firma zuflossen. Es wäre noch mehr gewesen, hätte nicht die Einrichtung des Londoner Geschäfts so viel gekostet, hätte man nicht Newall & Co. 1000 £ für Auflösung des Kontraktes zahlen müssen, und wäre nicht das Geschäft eben dadurch im Herbste 1860 ins Stocken geraten. Auch so war der Anfang durchaus nicht entmutigend. Aber mit welchen Mühen und Sorgen, mit welchem unendlichen, fressenden Ärger, mit welcher Selbstverleugnung war er erkauft worden! Und noch standen die schwersten Erfahrungen erst bevor.

Das Malta-Alexandria-Kabel. Die Legung des englischen Regierungskabels nach Gibraltar, das die Siemens-Firmen mit der englischen Regierung in Verbindung gebracht hatte, war, wie mitgeteilt, zuerst verschoben worden und wurde schließlich ganz aufgegeben. Doch wurde es hergestellt und nach Werners neuesten Methoden elektrisch geprüft. Dann wurde es für die Linie Rangun-Singapore bestimmt, und trotzdem es Symptome der Selbsterhitzung gezeigt, und Wilhelm deshalb dringend nochmalige Untersuchung verlangt hatte, wurde das Kabelschiff ausgerüstet und das Kabel an Bord gebracht. Die englische Eifersucht, die damals auch wieder zu öffentlichen Angriffen auf die „deutsche Firma" führte, wollte von deren Tätigkeit nichts wissen, sodaß Wilhelm das Kabelschiff erst unmittelbar vor der Abfahrt betreten durfte. Er stellte fest, daß das Kabel sich bis auf 86° erhitzt hatte, und protestierte gegen die Abfahrt. Man begnügte sich damit, 25 Tons Eis an Bord zu nehmen und Wasser über das Kabel zu pumpen. Wilhelm aber veranlaßte die Admiralität, das Schiff anzuhalten, und es gelang mit aller Mühe, die Temperatur des Kabels bis auf 70° herunterzubringen. Nach erneuter Abfahrt rannte das Schiff auf einen Felsen, die Expedition wurde aufgegeben und den Siemensschen Ingenieuren mitgeteilt, man bedürfe ihrer Dienste nicht mehr. Das Kabel dagegen wurde für die Linie Malta-Alexandria bestimmt. Selbst Wilhelm war entrüstet über dieses ganze Verfahren und drohte wiederholt mit Niederlegung seiner Stellung als Regierungselektriker, wenn man fortfahre, über das Kabel zu verfügen, ohne ihn zu fragen.

Werner vollends war verstimmt durch die Stockung im englischen Geschäfte. Noch am 12. November 1860 schrieb er Karl:

Ohne den englischen Markt kann unser hiesiges Geschäft nicht bestehen, da der übrige Absatz zu gering ist. Das englische Geschäft hat in telegraphischer Hinsicht allein eine Zukunft und zwar möglicherweise eine recht bedeutende.

Aber am 3. Januar 1861 heißt es in einem Briefe an Wilhelm:

Es will nicht mehr recht fort mit der Telegraphie. Auf dem Lande sind die Leute zu klug geworden, und zur Ausbreitung der submarinen Telegraphie scheint, neben einer sicheren Konstruktion, noch eine solche Entwicklung des Verkehrs zu fehlen, daß ein Kabel sich schon nach ganz kurzer Zeit bezahlt macht; denn sicher werden Kabel nie werden. Dieser mein erster Eindruck gewinnt immer mehr die Oberherrschaft. Unser hiesiges Telegraphengeschäft scheint auch zur Neige zu gehen. Der Fehler ist, daß jeder Mechaniker ohne Kapital und Intelligenz uns gewichtige Konkurrenz machen kann. Dadurch ist uns der inländische Markt nach und nach abhanden gekommen. Rußland reicht nicht aus und ist uns auch nur teilweise treu geblieben. Meine Hoffnung war auf England gerichtet. Ich glaubte, wir würden uns dort einen ergiebigen Markt für gute Handarbeit verschaffen können. Die Erfahrung lehrt aber, daß das ein Irrtum war. Der Verdienst an der Fabrikation ist bei den jetzigen Preisen schon sehr gering, wenn wir vollauf beschäftigt sind, reduziert sich aber auf nichts, wenn wir nur sporadisch zu tun haben. Wir gehen daher ernstlich mit dem Gedanken um, die Telegraphenfabrikation, wenn nicht ganz aufzugeben, doch so zu beschränken, wie das Interesse des englischen und russischen Geschäftes es irgend gestatten.

Der tote Punkt des englischen Geschäfts schien erst im März 1861 der Überwindung sich zu nähern, als der Regierungsingenieur Gisborne starb, und Wilhelm Hoffnung auf seine Nachfolge in Berlin erweckte. Um die englische Regierung wieder günstiger zu stimmen, erklärte Werner sich auf Wilhelms Bitte bereit, das Malta-Alexandria-Kabel während der Legung persönlich zu prüfen, und nahm sich zu dem Zwecke sogar einen englischen Lehrer, den ersten in seinem Leben. Nur verlangte er das ausschließliche Kommando über die Legung des Kabels:

Persönlichen Eifersuchtskämpfen kann und mag ich mich nicht aussetzen. Mit Newalls verknüpften uns wenigstens gleiche Interessen, Glaß & Elliot, etwa auch Sir Charles Br. oder einem anderen indischen Engeneer gegenüber wären wir und namentlich ich oder einer von uns in einer ganz verzweifelten Lage. Das allgemeine Interesse gilt dort wenig, Persönlichkeiten alles; davon habe ich mich selbst schon überzeugt.

Die Regierung nahm es in der Tat sehr wohl auf, daß Werner die Expedition mitmachen wollte. Da kam Wilhelm plötzlich mit dem ganz neuen Vorschlage hervor, die Siemens-Firmen sollten auch den Betrieb der Linien übernehmen:

Die Regierung fürchtet, sich die Last des Betriebes der Linie auf den Hals zu laden, und würde mit beiden Händen zugreifen, wenn wir einen Antrag stellten, den Stationsbetrieb inkl. Landlinie für eine feste Summe zu übernehmen.

Wilhelm erachtete das Geschäft für sehr günstig und sprach die Befürchtung aus, es möchte durch Glaß & Elliot weggeschnappt werden. Er veranschlagte die Brutto-Einnahme auf 100 000 £ jährlich, die Betriebs- und Unterhaltungskosten auf 53 000 £, wonach ein riesiger Überschuß zu erwarten war.

Ein derartiges und ein so großes Geschäft war Siemens & Halske bisher noch nicht vorgekommen. Karl und Halske hatten schwere Bedenken, während Werner eher geneigt war, auf Wilhelms Idee einzugehen:

Karl an Werner 25. März 1861. Ich sehe nicht ein, warum wir unser sauer verdientes Geld so aufs Spiel setzen sollen. Da mögen lieber Engländer das ihrige riskieren. Daß Wilhelm ohne weiteres auf das Geschäft einsteigen würde, wundert mich durchaus nicht, da er gern riskiert, wenn er Meinung für eine Sache hat. — Werner an Wilhelm 30. März. (Will nur ein Risiko übernehmen, das im ungünstigsten Falle den augenblicklichen Vermögensstand nicht wesentlich erschüttert.) Anderenfalls müßten wir an dem Grundsatze festhalten, daß ein Sperling in der Hand besser ist, wie ein Dutzend auf dem Dache. Im allgemeinen haben sich submarine Anlagen so wenig bewährt, daß wir nicht mit Sicherheit oder auch nur einiger Wahrscheinlichkeit auf mehr wie eine fünfjährige Dauer der Linie, selbst bei bester Verwaltung, rechnen können.

Halske hat sehr wenig Vertrauen auf die Haltbarkeit des Kabels, er rechnet auf höchstens zwei bis drei Jahre. Ganz unrecht hat er mit seiner pessimistischen Ansicht nicht — —. Es wäre möglich, daß Italien für einige Zeit der Anarchie verfällt; dann tritt Malta außer Verbindung mit Europa. Ebenso könnte Ägypten bei dem voraussichtlichen Zusammensturze des Orients unzugänglich werden, wie auch ganz Nordafrika.

Werner verlangte zunächst Begrenzung des Risikos auf allerhöchstens 30000 £, einen jährlichen Zuschuß der Regierung in gleicher Höhe, ein Viertel bis ein Drittel der Betriebseinnahmen, teilweisen Ersatz der Erneuerungskosten, Garantie der Regierung gegen force majeure bezw. Rücktrittsrecht der Unternehmer bei Unbrauchbarkeit des Kabels und längerer Unterbrechung der telegraphischen Verbindung — offenbar undurchführbare Forderungen:

Es scheint, so antwortete Wilhelm, als ob das Familienleiden (schwere Erkrankung der Frau Werners) Dich auch zum Schwarzseher gemacht hat. Ich habe selbst nie großes Vertrauen in Submarinlinien gehabt, sehe aber keinen Grund, warum wir jetzt gerade alles Vertrauen verlieren sollen. Das hiesige Geschäft ist auf Kabel basiert, und wenn wir gar nichts darin wagen wollen, so haben wir auch wenig Grund oder Recht, es überhaupt fortzusetzen; denn wenn wir keine pekuniäre Verantwortung übernehmen, so übernehmen wir doch moralische, was ebensoviel wert ist — —. Bevor ich bindende Schritte tue, werde ich weitere Nachrichten von Dir haben, und seid Ihr fest dagegen, so müssen wir die Sache natürlich fallen lassen. Überlegt aber wohl, daß damit so ziemlich die Bude geschlossen wird. Mich persönlich brauchst Du dabei nicht zu berücksichtigen; denn ich bin mehr dafür im Sozialinteresse, als in meinem eigenen, worin ich immer einträgliche Beschäftigung finden kann.

Die Verhandlungen Wilhelms mit dem englischen Handelsrat nahmen inzwischen ihren Fortgang. Es kam zu einer vorläufigen Vereinbarung, wonach die Siemens-Firmen einen Teil der Kosten tragen sollten, gegen Anweisung auf einen Teil der Betriebseinnahmen. Das betrachtete aber Werner als sehr gewagt, und Karl war geradezu empört darüber:

Karl an Werner 13. April. Wilhelm ist wohl des Teufels, daß er nur an einen solchen Vorschlag denken konnte. Was nützen uns die Einnahmen für Depeschen, wenn diese Linie dem Schicksal des Rote-Meer-Kabels verfällt? Wir riskieren unter solchen Bedingungen mehr wie die englische Regierung — —. Hoffentlich kommt Dein Protest noch rechtzeitig. Anderenfalls können wir uns darauf gefaßt machen, unser sauer aus Polen, Juden und Franzosen herausgequetschtes Geld im Mittelländischen Meere zu versenken. Das wäre doch zu arg!

Wilhelm Siemens

Wilhelm hielt dem gegenüber seinen Antrag aufrecht, gestaltete ihn aber, nach erneuten Verhandlungen mit dem Handelsamte, weniger riskant und reichte diesem eine ensprechende Offerte ein. Er fühlte sich nicht nur mit wesentlichen Geldinteressen, sondern auch mit seiner geschäftlichen Ehre bei dem Gelingen beteiligt und vertrat beides in Berlin so nachdrücklich wie möglich:

Wilhelm an Werner 6. April. Da Glaß & Elliot auch getendert haben[1]), so würden sie natürlich wütend sein, wenn wir es kriegten. — 8. April. Selbst wenn wir dabei zusetzen, dürfen wir die Gelegenheit nicht unbenutzt lassen; denn es ist eine Existenzfrage. Ich war schon zu weit gegangen, um gänzlich zurück zu können, und im schlimmsten Falle läßt sich der Kontrakt schon transferieren. Ich habe den Board of Trade dazu bestimmt, daß sie uns die Annahme oder Ablehnung des Kontraktes bis nach der Legung anheimstellen, also mit der moralischen Verpflichtung zufrieden sind. Ich weiß, daß Glaß & Elliot, wie auch die Mediterranean Extension Company Anerbietungen gemacht haben mit viel geringerem Anschlage. Uns kommt nur das persönliche Vertrauen und die gediegene Basis zugute. — Wilhelm an Siemens & Halske 10. April. Ihre Depesche konnte mich nicht zurückkalten, diese Eingabe einzureichen, weil ich sie bereits versprochen hatte und mich außerdem nicht damit zufrieden geben konnte, den pekuniären Verlust und die Niederlage zu teilen, welche uns unmittelbar daraus erwachsen sein würden. Das Schiff „Malacca" war bereits segelfertig, ohne unsere Apparate und Stab; Glaß & Elliot haben bedeutenden Einfluß im Board of Trade und waren überzeugt, daß ihr Vorschlag angenommen werden würde, wodurch wir gänzlich ausgeschlossen und blamiert worden wären. Wenn ich nun auch nicht annehmen kann, daß die Regierung unseren sehr hoch gegriffenen Anschlag schließlich annehmen wird, so haben wir doch gezeigt, daß wir Vertrauen und Kenntnis besitzen, und die Folge davon ist, daß gestern Befehl gegeben, die „Malacca" zurückzuhalten, bis unsere Einrichtungen gemacht wären. Außerdem haben wir offizielle Aufforderung erhalten, einen Anschlag einzureichen, die Legung und den Betrieb der Linie für Rechnung der Regierung zu leiten für eine Zeitdauer von höchstens sechs Monaten — —. Ihre Einwürfe gegen einen Verwaltungs- und Reparaturanschlag anlangend, so sind dieselben meiner Ansicht nach nicht auf den Tatsachen begründet. Wenn Submarinlinien, wie Sie annehmen, nur zwei bis drei Jahre dauern, so ist allerdings auf keinen Gewinn zu rechnen; doch würde selbst dann kein großer Verlust eintreten — —. Bei Ihrer Ansicht ist aber überhaupt nicht darauf zu rechnen, daß wir auf Submarinlinien eingehen werden. Es käme also nur darauf hinaus, hier in gedrückter Stellung mit bloßem Gehalt und in steter Gefahr, die schwer erworbene Stellung durch eine bloße Intrigue zu verlieren, fortzuarbeiten. Damit kann ich aber durchaus nicht zu-

---

1) to tender, d. h. ein Gebot einreichen.

frieden sein und würde mich veranlaßt sehen, auf baldige Auflösung des hiesigen Geschäfts zu dringen. Der Zweck bei Bildung des hiesigen Sozialgeschäfts war, daß mir dadurch die Mittel zu einer größeren Ausdehnung und zu eigentlichen Unternehmungen geboten werden würden, und ich habe unter sehr unangenehmen Umständen fortgearbeitet, in der Erwartung, daß dies nur eine Grundlage zu einer freieren Existenz sein würde. Wo Submarinlinien mit Vernunft ausgelegt werden, hat sich eine sehr befriedigende Dauer herausgestellt — —, und nur die großen Fehler, welche in bezug auf das Atlantische und Red Sea-Kabel gemacht worden: unerprobtes Kabel, straff wie ein Seil ausgelegt und dann aller Mittel beraubt, sie auszubessern usw., haben die Mißerfolge herbeigeführt. Es handelt sich jetzt darum, festzustellen, ob Sie überhaupt noch Vertrauen in Submarin-Unternehmungen haben und sich dabei auch pekuniär zu beteiligen gedenken. Im verneinenden Falle müßten Schritte getan werden, das hiesige Geschäft so bald wie möglich abzuwickeln; denn unter den bisherigen drückenden Verhältnissen möchte ich es keinesfalls weiterführen.

Vor diese wichtige Entscheidung gestellt, fühlte Werner die Verpflichtung, Wilhelms Partei zu ergreifen, und es entstand nun in der Berliner Geschäftsleitung eine Krisis, deren Verlauf wir aus folgenden Briefen Werners an Karl ersehen:

12. April. Wilhelm hat darin recht, daß der Fortgang unseres englischen Geschäfts und speziell der submarinen Tätigkeit, auf welche dasselbe berechnet ist, davon abhängig ist, daß wir unsere Stellung zur englischen Regierung befestigen und selbst ein Kabel unter Händen haben — —. Glaß & Elliot usw. machen uns nur deshalb Konkurrenz, um unsere verhaßte Nebenbuhlerschaft oder vielmehr Präponderanz zu stürzen. Bei Beurteilung der Bedingungen mußt Du bedenken, daß wir mit der immer nobeln englischen Regierung zu tun haben, daß unser Risiko auf die jährlich einzuzahlenden 8000 £ beschränkt ist, und daß wir Schlupfwinkel in Menge haben, um uns zurückzuziehen — —. Wir müssen nun zeigen, daß wir nicht nur leere Redensarten gemacht haben. — 19. April. Aus Wilhelms letztem Briefe wirst Du die Wichtigkeit der Sache für unser englisches Geschäft überhaupt erst erkennen können. Die Sache ist für England jetzt in derselben entscheidenden Krisis wie in Rußland bei Abschluß des ersten Bau- und Remontekontraktes, nur daß für unsere damaligen Verhältnisse das Risiko unendlich viel größer war. Ob Verdienst oder Verlust bei dieser speziellen Unternehmung, ist mir ziemlich gleichgültig. Es handelt sich für uns nur darum, unsere Regierungsingenieur-Stellung, die Quelle unseres Ansehens in England und die Basis unserer Hoffnungen, zu erhalten und zu befestigen. Glaß & Elliot und Guttapercha-Company setzen alle Segel auf, um uns aus dem Sattel zu heben, wozu jetzt die günstigste Zeit ist, da Gisborne, der eigentliche Regierungsingenieur, gestorben ist, und fast alle elektrischen Ingenieure sich um seine Nachfolge bewerben, während die Regierung zu uns am meisten Vertrauen hat. Wir bewerben uns nicht, sondern warten ab. Nun haben gleichwohl Glaß & Elliot und die Guttapercha-Company die

Bedingung gestellt, daß wir von der Legung ausgeschlossen würden, und betrachten ihre sehr billigen Gebote, die ganze Linie zu remontieren, wohl nur als ein Manöver, um unseren wachsenden Einfluß zu brechen. Uns bleibt daher nur übrig, unseren Abschied einzureichen und wahrscheinlich unsere ganze submarine Tätigkeit aufzugeben, wenn einer von ihnen den Sieg über uns davonträgt. Das übernommene Risiko schätzen die Leute nicht hoch. Die Regierung wird immer barbiert, das ist mal dort so die Regel, und dazu finden sich immer Mittel, da die Regierung großes Interesse daran hat, die Linie in Gang zu erhalten, sie also den Ausfall eines langstieligen Prozesses nie abwarten kann. Haben wir dagegen die Remonte der Linie und Beförderung der Depeschen für die Regierung, so stehen wir baumfest. Haben wir einigermaßen Glück dabei, so werden wir ganz Herren der Situation, und es kann kein Zoll Kabel ohne unsere Mitwirkung gelegt werden. Es wird uns dann leicht, unsere Gummikabel zur Herrschaft zu bringen, und dann bringt uns jede gelegte Linie 10 Proz. ihrer Anlagekosten an Patentrecht allein. Die Spezialbedingungen mußt Du falsch verstanden haben. Unser Risiko ist in der Tat nicht sehr groß. Die Regierung übergibt das von uns selbst gelegte Kabel mit ca. 200 Knots Reservekabel. Wir geben dafür 8000 £ Kaution, den ungefähren Wert der 200 Knots.

Geht die Sache gut, bringt sie also ein, so zahlen wir im Anfange des zweiten und dritten Remontejahres noch 8000 £. Die Regierung stellt einen ausgerüsteten Dampfer zu unserer steten Disposition, Reparaturen kosten uns also nichts wie Beamtengehälter und Ausfall der Einnahmen. Da die ganze Linie beinahe überall der sandigen afrikanischen Küste entlang gelegt, also zugänglich ist, da wir Fehler genau bestimmen, also finden können, so sind einzelne Fehler schnell, höchstens in acht Tagen, zu finden und zu beseitigen, solange die Eisendrähte halten. Unser Risiko besteht also für die ersten Jahre nur darin, ob wirklich für 30000 £ Depeschen jährlich zu befördern sind, wovon wir 20000 £ erhalten, und wobei wir vollständig unsere Rechnung finden. Hierin lag mein Bedenken[1]), was Wilhelm nicht teilt. Das müssen die Engländer aber besser wissen. Kommen über 30000 £ ein, so sind wir ganz geborgen. Gesetzt, es würde im ersten Jahre durch einen nicht zu berechnenden Zufall $1/2$ der Linie unbrauchbar und zu erneuern, so muß die Regierung das Kapital beschaffen und bezahlen; denn wir als ihre Ingenieure beschaffen es. Dazu verwendet die Regierung unsere eingezahlten 8000 £, die ja bei Einnahme von 30000 £ schon verdient werden im Laufe eines Jahres. Den Rest muß sie bezahlen, da unser Risiko ganz geschickt durch den Kontrakt auf die 8000 £ beschränkt ist.

Sind die Einnahmen kleiner gewesen, haben wir also unsere Rechnung nicht gefunden, so ziehen wir uns ganz zurück, indem wir erklären, die Linie sei fehlgeschlagen „durch Ursachen, die außer unserer Kontrolle lägen". Wir erhalten dann die 8000 £ zurück, die der Regierung nur Sicherheit dafür geben sollen, daß wir die 8000 £,

---

[1]) D. h. ob wirklich für 30000 £ Depeschen gleich in den ersten Jahren zu befördern seien und ob durch die $2/3$ davon die Kosten gedeckt werden würden.

die wir mit riskieren wollen und die uns die Regierung in den $^2/_8$ von den ersten 30000 £ Einnahmen und in dem weiteren $^1/_8$ der Einnahmen vorher zahlt, auch wirklich verwenden können und werden (Reservefonds in Rußland!) — —. Ich würde es für ein Unglück halten, wenn die Sache nicht zustande käme, wie ich leider glaube. Die einfache Folge wird sein, daß unser englisches Geschäft einschläft, und wir hier infolgedessen auch zur Ruhe gehen können! Wilhelm hat uns bereits angekündigt, daß er unseren in 1 $^1/_2$ Jahren ablaufenden Gesellschaftskontrakt nicht erneuern würde, wenn wir hiermit nicht durchkämen — —. Halske, der mehr, wie mir lieb, auf den ruhigen Rentier hinsteuert, war natürlich sehr dagegen. Jede wesentliche Vergrößerung hat mich harte Kämpfe gekostet. Diesmal hätte aber leicht unser ganzes Geschäft explodieren können, da Halskes Mißtrauen gegen Wilhelm, Meyers und zuletzt auch Deine Zustimmung dazu kam. Ich konnte aber Wilhelm, solange sein Plan vernünftig war (gegen ganzes Risiko und Schiffsstellung legte ich sofort entschieden Verwahrung ein) nicht im Stich lassen, hätte lieber Halskes Antrag, das Geschäft aufzulösen, angenommen! Ich will und kann noch nicht zur Ruhe gehen, ich hasse das faule Rentierleben, will schaffen und nutzen, solange ich kann, sehne mich nicht nach persönlichen Annehmlichkeiten und Genüssen des Reichtums. Ich würde körperlich und geistig zugrunde gehen, wenn ich keine nützliche Tätigkeit, an der ich Anregung und dadurch Beruhigung finde, mehr entfalten könnte!

Ein Bekenntnis von gewaltiger Bedeutung, auf das wir noch mehrfach zurückkommen werden. Es war die Zeit, als Karl, zu Werners großem Kummer, das Gut Chmelewo kaufen wollte. Halske fand das sehr richtig und hätte es am liebsten auch so gemacht. Sein Ausscheiden stand, beim Zustandekommen des englischen Projektes, in Aussicht. Aber es kam anders. Karl hatte bereits seinen Widerspruch zurückgezogen:

Karl an Werner 25. April. (Er sei von Werner mangelhaft unterrichtet worden.) Ich kannte nur russische Remonten und die russische Regierung, wußte also nicht, daß die englische Regierung immer lackiert wird; denn die russische wird es nie, wenigstens erst dann, wenn sie dem Privatmanne den letzten Blutstropfen ausgesogen hat und zwar nicht nur für die Gegenwart, sondern auch für die Zukunft, ich wußte nicht, daß nur die ersten 8000 £ auf dem Spiele stehen usw.

Doch am 26. April erfuhr Werner von Wilhelm,

daß sich die Regierung entschlossen hat, uns vorläufig den Betrieb auf ihre Kosten, wie zuletzt festgesetzt war, führen zu lassen und sich nach der Legung und Vollendung zu entschließen, wem sie die Instandhaltung etc. definitiv übertragen will. Die Sache geht so mit Ehren, und wir können selbst unsere Stellung erhalten, wenn die Regierung schließlich unsere Konkurrenten mit dem Betriebe betraut — —. Die Regierung schwankt zwischen der weit billigeren Offerte der anderen und dem größeren Vertrauen zu uns. Es sollen zwei Parteien im Ministerium sich entschieden bekämpfen, eine für, die andere gegen uns.

Werner reiste infolgedesssen am 2. Mai über Paris nach Malta ab. Am Tage zuvor schrieb er an Karl über die noch fortdauernden „Mißhelligkeiten mit Halske":

Fortentwicklung oder Rückgang und Untergang des Geschäfts beschäftigen mich Tag und Nacht, und dieser Gesichtspunkt ist der vorherrschende für mich bei Beurteilung aller Fragen.

Da traf ihn in Paris eine Depesche Wilhelms, die ihn veranlaßte, sofort nach London abzureisen. Was dort vorgegangen war, ersehen wir aus folgenden Briefen:

Wilhelm an Forde (den Kompagnon des verstorbenen Gisborne und dessen einstweiligen Nachfolger) 2. Mai. Sie werden überrascht sein, zu hören, daß wir an der Kabelexpedition nicht teilnehmen werden, trotzdem mein Bruder und der halbe Stab der Expedition schon auf dem Wege nach Malta sind. Ich wurde heute morgen nach dem Board of Trade zitiert, wo ich Glaß & Elliot, Milner, Galton und Stephenson vom Schatzamte vorfand. Glaß & Elliot hatten entdeckt, daß das Kabel während der Legung durch von der Regierung angestellte Elektriker überwacht werden solle, und sie beanspruchen das Recht, selbst zu prüfen, unter Kontrolle des Ingenieurs. Sie wünschten, wir möchten zugegen sein, um Prüfungen für die Regierung vorzunehmen, zu jeder Zeit außer bei der Legung. Natürlich weigerte ich mich, die Verantwortlichkeit des Elektrizitätsdepartements derart zu teilen. Sie erklärten darauf, sie würden zugehen, wenn die Regierung das daraus etwa hervorgehende Risiko übernehmen würde. Dies bedeutete an sich wenig; aber Präsident und Sekretär des Board of Trade verweigerten die Übernahme irgendwelchen weiteren Risikos, und ich erklärte, ich würde unseren Stab und die Prüfungsinstrumente zurückziehen, um die Linie erst 30 Tage nach der Legung zu prüfen. Galton sprach sehr energisch für uns. — Werner an Karl. London, 8. Mai. Eine große Intrigue ist gegen uns ausgespielt und vorläufig siegreich. Glaß & Elliot haben in den letzten Momente, auf ihren Kontrakt und Juristen gestützt, der Regierung das Recht abgesprochen, während der Legung zu prüfen. Der (politische) Chef des Board of Trade hat ihnen schließlich recht gegeben und uns gegen den Rat des eigentlichen Fachleiters des Board (Galton) diese Entscheidung offiziell mitgeteilt. Die Sache ist dadurch in grenzenlose Konfusion gekommen. Ob wir nach der Legung wieder für die Regierung eintreten oder uns ganz zurückziehen, ist noch fraglich. Durch letzteres würden wir ganz aus dem Sattel gehoben, wir müssen es daher verhindern. Keinesfalls aber gehe ich jetzt nach Malta.

Schließlich wurde allerdings das Kabel doch während und nach der Legung von einigen Siemens'schen Ingenieuren, namentlich von Dr. Esselbach, im Auftrage des neuen Regierungsingenieurs Forde nach Werners Methoden sorgfältig geprüft, wobei sich die elektrischen Eigenschaften des Kabels in jeder Hinsicht als ausgezeichnete erwiesen. Aber die Siemens-Firmen waren als solche dabei nicht beteiligt, und auch der Betrieb der Linie wurde Glaß & Elliot übertragen.

Im Herbste kündigte Wilhelm der Regierung das ganze Verhältnis zu ihr:

> Wilhelm an Werner 2. September 1861. Unsere Stellung, anstatt sich zu bessern, wurde durch die Schlaffheit von Forde und viele Übergriffe von Glass & Elliot ganz unleidlich, und wir würden schließlich im „Blue-book" eine miserable Figur gespielt haben. — 19. September. Der Board of Trade ist sehr ungehalten über unsere Abdankung. Forde hat stark protestiert, man solle sie nicht annehmen.

Indes blieb es dabei. Glaß & Elliot aber verdienten an dem Betriebe der Malta-Alexandria-Linie enorme Summen, wie Wilhelm sogleich voraussagte, und wie die Unternehmer 1866 vor dem „Comittee on East India Communications" selbst nicht ohne Stolz erklärten. Die Betriebseinnahmen, die anfangs nur 200 £ wöchentlich betrugen, stiegen während des amerikanischen Krieges und der durch ihn verursachten „Baumwollnot" bis auf 3000 £, so daß Wilhelm den Ertrag der Linie für die Unternehmer schon 1863 auf 20000 £ jährlich schätzte.

Die Siemens-Firmen sahen sich jetzt vollends zurückgedrängt und mußten, wie Wilhelm klagte, „kleinlaut um die Gunst von Glaß & Elliot betteln". Allerdings eröffnete gerade die erfolgreiche Legung und glänzende Bewährung des Malta-Alexandria-Kabels eine neue Ära der Kabel-Unternehmungen, die schließlich auch den Siemens-Firmen zugute kam. Werner sagt hierüber in den L.-E.[1]):

> Der bei den Prüfungen der englischen Regierungskabel von mir aufgestellte Grundsatz, daß ein Kabel nur dann Garantie der Dauer geben könnte, wenn es in allen Stadien seiner Fabrikation mit wissenschaftlicher Gründlichkeit und Schärfe geprüft würde, hatte gute Früchte getragen, und das damals ausgearbeitete System der Kabelprüfungen hatte sich in der Folge vorzüglich bewährt. Der ausgezeichnete Erfolg der Malta-Alexandria-Linie, die wir nach diesem System für die englische Regierung prüften, hatte unseren technischen Kredit in England wesentlich gehoben.

---

1) S. 262 ff.

Aber diese guten Wirkungen traten erst nach Jahren hervor. Zunächst wurde nur Wilhelms persönliches Ansehen dadurch mehr und mehr verstärkt, daß er in allgemein geachteten wissenschaftlichen und anderen Körperschaften die Erfolge jener Kabelprüfungen nach Kräften bekannt machte. Geschäftliche Bedeutung erlangte dies in den nächsten Jahren noch immer nicht. Vielmehr schloß das Jahr 1861 für das Londoner Geschäft mit einem nominellen Gewinn von etwa 90 £ ab, das Jahr 1862 mit einem Verluste von 1900 £.

Andauernde Stockung im englischen Geschäfte. Wie das Jahr 1861, so waren auch die folgenden Jahre für die englische Siemens-Firma eine Zeit angestrengter, aber fruchtloser Versuche und wachsender Verluste. Wilhelm setzte in der Londoner Werkstatt Werners Experimente mit neuen Kabelkonstruktionen und Apparaten zur Kabelabwickelung fort. Namentlich versprachen sich die Brüder noch Jahrelang viel von der nach der Rote-Meer-Expedition durch Werner in Angriff genommenen Verwendung des Gummi als Isolationsmittel, wodurch sie von der mächtigen Guttapercha-Kampagnie loszukommen hofften. — Ähnliche Hoffnungen setzte Wilhelm auf Verwendung einer drehbaren Trommel bei der Kabelabwickelung, statt des patentierten Newall'schen „Conus". Als die Gummikabel sich nicht bewährten, wurden andere Konstruktionen probiert. Aber das Hauptproblem war, neue lohnende Unternehmungen zu erlangen, eine keineswegs leichte Aufgabe. Als Karl im Oktober 1861 London besuchte, schilderte er die dortige Lage als traurig: „Die Menge Leute sitzt da ohne reelle Beschäftigung." Wilhelm und Werner bemühten sich nach Kräften, neue Kabelgeschäfte zu machen, ersterer unter Anspannung seiner vielen Londoner Verbindungen, Werner durch Wiederaufnahme einer alten Bekanntschaft mit einem Manne, zu dessen Glücke er durch einen guten Rat beigetragen hatte, mit dem späteren Baron Reuter. Werner hat in den L.-E. berichtet, wie er diesem Manne 1848, als der elektrische Telegraph seine Taubenpost zwischen Köln und Brüssel zerstörte, den Rat gab, in London ein Depeschen-Vermittlungsbureau zu begründen, und wie Reuter diesem Rate mit großem Erfolge nachkam. Jetzt trat Werner mit ihm in Verbindung wegen Anlage eines russischen Ostseekabels, während Wilhelm eine Beteiligung an dem neuerdings in den Vordergrund getretenen Kabelprojekte Rangun-Singapore zustande zu bringen suchte:

> Wilhelm an S. & H. 22. November 1861. In unserer bisherigen Stellung haben wir teils Ingenieur, teils Unternehmer gespielt, und diese Doppelstellung hat uns viele Feinde und Unannehmlichkeiten bereitet. Es liegt jetzt wieder das Unternehmen einer Linie von Rangoon nach Singapore vor. Glass & Elliot garantieren auf 10 Jahre das Kabel mit $8/16$, die Submarine Telegraph Company mit $5/16$. Wollen wir die letzteren $3/16$ garantieren? Ohne solche Garantie ist Kapital nicht zu erlangen. Gewinnaussichten: Ingenieurbeteiligung, Lieferung der Apparate, Übernahme des Stationsbetriebes, Adoptierung der Gummi-Guttaperchakabel[1]), welche viel Beifall selbst seitens der G.-P.-Kompagnie finden. — — Eine zweite Sache von sehr dringendem Interesse für die Fortdauer des hiesigen Geschäfts ist, daß die in Berlin noch übliche Konstruktion von Telegraphen-Apparaten den Anforderungen des heutigen Tages durchaus nicht mehr entspricht. In Wheatstone's Apparat werden Sie bereits den Übergang zu leichteren Konstruktionen entdeckt haben. 25. November an Werner. Dadurch, daß wir den Betrieb der Malta-Alexandria-Linie verloren haben, haben wir Glass & Elliot die erste Stellung eingeräumt und unser hiesiges Geschäft auf 0 reduziert oder richtiger auf 200 £ Verlust pro Monat. In dieser Lage muß man annehmen, was man kriegen kann. Das Risiko ist so gewaltig nicht; doch läßt es sich nicht definieren, weil die ganze Sache eben noch ein Embryo ist. Aber ich kann nicht unterhandeln und schließlich sagen müssen, daß wir die Grundbedingungen ablehnen. Es wird daher nötig sein, daß Ihr die Grenzen feststellt. — 28. November. Ich bin der Ansicht, daß ein gut entriertes Geschäft gar kein reelles Risiko, sondern nur ein scheinbares tragen sollte. Wenn ich nach Schottland reise, riskiere ich mein Leben, das ich nicht für 10000 £ geben möchte, und dennoch reise ich für 50 £ Gewinn jederzeit. Newall & Co. hatten vor zwei Jahren Risiko zum Betrage von 1 $1/2$ Millionen £ übernommen und dafür genügende Sicherheit gestellt, haben aber keinen Heller verloren, mit Ausnahme der Candia-Alexandria-Linie durch tiefes Wasser und noch tiefere Dummheit. Glass & Elliot haben unseren Kontrakt für Betrieb der Malta-Alexandria-Linie für ca. $1/3$ weniger übernommen, als wir forderten, ohne daß sie reelles Risiko dabei laufen, und trotz begangener Fehler etc. werden sie mindestens 20000 £ jährlich dabei schlucken — — —. Die große Last, welche auf dem hiesigen Geschäfte ruht, besteht in Euren realisierten Reichtümern, deren Erhaltung von größerem Belang für Euch ist, wie der Aufschwung des hiesigen Geschäfts. Wäret Ihr hier im Lande und ohne Privatvermögen, so würde unser vereinigter Personalkredit für alle Zwecke ausreichen. Unter obwaltenden Verhältnissen sehe ich aber nur einen Ausweg, nämlich, daß Ihr, Du und Halske, dem hiesigen Geschäfte einen Reservekredit bis zu

---

1) Guttapercha-Überzug über Gummi.

einer gewissen Höhe einräumt (passives Kapital als Kaution für Ausführung von Kontrakten) und Euch bis zu der Höhe meinem Urteil anvertraut. In bezug auf die neue Rangoon-Singapore-Angelegenheit sollte die größere Beteiligung zu denselben Bedingungen vorsichtiger Geschäftsleute wie Glass & Elliot und Submarine Telegraph Company hinreichende Garantie sein. Wärest Du hier, so würdest Du wahrscheinlich mit mir in allen Punkten übereinstimmen oder gar glauben, daß ich nicht dreist genug vorginge, aber den täglich wechselnden Standpunkt für Eure kritischen Untersuchungen klar zu machen, ist ein Ding der Unmöglichkeit, und die Entscheidung kommt sicher zu spät. Wenn Karl oder jemand anders herkäme, so zöge ich mich gern vom Telegraphengeschäft zurück, bis auf einen Anteil an der Kabelmaschinerie. Aber ich möchte es nicht gern ganz und gar auf den Hund kommen sehen, in dem Augenblicke, wo die Ernte beginnen sollte. Es ist jetzt wieder ein Moment eingetreten, wo es gilt zu handeln, wenn wir nicht gänzlich überflügelt sein wollen.

Aber in Berlin wollte man von der Rangun-Linie nichts wissen:

Werner an Karl 12. Dezember. Rangoon war zu unsicher, und ohne bestimmten großen Verdienst an Lieferungen ist kein wesentliches Risiko zu tragen. Dagegen ist das russische Projekt zweckmäßiger: Reuter will eine Kompagnie mit 20000 £ zusammenbringen. Er will dafür 3000 £ haben, 11000 £ soll das Kabel kosten, so daß wir 6000 £ übrig behalten, außerdem die Unterhaltung für 2000 £ jährlich. Das sind keine übermäßigen Kapitalien und Risiken.

Doch auch daraus wurde nichts, weil in Berlin zwei Seelen um die Herrschaft kämpften, der unternehmende Geist Werners und der ängstliche, ruheselige Geist Halskes. Vergebens stachelte Wilhelm:

23. Dezember 1861. Glass & Elliot und Guttapercha-Company bilden jetzt eine furchtbare Macht. Erstere treten sehr großartig auf, geben Diners zu 600 £ und legen ihre Hände an alles. — Werner an Karl 10. Januar 1862. Wilhelm wird mißmutig, weil er nicht vorwärtskommt — —. Das russische Kabel ist schon zu groß und schwierig — —. Das englische Geschäft kann brillant werden und würde es vielleicht schon sein, wenn wir so viel Courage gehabt hätten wie Wilhelm und auf seine Projekte eingegangen wären — —. Jetzt verzehrt Wilhelm der Ärger, daß Glass & Elliot die Früchte unseres Fleißes genießen und das Maul gewaltig aufreißen — —. Wilhelm vergißt, daß es ihm ohne uns an dem nötigen Kredit fehlen würde.

Hier spielen wieder Meinungsverschiedenheiten anderer Natur hinein, über die Bedeutung des Berliner Geschäfts usw., denen wir erst später nähertreten können. Diese mehr inneren Streitigkeiten hingen aber eng zusammen mit dem äußeren Geschäftsbetrieb:

> Wilhelm an Werner 16. Januar 1862. Deine Bemerkungen über solide deutsche und schwindelige englische Geschäftsart anlangend, bin ich doch der Ansicht, daß man in England Geschäfte auf englische Art betreiben muß. Auch scheint es mir gerade sehr moralisch, daß man Gefahr übernimmt in dem, was man anderen anbietet, und Schwindelei fängt nur dann an, wenn man sich à la F. H. & Co. in alle möglichen Sachen hineinstürzt, die man nicht versteht. Auf deutsche Kannegießerart würden wir hier nie eine Chance haben, wie Ihr ja auch in Rußland spekulativer (und lukrativer) gehandelt habt.

Im Herbste 1862 gelang es Wilhelm endlich, ein Geschäft zustande zu bringen: er übernahm die Anlage einer Landlinie in Südafrika, von Kapstadt nach Delagoa-Bai, für 20000 £, jedoch nicht direkt, sondern im Auftrage der Ebbw-Vale Company, damals des größten Eisenwerks der Welt, welches das Kapital hergab. Wilhelm bestimmte für die Leitung des Baues den Ingenieur Höltzer, sowie einen Holländer, „was die Herzen der Buren gewinnen soll". Er hoffte auf 4500 £ Gewinn, freilich in Aktien, sowie auf Erlangung weiterer südafrikanischer Aufträge. Die Linie wurde bis zum Frühjahre 1863 fertig gestellt.

In dieser Zeit, Herbst und Winter 1862, wurden zahlreiche Kabelprojekte von den Brüdern flüchtig erörtert: Kabel durch den Persischen Meerbusen, in China, in Südamerika, in Italien. Dann tauchte der Plan eines atlantischen Kabels auf, den Napoleon protegierte. Wilhelm wurde technischer Ratgeber eines für diesen Zweck in Paris gebildeten Komite's. Während seines wiederholten Pariser Aufenthalts begannen die Beratungen über ein Projekt, Algier mit Spanien durch ein Kabel zu verbinden. Dieses Cartagena-Oran-Kabel verdrängte dann bald die anderen Pläne und bildete während des ganzen Jahres 1863 die eigentliche Achse des englischen Geschäfts.

Das Cartagena-Oran-Kabel. Längst hatten die Brüder den Wunsch, an Stelle ihrer bisherigen Tätigkeit als Ingenieure im Dienste anderer Unternehmer, zur Kabelfabrikation und Kabellegung für eigene Rechnung fortzuschreiten. Halske hatte, wie wir wissen, keine Neigung, sich auf solche riskante Unternehmungen einzulassen, und Werner mußte auf ihn Rücksicht nehmen. Aber Wilhelm ließ nicht locker:

Wilhelm 21. Februar 1862. Es wird nötig sein, hier eine größere Kabelfabrik anzulegen; denn in Millbank[1]) können wir nur Probekabel machen. — 5. Februar 1863. Ich glaube, wir sollten jetzt keine peinliche Furcht zeigen, Legungen zu übernehmen; man würde daraus schließen, daß wir kein Zutrauen zu unserem Kabel hätten, und ich bin, trotz unserer gemachten Erfahrung, doch überzeugt, daß die Gefahr nur gering ist. Angenommen z. B., daß jede dritte Legung mißlingt, so ist mit 30 Proz. Aufschlag für Risiko doch ein gutes Geschäft zu machen, indem der Verlust nur einen Teil des Kabels trifft. Bequemer ist es allerdings, nur zu fabrizieren, aber ich glaube nicht, daß damit eine gesicherte Existenz zu erreichen ist. In vielen Fällen trägt der Fabrikant kein Risiko, meist aber ein Risiko bis zu $1/_3$ oder $1/_2$ der Gesamtsumme.

Was Wilhelm hier „unser Kabel" nannte, war eine von ihm erfundene Kabelkonstruktion. Um jene Zeit waren manche Kabel in flachen Meeresteilen dadurch zugrunde gegangen, daß Holzwürmer, trotz Eisendrahtumhüllung, Hanf und Guttapercha zerstört hatten[2]):

Wilhelm hatte zur Beseitigung dieser Gefahr für flaches Wasser ein besonderes Kabel konstruiert, bei dem Längsfäden von bestem Hanf, die um den durch Guttapercha oder Kautschuk isolierten Leiter gelagert waren, dem Kabel die nötige Tragfähigkeit geben sollten, während eine Lage schuppenartig übereinander greifender Kupferblechstreifen die Kabelseele vor dem Holzwurm zu schützen bestimmt war.

Die französische Telegraphenverwaltung hatte damals wiederholt versucht, eine befriedigende telegraphische Verbindung mit Algier herzustellen, was aber immer gescheitert war und viel Geld gekostet hatte. Wilhelm und Werner hatten seit Januar 1863 mehrfach mit dem französischen Telegraphendirektor de Vougy über dieses Kabel verhandelt. Wilhelm drängte sehr, dessen Herstellung und Legung zu übernehmen, hauptsächlich im Interesse der neuen Kabelkonstruktion, von der er sich viel versprach. Endlich trat die Sache im Mai 1863 in das Statium der Entscheidung:

Wilhelm an Werner. Paris 8. Mai. Soeben von einer langen Unterredung mit M. de Vougy zurück, habe ich nur eben Zeit, vor Post Dir folgende Frage vorzulegen, mit der Bitte, sie mit Halske zu überlegen und mir telegraphisch zu antworten, falls Ihr nicht einverstanden seid. Vor einigen Tagen erhielten wir Aufforderung, umgehend zu sagen, wofür wir ein Kabel von der Südküste Spaniens (zwischen Gibraltar und Alicante) und der Westspitze von Algier legen wollten. Unsere Antwort war: 500000 Frcs., wovon $1/_2$ Anzahlung und $1/_2$ nach Legung. Die Distanz

---

1) Dort war seit 1858 die Londoner Werkstätte.
2) L. E. 157 ff.

ist 102 Knots, und unser Kostenanschlag ca. 14000 £ (höchstens, da die Regierung Sondagen und Piloten liefert). De Vougy will erst nach Vollendung des Ganzen zahlen. Da Glass & Elliot das ganze Risiko übernehmen, so will er sich auf keins einlassen. Meiner Ansicht nach ist das Risiko beim Legen eines leichten Kabel nominal; denn auf alle Fälle kann man es immer wieder kriegen und verliert am Ende nur Zeit.

Die telegraphische Antwort aus Berlin lautete bedingt zustimmend, und im gleichen Sinne schrieb Werner am 13. Mai:

Es soll uns freuen, wenn Du einen ersten Kontrakt für Kabelanlage zustande bringst. Obgleich die Tiefen, soweit ich weiß, bedeutend sind, halte ich doch die Anlage selbst nicht für sehr gefährlich. Daß man alles im Notfalle wieder aufnehmen könnte, glaube ich freilich nicht. Doch das Risiko ist allenfalls noch erträglich, wenn durchaus keine besseren Bedingungen zu erreichen sind. Eine wirkliche Schwierigkeit besteht in solcher Lage immer in der Unklarheit, welche bei uns über Lage, Mittel etc. des dortigen Geschäfts herrscht. Dazu Deine aphoristische, durch die Verhältnisse allerdings bedingte und entschuldigte Kürze, welche gar keinen Einblick in die entscheidenden Gründe und Gegengründe gestattet und Zustimmung oder Ablehnung ganz zu einem blinden Zutappen auf unserer Seite macht! Das stört allerdings die Freudigkeit, mit welcher wir sonst auf derartige Unternehmungen eingehen würden.

Dem gegenüber erklärte Wilhelm:

Es handelt sich vor allem darum, prinzipiell zu erklären, ob auf eine Kabellegung mit Risiko von 100 Seemeilen zwischen genannten Küsten einzugehen ist, mit Kupferkabel und 6000 £ Gewinn im Falle des Gelingens. Wenn Ihr nicht das Vertrauen in mich setzt, daß ich die Details unter den obwaltenden Umständen zum besten Vorteil arrangiere, so ist kein anderes Mittel, als Du kommst selbst oder schickst jemand als Stellvertreter.

Doch gab er noch folgende weitere Erläuterungen: Die Regierung wolle selbst das Kabelschiff besorgen und es Wilhelm für 20000 Frcs. Monatsmiete überlassen, was viel Geld und Risiko erspare. Kapital sei nicht viel erforderlich. Der Meeresboden besteht auf der Strecke durchweg aus Sand und Infusorienerde, die Tiefe betrage fast überall 1000 Faden, die Abfälle seien ziemlich steil, aber moddig, die Legung werde freilich schon in die unsichere Jahreszeit fallen, beanspruche aber nur 24 Stunden, so daß man sich schon einen guten Tag aussuchen könne. Ein nochmaliger, freilich nicht sehr detaillierter Kostenanschlag ergab als voraussichtlichen Kostenaufwand 13000 £, wonach im Falle des Gelingens ein Gewinn von 7000 £ zu erwarten war.

Gelingt diese Legung, so will Er[1]) sofort 1000 km von derselben Sorte haben, und wir haben die erste Stellung gewonnen.

Werner ließ sich durch diese Angaben leicht begütigen und überzeugte seinerseits Karl von der Rätlichkeit der Unternehmung, während Halske umgekehrt immer deutlicher seinen bevorstehenden Austritt aus dem Geschäft ankündigte, worauf an anderer Stelle zurückzukommen sein wird.

Große Sorge machte den Berlinern noch die **Finanzierung** des Unternehmens, eine in solchen Fällen immer wiederkehrende Erscheinung, während Wilhelm sich heftig beschwerte „über die zeit- und nervenverderbende Diskussion über nebensächliche Finanz- und Administrations-Angelegenheiten":

Du kannst glauben, schrieb er Werner, daß ich in Finanz-Angelegenheiten klaren Überblick habe. Die indischen Bestellungen geben dem Geschäfte große Elastizität, und ohne diese würde ich den französischen Kontrakt nicht gemacht haben.

In der Tat befand sich das englische Geschäft damals, auch abgesehen von der Linie Cartagena-Oran, in entschiedenem Aufschwunge: es lagen Aufträge in Höhe von 80 000 £ für die nächsten drei Monate vor: Kabel, eiserne Telegraphenstangen, Isolatoren u. a., so daß Werner sich an die Zeit der großen russischen Kontrakte erinnert fühlte. Zugleich wurde jetzt die Errichtung einer **Kabelfabrik** in Charlton bei Woolwich begonnen und alsbald dort an die Herstellung des Kabels für Cartagena-Oran gegangen.

Eine lebhafte Erörterung zwischen Werner und Wilhelm entstand dadurch, daß die längst beabsichtigte Änderung der Konstruktion zur **Abwicklung** des Kabels während der Legung jetzt ins Werk gerichtet werden sollte. Wilhelm wollte dafür eine große **drehbare Trommel** mit stehender Achse verwenden. Werner riet dringend davon ab:

Ich bin mit Dir darin einverstanden, daß es besser ist, das Kabel auf Trommeln zu wickeln, doch nicht auf drehbare. Die müßten zu klein werden, wenn ihr Trägheitsmoment nicht verderblich werden soll, namentlich bei Tiefseekabeln, bei deren Legung man oft schnell fahren muß. Doch läßt sich, glaube ich, eine feststehende etwas konische Trommel durch eine, in der Achse der Trommel drehbare Röhre, durch welche das Kabel hindurchgeht, und welche wie ein Garnführer auf und

---

[1]) Kaiser Napoleon. Auch Werner schrieb bald darauf an Karl, er wolle im Juli mit Wilhelm zusammentreffen, und sie wollten dann einen konzentrischen Angriff auf IHN machen.

nieder geht, gut auf- und abwickeln — —. Doch wird auch ein Conus à la Newall ganz gut gehen, wenn Du ihn nicht vermeiden willst. Nur ja keine drehbare Trommel!

Später empfahl Werner eine stehende Trommel mit oberem und unterem Boden; nur der innere Kern dieser Trommel sollte konisch sein, also schon eine ganz ähnliche Konstruktion, wie sie später wirklich allgemein zur Anwendung gelangt ist. Aber damals bestand Wilhelm auf seiner drehbaren Trommel und nahm nur als Reserve einen Conus mit.

Im September war Werner in Petersburg. Wilhelm hatte dorthin eben ein Kabel geliefert von ganz ähnlicher Konstruktion, wie das für Cartagena-Oran bestimmte. Es erwies sich aber als unbrauchbar, da eine ganze Menge Fehler bei der Fabrikation gemacht worden waren:

Die Sache, schrieb Werner, gibt viel zu denken und zu fürchten. Um Gottes willen nur keine Schwächen übersehen und verschweigen! Das könnte uns sehr verderblich werden. Ich muß gestehen, daß ich jetzt mit großer Besorgnis unserer Kabellegung entgegensehe.

Werner erblickte den Hauptfehler in übermäßiger Anspannung des Kabels bei der Fabrikation, wodurch es stellenweise zu einer Torsion desselben gekommen war. Wilhelm sah dies ein und ließ nun allen Hanf, der zur Verwendung kam, naß bearbeiten, teils mit Wasser, teils mit einer schwachen Kupfervitriollösung. Aber auch das gab Werner zu ernsten Bedenken Anlaß:

Werner an Karl 19. Oktober 1863. Ich bin mit Wilhelm namentlich über den Legemechanismus uneins geworden. Wilhelm von einer Idee abzubringen, wenn er einmal darauf verfallen ist, ist sehr schwer. Wenigstens fällt es ihm ungeheuer schwer, mal zuzugeben, daß er sich geirrt habe. 4. November. (Inzwischen war Werner in London gewesen.) Über die Kabellegungs-Einrichtung bin ich jetzt mit Wilhelm einig. Für die Zukunft haben wir allerdings viel bessere Pläne. Ob die Legung gelingen wird, ist nicht mit Sicherheit zu sagen; ich hoffe es aber — —. Es ist freilich zuviel Neues in Anwendung gekommen. Mit Altem kommen uns die Leute leider nicht[1]), und wir müssen dem Verhängnis, welches uns im Grunde doch gehoben hat, auch weiter folgen. Ein Glück, daß uns das russische Kabel Gelegenheit zu gründlichen Studien gegeben hat. Künftig wird unsere jetzige Kabelkonstruktion gewiß den Sieg davontragen. Ich wollte nur, wir wären erst über die jetzige Krisis hinaus und hätten das Geld für das Algier-Kabel in der

---

1) D. h. jedenfalls: Wenn wir alte Einrichtungen verwenden, können wir keine Geschäfte machen.

Tasche. Sonst geht das englische Geschäft brillant. Eiserne Stangen und gußeiserne Isolatoren werden in großen Mengen bestellt und bringen viel Geld ein. Wilhelm hofft, daß selbst der völlige Verlust des Algier-Kabels balanciert werden würde. Jedenfalls wird London einen sehr guten Abschluß machen, wenn die Kabellegung vollständig gelingt. — Die Gefahr für die Legung ist teils in der ungünstigen Jahreszeit, teils aber darin zu suchen, daß der Hanf nicht von vornherein mit Kupfervitriol getränkt ist, wie jetzt geschieht. Bei dem ungetränkten Hanf ist die der Guttapercha zunächst liegende Hanflage teilweise weniger haltbar geworden, während die äußere, am Kupfer liegende unverändert geblieben ist. Ob dies eine Folge der Kupfernähe, die den Hanf grün gefärbt hat, oder auch dem Umstande zuzuschreiben ist, daß zufällig zu den inneren Lagen eine andere (irische, grau aussehende) Hanfsorte genommen ist, während zur äußeren italienisches Hanf verwendet wurde, ist noch zweifelhaft — —. Wilhelm allein mag ich die Sache nicht gern überlassen, schon deswegen nicht, weil er nicht seefest ist — —. Kap-herr, den ich kurz vor meiner Abreise in London sprach, ist gegen die gemeinschaftliche Kabellegung mit Wilhelm, weil er meint, es könnte dem Geschäfte schaden, wenn wir beide zugleich dabei umkämen. Die Sache läßt sich hören; doch ich denke, Neptun wird mich nach bestandener Prüfung im Roten Meere jetzt schon ungeschoren lassen.

Wohl hatte Werner recht, wenn er damals von der kritischen Lage des Gesamtgeschäftes sprach: In London der Fabrikbau und die unsichere Kabelunternehmung, die zusammen an 150000 Taler in Anspruch nahmen, in Rußland verlustbringende Unternehmungen (Glasfabrik und Holzsägerei), in denen gar über eine halbe Million Rubel festgelegt war. Dazu Halskes drohender Austritt und noch manches andere! Da hieß es wahrlich, „den Kopf oben und die fünf Sinne zusammenhalten", wie Werner an Karl schrieb. Dies war die Stimmung, in der er von Moskau aus, wo er gerade war, über Petersburg nach Berlin und von dort unmittelbar darauf am Weihnachtsabend 1863 über Paris nach Spanien reiste, wohin Wilhelm in Begleitung seiner Frau bereits einige Tage vorher abgereist war. Am 9. Januar 1864 begaben sie sich bei bitterer Kälte an Bord des Kabelschiffes „Dix Décembre" und begannen am 14. Januar von Oran aus die Legung, an der sich auch der französische Telegraphenchef de Vougy beteiligte.

Werner hat in seinen L.-E. auch diese Expedition mit ihren schweren Gefahren und sonstigen interessanten Erlebnissen eingehend geschildert[1]). Wir entnehmen dem Berichte wieder nur

---

1) L. E. 159 ff.

dasjenige, was für unsere Zwecke wesentlich ist, und verbinden damit einiges, was Werner nach der Expedition Karl mitteilte.

Das Kabel riß während der Legung zweimal, das erstemal schon eine Stunde nach Beginn des Auslegens, und zwar, nach Werners Mitteilung, durch mangelhaftes Funktionieren der großen Trommel. Das ausgelegte Kabelstück wurde durch mächtiges Steingeröll am Meeresboden festgehalten und ließ sich daher nicht wieder aufnehmen. Auch war nun nicht mehr Kabel genug für eine neue Legung auf der Linie Cartagena-Oran vorhanden. Vielmehr wurde nach Verlauf von 14 Tagen eine Legung auf der kürzeren Strecke Almeria-Oran versucht, nachdem die Expedition vorher wiederholt während des Zusammenstoßes mit einer Wasserhose durch ungeeignete Bauart des Schiffes sowie dadurch in äußerste Gefahr geriet, daß sich die große Trommel aus ihren Lagern loslöste und das Schiff zu zerschmettern drohte. Der zweite Versuch war schon fast vollendet, als plötzlich das Kabel vor den Augen der Brüder ganz sanft auseinander ging:

> Werner an Karl 10. Februar 1864. Wie die Untersuchung ergab, war der Hanf an der Bruchstelle gebräunt, was uns einen Augenblick an Bosheit glauben ließ. Doch es scheint eine Schwächung durch Eisenrost gewesen zu sein. Du hast keine Idee, wie ein solcher Ruck einem durch die Glieder fährt! — — Bei dem großen Sturme hat Anne sich mit bewundertem Mute in ihr Schicksal ergeben; als aber das Kabel riß, war ihre Selbstbeherrschung nicht ausreichend; das wirkte stärker wie die Todesfurcht! Wir sind doch sonderbare Geschöpfe!

Anfangs glaubten die Brüder, der Schaden würde kein allzu großer sein. Wilhelm hoffte nämlich, den unverwendeten Kabelrest der spanischen Regierung verkaufen zu können, und Werner hoffte, die französische Regierung würde, unter Aufhebung des Legungsvertrages, die Brüder mit der Fabrikation eines neuen Kabels beauftragen. Aber beide Aussichten verwirklichten sich nicht. Das alte Kabel mußte aufs neue mit Hanf übersponnen und verlängert werden. Es wurde am 11. September 1864 durch Wilhelm von Cartagena aus gelegt und diente tatsächlich einige Stunden lang dem Verkehre. Dann aber riß es zwischen zwei aus dem Meeresboden hervorragenden hohen Felsen, zwischen denen es eine Kettenlinie bildete, durch seine eigene Schwere aufs neue. Vier Wochen lang versuchte Wilhelm vergebens, es aufzufischen, und die Brüder mußten schließlich froh sein, daß sie nicht noch eine dritte Legung auszuführen brauchten.

Die zwei verunglückten Expeditionen fügten dem englischen Geschäft einen Schaden von mindestens 15 000 £ zu d. h. es verlor etwa die Hälfte seines Kapitals. Sie veranlaßten ferner **Halskes Ausscheiden** aus dem englischen Geschäfte und zwangen hierdurch Werner, sein ganzes Kapital, soweit es nicht anderweitig schon festlag, dem Londoner Geschäft zuzuführen, also ebenfalls dem Risiko solcher Unternehmungen auszusetzen. Die ganze Schwierigkeit der damaligen Lage und die Verwickelungen, welche sie mit sich brachte, werden wir erst im dritten Abschnitte kennen lernen. Hier können wir dadurch die Darstellung der äußeren geschäftlichen Entwicklung nicht unterbrechen. Genug, es war eine höchst kritische Lage. Und doch sollte gerade dieses Unglücksjahr 1864 eine entscheidende Wendung zum besseren im englischen Geschäfte herbeiführen.

Beginn der Ernte. Im Frühjahr 1864 vereinigte sich die Guttapercha-Company mit der Firma Glaß & Elliot zur gemeinsamen Anlage und Unterhaltung von telegraphischen Landlinien und Seekabeln mit einem Betriebskapitale von einer Million Pfund Sterling. „Dagegen ist schwer anzukämpfen — schrieb Wilhelm — namentlich, wenn das atlantische Kabel gelingt". So entstand die mächtige „**Telegraph Construction and Maintenance Company**", welche 1865 mit dem „Great Eastern" ein transatlantisches Kabel zu legen versuchte und sich durch das Mißlingen dieses kostspieligen Versuchs nicht abschrecken ließ, vielmehr schließlich 1866 in der Tat das erste dauernd brauchbare Kabel zwischen Europa und Amerika zustande brachte.

Trotz dieser gewaltigen Konkurrentin gelang es den Brüdern Siemens, ihr englisches Kabelgeschäft in derselben Zeit derart zu entwickeln, daß es sich mit Hilfe des Schwestergeschäftes in Berlin und Petersburg an eine Aufgabe wagen konnte, deren Bedeutung nicht weit hinter derjenigen des transatlantischen Kabels zurückblieb, nämlich an den Bau des indo-europäischen Überland-Telegraphen. Und die Anfänge dieser neuen großen Entwickelung der Londoner Siemens-Firma zeigten sich bereits im Jahre 1864:

Werner 26. Februar 1864. Mit dem englischen Geschäft steht es, trotz dem Malheur mit dem Kabel, sehr gut. 3. März. Ohne den Kabelverlust würde London schon dieses Jahr einen guten und nächstes Jahr einen brillanten Abschluß gebracht haben. Eiserne Pfosten (Telegraphenstangen) bringen namentlich viel, ebenso auch Isolatoren. 21. März. Die Londoner Kabelfabrik hat jetzt gute Arbeit für die italienische Regierung an Kriegskabeln. Dieselbe hat eben zum zweiten Male neun Knots bestellt.

Bald darauf geriet das englische Geschäft allerdings, Wilhelms früherem Sanguinismus zum Trotz, in eine schwere Finanzklemme, aus der es durch das Berliner Geschäft befreit werden mußte. Aber der Aufschwung nahm seinen Fortgang: Im August schloß Wilhelm Kontrakte ab zur Lieferung von Isolatoren und Draht für Ägypten in Höhe von 7400 £; im November kamen neue Aufträge für Südafrika, Mexiko und Spanien hinzu usf. Am Jahresschluß schrieb Wilhelm an Werner:

Das letzte Jahr ist reich an Begebenheiten für mich gewesen, welche interessant zu nennen wären, wenn sie nicht alle mit einer derben Maulschelle geendigt hätten — —. Aber trotz alledem stehen wir heute in vieler Beziehung doch fester und glücklicher da, als vor einem Jahre. Krankheiten sind überwunden, Zweifel gehoben, und die neue Bahn ist gebrochen. Daher „Vertrauen in Gott und tapfer vorwärts!" Das soll auch im nächsten Jahre mein Motto sein.

Allerdings wurden manche Aufträge angenommen, ohne die Zahlungsfähigkeit der Besteller genügend zu berücksichtigen. So gingen durch Kabellieferungen an Spanien, Mexiko und Brasilien in den folgenden Jahren etwa 13000 £ verloren. Trotzdem lieferte das englische Geschäft 1865 13000 £, 1866 12000, 1867 22000 £ Überschuß, wovon allerdings ein erheblicher Teil gleich wieder zur Erweiterung der Fabrik in Woolwich verwendet wurde. Neben Kabeln waren damals eiserne Stangen und Isolatoren Hauptartikel des englischen Geschäfts.

Vor dem Kriege von 1866 wurden sowohl an Preußen wie an Österreich Militärkabel geliefert. Werner war über den voraussichtlichen Ausgang des Krieges offenbar früher unterrichtet, als das Londoner Geschäft:

Werner an Wilhelm 23. Mai 1866. Es brennt an allen Ecken! Du mußt Dich jetzt schon als Preußen näher verwandt zeigen und unseren Kabelbestellungen vorzugsweise Berücksichtigung gewähren. — 11. Juni. Geschäftlich rate ich Dir dringend, nicht auf Geldeingänge aus Wien zu rechnen. Du wirst meine Besorgnis wohl augenblicklich für übertrieben halten, wirst aber später sehen, daß ich recht habe.

Weiteres über Werners Stellung zu den Ereignissen von 1866 wird das letzte Kapitel dieses Abschnittes bringen, wo seine politische

Tätigkeit während der sechziger Jahre einer besonderen Betrachtung unterzogen werden soll. Überhaupt ist hier die eigentliche Darstellung des englischen Geschäfts und seiner Entwicklung einstweilen zu schließen. Die Anlage der indo-europäischen Linie ging zwar zum Teil gleichfalls aus dem englischen Geschäfte hervor, aber eben doch nur zum Teil: sie war das gemeinsame Werk aller Siemens-Firmen. Auch überstieg ihre Bedeutung weitaus diejenige aller älteren Unternehmungen.

Viertes Kapitel.
Die Indo-Europäische Telegraphenlinie
bis zum Beginn des Baues.

Die telegraphische Verbindung zwischen England und Indien. Wie das transatlantische Kabel, so entsprach auch die Herstellung einer telegraphischen Verbindung zwischen England und Indien einem lange und tief empfundenen Bedürfnisse. Dieses Bedürfnis war sogar für den Verkehr mit Indien noch größer als für den Verkehr mit Nordamerika, insofern die Post in jener Richtung dreimal so lange unterwegs blieb, als in dieser. Der englische Handel bedurfte, ebenso wie die englische Staatsverwaltung, einer weit schnelleren Art der Nachrichten-Übermittlung. Mindestens schon im Jahre 1856 war deshalb in England viel die Rede von Herstellung sowohl eines unterseeischen wie eines Überland-Telegraphen nach Indien, und die Brüder Siemens faßten damals bereits beide Linien ins Auge.

Zuerst wurde die Kabelverbindung in Angriff genommen, und zwar durch englische Unternehmer mit Beteiligung der Brüder Siemens. Hierher gehörten das Rote-Meer-Kabel, dessen Verlängerung bis Kuratschi in Indien, sowie einzelne Mittelmeerkabel. Aber sie wurden sämtlich nach kurzer Zeit unbrauchbar, mit Ausnahme des Malta-Alexandria-Kabels, das nur die Verbindung mit Ägypten sicherte.

Im Jahre 1861 regte Karl Siemens die Überlandlinie wieder an, Werner erklärte aber, jedenfalls auf Grund englischer Informationen, die Zeit dafür sei noch nicht gekommen, wegen der noch ungeordneten persischen Verhältnisse und der damaligen Schwierigkeit der Kapitalbeschaffung; es sei jedenfalls ein sehr riskantes Unternehmen. Im Jahre 1862 legten die Engländer ein Kabel durch den persischen Meerbusen von Buschir bis

Kuratschi. Die Brüder Siemens beteiligten sich dabei nur durch Erstattung eines Gutachtens an die englische Regierung. Außerdem wurde einer ihrer besten Beamten, Dr. Esselbach, persönlich als Elektriker von der Regierung angeworben, fand aber unterwegs seinen Tod.

Walter Siemens war damals seit einiger Zeit im Kaukasus als Telegraphenbau-Ingenieur im Dienste der russischer Regierung tätig, und die Brüder faßten die Tragweite dieser Bauten für eine Verbindung mit Indien schon früh ins Auge. So schrieb Werner an Karl 1862:

> England will durch Persien zum persischen Meerbusen kommen und wird es durchsetzen. Die ganze Linie ist von Major Stewart[1]) kürzlich bereist, und er hält die Schwierigkeiten für leicht zu überwinden. Könnten wir eine Konzession von Tiflis bis Teheran bekommen, so würde uns das auch die Fortsetzung in die Hand geben. Darauf läßt sich Geld ohne Schwierigkeit bekommen.

England erreichte nach längeren Bemühungen Ende 1862 tatsächlich, daß die persische Regierung sich bereit erklärte, die Herstellung einer telegraphischen Verbindung durch Persien zu genehmigen. Im folgenden Jahre nahm Oberst Stewart den Bau einer Überlandlinie durch Kleinasien und Persien in Angriff. Damals ersuchte die englische Regierung Wilhelm, ihr zwei Beamte für diesen Bau zu überlassen; der eine von ihnen war für Teheran bestimmt. Werner schrieb hierüber an Karl:

> Es wäre wichtig, dahin einen guten, uns zugetanen Mann zu schicken. Da die persische Linie jetzt mit Energie von England gebaut wird, so wäre doch sehr im russischen Interesse, baldmöglichst die Linie bis Teheran fertig zu schaffen, damit vor Beendigung der Bagdad-Linie alle indischen Depeschen über die russischen Linien gehen müßten und sich an diesen Weg gewöhnten.

Die russische Regierung baute dann in der Tat die Linie Tiflis-Teheran, und auch die türkisch-persische Verbindung wurde bis Anfang des Jahres 1865 durch die Engländer unter Beteiligung einiger Siemens'schen Beamten vollendet.

Es gab jetzt mithin sogar zwei Überland-Verbindungen mit Indien, und es entstand ein für damalige Zeit ganz ansehnlicher Verkehr, wenigstens auf der türkisch-persischen Linie. So bürgerte sich namentlich rasch die Gewohnheit ein, indische Baumwolle telegraphisch zu bestellen und überhaupt die ganze Korrespondenz

---

[1]) Bekannter als Oberst Stewart. Vgl. Eastwick, Journal of a diplomate's three years' residence in Persia 1864, II, 104 ff., 121 ff., 302 ff.

über große Geschäfte telegraphisch zu führen, wodurch das Risiko bedeutend verringert, die Schnelligkeit der Umsätze außerordentlich vergrößert wurde. Die Postverbindung behielt für große Geschäfte nur noch untergeordnete Bedeutung.

Aber weder die Verbindung durch Kleinasien, noch diejenige durch Rußland und Persien entsprach dem Bedürfnisse des Verkehrs[1]. Die Depeschen brauchten auf beiden Wegen lange Zeit, oft Wochen, zur Zurücklegung ihres Weges und kamen dann oft so verstümmelt und verfälscht an, daß sie für den Empfänger ganz wertlos waren. Die Ursachen dieser unbefriedigenden Depeschenbeförderung wurden durch eine, zu dem Zwecke im Frühjahr 1866 eingesetzte Untersuchungskommission des englischen Parlaments klargestellt[2]. Sie bestanden auf beiden Wegen hauptsächlich darin, daß die Depeschen wiederholt aus der Hand einer Telegraphenverwaltung in die Hand einer anderen übergingen. Infolgedessen wurden die Depeschen in ihrem langen Laufe häufig unterbrochen, und die der englischen Sprache gar nicht oder nur unvollkommen mächtigen Telegraphisten häuften bei dem wiederholten Umtelegraphieren Fehler auf Fehler. Sowohl den türkischen, wie den persischen Beamten fehlte die für den Telegraphendienst durchaus erforderliche Zuverlässigkeit und Gewissenhaftigkeit, zumal ihr Gehalt nicht regelmäßig ausgezahlt wurde, was sie nur zu leicht der Versuchung aussetzte, ihre Stellung zu mißbrauchen. Die persische Strecke von der russischen Grenze bis Teheran war überdies sehr mangelhaft gebaut. Dieser Weg erwies sich als fast ganz unbrauchbar. Auf der südlichen Linie dagegen stieg der Verkehr, trotz aller auch dort herrschenden schweren Mängel und trotz der hohen Gebühr von 5 £ für die Depesche von 20 Worten, innerhalb der Jahre 1865 und 1866 bis auf 200 Depeschen täglich.

In diesen Jahren verhandelten die Brüder Siemens wiederholt über die Herstellung einer neuen Überland-Verbindung mit Indien[3]. Namentlich Wilhelm betrieb damals diese Angelegenheit eifrig. Doch die politischen und wirtschaftlichen Schwierigkeiten erwiesen

---

1) Vgl. Techn. Schriften S. 253.

2) Report from the select committee on East India Communications (Parliamentary papers 1866).

3) Aber der von Pole (engl. Ausgabe) p. 170 ff. abgedruckte Brief Werners an Wilhelms wurde nicht, wie Pole angibt, 1865, sondern erst 1867 geschrieben.

sich noch als unüberwindlich. Folgende Briefauszüge mögen das illustrieren:

Wilhelm an Werner 22. März 1865 (aus Paris, während der internationalen Telegraphenkonferenz). Die Konzession ist noch nicht weiter, die von der Konferenz festgesetzten niedrigen Sätze sind jedenfalls eine Schwierigkeit, um das Geld aufzutreiben, und es wird nötig sein, daß Rußland andere Konzessionen macht. — Wilhelm an Werner 2. September 1865. Laß die Sache nur ja tüchtig betreiben. Es wird bei weitem das beste Unternehmen sein, was wir je gehabt haben und vielleicht haben werden. Für eine Linie von London nach Teheran will ich mich anheischig machen, hier das Geld schnell zusammenzubringen; das Unternehmen wird großartig werden und außerdem großes geschäftliches Ansehen für uns schaffen. Werner an Wilhelm 3. Oktober 1865. Ich habe heute mit Guerhardt[1]) lange über die orientalische Linie gesprochen. Er ist sehr auf dieselbe versessen, will alles mögliche tun, schimpft aber auf die Dänen und die Engländer, welche ihm nie Depeschen nach Teheran übergeben und der russischen Linie entschieden feindlich wären. Deine Mitteilung, daß die englische Regierung sich für die Linie interessiere, wolle er nicht glauben. Er meint, Persien werde keine Konzession geben — —. Schnell läßt sich die Sache nicht erledigen. — Karl an Wilhelm 6. Oktober 1865. Es ist nicht möglich, das Geschäft in der Weise, wie Du es aufzufassen scheinst, zu machen, weil die russische Regierung niemals einer englischen Gesellschaft den Betrieb ihrer eigenen Linien übertragen wird. Sie ist nicht abgeneigt, uns, welche sie kennt und zu welchen sie Vertrauen hat, damit zu betrauen, aber Fremde wird sie nie zulassen — —. Die russische Regierung ist zurzeit gewiß die einflußreichste in Persien, und wird von dieser Seite bereits darauf hingearbeitet, daß die Perser der Pariser Konvention beitreten, also die reduzierten Tarife annehmen — -. England ist nicht Freund, sondern Konkurrent, es wünscht nicht, daß die englischen Depeschen über Rußland gehen. — Karl an Wilhelm 31. Oktober 1865. Ich glaube nicht an das Zustandekommen der Sache. Guerhardt ist zu sanguinisch und wankelmütig. — Wilhelm an Karl 24. November 1865. Die englische Regierung hat in Persien über die russischen Intriguen gesiegt, und ich bin dabei, Anschläge für eine Linie von 12 000 Meilen und sieben Stationen zu machen. Da hierdurch der Betrieb gesichert ist, wäre es Zeit, die Konzession durch Rußland und Ostsee zu betreiben. England wünscht diese Verbindung sehr, weil mit der türkischen Verwaltung nichts zu machen ist, darf aber nicht offen das Projekt begünstigen.

Das Projekt bezog sich damals auf eine Verbindung über Dänemark und Rußland. Es wurde von Wilhelm zusammen mit Reuter betrieben, was Karl indes bekämpfte:

Karl an Wilhelm 6. Oktober 1865. Es ist sehr zu bedauern, daß Du Dich wieder so weit mit Reuter eingelassen hast, um so mehr, als

---

[1]) Damals russischer Telegraphendirektor.

das Geschäft nicht auf die von diesem proponierte Art zu machen ist. Unsere Absicht war gerade die entgegengesetzte, indem wir von Reuter los-, aber nicht noch tiefer mit ihm hineinkommen wollten. Die Reuterschen Bedingungen sind höchst sonderbar. Früher wollte der Mann die Konzession für die einfache Linie von Libau nach Dänemark annehmen, und jetzt, nachdem das Unternehmen durch Verlängerung nach beiden Seiten erst Aussicht auf Erfolg erlangt hat, macht er Bedingungen, an welche er früher bei zehnfach schlechteren Aussichten gar nicht gedacht hat. — Wilhelm an Werner 26. März 1866. Gestern sprach ich mit Reuter, der jetzt einen Palast in unserer Nähe bewohnt. Sein Norderney-Kabel wird von der Construction Company ausgeführt, und er ist jetzt sehr begierig, das russische Projekt via Ostsee und Dänemark von Norderney nach Teheran auszuführen. Ich bin der Ansicht, daß wir jetzt nichts besser tun können, als mit ihm Hand in Hand die Sache tüchtig zu betreiben. Wir haben alle nötigen Elemente. Karl muß Rußland bearbeiten. Ich habe viel Einfluß in Persien, und Reuter ist zur Bildung einer Gesellschaft von wesentlichem Nutzen. Wie geht es zu, daß diese wichtige Angelegenheit immer ins Stocken gerät? Kannst du nicht mal Feuer dahinter machen?

Wilhelm beurteilte die damaligen Aussichten viel zu sanguinisch: der Einfluß von Karl in Rußland war unter dem Regimente Guerhardts nicht groß genug, Wilhelms Einfluß in Persien hatte auch nicht sehr viel zu bedeuten, und Reuter verfolgte damals seine eigenen Pläne, die mit denen der Brüder Siemens sich nicht vereinigen ließen. Der preußisch-österreichische Krieg unterbrach überdies alle weiteren Verhandlungen.

Dagegen ergab die um diese Zeit (Frühjahr und Sommer 1866) durchgeführte Untersuchung der erwähnten englischen Parlementskommission wichtiges Material für eine neue Aktion der Brüder. Sie ergab zunächst die Notwendigkeit einer einheitlichen europäischen Verwaltung für den Telegraphenverkehr mit Indien. Sie stellte ferner, bei Einrichtung einer guten Telegraphenverbindung, eine unabsehbare weitere Entwickelung des Verkehrs in sichere Aussicht. Dahingehende Äußerungen einiger hervorragender englischer Geschäftsleute, welche von der Kommission vernommen wurden, seien hier angeführt:

Sir Macdonald Stephenson, Präsident einer Gesellschaft zur Wiederherstellung des Rote-Meer-Kabels: Wenn die Unordnung im Betriebe aufhört, und die Kosten nicht übermäßige werden, wird sich der Verkehr zweifellos derart entwickeln, wie man es jetzt nicht einmal ahnen kann. Henry Nelson: Ich würde bei geordnetem Betriebe sicherlich dreimal so viel telegraphieren, wie gegenwärtig.

Manche der von der Kommission vernommenen Sachverständigen empfahlen in erster Linie oder ausschließlich die Herstellung einer vollständigen Untersee-Verbindung. Namentlich Glaß, Forde und andere am Kabelverkehr Interessierte sprachen sich warm aus für eine Untersee-Verbindung von Falmouth über Gibraltar nach Malta, zum Anschluß an das Malta-Alexandria-Kabel, dann durch das Rote Meer usw. Für eine solche Linie führten sie vor allem ein Argument ins Feld: sie konnte nämlich in ihrer ganzen Ausdehnung englischer Verwaltung unterstellt werden. Deshalb empfahl auch die Kommission selbst die Ausführung dieser Linie. Aber gewichtige Stimmen sprachen sich in erster Linie für die Verbesserung der Überland-Verbindung aus, namentlich Oberstleutnant Goldsmid, der Leiter der türkisch-persischen Linie, und Major Champain, der damals in London die Angelegenheiten dieser Linie hauptsächlich bearbeitete. Sie empfahlen, sich mit der russischen Regierung zu verständigen, welche gutem Vernehmen nach geneigt sei, die Verwaltung der Überland-Verbindung durch Rußland einer wohlbekannten Londoner Firma anzuvertrauen:

Mr. Siemens — so erklärte Major Champain in einem vom 31. August 1865 datierten Briefe — das Haupt dieser Firma, mit dem ich kürzlich über die Sache sprach, wäre geneigt, die Aufgabe zu übernehmen. Ich bin überzeugt, daß ihm ihre Lösung gelingen würde, wenn er sich auf Rußlands Einfluß stützen könnte. Auf solche Weise erhielten wir, ohne uns selbst zu bemühen, eine zweite wirklich zuverlässige Verbindung mit Indien. Würde mir gestattet, Mr. Siemens offiziell oder selbst nur privatim zu versichern, daß dieser Verbindung nicht von dem englischen Gesandten in Persien entgegengearbeitet werden würde, so dürfte wohl nicht viel Zeit vergehen, bis der Transitverkehr mit Indien auf eine feste, befriedigende Grundlage gestellt werden würde.

Andere beachtenswerte Stimmen erklärten jedenfalls eine gute Doppelverbindung, sowohl zur See, wie zu Lande, für durchaus erwünscht, und die Kommission sprach sich in gleichem Sinne aus. Darin lag eine bedeutende Ermutigung für die Brüder Siemens, ihre Bestrebungen fortzusetzen, während freilich andererseits die nahe Aussicht auf die Konkurrenz eines Unterseekabels das Risiko des Unternehmes wesentlich vermehrte.

Die Konzessions-Verhandlungen in Preußen und Rußland.

Im Herbste 1866 nahmen die Brüder Siemens ihre Bemühungen

für das indo-europäische Projekt wieder auf. Ein entscheidender Anstoß dazu kam zunächst von England:

Werner an Karl 6. November 1866. Die englische Regierung will eine direkte Verbindung über Preußen und Rußland nach Teheran haben. Preußen hat ihr besondere Drähte zugesagt. Ließe sich ein gleiches seitens der russischen Regierung bewirken, so ließe sich leicht eine Gesellschaft für ein submarines Kabel von der Krim nach Suchum-Kaleh zusammenbringen, wenn ihr der Betrieb von England bis Teheran unter unseren Auspizien gegeben würde. Eine vorläufige Besprechung wäre nicht übel[1]).

Noch wichtiger war ein anderes Ereignis, das im selben Augenblicke eintrat: der den Brüdern wohlgesinnte General Lüders wurde russischer Telegraphendirektor an Guerhardts Stelle. Karl meldete diese „angenehme Neuigkeit" am 23. Oktober und schon fünf Tage später berichtete er weiter:

Wegen der direkten Leitung durch Rußland nach Persien werde ich morgen mit Lüders sprechen. Nach Abgang Guerhardts sind unsere Chancen besser, aber ich glaube doch nicht, daß man den Engländern eigene Drähte zugestehen wird. Die Russen wollen selbst die Einnahmen der Transit-Korrespondenz schlucken.

An der Spitze der preußischen Telegraphenverwaltung stand bereits seit dem Jahre 1857 ein höchst intelligenter Ingenieuroffizier, der Oberst von Chauvin, der sofort das durch seinen Vorgänger Nottebohm unterbrochene gute Verhältnis zu der Firma Siemens & Halske wiederhergestellt und deren große Erfahrungen auf telegraphischem Gebiete benutzt hatte, um die ziemlich stehen gebliebenen Betriebseinrichtungen der Staatstelegraphie zu verbessern[2]). Er war dem indo-europäischem Projekte der Siemens-Firmen von Anfang an sehr freundlich gesinnt und suchte es auch in Rußland zu fördern. Dort aber ergaben sich die ersten ernsthaften Schwierigkeiten.

Weihnachten 1866 trafen sich die drei Brüder in Berlin und beschlossen, zunächst zu versuchen, Rußland zur Anlage einer besonderen Transitlinie bis zur Krim zu bestimmen, von dort aus wollten die Siemens-Firmen mit den beteiligten drei Regierungen zusammen ein Kabel durch das Schwarze Meer legen. Die Fortsetzung bis zur persischen Grenze sollte wieder Rußland bauen,

---

[1]) Diese wichtige Mitteilung machte Werner nur ganz beiläufig. Die gerade damals sich vollziehende Erfindung der Dynamomaschine scheint das indo-europäische Projekt augenblicklich aus seinen Gedanken ziemlich verdrängt zu haben.

[2]) L.-E. 195.

das Schlußglied bis Teheran vermutlich ebenfalls. Doch ergeben die Materialien kein deutliches Bild von diesen Berliner Verabredungen, was auch nichts schadet, da der weitere Verlauf der Dinge dem Projekte sehr bald eine andere Gestalt gab. General Lüders war nämlich dafür nicht sehr zu erwärmen:

Karl 8. Januar 1867. Er will jedenfalls nicht die Initiative ergreifen. Nach seiner Meinung müßte sich ein ausländischer Minister, also entweder Graf Itzenplitz[1]) oder der Engländer direkt an den hiesigen Post- und Telegraphenminister Grafen Tolstoi wenden. Chauvins Korrespondenz mit Lüders würde zu keinem Resultate führen. Von hier aus ist also nicht viel zu machen.

Auch Chauvin kam zu der Überzeugung, daß Rußland zum Bau neuer direkter Linien kein Geld hergeben werde. Werner stellte deshalb die Grundzüge eines neuen Projektes auf, wonach eine Gesellschaft gebildet werden sollte für die Beschaffung des nötigen Kapitals und für den Abschluß von Verträgen mit den Regierungen. Näheres ergibt sich aus folgenden Briefen:

Werner an Karl 24. Januar 1867. Ich habe gestern Chauvin vorgeschlagen: 1. Wir bilden eine Gesellschaft für eine Linie London-Teheran mit ca. 2 Millionen Taler Kapital. 2. Die Gesellschaft baut eine direkte submarine Linie von London bis zu einem preußischen Küstenpunkte (Helgoland, Holstein oder Jahdebusen) und eine zweite von der Krim nach Suchum-Kaleh. 3. Die preußische und russische Regierung verpflichten sich, der Gesellschaft zwei (nach Bedarf künftig mehr) direkte 5 mm dicke Leitungen im Anschluß an die submarinen Linien zu bauen, die ausschließlich für die direkte Korrespondenz dienen, die russische Regierung bis Teheran. 4. Die Gesellschaft verpflichtet sich, der russischen Regierung die Mittel zur Anlage dieser Linien, wenn sie es verlangt, zu zahlen. 6. Das Geld wird zu 6 % verzinst und amortisiert aus den Einnahmen der betreffenden Linien, welche die Regierung erhält, nach Bestreitung ihrer vorher anzugebenden Remontekosten, also ohne alles Risiko für die Regierung. 6. Die preußische und russische Regierung erhalten ihre vollen Beförderungsgebühren für alle durchgehenden Depeschen. Die englische Regierung verpflichtet sich zu einer wesentlichen Herabsetzung ihres Tarifs nach Fertigstellung der neuen Linie. 7. Die Telegraphenbeamten etc. bleiben im Dienste der russischen Regierung. Die Gesellschaft liefert alle Apparate auf ihre Kosten und remontiert sie fortwährend. Zu dem Zwecke stellt sie auf jeder Translationsstation einen Mechaniker an, der jedoch unter Kommando des betreffenden Stationschefs bleibt. 8. Die Konzession und die Verträge gelten 25 Jahre. — Ich denke, die russische Regierung muß hierauf eingehen, da sie ohne eigene Auslagen sehr einträgliche Linien erhält. Will sie uns Bau und Remonte übertragen, so hat sie auch keine

---

1) Preußischer Handelsminister.

weiteren Scherereien davon. Sie behält volle Macht und Einsicht in alle Sachen und Depeschen und kann ihre vorhandenen Linien zur Lokal-Korrespondenz benutzen. — Ich bin überzeugt, daß sich bei schneller und sicherer Beförderung der Depeschen — und dafür wollen wir schon sorgen — die Zahl der täglichen indischen Depeschen bald auf etliche Tausend täglich belaufen wird. Mit Schnellschreibern läßt sich eine solche Zahl (ich denke, gut 2000 p. Draht) leicht bewerkstelligen. Die Einnahmen können also bald kolossal werden und der Regierung wie der Gesellschaft großen Gewinn bringen. — Ich freue mich besonders darauf, 'mal eine lange Normallinie herzustellen und in Gang zu bringen, welche zeigt, was die Telegraphie jetzt wirklich zu leisten imstande ist. — Suche doch zu ermitteln, ob General Lüders diesem Plane nicht prinzipiell abgeneigt ist, und welches der richtige Weg ist, dort vorzugehen. Chauvin hat ihn rückhaltlos adoptiert und will auch für seinen Minister einstehen. — Geldbeschaffung anlangend, so ist der Prospektus so brillant, daß gar nicht daran zu zweifeln ist, daß wir allein hier in Berlin sogleich das Geld bekommen. Ich ziehe aber eine limitierte Kompagnie vor, mit wenigen Teilnehmern und ja nicht unter 100000 Taler Einzahlung. Ich glaube, es wird leicht sein, in Berlin, Petersburg und London auf diese Weise das Geld zusammenzubringen. Das würde die Sache ganz in unserer Hand lassen. — Mach' Dich nur recht ernstlich an die Sache, um Lüders für den Plan zu gewinnen. — Werner an Karl 27. Januar. Von Wilhelm Depesche, daß das projektierte Kabel (Schwarze Meer?) zwei Millionen kosten wird. — Er ist mit dem neuen Projekte einverstanden und hält englische Konzession für sicher. Chauvin — heißblütig nach wie vor — —. Er wollte gleich eine Konferenz in Petersburg mit einem engl.schen Bevollmächtigten herbeiführen und mit mir hinreisen. Abgesonderte Station gesteht er zu, sowie die übrigen Bedingungen. Doch ist eine große Verkehrtheit begangen. Er hat mit der Electric Company einen Vertrag abgeschlossen, nach welchem er zwei Jahre lang niemand eine Konzession nach Preußen geben kann. Hannover ist ihm durch die Reutersche Konzession zugesperrt — —. Chauvin empfiehlt Verständigung mit der Electric Company, was mir aber bedenklich erscheint — —. Wilhelm muß das jetzt in England ins reine bringen. Wir können aber ganz unabhängig davon in Rußland vorgehen. Das gibt den übrigen Verhandlungen eine feste Basis. Vielleicht gibt Rußland uns die Konzession zu einem eigenen Bau von der preußisch-polnischen Grenze via Schwarzes Meer nach der persischen Grenze, wenn wir folgende Bedingungen eingehen: 1. Nur durchgehende Depeschen nach und von Persien nach und durch Preußen zu befördern. 2. Einen russischen Kontrollbeamten auf jede Station. 3. Abgabe eines bestimmten Satzes, nötigenfalls der halben tarifmäßigen Gebühr, an die russische Regierung. 4. Übergabe aller Linien nach 25 Jahren an die Krone in gut arbeitendem Zustande, wenn tunlich gegen Rückerstattung der Baukosten. — Ein solches Abkommen wäre bei jetzigem geringen Depeschenverkehre vorteilhafter für Rußland, da die Remontekosten und Zinsen zunächst erst durch den russischen Tarif gedeckt werden. Den übrigen Beteiligten gegenüber gibt uns das ein viel größeres Gewicht, wenn wir die Baukonzession durch ganz Rußland haben. Beamtenfrage kann mit großer Liberalität behandelt werden. Wenn wir nur einen eigenen Mechaniker in jeder Station haben und nicht in der technischen Einrichtung geniert werden. Für die Zukunft wäre das viel günstiger für uns, wie das bisherige Projekt. Handeln könntest Du Dich lassen bei Bestimmung der Höhe der Abgabe pro Depesche. Urgiere nicht zu sehr die beabsichtigte Geschwindigkeit der Beförderung, sondern mehr die zu erwartende große Zahl von Depeschen und die dementsprechende Zahl von Leitungen und Kabeln, also viel Einnahmen für Rußland und große Anlage- und Remontekosten für uns. Wenn wir künftig, wie wir hoffen, 5000 bis 6000 Depeschen täglich zu befördern haben, so würde das bei $^1/_2$ Rubel Abgabe immer gegen 1 Million Abgabe machen. Will man absolut nicht unter die Hälfte der tarifmäßigen Gebühr von 8 Frcs. heruntergehen, so suche wenigstens eine Minimalzahl von Depeschen festzusetzen, bei welcher die höhere Abgabe beginnt. Wenn Lüders auf die hohen englischen Sätze zu sprechen kommt, so sag' nur, daß wir darüber mit der englischen Regierung verhandelten, daß wir verlangten, den Tarif für die submarine Linie[1]) auf die Hälfte (1 £) herabzusetzen, und davon das Zustandebringen der Gesellschaft abhängig machten, woran der englischen Regierung sehr gelegen ist, da sie um bessere Depeschenbeförderung von allen Seiten bestürmt würde. — Preußen wird auf alles eingehen, was die Depeschen sicher über Preußen führt. Eine Erhöhung des Satzes der Depeschen für die russischen Landlinien erklärt Chauvin für vertragswidrig und unmöglich. Es ist daher unser Vorschlag für Rußland die einzige Möglichkeit, sich die wichtige indische Korrespondenz und damit die unbestreitbare wichtigste Weltlinie zu erhalten. Kommt die projektierte Linie nicht zustande, so wird England wieder die größten Anstrengungen machen, auf anderem Wege eine sichere Verbindung mit Indien zu erreichen, zum Schaden Rußlands! — Werner an Karl 3. Februar 1867. Die Sache scheint ja gut vorwärts zu gehen. Wilhelm ist mit Verhandlungen mit der englischen Regierung, der Electric und der Submarine Company beschäftigt. Sich selbst mit Geld beteiligen kann die englische Regierung, der türkischen wegen, nicht, will uns aber in Persien und England jede Unterstützung gewähren. Wilhelm soll von ihr die Zusicherung verlangen, die Zahl ihrer Drähte von Teheran nach Indien derjenigen der unseren immer gleich zu machen, also gleich ein zweites Kabel in Angriff zu nehmen und unsere Depeschen ebenso pünktlich zu befördern wie wir. Die zweite Leitung von Teheran nach Kuratschi ist eine Lebensfrage für uns; denn eine eindrähtige Linie wird sich nicht besonders rentieren. — Die englische und preußische Regierung raten zur Vereinbarung mit der Electric Company, welche bereits im Besitze des Reuter'schen Kabels ist. Das würde allerdings unsere Kosten um $^1/_3$ reduzieren und die Sache wesentlich erleichtern. Ich verlange aber direkte Drähte und Übergabe des ganzen Betriebes an uns. — Die Festsetzung eines Tarifs für uns suche doch Lüders auszureden — -. Du kannst ja vorrechnen,

---

[1]) Kabel durch den Persischen Meerbusen, das schon vorhandene Schlußglied der Verbindung mit Indien.

daß der englische submarine Tarif und der persische, angewendet auf die russischen Landlinien und die beiden Kabellinien (England-Deutschland und Schwarzes Meer), einen höheren Tarif geben würde wie der türkisch-persische Tarif, daß also die gestellte Bedingung, daß die Depeschen in Rußland nicht teurer werden sollen, wie auf anderem Wege, vollständig ausreicht. Wir werden natürlich immer für Ermäßigung des Tarifs wirken, weil die Depeschenzahl dadurch verhältnismäßig steigt; doch muß die Ermäßigung gleichmäßig auf der ganzen Linie stattfinden. — Die englische Regierung rät vorläufig, auf nicht mehr als 200 Depeschen pro Tag zu rechnen[1]). Damit ist keine gute Rentabilitätsrechnung, welche Geld anzieht, ohne hohen Tarif zu machen. Durch Feststellung eines niedrigen Tarifs würde man uns daher die Sache sehr erschweren.

Auf Grund dieser Vorschläge Werners verhandelte Karl nun in Petersburg geraume Zeit mit General Lüders, ohne so recht weiter zu kommen:

Rußland hat nicht so starkes Interesse an der Sache wie Preußen, weil die Linie jedenfalls über Rußland geführt werden muß, dagegen sehr wohl über Schweden, statt über Preußen, geführt werden kann. — Graf Tolstoi scheint ein Prinzipienreiter zu sein; denn er will nichts von Abgabe des Landlinien-Betriebes hören. Etwas Neues bei der russischen Regierung durchzusetzen ist sehr schwer.

Der Minister schlug die Konzessionierung einer besonderen Landlinie durch Rußland rundweg ab; dagegen war er bereit, die Kabellinie durch das Schwarze Meer zu bewilligen, sogar mit Staatsgarantie von Zinsen und Amortisation:

Ich habe mein möglichstes getan, schrieb Karl, um Lüders eines Besseren zu belehren, mußte aber doch ohne Resultat abziehen. Das beste wäre, wenn Du selbst kämst. Deine Stimme gilt mehr bei ihm. Ich glaube nicht, daß wir ohnedem mit ihm in Ordnung kommen.

Werner konnte sich damit nicht zufrieden geben:

12. Februar. Auf das einfache Versprechen der russischen Regierung, direkte Linien zu bauen und unterhalten zu wollen, können wir uns nicht einlassen. Das Publikum würde darin keine Garantie finden, daß die Depeschen künftig sicherer wie bisher befördert werden, und uns kein Geld geben. Gerade jetzt gehen die Depeschen wieder sehr schlecht. Die „Times" erzählte kürzlich, die Depeschen dauerten 17 Tage! Sollte es nicht möglich sein, den Minister wenigstens zur Konzessionierung einer Linie durch die kaukasischen Provinzen zu bewegen? Dann hätten wir doch wenigstens einen sicheren Anschluß an die submarine Linie. — — Auf Staatsgarantie für das Kabel können wir verzichten; die würde doch die Gangbarkeit der Linie als Bedingung stellen und das

---

[1]) Mehr konnte sie damals auf der Strecke Teheran-Kuratschi gar nicht befördern.

eigentliche Risiko also nicht abnehmen. Die Landlinien im europäischen Rußland müßten natürlich in das einheitliche Apparatsystem eingeschaltet werden, also Apparate und Mechaniker der Gesellschaft. Das gesteht ja auch Preußen zu, neben $1/2$ Frcs. Verminderung der Depeschengebühr (2 Frcs. statt $2\,1/2$). Rußland würde dann seinen tarifmäßigen Satz für das europäische Rußland beibehalten, stände sich also bei Aufgabe der asiatischen Linie besser. Bau und Remonte der auf Kosten der Gesellschaft zu erbauenden Linien mußte uns übertragen werden. Bei dem einmal herrschenden Mißtrauen gegen Rußland würde man nur darin Garantie für soliden Bau und guten Dienst finden. Geh' doch 'mal selbst zum Minister. Chauvin hat sich erboten, selbst nach Petersburg zu reisen, wenn es nützlich erschiene, und die Sache direkt zu poussieren. Besprich' das doch 'mal mit General Lüders. — 16. Februar. Mitte nächster Woche soll der Brief von Itzenplitz an Tolstoi abgehen, worin Preußen nachdrücklich auf Herstellung einer direkten Linie mit einheitlicher Verwaltung von London bis Teheran und Indien dringt und sich erbietet, daß Chauvin zu einer Konferenz ad hoc Anfang März nach Petersburg gehen soll, um alles zu vereinbaren. Chauvin wünscht, ich möge ihn Anfang März nach Petersburg begleiten. Da ich vollauf mit Ausstellungssachen[1]) zu tun habe, paßt das schlecht; ich durfte aber nicht nein sagen. — 18. Februar. Ich hoffe gute Wirkung auf Lüders von der Mitteilung, daß Chauvin ihm auf den Hals kommen wird — —. Ohne Vereinbarung über Bau, Remonte und Verwaltung wird keine direkte englisch-indische Verbindung zustande kommen. Die neue Kompagnie, um die Rote-Meer-Linie wieder neu zu bauen, ist schon konstituiert. Die englische Regierung wird sie jedenfalls stark unterstützen und sich zur vorzugsweisen Depeschen-Abgabe an dieselbe verpflichten, wenn Rußland und Preußen nicht die Hand bieten zu einer sicheren Landlinie nach Persien.

General Lüders war den Brüdern Siemens wohlgesinnt und hätte ihre Absichten gern gefördert; aber er war noch neu im Amt und wagte nicht, offen für sie einzutreten. Erst als er bemerkte, daß Rußland nicht mehr leisten sollte, als Preußen, wurde er entgegenkommender. Und als vollends sowohl Preußen wie England den Plan der Brüder kräftig unterstützten, ging er mit offenbarer Freude auf deren Ideen ein:

Karl an Werner 16. März. Heute war ich 'mal wieder bei Lüders und habe ihn in Feuer und Flamme für die indische Linie gefunden. Tolstoi hat schon von der preußischen und sogar von der englischen Gesandtschaft Vorstellungen erhalten. Ein Papier, welches ich ins Französische übersetzen ließ, lag dabei, und Lüders hat sofort erkannt, daß es Deine Arbeit gewesen ist. Als Lüders gegen Tolstoi erwähnte, Itzenplitz würde noch direkt an ihn schreiben, hat er erwidert: „Das habe ich natürlich erwartet." Du siehst also, wie notwendig das ist. Die Kon-

---

1) Paris, wo namentlich der erste Dynamo vorgeführt werden sollte.

zessionierung scheint durchzugehen, aber nur wenn Preußen dasselbe tut.

Inzwischen kam Wilhelm auch in England einen Schritt weiter. Werner hatte eine schriftliche Erklärung der englischen Regierung verlangt, wodurch sie sich bereit erklären sollte, den Siemens in England, Persien und Indien jede tunliche Hilfe zu gewähren, auch ihre eigenen Tarife herabzusetzen, wenn das Unternehmen zustande käme. Es gelang Wilhelm freilich nur, eine sehr unverbindliche Erklärung zu extrahieren, mit der Werner nicht zufrieden war; doch Wilhelm riet, sich damit zu begnügen:

Wilhelm an Werner 16. März. Es wundert mich eben nicht, daß Du die Versprechungen der englischen Regierung unzureichende findest, aber um sie richtig zu beurteilen, mußt Du den red tape[1]) hier richtig verstehen. Es ist sehr viel gewonnen damit, daß das Ministerium in direkte Korrespondenz mit uns getreten ist und die Forderungen im Prinzipe anerkannt hat. Ein englischer Minister tut nie mehr, aus Furcht, seinen Nachfolger zu kompromittieren; aber mit Champain für uns ist dies als absolutes Versprechen zu betrachten. Auch warte ich nur auf Deinen nächsten Brief, um mich mit dem Foreign Office in Verbindung zu setzen und zu erwirken, daß Alison, der Gesandte in Teheran, beauftragt wird, mit Rußland die Konzession nach der Grenze für uns zu erwirken. Auch das Durchsprechen bis zum Persischen Golf hat keine Schwierigkeit, sobald unsere Linie fertig ist; aber es wäre zu viel verlangt, jetzt schon positive Versprechungen zu fordern. Auch ist die englische Regierung den Türken Rücksichten schuldig, welche nur durch die vollendete Tatsache beseitigt werden können. — Mit der Electric Company bin ich noch nicht in Unterhandlung getreten und halte es auch nicht für geraten, bis wir unsere Kuh im Trocknen haben.

Die Bemerkung am Schlusse bezog sich auf das Kabel zwischen England und Deutschland; Chauvin wollte die Siemens im voraus mit der Electric Company, der er das obenerwähnte zeitweilige Monopol für diese Verbindung gegeben hatte, „verheiraten", worauf sie sich aber noch nicht einlassen wollten, um sich nicht allzusehr zu binden.

Mit Preußen wurde eine Vereinbarung im wesentlichen schon Anfang April erzielt:

Werner an Karl 5. April. Gestern lange Konferenz mit Chauvin. Die Sache scheint jetzt so gut wie in Ordnung zu sein. Itzenplitz hat die Konzession einer Privatlinie genehmigt und sie den Russen (Tolstoi) vorgeschlagen. Die Bedingungen sind zwar teilweise unannehmbar, doch wird man mit sich handeln lassen. Aus beifolgender Kopie magst Du

---

1) Die büreaukratischen Formen.

den Vorschlag zu einem Staatsvertrage ersehen, den ich Chauvin übergeben habe. Suche dafür bei General Lüders Propaganda zu machen. — — Sollten wir mehr als ein Drittel des Gesamtumsatzes oder höchstens 3 Frcs. pro Depesche in Rußland zu bezahlen haben, so wird die Rechnung sich nicht so stellen, daß man leicht das Geld bekommt. — Eine zweite Frage ist die der Beamten. In Preußen will man absolut die Unteroffiziere anbringen. Könnte Lüders uns da herumhelfen, so würde er sich einen Gotteslohn um die Sache verdienen — —. Chauvin betrachtet die Sache schon so weit gediehen, daß er meint, wir könnten ruhig unsere Vorbereitungen treffen, die Sache wäre gemacht. Er wird wohl in 8—14 Tagen nach Petersburg kommen. Eile tut not, da die Red Sea Linie unter Bright & Co. auf dem Punkte steht, loszubrechen. Gefährliche Konkurrenz — —. Nun mußt Du aber gleich dabei gehen und einen Bau- und Remonte-Anschlag für die Linie durch Rußland machen, damit wir einen Prospekt aufstellen können. Wenn Chauvin und Champain hinzukommen, müssen alle Materialien fertig sein. Auch einen Konzessionsentwurf mußt Du machen — —. Die Leute haben sich jetzt kompromittiert und wir können nun fester auftreten! Möglichst gute finanzielle Bedingungen, möglichste Freiheit und Unabhängigkeit müssen erstrebt werden!

Gegen Ende April traf Champain mit Chauvin in Petersburg zusammen, wo nunmehr zwischen den Vertretern der drei nächstbeteiligten Telegraphen-Verwaltungen die Schlußverhandlungen stattfanden, welche die Entscheidung der russischen Regierung unmittelbar herbeiführen sollten. Champain beschränkte sich dabei auf die Erklärung, die englische Regierung werde ihre Gebühr für die persisch-indische Strecke auf die Hälfte herabsetzen. Trotz dieser passiven Haltung Englands beschloß die russische Regierung, die indo-europäische Linie im Prinzip zu genehmigen. Wie Werner später erfuhr, hatte sich General Lüders soweit scheinbar schieben lassen, war aber in Wirklichkeit der einzige wahre Freund der Sache in Rußland. Fürst Gortschakoff und dann auch der Kaiser selbst entschieden sich, auf die vorhin erwähnte, von Werner herrührende Denkschrift des preußischen Gesandten hin, aus politischen Gründen für Erteilung der Konzession.

Die russische Depeschengebühr wurde auf 5 Frcs. für die Depesche von 20 Worten festgesetzt, so daß von der Gesamtgebühr London—Indien, welche — wie auf dem türkisch-persischen Wege — 5 £ betragen sollte, nach Abzug der russischen 5 Frcs. und der preußischen $2^1/_2$ Frcs. für England und die Gesellschaft zusammen $117^1/_2$ Frcs. übrig blieben, was die Brüder als ausreichend erachteten. Allerdings waren damit die Verhandlungen über die russische Konzession noch lange nicht beendet; vielmehr mußten sie noch monatelang fortgesetzt werden. Aber die Grundlage für das Unternehmen war geschaffen:

> Werner an Wilhelm 24. Mai 1867. Rußland und Preußen haben sich, wie aus dem Dir geschickten Vertrage folgt, dahin geeinigt, daß sie die Linie London-Teheran zustande bringen wollen, und Chauvin mit Abschluß der Kontrakte etc. beauftragt. Rußland hat sich bereit erklärt, für den Bau durch ganz Rußland von der preußischen Grenze ab eine Konzession zu geben. Die materiellen Gegenverpflichtungen bestehen einmal in der Abgabe von 5 Frcs. für durchgehende einfache Depesche und zweitens in der Anlage eines Mehrdrahtes für interne russische Korrespondenz gegen zu vereinbarende Zahlung. Dieser Draht wird zugleich als Reserve für die indische Linie dienen. Ebenso werden Rußland und Preußen ihre anderen Linien zur Beförderung von Depeschen hergeben, wenn die Linie irgendwo unterbrochen sein sollte. Das ist sehr wichtig. Preußen wird der Gesellschaft eine Konzession für den Bau einer Linie von England zur preußischen Küste geben, welche die Gesellschaft jederzeit benutzen kann, wenn die Vereinbarung mit der Electric Company nicht zustande kommt oder erlischt oder die Drähte der E. C. nicht ausreichen. Preußen wird der Gesellschaft gegenüber die Verpflichtung übernehmen, stets ebenso viele gute Leitungen der Gesellschaft zur Disposition zu stellen, wie diese in Rußland etc. hat. — Diese Grundbedingungen sind reichlich das, was wir gewünscht haben; in betreff Rußlands ist es sogar viel mehr. Wir werden daher jetzt namens der zu bildenden Gesellschaft einen Vertrag mit Preußen für sich und mit Rußland schließen müssen, der die ganze Sache regelt. Ich denke, es müssen zwei abgesonderte Akte sein — —. Die Konzession wird abhängig gemacht von der Konzession der persischen Regierung von Teheran zur russischen Grenze, so daß nur dann eine Bauverpflichtung für uns entsteht, wenn diese erteilt wird. Dies ist die Grundlage für die Konstituierung der Gesellschaft — — —. Soviel ist sicher, das Preußen wie Rußland und England den lebhaften Wunsch und sogar die bestimmte Absicht haben, die direkte Linie England-Indien zustande zu bringen — —. Wir müssen jetzt entscheidende Schritte tun. Uns jetzt zurückzuziehen, ist wirklich gar kein Grund vorhanden.

Werner ärgerte sich damals, weil Wilhelm, der gerade wichtige andere Geschäfte in Paris zu erledigen hatte, Neigung bekundete, diese Sache dilatorisch zu behandeln:

> Werner an Wilhelm 1. Juni 1867. Euer Beschluß, die Konzession in Rußland etc. erst zu nehmen, wenn sie in Persien erteilt ist, ist durchaus untunlich. Das heißt die Sache fallen lassen. Mit großer Mühe und auf den schwierigsten Wegen haben wir die Russen dahin gebracht, daß sie wider alles Erwarten eine Konzession an eine Privatgesellschaft erteilen wollen. Gestern ist durch eine Depesche von Lüders die formelle Zustimmung dazu an Chauvin gekommen, und jetzt soll die Sache ein halb Jahr schlafen? — Chauvin ließ sich kaum abhalten, heute oder

morgen nach London abzureisen, um mit der Electric Company und Reuter zu verhandeln. Gelegentlich sagte er, Reuter habe ihm gesagt, er hätte ein paar Leute in seiner Kompagnie, welche ganz allein das nötige Geld hergeben würden. Du siehst, die Sache ist nicht ohne Gefahr. Chauvin und Lüders müssen jetzt etwas abmachen und zustande bringen, und sie werden es ohne uns tun, wenn wir sie nicht festhalten.

Die russische Konzession wurde am 18. August dem Kaiser zur formellen Bestätigung vorgelegt, die erst gegen Ende September erfolgte, während die preußische schon einen Monat früher mit der Unterschrift des Ministers Itzenplitz versehen wurde. Die nächste Hauptsorge der Brüder war die Erlangung der Konzession in Persien; doch wurden gleichzeitig noch andere vorbereitende Schritte unternommen in bezug auf Finanzierung der Gesellschaft, Kostenanschlag, Sondierungen im Schwarzen Meer für das Kabel usw.

Die Konzessions-Verhandlungen in Persien. Die Verhandlungen zur Erlangung der persischen Konzession wurden Walter Siemens übertragen, der seit Jahren für seine Brüder im Kaukasus tätig war und dort in Tiflis wohnte. Er eignete sich für diese Verhandlungen vortrefflich durch seine Fähigkeit, mit Menschen aller Art umzugehen und durch seine speziellen Erfahrungen in der Behandlung von Orientalen; denn daß in Persien mit ganz anderen Mitteln gearbeitet werden mußte, wie in Europa, darüber waren sich die Brüder von Anfang an vollkommen klar. Die Bestechlichkeit des persischen Hofes war ja eine allgemein bekannte Tatsache[1]):

Karl 29. Juni 1867. Walter braucht in Persien durchaus einen gesunden orientalischen Schuft als Gehülfen, sonst bringt er nichts fertig. — 3. Juli. Der Schah hat seinem Onkel[2]), welcher Telegraphenminister ist, alle persischen Linien geschenkt, und letzterer würde sie gern gegen Geld losschlagen — —. Viel Geld auf einmal zu zahlen soll nicht ratsam sein, weil der Herr Onkel verschwenderisch ist und er unser Feind werden könnte, wenn er alles Geld totgeschlagen und er nichts mehr von uns zu kriegen hat. — 7. Juli. In jedem Falle muß Walter die Unterhandlungen mit entsprechenden Geschenken beginnen. — 15. Juli.

---

1) Vgl. Polak (ehemaliger Leibarzt des Schah von Persien), Persien. Das Land und seine Bewohner, 1865; Vambéry, Meine Wanderungen und Erlebnisse in Persien, 1867.

2) Ali Kuli Mirza, dem „Telegraphenprinzen" (Eastwick, l. c. II, 308).

Blank müssen die Geschenke sein, glänzend, nach viel aussehend, aber leicht transportabel. Ein persischer Minister soll sein Zimmer mit europäischen Wagenlaternen ausstaffiert haben. Darüber wird Wilhelm leicht Näheres von Champain erfahren können.

Persien hatte sich Rußland gegenüber verpflichtet, die unbrauchbare Linie von der persisch-russischen Grenze bei Djulfa nach Teheran durch eine neue Doppelleitung zu ersetzen. Das Material dafür hatte Rußland vorschußweise geliefert, Persien hatte aber weder gebaut, noch das Material bezahlt, weil es ihm dafür an Geld fehlte. General Lüders schlug daher vor, die Siemens' möchten den Persern anbieten, ihnen das Material gegen Zahlung an Rußland abzunehmen oder die neue Leitung mit an die Stangen der indischen Linie zu hängen; der Draht war für diese nicht zu verwenden, da er nicht dick genug war. Das Material kostete 100000 Rubel. Außerdem wurde Walter ermächtigt, für eine gute Konzession eine ansehnliche Summe zu bewilligen. Werner rechnete auf 30000 Rubel Reisekosten und Geschenke.

Mitte Oktober reiste Walter von Tiflis ab, wo ihn Karl kurz zuvor in der Leitung des kaukasischen Geschäfts ersetzt hatte:

Walter 19. September. Man gibt mir hier einen Beamten der Tifliser diplomatischen Kanzlei mit, der schon 14 mal in Teheran war und Land, Leute, Gebräuche gut kennt. — Ich leide etwas an Kongestionen, da wird mir der Ritt von 1700 Werst gut tun. — Karl 15. Oktober. Walters Stellung als deutscher Konsul kommt ihm bei der Sache sehr zu statten. Er reist wie ein Botschafter, so hat man ihn ausgestattet.

Walters erste Eindrücke in Persien waren sehr ungünstig; doch besserten sie sich bald:

Tabris 23. Oktober. Ich bin erschreckt über die Verworfenheit und noch mehr über die zeitraubende Schwerfälligkeit der persischen Regierungsorgane. Es wird der energischen Unterstützung der beiden Gesandtschaften bedürfen, um schnell zu unserem Ziele zu gelangen. Der Schah hat keine reine Einnahme von den Telegraphen, aber die Minister Ali Kuli Mirza und Ali Kuli Chan ziemlich bedeutende — —. 2. November. Der russische Geschäftsträger hat auf Instruktion von Lüders bereits mit dem Minister des Auswärtigen über unsere Projekte gesprochen. Es scheint, daß man uns günstig aufnehmen wird, und zweifelt nicht am Erfolge. Es wird aber Zeit und Geld kosten. — Die Engländer unterhandeln mit den Persern über eine Landlinie zwischen Bender Abbas-Buschir und der nächsten indischen Station, haben den Persern dazu gratis 1200 eiserne Pfosten und ganze Revenue angeboten. Die Perser wollen nicht, aus politischen Gründen, und der Minister hat den russischen Geschäftsträger gefragt, ob wir uns nicht damit befassen wollten, da sie mit Privaten sich leichter verständigen würden. Die Perser sind viel weniger schwierig, wenn es sich um Konzessionen an Private handelt, und als Preußen sind wir doppelt unverdächtig. Dies und besonders der Punkt, daß nach Ablauf der Konzession die Linie gratis persisches Eigentum wird, und wir uns auf Verlangen außer Landes zurückziehen, wird uns vielleicht zu guten Bedingungen verhelfen.

Wir haben uns hier daran zu erinnern, daß in Persien seit langer Zeit der russische Einfluß vorherrschte, daß aber England immer wieder versuchte, diesem Einflusse entgegen zu arbeiten. Die einander durchkreuzenden Bestrebungen Englands und Rußlands bereiteten den Persern viele Schwierigkeiten, erlaubten ihnen aber auch oft, im Trüben zu fischen, namentlich finanzielle Vorteile zu ergattern, woran ihnen besonders lag. In diesem verwickelten Getriebe spielten damals seit einigen Jahren die Telegraphenlinien eine große Rolle, ohne daß sich auf Grund des verfügbaren Materials immer alle Einzelheiten deutlich erkennen lassen. Die russisch-persische Linie Djulfa-Teheran befand sich in persischer Verwaltung und war deshalb schon so ziemlich unbrauchbar geworden, während die Linien von der türkischen Grenze nach Teheran und von dort nach Buschir am Persischen Golfe, die von den Engländern verwaltet wurden, wenigstens einigermaßen funktionierten. Das Interesse der Perser an diesen Linien beschränkte sich aber auf die Einnahmen, welche namentlich Ali Kuli Mirza, der „Telegraphenprinz", aus ihnen zog, sowie auf die Lokalkorrespondenz. Im Augenblicke lag ihnen die Notwendigkeit schwer auf der Seele, die Linie Djulfa-Teheran, für welche sie das Material von Rußland schon erhalten hatten, zu erneuern. Walter Siemens scheint diese Situation sehr geschickt ausgenutzt zu haben:

Walter, Teheran 19. November. Die Perser werden schwer ihre eigene Korrespondenz aufgeben. Da der Schah und seine Minister die Gewohnheit haben, die Linie sehr oft halbe Tage in Anspruch zu nehmen, so wäre es eine mißliche Sache, die Lokalkorrespondenz auch zu übernehmen — —. Als alleinige Gegenleistung für die Konzession werde ich in den Entwurf aufnehmen, daß wir uns verpflichten, den neuen Draht an unseren Stangen mit aufzuhängen und während der Dauer der Konzession zu remontieren. Sollte ich damit nicht durchdringen, so werde ich außerdem noch bis zu einer jährlichen Abgabe von 5000 Tomans (15000 Rubel) gehen. Als letzte Instanz dann Abgabe pro Depesche — —. Dem Minister machen hauptsächlich die augenblicklich bevorstehenden Ausgaben für die Linie Djulfa-Teheran Sorge; er kam immer wieder darauf zurück, daß sie zur Erneuerung und Etablierung des zweiten Drahtes 140000 Tomans (420000 Rubel) nötig hätten. Ich sagte ihm darauf, daß, wenn sie der Konvention mit Rußland genügen wollten, sie viel mehr nötig hätten, da sie ihren ersten Draht ganz erneuern müßten, indem derselbe unbrauchbar sei, ferner, daß — wenn sie uns einmal die Konzession gegeben hätten — die russische Regierung sie nicht weiter drücken würde — —. Bei den Persern wirkt bar Geld am meisten, da sie stets in Verlegenheit sind.

Bereits am 28. November sandte Walter an Karl und Werner einen „nach vielen Verhandlungen und Mühen" aufgestellten Konzessionsentwurf, der Aussicht hatte, von der Regierung angenommen zu werden und denn auch tatsächlich später von ihr angenommen wurde. Der Inhalt dieses Entwurfs ist aus der Korrespondenz nicht genau zu ersehen. Überhaupt waren Walters Berichte sehr dürftig, manches wurde telegraphisch erledigt. Soviel ist aber sicher, daß der Entwurf den Persern die kostenlose Benutzung der ganzen Linie Djulfa-Buschir bis zum Ablaufe des englisch-persischen Telegraphen-Vertrages von 1865 d. h. bis zum Jahre 1872 gestattete. Wegen des englischen Teiles dieser Linie, also für Teheran-Buschir, wurde in Aussicht genommen, daß die Siemens vom Jahre 1872 an auch den Betrieb dieser Strecke gegen eine Abgabe von 2 Frcs. pro Depesche oder eine Pauschsumme von 10000 Tomans (30000 Rubel) jährlich übernehmen sollten. Die an Persien zu zahlende Abgabe sollte für die ganze Linie Djulfa-Buschir nicht über $10^1/_2$ Frcs. betragen, was sich Rußland schon früher ausbedungen hatte. Diese Bestimmungen gaben später Anlaß zu vielen Weiterungen. Im übrigen mögen noch einige Auszüge aus Walters Berichten folgen:

Die Angelegenheit wird hauptsächlich betrieben durch zwei Personen, Mirza Said Chan, Minister des Auswärtigen, und Jaja Chan, Generaladjutant des Schah, auf den sie beide großen Einfluß haben. Ali Kuli Mirza ist ein ganz verkommener Kerl, und der Schah scheint ihn herzlich satt zu haben; denn er hat nichts als Unannehmlichkeiten durch ihn — —. Die Geschenke wirken sehr wohltätig, d. h. die Aussicht, welche zu bekommen; denn das Geben geschieht postnumerando — —. Das Projekt wird vom Schah und den Ministern verarbeitet, und werde ich von Jaja Chan, Freund des Schah und den ganzen Tag um ihn, genau vom Stand der Angelegenheit unterrichtet, wofür ich ihm 500 Dukaten versprochen habe. An 2500 werden wohl daraufgehen: Ali Kuli Mirza 1000, Mirza Said Chan 500, Ali Kuli Chan 200 u. s. w. Da ist keine Kopeke zu viel oder unnütz. Wunderbare Kerls! Mirza Said Chan, fast seit 20 Jahren Minister, Gentleman, Inhaber Orden erster Klasse fast aller europäischen Mächte, ließ sich von mir ein Geschenk von 500 Dukaten für Erwirkung der Konzession versprechen; ich fürchtete sehr, eine Ohrfeige zu bekommen; aber er begnügte sich damit, sein ehrwürdiges Gesicht zu einem angenehmen Lächeln zu verziehen.

Der russische Geschäftsträger Senowieff tat alles mögliche, um Walter zu helfen, begleitete ihn überall, lud die Leute, die mit ihm zu tun hatten, zu Mittag ein, und Walter sprach die zuversichtliche Hoffnung aus, man werde an ihm auch künftig eine sichere Stütze haben. Dagegen urteilte er weniger günstig über die Engländer:

Die englische Telegraphen-Verwaltung ist sehr lässig. Die Chefs, Goldsmid, Champain u. s. w. sind immer auf Reisen und jetzt schon seit längerer Zeit außer Landes. Dabei erhalten sie Gehälter von 5000 und 3000 £, die unteren Beamten im Verhältnis, so daß die Verwaltung der englischen Linien sehr teuer ist. — Die hier befindlichen russischen und englischen Telegraphisten und Mechaniker sind alles Deutsche und sehr geneigt, in unsere Dienste zu treten.

Über die Perser sprach sich Walter im Verlaufe seiner Mission mit größerer Befriedigung aus, als anfangs:

Die Perser haben mit Russen und Engländern jetzt viel Verdruß gehabt, wohl meist, aber nicht immer durch ihre Schuld. Sie sind sehr mißtrauisch gegen beide und daher sehr geneigt, mit uns zu unterhandeln. — — Es ist mit der persischen Regierung sehr gut auszukommen, wenn man kein Geld von ihr verlangt.

Natürlich wurde Walter auch dem Schah selbst vorgestellt („er ist ein ganz gemütlicher Kunde") und überreichte ihm bei der Abschiedsaudienz „im Namen des Hauses" zwei Jagdgewehre, sowie eine Schreibtischgarnitur. Im ganzen gab er für Geldgeschenke etwa 1300 £ aus, was er mit Recht als verhältnismäßig wenig bezeichnete:

Ich habe besonderes Glück mit den Persern, und die Engländer finden, daß wir sehr zufrieden sein können, wenn die Konzession ohne wesentliche Veränderung angenommen wird.

Der Schah unterzeichnete die Konzession am 29. Dezember:

Es war schwer, dahin zu kommen, obgleich ich im ganzen viel Glück bei der Sache hatte; denn nach Aller Aussage wird sehr selten eine Angelegenheit so schnell beendet.

Auch Werner war mit Walters Tätigkeit sehr zufrieden, während Wilhelm kritischer gestimmt war:

Werner an Wilhelm 21. Dezember 1867. Du mußt immer bedenken, daß der Orient nicht nach dauernden Interessen, sondern nach Vorurteilen und Gewohnheiten handelt. Ohne den Persern sofortige greifbare Vorteile zu bieten, werden wir die Konzession nicht erhalten. Furcht vor den Europäern und ihrem wachsenden Einflusse bewegt sie in erster Linie — —. Walter kennt die Orientalen gut und weiß sie gut zu behandeln. Er wird nicht mehr bewilligen, wie unbedingt nötig ist. — 15. Januar 1868. Hoffentlich hat Walter sich um Übernahme des von den Russen gelieferten Materials herum manövriert. Zu so etwas ist Walter sehr brauchbar, weniger zu strenger, regelmäßiger Arbeit. — 28. Januar. Die persische Konzession ist fabelhaft günstig ausgefallen, und die ca. 20000 Taler, die sie mit Walters Reisekosten kostet, sind gut angelegt.

Am 3. Januar 1868 (a. St.) kehrte Walter nach Tiflis zurück, wo er kaum ein halbes Jahr später verunglückte.

Sorge für die Kapitalbeschaffung. Schon als die Bewilligung der russischen Konzession wahrscheinlich geworden war, betrachteten die Brüder Siemens das Zustandekommen des Unternehmens für gesichert. Seitdem war sie bereits eifrig bemüht, neben der persischen Konzession alles übrige vorzubereiten, was zur Begründung des Unternehmens gehörte, und das war nicht wenig: Finanzierung, Kostenanschlag, Rentabilitäts-Berechnung und Prospekt, Tariffragen, Stellung der Siemens-Firmen zu dem Unternehmen, Arbeitsteilung und zeitliche Dispositionen, Beamtenfragen, Vorbereitungen für den Bau usw. — alles wollte gründlich erörtert und zweckensprechend geregelt sein. Die meisten dieser wichtigen Fragen mußten nach Bewilligung der persischen Konzession, also seit Anfang 1868, gleichzeitig erledigt werden, und zwar neben allem anderen, was die Brüder für ältere und neuere Geschäfte noch zu tun hatten, was auch nicht wenig war.

Schon im April 1867 taten Werner und Wilhelm einige Schritte für die **Finanzierung** des Unternehmens:

Werner an Karl 5. April. Wir wollen versuchen, ohne Aktiengesellschaft zum Ziel zu kommen. Wir wollen es 'mal mit Rothschild versuchen. Vielleicht machen sie ein Meta-Geschäft[1]) mit uns, wobei wir $^1/_4$, sie $^3/_4$ des Kapitals (2 Millionen) geben, und wir die ganze Sache in der Hand behalten. Gleichzeitig wollen wir dasselbe durch den „Kölner Klüngel" (Bank von Schaaffhausen und Mevissen) versuchen. Gelingt beides nicht, so müssen wir zur Aktiengesellschaft schreiten.

Werner und Wilhelm reisten bald darauf nach Paris zur Weltausstellung. Unterwegs verhandelten sie mit den Kölnern und

---

1) Geschäft für gemeinsame Rechnung.

in Paris mit einem „sehr intelligenten jungen Bankier Benari, der rechten Hand Rothschilds", der Lust hatte, die Sache zu machen.

Doch sind die hiesigen (Pariser) Geldmänner an „große Coupons" gewöhnt! Der Gang ist hier bei solchen Sachen gewöhnlich der, daß man das Kapital um ein Viertel größer macht, und daß die Geldmänner dann dieses Viertel für die Unterbringung erhalten!

Werner verlor unter solchen Umständen die Neigung, sich der Bankier-Vermittlung zu bedienen und erklärte, lieber direkt vorgehen zu wollen; doch beschlossen die Brüder, mit der Begründung einer Gesellschaft noch zu warten, bis die persische Konzession gesichert sein würde. Inzwischen plädierten Wilhelm und Karl dafür, eine **englische** Gesellschaft zu begründen, während Werner lieber sie in **Deutschland** begründet hätte:

Werner an Wilhelm 24. Mai. Die Geldbeschaffung betreffend, so glaube ich, daß wir imstande sein werden, sie **hier** zu machen. Doch wünscht Chauvin und wohl auch Rußland den Hinzutritt von englischem Kapital und einen anglisierten Anstrich der Gesellschaft, weil man meint, daß das die Beziehungen zur englischen Regierung verbessern würde. Glaubst Du, daß in England der größte Teil des Kapitals zu beschaffen ist? Und zwar so, daß wir sicher Bau und Remonte in der Hand behalten?

Wilhelms Antwort ist uns nicht erhalten; sie muß aber bejahend gelautet haben.

Karl an Werner 7. Juli. Was die zu bildende Kompagnie betrifft, so werden wir uns doch wohl nach London wenden müssen; denn dort wohnen die Leute, welche das große Interesse an dem Verkehr mit Indien haben. Besser für **uns** wäre allerdings Berlin, weil wir dann mehr die Herren bleiben und sicher den Bau bekommen. — 17. Juli. Ohne den Bau können wir das Geschäft gar nicht machen; denn es fehlt uns das Geld. Es sind ja gegen 700 000 Rubel, womit wir hinein müssen. Wenn wir uns auch in England den Bau reservieren können, so bleibt es sich ziemlich gleich, wo wir vorgehen. In England muß das Geld leicht zu bekommen sein. — Werner an Wilhelm 16. Juli. Ist überzeugt, in Berlin das ganze Kapital zusammenzubringen zur Begründung einer Kommandit-Gesellschaft auf Aktien. Zu dem Ende muß eine Reihe geschickter Artikel in die Welt gesetzt werden. Dazu ist der Abg. Faucher der geeignetste Mann. Da er lange in England gelebt hat und Korrespondent vieler englischer Zeitungen ist, so sind seine Artikel allgemein brauchbar. — 23. Juli. In England würden wir wohl nur als Kapitalisten berücksichtigt? Wer sichert uns den Bau und den künftigen maßgebenden Einfluß?

Indes mehr und mehr neigte sich die Wagschale zugunsten einer **englischen** Gesellschaft:

Werner an Wilhelm 2. August. Deine Gründe für eine englische Gesellschaft sind gewichtig. Weniger vorteilhaft für uns wird die Sache allerdings bedeutend. Müssen suchen, mehr am Bau zu verdienen. — 8. August. Ich gebe ja zu, daß eine englische limited company zweckmäßiger ist; sie nimmt uns auch das Risiko ab; sie muß jetzt organisiert werden.

Werner fürchtete sich damals sehr vor der immer dringender werdenden Gefahr der Konkurrenz durch eine neue **Rote-Meer-Linie** und wollte die Gesellschaft für die Siemenslinie möglichst **bald** gesichert sehen. In dieser Richtung hatte er schon im Mai und Juni auf Wilhelm zu wirken gesucht, der damals viel anderes zu tun hatte und diese Sache deshalb etwas dilatorisch behandelte, so auch im Juli und August:

Wie steht es mit der Rote-Meer-Gesellschaft? Ich fürchte, sie bekommt doch das Kapital. Die Sache brennt jetzt; wir verlieren sonst ein ganzes Jahr — —. Die Sache will nicht vorwärts.

Aber die Stockung hatte in der Tat auch triftige sachliche Gründe: außer der Ungewißheit wegen der persischen Konzession noch politische Gefahren (Luxemburger Frage!), welche den Geldmarkt verstimmten, sowie ein eigentümlicher Zwischenfall, der die Rentabilität des Unternehmens in Frage zu stellen drohte.

Schwierigkeiten und Besorgnisse. Als die Brüder Siemens das große Unternehmen eines indo-europäischen Überland-Telegraphen in die Hand genommen hatten, war der Tarifsatz für eine Depesche von England nach Indien sehr hoch, nämlich 5 £ 1 s. für 20 Worte gewesen. Auf dieser Grundlage erwarteten sie für ihr eigenes Unternehmen eine glänzende Rentabilität und übernahmen gern die ihnen in der preußischen wie in der russischen Konzession auferlegte Verpflichtung, keine höheren Tarifsätze zu erheben, als die schon bestehende Linie durch die Türkei und Persien. Nun wurde aber dieser Tarifsatz auf der **Internationalen Telegraphen-Konferenz in Bern 1867** bedeutend herabgesetzt, und es zeigte sich bald, daß dahinter der Plan verborgen war, der indo-europäischen Linie durch eine neue Linie über Frankreich, die Schweiz und Österreich Konkurrenz zu machen:

Karl 18. Juli 1867. Ein Paragraph in den russischen und preußischen Konventionen muß durchaus geändert werden. Sonst gibt uns kein Mensch Geld zu dem Unternehmen. Verwandlung des konzessionsmäßigen Maximaltarifs in einen festen Tarif ist nötig und Befreiung von der Verpflichtung, nicht über die türkischen Sätze hinauszugehen. Diese sind schon jetzt so ermäßigt, daß wir nicht dabei bestehen können. Sie können uns durch weitere Ermäßigung tot machen und riskieren nichts dabei, da sie jetzt schon nichts verdienen.

Karl betrachtete die Sache als sehr bedenklich und fürchtete bereits, die ganze damals geleistete Arbeit sei „pour le roi de Prusse" gewesen. Darauf setzte Werner es durch, daß jener Paragraph aus den — formell noch nicht erteilten — Konzessionen wegblieb. Aber die Besorgnis wegen der „Berner Verschwörung" war dadurch noch nicht beseitigt.

Unter der Hand war damals bereits mit einigen Berliner und Hamburger Bankiers über Beteiligung an dem Unternehmen verhandelt worden. In Hamburg hatte das Joh. Fr. Crome, ein Verwandter der Brüder, vermittelt, der jetzt berichtete, die in Aussicht stehende Konkurrenz durch die Schweiz werde die Hamburger Börse vermutlich ungünstig beeinflussen. Auch sprach ein Berliner Bankier die Ansicht aus, das größere Berliner Börsenpublikum werde sich kaum mit irgend namhaften Geldsummen beteiligen; die Berliner Börse verlange ein Papier, das sofort wieder zu verkaufen sei, worin gleich nach der Emission ein Geschäftsverkehr stattfände, was aber in diesem Falle schwerlich zu erwarten sei.

Ferner berichtete Karl, der es übernommen hatte, einen Kostenanschlag aufzustellen, die Anlagekosten würden außerordentlich hoch werden infolge der schlechten Verkehrsverhältnisse, sowie der teuren Materialien, welche auf Veranlassung der englischen Regierung konzessionsmäßig vorgeschrieben waren: Verwendung eiserner Stangen, Draht von 6 mm Dicke und beste Isolatoren. Auch die Frage, wer die hohen persischen Kosten bezahlen solle, machte Sorgen.

Dazu kamen unerwartete Schwierigkeiten im Schwarzen Meere, wo die Verhältnisse für die Kabellegung sehr ungünstig zu liegen schienen. Die Beschaffenheit des dortigen Meeresbodens war noch wenig bekannt; daher mußten zunächst Sondierungen stattfinden, welche Karl bei der russischen Regierung durchzusetzen suchte. Inzwischen erregten private Erkundigungen, namentlich Werners, lebhafte Befürchtungen:

Karl 7. Juli 1867. Der Transport wird ganz enorm teuer: von Poti bis Djulfa sind es 700 und von dort bis Teheran ca. 800 Werst, durchschnittliche Entfernung 1100 Werst; der Transport kostet mit Kamelen (eiserne Stangen müssen mit Kamelen geschleppt werden) 20 Kopeken pro Pud, und dabei ist eine Entfernung von 100 Werst Minimum; also kostet das Pud 2 Rubel 20 Kopeken von Poti aus. — Werner 5. August. Die persische Linie wird durch die eisernen Stangen fürchterlich teuer. — Werner 25. September. Die Uferlinie am Schwarzen Meer führt leider durch ganz unbewohnte Gegenden. Ich sehe keine Möglichkeit, die Linie zu remontieren, Die Menschen- leere ist ein schreckliches Hindernis. — 2. Oktober. Von Suchum-Kaleh aus nordwärts fallen die Berge Tausende von Fuß hoch direkt senkrecht zur See ab und gestatten keinen Übergang. Von einem Tale zum andern muß man tagelang klettern — —. In der Nähe der Küste ist die See jedenfalls sehr tief — —. Ihr müßt die kolossalen kaukasischen Formationen nicht mit bekannten Maßen messen. Nimm nur als absolut sicher an, daß dort keine Landverbindung möglich ist — — Das Schwarze-Meer-Kabel liegt mir jetzt sehr in den Gliedern. — 7. Oktober. Transport bis Tiflis am besten via Konstantinopel und Poti, dann Steppenweg nach Elisabethpol, dann hohe zweirädrige Karren. Die persischen Hafenorte Astara und Rescht (Kaspisches Meer) ganz gut, aber Transport über die Gebirge nach Teheran sehr schwierig. Eisenbahn zwischen Don und Wolga nützt nicht viel, da wir kein Material aus Rußland nach Poti schicken.

Durch alle diese Schwierigkeiten wurde Werner, der bis dahin entschiedener Optimist gewesen war, sehr pessimistisch beeinflußt, trotzdem mittlerweile sich die Aussichten des Unternehmens dadurch besserten, daß eine Verständigung mit Reuter und der Electric Company über die Verbindung zwischen England und Preußen zustande kam. Preußen hatte, wie wir wissen, der Electric Company auf zwei Jahre das ausschließliche Recht telegraphischer Verbindung mit England bewilligt. Reuter besaß das gleiche Monopol für Hannover. Beide Monopole hatten aber für ihre Inhaber noch keinen bedeutenden unmittelbaren Wert, weshalb diese sehr wünschten, sich mit den Brüdern Siemens zu verständigen, was auch Chauvin dringend empfahl. Da die Brüder Siemens es zunächst aufgeschoben hatten, begannen Reuter und die Electric Company gegen sie zu intriguieren. Doch fand schon im August oder September 1867 eine Verständigung statt: Reuter und die Electric Company überließen den Siemens eine Landlinie von London nach Lowestoft, sowie das Monopolkabel Lowestoft-Emden gegen Zusicherung einer Abgabe von 4 sh. für die Depesche, woraus später eine feste Abgabe von 12000 £ gemacht wurde. Dadurch wurden Reuter und die Electric Company bei dem Siemens'schen Projekte interessiert.

Werner 27. September. Reuter und die Electric Company haben ein großes Interesse, in Verbindung mit uns die Franco-Austrian-Linie aus dem Felde zu schlagen — —. Chauvin rät ab, die Preise zu ermäßigen, und legt kein Gewicht auf die Konkurrenz, tut wenigstens so. Freilich muß er die Abgabe[1]) vermindern, wenn wir heruntergehen. Dann muß er auch Rußland dazu bewegen helfen. Vorläufig halte ich es aber für besser, nur die Electric Company und Reuter zu drücken und eine Verminderung ihres Depeschensatzes, sowie gute Beteiligung zu erzielen. — Werner 28. September. Reuter gibt auf die Berner Geschichte gar nichts und meint, das leicht in London nachweisen zu können.

Reuter suchte auch Werners Unternehmungsgeist wieder zu beleben und gab guten Rat für die Formulierung des Prospektes:

Er rät, das ganze Kabelrisiko (Schwarzes Meer) zu übernehmen. Im Prospektus will er vorauf Zweck, dann englische und indische Statistik, dann die Statistik der direkten Linie, den Grundsatz, den auch Chauvin bestätigt, daß überall die Depeschen jährlich um ein Drittel des vorjährigen Betrages wachsen — —. Frankreich befördere notorisch schlecht und verstümmelt, Türkei erst recht und außerdem bestechliche und schlechte Wirtschaft. Dann habe weder Österreich, noch die Türkei Geld, und die neue Linie[2]) werde auf dem Papiere bleiben. Reuter hat lebhaftes Interesse und will für gute indische Direktoren sorgen. Ich glaube, Du wirst wohl seine Ankunft abwarten müssen. — 2. Oktober. Ich rate nochmals, die Rückkehr Reuters abzuwarten. Er ist in dergleichen Sachen bewandert, und ich glaube, wir täten gut, ihn persönlich ins Interesse zu ziehen.

Erörterung über das Kabelgeschäft. Werners Besorgnisse waren noch nicht geschwunden. Vielmehr wünschte er das Risiko, namentlich an dem Schwarzen-Meer-Kabel, nur teilweise zu übernehmen. Ja, er vertrat Wilhelm gegenüber, der wie früher sehr unternehmungslustig war, eine Anschauung, die auf nichts anderes hinauslief, wie **das ganze englische Kabelgeschäft aufzugeben** und sich mit Fabrikations- und Lieferungsgeschäften zu begnügen. So lange und nachdrücklich wirkten auf ihn noch die schlimmen Erfahrungen der ersten eigenen Kabelunternehmungen:

Werner an Wilhelm 2. Oktober 1867. Das Schwarze-Meer-Kabel wird immerhin ein sehr riskantes Unternehmen sein, und ich bin der

---

[1]) Den Anteil Preußens an der tarifmäßigen Depeschengebühr der Indo-Europäischen Linie.

[2]) Die „Berner Verschwörung".

Ansicht, daß wir das Risiko selbst nicht übernehmen dürfen, weder das der Anlage, noch das der Unterhaltung. Wir wollen zufrieden sein, wenn wir die Arbeit bekommen und daran verdienen, und wenn wir mit unserem Aktienanteil dann am Risiko teilnehmen. — 5. November. Ich glaube, wir werden uns doch zu einer **ganz kleinen und einfachen Stellung** entschließen müssen, entweder ganz als Gründer oder Ingenieure oder ganz als Fabrikanten. Wir könnten dann mit einem Kabelunternehmer ein Arrangement treffen, welches uns einen guten Teil des Gewinnes der Kabellegung und ihm das ganze Risiko auferlegte. **Kabelmachen und Legen ist heutzutage überhaupt eine reine Kapitalsache.** Unser geschäftliches Gebäude ist auf unsere telegraphischen Erfindungen und Verbesserungen und unsere Ingenieurkenntnisse basiert. Früher galt das für Kabel in hohem Maße; jetzt ist die Zeit vorbei. Jetzt gibt's Leute in Menge, die rechnen, prüfen und messen können. Die Isolierung wird in besonderen Anstalten (Guttapercha Company, Hooper) gemacht, und es bleibt nur das rein mechanische Umspinnen und Legen. Zu letzterem sind wir schlecht qualifiziert, und ich glaube, persönlich haben wir keine große Lust mehr dazu. **Der merkantile Kampf gegen die großen, im Kabelgeschäfte interessierten englischen Geldmächte wird uns wohl nie leicht werden.** Zum Wagen und Wetten sind wir zu alt und — vernünftig. Wir haben ruhigen, sicheren und großen Gewinn auf unserem eigenen Felde in Menge vor uns. Geben wir die Kabelfabrikation auf, so können wir daraus großen Vorteil für unsere anderen Geschäfte ziehen, da wir mächtige Gegner verlieren und Freunde daraus machen. Anders wäre es, wenn bestimmte **Aussicht wäre, mit den Kupferkabeln durchzudringen.** Da wir sie selbst nicht anwenden wollen, wo wir zu entscheiden haben, so sind sie für lange Zeit verurteilt. Im flachen Wasser taugen sie nichts, und im tiefen sinken sie ohne dicken leichten Überzug zu schnell. Mein Rat, der Dir aber, wie ich fürchte, nicht zusagt, und noch weniger Deinem 'mal mit Kabelmachung verwachsenen Gehülfen[1]) — ist daher, wohl überlegt, der: Wir geben die Kabelfabrikation auf und suchen diesen Entschluß durch einen guten Kontrakt mit Glass & Elliot[2]) für Anlage des Kabels und Mitgarantie der Haltbarkeit bestmöglichst zu verwerten. Dann können wir einfach für Anlage und Remonte einen festen Preis setzen, werden sicher tüchtig dabei verdienen und können immer ruhig ohne Angst und Sorgen schlafen. Überlege Dir das doch so recht objektiv, lieber Bruder. Im Kabelgeschäft werden wir immer second class fahren und daran sind wir nicht mehr gewöhnt. Arbeit für die Fabrik in Charlton werden wir vollauf haben in nächster Zeit für die indische Linie. Hier müssen wir notwendig eine bauen, und ich bin sicher, daß auch das nicht auf lange Zeit helfen wird, wenn wir konzentriert **Klein-Mechanik** treiben. — Doch ich will nur gleich erklären, daß ich auf anderem Wege mitgehe, wie bisher, wenn Du willst; denn gerade

---

1) Loeffler.
2) Damals bereits Maintenance and Construction Company. Vgl. oben S. 171.

Dich persönlich wünsche ich dem unkomfortablen Kabelgeschäft zu entziehen. — 9. November. Große Kabelunternehmer werden wir nie werden. Weder Du, noch ich, noch Karl sind dazu die rechten Leute, die Kabel zu legen, und Fremden kann man so sein Hab und Gut nicht anvertrauen. Andere wagen mehr und mit größerer Lust, weil sie keine anderen Felder, sich auszuzeichnen und was zu erreichen, haben. Uns fehlt es dagegen an Kraft, das ordentlich durchzuführen, was wir unternommen haben oder planen. — 11. November. Es ist nicht richtig, daß Unternehmungen die wahre Einnahmequelle für uns in London sind. Für dort sind es sicher Lieferungen. Mit Ausnahme der großen russischen Bauten und Remonten von 1852 gilt dasselbe von uns. Lieferungen bilden den soliden Boden des dauernden Geschäfts, während Unternehmungen nur bei besonders günstigen Chancen ersprießlich sind. Ein reines Unternehmungsgeschäft verlangte junge, wagehalsige Chefs, die immer bereit sind, ihre Existenz an die Durchführung eines großen Geschäfts zu setzen. Es ist daher stets nur vorübergehend in Blüte. Ein Fabrikations- und Lieferungsgeschäft kann Generationen überdauern, und das ist mehr mein Geschmack.

Die Bedeutung dieser merkwürdigen Äußerungen reicht weit hinaus über die zufällige Lage, der sie entstammten. Sie wurzelten im tiefsten Grunde von Werners Charakter. Aber daß sie gerade damals hervorbrachen, hatte seine besonderen Ursachen. Vor allem: die alten Mitarbeiter Werners, Halske und Meyer, waren gerade ausgeschieden, neue waren noch nicht gewonnen; die Last der gewaltigen Geschäfte drückte übermäßig auf seinen Schultern. Wir werden auf diese Verhältnisse im dritten Abschnitte zurückkommen. Hier genüge es, festzustellen, daß Wilhelm auf dem entgegengesetzten Standpunkte beharrte, daß Werner ihm nachgab, und daß der Erfolg zunächst für die Richtigkeit des damit fortgesetzten Weges sprach. Werner gab auch nicht bloß formell nach, sondern überwand seine pessimistische Stimmung wirklich und widmete sich wieder mit größtem Eifer den Arbeiten für die indo-europäische Linie. Sie erstreckten sich sowohl auf die Vorbereitung der Gesellschaftsgründung, wie auch auf die Vorbereitung des Baues.

Die Gesellschaftsgründung. Die Stimmung der Börsenkreise in Berlin und Hamburg war im Herbste 1867 noch eine schwankende:

Werner 27. September. Hier hat sich unser alter Bankier Magnus zur Beteiligung an dem Unternehmen erboten. — Dr. jr. Friedr. Crome in Lübeck¹) an Werner 4. November. Wilhelm frägt, ob in Hamburg auf etwa 100000 £ zu rechnen sein würde. Mein Bruder, der gerade hier ist, verneint dies, da die frühere Geneigtheit seiner Freunde infolge der österreichisch-türkischen Konkurrenz erkaltet sei. — Werner 18. Nov. Mein Brief, worin ich Crome jr. den Prospekt näher erklärte und die künftige wahrscheinliche Rentabilität auseinandersetzte, hat die Hamburger wieder bekehrt. — 26. November. Magnus hat sich mit der Wolf'schen Gesellschaft²) zurückgezogen.

Aber um diese Zeit wurden doch schon wichtige Verbindungen mit Kapitalkräften geknüpft, und die Stimmung wurde zuversichtlicher:

Werner an Wilhelm 25. November. Hältst Du die Firma John Henry Schröder für geeignet, in England die Zeichnungen aufzulegen? Dann will ich mit Crome nach Hamburg reisen, um den dort lebenden alten Chef der Firma, auf Goßlers³) Aufforderung, kennen zu lernen und für die Sache zu gewinnen. Dann sind wir mit dem Kapital geborgen, da er sehr reich ist und von Einfluß dort und hier. — 26. November. Heute Konferenz mit Joh. Crome und Delbrück⁴). Die Ansicht steht jetzt fest, daß wir sowohl bei fester Übernahme der ganzen Linie und Remonte, wie auch bei der proponierten Arbeit auf Rechnung, auf gute Beteiligung in Hamburg, Bremen und Krefeld (nicht Cöln) rechnen können. Wir müssen aber mit ganz festen Propositionen vortreten und die Organisationsarbeit muß fertig vorliegen, bevor man auftritt. Ein Promemoria über Grundlagen und Aussichten der Gesellschaft und Vorlage der fertigen Propositionen ist hier erforderlich. Davon ist auch die Gültigkeit der Zeichnungen abhängig.

Der Entwurf eines Prospektes war, unter Benutzung der Ratschläge Reuters, schon aufgestellt; aber über dessen entgültige Formulierung wurde noch verhandelt. Außerdem verfaßte Werner noch für das deutsche Publikum jenes eben erwähnte ausführliche Promemoria⁵). Bei beiden Schriftstücken legte er das Hauptgewicht auf die Fragen der künftigen Rentabilität des Unternehmens und hier wieder namentlich auf die voraussichtliche Ver-

---

1) Schwager der Brüder Siemens und älterer Bruder des obenerwähnten Joh. Fr. Crome in Hamburg.

2) Dem bekannten Konkurrenz-Unternehmen des Reuter'schen Telegraphen-Büreau's.

3) Chef der alten Hamburger Firma Joh. Berenberg, Goßler & Co.; er war schon früher durch Crome gewonnen worden.

4) Chef der angesehenen Berliner Bankfirma Delbrück, Leo & Co.

5) Abgedruckt in seinen „Technischen Arbeiten", S. 251 ff. Werner Siemens verfaßte das Promemoria in Gemeinschaft mit den bekannten freihändlerischen Nationalökonomen Faucher und Prince-Smith.

kehrssteigerung, während Wilhelm in Übereinstimmung mit englischen Geschäftsanschauungen in dieser Hinsicht weniger optimistisch dachte.

Werner an Wilhelm 26. November. Du kannst die angenommene Depeschenzahl ruhig stehen lassen. Bei Eröffnung der Linie nach zwei Jahren wird sie durch Steigerung infolge der Preisverminderung und der erfahrungsmäßigen allgemeinen Steigerung der Depeschenzahl (um ein Drittel) schon erreicht sein. — 28. November. (Schickt das Promemoria.) Hier ist es notwendig, weil man die ganze Sachlage übersehen will, bevor man sich durch Zeichnung bindet. Ich glaube immer fester, daß wir das Geld reichlich und mit großem Überschuß gezeichnet erhalten, wenn wir die Sache gut vorbereiten, und wenn die englische Regierung für das Rote-Meer-Kabel keine Subvention giebt. Laß' Dich von Reuter nicht zu tief hineinreiten. Im Notfalle kommen wir auch ohne ihn durch. — 3. Dezember. Der Hauptpunkt des ganzen Prospektus für jeden vernünftigen Menschen ist die künftige Depeschenzahl. Glaubte ich nicht fest an die große Steigerung, so würde ich mich vor der ganzen Sache hüten. Wie Du den Satz gefaßt hast, ist er ganz unwirksam und sogar zum eigenen Nachteil unrichtig. Es gilt wirklich von allen kontinentalen Hauptlinien, daß die Depeschensteigerung ca. 30 Proz. beträgt. In Preußen betrug sie von 1850—60 allerdings nur 21 Proz., dagegen im Durchschnitt von 1861—66 33,8 Proz. Es ist also sogar eine Steigerung höherer Ordnung nachgewiesen. Den Satz mußt Du notwendig umarbeiten. — 5. Dezember. Wir müssen den bisherigen Verkehr, sowie den nächsten mit tiefer Verachtung behandeln. Was wird, aller Wahrscheinlichkeit nach, der Depeschenverkehr nach 5 resp. 10 Jahren sein? Welches sind die Konkurrenz- und Störungsgefahren? Das sind die praktischen und entscheidenden Rentabilitätsfragen. — 10. Dezember. Gehe nicht leicht weg über die Lebensfrage des Prospektes, die natürliche Steigerung des Depeschenverkehrs.

Werner suchte Wilhelm damals wieder zu größerer eigener Tätigkeit für die indische Linie anzuspornen und eine rationelle Arbeitsteilung zwischen dessen und der eigenen Arbeit herbeizuführen:

25. November. Es fehlt jetzt bei uns einheitliches Regiment und harmonisches Zusammenwirken, und wir beide haben zuviel andere Sachen nebenbei um die Ohren. Du mußt die Briefe vor Beantwortung durchlesen. Du mußt in der Kompagniesache überall entscheiden, weil die Kompagnie englisch werden soll. Ich mache nur Vorschläge und widerspreche. — 26. November. Das Statut der Gesellschaft kann nur dort gemacht werden. Bitte, schicke den Entwurf her. — 5. Dezember. Wann denkst Du mit allen Vorbereitungen zur Auflage der Zeichnungslisten fertig zu sein? — 21. Dezember. Sobald der Prospektus definitiv feststeht und das Gesellschaftsstatut ebenfalls, reise ich nach Hamburg, um dort durch persönliche Einwirkung für die Zeichnungen zu wirken

und namentlich Schröder für eine starke Beteiligung seines Londoner Hauses zu gewinnen. Vorher läßt sich gar nichts tun. Erst alle Vorlagen fertig, dann schnell handeln. Da Du weder Änderungen meines Memoires vorschlägst, noch darüber schreibst, so nehme ich an, daß Du es für unnütz hältst und lasse es auch meinerseits vorläufig liegen. Organisation der Gesellschaft betrachte ich als Deine Sache und helfe dabei nur, soweit es Dir recht ist. — 28. Dezember. Ich muß notwendig nach Petersburg und dort auch die Kaution einzahlen. Also keinen Tag verlieren! Habe ich Deine bestimmten Vorschläge, so genügen hier einige Tage, um die möglichste Beteiligung zu sichern. Das Memoire ist als Instruktion für die Zeitungen gedacht. — 8. Januar 1868. Das Memoire ist nochmals in Deinem Sinne durchgearbeitet und heute in die Druckerei befördert. Dabei sind die Türken nach Möglichkeit geschont; aber ohne Führung des Beweises, daß sie als Konkurrenten nicht zu fürchten sind, verlöre die Abhandlung und der ganze Prospekt den Boden. Exemplare sollen verteilt werden an Zeitungen, Handelskammern und Kapazitäten. Die Wirkung soll einige Tage abgewartet werden. Dann gehe ich auf die Seelenfängerei für Direktorenposten etc. Trotz des Gesellschaftssitzes in England werden wir in Deutschland ansehnliche Summen zusammenbringen. Wäre der Sitz hier, so würden wir wohl ziemlich sicher die ganze Summe bekommen.

Doch immer noch war keine endgültige Nachricht aus Persien eingetroffen:

Werner an Karl 7. Januar. Wenn wir nur wüßten, wie es in Teheran aussieht! Diese Ungewißheit ist lähmend. Bevor wir wissen, daß die Sache dort vorwärtsgeht, müssen wir mit der Auflage und Zahlung der Kaution in Petersburg warten. Möglicherweise bist Du in gleich peinlicher Lage. Behalte nur im Auge, daß wir die Sache jetzt durchführen müssen. Wir sind sonst tödlich blamiert. Die Sache ist auch von so großem Gewicht für die drei beteiligten Staaten, daß sie uns im Notfalle helfen würden und müßten. Doch habe ich die beste Hoffnung, daß wir das Geld reichlich zusammen bekommen. Die englischen Formalitäten sind nur so schwerfällig, und die von Persien möglicherweise noch aufzulegenden Lasten so störend, daß wir wohl nicht vor Entscheidung von dort zur Zeichnung gelangen werden.

Am 14. Januar traf endlich die telegraphische Nachricht von der Bewilligung der persischen Konzession und Anfang März diese selbst in Berlin ein. Erst seitdem kam alles in kräftigeren Fluß.

Auf Werners Veranlassung war in die preußische und in die russische Konzession die Bestimmung aufgenommen worden, daß das Direktorium der Gesellschaft aus Angehörigen der verschiedenen beteiligten Nationen bestehen solle. Das hatte seinerzeit auf die russische Regierung sehr günstig gewirkt:

Werner 24. Mai 1867. Der Witz mit dem gemeinschaftlichen Direktorium, welcher von mir ausgegangen ist, hat Wunder getan! Ich halte diese Einrichtung für sehr nützlich, da es einmal ein Mittel ist, eine dauernde gemeinschaftliche Organisation herzustellen, und die eine Regierung mit Hülfe der anderen zu majorisieren, und zweitens die jederzeitigen Telegraphendirektoren persönlich zu interessieren, indem die Gesellschaft ihnen eine kleine Tantième auswirft.

Diese „Direktoren" waren freilich nicht als die eigentlichen Geschäftsleiter gedacht, als „Managers", sondern im Sinne der englischen „Directors", welche mehr unseren „Aufsichtsräten" entsprechen. Aber das entscheidende Moment, ihre Zugehörigkeit zu den verschiedenen Nationen, bewährte sich jetzt als ein sehr richtiger Gedanke. Werner ging in diesem Sinne auf den „Seelenfang", wobei ihm namentlich Johannes Crome zur Seite stand. Dagegen wurde als Beirat für Formfragen der Regierungsassessor Georg Siemens verwendet, der Sohn jenes Vetters, der das erste Kapital zur Begründung der Firma Siemens & Halske hergegeben hatte. Der Sohn wurde jetzt von Werner nach London gesandt, um Wilhelm dort bei der Gesellschaftsgründung zu helfen. Dabei bewährte er sich als hervorragend tüchtig. Es war die erste geschäftliche Betätigung dieses später als Hauptleiter der Deutschen Bank so bekannt gewordenen Mannes:

Werner 28. Januar 1868. Wir müssen suchen, noch im laufenden Jahre fertig zu werden, um die Gefahr politischer Störungen möglichst abzukürzen, unsere Auslagen bald zurückzubekommen und namentlich, um den türkischen Weg nicht zu gefährlich sich entwickeln zu lassen! Es sollen jetzt infolge der Aufstellung von Hughes'schen Apparaten in der Türkei die Depeschen bedenklich schnell und gut gehen! Dazu müssen wir schnellstens das Projekt definitiv feststellen und durch die Telegraphendirektoren hier und in Rußland genehmigen lassen. Das muß ich in Rußland persönlich erwirken. Ich suche mich jetzt hier so zu stellen, daß wir im Notfalle, d. h. wenn die Geldbeschaffung in England auf Schwierigkeiten stößt, das ganze Kapital hier beschaffen können.

Werner hoffte damals auf die Beteiligung von Camphausen (Seehandlung) oder Hansemann (Diskonto-Gesellschaft) und von H. H. Meier-Bremen, den Chauvin und Goßler für das Unternehmen sehr erwärmt hatten:

Dann — so schreibt er Wilhelm — hast Du drei Namen von first rate Klang, die auch dort schon ziehen werden. Du darfst ihnen aber nur Männer erster Klasse zur Seite stellen. Als Kapitalfrage ist die Sache für Häuser ersten Ranges zu klein. Du mußt das Exzeptionelle der ganzen Sache und die politische Frage in erste Linie stellen, dort also, daß beste Namen dem englischen Publikum und der Regierung die Garantie geben müßten, daß die englischen Handelsinteressen überall streng gewahrt würden. Georg, der diesen Brief mitbringt, hat sich mit den Formen hiesiger Gesellschaften vertraut gemacht, und weiteres Material werden wir noch nachsenden. Über das Gesellschaftsstatut etc. bringt Georg unsere Ansicht mit. — Werner an Georg (in London) 26. Februar. Mein Kompliment über die klare und richtige Auffassung Deiner Aufgabe und über Deinen guten geschäftlichen Takt.

Die Aussicht auf Beteiligung von John Henry Schröder, Camphausen oder Hansemann verwirklichte sich allerdings nicht, und auch sonst fehlte es nicht an unerfreulichen Erfahrungen. So gelang es namentlich nur mit Mühe, eine ausreichende Beteiligung in England zu erzielen. Dort bevorzugte man nach wie vor das Rote-Meer-Projekt, weil es ein rein englisches Unternehmen war. Auf dem Kontinent war dagegen die Beteiligung von Anfang an eine sehr rege, und es gelang den Siemens, das ganze Kapital auf ihre direkte Aufforderung hin, ohne Vermittlung von Bankhäusern, zu beschaffen. Das Kapital der Gesellschaft wurde mit 450000 £ normiert, wovon die Siemens-Firmen jedoch ein Fünftel selbst behielten und nur den Rest im April 1868 zur Zeichnung auflegten:

Werner an Wilhelm 30. Januar. Wir müssen wenigstens acht Tage vor der Zeichnung definitive Statuten, Prospekt- und Zeichnungsbedingungen haben, ehe wir was machen können. Dann werden wir aber viel Anklang finden. Provisorisch auf Unfertiges zeichnet hier niemand. Delbrück, der jetzt sehr warm geworden ist und viel unterzubringen verspricht, wünscht auch Direktor zu werden und namentlich wünscht er, 25000 £ 4—6 Wochen sicher an Hand zu behalten. Delbrück wäre hier in der Tat sehr geeignet. Er steht seit kurzem an der Spitze einer süd- und westdeutschen Kapitalisten-Verbindung, welche hier den alten knöchernen Firmen Konkurrenz machen will und schon große Geschäfte macht — —. Werner an Karl Anfang Februar. In London wird hoffentlich, außer dem Chairman der Electric Company und etlichen Ostindiern, noch Huth beitreten[1]). Dann erhalten wir ein sehr feines Direktorium, und die Geldfrage ist gelöst. Vor Eintreffen der persischen Konzession werden wir nicht auflegen können.

Werner verhandelte und organisierte um diese Zeit in Petersburg (Karl war nach dem Kaukasus übergesiedelt); dort gewann er den reichen Kaufmann Knoop für das Unternehmen, wobei H. H. Meier-Bremen behülflich war:

---

1) Daraus wurde nichts.

Knoop ist vielfacher Millionär und ein sehr guter Name. Lüders wünschte einen Russen darin zu haben. — 4. März. Endlich werden wir nun, nach Eingang der persischen Konzession, mit der Gesellschaft losgehen können. Direktoren sind bisher: Meier-Bremen, Goßler-Hamburg, Knoop-St. Petersburg, ein Teilnehmer von Frühling & Goschen, einer der Firma Barclay, Bevan & Co.[1]), der Chairman der Electric Company in London Mr. Grimston und der Ingenieur Barlow. Lauter feine Namen! Ich denke, wir werden das Geld ohne öffentliche Auflage zusammenbringen. — An Wilhelm, März. Also doch öffentliche Auflage? Und schon am 2. April? Das wäre schlimm für hier. — An Wilhelm 8. März. Delbrück will, daß die Hälfte des Kapitals für den Kontinent reserviert wird. Bereits sind 37 000 £ hier gezeichnet, vor Ausgabe des Prospektes, ansehnliche Posten sind noch in Aussicht. Meier verlangt 30 000 £ und Crome schreibt: „Stimmung in Hamburg günstig"; Petersburg muß mindestens seine 20 000 £ haben. Es würde also für die Auflage hier nichts bleiben, und doch wäre es sehr wünschenswert, durch Auflage eines Betrages k l e i n e Zeichner zu erhalten, damit die Aktien hier den Börsenkurs bekommen. — 8. April. Jetzt marschiert die Sache ja gut. Hier sind heute 30 000 £ angemeldet. Aber alle großen Firmen, die teilweise schon vorher Zeichnungen angekündigt haben, sind noch nicht dabei. Es ist so gut wie sicher, daß wir die für Berlin bestimmten 50 000 £ vor der Auflage zusammen haben werden. Tummelt Ihr Euch in England nicht, so werden wir bald um mehr bitten. — 9. April. Wir müssen jetzt auf alle Fälle am Dienstag auflegen, sonst sind alle unsere Zeichnungen ungültig. Wenn es irgend geht, verfahre nach Delbrücks Antrage, uns die Hälfte des Kapitals zu sichern. Die Leute fangen an, sich darum zu zanken — —. J o h a n n e s C r o m e hat wesentliche Verdienste um das Zustandekommen der Gesellschaft. Er hat den ersten Mann von Ansehen (Goßler) für die Sache gewonnen, und dieser dann seinerseits Meier. — 11. April. Die H a m b u r g e r haben kein rechtes Vertrauen und keine Courage, ärgern sich aber, daß Delbrück mit dem gering geschätzten B e r l i n so flink bei der Hand ist. Freilich ist dabei zu bedenken, daß die hiesigen Zeichner größtenteils aus p e r s ö n l i c h e m V e r t r a u e n z u u n s zeichnen. Darum ist es aber auch gerade gut, sie als Aktionäre zu haben. — 16. April. In Bremen sind 60 000 £ gezeichnet, aber nur in Erwartung starker Reduktion. Hamburg wird sich jetzt wohl nicht lumpen lassen. Berlin hat im Vertrauen auf uns und die Sache gezeichnet, die andern aus Eifersucht. Meier war ganz glücklich in Gedanken von Goßlers und der Hamburger Ärger über Bremens kühnes Vorgehen. Wir werden den Prospekt nicht zum zweiten Male publizieren und hätten gern baldmöglichst geschlossen. Sonst zeichnen jetzt zu viele Spekulanten mit hohen auf Reduktion berechneten Beträgen, wodurch die soliden ersten Zeichner zu unserem Nachteile verkürzt werden. — Crome an Wilhelm 18. April. Rätselhaft ist mir das altum silentium, welches die „Times", die ich regelmäßig lese, noch immer über diese, England so sehr interessierende Sache

---

1) Große Londoner Bankfirma.

beobachtet. Außer der einen Andeutung im Parlament nichts, nur Bestrebungen für die Rote-Meer-Linie, bei welchen, wie neulich im Mansion House, gar nicht 'mal auf die Möglichkeit einer Konkurrenzlinie über Land hingewiesen wird.

Gerade zwei Tage vor dieser Beschwerde (am 16. April) hatte die „Times" doch einen kurzen Artikel über das Unternehmen gebracht, dessen Ton aber ziemlich kühl gehalten war:

Das ganze Projekt macht den Eindruck, daß es auf reeller Basis beruht (appears to have been honestly framed), und die Leitung besteht aus Männern mit praktischen Erfahrungen. In wirtschaftlicher und politischer Hinsicht ist die Bedeutung des Unternehmens zweifellos.

Das englische Publikum verhielt sich noch immer gleichgültig:

Werner 20. April. Wir Wilden sind doch bessere Leute im Aktienzeichnen! Doch hoffentlich wird auch dort morgen der Topf voll werden. Anderenfalls kannst Du sicher darauf rechnen, daß wir hier und in Petersburg noch 50000 £ mit Leichtigkeit unterbringen. Petersburg hat gar nicht aufgelegt, da in der Osterwoche kein Geschäft in Rußland ist. Es wünscht aber auch 20000 £ zu den gezeichneten 20000 £ zu haben, die natürlich nicht gewährt werden können. — 22. April. Hättet Ihr doch früher eine so geringe Beteiligung Englands erkannt! Es wäre so leicht gewesen, die ganze Geschichte hier aufzubringen! — Wilhelm an Werner 29. April. Die letzten 700 Aktien (17500 £) sind noch immer nicht fest untergebracht. Manchester will sie nehmen, will aber dafür am Board repräsentiert sein. Sonst können wir sie auch als Reserve behalten und am Markte verkaufen.

Die Feststellung des Statuts machte keine Schwierigkeiten, ebensowenig die formelle Anerkennung der Gesellschaft durch die beteiligten Regierungen. Dabei kam Wilhelm mit dem persischen Gesandten für England in nähere Beziehungen, die dieser sofort geschäftlich zu verwerten wußte:

Wilhelm 30. Mai 1868. Ich bin auf bestem Wege, Freund mit ihm zu werden. Er hat bereits eine Einladung zum dinner angenommen, und ich werde ihn mit einigen Aktien (12 denke ich), sowie seinen Sekretär mit einer Uhr beschenken. Er sprach nämlich selbst sein Bedauern aus, daß die Aktien alle vergeben seien, und ich versprach ihm, zu versuchen, noch einige für ihn zu erstehen, indem ich den Zahlungspunkt unerörtert ließ. Es lohnt sich, glaube ich, ihn warm zu halten; denn er scheint Macht und guten Willen zu haben.

Fünftes Kapitel.
Die Indo-Europäische Telegraphenlinie.
Die Bauzeit.

Vorbereitungen für den Bau der Linie. Von Anfang an war es für die Brüder Siemens die Voraussetzung des ganzen Unternehmens gewesen, daß sie den Bau der Linie auszuführen haben würden. Er wurde ihnen sofort nach Begründung der Gesellschaft für 400 000 £ übertragen, ebenso die Instandhaltung der Linie für 34 000 £ jährlich. Sie verpflichteten sich, den Bau im Laufe des Jahres 1869 zu vollenden.

Anfangs hatte Werner gehofft, die Vorarbeiten für den Bau würden noch 1867 beginnen können. Deshalb hatte er so sehr gedrängt. Als er sich davon überzeugen mußte, daß es nicht ging, hoffte er doch, daß die Linie bis zum Spätherbste 1868 fertig werden würde; aber auch das ließ sich nicht einhalten. So war man denn jetzt schon zufrieden, bis Ende 1869 fertig zu werden. Selbst dann mußte man ohne Zögern ans Werk gehen und alle Kräfte anspannen. Das war vor allem wegen der drohenden Konkurrenz der Rote-Meer-Linie nötig. In welchem Grade aber die zeitlichen Dispositionen von zwingenden natürlichen Verhältnissen abhingen, erkannte Werner erst, als er im Februar 1868 in Petersburg war, um die Grundlinien des Bauplans festzulegen. Überhaupt erhielt der Bauplan eine Fülle schwieriger Probleme, von denen aus dem Briefwechsel der Brüder offenbar nur ein Teil ersichtlich ist. Den ersten Gegenstand ihrer Sorgen bildete die Feststellung der Linie, einschließlich des Schwarze-Meer-Kabels, für welches, wie schon erwähnt,

Sondierungen des Schwarzen Meeres nötig waren. Die Beratungen darüber begannen schon im Herbst 1867:

>Werner an Wilhelm 7. Oktober. Feststellung der Linie durch Kaukasien und Persien eilt. Dazu Höltzer sehr brauchbar. Brauchst Du H. nicht mehr dort für den Prospektus etc., so schicke ihn hierher. Ich kann ihn dann noch mündlich instruieren. 29. Oktober. Höltzer und Hattendorf sollen die Untersuchung der Gesamtlinie von der preußischen bis zur persischen Grenze vornehmen, bis zum Landungspunkte des Kabels (Weg feststellen, Abmachungen wegen Transport und Stangenbeschaffung, Vereinbarung wegen Anlage von Stationen usw.). Sie kommen dann (nach etwa 3—4 Wochen) zum Schwarzen Meere, in einer Zeit, wo Höltzer schon einen Begriff von den Rücksichten auf klimatische Schwierigkeiten bekommt. Dann kann er nach Poti überfahren und dort mit der von Karl vorzubereitenden Kommission zusammentreffen, welche den Weg durch Transkaukasien mit der Regierung zu vereinbaren hat. Dafür ist der Winter eine ganz geeignete Zeit. Dann ist Walter aus Persien zurück, und wenn die Sachen bis dahin sowohl in Persien wie in England definitiv geordnet sind, kann Höltzer auf die persische Strecke übergehen und die Vorbereitungen zum Bau in Persien und Transkaukasien treffen. H.'s Gewissenhaftigkeit und anderweitige Erfahrungen werden dabei der europäischen Leitung gewiß wohl nützlich werden. Hattendorf ist auch sehr tüchtig und hat große Erfahrungen im Linienbau — —. Karl, dem ich gestern diesen Plan telegraphierte, antwortet schon heute, daß er einverstanden wäre und Hattendorf bereits avisiert habe.

Doch alle diese Dispositionen mußten wieder umgestoßen werden, und in dem ganzen folgenden Winter konnten nur einige weitere Vorberatungen stattfinden. Dabei handelte es sich zunächst namentlich darum, ob man das Schwarze-Meer-Kabel vielleicht ganz vermeiden und statt dessen ein Küstenkabel von Kertsch (Krim) nach Poti legen könne, wie Karl vorschlug. Werner hielt das auf Grund anderweitiger Erkundigungen damals nicht für ausführbar; es war noch die Zeit seiner pessimistischen Stimmung:

>Karl an Werner. Tiflis, 20. November 1867. Der Großfürst Michael wünscht, daß die Schwarze-Meer-Linie oberirdisch längs der Küste gelegt werde. Auch die anderen hiesigen Sachverständigen sind der gleichen Ansicht. Mit dem Eisansetzen soll es nicht weit her sein. Klima mild. Bewachung kann durch berittene Wachen besorgt werden. Überall Weg längs der Berge vorhanden, Holz auf der ganzen Linie spottbillig. — Werner an Wilhelm 5. Dezember. Karl depeschiert aus Tiflis, daß nach Ansicht dortiger erster Sachverständiger der Weg am Südfuß des Hochgebirges durchführbar, ein Kabel also zu vermeiden wäre. Das war mir schon in Tiflis bekannt; nur ist kein Weg vorhanden,

und man muß erst einen durch die menschenleere weglose Waldgegend suchen resp. aushauen. Ist für jetzt nicht durchführbar. — 28. Dezember. Erst gestern besuchte mich mein Reisegefährte von Poti bis Wien[1]), der russische Graf de Vargas. Derselbe hat vor zwei Jahren und jetzt wieder grade jene Gegenden im Auftrage der kaiserlichen Familie bereist, um Ländereien für sie in Besitz zu nehmen. Er hält die Sache ebenfalls technisch für ausführbar, entweder am Fuße des Hochgebirges, wo sogar streckenweise Wege, wenn auch ganz verfallen, vorhanden wären, oder unmittelbar am Meeresstrande. Den erstern Weg hält er aber für durchaus unpraktikabel, weil zurückgebliebene Tscherkessen und russische Deserteure dort in ziemlicher Anzahl wild lebten und aus ihren Verstecken im Gebirge permanenten Krieg führten. Eskorten hülfen nichts, da die Leute sie aus unerreichbaren Felsenverstecken ungestraft niederschießen könnten. Dort ist also keinesfalls Remonte möglich. Besser unmittelbar am Meere. De Vargas hat fast die ganze Tour zu Pferde selbst gemacht. Bei windstillem Wasser ist fast vor allen Felsabhängen eine Strecke flaches Wasser, durch welches man reiten kann, wenn auch mit großer Beschwerde. Kann man die Leitung an den Felsen befestigen, so könne man durchkommen, unterstützt von Booten. Wäre aber Westwind, so wäre die Brandung so kolossal, daß an Befolgung des Weges gar nicht zu denken sei. In der Gegend von Anape ist der Küstenweg deshalb unbrauchbar, weil der eiskalte Wind, der vom Gebirge niederstürzt und vom Meere zurückwirbelt, das Meereswasser weit ins Land hineinpeitscht und in kurzer Zeit kolossale Eisansätze auf allen Gegenständen ablagert. Aus diesem Grunde sanken zwei russische Kriegsschiffe im Hafen von Anape unter der Last des auf ihnen abgelagerten gefrorenen Meereswassers. Die Küstenlinie, wenn sie überhaupt durchführbar ist, ließe sich nur mit Hülfe eines Dampfbootes bauen und remontieren, und in stürmischer Jahreszeit würde sie unpassierbar sein. Wir müssen daher vorläufig an der Submarinlinie festhalten. — Werner an Carl 7. Januar 1868. Erst muß die Regierung einen Weg anlegen und Menschen ansiedeln; dann können wir vom Wasser aufs Land gehen.

Für die zur Legung des Kabels nötigen Sondierungen im Schwarzen Meere verlangte die russische Regierung anfangs 18000 Rubel; als sich aber Preußen erbot, den Siemens ein Schiff zur Verfügung zu stellen, bestimmte der Kaiser von Rußland, sie sollten für die Sondierungen kostenlos ein Kriegsschiff erhalten; die technische Leitung dieser Expedition wurde Höltzer übertragen.

Der Kostenanschlag für den Bau der Linie stand anfangs auf sehr schwachen Füßen. Zwei Anschläge waren ge-

---

1) Während der ersten kaukasischen Reise Werners (vergl. unten Abschnitt II). Es scheint, daß er schon damals (1865!) die Voraussetzungen für den Bau einer Indo-Europäischen Linie geprüft hatte.

macht worden, um irgend eine Grundlage zu gewinnen, einer von Hemp und einer von Karl Siemens. Der erstere beruhte auf den älteren russischen Erfahrungen und rechnete noch mit hölzernen Stangen und leichten russischen Isolatoren; weder die englischen Forderungen für die Ausstattung der persischen Linie (eiserne Stangen usw.), noch die kaukasischen Verhältnisse waren darin berücksichtigt worden; dieser Anschlag hatte nur Wert für das europäische Rußland. Auch bezog er sich nur auf die Selbstkosten. Im Gegensatze dazu stellte Karl einen Maximalanschlag auf unter Einrechnung des Verdienstes des Bau-Unternehmers; aber auch dabei fehlte noch jede Spezialkenntnis der Linienführung, der Konstruktion und der augenblicklichen Transportkosten. Als Karl nach Tiflis übergesiedelt war, konnte er seine Materialien dort ergänzen, und als dann Ende 1867 ein Abgesandter der "Großen Russischen Transport-Gesellschaft" in Berlin positive Anerbietungen machte, wurde für die entscheidenden Transportfragen und damit für den ganzen Kostenanschlag die erste feste Grundlage gewonnen. Aber da die russischen Spediteure sich bald als wenig reell und zuverlässig erwiesen, machten die Transportfragen auch später noch viele Sorgen.

Den nächsten Gegenstand solcher Sorgen bildete die Beschaffung von hölzernen Stangen, soweit solche verwendet werden durften:

Werner 28. Dezember 1867. Es ist Zeit, Stangen zu bestellen, sonst läßt sich im nächsten Jahre nichts machen.

Als Werner im Februar in Petersburg war, wurde er acht Tage lang dadurch aufgehalten, daß Wilhelm seine Frage, ob er die Stangenbeschaffung in Polen riskieren könne, nicht beantwortete. Erst um diese Zeit konnte Werner folgenden Entwurf eines Bauplanes aufstellen:

Werner an Wilhelm 27. Februar 1868. Unsere ganze Aufmerksamkeit muß dahin gerichtet sein, bis Anfang Juli d. J. das ganze Linienmaterial für Persien zur Verschiffung zu bringen. Es wird dann mit Ende des Sommers (Oktober) an der persischen Küste[1]) sein. Wir können den Linienbau in Persien dann im nächsten Winter unter günstigen Verhältnissen durchführen. Gelingt es nicht, bis Ende Juli das persische Material zu verschiffen, so muß es in Nischnij Nowgorod überwintern und kann erst im nächsten Sommer in Persien eintreffen; in der heißen Zeit kann man nicht bauen; wir würden daher erst frühestens Ende 1869

---

[1]) Bei Rescht und Astara am Kaspischen Meere.

mit der persicchen Linie fertig sein. Das hätte noch den Nachteil, daß wir auf der ganzen Linie gleichzeitig bauen müssen, also mit sehr vielen Leuten etc. **Es hängt somit alles von rechtzeitiger Ankunft des persischen Materials ab**[1]). — **Im Frühjahr zunächst Sondierung im Schwarzen Meere, Feststellung der Linie etc.**[2]). — Vom Juli ab Herstellung des Materials für die Strecke Odessa-Kertsch und weiter bis Djulfa, das teilweise noch in diesem Spätherbste nach Odessa und Poti verschifft wird. Im Winter kann es in den Steppen per Schlitten verteilt werden, so daß im nächsten Frühjahr der Bau dieser Strecken beginnen kann. Vor Beginn der Sonnenhitze könnte der Steppenbau und die Kabellegung vollendet sein, also Sommer 69. Und zwar müßte das Material Djulfa-Tiflis zuerst an die Reihe kommen, damit die Persische Kolonne (unter der Voraussetzung, daß sie in Persien schon im nächsten Winter fertig wird) gleich nach Tiflis weiterbauen kann. Dahin kommt ihr im Frühjahr 69 vom Schwarzen Meere eine zweite asiatische Kolonne entgegen. Im günstigen Falle könnte Sommer 69 die ganze Linie Odessa-Teheran fertig sein und der Depeschenverkehr beginnen. — Am schlechtesten sieht es mit Odessa-Thorn aus. Im Oktober d. J. müssen die Holzankäufe gemacht werden. Transport der Fichtenstangen von Thorn bis Brest-Litewsk hat keine Schwierigkeiten; die eichenen Stangen müssen dagegen geflößt werden, was bedingt, daß die Stangen erst im Herbst 69 zur Stelle kommen können. Nach Odessa hat das sogar seine großen Schwierigkeiten. Man rechnet für die Südlinie zwei Jahre für die Holzbeschaffung; doch da müssen wir uns nötigenfalls behelfen, vielleicht noch mehr eiserne Stangen nehmen, sonst können wir den zweijährigen Bautermin nicht innehalten.

Als die Gesellschaftsgründung gelungen war, also Ende April, begannen die eigentlichen Beratungen über den Bauplan, die in der ersten Hälfte des Juni abgeschlossen wurden. Da sie zum Teil mündlich geführt wurden, können wir sie nicht in allen Teilen verfolgen; doch sind die Ergebnisse vollkommen zu erkennen.

Zunächst korrespondierte Werner über den Bauplan mit seinen Brüdern; dann ließ er sich die erfahrenen Telegraphenbauer Hemp, Höltzer I und Höltzer II nach Berlin kommen, sowie den von Wilhelm instruierten Loeffler[3]). Von London kam

---

1) Am Tage vorher hatte er bereits Zweifel daran geäußert, ob es gelingen werde, alles bis Ende Juni zur Stelle zu schaffen.

2) 24. Februar. Da für Persien und Kaukasus Walter alle Daten gegeben hat, kann Höltzer bei Eintritt besseren Wetters die Sondierungen und die Kabelabkürzungs-Linie auf russische Kosten con amore durchführen.

3) Wilhelm wurde andauernd durch die Entwickelung des Siemens-Martin-Prozesses, besonders durch seine eigenen Stahlwerke in Landore derart in Anspruch genommen, daß er nicht selbst kommen konnte.

außerdem als Vertreter der Gesellschaft der Ingenieur Barlow; dazu kamen die kontinentalen Direktoren und als Vertreter der Regierungen Lüders und Chauvin. So wurde in Berlin schließlich fast 14 Tage lang von früh bis spät konferiert und dabei folgendes bestimmt:

Einteilung der Leitung. Zunächst wurde die **oberste Leitung** zwischen den Siemens-Firmen möglichst zweckentsprechend geteilt:

Wilhelm an Werner 29. April. Mir scheint es am besten, Berlin übernimmt die unmittelbare Leitung in Europa (bis Kertsch), wir in Asien. — *Werner an Wilhelm 31. Mai.* Der Bau der verschiedenen russischen Linien greift so ineinander, daß es nicht möglich sein wird, Eurem Vorschlage gemäß den asiatischen Teil von London leiten zu lassen. Ferner müssen wir zum Bau und zur Remonte vernünftigerweise das Tifliser Geschäft heranziehen. — *13. Juni.* Mit Loeffler habe ich abgemacht, daß London alle Materialbeschaffungen und Verschiffungen selbständig besorgt. Nur die Stationsbedürfnisse sollen davon eine Ausnahme machen. Die Requisitionen gehen nach London über hier, der Linienbau wird von hier geleitet, und Fromholz bildet dafür den Zentralpunkt. Natürlich wird Euch Kopie der ganzen Korrespondenz geschickt werden und wenn irgend möglich Euer Gutachten über wichtige fragliche Punkte abgewartet, bevor entschieden wird. Irgendwo müßten die technischen Angelegenheiten, die Rechnungslegung und die Personalien konzentriert werden, und Berlin liegt dafür geeigneter wie London; es hat mehr Kenntnis und Anknüpfungspunkte mit den betr. Ländern. (Teilung des Baues undurchführbar, gleiche Verwaltungsmaßregeln nötig, sonst entsteht leicht Konfusion und Streit.)

Wesentlich schwieriger noch war die Verteilung der **Bauleitung auf der Strecke.** Anfangs herrschte Mangel an ausführenden Kräften; später meldeten sich viele tüchtige Leute, sodaß die Brüder die Auswahl hatten; aber für verantwortliche Stellungen verwendeten sie nur bewährte Männer aus ihrem bisherigen Personale:

Wilhelm an Werner 29. April. Ich würde jeden Teil (Europa und Asien) in zwei Haupt-Abteilungen spalten, welche vielleicht in Europa unter Hemp und Hattendorf, in Asien unter Höltzer und Günzel als Leiter verteilt werden könnten. Günzel ist energisch und umsichtig und uns sehr ergeben. Er könnte mit Höltzer die Strecke Poti—Tiflis durchreisen und die submarine Legung auch mitmachen, um sich Feldübung zu verschaffen. Die Kabellinie würde ich als fünftes Glied reservieren, weil sie als Nebensache zuviel Verantwortlichkeit in sich schließt.

— Werner an Wilhelm 31. Mai. Hast Du Beurlaubung Ernst Höltzer's[1]) bei der englischen Regierung beantragt? Sonst tue es ja; denn Persien wird sehr dringend. — Wilhelm 3 Juni. Günzel wird eine tüchtige Kraft für Persien sein, und ich habe auch meine Zustimmung dazu gegeben, daß Ali[2]) dorthin geht — —. Als Assistenten von Karl Höltzer habe ich zwei tüchtige Engländer in Reserve. Soll ich Einen jetzt schon schicken, um die Sondierungen mitzumachen? —
    Werner an Karl 15. Juni. Ich habe Hemp den Bau bis Kertsch, Charles Höltzer (I) bis Djulfa und Ernst Höltzer (II) bis Teheran übertragen. Letzterer wird von der englischen Regierung beurlaubt werden. Wir müssen allen drei vollständig freie Hand beim Bau lassen, damit sie die volle Verantwortlichkeit übernehmen können. Die größten Schwierigkeiten sind offenbar am Schwarzen Meere zu überwinden, weit mehr wie in Persien. Ch. Höltzer ist sehr tüchtig. Ich halte ihn geradezu für absolut zuverlässig, gewissenhaft und treu. Er hat immer einfach das Geschäftsinteresse vor Augen. (Ihm volles Vertrauen entgegenbringen, Reibereien zu vermeiden suchen usw.) Wir haben hier alles reiflich überlegt; schließlich hat nur der ein sicheres Urteil, der mitten in der Sache steckt und selbst an Ort und Stelle sieht und urteilt. Gehälter: Höltzer 3000 Rubel, Hempel 2500, Hattendorf (Hemp's Assistent) 1500; außerdem jeder 3 Rubel Diäten täglich und alle drei zusammen $7\frac{1}{2}$ Proz. vom Gewinne des Linienbaues. Höltzer II ist in Persien, wie die englischen Offiziere behaupten, der tüchtigste ihrer Beamten und uns sehr treu ergeben. Er erhält einen Vetter (Ali), der schon ein Jahr im Londoner Geschäft gearbeitet hat, zur Seite, einen sehr aufgeweckten, tüchtigen Jungen. — Werner an Wilhelm 14. Juli. So rechtes Vertrauen habe ich zu Ernst Höltzer (II) nicht und muß Karls Befürchtungen in mancher Hinsicht teilen. — Werner an Karl 17. Juli. So wild drauf los, wie unsere russischen und letzten kaukasischen Bauten, konnten wir die Sache doch unmöglich machen. Dazu ist der Gegenstand und das Risiko zu groß. Genaue vorherige Organisation, persönliche Verantwortlichkeit und strengste Kontrolle mußten absolut zur Anwendung kommen. Höltzer I ist ein ganz ausgezeichneter Mensch, zuverlässig und treu wie Gold. Er hat auch richtigen Takt in Behandlung der Leute, wie er am Kap und in Brasilien bewiesen hat. Auch Lüders ist ganz entzückt von ihm. Er will aber, wie alle tüchtigen Leute, etwas rücksichtsvoll behandelt sein. Er hat nur das Interesse der Sache im Auge, und die russische äußerlich submisse Form ist ihm nicht geläufig. Mir ist sie auch in der Seele zuwider, aber Ihr seid daran gewöhnt, und ich fürchte, dieser Punkt wird seine Stellung erschweren. Höltzer II schätze ich weit weniger hoch. Aber er ist seit vielen Jahren in Persien, hat immer treue Anhänglichkeit an unser Geschäft bewahrt und sich praktisch bewährt. Mit seiner Hülfe haben wir die Konkurrenz bei der indischen Regierung bestanden und unsere eisernen

---

    1) Höltzer II war im Dienste der persisch-englischen Telegraphen-Verwaltung tätig.

    2) Alexander Siemens.

Stangen etc. dort eingeführt — —. Ich persönlich stehe **zwischen Wilhelm und Dir** in einer doppelt unangenehmen Lage, da jeder mir in die Schuhe schiebt, was ihm nicht gefällt. **Zwischen Dir und Wilhelm ist der ganze Unterschied zwischen russischen und englischen geschäftlichen Gewohnheiten und Ansichten,** die schwer zu vermitteln sind. Darau fnimm immer Rücksicht, wenn Du über die Berliner Anordnungen räsonierst. Sie beruhen häufig nur auf einem schwer erzielten Kompromisse — —. **Keine Hofkriegrats-Wirtschaft, die die besten Generale vom grünen Tisch her matt macht! Lass' die beiden Höltzer frei gewähren!**

Der Transport des Materials nach Persien. Dieser Punkt war von Werner schon Ende Februar in seinem Bauplan-Entwurfe als besonders wichtig und schwierig bezeichnet worden. Er wurde auch jetzt mit besonderer Sorgfalt behandelt; doch hatte man es selbstverständlich inzwischen schon längst aufgegeben, das persische Material bis Anfang Juli nach dem Kaspischen Meere zu schaffen. Die russischen Spediteure erwiesen sich, wie schon erwähnt, als unzuverlässig und geneigt zur Übervorteilung:

Werner an Karl März 1868. Walter muß angeben, wieviel Prozentteile des Materials nach Astara, und wie viele nach Rescht gehen müssen. L. (Spediteur) verlangt von London oder Antwerpen bis Astara oder Enseli 1 Rubel Silber; die Angebote für Teheran oder Tabris waren unverschämt hoch. Im September würde das Material in Astara etc. ankommen und müßte da von uns übernommen werden. — 25. Mai. Wenn Walter sich sehr verdient um die Linie machen wollte, müßte er in nächster Zeit manchmal nach Persien reisen und selbst die Ordres für Zollämter und Gouverneure besorgen. Davon hängt nach Ernst Höltzers Mitteilung alles ab. Die Engländer haben alte Praxis in den Transportsachen und gefunden, daß auf Kaufmannsspedition dort kein Verlaß ist. Es muß eine Ordre an alle Gouverneure gegeben werden, daß jeder Maultiertreiber verpflichtet sei, zu den Marktpreisen des Ortes Transporte zu übernehmen. Dies Recht haben die Engländer erhalten, wie die Führer der Regierungstransporte. Damit lassen sich die Intriguen auf Preissteigerung allein beseitigen. Wo bleiben denn Walters so sehr niedrige Preise von Astara zur Linie? 30 Kopeken gab er an. Daraufhin sind wir sehr zuversichtlich geworden. — Wilhelm an Werner 30. Mai. Mit der L. Gesellschaft sind wir vorsichtig. Ihr hiesiger Vertreter wollte uns augenscheinlich mit den Schiffen verspäten, ist aber zu dumm in seiner Schurkerei. Der persische Gesandte riet, wir sollten Achsen nach Rescht schicken und dort Karren konstruieren, was sehr sparen würde; etwa 20 Wagen à £ 20 würden das Zehnfache sparen. Er behauptet, mit Lasttier würde jede Stange dort 20 Fr. kosten. Entweder muß er oder Walter gänzlich im Irrtum sein. — 31. Mai. Werner. Persien wird sehr dringend.

Die Angaben Walters erwiesen sich in der Tat als unrichtig: Werner an Karl 15. Juni. H.'s (Spediteure) wollen zu viel verdienen! 30 Kopeken Kommission! Walter hatte geschrieben, daß wir recht gut bei guter Zeit für 30, sonst höchstens bis 60 Kopeken von Rescht und Astara aus dem Material an die Linie bringen können. Diese Mitteilung hat großes Unheil angerichtet; denn sie lähmte meinen Widerstand gegen die von England gewünschten weit niedrigeren Baupreise. — Ich würde nie die Leitung eines Baues übernehmen, bei welchem ich hinsichtlich der Transporte, also des allerwichtigsten Teils, einem fremden Handlungshause auf Gnade und Ungnade hingegeben wäre! Wie man ihnen die unverantwortliche Agentur und Handeln auf unsere Kosten bei (ihrem) eigenem sicheren Verdienst übergeben könnte, sehe ich gar nicht ein. „Herr, bewahre mich vor Agenten!" ist meine wie Wilhelms auf Erfahrung gestützte Bitte — —. Wir haben L. eine Extraprämie für schnellere Lieferung bewilligt und hoffen, daß wir einen großen Teil der Waren schon vor Ende August in Persien haben. Was dann nicht zu billigen Preisen im Herbste versandt werden kann, bleibt bis zum Frühjahr und im Notfalle bis zum nächsten Herbste liegen. Wir schicken auch Räder und eiserne Achsen mit nach Persien wie nach Poti und werden selbst transportieren, wenn die Leute uns prellen wollen. Mich wundert übrigens, daß die Mitteilung Swirgsdes (persisch-russischer Telegraphist) in bezug auf H. Dich nicht stutzig gemacht hat. — Das im ganzen Orient berühmte Haus R. mit zur Konkurrenz heranziehen! Schließe ja nichts ab und rüste Höltzer II bestens mit Ratschlägen und Empfehlungen aus. — Wilhelm 22. Juni. Ernst Höltzer hat davon gesprochen, er wolle die Wagen mit Doppelbespannung (d. h. zwei Pferde nebeneinander) haben. Es scheint mir sehr viel einfacher und zweckmäßiger, die Pferde einzeln hintereinander zu spannen, wie dies auch bei allen Lastkarren hierzulande der Fall ist (der Weg braucht nicht so breit zu sein, die Anzahl der Pferde läßt sich nach Belieben ändern usw.). — Werner an Karl 17. Juli. Die Materialien für Persien werden von einem sehr tüchtigen Manne, dem Werkführer Günzel aus London, via Astrachan begleitet; der wird sie wenigstens sicher in der Hand behalten.

Das Material kam Ende August in Nischnij-Nowgorod an, und auch der weitere Transport bis zum Kaspischen Meere scheint glatt von statten gegangen zu sein; dort aber ergaben sich später neue Weiterungen.

Telegraphenstangen, Isolatoren, Kabel. Die Linie wurde teils mit hölzernen, teils mit eisernen Stangen ausgestattet, welche teurer, aber haltbarer waren. Für Persien waren sie vorgeschrieben; es wurde jetzt beschlossen, sie auch weiter westlich zu verwenden bis nach Perekop (Krim), hauptsächlich auch deshalb, weil in dem Kontrakte mit der Gesellschaft eine größere Zahl eiserner Stangen vereinbart war, als sich in Persien verwenden ließ, und weil diese **auf die Dauer** sich für die Siemens, die ja auch die Unterhaltung der Linie übernommen hatten, billiger stellten als hölzerne.

Werner März 1868. Bis jetzt beabsichtigen wir, von Odessa bis Teheran eiserne Stangen zu nehmen. Sind leichter als hölzerne und bedürfen keiner Remonte. — 15. Juni. Von Perekop nach Teheran eiserne Stangen.

Aber es ergaben sich schon bei Aufstellung des Bauplans Weiterungen hinsichtlich der eisernen Stangen, da deren Anzahl mit der Gesellschaft auf Grund von Entfernungs-Angaben vereinbart worden war, die sich als zu kurz herausstellten:

Werner an Wilhelm 31. Mai. Leider habt Ihr bei Aufstellung des tenders[1]) die Entfernungen auf Grund Eurer Karten abgekürzt. Sie sind nach Höltzer's und Hemp's Angaben zu kurz — —. Eiserne Stangen (16 pro Werst, in Reifeisgegenden 20) bis Perekop, dann Eichenstangen bis Polen, dann Fichtenstangen bis zur preußischen Grenze. Präparieren der Stangen zu teuer — —. Durchweg in Rußland unsere neuen Doppel-Porzellanglocken mit eisernen Klappen. — Wilhelm an Werner 30. Mai. Als Grundlage für unsere Gesamtleistungen muß jedenfalls unser tender dienen, und wir müssen darauf sehen, daß für jede Extraleistung, wie z. B. Isolatoren mit Eisenkappen, höhere Eisenstangen etc. eine Erleichterung durch Abkürzung des Kabels etc. stattfindet. Es wäre störend, wenn die wirkliche Länge größer sein sollte, als sie angenommen war, aber vielleicht wird es schließlich doch wieder mehr, und Dein Vorschlag, die Eisenstangen so weit zu führen, wie die Anzahl im tender vorschreibt, gefällt mir sehr.

Was sodann das **Kabel** betrifft, so hatte Werner ursprünglich die Verwendung eines starken Eisenkabels gewünscht, wie es damals allgemein üblich war. Wilhelm aber schwärmte noch für seine mit **Kupfer** armierten Kabel, und Werner gab ihm darin nach, zum Schaden der Unternehmung:

Werner an Wilhelm 28. Januar 1868. Starkes Eisenkabel; bei jedem anderen würden wir in Rußland auf großen Widerstand stoßen. — 31. Mai. Gib ja baldmöglichst Deine definitiven Vorschläge mit Proben über das zu nehmende Kabel. — Wilhelm an Werner 30. Mai. Barlow ist entschieden für Kupferkabel[1]), und ich hoffe, Lüders wird auch seine Zustimmung geben. Ich wäre dafür, ca. 200 Faden tief zu legen und starke eiserne shore ends zu verwenden. — Werner an Wilhelm 13. Juni. Das verstärkte Kupferkabel und die dickeren shore ends machen wesentliche Mehrkosten.

---

1) Der Offerte an die Gesellschaft.
2) B. stand unter dem Einflusse Wilhelms.

Für die **Sondierungen** stand das bewilligte russische Kriegsschiff von Ende Mai an drei Monate lang zur Verfügung.

Baukapital und voraussichtlicher Ertrag der Bau-Unternehmung. Werner vereinbarte mit Delbrück, daß dieser für den Bau einen Kredit von 300 000 Talern eröffnete; auf solche Weise hoffte Werner jedenfalls, eine ganze Weile ohne Hilfe der Gesellschaft flott zu bleiben, von der die Brüder einstweilen noch keine Anzahlung verlangten, trotzdem sie dazu kontraktgemäß berechtigt waren. Das Geschäft in Tiflis wurde beauftragt, die erforderlichen Summen auf Berlin oder London zu trassieren.

Wie schon aus dem bisher Gesagten hervorgeht, ergab der spezielle Bauplan eine Reihe unerwarteter Ausgaben. Trotzdem bestand die Hoffnung auf guten Verdienst, sofern bei den Transport-Verdingungen sparsam gewirtschaftet wurde. Außer den bereits erwähnten Mehrkosten wurden solche namentlich durch die erforderlichen großen **Waldaushauungen** am Schwarzen Meere befürchtet:

Werner 13. Juni. Sie sind sehr kostspielig und im Kostenanschlage gar nicht berücksichtigt, da wir sie damals noch nicht kannten. Lüders schätzt sie auf mehr als 100 000 Rubel. — 15. Juni. Transporte müssen überall billig werden, sonst haben wir falsche Rechnung gemacht. — 14. Juli. Das Schwarze Meer und die persische Linie werden die großen Kosten bringen — —. Trotzdem verdienen wir an eisernen Stangen und Kabel noch bedeutend.

Remonte-Übernahme und Endvertrag mit der Gesellschaft. Die Siemens hatten mit der Gesellschaft auf Grund ihres Anerbietens (tender) einen provisorischen Vertrag über den Bau abgeschlossen. Dagegen ließ der Abschluß des im Statute vorgesehenen „Finalkontraktes" auf sich warten, weil wegen Übernahme der „Remonte" (Instandhaltung der Linie) erhebliche Meinungsverschiedenheiten entstanden:

Werner an Karl 17. Juli 1868. Plötzlich fiel es den Leuten in London ein, daß sie sehr dumm gewesen wären, nicht auf die ganzen 25 Jahre mit uns über die Remonte abzuschließen, wie wir anfänglich wollten. Das verlangten sie jetzt, und die Juristen behaupteten, das Direktorium könnte nur unter dieser Bedingung abschließen, da im Prospektus von zehnjähriger Remonte nichts gesagt sei. Dagegen habe ich aber protestiert. Einmal wird jedenfalls die Linie neugebaut werden müssen vor Ablauf der 25 Jahre; das macht 4 Proz. jährlich. Die muß die Gesellschaft mehr zahlen; sonst würden wir möglicherweise ein schlechtes Geschäft machen. — Werner an Wilhelm 14. Juli. Wir dürfen unseren Nachfolgern im Geschäft kein an sich schlechtes Geschäft hinterlassen. Lieber keins.

Indes kam bald eine Vereinbarung zustande. Die Siemens übernahmen danach die Remonte für 34000 £ auf $12^1/_2$ Jahre, und wenn sie nicht zwei Jahre vorher kündigten, auf 25 Jahre:

Das geht an, da wir schon kündigen werden. Viel zu verdienen wird an der Remonte nicht sein, aber viel zu verlieren, wenn wir nicht sehr gut bauen und wirtschaften.

Von größter Bedeutung war nach wie vor die möglichste Beschleunigung der Arbeiten:

Werner 31. Mai. Wir müssen jetzt die ganze Disposition fertig und genehmigt haben. Sonst werden wir sicher teuer bauen und am Ende doch nicht fertig werden.

Die bauleitenden Beamten reisten nach dem Schlusse dieser Beratungen über den Bauplan sofort in die entlegenen Gebiete ihrer Tätigkeit ab. Doch auch Werner konnte sich, nach so aufreibenden Arbeiten, noch nicht gleich die ihm dringend nötige Ruhe gönnen. Zunächst mußte er nach Wien zur Internationalen Telegraphen-Konferenz reisen, wo ein das Interesse der Gesellschaft schwer gefährdender Beschluß gefaßt wurde, auf den wir gleich zurückkommen werden. Dann begab er sich zwar ins Bad nach Ragaz. Aber Ruhe fand er dort nicht. Schlag auf Schlag erhielt er zwei Hiobsposten: Walter verunglückte im Kaukasus, und Karl wurde durch schwere Erkrankung seiner Frau gezwungen, den Kaukasus plötzlich zu verlassen, wo sowohl Karls wie Werners Vermögen in dringender Gefahr schwebte, durch den Kupferbergbau von Kedabeg verloren zu gehen. Auch kamen ungünstige Berichte über die Ergebnisse der Sondierungen im Schwarzen Meere. Daß Werner unter solchen Umständen wieder etwas zum Pessimismus neigte, ist wahrlich nicht zu verwundern:

14. Juli 1868. Die Sache ist noch voller Gefahren und Klippen. — 22. Juli. Unser Flug war etwas zu hoch gerichtet, und das Wachs unserer Flügel beginnt zu schmelzen; doch bange machen gilt nicht, sagt der Berliner! Wir wollen wenigstens ehrlich kämpfen, solange die Kräfte aushalten!

Nach Verlauf eines weiteren Monats war die Lage schon wieder besser:

25. August. Sondierungen beendet, ganz gut ausgefallen. Bis 5 Werst von der Küste ist ein schlammiges Bett von 50—90 Faden Tiefe, welches sich recht gut eignet. Von Lege-Risiko ist dabei keine Rede.

Aber gerade hier lauerte die eigentliche schwerste Gefahr für das ganze Unternehmen, eine Gefahr, die freilich erst zwei Jahre später, nach Vollendung des Baues, sich zeigen sollte.

Gefährdung des Unternehmens durch neue Tarifermäßigung.

Die Depeschengebühr zwischen England und Indien, welche im Jahre 1867 erhoben und die auch bei Begründung der indo-europäischen Überlandlinie noch als maßgebend angenommen wurde, betrug, wie wir wissen, für eine Depesche von 20 Worten 5 £ 1 sh. Die „Berner Verschwörung" hatte schon eine Ermäßigung dieses Gebührensatzes veranlaßt. Dennoch nahmen die Brüder Siemens an, daß sie ihren Tarif nur auf 4 £ (100 Frcs.) oder allenfalls auf 3 $^1/_2$ £ zu ermäßigen brauchen würden, um alle Depeschen der neuen Linie zuzuführen. In der russischen Konzession war als Maximalsatz 4 £ normiert, im Prospektus bei der Rentabilitäts-Berechnung nur eine Ermäßigung auf 3 $^1/_2$ £ (87 $^1/_2$ Frcs.) in Aussicht genommen worden.

Die Gesellschaft mußte von diesem Betrage abgeben:

11 Frcs. 25 Cs. an die indische Telegraphen-Verwaltung,
25 „ — „ „ das persische Golfkabel (von Buschir nach Kuratschi),
10 „ 50 „ „ die persisch-englische Linie Teheran Buschir,
5 „ — „ „ Rußland,
2 „ 50 „ „ Preußen,
4 „ 50 „ „ die Electric Company (London-Emden),

58 Frcs. 75 Cs. zusammen,

sodaß bei 100 Frcs. Gesamtgebühr für die Gesellschaft noch 41 Frcs. 25 Cts., bei 87 $^1/_2$ Frcs. noch 28 Frcs. 75 Cts. übrig blieben. Damit durfte sie hoffen, auskommen zu können. Diese Sachlage wurde aber durch die 1868 in Wien abgehaltene **Internationale Telegraphen-Konferenz** vollständig geändert.

Die Staaten, welche bisher von der indischen Telegraphen-Korrespondenz Einnahmen gehabt hatten, sahen natürlich die neue Linie, welche einen ganz anderen Weg einschlagen sollte, mit wenig freundlichen Augen an und suchten ihr die Existenzmöglichkeit abzuschneiden. Offenbar hatte man in England Wind davon bekommen, daß auf der Wiener Konferenz ein Schlag gegen die Gesellschaft geführt werden solle, und deren Direktorium wünschte deshalb, Werner möchte ebenfalls nach Wien reisen. Dort sollte auch sein neuer „Schnellschreiber", das für die indo-europäische Linie bestimmte automatische Apparatsystem (auf welches wir zurückkommen werden) der Konferenz vorgeführt und von ihr genehmigt werden, ebenso seine Quecksilbereinheit für die Messung des elektrischen Widerstands. Beides geschah, und auch hinsichtlich der indischen Linie schien alles wieder in bester Ordnung zu sein, als Werner die Konferenz verließ:

Werner an Wilhelm 13. Juni. In acht Tagen etwa denke ich nach Wien zu gehen, auf bestimmten Wunsch der Direktoren. — Wilhelm an Werner 20. Juni. Daß Du nach Wien gehst, wird sehr notwendig sein, und ich rate Dir, Dich mit Colonel Goldsmid[1]) in engen Rapport zu setzen; denn er ist ein durchaus ehrenhafter und verständiger Mann. — Werner an Wilhelm 2. Juli. Die indo-europäische Linie hat auf der Konferenz viele Angriffe erlitten. Da England für Indien dem Verein beigetreten ist, so ist unsere Stellung sehr erschwert[2]). Man bestreitet Preußen und Rußland das Recht, einen Tarif für die Linie selbständig zu machen und namentlich England das Recht, uns indische Depeschen zuzuführen, wenn die Gesellschaft sich nicht den Tarifbestimmungen unterwirft. Man hat sich endlich dahin vereinigt, daß die Staaten sich keine Konkurrenz in Billigkeit machen, und daß wir und die türkische Linie gleiche Preise halten müssen. Damit können wir auch zufrieden sein.

Das war die Sachlage, als Werner abreiste. Sie war nicht ungünstiger für die Gesellschaft, als diejenige, welche die „Berner Verschwörung" schon 1867 geschäffen hatte. Aber als Ende August Werner, Wilhelm und Karl mit dem russischen Telegraphendirektor General Lüders sich in Berlin trafen, um über die Angelegenheiten der Linie zu verhandeln, kam Lüders plötzlich mit einem neuen Vertrage heraus, den England, Rußland, Persien und die Türkei in Wien am 22. Juli geschlossen hatten, und der die Situation vollständig änderte. Danach sollte die Gebühr für Depeschen von London nach Kuratschi nur 61 Frcs. 50 Cts. betragen, also unter Hinzurechnung der $9^1/_2$ Frcs. für die indische Telegraphen-Verwaltung im ganzen nur 71 Frcs.

Für die Gesellschatt blieben danach nur $71 - 58^3/_4$ = $12^1/_4$ Frcs. übrig, und da überdies in Persien für die Strecke

---

1) Vertreter der indischen Regierung auf der Telegraphen-Konferenz.
2) Die Gesellschaft wollte, wie es scheint, nicht beitreten.

Djulfa-Teheran die Perser künftig 5 Frcs., die Engländer für die Strecke Teheran-Buschir $8^1/_2$ Frcs. erhalten sollten (während bisher die Abgabe für beide Strecken zusammen nur $10^1/_2$ Frcs. betragen sollte), so wäre danach die Einnahme der Gesellschaft noch um weitere 3 Frcs, geschmälert worden. Dabei konnte sie unmöglich bestehen. Wenn sie bei solchen geringen Gebühren auf ihre Kosten kommen sollte, so hätte der Verkehr sich auf das Fünffache heben müssen, woran für absehbare Zeit nicht zu denken war.

Offenbar hatte General Lüders die Tragweite der — wie es scheint, durch politische Intriguen mit veranlaßten — Tarifermäßigung für die Gesellschaft bis dahin nicht erkannt, und als die Brüder ihm erklärten, der Wiener Beschluß bedeute nichts Geringeres als den Ruin der Gesellschaft, wollte er nicht daran glauben. Schließlich erklärte er sich bereit, die russische Abgabe um $1 - 1^1/_2$ Frcs. zu ermäßigen, was aber nicht ausreiche, um die Existenz der Gesellschaft zu sichern. Die Brüder erklärten, es gäbe nur eine Möglichkeit für die Gesellschaft, sich aus dieser Lage zu befreien: sie müsse sich für den Verlust in Persien schadlos halten, und zwar einmal dadurch, daß sie die 5 Frcs. für Djulfa-Teheran erhielte, sodann dadurch, daß sie auch den Betrieb der anderen persischen Linien, einschließlich der unter englischer Verwaltung stehenden, übernähme und mittels neuer Landlinien das — ohnehin nicht sicher funktionierende — persische Golfkabel umginge. Das war, wenn überhaupt, in Persien jedenfalls nur mit russischer Unterstützung zu erreichen. Lüders konnte zwar eine solche Unterstützung nicht zusagen; doch sah er schließlich ein, daß nur Persien den Siemens helfen könne, und versprach zu tun, was in seinen Kräften stände.

Hierdurch wurde eine neue Mission nach Persien nötig, für die auch sonst genug Material vorlag.

Werner und Georg im Kaukasus. Über den Beginn und Fortgang der Bauarbeiten erfuhr man in diesen Monaten weder in Berlin noch in London viel, aber doch genug, um zu erkennen, daß es damit nicht zum besten stand. Man hatte auf Karl und Walter gerechnet, die vom Kaukasus aus im Notfalle in Persien und am Schwarzen Meere immer leicht hätten eingreifen können. Werner hatte Wilhelm gegenüber wiederholt und nachdrücklich auf diese Bedeutung des kaukasischen Geschäftes hingewiesen.

Aber Walter war jetzt tot, und Karl hatte den Kaukasus verlassen müssen. Sobald Werner letzteres erfuhr, beschloß er sofort, seinerseits nach dem Kaukasus zu reisen[1]). Zu seiner Unterstützung nahm er jenen Verwandten Georg Siemens mit, der sich bereits in England als tüchtig bewährt hatte und jetzt als Syndikus von Siemens & Halske tätig war, soweit dies sein Hauptberuf als Jurist gestattete:

Werner an Karl 1868 (vermutlich März). Assessor Georg ist jetzt unser Syndikus. Er hat in England, wohin ich ihn schickte, sehr klug und umsichtig gewirkt. Er vertritt jetzt den Alten am Obertribunal. — 24. August 1868. Ich habe Lust, Georg Siemens diesmal mit nach Tiflis zu nehmen. Es sind dort viele Kontrakte etc. zu machen. Georg ist unser Syndikus. und es ist gut, wenn er dortige Rechtsverhältnisse kennen lernt. Er will selbst gern mal hin, hat Zeit, da sein Vater den Winter über wieder hier ist, und wollte selbst auf eigene Kosten reisen. Es ist auch gut, jemand zu haben, der den Ort kennt und die Leute, und den man in schwierigen Momenten mal mit Vollmacht hinschicken könnte.

Als nun in den folgenden Wochen ungünstige Nachrichten einliefen über den Stand der Dinge in Persien — davon sogleich — beschlossen die Brüder, Georg nach Persien zu senden, und als sich überdies die Gefährdung der Gesellschaft durch die Wiener Tarifermäßigung herausstellte, wurde Georg auch mit Vertretung der Gesellschafts-Interessen in Persien betraut:

Werner 5. September 1868. Jetzt kann Georg nicht allein als unser Vertreter in Persien auftreten; er muß Vollmacht der Konzessionsbesitzerin, also der Gesellschaft, erhalten. Durch den Vertrag vom 22. Juli (Wien) ist unsere Konzession durchlöchert. Georg muß daher klagend in Persien auftreten und für die Gesellschaft Entschädigung verlangen. Der einzige Ausweg den Persern gegenüber wird sein, ihnen eine bare jährliche Summe anzubieten für Aufgabe ihrer Einnahmen von der ganzen Linie Djulfa-Buschir und Erteilung der Konzessionen. Das muß aber die Gesellschaft tun, da wir nicht legitimiert sind.

Am 13. September reiste Werner mit Georg nach dem Kaukasus ab, wo sie Anfang Oktober eintrafen. Die Baulage erwies sich dort auf einzelnen Strecken als unbefriedigend. So machte im europäischen Rußland namentlich die Stangenfrage viel Kopfzerbrechen. Die in Persien übrigen Eisenstangen ließen sich schwer unterbringen und mußten schließlich in Persien gelassen werden; das Löschen und Stapeln der von England nach dem Schwarzen Meere gesandten Waren wurde zu teuer, ebenso

---

1) Weiteres im zweiten Abschnitte.

der Transport vom Schwarzen Meere nach Tiflis. Die Bauleiter waren an die Verhältnisse noch nicht gewöhnt, und das Lehrgeld hatten die Unternehmer zu tragen. Charles Höltzer (I) war zwar „schrecklich hartköpfig", aber Werner zweifelte nicht daran, daß er die kaukasische Strecke zur Zufriedenheit fertigstellen würde, wenn seine Leute nicht zuviel am Fieber zu leiden hätten. Dagegen gab Hemp und namentlich Höltzer II zu Klagen Anlaß, und die Lage in Persien war überhaupt derart, daß es nötig wurde, Georg sofort dorthin zu entsenden:

Wilhelm 1. Oktober. Es wird jedenfalls vorteilhaft sein, daß Georg sofort nach Teheran geht, mit Geschenken und Argumenten, um die Sache schnell zum Abschluß zu bringen. Gelingt dies, so stehen wir uns gar nicht schlecht. — Werner, Tiflis 5. Oktober. In Persien scheint es, trotz Höltzers günstigem Berichte, nicht gut auszusehen. Der Vertrag mit H. (Spediteur) prinzipiell schlecht[1] — —. Aber Höltzer (II) hat überdies erklärt, wenn die Linie im nächsten Jahre fertig würde, so würde er doch den persischen Draht fertigstellen, und das würde vorläufig genügen! Grade das Umgekehrte liegt in unserem Interesse. Deshalb melde ich Georg als unseren General-Bevollmächtigten an, mit unbedingter Vollmacht, in unserem Namen zu handeln. Schon dies Faktum wird gut wirken. — Karl an Werner. Berlin 31. Oktober. Namentlich macht Ernst Höltzer uns Kopfschmerzen. Ohne Angabe der Beweggründe schließt er den Kontrakt mit Z. & Co., gegen den er hier so sehr gewirkt hatte. Darauf macht er ohne weiteres, und ohne Beweise dafür zu haben, die Linie wieder ein bedeutendes länger, und schließlich kommt wieder die von Walter angegebene Werstzahl heraus. Endlich nimmt er eine Masse Geld auf, ohne das Bedürfnis nachzuweisen und sogar ohne vorherigen Avis. Gestern kam Depesche von Wilhelm, wonach, wie aus heiterem Himmel, ein Wechsel von Höltzer, auf 4000 £ lautend, dort präsentiert wird. Braucht Höltzer wirklich schon so enorme Summen?

Die Kapitalbeschaffung machte den Brüdern einige Sorge. Wilhelm wollte dazu Wechseltrassierungen verwenden, während Karl, der in Werners Abwesenheit das Berliner Geschäft leitete, auf diese „Wechselreiterei" nicht eingehen wollte und statt dessen sich 200000 Taler von Delbrück, Leo & Co. lieh, davon nur 50000 ohne Deckung, 150000 gegen Hinterlegung von Wertpapieren. — Die Bemerkung Karls wegen der „Werstzahl" bezog sich auf jene bereits erwähnte Bestimmung des Kontraktes mit der Gesellschaft, wonach für eine bestimmte Linienlänge eine gewisse Zahl von Stangen usw. verwendet

---

[1] Vgl. oben S. 217. Die Vertreter von H. in Persien waren Z. & Co., von denen gleich die Rede sein wird.

werden sollte. Die Angabe der Linienlänge war noch zweifelhaft; die Siemens hatten auf Grund von Walters Angaben sie länger angenommen, als Wilhelm im Kontrakte mit der Gesellschaft:

Wilhelm an Werner 26. Dezember 1868. Als die kontraktliche Länge bestimmt wurde, wehrte ich mich gegen Annahmen, die später nicht zu rechtfertigen gewesen wären. Ebenso wehrte ich mich gegen die Aufforderungen, infolge von Ernst Höltzers Brief mehr Material nach Persien zu schicken, weil die Erde doch dort keinen Auswuchs haben konnte! Andererseits sind wir aber berechtigt, Ersparnisse zu genießen, vorausgesetzt, daß die gekürzte Linie nicht nachweisbar schlechter ist. Aus diesem Grunde habe ich Angaben von bestimmten Längen sorgsam vermieden und die Berechnungen nur auf ungefähre Längen gestützt, welche durch Karten zu rechtfertigen sind. Kürze daher nur soviel wie möglich!

Aber das alles waren nur Sorgen zweiten Ranges. Hauptaufgabe war, eine neue Grundlage für die Existenzmöglichkeit der Gesellschaft zu finden.

Georg Siemens in Persien. Am 10. Oktober reiste Georg mit folgenden Instruktionen Werners nach Persien:

I. 1. Mit dem Hause Z. & Co. den mit Höltzer abgeschlossenen Vertrag zu besprechen und, wenn möglich, die ungünstigen und zweifelhaften Punkte durch bessere zu ersetzen. Namentlich müssen wir Garantie haben, daß die Leute Z.'s die Transporte nicht hinziehen, um 2 Kopeken mehr zu erhalten, und daß sie tätig sind und ökonomisch wirtschaften. Unseren Angestellten ist die volle Kontrolle zu geben;

2. mit Höltzer die Baudispositionen und die Zeiten für Transport und Bau zu besprechen und ihm Anweisung zu geben, wie mit dem dritten (persischen) Draht und der Remonte der alten persischen Linie zu verfahren. Es ist in Teheran zu ermitteln, ob und welche schriftliche oder mündiche Versprechungen Walter wegen der Remonte der alten persischen Linie gegeben hat.

II. Bei der persischen Regierung ist zu erzielen:

1. Abkauf der englischen Abgabe für 12—15000 Tomans vom 1. Januar 1870 ab, im Notfalle schon vom 1. Januar 1869 ab;

2. Überlassung der 5 Francs für Djulfa-Teheran an die Gesellschaft, womöglich schon vom 1. Januar 1869 ab, wogegen wir dann den persischen Draht remontieren und sobald als möglich neu anlegen (an unsere Stangen). Dies wird sich vielleicht am besten einleiten durch einen Bericht Höltzers, daß sich nur mit großer Mühe und Kosten der alte persische Draht instand halten und die

Neuanlagen so forcieren ließen, daß die Verbindung Djulfa-Teheran nicht unterbrochen wird;
3. Konzession Schiras-Bender Abbas, wennmöglich ohne Lasten und Abgaben, wenn nötig gratis Bau eines zweiten Drahtes für Gebrauch der Perser;
4. Goldsmid ist womöglich für die Unterstützung unserer Anträge zu gewinnen, wenn er nach Teheran kommt.

Wie Georg Siemens die Instruktionen Werners im Laufe des nächsten halben Jahres ausführte, ist von besonderer Bedeutung, und zwar nicht nur in sachlicher Hinsicht, sondern auch als wichtiger Beitrag zur Charakteristik eines Mannes, der hier zum ersten Male deutsche Geschäftsinteressen im Auslande wahrzunehmen hatte. Und gleich war es etwas ganz Schwieriges, was ihm damals oblag. Werner empfand das wohl:

Werner an Karl 23. November. Ich bin sehr zufrieden, daß ich Georg Generalvollmacht für Persien gegeben habe. Er hat bereits in Tabris sehr nützlich gewirkt. Er ist klug und taktvoll. Er hat in Teheran eine schwierige Aufgabe!

Aber w i e schwer diese Aufgabe war, wußte Werner sicher nicht; denn die Instruktionen verlangten zum Teil ganz Unmögliches, was sich nur dadurch erklären läßt, daß Werner von den zentralasiatischen Minengängen der englischen Politik noch wenig kannte; sonst hätte er sicher nicht geglaubt, es könnte Georg gelingen, die Engländer aus ihrer mühsam erworbenen Position im persischen Telegraphenwesen zu vertreiben.

In dem Kampfe zwischen Rußland und England um das Übergewicht in Persien mußte die Politik beider Mächte naturgemäß die Eigenart annehmen, welche der persischen Volksart entsprach, den Charakter orientalischer Intriguen. Daraus ergaben sich überaus verwickelte Verhältnisse, die den Brüdern zum großen Teil noch unbekannt waren, und die Georg erst allmählich in Persien klarstellte. Insbesondere die Einzelheiten der persischen Telegraphen-Verhältnisse waren sogar den Regierungen selbst nur unvollkommen bekannt, und besonders in England verließ man sich in dieser Hinsicht auf die Offiziere, welche die englisch-persische Telegraphenlinie Teheran-Buschir verwalteten. Überdies verhinderte die weite Entfernung, jeden Wechsel der Lage rasch mit der erforderlichen Ausführlichkeit nach Europa zu melden. Die gleiche Schwierigkeit bestand auch für den Verkehr Georgs mit Berlin und London, zumal alle Telegramme zur Kenntnis der interessierten Telegraphen-Verwaltungen kamen, und man augenscheinlich übersehen hatte, eine Chiffre zu verabreden. Endlich waren die Quellen, aus denen Wilhelm seine Kenntnis der englisch-persischen Telegraphen-Verhältnisse schöpfte, offenbar keine ganz ungetrübten. Vielmehr waren die Siemens ebenfalls Gegenstand eines Intriguenspiels, dessen Fäden ihnen nicht immer und jedenfalls nicht gleich erkennbar wurden. Das Ergebnis von alledem bestand darin, daß sie zeitweilig im Dunkel umhertappten und selbst einander nicht immer verstanden. Georgs Lage war nicht viel besser; aber er er vergalt Gleiches mit Gleichem, indem er seinerseits mit Russen, Persern und Engländern ebenso Fangeball spielte, wie sie es mit ihm taten[1]).

Georg sollte in Persien die, seit jener Wiener Tarifermäßigung verloren gegangene wirtschaftliche Basis der indo-europäischen Telegraphen-Gesellschaft neu begründen und zwar auf dreifache Weise:

1. durch Erwerb der neu festgesetzten Abgabe von 5 Frcs. für die bisher russisch-persische, jetzt der Gesellschaft konzessionierte Strecke Djulfa-Teheran;

2. durch Erlangung der Herrschaft über die englisch-persische Telegraphen-Linie T e h e r a n - B u s c h i r mittels des Erwerbs der von den Engländern an die Perser zu zahlende Abgabe;

3. durch Erlangung einer Konzession für die erst zu bauende Linie S c h i r a s - B e n d e r A b b a s.

Georg ließ nun zunächst die Frage der Abgabe von 5 Frcs. für D j u l f a - T e h e r a n ganz auf sich beruhen, in der Hoffnung, diese Abgabe würde ihm ohne Kampf in den Schoß fallen. Als Ausgangspunkt seiner ersten Bemühungen benutzte er die Konzession für die Linie S c h i r a s - B e n d e r A b b a s, weil er annahm, daß die Perser daran das größte Interesse hätten. Durch Erlangung dieser Konzession hoffte er das Terrain zu gewinnen, auf dem sich über die für die Gesellschaft entscheidenden Finanzfragen werde unterhandeln lassen. Die Sachlage wegen T e h e r a n - B u s c h i r war zunächst noch ganz undurchsichtig. Der Betrieb dieser Linie wurde von englischen Offizieren geleitet, aber die

---

1) Nur ein Teil der Korrespondenz über die Mission Georgs ist erhalten geblieben. Namentlich fehlen fast alle Berichte Georgs aus den Monaten Oktober bis Januar einschließlich. Es ist daher schwierig, sich aus dem vorhandenen Material ein volles und klares Bild von der ganzen Entwicklung zu machen.

etwa erzielten Reinerträge sollten der persischen Regierung, gemäß einem englisch-persischen Vertrage von 1865, auf Rechnung der von den Engländern vorgestreckten Baukosten als „Abgabe" oder, wie die Perser sagten, als „Tribut" — kreditiert werden; nur wenn die Brutto-Einnahme 30000 Tomans (14 500 £) überschreiten würde, sollte der Überschuß den Engländern zufallen. Aber niemand wußte, wie groß der Reinertrag wirklich war, und ob die Perser schon irgend etwas erhalten hatten. Darauf bezieht sich nun folgender Brief Wilhelms:

Wilhelm an Georg 12. Oktober 1868. Die englische Regierung hat offiziös bereits erklärt, meine Vorschläge annehmen zu wollen, wonach wir also die 30000 Tomans jährlich und die Hälfte der Brutto-Einnahme Teheran-Buschir (über 30000 Tomans hinaus) erhalten werden, sobald wir die Perser befriedigt haben. Der hiesige persische Gesandte glaubt, mit 15000 Tomans jährlich sicher würde man in Teheran zufrieden sein; aber dabei würde Deine direkte Einwirkung nötig sein. Ich schreibe an Lord Stanley[1]), damit er Instruktionen an Ellis[1]) schickt, Dich dort zu unterstützen. Da der hiesige persische Gesandte unser Freund, so wäre es gut, wenn ihm die spezielle Abmachung übertragen würde. — Wir dürfen keine Zeitverpflichtung eingehen, wann und ob wir die Schiras-Linie fertig schaffen wollen, weil wir nicht sicher sein können, das Geld zu kriegen. — England hat allerdings eine Forderung an Persien von 80000 £, welche es geltend macht, wenn Persien widerspenstig ist, aber England erwartet und wünscht keine Abzahlung. Wir können diese Forderung so ausbeuten, daß wir den Persern die 12—15000 Tomans sicher bieten, ohne daß sie Gefahr laufen, daß die englische Regierung die Gesamt-Einnahme zurückhält. Sonst dürfen wir uns nicht in diese Schuld hineinmischen. Du kannst aber unter der Hand die Versicherung abgeben, daß es England hauptsächlich um gute Telegraphenverbindung zu tun sei, und daß sie ihre Ansprüche nie geltend machen würden, wenn Persien mit uns abschließt. Goldsmid reist erst am Dienstag dieser Woche. Er wurde eine Woche zurückgehalten, um unsere Eingabe zu beurteilen und um dem neuen Mitgliede des India Board, Sir Henry Rawlinson, Auskunft zu geben. Sir Henry ist ein persönlicher Bekannter von mir und wird sich speziell mit persischen Angelegenheiten befassen, da er dort selbst mal Gesandter war und überhaupt der bekannte Orientalist ist, der die cuneïforme Schrift zuerst entziffert hat.

So sah die Sache in England aus. Ganz anders war aber der Anblick, den sie in Persien gewährte:

---

1) Englischer Minister des Auswärtigen.
2) Recte: Alison, englischer Gesandter in Persien.

Georg an Wilhelm 28. November[1]). Die Verhandlungen hier sind ungemein schwierig. Die englische Gesandtschaft lehnt vorläufig eine Unterstützung ab, weil sie angeblich keine Instruktionen hat, trotz aller meiner Vorstellungen — —. Die Leute stehen steif wie die Böcke. Bis jetzt helfen mir nur die Russen. Englische und russische Interessen stehen sich hier entgegen. Die Russen verlangen von den Persern Ratifikation der Wiener Konvention und des Wiener Vertrages vom 22. Juli 1868, wodurch der Tarif Teheran-Buschir auf $8\frac{1}{2}$ Francs reduziert wird, indem sie behaupten, daß dadurch das persische Interesse gefördert wird. Die Engländer verlangen wegen dieses Vertrages die Herabsetzung des „Tributes" auf 24000 Tomans, womit uns gar nicht gedient ist, wenn wir die Einnahmen von Teheran-Buschir in die Hand kriegen können, — und beweisen dadurch nach Ansicht der Perser, daß das persische Interesse durch den Vertrag vom 22. Juli 1868 geschädigt ist. Ich stehe in der Mitte und sage: Ich bezahle trotz der Reduktion des Tarifs nach wie vor 12000 Tomans. Die Perser, mutlos, dumm, unentschlossen wie alle Orientalen, sagen „morgen", und ich sehe, daß die Sache mindestens noch 6 Monate dauern kann. An die Frage der 5 Francs Djulfa-Teheran, was m. E. die Hauptsache ist, habe ich daher noch gar nicht gerührt. Ich muß erst wissen, was bei dem Streit zwischen Engländern, Persern und Russen möglicherweise herauskommen kann.

Was Deinen Freund M. C. betrifft, so hüte Dich vor ihm. Erstlich hat er, wie alle persischen im Auslande wohnenden Diplomaten, nicht den geringsten Einfluß, da die Sache durch den Schah persönlich abgemacht wird, der sehr freundlich gegen mich war. Zweitens gilt er selbst unter den Persern für einen Schwindler und Betrüger. Ich weiß von ihm aus offiziellen Gesandtschaftsquellen Dinge, die an Urkundenfälschung (hier ein sehr gewöhnliches Vergehen) und Zuchthaus erinnern. Du wirst daher m. E. gut tun, Dich von ihm zurückzuziehen, natürlich ohne daß es auffällt, weil er sonst unser Feind werden würde. Die Telegraphen-Abmachungen ihm zu übertragen, ist eine persische (sic!) Unmöglichkeit. Denn es gibt dabei Trinkgelder zu verdienen, und hier, wo die Minister ihre Dienste bis zu 200 Francs herab, je nach der Wichtigkeit des Dienstes, öffentlich verkaufen, wo die Minister von ihren Dienern für die Erlaubnis, bei ihnen dienen zu dürfen, Geld nehmen (der Kriegsminister 200 Dukaten für jeden Diener), hier lassen die Minister eine solche Gelegenheit, Geld zu verdienen, nicht aus der Hand. Die Sätze werden ungefähr folgende sein, wenn die Geschäfte gehen sollen, vielleicht auch etwas mehr (folgt Verzeichnis der Geschenke, je 500—1000 Dukaten, zusammen ca. 3500). So billig wie Walter komme ich nicht fort. Die Leute haben gehört, daß das Ding rentabel ist, und werden mich wie eine Zitrone auspressen, so sehr ich mich auch winde — —.

---

[1]) Der Brief war an Loeffler adressiert, „weil der französische Courier, ein Perser, ihn stehlen und verkaufen würde, wenn Dein Name darauf stände."

Demungeachtet blieb **Wilhelm** bei seiner optimistischen Auffassung, in der er durch seine englischen Freunde bestärkt wurde:

Wilhelm an Werner 21. Januar 1869. Aus der Kopie meines letzten Briefes an die indische Regierung wirst Du ersehen, daß ich Georg nicht sitzen lasse; auch bin ich des Erfolges jetzt ziemlich gewiß. Stückweise werden wir alle unsere Forderungen gewährt erhalten; doch ist es zur Erhaltung der Würde nötig, daß zurzeit nur **ein** Punkt gewährt wird. — *26. Januar.* Heute schicke ich die Kopie eines Briefes an die indische Regierung, worin ich ihrem Wunsche gemäß hervorhebe, daß sie in der Herabsetzung der 30 000 Tomans teilen (?) sollen. Der Brief Lord Argylls an Lord Clarendon ist sehr günstig. Alison soll seine Forderung (auf Herabsetzung des „Tributs") fallen lassen, unter der Bedingung, daß Georgs Antrag gewährt wird! Ob die Perser ihren Tribut wirklich **empfangen** haben oder nicht, weiß hier niemand. Die Summe war so gering, daß sie in Teheren **verrechnet** worden ist. Um so besser für unser Projekt; denn soviel steht fest, daß wir an die Perser zahlen und von den Engländern verlangen werden, als ob keine Schuld zwischen den beiden Regierungen existierte. Ich bitte Dich, an Georg folgendes zu depeschieren: „Englands Unterstützung gesichert. Englands Kapitalforderung liegt außerhalb unserer Verpflichtungen beiderseits, wirkt aber für uns günstig." Die Sache ist zwar hier noch nicht formell geregelt, aber es wird gut sein, daß Georg zeitig unterrichtet wird; denn Ende dieser Woche geht vielleicht offizielle Depesche an Alison. — *27. Januar.* Die persische Schuld ist ca. 100 000 £; doch wäre es mir lieber, wenn sie größer wäre. Auch würde England nicht damit gedient sein, wenn sie abbezahlt würde — —. Die englische Regierung wird ihre Forderung benutzen, den perso-englischen Telegraphen-Kontrakt zu erneuern, falls die Absichten dieselben bleiben wie jetzt. Einmischung in den Teheran-Buschir-Betrieb würde vorläufig für Impertinenz gehalten werden; doch **folgt es später von selbst** — —. Daß **Alison eine Schlafmütze ist, ist bekannt; aber er gilt für Persien als gut genug.** — *4. Februar.* Die englische Forderung ist an sich ein Glück für uns, muß aber richtig benutzt werden. Von Gerechtigkeit gegen die Perser kann wohl kaum die Rede sein; denn wie alle Schwachen, aber Unzufriedenen, kriegen sie bereits einen Telegraphen durchs ganze Land gratis und Tribut nebst Privat-Schmiere dazu, während England bereits an 2 Millionen £ für Telegraphen nach Indien ausgegeben hat ohne allen Gewinn.

Aber auch jetzt kam Georg mit seinen Hauptaufgaben in Persien noch nicht vorwärts. Nur für den **Bau der Linie in Persien** war er schon damals mit Erfolg tätig:

Georg an Wilhelm 28. November 1868. Persien ist kein Land wie Europa oder auch nur die Türkei. Die Befehle des Schahs stehen auf dem Papiere. Von den Gouverneuren befolgt sie nur der, welcher dafür von dem Betreffenden Geld erhält. Die Macht des Schahs wird im wesentlichen nur durch die Gesandten aufrecht erhalten. Welche Schwierigkeiten das beim Bau macht, kannst Du Dir denken. — Werner an Georg Ende 1868 oder Anfang 1869. Deine guten Nachrichten über Linienbau haben sehr erfreut. Leider fehlen noch alle Anhaltspunkte, um die Kosten des Transportes zu übersehen. — **Stationslokale** mußt Du in Teheran und Tabris beschaffen. Da wir keinen Verkehr mit dem Publikum haben, so genügt ein bescheidenes Lokal — —. **Aller Renommisterei mit unseren Linien beschneide nur die Flügel.** Wir wollen eine einfach und billig verwaltete höchst **ökonomische Linie, die gut arbeitet und dadurch Ehre einlegt,** herstellen und weiter nichts! „Zur Ehre des Hauses" wird nichts verabreicht. — Georg an Gebrüder Siemens in Tiflis. Hat die Diäten aller Beamten in Persien erhöht, was ganz unvermeidlich war. Schickt Organisationsplan für Remonte und Betrieb der persischen Linie. Allmählich kommt Klarheit in das persische Geschäft. Das unsichere Stadium, das Transportstadium, ist überwunden, und es beginnt das schwerere, das Baustadium. — Georg an Siemens Brothers in London 11. Febr. 1869. Der Bau schreitet vorwärts. Wird wohl in nächster Woche bis Teheran fortschreiten. Wird wohl, trotz der großen Schwierigkeiten, gut und verhältnismäßig billig werden, aber ca. 10% über Löfflers Ziffern. Zwischen den Beamten herrscht jetzt ein besseres Verhältnis; sie haben sich an persische Luft gewöhnt und versöhnen sich dadurch auch mit Hö1tzer(II), der viele und gute Seiten hat. Unter all' den Europäern und Persern finden Sie keinen von Höltzers Tüchtigkeit. Es ist leicht kritisieren, wenn man europäischen Maßstab an orientalische Verhältnisse legt. Aber es ist eine ungerechte Kritik; dabei bleibe ich.

Natürlich war diese erfreuliche Entwickelung des persischen Baues nicht möglich gewesen ohne entsprechende neue Geschenke:

Wenn man die verschiedenen persischen Beamten dafür, daß sie den Bau **nicht hindern**, in Geld bezahlt, so muß man zusammen 1150 Tomans = 7150 Rubel bezahlen. Bei Geschenken aber kommt man viel billiger weg (Flinten mit recht viel Arabesken, womöglich in Gold und damasziert; Doppelpistolen; Taschenuhren — nur von Dent in London — mit persischem Zifferblatt und mit Metallplatte statt Glas; Wanduhren mit recht glitzernden verzierten Gehäusen, massiv; Penduluhren mit recht viel goldenen Verzierungen; Fernrohre, recht vergrößernd; Stereoskope mit Ansichten großer Städte; Reisespiegel; Schreibetuis mit viel eingelegter Arbeit und Muscheln, recht viel Spiegel im Innern; Wasserfilter in kleinster Größe usw.). Die Aussicht auf Heringe hat in nicht unwichtigen Kreisen Sensation erregt.

Mittlerweile war es Februar geworden, ohne daß Georg mit seiner Hauptaufgabe einen einzigen Schritt vorwärts gekommen wäre. Die englische Gesandtschaft rührte für ihn keinen Finger; sie weigerte sich sogar direkt, Georgs Bemühungen um die Konzession für die Linis Schiras-Bender Abbas zu unterstützen. Hinsichtlich dieser Konzession war Georg überhaupt, wie er jetzt selbst erkannte, von falschen Voraussetzungen ausgegangen, als er sie zuerst in den Vordergrund seiner Bemühungen gestellt hatte. Die Perser bekundeten dafür gar kein Interesse, und da auch die Gesellschaft ihm mitteilte, sie wünsche nicht, daß man sie zwänge, diese Linie auszuführen, so hörte Georg auf, um sie nachzusuchen; vielmehr bat er die englische Gesandschaft nur um Fortsetzung ihrer neutralen Haltung, swie darum, sie möchte die Ausführung der Linie von der Genehmigung der englischen Regierung abhängig machen, womit die Gesellschaft sehr zufrieden war. Kaum hatte Georg seine Haltung wegen Schiras-Bender Abbas geändert, so änderte sich auch die der persischen Regierung.

Die Konzession Schiras-Bender Abbas wird mir jetzt ins Haus getragen, seitdem ich mich sanft zurückziehe. Die viele frühere Arbeit — es war wahrhaftig viel — fängt endlich an, ihre Früchte zu tragen. Hoffentlich kann ich in drei Monaten gute Resultate melden, wenn nichts dazwischen kommt, was im Orient leider nur zu leicht möglich ist.

Aber diese Wendung war wohl auf persischer Seite schwerlich ernst gemeint; die Perser hatten vermutlich erfahren, daß es Georg gar nicht so sehr um Schiras-Bender Abbas zu tun sei; jedenfalls kamen sie ihm nach wie vor in den Finanzfragen nicht entgegen. Wohl aber fragten sie ihn wiederholt, wie es denn mit ihren **Schulden an die englische Regierung** werden solle, die aus dem Bau der Linie Teheran-Buschir herrührten. Diese Schulden schienen die Perser sehr zu drücken. Vermutlich wurden sie zu deren Rückzahlung von den Russen gedrängt, denen es höchst fatal war, daß die Engländer durch ihre Forderungen Einfluß in Persien zu gewinnen anfingen. Georg scheint es nicht bemerkt zu haben, daß hier hinter den Persern die Russen steckten. Aber er ging gern auf die russisch-persischen Wünsche ein, weil sie ihm Aussicht eröffneten auf Erlangung der Herrschaft über die Linie Teheran-Buschir. Er untersuchte also zunächst die sehr verworrenen Einzelheiten dieser englischen Forderungen, machte den Persern Vorschläge wegen deren Rückzahlung und hoffte auf solche Weise, die englische Telegraphen-Verwaltung schließlich ganz aus Persien zu verdrängen.

Gleichzeitig aber ging er auf Vorschläge der **englischen Telegraphen-Verwaltung** ein, welche ein genau entgegengesetztes Ziel verfolgten, das Ziel nämlich, dieser Verwaltung auch die Herrschaft über die Linie Djulfa-Teheran und damit die **Alleinherrschaft** über das persische Telegraphenwesen zu verschaffen. Schon in einem früheren Stadium der Verhandlungen hatte er den Persern unter der Hand mitgeteilt, daß England auch die Linie Djulfa-Teheran haben möchte, und hatte nach Europa gemeldet, diese Mitteilung werde vielleicht sehr nützlich wirken. Jetzt ging er einen Schritt weiter: er teilte (am 18. Februar) sowohl dem englischen Gesandten Alison, wie dem Major Smith, derzeitigem Leiter der englischen Telegraphen-Verwaltung, mit, wenn es ihm nicht gelänge, seine finanziellen Aufgaben wegen Djulfa-Teheran und Teheran-Buschir befriedigend zu lösen, müsse die Gesellschaft auf ihre persische Linie ganz verzichten. Alison antwortete nur, wie immer, er habe keine Instruktionen; Major Smith dagegen ging sofort eifrig auf jene Eventualität ein, welche ihm Aussicht auf die Linie Djulfa-Teheran eröffnete, sodaß Georg der Annahme entgegentreten mußte, er werde nun seine eigenen Bemühungen einstellen. In einem großen Berichte nach London schilderte er am 20. Februar die damalige Situation folgendermaßen:

Mein Haupthaken sind gegenwärtig die englischen Schulden (deren Einzelheiten dann geschildert werden[1]). Eine Übernahme der Schulden halte ich für vorteilhaft, weil die englische Regierung möglicherweise bewogen werden kann, uns dieselben zu schenken, und dabei ein schönes Geschäft für die Kompagnie herauskommen müßte. — Die Anschauungen der englischen Vertreter in Teheran ergibt am besten anliegendes

---

[1] Wie eigenartig und schwer verständlich diese Verhältnisse waren, ergibt folgende Zusammenfassung der Mitteilungen Georgs durch Karl, der damals in London war: „Auch wir hatten nicht kapiert, daß es sich um **zweierlei** Forderungen handelte: Der Schah schuldet für den Bau der Linie und der Onkel für die Remonte und den Betrieb (Gehalt an die persischen Beamten), die er für die Einnahmen aus seiner Tasche zu bezahlen hat. Persien soll bis zu 30000 Tomans alle Einnahmen beziehen, und England will seine Bauausgaben durch den Überschuß decken. Nun bezahlt aber der Onkel **seinen** Beamten kein Gehalt, sondern sie erhalten es durch die Engländer auf Rechnung des Onkels. Übersteigen diese Gehälter etc. die Einnahmen, so kann der Onkel natürlich nichts bekommen, und so ist es auch gewesen. Die Schuld des Schahs ist hier also bekannt, nicht aber diejenige des Onkels, die täglich der Veränderung unterworfen ist. Die Betriebsausgaben sind geringer als 12000 Tomans, sodaß also der Onkel beim Verkaufe der 30000 für 12000 ein Geschäft machen würde, wenn er nicht auf enormen Depeschenzuwachs rechnet. Natürlich würden die Engländer, wenn der Onkel auch ferner seine Beamten mit den 12000 nicht bezahlt, auf seine Rechnung weiterarbeiten, wohl wissend, daß der Onkel nie einen Heller zurückerhalten wird. Dagegen würden sie uns bei entsprechender Einnahme die 30000 T. bar auszahlen, sobald sie den Kauf gutgeheißen haben."

Schreiben von Smith an Champain. Es ist aber ein Irrtum von Smith, wenn er annimmt, daß ich wegen dieser Fragen in vollständigem Einverständnis mit ihm bin. Ich habe vielmehr nur erklärt, daß dieser Weg nach meiner persönlichen Ansicht von der Kompagnie eingeschlagen werden müßte, wenn es mir nicht gelänge, die gewünschten Ziele in Persien zu erreichen. Hierzu aber habe ich jetzt bessere Hoffnung, weil mir die Linie Schiraz-Bender Abbas in Aussicht gestellt ist. Gegen Smiths Ansicht spricht 1. in rechtlicher Beziehung Art. 15 der persischen Konzession, wonach die Rechte nur einer Kompagnie übertragen werden können, und Art. 22 der russischen Konzession, wonach die Russen die Oberaufsicht über unsere persischen Abmachungen haben; 2. in finanzieller Hinsicht der Umstand, daß wir, wenn ich hier glücklich bin, pro Depesche von Djulfa nach Teheran 9 $^1/_4$ Francs haben, ein Umstand, um dessentwillen man schon einiges Risiko übernehmen kann, und daß die englische Militärverwaltung nie gleich Schnelligkeit und Ordnung im Betriebe entwickeln kann, wie eine Kompagnie-Verwaltung, daß also die Administration und der davon abhängige Depeschenverkehr schlechter sein würde — —. Recht hat Smith insofern, als man m. E. in London und Berlin das ungeheure Risiko unterschätzt, welches die Kompagnie auf sich nimmt, wenn sie 1200 englische Meilen Telegraphenlinien (Djulfa-Buschir) nach 1872[1]) in eigene Verwaltung übernimmt. Recht hat er ferner insofern, als er auseinandersetzt, daß die Ausdehnung der englischen Linien in Persien uns davor schützt, daß die englische Regierung jemals eine Zinsgarantie für ein Rote-Meer-Kabel gibt, und daß nach Ausführung eines solchen unsere Linien so ziemlich wertlos sein müßten. — Übrigens ist es mir persönlich sehr lieb, daß die Sache zur Sprache kommt, weil die Perser dadurch sehen werden, daß wir nicht ganz waffenlos sind.

Dieses zuletzt erwähnte Moment wurde in der folgenden Zeit für Georg Hauptsache: er benutzte die Verhandlungen mit den Engländern über die Abtretung der Linie Djulfa-Teheran an sie, den Persern gegenüber als Drohmittel, um sie gefügig zu machen für seine eigentlichen Absichten, hielt sich aber dabei immer die Möglichkeit offen, mit jener Abtretung Ernst zu machen, falls es ihm doch nicht gelingen sollte, mit seinen finanziellen Forderungen durchzudringen. Auf gleiche Weise diente ihm auch die drohende Konkurrenz der Rote-Meer-Linie, deren Zustandekommen jetzt dadurch gesichert wurde, daß die Maintenance and Construction Company die Hälfte des nötigen Kapitals hergab.

Wilhelm an Werner 30. Januar 1869. Es wäre „ewig Schande" für uns, wenn sie vor uns fertig würden (April 1870). Im übrigen fürchte ich die Konkurrenz nicht. — Georg 8. März. Ich spanne jetzt

---

1) Ablauf des englisch-persischen Vertrages.

natürlich alle Kräfte an. Es wird ein scharfes Rennen werden; aber ich hoffe, daß wir die Herren schlagen werden. Eventuell bereite ich als **Rückzugslinie der Kompagnie einen Verkauf ihrer persischen Sektion vor.** — 9. März. Hoffentlich hilft mir jetzt das red sea cable. Wenn ich die Perser nur glauben machen kann, daß es wahr ist, und daß ihre Interessen dadurch geschädigt werden; denn sie halten es gar nicht für möglich, daß jemand es wagen könnte, ihnen Konkurrenz zu machen, ohne daß der „König der Könige" die Frechen zerschmettert. — Das persische Golfkabel muß umgangen werden, und **die englische Militärverwaltung muß aus Persien heraus,** wenn wir auf einen grünen Zweig kommen wollen. Wenn Sie (Siemens Brothers in London) es erreichen können, daß England wegen Rückzahlung der Schulden etwas drängte, so würde mir sehr viel geholfen sein. Im übrigen komme ich jetzt zu der Überzeugung, daß **die eigenen Füße** immer besser sind als geborgte Stelzen, und daß keine Gesandtschaft dem helfen kann, der sich nicht selbst zu helfen versteht.

Damals hoffte Georg also noch, die Engländer aus Persien zu verdrängen, und sicher entsprach das sehr seiner Neigung. Gegen Alison namentlich hatte er eine namenlose Wut; dieser hatte ihn nicht nur, allen Erwartungen und Versprechungen zuwider, nicht unterstützt, sondern sogar indirekt geschädigt; so war Alison besonders schuld daran, daß Georg die Konzession Schiras-Bender Abbas, deren Wertlosigkeit er erkannt hatte, trotzdem mit Opfern erkaufen mußte, um zugleich seinen Hauptzweck zu erreichen. Beides aber wurde im Laufe der nächsten Wochen tatsächlich nur dadurch ermöglicht, daß er den Persern drohte, Djulfa-Teheran auch den Engländern zu überlassen. Er tat dies auf die Gefahr hin, **Rußland** mißtrauisch zu machen. Gewiß sagte er sich, daß Rußland ein solches Arrangement voraussichtlich doch verhindern werde; aber er hoffte noch, es möchte nötigenfalls vielleicht möglich sein, Rußland die Genehmigung abzuringen. Inzwischen teilte er dem russischen Gesandten Sinowieff nur mit, er hätte den Persern mit jener Eventualität gedroht. Tatsächlich ging er noch weiter: er erlangte von der Gesellschaftsleitung in London die telegraphische Ermächtigung, den Vorschlag des Major Smith anzunehmen; doch benutzte er diese Erlaubnis nicht, sondern begnügte sich damit, daß die Perser jetzt endlich auf seine Wünsche eingingen, was er freilich noch durch die landesüblichen Gaben befördern mußte:

Georg an den „Telegraphenprinzen" 14. März. Unterbreitet die Vorschläge, welche sich nach vielem Hin- und Herreden als annehmbar erwiesen hatten: 1. Persien tritt an die Konzessionäre vom 1. Januar

1870 bis zum Ablauf des englisch-persischen Vertrages von 1865 (d. h. zunächst bis 1872) alle Rechte ab, die ihm zustehen auf Grund dieses Vertrages aus dem internationalen Verkehre der Linie Teheran-Buschir. 2. Nach Ablauf dieses englisch-persischen Vertrages wird die Linie Teheran-Buschir den Konzessionären übergeben, wenn England bis dahin nicht einen neuen Vertrag schließt; geschieht dies, so zediert Persien den Konzessionären auch für die weitere Zeitdauer des Vertrages alle seine Rechte auf Anteil an den Einnahmen der Linie. 3. Dagegen bezahlen die Konzessionäre an Persien jährlich 12000 Tomans vom 1. Januar 1870 an. 4. Außerdem sind sie bereit, alle persischen Telegraphenschulden an England zu bezahlen, wenn sie von den 12000 Tomans jährlich 4 Proz. dieser Schulden zurückbehalten können.

Georg an Siemens Brothers, London 19. März. Die 5 Francs Djulfa-Teheran habe ich noch immer nicht angerührt. Die Perser glauben, daß ihnen kein Recht darauf zusteht. Bei allen Unterhandlungen habe ich immer den Grundsatz festgehalten, daß die 12000 Tomans alles repräsentieren, was den Persern für die ihr Land berührenden internationalen Depeschen zukommt, und ich habe denselben auch den Leuten, mit welchen ich bis jetzt verhandelt habe, vollständig eingebläut. — Es wird sich fragen, ob die Angelegenheit ein anderes Aussehen gewinnt, wenn sie aus dem Telegraphen-Ministerium (d. h. dem B..... des Telegraphenministers) und dem täglich beratenden Minister-Konseil heraus ist und an das Ministerium des Auswärtigen übergeht. Dort sitzen die Tüftler, und ich fürchte, sie werden versuchen, mir etwas anzuhängen; indessen mit Geld werde ich darüber hinwegkommen. — 20. März. Mein Geschäft geht gut voran. Man glaubte nicht daran, daß ich bezahlen würde, weil ich vier Monate lang nichts hervorlangte. Jetzt, wo ich einmal 500 Tomans bezahlt habe, scheinen die Leute mehr Lust zu kriegen. — 6. April. Ich glaube, daß ich in 4—6 Wochen ein günstiges Resultat melden kann. Wenn die Kompagnie die Konzessionen und Verträge etc. später der englischen Regierung überlassen will, so kann sie dies tun. — 16. April. Der Schah hat meine beiden Vorschläge: 1. Kauf der Einnahme Teheran-Buschir vom 1. Januar 1870 an, 2. Konzession Schiras-Bender Abbas im Prinzipe genehmigt. Religiöse Feste hindern einstweilen weitere Fortschritte. — 17. April. Dieses niederträchtige Telegraphengeschäft ist der Angelpunkt der persischen Hofintriguen geworden. Der Minister des Äußeren will den Profit für sich behalten, der Telegraphenminister und Onkel des Königs ebenfalls usw. Natürlich traut sich keiner von ihnen, einen Schritt zu machen, damit ihm nicht der andere den Hals bricht. Ich sitze mitten darin, lüge nach Bedarf, sage die Wahrheit, wenn es nötig ist, und suche einen durch den anderen zu treiben — —. Das Schändlichste ist, daß die Kerle wissen, daß ich sie sämtlich für Spitzbuben halte, und daß sie doch von mir voraussetzen, daß ich sie ehrlich behandle. — 4. Mai. Ich verzichte hier auf manches, weil ein Kontrakt hier doch nur im wesentlichen ein leeres Stück Papier ist, wenn nicht ein tätiger, tüchtiger, feiner Mensch hier ist. Ist aber ein solcher hier, so wird er schließlich die Perser schlagen. Wenn ich noch etwas Geld für Schiras-Bender

Abbas bewillige, so habe ich alles erreicht, was in Berlin für nötig erachtet wurde: 1. Konzession Schiras-Bender Abbas ohne Ausführungsverpflichtung für 3000 Tomans; 2. Einnahmen Djulfa-Buschir für jährlich 12 000 Tomans — —. Die Perser beschleunigten das Geschäft schließlich, um den Engländern den Rang abzulaufen. — **Persien ist ein ganz eigentümlicher Boden, den man nicht nach europäischen Grundsätzen messen kann.** Übrigens bin ich der Meinung, daß selbst in Europa ein milder Beurteiler mein Verfahren nicht unfair finden wird. **Daß ich nach meinen persönlichen Neigungen lieber anders zu Werke gegangen wäre, werden Sie mir auf mein ehrliches Gesicht glauben.**

Werner und Wilhelm, die mit Georgs Verfahren damals nicht einverstanden waren — hiervon nachher — hatten ihm telegraphisch „**rückhaltlose Offenheit nach allen Seiten**" empfohlen, worauf Georg nach London schrieb:

Solche Depeschen werden besser in Berlin gelassen. Es ist ja gerade, als ob man den Leuten, die jede meiner Depeschen lesen, ehe ich sie in die Hand kriege, sagt, daß Georg Siemens sie bisher gründlich angelogen hat. — Der Minister des Äußeren hat meinen Konzessionsentwurf gebilligt. Jetzt werden wohl die mysteriösen Gänge im Harem des Schah anfangen, und nach drei Wochen denke ich das angenehme Ja zu haben. Dann werde ich sofort Persien mit Vergnügen den Rücken kehren. — Die Spesen sind enorm: 18 000 Frcs. allein für meine Bedürfnisse in Teheran. Ich möchte gern sparen, da es mir höchst unerwünscht wäre, wenn ich aus meiner Tasche bezahlen müßte, sintemalen dieselben höchst leer sind. — 20. Mai. Der Kauf der englischen Schuld wird perfekt nur für den Fall, daß die beiden Regierungen sich bis 1872 über den Schuldbetrag einigen, was aber wahrscheinlich nicht geschehen wird. Wir haben dann unseren guten Willen gezeigt und sind unserer Obligation quitt. — 1. Juni. Als Bevollmächtigter der Indo-European Company habe ich nicht abschließen können, weil Persian Government nicht die mindeste Idee von der Existenz einer solchen Company hat und keidenfalls mit mir daraufhin abgeschlossen hätte. Die Geschichte heißt in Persien „Kompagnie Siemens". Siemens ist nämlich ein für Perser leicht auszusprechendes Wort und bedeutet ungefähr so viel wie „Drahtmann" oder „Drahtlieb". Als ich im Januar mit Indo-European Company herausrücken wollte, hätte ich das Geschäft beinahe zum Scheitern gebracht. Ich habe deshalb immer von „Concessionaires actuels" gesprochen. Die Statutengenehmigung muß mein Nachfolger hier langsam anbahnen. Sie wird schließlich nicht verweigert werden, würde uns aber, wenn ich sie jetzt verlangte, hinsichtlich des Baues vollständig schutz- und rechtlos machen. Dies wäre eine Lächerlichkeit. Es ist sehr schön, immer Engländer zu bleiben und zu verlangen, daß alles „quite English" sei und daß alle anderen Leute sich nach diesem „quite English" richten sollen, aber ich glaube doch nicht, daß man so weit gehen wird, sich deshalb geschäftlich den Hals abschneiden zu lassen.

Die Konzession wurde am 25. Mai unterzeichnet. Sie gewährte den Konzessionären, außer der Berechtigung zur Ausführung der Linie Schiras-Bender Abbas, 8 ½ Frcs. von jeder durch Persien transitierenden indischen Depesche, wogegen an die persische Regierung eine jährliche feste Abgabe von 12 000 Tomans bezahlt werden sollte. Diese Abgabe sollte aber zugleich, nebst den etwa darüber hinausgehenden Überschüssen der Betriebseinnahmen, zur Amortisation des Anlagekapitals der Strecke Teheran-Buschir verwendet werden. Von dem Augenblicke der Beendigung dieser Amortisation an sollten die hierfür verwendeten Beträge wieder der Gesellschaft zufallen. Die Konzession legte also der Gesellschaft zwar für Gegenwart und nächste Zukunft Mehrkosten auf, welche sich jedoch mit jeder Steigerung des Verkehrs verringern und schließlich in erhebliche Mehreinnahmen verwandeln mußten.

Georg Siemens verließ Teheran im Juni. Der Bau der persischen Sektion war damals bereits glücklich vollendet. Ehe Georg abreiste, übergab er die Instandhaltung der Linie dem aus der russisch-persischen Telegraphen-Verwaltung übernommenen Beamten Swirgsde, die Überwachung des Telegraphendienstes dem Engländer Nelson. Auch hinterließ er allgemeine Dispositionen für die Remonte und Geschäftsführung der Linie in Persien. Dieser Teil des großen Werkes war damit im wesentlichen abgeschlossen.

Erörterung über das Verhältnis zu England, Rußland und Persien. Um die ganze Auffassung der Brüder Siemens in bezug auf das Verhältnis des Unternehmens zu England, Rußland und Persien kennen zu lernen, und um das Verfahren Georgs objektiv beurteilen zu können, müssen wir hier noch einen Auszug aus der Korrespondenz wiedergeben, welche dieses Verfahren in und mit der Heimat veranlaßt hatte:

Wilhelm an Georg 4. März 1869. Ich fürchte, daß die Perser die Idee gefaßt haben, daß wir Oliven sind, aus denen sich Öl nach Belieben quetschen läßt. Ich rate Dir unter diesen Umständen eine feste Politik — —. Laut unserer Konzession darf der Tarif nicht 11 Francs zwischen Djulfa und Buschir übersteigen. — Wir haben daher jedenfalls Anspruch auf 11—8 ½ = 3 ½ Francs und kommen damit wohl auch durch — —. Außerdem werden die Engländer wegen Erniedrigung des Tributs, sowie auch auf Abzahlung der Schuld gehörig dringen, sollten die Perser nicht auf unsere Vorschläge eingehen. Ich wäre daher geneigt, den Persern das Messer an die Kehle zu setzen, mit Abreise zu drohen und diese nötigenfalls auszuführen — —. Wir haben den großen Vorteil, daß die Verteilung der Depeschengelder an die beteiligten Verwaltungen in London stattfinden wird. Sind daher Rußland und namentlich England der Ansicht, daß unsere Ansprüche gerechtfertigt sind, was durch ihre beiderseitige Zustimmung zu Deiner Eingabe dokumentiert wird, so ist die persische Regierung in unserer Hand und muß uns in London kommen. Es wäre natürlich für Dich persönlich angenehmer, mit einem guten Abkommen in der Tasche nach Hause zu kommen; aber man wird Deine Bemühungen auch ohnedem anerkennen.

Werner an Georg 3. März. Nicht Alison, sondern Major Smith ist entscheidend für England. Dort kennt man die persischen Verhältnisse nicht und verläßt sich auf Smith, mit dem Du Dich also verständigen mußt — —. England will durch die Schuld Teheran am Bande halten, dem russischen Einfluß entgegenarbeiten und die englisch-persische Konvention verlängern. Da Rußland ebensolches Interesse hat, sie nicht verlängern zu lassen, so ist ein Konflikt unvermeidlich. Wir dürfen es mit keinem von beiden verderben, da England unsere Einnahmequelle und Rußland unsere Machtstütze ist. Auf liberale Politik Englands in Geldsachen uns gegenüber kannst Du rechnen. Sollte es Dir also gelingen, die Perser zu einem Übereinkommen zu bewegen, durch welches sie uns die unsicheren 30000 Tomans gegen sichere von uns zu zahlende 15000 Tomans überließen, kannst Du das getrost annehmen — —. Persien muß aber Schuldner bleiben.

Georg erklärte diesen Plan für undurchführbar: die Perser wollten nicht Schuldner bleiben und würden nie einen Kontrakt schließen, der sie nicht von ihrer Schuld frei machte.

Gegen die Drohung mit dem Verkaufe von Djulfa-Teheran an die Engländer waren anfangs sowohl Wilhelm wie Werner; ersterer aus Gründen der Taktik:

Wilhelm 4. März. Es würde den Persern sehr leicht werden, sich vom Gegenteil zu überzeugen. Ich halte überhaupt nichts von Schlauheitspolitik diesen Schlaubergern gegenüber und würde mit derber Gradheit auf sie zugehen.

Werner dagegen fürchtete von Georgs ganzem Verfahren eine schlimme Rückwirkung auf Rußlands Stellung zu dem Unternehmen, eine Besorgnis, die sich alsbald als begründet erwies. Inzwischen hatte aber Wilhelm seine Ansicht geändert: er stimmte jetzt direkt für den Verkauf der persischen Sektion an die englische Regierung, und Karl, der damals auch in London war, trat auf seine Seite. Werner gab nicht nach, und es offenbarte sich eine tiefreichende Verschiedenheit der Auffassungen:

Wilhelm an Werner 22. März. Smiths Vorschlag wäre für uns und die Gesellschaft jedenfalls sehr günstig. Wir kriegen 100000 £ für Djulfa-Teheran und 2—3 Francs pro Depesche in Persien ohne alle dortigen Betriebs- und Unterhaltungskosten. Außerdem ist England dann sicher mit uns interessiert, und sollte die englische Verwaltung Aushülfe bedürfen, so leisten wir sie, gerade wie wir jetzt schon in Indien helfen. Sollte der Vorschlag auch nicht durchgehen, so scheint es mir eine gute Waffe gegen Rußland und Persien, welche uns doch nur aufs Blut aussaugen wollen. — Karl an Werner 24. März. Persien wird wohl von Rußland veranlaßt werden, den Vorschlag von Smith abzulehnen; will Persien aber, so kann Rußland es schwerlich hindern. — 1. April. Wir haben keinen Augenblick daran gedacht, den Verkauf der persischen Strecke an England hinter dem Rücken Rußlands abzuschließen. Es wäre vielleicht sehr zweckmäßig, wenn Du den Smith'schen Brief an Lüders schicktest und ihm dabei sagtest, daß wir gezwungen seien, die Smith'schen Propositionen anzunehmen, wenn er uns nicht die 5 Francs von den Persern verschaffte und die Abgabe an Rußland von 5 auf 3 Francs reduzierte. Nachdem Lüders so über alle Maßen rücksichtslos in Wien gegen uns gehandelt und sich nachher sogar geweigert hat, die Bedingungen der Konzession in bezug auf Herabsetzung der Abgabe an Rußland zu erfüllen, wäre es doch etwas zuviel verlangt, wenn wir früher unter ganz anderen Verhältnissen gemachten Andeutungen — denn Versprechungen kann man es doch nicht nennen — buchstäblich erfüllen sollen. Lüders hat durch seine Handlungsweise in Wien die Kompagnie ruiniert und kann es ihr doch unmöglich übelnehmen, wenn sie versucht, zu retten, was noch zu retten ist. Du fragst, warum Wilhelm früher auch dafür gewesen ist, die Strecke Teheran-Buschir zu übernehmen. Darauf antwortet er ganz einfach: Früher bekamen wir ca. 30 Francs pro Depesche und jetzt sind wir durch Lüders auf 11 Francs heruntergebracht. Früher war Rußland unser Freund und jetzt handelt es als Feind. Als wir die neuen Unterhandlungen für die Kompagnie in Persien aufnahmen, woselbst Rußland und England bereits, jedes für sich, unterhandelten, erklärte England sich gleich bereit, mit uns Hand in Hand zu gehen[1]), Rußland aber sagte „nein" und geht seinen gesonderten Weg weiter. Dagegen läßt sich nichts machen, und so bleibt nur übrig, daß wir uns zu verkaufen suchen. Wenn Wilhelm dem ersten Vorschlage von Georg nicht gleich zustimmte, so geschah es, weil Georg ihn nur als Drohmittel benutzen wollte, während jetzt ein reeller Vorschlag von seiten des englischen Vertreters vorliegt. — 12. April. Reduktion der russischen Abgabe. Daß Rußland endlich nachgeben muß, unterliegt wohl keinem Zweifel; denn die Konzession spricht es deutlich genug aus. Das beste Pressionsmittel bietet wohl die Smith'sche Proposition.

Georg selbst verteidigte sein Verfahren etwas anders:

Wenn Lüders wütend wird, so ist er eine größere Exzellenz, als ich früher glaubte. Über Eventualitäten fragt man nicht. Darüber zu

---

1) Das war in der Tat geschehen; aber mit der Ausführung dieses guten Vorsatzes hatte es gehapert.

fragen ist Zeit, wenn die unangenehme Notwendigkeit an einen herantritt. Der Vorschlag ist nicht von mir ausgegangen; er ist mir gemacht, ich habe ihn einstweilen abgelehnt; daß ich eine **Waffe**, die mir später dienen kann, **nicht** in die Senkgrube werfe, liegt auf der Hand. Das geht aber keinem außer den **Betroffenen** etwas an[1]), **Außerdem** war mir der Vorschlag die herrlichste Medizin für die Perser, um bei ihnen meine Sache durchzusetzen. Ich werde das Geschäft durchsetzen und sollte ich 10 Jahre auf meine Kosten in Persien leben. Ich komme nicht eher wieder nach Hause, als bis es fertig ist. Wenn mir aber Lüders den Sinowieff rebellisch macht, dann hört der Spaß auf; dann verdirbt er das Geschäft. Ich kann Dinge tun, die ein Gesandter nicht tun darf; ich kann Dinge sagen, die ein Minister nicht sagen darf. Wenn man mich aber beim Minister an die Hundekette legt, dann braucht man eben nicht den Minister. Das bitte ich Lüders zu sagen — —. Ich begreife nicht, was Lüders geärgert hat. Ich kann es nicht jedermann recht machen. Er mag sich damit begnügen, daß ich das erreiche, was verabredet ist. **Wie** ich dies erreiche, ist meine Sache. Wenn Lüders über mich ungehalten ist, mag er selbst herkommen und das Geschäft probieren.

Das war der Standpunkt des kämpfenden Praktikers. **Werner** hatte früher einmal Georg geraten:

Die Agitation für Übergabe der englischen Linie an uns nach Ablauf der englisch-persischen Konzession stelle nur ganz ein, da sie doch hoffnungslos ist ohne Rückzahlung der englischen Schuld. Es ist aber besser, Du läßt Alison in dieser Beziehung einen Sieg über Rußland **ohne Dein Zutun** erlangen.

Doch angesichts der Taktik Georgs und namentlich angesichts der Absicht Wilhelms und Karls, diese Taktik **ernst zu nehmen**, fühlte Werner die Notwendigkeit, zur äußersten Vorsicht in bezug auf Rußland zu mahnen:

Werner an Karl 23. April. Das Petersburger Donnerwetter hat sich einstweilen in ziemlich milder Form entladen. Es ist jetzt ganz klar, daß Lüders schon lange von den Verkaufs-Spekulationen in Persien wußte, und daß dies der eigentliche Grund des Zorns gegen Georg ist. Es folgt aus dem Schreiben von Lüders unbedingt, daß Persien sich gegenüber Rußland schon engagiert hat, einmal die englisch-persische Konvention nicht zu verlängern und ferner den Verkauf an England nicht zu genehmigen. Lüders hat recht darin, daß in Persien der Schwerpunkt des ganzen Unternehmens liegt, und daß es nicht politisch ist, die kleinen europäischen Fragen, die sich schließlich von selbst nach den Konzessionen erledigen werden, **vor der Zeit**, d. i. vor der Ent-

---

1) Da Georg hier die „**Betroffenen**" von den Persern ausdrücklich sondert, so können als „**Betroffene**" nur die **Engländer** gemeint sein; dies ist die einzige Stelle, die darauf hindeutet; aber sie wirft ein neues Licht auf die ganze Sache.

scheidung der Hauptfrage durchführen zu wollen. Es ist zweckmäßiger, Rußland lieber in dem Glauben zu lassen, daß man darauf gar nicht zurückkommen würde, um es zu desto größerem Eifer in der persischen Frage für uns zu veranlassen. Lüders selbst weiß sehr gut, daß er die Herabsetzung schließlich bewilligen muß, wenn Preußen es tut. Lüders kann aber in dieser Frage nnr wenig selbst entscheiden. Er muß selbst sehr vorsichtig sein, um seinen Gegnern keine Handhabe zu bieten. Seine Taktik, sich scheinbar schieben zu lassen, ist ganz vernünftig. Bedenkt wohl, daß Lüders unser und der indischen Linie einziger wirklicher Freund in Rußland ist, und daß sein Sturz auch den unserigen in dieser Sache zur Folge haben würde — —. Seit der Bewilligung der russischen Konzession ist die Stimmung in den entscheidenden Kreisen noch mehr gegen die Linie in den Händen niner englischen Kompagnie durchgeschlagen. Die Gefahr ist also sehr groß, wenn wir antirussische Politik in Persien treiben; denn man hat uns hauptsächlich deswegen unlösbar mit der Kompagnie verknüpft, weil man in uns ein Gegengewicht gegen spezifisch englische Tendenzen zu haben glaubte — —. Rußland wollte durch die I. E. Gesellschaft der Ausbreitung englischen Einflusses in Persien entgegenwirken und hält fest an seinem Schein, dem persischen Versprechen, uns 1872 auch die Linie Teheran-Buschir zu übergeben. Arbeiten wir dem entgegen, so ist die Gesellschaft dem heiligen Rußland schädlich, und dann hat sie ihr Fundament verloren. Daß der russische Einfluß in Persien weit größer ist, als der englische, das erkennt ja auch Georg an, und die Ablehnung der englischen Proposition ist der beste Beweis. Gegen Rußland erreiehen wir nichts in Persien. England gebrauchen wir aber notwendig, um uns Depeschen und Einnahmen zuzuführen. In Rußland rechnet man vielleicht zuviel auf das englische Handelsinteresse, darauf, daß es das politische überwiegen würde. Wir müssen suchen, zwischen Scylla und Charybdis durchzukommen und müssen schließlich die politischen Erwartungen beider unerfüllt lassen. Rußland hat die Macht, England Geld und Depeschen. Wir müssen beides verwerten.

Danach ist anzunehmen, daß Werner die Taktik Georgs selbst schließlich gebilligt haben wird. Er reiste bald darauf nach Petersburg, wo es ihm gelang, General Lüders zu begütigen.

Sonstige Schwierigkeiten und Meinungsverschiedenheiten.

Das Fortschreiten des Linienbaues erforderte natürlich Kapitalien von solchem Umfange, daß dafür die eigenen Mittel der Siemens-Firmen nicht ausreichten. Von Berlin aus suchte man deshalb die Zahlungen der Gesellschaft zu beschleunigen, was nicht immer in erwünschtem Maße gelang:

Wilhelm 21. Januar 1869. Die Zahlungsbedingungen will ich so günstig wie möglich zu machen suchen, ohne von dem Kontrakte abzuspringen. Neue Bedingungen wären unmöglich, wohl aber sind verschiedene Lesungen der Bedingungen zulässig. In 14 Tagen werden wir in Summa 46060 £ fordern und davon 30000 £ hergeben können — —. Durch mäßige Benutzung des Wechselkredits können wir dann bequem bis nach Ende Mai kommen. — 13. Februar. Das Resultat der gestrigen Verhandlungen ist günstig. Die Kompagnie zahlt uns 40 £ pro Meile — —. Diese Abmachung bezieht sich aber nur auf 1375 Meilen zwischen Odessa und Teheran — —. Hiernach können wir also 55000 £ in Raten ziehen, in dem Maße, wie die Materialverteilung in Persien, Georgien und Südrußland fortschreitet.

Vor allem entstanden Mißverständnisse zwischen Werner und Wilhelm über ihr Verhältnis zu der Indo-Europäischen Telegraphen-Gesellschaft, und Karl ging auf einige Wochen nach London, um diese Mißverständnisse zu beseitigen. Er berichtete von dort an Werner zunächst im allgemeinen:

Karl an Werner 24. März 1869. Hier legt man jeden Buchstaben auf die Wagschale, und die geringste Abweichung von den einmal festgesetzten Bedingungen muß erst durch drei Sorten von Advokaten bearbeitet werden — —. Wilhelm ist den Direktoren gegenüber außerordentlich vorsichtig, indem er ihnen nur Vorschläge macht, welche sie sicher annehmen und annehmen dürfen. Besonders fürchtet er sich davor, etwas früher Behauptetes umzustoßen, da er dadurch das unbedingt in ihn gesetzte Vertrauen verlieren würde. — 19. April. In bezug auf die hiesige Direktion kannst Du ganz außer Sorge sein — —. Die Leute wollen möglichst viel Geld mit der Linie machen; auf das Wie kommt es ihnen durchaus nicht an. Nachdem ich einer Direktorensitzung beigewohnt habe, bin ich dieser Leute wegen durchaus nicht mehr bange. Man muß sie nur mit Sachen verschonen, welche zu entscheiden ihre Macht vollkommen überschreiten würde; dann wenden sie sich sofort an ihren sollicitor, um sich selbst den Rücken frei zu halten.

Im einzelnen handelte es sich um folgende Streitpunkte: zunächst um eine verschiedene Auffassung der künftigen Verkehrsentwickelung. Werner hatte in dieser Hinsicht nach wie vor hohe Erwartungen und zog daraus wichtige praktische Folgerungen in bezug auf die Anstellung eines ausreichenden Betriebspersonals, sowie vor allem in bezug auf Ausstattung der Linie mit Apparaten von höchster Leistungsfähigkeit.

Bereits im Herbste 1867 hatte sich Werner eifrig mit Konstruktion eines neuen Schnellschreibers für die indische Linie beschäftigt. Das System, welches er damals erfand, sollte die Depeschen von London bis Kalkutta ohne irgendwelche Handarbeit auf den Zwischenstationen, also auf rein mechanische Weise befördern, um Zeitverlust und Verstümmelung bei Weiterbeförderung durch Telegraphisten, wie sie im indischen Verkehre damals an der Tagesordnung waren, vollkommen auszuschließen [1]). Dieses automatische Telegraphensystem wurde im Prospekte der Gesellschaft angekündigt; aber wie Werner im Herbste 1868, also etwa ein Jahr nach der Erfindung, selbst zugab, machte die Anwendung der Apparate noch große Schwierigkeiten:

> Die Automaten sind, wie es scheint, noch nicht genug durchprobiert, und Lüders protestiert energisch gegen deren Anwendung.

Im Frühjahr 1869 mußte die Frage entschieden werden. Werner wollte, wie er schon zwei Jahre vorher angekündigt hatte, eine lange Normal-Linie schaffen, welche zeigen sollte, was die Telegraphie wirklich zu leisten imstande war. Zu dem Zwecke waren die Automaten unerläßlich, und für deren Handhabung bedurfte er eines quantitativ wie qualitativ durchaus befriedigenden Betriebspersonals. In London wünschte man dagegen, nach beiden Richtungen Sparsamkeit walten zu lassen, und suchte in bezug auf die Automaten, Werner gegenüber, Lüders vorzuschieben, dessen Einfluß man im übrigen gern beschränkt hätte:

> Karl an Werner 24. März 1869. In bezug auf die Zahl der zu erwartenden Depeschen hält Wilhelm sich streng an den Prospektus, wonach wir für den Anfang auf nicht mehr als auf 120 Depeschen täglich rechnen dürfen. Eine zunehmende Korrespondenz ist wünschenswert und auch sehr wahrscheinlich, aber allein auf diese Hoffnung hin, meint Wilhelm, dürften wir keine größere Zahl von Beamten in Vorschlag bringen, um so weniger, als es ja zu jeder Zeit möglich ist, das Personal den wachsenden Bedürfnissen entsprechend zu verstärken — —. Lüders hat ausdrücklich erklärt, daß er nur praktisch bewährte Apparate zulassen würde, er kann sich also erst für Zulassung der Automaten entscheiden, wenn er sie längere Zeit praktisch in tadelloser Tätigkeit gesehen hat. Wilhelm meint, daß wir durch das bloße Andeuten der Zahl von 2000 Depeschen in Rußland falsche Hoffnungen erwecken und uns hier als Schwärmer anrüchig machen würden. — 25. März. Empfiehlt vorläufig nur „Schwarzschreiber" zu verwenden. Wenn die Engländer durchaus auf wenige Depeschen rechnen und nur eine möglichst geringe Zahl Telegraphisten schicken, so mögen sie es tun; für uns vereinfacht sich die Sache sehr. Wilhelm hält es für sehr gefährlich, überhaupt von 1000 oder gar 2000 Depeschen pro Tag zu sprechen; die Engländer scheinen das bloße Aussprechen einer derartigen Hoffnung gleich für eine Art Versprechen zu halten.

---

[1]) L. E. 198. Technische Schriften 260 ff.

Aber nach wenigen Tagen schlug die Stimmung um, ohne daß die Ursache der Änderung klar ersichtlich ist. Eine parlamentarische Untersuchungs-Kommission beschäftigte sich damals aufs neue mit dem indo-europäischen Telegraphenverkehr:

Karl 2. April. Heute haben wir wieder von 11—4 Uhr im Parlamentshause gesessen, und Wilhelm hat seine „cross-examination" glücklich überstanden. Die Regierungsseite wollte die Lebensunfähigkeit der indischen Linie herausquetschen; aber es gelang ihr nicht. Das Resultat der Aussage von Interessenten mit zum Teil sehr starkem Telegraphenverkehre war stets, daß bei sicherer und schnellerer Beförderung bedeutend mehr telegraphiert werden würde. Wilhelm hat heute sogar die Automaten herausgestrichen und sie als die in Anwendung kommenden Apparate bezeichnet. Soviel steht also jetzt fest, daß es sich nur noch darum handelt, Lüders für die Stationsausrüstung zu gewinnen. — 5. April. Nachdem Lüders sein Einverständnis ausgesprochen, kann also die Apparatfabrikation mit aller Energie in Szene gesetzt werden. Aber hier in London sieht man es ganz klar, daß es lange dauern wird, bis sich der Depeschenverkehr wesentlich steigern kann. Die Zahl der mit Indien handelnden Häuser ist zu klein. — 22. April. Du hast in allen Sachen recht bekommen, sogar schließlich noch in bezug auf das Personal. Weaver hat noch 2 Mann mehr herausgerechnet als Dein Promemoria. Nach meinem Gefühle wäre mir eine viel geringere Zahl lieber, aber ich enthalte mich aller Opposition. Dabei sagt Weaver selbst, es sei zu bedauern, „that we must introduce that automatic system". Das „must" haben wir nämlich dem Board eingeimpft.

Die Ausführung des Baues. Leider enthalten die uns verfügbaren Materialien nur wenige Nachrichten über den Bau der Linie[1]). Von der persischen Sektion, die unter dem Kommando von Ernst Höltzer (II.) stand, war schon die Rede. Der Bauleiter dieser Sektion bewährte sich weit mehr, als die Anfänge voraussehen ließen:

Georg nach London 9. März 1869. Daß Sie mit Höltzer zufrieden sind, ist mir lieb. Ich halte ihn trotz aller Redereien von Leuten, die aus ihrer europäischen Routine nicht herauskönnen, und trotz aller geschäftlichen Fehler, für sehr tüchtig, bei weitem tüchtiger, als alle seine Angreifer, die noch mehr Dummheiten gemacht hätten, wenn sie sich selbst überlassen geblieben wären. Als die Hausbesitzer in Teheran, trotz unserer Konzession, sich weigerten, Pfosten auf ihren Dächern zu dulden, war er es allein, der die Fortsetzung der Linie durch seine Bemühungen ermöglichte.

---

1) Als Anhang dieses Kapitels werden kurze Auszüge abgedruckt aus Inspektionsberichten, die nach Abschluß des Baues erstattet wurden; darin sind auch Einzelheiten der Bauausführung enthalten.

Einen anschaulichen Begriff von den Schwierigkeiten des persischen Baues und von den kleinen Leiden und Freuden der ausführenden Kräfte erhält man durch einen Brief von Alexander Siemens. Er ist bereits veröffentlicht worden [1]). Im Sommer 1869 war der persische Bau vollendet, im Oktober derjenige im europäischen Rußland bis zum Schwarze-Meer-Kabel.

Werner an Wilhelm 25. Oktober. Hemp ist hier und meldet, daß Drathspannung vom Kabel bis Thorn beendet ist. Er ist doch ein tüchtiger Kerl, auf den man sich verlassen kann.

Die Legung des Kabels im Schwarzen Meere erfolgte ebenfalls schon im Sommer 1869. Sie wurde von Wilhelm, den dessen Gemahlin und Karl begleiteten, persönlich geleitet und verlief ohne Zwischenfall [2]).

Dagegen verzögerte sich der Bau der kaukasischen Sektion, deren Leiter Charles Hölzer (I.) war, weit über Erwarten:

Werner 24. August 1869. Hölzer I teilt mit, seine Küstenkolonne sei ganz fieberkrank, und er müsse die Arbeit einstellen. Erst nach zwei Monaten würde er wieder beginnen können und glaube jetzt nicht, vor Ende des Jahres fertig zu werden. — 25. Oktober. Hauptmann Sabel ist im Kaukasus am Fieber gestorben. Der arme Mann wollte eben heiraten. Ich fürchte, das wird einen Schrecken in unseren dortigen Beamten erzeugen. Hölzer hat jetzt Chauvin [3]) die Drahtkolonne Sabels zu führen gegeben. Ich fürchte, der alte Chauvin wird ängstlich werden.

Noch im Dezember wurde über Stockung des kaukasischen Baues geklagt; der schwierige Küstenbau wurde allerdings kurz vor Jahresschluß beendet; doch war an die kontraktmäßig zugesicherte Eröffnung des Betriebes noch nicht zu denken:

Werner 11. Dezember. Es scheint, als wenn Charles und seine Gehilfen durch Fieber und viel Arbeit etwas an Tatkraft eingebüßt haben. — 17. Dezember. Es scheint, als wenn alles im Kaukasus erstarrt ist. — 20. Dezember. Endlich ist die ersehnte Depesche angekommen, daß der Küstenbau beendet ist. Hölzer ist mit Blitzableitern nach Sotscha gereist; die ganze Linie wird durch fliegende Kolonnen revidiert. Leider werden zwischen Tiflis und Erivan, sowie in Persien viele Isolatoren mutwillig zerstört.

---

1) Pole p. 179.
2) Pole p. 176 ff.
3) Dem Sohne des preußischen Telegraphendirektors.

Rentabilitäts-Aussichten. Die Rentabilitäts-Aussichten des Unternehmens hatten sich inzwischen wesentlich günstiger gestaltet, einesteils durch Georgs Erfolge in Persien, anderenteils dadurch, daß die Brüder, entsprechend der Erniedrigung des Gesamttarifs durch die Wiener Konferenz, auch eine Ermäßigung der Tarifabgaben bei den Regierungen von Preußen, Rußland und Indien beantragten und mit Sicherheit zu erreichen hofften:

Karl an Werner 19. April 1869. Mit den Engländern wollen wir reden, wenn wir erst mit den übrigen Staaten in Ordnung sind. Nach dem internationalen Tarife bekommt England nämlich $10^1/_2$ Frcs. pro Depesche von Kuratschi nach Kalkutta, während ein Mann in Kuratschi nur 2 s. dafür zahlt. Da sind also noch 6 s. für die Gesellschaft zu holen, und Wilhelm meint, das würde keine Schwierigkeiten machen. Wenn alle Bemühungen von Erfolg sind, so kommt die Gesellschaft auf einen ganz netten Preis; sie wird dann erhalten

1. den gegenwärtigen Rest ihrer eigenen Gebühr 11 Frcs.
2. Nachlaß von Reuter . . . . 1 „
3. von Preußen. . . . . 1 „
4. „ Rußland. . . . . 2 „
5. „ Persien . . . . 5 „
6. „ der persisch-englischen Verwaltung . . . $4^1/_2$ „
7. „ Indien . . . . $7^1/_2$ „

Summe 32 Frcs.

(wovon allerdings die persischen 12 000 Tomans abgehen), also mehr, als vor der Wiener Konferenz erwartet wurde, trotz des niedrigeren Tarifs. — Wilhelm 16. August 1869. Ich gehe jetzt die indische Regierung an, ihren Tarif für uns auf 2 s. für Indien selbst herabzusetzen. Die Türken würden wohl denselben Vorteil genießen, aber ohne diese Reduktion hätten die Anglo-Indier den Vorteil über uns, indem sie direkt nach Bombay gehen. Daß sie jetzt auch ein Kabel von Falmouth nach Gibraltar legen wollen, weißt Du wohl schon.

Diese drohende Konkurrenz der Kabelverbindung mit Indien warf ihren Schatten schon voraus; aber viel Sorgen machten die Brüder sich deshalb noch nicht. Erst im folgenden Jahre, als das Kabel wirklich gelegt wurde und zu funktionieren anfing, beschäftigten sie sich ernstlich mit den Wirkungen, die das für die Überlandlinie mit sich brachte.

Schwere Prüfungszeit der indo-europäischen Linie. Die persische Sektion war seit Sommer 1869 fertig, konnte aber gegen Ende des Jahres noch nicht benutzt werden, weil es an Werkzeug und Papier fehlte; Werner war empört:

Werner an Karl (in London) 9. Dezember. Lüders hat recht: es ist ein Skandal, daß man die Depeschen von Teheran zur Grenze per Post schickt, während man zwei schöne Linien fertig hat. Laß' Goldsmid nur ein Donnerwetter nach Teheran schicken, daß man den Gesellschaftsbeamten möglichst zur Hand geht. Es scheint, daß man ihnen nicht einmal einige Gerätschaften hat borgen wollen — —. Leider haben die Mechaniker in Tabris und Teheran noch wenig gemacht. Höltzer und Swirgsde zusammen haben nicht einmal Tabris in Ordnung gebracht. Sie steifen sich auf Mangel an notwendigen Gerätschaften, die leider in Taganrog mit dem persischen Material eingefroren sind. — 11. Dezember. Durch Mangel an Werkzeug und Papier kann die indische Linie große Verzögerungen und Verluste erleiden — —. Warum ist das für Persien bestimmte Papier und Werkzeug nicht viel früher und erst mit der letzten Expedition von London abgeschickt? Wahrscheinlich eine kleine Loefflersche Ökonomie, die große Verluste im Gefolge haben kann.

Auch die Leitungen von Berlin nach Thorn und Emden wurden erst damals fertig. Kaum war dies geschehen, so wurden sie schon wieder durch einen Orkan unterbrochen:

20. Dezember. Sonst wären wir vielleicht schon mit allen Stationen in direkter telegraphischer Verbinduug. Warschau hat sehr gut mit Odessa direkt gesprochen; hat Anweisung, sich allmählich nach Teheran durchzuarbeiten.

Diesen ersten Sprechversuchen folgten in den folgenden Tagen solche zwischen Berlin einerseits, den russischen Stationen Schitomir, Odessa und Kertsch andererseits. Sie ergaben sehr gute Resultate, und Werners optimistische Stimmung dauerte noch fort, während Karl und Wilhelm in London durch die Unmöglichkeit, mit Berlin automatisch zu sprechen, in ihrem Zweifel an der Güte des Apparatsystems bestärkt wurden. Darauf beziehen sich folgende Briefe Werners:

26. Dezember an Karl. Ihr Kleinmütigen und Ungläubigen hättet mir durch Deinen heute erhaltenen Brief den Rest meiner guten Laune nehmen können, wenn ich nicht kurz vorher die erquickenden Versuche mit Schitomir, Odessa und Kertsch gemacht hätte! Wie könnt Ihr Euer Urteil so gänzlich von nur praktisch gebildeten Leuten beeinflussen lassen, die natürlich alles Neue, was sie nicht verstehen, tadeln! Für die indische Linie bestand nur die Alternative Hughes oder Automat, oder doch wenigstens Apparate mit Wechselströmen. Das erweist sich grade jetzt recht schlagend. Es herrscht auf der ganzen Linie von hier bis Kertsch dicker Nebel, so daß die Staatslinien fast überall gestört sind. Auch ist überall erst ein Draht in Ordnung, wenn auch mit starker Nebenschließung. Wenn wir auf einer Leitung nach Schitomir direkt oder auf der zweiten Leitung mit Warschau sprechen, so arbeiten die

anderen Apparate in deutlich lesbarer Schrift mit. Trotzdem sprachen wir per Hand und Automat sicher und gleichzeitig auf beiden Leitungen! **Geschwindigkeit fast unbegrenzt,** so schnell der Geber läuft, also drei Depeschen in der Minute. Von Schitomir bis Kertsch konnte bisher nicht direkt gesprochen werden, sondern nur durch Translation in Odessa. Wir haben aber den ganzen Vormittag prachtvoll per Hand und Automat mit Translation in Schotimir und Odessa korrespondiert. Das ist weit mehr, als ich hoffte. Es ist jetzt unzweifelhaft, daß wir bei besserem Wetter, und wenn die Linie erst ganz in Ordnung ist, direkt von Berlin nach Teheran mit Translation in Kertsch werden telegraphieren können, ich hoffe sogar, auch von London nach Teheran. Zwischen Tiflis und Teheran telegraphiert man wundervoll, wie Ernst Höltzer telegraphiert, per Automat. Auch Papier ist glücklich angekommen. Die bodenlosen Wege haben, wie Hattendorf mitteilt, es bisher unmöglich gemacht, die letzte Kontrollstation und das Kabel einzuschalten[1]). Er rechnet fest darauf, daß morgen alles in Ordnung ist. Dann haben wir Teheran, und der Dienst kann pünktlich am 1. Januar beginnen. **Berlin-London** kümmert mich so sehr nicht. Die furchtbaren Verwüstungen des letzten Orkans, der eine Masse unserer blattlosen Bäume wie Schwefelhölzer geknickt hat, sind noch nicht völlig behoben. Auch ist die Leitung zwischen Norden und Emden, sowie überhaupt die hannoversche 6 mm-Leitung mit Eisenisolatoren schlecht isoliert. Das muß Preußen in Ordnung bringen. Die indischen Depeschen müssen auf allen disponiblen Leitungen nach Berlin geschafft werden. Der Zeitverlust rechnet nur nach Stunden. Ist Berlin-Teheran in guter Ordnung, so ist unsre Aufgabe gelöst. Wir sind jetzt der **Translation** sicher, und damit ist die Frage gelöst. Das fehlte bisher noch bei Wechselströmen und Direktschreiben — —. Sobald Tiflis erscheint, können wir eröffnen, und zwar **ohne sichere Blamage,** wie Du fürchtest! Ihr werdet bald ebenso für das indische Apparatsystem schwärmen wie jetzt Thomas, Hemp, Hattendorf und Ernst Höltzer, die noch vor einigen Tagen ganz in Euer Horn stießen! Worin liegt denn die angebliche komplizierte Konstruktion, wenn man Automat und Selbstauslösung, die ja nicht benutzt zu werden brauchen, ausschließt? Einiges könntet Ihr in dieser Beziehung wohl **Frischen**[2]) und mir zutrauen. — 27. Dezember. Heute schreckliches Schneetreiben. Es geht aber auf der indischen Station gut mit allen Stationen. Kertsch meldet, daß jetzt bisweilen schwacher Strom von Suchum-Kaleh käme. Tiflis meldet, daß jetzt indische Depeschen mit Teheran **direkt** gewechselt würden. Suchum schweigt noch! E. Höltzer jammert nach Instruktionen, anstatt sie selbst provisorisch zu oktroyieren. Es fehlt ihm Hemps savoir faire. — Ich habe Hemp autorisiert, für Ordnung auf den Stationen zu sorgen und Unwillige oder Unfähige zu suspendieren. Daß die engagierten Engländer keine ausgebildeten Telegraphisten waren, sondern nur Klapperer

---

1) Zwischen der Krim und dem Kaukasus.

2) Früherer Leiter des hannöver'schen Telegraphenwesens, damals seit kurzem Nachfolger William Meyers als Oberingenieur von Siemens & Halske.

niedrigster Ordnung, wißt Ihr ja selbst. Hier konnten sie in ein paar Wochen nicht dazu gemacht werden. Wenn erst überall automatisch gesprochen wird, dann wird es übrigens mit den Leuten gehen — — —. Frischen soll übermorgen mit Translations-Apparaten und einem Mechaniker nach Emden reisen; London-Berlin wird dann zum Ersten auch fertig sein. Verlangt nur gleich von Reuter Draht[1]) für Sylvester-Abend. Sollte Charles[2]) bis dahin wirklich nicht fertig sein, so befördern wir tüchtig deutsch-englische Depeschen. Den Antrag, die Linie zum Ersten zu eröffnen, werde ich an Lüders gelangen lassen, sobald Tiflis erreicht ist.

Aber diese Erwartung ging nicht in Erfüllung. Das Stück der Linie zwischen Krim und Kaukasus, mit dem Schwarzen-Meer-Kabel, war zwar noch gerade vor Jahresschluß fertig geworden, funktionierte aber nicht, und die Linie konnte deshalb nicht eröffnet werden. Umgekehrt entstanden auf der Linie in der folgenden Zeit immer neue Störungen aller Art, wodurch namentlich Werners Geduld und Standhaftigkeit auf eine harte Probe gestellt wurden. Es dauerte noch ein Vierteljahr, ehe es gelang, rasche Verbindung zwischen England und Indien herzustellen, und noch weitere zehn Monate, ehe der Verkehr normalen Charakter erhielt. Diese harte Prüfungszeit der Linie ist vielleicht am besten geeignet, die Schwierigkeiten zu veranschaulichen, mit denen das Unternehmen zu kämpfen hatte.

Die Hauptschwierigkeiten waren anfangs: Nichtfunktionieren der Automaten in London, schlechtes Verhältnis zwischen den englischen und holländischen Telegraphisten einerseits, den deutschen Mechanikern andererseits, Stockungen und Störungen durch schlechte Isolierung, eiserne Stangen, schlechte Witterung usw.:

Karl an Werner London 28. Dezember. Wir alle warten mit Spannung auf Eröffnung des fehlenden Stückes — —. (Konflikte zwischen den Kompagnie-Beamten und den Siemens'schen Mechanikern[3]). Unser Prinzip muß sein, die Kompagnie-Beamten haben immer recht, bis wir ihr Unrecht positiv nachweisen können. Dafür müssen wir streng darauf halten, daß jeder seine Pflicht tut, besonders streng aber gegen unsere eigenen Leute sein. Unser Verhältnis zur Kompagnie ist ein solches, daß wir alle Veranlassung zu Kollisionen vermeiden müssen. Jetzt tut man alles, was wir wollen; aber kommt mal Opposition, so kann das leicht anders werden.

Werner an Karl 30. Dezember. Verständigung mit Suchum noch nicht erfolgt. Hemp hat lange Ordre, direkt nach Suchum zu fahren.

---

1) D. h. Benutzung des Kabels nach Deutschland.
2) Charles Höltzer am Schwarzen Meere.
3) Die Schuld lag auf beiden Seiten, wie nachher festgestellt wurde.

Leider gehen aber Schiffe in dieser stürmischen Zeit selten und unsicher — —. Der späte Eintritt des Winters sehr störend; Wege im Süden ganz unpraktikabel. Wir haben die möglichst schlechteste Zeit für die Eröffnung getroffen — —. Die englischen Telegraphisten (Engländer und Holländer) waren hier schon aufsässig und hatten erklärt, sie wären gewohnt, daß die Mechaniker unter ihnen ständen. Auf H.'s Klage, daß die Leute den Dienst, der hier angeordnet war, verweigerten und erklärt hätten, sie wären vor Übergabe der Linie und Instruktions-Erteilung nicht zur Dienstleistung für uns verpflichtet, wir könnten dazu eigene Leute nehmen, gab ich Depesche, H. sollte renirente Leute, die keinen Dienst tun wollten, suspendieren und Namen nennen zur Beantragung ihrer Entlassung. Das wirkte.

Werner 1. Januar 1870. Es hat mir den Jahreswechsel doch recht schwer gemacht, daß wir die indische Linie noch nicht eröffnen konnten. Des dummen Kaukasus waren wir doch so sicher, da er die dreifache Bauzeit und die besten Kräfte hatte, und da ihm das schwierige Kertsch-Djuba-Stück von Hemp abgenommen war! Ich will Charles Höltzer (I) nicht tadeln. Er ist ein sehr tüchtiger Mann und hatte mit ganz ungewöhnlichen Schwierigkeiten zu kämpfen, ich glaube aber doch, Hemp wäre im Kaukasus mehr am Platze gewesen, da er sich in schwierigen Lagen besser zu helfen weiß. Höltzer verlangt in solchen Lagen Instruktionen und ist unglücklich, wenn man sie ihm grundsätzlich verweigert und statt dessen Vollmacht gibt, nach bestem Ermessen zu handeln. Hemp macht die Sache, so gut wie er es versteht, nötigenfalls im Widerspruche mit erhaltenen Instruktionen. Leider kann Hemp erst Mitte nächster Woche nach Suchum reisen. Er ist angewiesen, eine Leitung möglichst schnell direkt herzustellen, nötigenfalls mit Ausschluß aller Telegraphen- und Kontroll-Stationen —. Chauvin hat ohne weiteres die hiesige indische Station eröffnet, gegen Einspruch der Electric Company. Es werden jetzt englische Depeschen in der indischen Station gegeben und empfangen — —. Mit der Empfindlichkeit der Apparate scheinen wir an der äußersten Grenze angekommen zu sein. Die Apparate der zweiten Leitung klappern überall mit, wenn I spricht und auch umgekehrt. Doch stört das die wirkliche Korrespondenz auf beiden Leitungen nicht. — 3. Januar. Bildet Euch nur nicht ein, daß der Dienst der Linie von Anfang an ganz untadelhaft gehen würde! Man kann sehr zufrieden sein, wenn man ohne fatale Unterbrechung durchkommt. Erst sind alle faulen Stellen und gemachten Dummheiten zu beseitigen. Im ersten Dreckwetter werden die ans Licht kommen. Leider fällt das diesmal mit der Eröffnung zusammen. Also nicht gleich den Kopf hängen lassen und Misericordia schreien, wenn es mal hapert! — 6. Januar. Es ist um des Teufels zu werden, daß uns so der Anfang verpfuscht wird. — 12. Januar. Der Fehler Kertsch-Tiflis liegt wesentlich an der Leitung, welche daher schlecht isoliert ist. Auch im Kaukasus geht es noch sehr unsicher; die Leute müssen erst eingefuchst und die gemachten Dummheiten verbessert werden. Das geht bei den langsamen Reisen daselbst nicht so schnell. — 15. Januar. Soviel ist klar, daß die eisernen

Stangen Grund der langen Störung sind. In diesem außerordentlichen Jahre ist kein dauernder Frost in jenen Gegenden, sondern Nebel, Frost und Thau abwechselnd. Wie aus dem Kaukasus berichtet wird, bildet das Eis große Klumpen um die Isolatoren, welche Draht und Pfosten verbinden. Jeder Sonnenstrahl macht dann Nebenschließung, die so schnell wechselt, daß sie nicht durch Widerstandsmessung zu bestimmen ist — — —. Verliert nur den Mut nicht. Ich halte es für ein Glück, daß diese Kalamität vor Eröffnung der Linie eingetreten ist. — 24. Januar. In **Rußland** ist die Linie seit drei Tagen **eröffnet**, und es sind gestern schon von Warschau nach Indien mehrere Depeschen gegeben — —. Ich habe neulich eine Depesche von ca. 400 Worten in 6 Minuten per Schnellschreiber nach Kertsch gegeben (einmal direkt und einmal mit Übertragung in Odessa), von der jedes Wort richtig eingetroffen war. Mit Depeschen werden wir höchstens einige Stunden täglich zu tun haben, wenn erst alles gut in Ordnung ist; es ist also ganz gut, wenn Ihr die Linie mit Instruktionen beschäftigt — —. Höltzer II telegraphiert, daß die Linie in Persien voraussichtlich in diesem Jahre noch öfters gestört werden würde, da noch nicht genug Perser wegen **Zerstörungen** bestraft seien und die Sache ihnen noch zu neu sei. Dasselbe gilt vom Kaukasus. Wir haben den großen allgemeinen Fehler begangen, die Isolatoren **weiß** zu machen, anstatt unscheinbar grau oder braun. Das reizt die **Zerstörungssucht**! — 29. Januar. Es ist wirklich zum Verzweifeln mit der verdammten indischen Linie. Gestern endlich Verbindung fertig, und heute schon wieder in Persien und auch mit Tiflis keine Verständigung! Leider bestärkt sich meine Ansicht, daß die **eisernen Stangen** an unserem Pech schuld sind. Mit Holzstangen sind wir überall und immer in Ordnung geblieben — —. Höchst merkwürdig und überraschend ist es, daß **überall**, in Persien wie in Rußland, so sehr über **Übergangsströme** geklagt wird, **neben** der schlechten Isolierung. Das ist nun geradezu unmöglich, abgesehen von Peitschenschnüren etc. und wohl hin und wieder Eiszapfen. Es müssen also Induktionsströme sein, die bei eisernen Pfosten weit stärker auftreten, weil die Drähte einander viel näher stehen — —. Das ist ein ganz unerwartetes Hindernis — —. Mit **gewöhnlichen Morses** kommen wir gar nicht durch. Es war bisher nicht möglich, auch nur zwischen Schitomir und Berlin mit einseitigen Strömen sicher zu sprechen, während wir mit **Wechselströmen** ganz sicher bis Kertsch sprechen. Trotz der heutigen Unterbrechung habe ich Weaver[1]) aufgefordert, die Linie zu **eröffnen**. In Rußland ist sie es faktisch schon lange Zeit, und im allgemeinen ist die Beförderung der indischen Depeschen befriedigend schnell gegangen — in zwei Tagen zwischen Indien und Hamburg — so daß man schon von dem großen Nutzen spricht, den die indische Linie gebracht hat — —. Eben kommt Depesche aus Tiflis und Kertsch, wonach Verbindung wieder im besten Gange ist. — 2. Februar. Linie leider heute in Persien gestört. Gestern gingen Depeschen zwar in geringer Zahl, aber schnell

---

1) Betriebsdirektor in London.

hier durch. Um 4 Uhr passierte Kalkutta von 11 Uhr 50 desselben Tages — —. Unendliche Störungen! Eisnot in Südrußland!

Die nächste Zeit war die schlimmste. Werner war täglich morgens eine Stunde auf der indischen Station in Berlin anwesend, gewöhnlich Nachmittags oder Abends noch einmal. Auf ihm lastete die Verantwortlichkeit vorzugsweise. Die Gesellschaft beschränkte sich darauf, zu klagen, scheute sich aber vor jedem Eingriff, um keine Verantwortlichkeit zu übernehmen. Und auch Werner konnte bei den unausgesetzten Störungen oft nicht helfen. Es wurde nötig, daß ein höherer Beamter die Linie bereiste, um überall den Dienst einzurichten und die vielen Streitigkeiten unter den Betriebsbeamten usw. zu schlichten. Nach einigem Schwanken wurde der Oberingenieur Frischen hierfür bestimmt. Er reiste Mitte Februar mit Vollmachten von Siemens & Halske sowohl wie von der Telegraphen-Gesellschaft ab.

5. Februar. Es ist schwer jetzt, ruhig Blut zu behalten! Augenblicklich stockt der Betrieb auf der ganzen Linie. Odessa schon 3 Tage unterbrochen, erste Leitung zerrissen, zweite Erdschluss schon längere Zeit, wahrscheinlich Berührung mit eiserner Stange. Heute früh (bei -13^0) sind auch Schitomir und Warschau fortgeblieben, bei ersterem Drahtriß, wie es scheint, in Polen, bei zwei scheinbar in Preußen. Auch England ging heute nicht. Kurz, eine wahre Misere! Wenn man sich auch sagt, daß wir noch ungeübte Beamte haben, daß die Fehler alle im Anfang zum Vorschein kommen, daß Stürme, Reifeis, Schnee und enorme Kälte die Prüfung der Linie zu einer sehr rigorosen machen, so entfällt einem doch oft der Mut, namentlich weil man nicht helfen kann — —. Die Störungen zwischen hier und London liegen in Emden. Emden hat jetzt eine detaillierte schriftliche Regulierungsinstruktion erhalten. Schicken kann ich niemand, weil ich außer Frischen und Hefner[1]), die notwendig hier bleiben müssen, niemand habe. Gewöhnliche Mechaniker sind zu unbewandert und können nicht helfen. Die Emdener Beamten interessieren wird das beste sein. Dort und hier verlieren die Beamten ihre gewöhnliche Tantième für die beförderten und transferierten Depeschen. Dafür muß die Gesellschaft Ersatz geben. Auch auf den anderen Stationen wird Tantième nötig werden. Ohne guten Willen läßt sich nichts erzielen, weil wir zu fern sind. — Im Kaukasus fehlt Autorität: Die Stationen zanken sich und klagen; aber es ist schwer zn entscheiden und zu ordnen, da Entfernung zu groß ist — —. Nelson[2]) wird wenig nützen, da er nichts versteht und keine besondere Kapazität zu sein scheint; ist auch zu entfernt und braucht ein Jahr, um sich zu akklimatisieren. Hemp wird doch

---

1) von Hefner-Alteneck, Chef des Konstruktions-Büreaus von Siemens & Halske.
2) Betriebsleiter der persischen Sektion der indischen Linie.

künftig mehr in Südrußland sein müssen; die eisernen Stangen bedürfen zu großer Aufsicht. — 6. Februar. Es sieht jetzt sehr schlimm aus auf der indischen Station. Leitungen alle drei unterbrochen, und zwar in Preußen! Man hat London nur flüchtig via Hamburg erreichen können. Wir haben 17° Kälte, bei scharfem Südost, also gerade längs der Linie kommend — —. Daran, daß Landlinien bisweilen nicht gehen, muß das Publikum sich gewöhnen. — 8. Februar. **So kann es nicht weiter gehen!** Es muß auf der Linie selbst eine ambulante gemeinschaftliche Autorität für unsere und Gesellschafts-Beamten existieren, die für guten Dienst und richtiges Zusammenwirken sorgt. Ich schwankte bisher, ob ich **Frischen** oder **Georg Siemens** dazu vorschlagen wollte. Für Persien und allgemeine Organisation und Disziplin würde ich Georg vorschlagen, der sich schnell das Nötige aneignen würde. Doch das überall störende Auftreten der **Induktion** stimmt auch jetzt doch mehr für Frischen, wenn nicht beide! Es ist freilich sehr störend, daß Frischen, der eben anfängt, hier recht nützlich zu werden, nun auf mindestens 3—4 Monate herausgerissen werden soll. Doch es fehlt ein anderer. Es muß dann aber Frischen als General-Bevollmächtigter mit unbedingter Autorität von uns und der Gesellschaft ausgerüstet werden. Sonst kann er wenig leisten. Die **englischen Telegraphisten** sind größtenteils nur in der Absicht eingetreten, die Welt zu sehen und dann zurückzukehren. Versetzungen sind für sie keine Strafe — —. Die Stationschefs haben nicht genug Autorität, Frischen muß die Instruktionen mitnehmen und **durchführen**, auch berechtigt sein, neue zu machen. — 10. Februar. Ein fatales Novum sind die **Induktionsströme** bei dem geringen Abstande der Leitungen auf eisernen Stangen. In Persien, wo dieser Abstand am geringsten, nur ca. 1 Fuß, ist diese Wirkung am größten[1]). — 17. Februar. Nelson muß absolut jeden Morgen früh Depesche an Weaver geben, worin er sagt, ob Linie Buschir in Ordnung ist, wie viele Depeschen von ihm empfangen uud wie viele weiter befördert sind — —. Dadurch erfahren wir und Ihr, ob und wie weit Linie in Ordnung, und die Herren werden an frühes Aufstehen gewöhnt. — Warum die **Reparaturen** oft so lange dauern, siehst Du u. a. aus K.'s Depesche: Drei Tage hat der Zug gebraucht, um von Birsala nach Odessa zu kommen, bei jetzigem starken Schneefalle — —. Schrecklich wird die **Abrechnung** dieses Monats werden, teils der vielen Störungen, teils deswegen, weil unsere Stationen ohne jede Instruktion ihre Depeschenjournale angelegt haben. Daß das so lange von Herrn Weaver verschleppt ist, ist wirklich nicht zu entschuldigen. — 18. Februar. Das schlechte von London gelieferte Papier hat das **automatische System** auf der Linie diskreditiert. — 21. Februar. Ich glaube nicht, daß Ihr recht habt, über Berliner Station zu schimpfen. Ich finde hier immer reges Interesse und Eifer, und da die Beamten hier **Tantième** von allen beförderten Depeschen bekommen, so haben sie ein Interesse, viel zu befördern. Ehe dies nicht auf der ganzen Linie eingeführt ist, wird immer langsam befördert werden. —

---

1) Vergl. L. E. 198 ff.

24. Februar. Von der Instruktion ist noch immer nichts zu merken. So geht es niemals gut, selbst wenn die Linie in bester Verfassung ist. Entweder muß Weaver die spezielle Direktive wirklich in die Hand nehmen oder er muß eine andere etablieren — —. Es konveniert mir nicht länger, ohne Recht zu befehlen und ohne Macht zu strafen, mich in Sachen zu mischen, die meines Amtes nicht sind. London ist zu sehr abgeschnitten, um von dort aus das Chaos ordnen zu können. Entweder muß Weaver hierher kommen, oder Frischen und ich müssen bis zur Regelung des Dienstes Generalvollmacht erhalten. Zwei Drittel der Verzögerungen und Störungen sind auf die Kompagnie-Beamten zu schieben, die zu dumm oder zu faul sind oder nicht wissen, was sie zu tun haben. Ist alles geregelt, so mag es von London aus gehen. Jetzt ist ein aktiver Absolutismus nötig, während jetzt volle Anarchie herrscht. — 28. Februar. Also Eisansatz ist doch die Ursache der Krimstörungen gewesen. 20 Drathbrüche, fast alle am Exzentric, wo die natürliche schwächste Stelle ist, oder an den Fabrik-Lötstellen (Drahtenden) beweist, daß dagegen nicht viel zu machen ist.

Am 28. Februar kam Frischen in Teheran an. Als dies geschah, war die ganze Linie auf einmal technisch in Ordnung, und Depeschen von Berlin nach Teheran dauerten nur eine halbe Stunde. Im März kamen nur noch verhältnismäßig wenige und kurze Unterbrechungen vor. Aber die **Organisation des Dienstes** ließ noch viel zu wünschen übrig; die Stationen zankten sich:

Werner 28. Februar. Ein so ausgedehntes Werk ohne Möglichkeit schriftlichen Verkehrs in räsonnabler Zeit will **gut organisiert sein. Sonst geht es nicht. In guter Organisation liegt das Übergewicht deutscher Unternehmungen vor englischen**, welches manche große Vorzüge der englischen überwiegt — —. Entweder muß Weaver Frischens Vollmacht zurückziehen oder die Stationen von ihr unterrichten, sonst wird Frischen gelähmt und die Konfusion noch größer. Namentlich muß der Verkehr zwischen Gesellschafts-Beamten und Technikern geregelt werden. Die Telegraphisten rufen oft nicht die Mechaniker, wenn Betrieb nicht in Ordnung, scheinen das unter ihrer Würde zu halten, arbeiten lieber selbst an den Apparaten herum oder sagen einfach, es geht nicht, oder die anderen Stationen sind schuld! Jede Station glaubt, die anderen bestehen nur aus Eseln, und keine sucht den Esel bei sich selbst!

Frischen wurde darauf von der Gesellschaft bevollmächtigt, Ordnung zu schaffen, was auch diesen Klagen ein Ende machte. Aber jetzt tauchten noch weit schlimmere Sorgen am Horizont auf.

Vor allem wurde die Kabelverbindung mit Indien durchgeführt, womit der Überlandlinie eine gefährliche Konkurrenz erwuchs. Es hatten sich für die Herstellung dieser Untersee-

Verbindung mehrere Gesellschaften gebildet, die Anglo Mediterranean Telegraph Company, die Falmouth- Gibraltar- and Malta Telegraph Company und die British Indian Submarine Telegraph Company, welche sich später (1872) zu der Eastern Telegraph Company vereinigt haben. Von den erstgenannten drei Gesellschaften war es die Submarine Company, welche im März 1870 durch die uns schon bekannte Telegraph Construction and Maintenance Company mittels des gewaltigen Kabelschiffes „Great Eastern" das Kabel Aden-Bombay legen ließ. Darauf beziehen sich folgende Äußerungen Werners:

17. Februar. Wenn der Great Eastern auch glücklich in Suez ankommt, so wird darum doch die Linie noch nicht sehr schnell und fehlerfrei arbeiten, da Frankreich und Italien noch dazwischen liegen[1]). Ist Toulon-Malta fertig, dann wird die Sache ernsthafter. Die Spiegelablesung wird auch nicht gleich so fehlerfrei vor sich gehen[1]). — 28. Februar. Die Kabelleute müssen über Frankreich und Italien telegraphieren und selbst dann die trügerische Kunst der Spiegelablesung erst lernen[2]). Haben wir festen Boden gefaßt, dann fürchte ich sie nicht sehr. — 9. März. Also der Great Eastern ist in Aden glücklich angekommen!

Die Aktionäre der Indo-European Telegraph Company sahen die Sache nicht so gleichmütig an, und die Aktien begannen zu fallen:

10. Februar. Wenn die Aktien auf die Hälfte fallen, werde ich trotz allem mein disponibles Geld darin anlegen; denn unser Fundament ist die ausschließliche Konzession Rußlands und Persiens. — 18. Februar Der Generalversammlung könnt Ihr im allgemeinen sagen: Die Leute sind neu, Kommunikationen müssen wir selbst erst größtenteils machen, Urwälder mußten von uns durchholzt werden, und die heftigen Stürme werfen die freigewordenen Bäume am Rande der Rinne auf die Leitung; die Bevölkerung glaubt es mit einer Privatanlage zu tun zu haben und zerstört sie aus Habsucht und Schabernack; eine ganz ungewöhnliche Kälte, größer als die bei der Anlage als Maximum in Rechnung gezogene, reißt die Drähte; Eisansätze von kolossaler Dicke bei heftigen Stürmen zerstörten lange Strecken; hunderte von Beamten längs der ganzen Linie sollen auf bestimmte Zeichen hin sich in Tätigkeit setzen; das erfordert längere Einübungszeit — —; Zusammentreffen der Eröffnung der Linie mit ganz ungewöhnlichen meteorologischen Verhältnissen, die alle schwachen Stellen fast gleichzeitig zur Erscheinung brachten, bevor noch der Dienst eingeübt war, ist der Grund

---

[1]) Das Falmouth-, Gibraltar- und Malta-Kabel war damals noch nicht gelegt.

[2]) Die Kabeltelegraphie bedient sich bekanntlich des Spiegelgalvanometers als Sprechinstrument.

der überstandenen Kalamität und kann daher nicht als Präjudiz für künftige Zeiten aufgestellt werden usw.

Es ist nicht ohne Interesse, diese kurze Aufzählung der Anfangsschwierigkeiten mit den Briefen zu vergleichen, die uns vollen Einblick gewährt haben in die zeitweilig so verzweifelte Lage des Unternehmens. Als Werner seine Ratschläge erteilte, hatten Siemens Brothers in London bereits der Gesellschaft eine entsprechende Mitteilung gemacht, die der General-Versammlung vorgelegt wurde; sie berührt nur einige wenige der tatsächlichen Schwierigkeiten. Gegen Ende März wurde die Gefahr der Kabelkonkurrenz zur Wirklichkeit dadurch, daß die Kabellinien den größten Teil des Verkehrs an sich rissen. Karl und Wilhelm schlugen Verständigung mit ihnen vor, wovon Werner aber nichts wissen wollte:

Werner 19. März. Vereinigung mit der Submarine Linie scheint mir sehr problematisch. Schwerlich würde die unser Kapital vor dem ihrigen sehr bevorzugen wollen, und dann bedanke ich mich für Vereinigung. Die Submarine ist eine Eintagsfliege, während uns die Konzessionen dauernd Bedeutung gewähren — —. Wir müssen jetzt mit den Türken gehen. Zwei parallele Linien mit häufigen Zweigverbindungen sind sicher und haben dann über submarine ein gewaltiges Übergewicht.

Werner war für energischen Konkurrenzkampf. Der Depeschendienst der Überlandlinie wurde im Laufe des März immer besser, und Werner arbeitete in diesem Sinne rastlos weiter. Außerdem verlangte er aber rührige wirtschaftliche Verwertung der technischen Erfolge durch deren **Veröffentlichung** und durch Anstellung von **Agenten**, wofür Wilhelm und Karl sorgten:

30. März. Vorigen Sonntag hat London direkt mit Teheran durch fünf Übertragungen mehrere Stunden lang sehr gut gesprochen. Das muß künftig die Regel werden, und damit ist die technische Aufgabe nach Programm vollständig von uns gelöst. Wir werden so auch bis Indien kommen und können dann die Kabellinie auslachen. — 1. April. Macht nur ein bischen Zeitungsskandal. Gebt vorher avertierte Amtsdepeschen nach Indien mit schneller Antwort, arrangiert Direktsprechen London-Teheran, laßt um 1 Uhr nachts von Kalkutta nach Kuratschi eine Depesche geben[1]), die dann am Tage vorher in England ankommt. Besser noch, sie geht gleich nach Amerika und kommt dort tags vorher in die Abendblätter. Kurz, macht etwas Lärm und zieht die Aufmerk-

---

1) Die englisch-indische Schlußlinie funktionierte noch lange nicht so gut, wie die neuen Linien der Gesellschaft.

samkeit auf die Leistungen der Linie — —. Der Verkehr wird sich schon entwickeln, wenn die Depeschen schnell und sicher gehen, und nötigenfalls muß der Preis auf die Hälfte herabgesetzt werden. Dann sollen die Spiegelablesungen der Kabellinie schon einpacken. Das wichtige technische Resultat ist, daß wir sicher und ohne Verlangsamung durch viele Translatoren arbeiten können. Das schlägt die submarine Linie. Wir müssen nur ehrlich jede Störung publizieren und dann alle Depeschen der Submarine geben, damit die plötzlich ankommende Depeschenmasse ihren Gang verlangsamt. Die Leute werden sich dann immer freuen, wenn wir wieder in Ordnung sind. — 2. April. Sind denn in Indien Agenten für die Linie bestellt? Ohne dies werden wir wenige Depeschen von dort erhalten. Ich würde den Agenten Prämien für die besorgten Depeschen geben. Bei solcher Konkurrenz auf Leben und Tod siegt der Rührigste. Wir müssen uns jetzt Depeschen verschaffen, und wenn nichts an ihnen verdient würde. Louis Schwendler, Agent der Indo-Europ. Comp. in Indien 23. März. Es scheint mir, daß keine Kompagnie die anderen totmachen wird, sondern daß eben alle nur weniger verdienen.

Erfolge und neue Kämpfe. Am 12. April 1870 war man endlich so weit gelangt, daß Wilhelm die von Werner gewünschte Generalprobe veranstalten konnte[1]. Auf seine Einladung versammelte sich in der Londoner Station der indo-europäischen Linie eine Anzahl hervorragender Interessenten. Darauf wurde Teheran gerufen, zunächst ohne Erfolg; doch lassen wir hier lieber Werner selbst sprechen:

Werner an Karl 12. April. Das war unter Angst und Sorgen ein schöner Erfolg heute! Wie London Teheran rief, war Berlin-London gestört, und es ging spottschlecht mit Kertsch. Trotz aller Ermahnungen schalteten sich dann die Zwischenstationen aus Neugierde ein und brachten alles in Unordnung. Beschäftigt mit Hinausjagen der unnötigen Stationen, stellte sich mit einem Male starker Kontakt der Leitungen nach Kertsch ein. Ich rief auf zweiter Leitung Kertsch mit Translation in allen Stationen. Da es gut ging, rief ich Tiflis, dann Teheran und brachte dann London mit dieser zweiten Leitung in Verbindung!

Major Smith, Chef der englischen Telegraphen-Verwaltung in Teheran, fragte: „Was ist dort die Zeit?" London antwortete: „Elf Uhr 50; und dort? — „Drei Uhr 27 nachmittags". — General Sir William Baker, Mitglied des Council of India, depeschierte um 12 Uhr 45 nach Kalkutta: „Sir William Baker an Oberst Robinson, Kalkutta; bin entzückt über die Leistungen der indo-

---

[1] Der Bericht darüber bei Pole, p. 202 gibt nur die Vorderansicht dieser Generalprobe wieder.

europäischen Linie." Antwort kam schon um 1 Uhr 50: „Kalkutta, 7 Uhr 7 nachmittags. Betriebsdirektor an Sir William Baker, London. Dank für Ihre Botschaft, die in 28 Minuten hier angelangt ist."

So hat London fortwährend mit Teheran gesprochen, mit Translation auf allen Zwischenstationen! Man hätte beliebig schnell sprechen können, und London und Teheran verderben viel durch langsames Arbeiten. Das beweist, daß wir künftig sehr sicher nach Kalkutta direkt werden sprechen können, da der Regel nach nur drei Translationen bis Teheran nötig sind. Diesmal hatten wir „Sau beim Pech", wie Meyer sagte! Macht jetzt nur tüchtig Geschrei und schlagt die 10 – 12 Stunden der British Indian mit unserer einen Minute bis Teheran und 28 Minuten bis Kalkutta. Da wird sie schwer über renommieren können — —. Bewirke jetzt Einführung unseres Apparatsystems Teheran-Kalkutta und nach den übrigen indischen Hauptorten! Dann werden alle Depeschen nur Minuten dauern! — Karl 22. April. Unsere neuliche Vorstellung hat Wunder getan. Alle Welt hat darüber gelesen, und die Depeschen des British Indian nehmen gleichmäßig ab, während die unsrigen zunehmen. Leider will sich die Zahl im allgemeinen nicht vermehren, so daß allgemeine Verhungerung das Resultat der scharfen Konkurrenz zu werden droht. Besser wird es werden, wenn erst China und Australien verbunden sind. Die russischen Depeschen und die Korrespondenz London-Odessa müssen uns so lange über Wasser halten. Die Anwendung der Automaten bis Indien kommt ebenfalls zustande. Laß' also nur die Anfertigung der Apparate in Angriff nehmen. — Werner 28. April. Du wirst wohl die Reutersche Depesche aus London, die die Runde durch alle Zeitungen gemacht hat, gelesen haben. Die hat sehr gute Reklame gemacht. Das Publikum verlangt hier aber substantielle Nahrung, d. i. monatliche Bilanz, oder wenigstens Einnahme von den Depeschen. Sobald wie möglich müssen die von London aus publiziert werden.

So war denn technisch vollständig erreicht, was Werner mehr als drei Jahre vorher als sein Ziel bezeichnet hatte[1]): es war eine lange Normallinie hergestellt und in Gang gebracht, welche zeigte, was die Telegraphie wirklich zu leisten imstande war! Auf eine Entfernung von einem Siebentel des Erdumfangs hatte man direkt, nur mit automatischer Translation, in einer einzigen Minute gesprochen! Es war der größte Erfolg, den die praktische Telegraphie bis dahin erzielt hatte! Doch lange sollte es noch dauern, und schwere weitere Kämpfe waren noch durchzufechten, bis diesem technischen der wirtschaftliche Erfolg sich zugesellte.

---

1) Vergl. oben S. 182.

Einstweilen war die wirtschaftliche Lage des Unternehmens so entmutigend, daß Wilhelm und Karl den **Verkauf** der Linie an die Konkurrenzgesellschaft befürworteten. Werner widersprach kräftig, aber auch er glaubte damals nicht, daß das Unternehmen ohne fremde Hilfe bestehen könne, und verlangte deshalb eine **Subvention** der englischen Regierung. Anfangs war er noch optimistisch gestimmt:

Werner 30. Mai. Mit der British Indian kann m. E. höchstens ein Arrangement auf eine nicht zu lange Reihe von Jahren abgeschlossen werden. Unsere Linie wird sich von Monat zu Monat verbessern, und die Depeschenzahl wird sich vergrößern. Im nächsten Jahre werden Unterbrechungen schon selten, und die Beförderung bis Indien und hoffentlich auch in Indien so prompt sein, daß wir die British Indian weit überflügeln müssen. Wir werden künftig direkt mit Kalkutta sprechen, was der Br. Ind. nie möglich ist. Diese wird immer in Gibraltar, Alexandrien und Aden aufnehmen und weiter geben müssen — —. Unser einer Draht wird, wenn nur erst die Depeschen da sind, wenigstens zwei-, auch wohl dreimal soviel befördern wie die Br. Ind. Dann haben wir die zweite Leitung und können mit wenig Kosten eine dritte machen. während die Br. Ind. jedesmal die ganzen Kosten neu auslegen muß, um ihre Leitung zu vermehren. Uns gehört die Zukunft.

Werner an Karl 7. Juni[1]). Wir werden so mit der Sache nicht durchkommen. Bedenkt man das große Interesse, welches die englische Regierung am Fortbestehen unserer Linie hat, damit einmal die Korresponden nicht wieder auf einen Kabeldraht basiert wird und dann damit ihr Kabel im Persischen Meere nicht nutzlos wird, so glaube ich, sie wird in irgend einer Form eine Subvention geben, vielleicht durch Gratisüberlassung des Kabels und der persischen Linie. — 10. Juni. Die einzig mögliche Fusion mit der Br. Ind. ist die Teilung der Einnahmen, gleichgültig, ob wir oder sie befördern, und gegenseitige Zuführung von Depeschen, die wir nicht befördern wollen oder können, gegen Zahlung eines bestimmten Satzes — —. Chauvin meint, Rußland könnte und würde die Linie auch nicht geschenkt nehmen, weil es die Zukunft und politischen Einfluß durch den Durchfluß der englischen Depeschen im Auge hatte. Er hält übrigens mit Zähigkeit an der Meinung fest, daß die Linie in wenigen Jahren sehr gut rentieren würde. Die Zunahme der Depeschen erfolgt immer erst längere Zeit nach dem es hervorrufenden Ereignisse. Bedenkt man, daß von den drei amerikanischen Kabeln, die in viel günstigeren Verhältnissen liegen, nur eins noch tätig ist, so ist es in der Tat töricht, vor der Konkurrenz der Br. Ind. zu Kreuze zu kriechen. Wir sind außerdem mit unserer ganzen **geschäftlichen Ehre** an diese Anlage geknüpft und dürfen sie nicht zu einer failure werden lassen. — 13. Juni. Meiner Ansicht nach müßten wir die Speku-

---

[1]) Karl war nach Petersburg gereist, um eine Menge schwebender Fragen mit General von Lüders zu ordnen; dieser war sehr entgegenkommend und über die Leistungen der Linie befriedigt.

lation, der indischen Linie nicht nach Jahreseinnahmen, sondern als **Kapitalspekulation** beurteilen und nur fragen, welchen Gewinn wir nach 10 und 25 Jahren realisiert haben werden. So müßten auch die Aktionäre denken. Hätte ich ein paar Millionen disponibel, so würde ich unfehlbar alle Aktien unter pari aufkaufen, um die ganze Linie in die Hand zu bekommen. Ob sie in den ersten fünf Jahren Zinsen bringt oder nicht, würde mir ganz gleichgültig sein. Der Verkehr steigert sich notorisch um mindestens 30 Proz., die Einnahmen werden sich daher alle drei Jahre mindestens verdoppeln. Bei der schnellen Ausdehnung des Netzes nach Osten wird außerdem eine sprungweise Vergrößerung eintreten. In drei Jahren werden daher bei fortgesetzt gutem Betriebe schon sicher Zinsen bezahlt werden können, auch wenn die Br. Ind. immer die Hälfte der Depeschen schluckt. Da die Türken nicht wieder aufkommen werden und können, und da die Br. Ind. schwerlich das Kapital zu einer zweiten Leitung, die sie wieder $2\frac{1}{2}$ Millionen £ kosten würde, zusammenbringt, so gehört unserer Linie unfehlbar die Zukunft. Ich verstehe daher nicht, wie man unser großes Monopolrecht, allein durch Deutschland und Rußland nach Indien telegraphieren zu dürfen, für ein Linsengericht wie Rückzahlung unserer Aktien oder Zinsgarantie aufgeben kann. — 15. Juni. Chauvin war gestern bei mir. Er hat mit **Bismarck** über die englische Antwort[1]) gesprochen und B. sehr geneigt gefunden, etwas scharf darauf zu antworten. Zu diesem Zwecke soll Chauvin ein Promemoria einsenden, welches dem Lord Loftus mit der Depesche überreicht werden soll. In diesem P. M. soll die Stellung der drei Regierungen zur I. E. Linie präzisiert und die moralischen und sachlichen Verpflichtungen Englands namentlich klargelegt werden. Chauvin hat mir die Anfertigung des P. M. übertragen, und ich möchte einen Teil auf Dich abwälzen. Es ist ein gutes Mittel, um die englische Regierung zu **aktiver** Unterstützung zu bringen. Die Frage ist nur, was kann die Regierung tun, wenn sie will. — Die größte Gefahr, die uns seitens der British Indian droht, scheint mir die zu sein, daß sie sich unsere Aktien kaufen, dazu vielleicht unseren Sekretär und einige Direktoren und uns dann ihre Bedingungen als Majorität diktiert — —. Die Aktien müssen in die Hände reicher Leute kommen, denen es nicht auf jährliche Einnahmen, sondern auf Vergrößerung ihres Kapitals ankommt! Dann können wir warten!

Am 18. Juni kam Werner nochmals auf den Gedanken eines „pool" — wie man ein solches Abkommen jetzt nennen würde — der beiden konkurrierenden Linien zurück, aber nur um ihn zu verwerfen, und zwar aus folgenden Gründen:

1. Die Landlinie geht **ganz** zugrunde, wenn sie nicht mit indischen Depeschen dauernd gefüttert wird.

---

[1]) Worauf diese diplomatische Intervention sich bezog, ist nicht ersichtlich, vermutlich auf die Tatsache, daß die englische Regierung ihre frühere Zusicherung, das Unternehmen fördern zu wollen, nicht gehalten hatte.

2. Die Kabelgesellschaft bietet keine hinreichende Garantie der Dauer; bei einer Unterbrechung würde gar keine Verbindung mit Indien existieren.
3. Wir haben an Reuter und Persien bestimmte Summen zu zahlen.
4. Hauptsächlich: jedes derartige Arrangement würde von Rußland als Vertragsbruch, Betrug und quasi Hochverrat betrachtet werden und würde unsere Geschäfte in Rußland quasi ruinieren. — Annehmen können wir daher ein ähnliches Arrangement nicht — —. England muß uns subventionieren. Bitte, lies das Memoire gründlich durch. Chauvin war vollständig damit einverstanden. — Georg wollte, wie ich erst durch Haase hörte, als Aktionär eine Petition an den Board veranlassen, um den Verkauf der Gesellschaft an die British Indian zu bewirken. Ich habe ihm das geschäftlich untersagt, solange er in unseren Diensten steht.

Werner empfahl sogar, die Indo-Europäische Gesellschaft durch möglichstes Entgegenkommen in bezug auf Remonte zu stärken:

30. Mai. Wenn die Linie nicht genug einbringt, um die Remonte zu bezahlen, so müssen wir vorschießen. Dadurch steigert sich sogar unsere Macht und Einfluß auf den Betrieb. — 7. Juni. Bei billiger Remonte-Einrichtung werden wir mit der Hälfte unserer 34000 £ die Barausgaben so ziemlich gezahlt erhalten, da wir ja große Reparaturen etc. verschieben können. — 13. Juni. Mit dem Vorschlage, die Remonte- und Betriebs-Verwaltung auf Kosten der Gesellschaft, gegen 15 Proz. der Gesellschaftseinnahmen über die Ausgabe, ganz einverstanden, selbst bei 10 Proz. — 30. Juni. Mit Eurem Vorschlage, vier Jahre lang gegen ein Fixum von 4000 £ auf Kosten der Gesellschaft zu remontieren, bin ich natürlich ganz einverstanden.

So waren die Brüder eifrig beschäftigt, eine neue finanzielle Grundlage für die Gesellschaft zu schaffen. Da versagte plötzlich am 1. Juli die Leitung zwischen Krim und Kaukasus vollständig. Es dauerte fast vier Wochen, ehe eine genaue Untersuchung mittels eines von den Siemens nach dem Schwarzen Meere entsandten Dampfers das traurige Ergebnis lieferte, daß ein Erdbeben das Kabel und einen Teil der Landlinie zerstört hatte und daß an eine Wiederherstellung nicht zu denken war.

Es ist dies auch sehr erklärlich, da dem Meere durch zahlreiche Wasserläufe immer Erdreich und Geröll zugeführt werden, die sich auf der Uferböschung ablagern; von Zeit zu Zeit muß ein Nachrutschen dieser Massen stattfinden, wobei ein darin eingebettetes Kabel notwendig zerrissen wird. Durch ein Erdbeben mußte dieser Vorgang gleichzeitig an allen Stellen eingeleitet werden, wo durch neue Ablagerungen das Gleichgewicht schon gestört war[1]).

---

1) L. E. 171 ff.

Es war eine der letzten schweren Erfahrungen, welche die Brüder Siemens im Kabelbau machen mußten. Sie zogen aus diesen und ähnlichen Vorgängen die Lehre, daß man Submarinkabel niemals auf dem Abhange steiler Böschungen verlegen soll, namentlich aber nicht da, wo durch einmündende Flüsse dem Meere Erdreich und Steingeröll zugeführt werden. Nach reiflicher Überlegung beschlossen sie, auf die früher verworfene **Landlinie** zwischen Krim und Kaukasus zurückzukommen, welche durch einen inzwischen ausgeführten Straßenbau ermöglicht wurde. Doch verstrich ein halbes Jahr, ehe sie vollendet war, und erst im Anfange des Jahres 1871 konnte die ganze Linie wieder für den öffentlichen Verkehr freigegeben werden.

Blick auf die weitere Entwickelung. Auch in den Jahren 1871—1873 hatte das Unternehmen noch große Schwierigkeiten zu überwinden, wobei die Siemens-Firmen der Gesellschaft wieder wertvolle Dienste leisteten. So verzichteten sie namentlich aus freien Stücken auf einen großen Teil der Erträge ihrer Remonteverwaltung zugunsten der Gesellschaft, übernahmen mehrere Jahre lang sogar ein bedeutendes, sich aus der Remonteverwaltung ergebendes Defizit und erklärten sich schließlich damit einverstanden, daß ihnen die Gesellschaft erst dann den vollen Übernahmepreis der Remonte zu bezahlen brauchte, wenn die Dividende der Aktionäre bis auf 10 Proz. steigen würde. Tatsächlich wurden 1874 schon 5 Proz. Dividende bezahlt; allmählich stieg diese auf 6 Proz., dann auf 8 Proz., und seit 1886 wurde Jahr für Jahr 10 Proz. Dividende verteilt. Erst seit 1899 hat deren Höhe wieder geschwankt. Die Konkurrenz mit der mächtigen Eastern Telegraph Company wurde, nach anfänglichem Widerstande Preußens und Rußlands sowie der Siemens-Firmen, 1877 doch durch ein „joint purse arrangement" aufgehoben, dadurch allerdings der größte Teil des Verkehrs der Kabellinie überlassen, aber der Überlandlinie ausreichende dauernde Beschäftigung gewährleistet. Bei Unterbrechung der Kabelverbindung hatte sie mehrfach wochen-, ja monatelang den ganzen Verkehr zwischen Europa und Amerika einerseits, Indien und Australien andererseits zu bewältigen. Ihre Betriebseinnahmen gestalteten sich folgendermaßen:

1870: 25 268 £	1875: 76 864 £	1880: 98 732 £
1871: 48 949 „	1876: 80 775 „	1885: 116 150 „
1872: 37 079 „	1877: 58 668 „	1890: 113 807 „
1873: 54 897 „	1878: 85 234 „	1900: 151 643 „
1874: 79 466 „	1879: 86 359 „	

So günstig entwickelten sich die Betriebseinnahmen, obwohl die Zunahme des Verkehrs zum weitaus größten Teile absorbiert wurde durch Ausbildung des Systems der „Code"-Worte, von denen jedes 10—20 gewöhnliche Worte ersetzt. Wie hoch sich dieses System entwickelt hat, kann man aus der Tatsache entnehmen, daß schon 1896 über zwei Drittel des indo-europäischen Telegraphen-Verkehrs aus Depeschen von weniger als 12 Worten bestand, über ein Drittel aus Depeschen von 3—6 Worten. Der Tarif der indo-europäischen Telegraphen-Kompagnie für solche Code-Worte gehört zu den niedrigsten der Welt. Trotzdem hat die Rentabilität dieser Gesellschaft weitaus diejenige aller anderen internationalen Telegraphen-Gesellschaften überflügelt. Ihre mächtige Konkurrentin, die Eastern Telegraph Company, hat, soviel ersichtlich, nur etwa zwei Drittel der indo-europäischen Dividende verteilt; freilich hat das Kabel nach Indien auch über fünfmal soviel gekostet wie die Überlandlinie, und Gründungsgewinne waren bei dieser ebensowenig vorgekommen, wie spätere Kapitalverwässerungen; vielmehr waren bei ihr alle Erneuerungs- und Ergänzungsanlagen teils auf Kosten der Siemens-Firmen, teils aus den Betriebseinnahmen ausgeführt worden. So hat sich denn auch Werners Voraussage aus dem Jahre 1870, daß die Aktien der indo-europäischen Telegraphen-Gesellschaft sich als eine glänzende „Kapitalspekulation" erweisen würden, vollständig bewahrheitet. Die Aktionäre, welche sie lange genug behielten, haben ihr Kapital verdoppelt.

Die Siemens-Firmen hatten dieses große Unternehmen, allen Schwierigkeiten zum Trotz, erfolgreich durchgeführt, namentlich auch gegenüber den großen englischen Kapitalmächten der Telegraph Construction und Maintenance Company, sowie der mit ihr verbündeten Kabelgesellschaften. Und als diese Kapitalmächte in den folgenden Jahren sich noch fester, zu einem „Kabelring" zusammenschlossen, waren die Siemens-Firmen durch jenen Erfolg schon so weit gekräftigt, daß sie es wagen durften, auch den Kabelring offen zu bekämpfen, indem sie nach Errichtung einer eigenen Guttapercha-Fabrik ihr erstes transatlantisches Kabel legten. Hierdurch erst gelang es ihnen, sich in die oberste Rangklasse der Geschäftswelt emporzuschwingen.

Anhang.

Auszüge aus Inspektionsberichten über die Indo-Europäische Telegraphenlinie

erstattet von Wm. H. Barlow,

Septembe 1869 bis Mai 1870.

Persien. Das Oberhaupt des Dorfes I. ist ein berüchtigter Räuber und Anführer von Banden, welche die Linie unausgesetzt beschädigen und Draht, Isolatoren usw. stehlen. Aus diesem Grunde wurde gerade hier eine Station erbaut; ihre Wände sind so dick, daß sie Angriffen der Bewohner trotzen kann. Der Dorfchef wollte den Bau hindern, und es hat Mühe gekostet, bis es gelang, ihn zum Gehorsam gegenüber den Befehlen des Schahs zu veranlassen. — Böswillige Beschädigung der Linie muß exemplarisch bestraft werden. Meist gehen solche Zerstörungen jetzt nur aus bloßer Albernheit und Neigung zum Unfug hervor. Die Leute wissen gar nicht, welchen Schaden sie damit stiften. Sie sind seit langer Zeit gewöhnt daran, die Isolatoren der alten persischen Linie zu beschädigen und sind dafür nicht gebührend bestraft worden. Diese Linie ist in einem jammervollen Zustande: der Draht hängt an manchen Stangen nur mit Hilfe eines Nagels, ohne Isolator, und schleift an vielen Stellen sogar auf der Erde, die Stangen fallen nach allen Seiten auseinander. — Unsere Linie ist das erste europäische Privatunternehmen von größerer Ausdehnung in Persien; deshalb ist sie auf Unterstützung durch die Gesandtschaften der Mächte angewiesen. Der englische Regierungstelegraph von Teheran nach Bushire kommt hier nicht in Betracht, weil er mit hohen Opfern unterhalten wird, und weil die persischen Behörden wissen, daß er unter dem direkten Schutze der englischen Regierung steht. — **Kaukasus.** Auch hier werden viele Isolatoren beschädigt. Die Landesbewohner benutzen sie beim Vorüberreiten gern als Zielscheibe für ihre Pistolen. — **Küstenlinie am Schwarzen Meere.** Der Bau dieses Teiles der Linie hatte die größten Schwierigkeiten zu überwinden, und das Ergebnis darf dreist als ein Triumph der Technik bezeichnet werden. —

Die Arbeit ist namentlich durch die Erkrankung des Personals am Fieber sehr aufgehalten worden. Herr von Chauvin war der einzige von dem ganzen Stab dieser Strecke, der nicht erkrankte. — **Ungewöhnlich schlechtes Wetter.** Ich habe mich viel bemüht, festzustellen, ob die Annahme richtig ist, daß die Verzögerungen durch ungewöhnlich schlechtes Wetter verschuldet worden sind. Das Ergebnis ist, daß ungewöhnlich schlechtes Wetter nicht gerade eine Hauptursache, sondern nur eine von vielen zusammenwirkenden Ursachen war. Dagegen bin ich entschieden der Ansicht, daß die Unterhaltung der Linie an vielen Orten bei schlechtem Wetter sehr schwierig sein wird. — **Deutsche und englische Betriebsbeamte.** Sie können sich nicht verständigen. Dies verursacht Zeitverlust, sowohl beim öffentlichen Verkehr, wie bei der dienstlichen Korrespondenz. Im ganzen sind englische Beamte für die Zwecke der Gesellschaft besser geeignet, als deutsche. Letztere können zwar englische Depeschen mechanisch übermitteln; aber oft geschieht das besser nach dem Sinne, als nach den einzelnen Buchstaben; denn diese sind häufig nicht gut gebildet, die Zwischenräume zwischen den Worten sind nicht immer regelrecht behandelt; auch muß oft ein Wort wiederholt werden, was bei Beamten, die nicht gründlich Englisch verstehen, Zeitverlust verursacht. Herr Frischen sagt, daß englische Beamte **nicht** rascher als andere depeschieren, daß das Geben nach dem Sinne der Depeschen Irrtümer veranlaßt, wie denn die meisten festländischen Depeschen in England verstümmelt werden. Nach meinen Erfahrungen arbeiten englische Beamte besser als deutsche, aber jene sind schwieriger zu behandeln, besonders wenn sie mit Fremden in Berührung kommen. Auch wissen sie, daß sie nicht leicht durch andere Engländer zu ersetzen sind. Daher sind sie zur Insubordination geneigt. — **Bemerkungen über die ganze Linie.** Ich kann aus vollster Überzeugung sagen, daß eine bessere Telegraphenlinie kaum jemals erbaut worden ist. Selbst bei oberflächlicher Beobachtung wird niemand umhin können, zu bemerken, wie genau der spezielle Bauplan durchgeführt worden ist, wie sorgsam die Bauleiter überall darauf bedacht gewesen sind, die Linie in jeder Hinsicht leistungsfähig zu gestalten; das bezieht sich auf Material, Bau, Instrumente, Ausstattung der Stationen. Im kleinen wie im großen hat dieser Geist geherrscht. Es ist ein Werk ersten Ranges. Die größte Anerkennung gebührt natürlich den schwierigsten Teilen; das sind die persische und die kaukasische Sektion; ihr Bau hat sich unter Umständen vollzogen, welche fast übermenschliche Anstrengungen erfordert haben. Die Schwierigkeiten der äußeren Natur sind glänzend überwunden, und diejenigen, welche jetzt noch vorliegen, sind solche menschlicher Natur. Es handelt sich darum, die Schnelligkeit der Kabelkorrespondenz zu übertreffen. Die Schnelligkeit der Kabelleistungen ist eine begrenzte, diejenige unserer Linie hat kaum eine andere Grenze, wie die Geschicklichkeit der Beamten. Diese sind also zur höchsten Leistungsfähigkeit zu erziehen. Das ist schwierig, aber nicht unmöglich. Der Kabellinie kommt das britische Vorurteil zugute; aber höhere Geschwindigkeit ist ein Argument, das nicht widerlegt werden kann.

Sechstes Kapitel.
Nachträge und Ausblicke.

Vorbemerkungen. Das Jahrzehnt 1857—1866 war für die Siemens-Firmen eine Art Interregnum, eine Zeit des sorgenvollen Suchens und Experimentierens. Das russische Telegraphenbau-Geschäft war ins Stocken geraten, das englische Kabelgeschäft noch nicht zur Blüte gelangt. In dieser Zeit versuchten die Brüder das Geschäft auf alle mögliche andere Weise zu beleben. Von den Wassermessern in England, von der Holzsägerei und Glasfabrikation in Rußland war schon die Rede. Von dem Kupferbergbau im Kaukasus, von den Regenerativöfen, vom Siemens-Martin-Verfahren wird der nächste Abschnitt handeln. Alle diese Unternehmungen wurden hauptsächlich von Karl, Wilhelm und Friedrich Siemens betrieben. Mit den von Werner geleiteten Haupt- und Familienbetriebe, dem Telegraphenbau, standen sie in gar keinem inneren Zusammenhange. Aber auch **Werner** experimentierte damals von Berlin aus mit allerhand Projekten und Unternehmungen, die zum Teil interessant und bedeutsam genug sind, um hier wenigstens nachtragsweise kurz behandelt zu werden.

Das Geschäft in Wien 1857—1864. Schon im Anfange des Jahres 1855 reiste Werner nach Wien, um dort festen Fuß zu fassen; er äußerte damals: „Österreich wird sich uns in die Arme werfen: es geht dort nur halt alles langsam"; tatsächlich kam noch nichts zustande. Im Jahre 1857 versprach Werner sich wieder viel von dem Absatz in Österreich, da der Eisenbahnbau dort sehr rege war und im Lande noch keine Konkurrenz bestand. Die österreichische Regierung wünschte, Siemens & Halske möchten in Wien eine Filiale errichten, und eröffnete Aussicht auf alle ihre Bestellungen, ja sogar auf Garantie des Bezuges von jährlich vielleicht 500 Apparaten. Werner hatte früher daran gedacht, Walter würde nach Wien gehen können; da Walter nicht dafür geeignet war, und Karl Rußland nicht verlassen wollte, wurde ein Berliner Beamter namens Steinert mit der Leitung des Wiener Geschäfts betraut, und dieses Anfang 1858 in der Vorstadt „Landstraße" eröffnet. Halske reiste nach Wien, um die dortige Werkstatt in Gang zu bringen; doch kam nur wenig zustande, da das Geschäft von der englischen Konkurrenz, namentlich von Brett, beherrscht wurde. Ende 1858 machte die Regierung wieder Aussichten, namentlich auf eine Kabelanlage Ragusa-Alexandria, deren Ausführung der Kaiser befohlen hatte. Es sollte dafür eine besondere Gesellschaft begründet werden, und diese sollte später wahrscheinlich auch die österreichischen Landlinien übernehmen. Brett verhandelte deshalb schon mit der Regierung, die aber auch mit Siemens & Halske zu verhandeln wünschte:

Österreich hat kein Geld, verkauft und verpfändet seine einträglichen Verkehrsanstalten, um das eingelegte Kapital wieder zu erhalten. Wir unsererseits sind nicht abgeneigt, Kapital und intellektuelle Kräfte aus Rußland, wo der Boden unsicher wird, allmählich nach Österreich überzuführen. Es kann ein glänzendes und großartiges Unternehmen daraus werden.

Aber wieder wurde nichts daraus, ohne daß die Ursachen des Scheiterns ersichtlich werden.

Im Jahre 1860 trat Steinert zurück, und die Auflösung der Wiener Filiale wurde erörtert; sie wäre aber nur mit beträchtlichem Verluste durchzuführen gewesen. Halske und Meyer waren trotzdem dafür, während Werner sich nicht mit dem Gedanken abfinden konnte, da ihn das Gefühl, eine Schlappe erlitten zu haben, drückte:

15. November 1860. Es wäre auch schade, da in keinem Lande der Welt Kapital so großen Wert hat und sich so gut rentiert wie in Österreich. Es muß nur der rechte Mann dort sein zur Leitung. Der Arbeitslohn ist jetzt durch das Silberagio so gering geworden, daß Apparate in Wien sehr viel billiger zu bauen sind wie hier, und von Sendungen dahin gar nicht die Rede sein kann. — 5. Dezember. Das österreichische Geschäft kann als reines Telegraphengeschäft nicht mehr betrieben werden. Österreichs orientalischer Einfluß ist zu gering geworden, und im Lande selbst ist viel Konkurrenz und kein großer Absatz.

Es wurde die Umwandlung in ein Geschäft für Gas- und Wassereinrichtungen und dergleichen erwogen, was aber auch seine Bedenken hatte.

Nur wenn die politischen Verhältnisse sich konsolidieren und für Österreich sich gut gestalten (was ich nicht einmal wünschen mag), läßt sich Besserung erwarten. Kommt für Österreich eine Periode des Zerfallens, so ist das vorläufig das Signal allgemeinen Stillstandes für alle Industriezweige, und es muß erst die Bildung neuer geordneter Verhältnisse abgewartet werden, bevor wir etwas unternehmen. Dann müßte man freilich dort am Platze sein, um die Zeit des Wendepunktes benutzen zu können. Wer weiß aber, wie lange es währen wird?

Es wurde beschlossen, die Filiale in bisheriger Gestalt noch bestehen zu lassen. Die Neubesetzung des Postens ihres Leiters machte Schwierigkeiten. Schließlich wurde ein Beamter, der die indische Kabelexpedition mitgemacht hatte und gerade wieder nach Asien gehen sollte, aber wegen Erhitzung des Rangun-Kabels im Schiffsraum zurückgehalten wurde, nach Wien gesandt. Ende 1861 und bis zum Spätsommer 1862 hatte die dortige Filiale viel zu tun; aber die Wiener Werkstatt fabrizierte so schlecht, daß ihr eine Menge von Apparaten durch die Käufer — Eisenbahn-Gesellschaften — wieder zur Verfügung gestellt wurde. Außerdem übernahm das Wiener Geschäft mehr Lieferungs-Verbindlichkeiten, als es ohne Hülfe des Berliner Hauptgeschäfts durchführen konnte, und der Wiener Leiter nahm dessen Hülfe nicht rechtzeitig in Anspruch, weil dies, seiner Tantième für den Wiener Werkstättenumsatz wegen, seinem persönlichen Interesse nicht entsprach. Plötzlich mußte er doch Berlin um Hülfe bitten, weil die Abnehmer mit Konventionalstrafen und Auflösung der Kontrakte drohten. Halske reiste nach Wien, der dortige Geschäftsleiter wurde seines Amtes enthoben, und der Petersburger Prokurist Elster ging auf einige Monate nach Wien, wo er eine große Meinung von der Entwicklungsfähigkeit des österreichischen Geschäftes gewann. Dieses wurde daher abermals aufrecht erhalten.

Erst im Jahre 1864 wurde die Filiale in Wien wirklich aufgelöst. Bei der Liquidation gingen etwa 30000 Taler verloren.

Geschäftsstockung 1860/61. Die Jahre 1860 und 1861 waren für das Berliner Geschäft besonders traurig. Für das englische Kabelgeschäft wurde die Berliner Werkstatt bedeutend erweitert und hatte nun, als in England das Geschäft seit Herbst 1860 stockte, wenig zu tun:

Werner an Karl 13. Januar 1860. Wir müssen im Sommer notwendig wieder bauen, was auch zirka 15000 Taler kosten wird. Wir können uns sonst nicht auf den großen englischen Markt wagen, wo noch so viel zu schaffen ist. Freilich fatal in so kritischer Zeit mit so drohenden Wolken am Himmel. Doch Stillstand ist Rückschritt für uns, und vor dem ersten Rückschritt muß man sich hüten.

Namentlich wurde damals in Berlin eine eigene **Messing-Gießerei** angelegt, wodurch man die Selbstkosten erheblich zu verringern hoffte (hierüber einiges im dritten Abschnitte). Doch half das wenig, als die englischen Bestellungen aufhörten. Der nächste Winter war besonders kritisch:

Werner an Karl 5. Dezember 1860. Wenn möglich, verschaffe uns Arbeit, da wir sonst die meisten unserer Arbeiter entlassen müssen und dann sobald keine wieder finden, die was verstehen. — 3. Jan. 1861. Unser hiesiges Telegraphengeschäft scheint auch auf die Neige zu gehen. Der Fehler ist, daß jeder Mechaniker ohne Kapital und Intelligenz uns gewichtige Konkurrenz machen kann. Dadurch ist uns der inländische Markt nach und nach abhanden gekommen. Rußland reicht nicht aus, ist uns auch nur teilweise treu geblieben. Meine Hoffnung war auf England gerichtet. Ich glaubte, wir würden uns dort einen ergiebigen Markt für gute Handarbeit verschaffen können. Die Erfahrung lehrt aber, daß das ein Irrtum war. Der Verdienst an der Fabrikation ist bei jetzigen Preisen schon sehr gering, wenn wir vollauf beschäftigt sind, und reduziert sich auf nichts, wenn wir nur sporadisch zu tun haben. Wir gehen daher ernstlich mit dem Gedanken um, die Telegraphenfabrikation, wenn nicht ganz aufzuheben, doch so zu beschränken, wie das Interesse des englischen und russischen Geschäfts es irgend gestatten.

Allerhand Projekte. Alkoholometer. Pneumatische Depeschenbeförderung. In dieser Lage beschäftigte sich Werner mit allerhand Plänen zur Abhülfe der Geschäftsstockung. Dahin gehören: das schon 1859 erfundene elektrische Log, von dem er sich viel versprach, ein kleiner Zählapparat für die **Berliner Trinkbuden für kohlensaures Wasser** (zur Kontrolle der Schankjungfrauen), der wieder aufgenommene Zentrifugal-Regulator für Maschinen, die fabrikmäßige Ausbeutung von Wilhelm's **Kalorischer Gasmaschine**:

Geht die Regenerativ-Gasmaschine gut, so können wir vielleicht mit Gas oder Spiritus betriebene Equipagen bauen. Wäre ganz interessant und gute Arbeit für uns! Die Sache ist gar nicht außer Augen zu lassen.

Die Errichtung der Messing-Gießerei regte vorübergehend den Gedanken an, auch ein Messing-Walzwerk zu betreiben. Damit hing ferner der Gedanke zusammen, anstatt Messing eine

Kupfer-, Eisen-, Zink-Legierung zu fabrizieren, die in England gerade in Aufnahme gekommen war. Hierher gehört auch Wiederaufnahme von Werners alter Erfindung der **Vernickelung** von Eisensachen. Um dieselbe Zeit beschäftigte sich Werner sogar schon mit Versuchen zur elektrolytischen Herstellung von **Diamanten**. Kurz, es war eine neue Auflage jener Periode der „Erfindungs-Spekulationen", mit denen Werners geschäftliche Laufbahn zwanzig Jahre vorher begonnen hatte.

Von allen diesen Projekten gelangte keins in das Stadium geschäftlicher Verwertung. Wohl aber wurde das dem **Alkoholometer** zuteil, mit dem Werner sich auf Karls Anregung seit 1861 beschäftigte. Für Steuerzwecke war allgemeiner Bedarf nach einem solchen Apparate vorhanden, zumal in Rußland, wie Karl an Werner schrieb. Ein Pole hatte eine glückliche Idee, wie jenes Bedürfnis zu befriedigen sei; sie bestand darin, daß ein Schwimmer vom spezifischen Gewichte des absoluten Alkohols sich heben und den Inhalt des Maßgefäßes vergrößern sollte, wenn der Alkohol mit Wasser gemischt, also schwerer werden würde. Diese Idee wurde Werner mitgeteilt und gefiel ihm sehr. Er konstruierte danach einen Apparat, der seit dem Sommer 1862 in der Berliner Werkstatt für den russischen Bedarf fabrikmäßig hergestellt wurde. Aber das war ein etwas voreiliger Betrieb. Der Apparat befriedigte in seiner damaligen Gestalt noch nicht und brachte statt der erhofften Gewinne zunächst Verluste, die erst nach Jahren wieder ausgeglichen wurden:

Werner an Karl 21. März 1864. Was solche Geschichten für unendliche Schwierigkeiten machen, wenn es ans **Fertigmachen** geht, davon hast Du, glaube ich, eine zu geringe Meinung. Das sehe ich wieder so recht schlagend an den Alkoholometern. Wenn man fertig zu sein glaubt, stellt sich irgend eine Lumperei in den Weg, und man muß beinahe von vorn anfangen.

Der Apparat wurde immer mehr vervollkommnet, und seitdem er nicht nur den Alkoholgehalt des Spiritus, sondern auch dessen Menge registrierte, wurde dieser „**Alkohol-Meßapparat**" Gegenstand einer ansehnlichen Fabrikation, für welche in Charlottenburg eine Spezialfabrik errrichtet und der Leitung eines Vetters (Louis Siemens) unterstellt wurde. Doch gehört diese Entwickelung erst einer späteren Zeit an[1]).

---

[1]) L. E. 254 ff. Technische Schriften 244 ff. Vgl. auch weiter unten in diesem Kapitel.

Im Jahre 1863 gab ferner der preußische Telegraphendirektor Chauvin an Werner die erste Anregung zur Einrichtung **pneumatischer Depeschenbeförderung** innerhalb Berlins (von und nach der Zentral-Telegraphenstation), wie solche in anderen Städten (London, Paris, Glasgow) schon bestand. Werner erbat sich von Wilhelm Auskunft über die englischen Einrichtungen, konnte sie aber nicht erlangen. Als dies endlich auf anderem Wege ermöglicht wurde, ermittelte Werner zunächst experimentell die richtige Formel für die Luftbewegung in Röhren, wobei sich ein anderes Resultat ergab, wie aus den Ergebnissen der Anlage in London. Erst im Jahre 1865 wurde der detaillierte Entwurf einer pneumatischen Verbindung zwischen dem Berliner Börsengebäude und der Zentral-Telegraphenstation eingereicht, angenommen und dessen Ausführung der Firma Siemens & Halske übertragen[1]).

Alle diese nichtelektrischen Pläne wurden also teils überhaupt nicht ausgeführt, teils ergaben sie doch in jener kritischen Periode noch keine wirtschaftlichen Resultate.

Die Telegraphen-Apparate. Das Telegraphengeschäft von Siemens & Halske lag in dieser Zeit meist danieder. Doch arbeitete Werner rastlos und mit großem technischen Erfolge an der Verbesserung seiner Apparate, und namentlich der „**Typen-Schnellschreiber**"[2]) war es, der ihn stark beschäftigte, von dem er sich viel versprach:

Werner an Wilhelm 28. März 1860. Die erfreuliche Mitteilung, daß der neue Drucktelegraph seine erste Probe sehr rühmlich bestanden hat. Man kann fabelhaft schnell telegraphieren. Die Geschwindigkeit läßt sich mit der größten Genauigkeit in den weitesten Grenzen regulieren, ohne das Werk anzuhalten, die Engagierung und Auslösung der Drucknadel macht sich sehr leicht und völlig sicher bei großer und kleiner Geschwindigkeit, das Druckwerk folgt ohne irgendwelche Störung und Zeitverlust — —. Sprechen wir sicher auf submarinen Linien, so ist keine Frage, daß wir mindestens vier- bis fünfmal so schnell sprechen können (auf langen Linien) wie per Morse. Die Aussichten, alle submarinen Linien in die Hand zu bekommen, sind daher sehr günstig. — 31. März. Es ist ganz unzweifelhaft, daß kein Apparat erfunden werden kann, durch welchen man prinzipiell schneller sprechen kann. — 25. April. Der Drucker macht doch noch manche Sprünge, und es müssen ihm noch manche Untugenden abgewöhnt werden. Die Sache erinnert mich

---

1) Wiss. Schriften 197 ff. Technische Schriften 217 ff.
2) Technische Schriften 172 ff., 184 ff.

lebhaft an unsere ersten Zeigerleiden. Ich bin aber voll Hoffnung — — —.
31. Januar 1862. Wir bauen jetzt für die Ausstellung einen Schnellmorse (Schwarzschreiber neuester Konstruktion) mit gesetzten Typen und magnetelektrischen Strömen. Wird das non plus ultra an Schnelligkeit werden. — 11. Januar 1863. Hier schwärmt man noch sehr für Schnellschreiber und verspricht sich von ihm ungeheure Erfolge. Trotz meiner politischen Mißliebigkeit gibt man uns alle Bestellungen und sucht uns auf alle Weise zu fesseln. Wenn wir nur auf große Entfernungen noch schnell genug telegraphieren können, der Ladungen wegen! — 28. April. Der Schnellschreiber funktioniert brillant zwischen hier und Frankfurt, ist cause célèbre geworden und wird viel in Zeitungen debattiert. — 20. Mai. Die Apparate haben uns schon einen bisher spröden Kunden gebracht, nämlich die große Electric Telegraph Company in London. Mr. Wilson, ihr Agent, hat nämlich wochenlang fast täglich die Apparate zwischen hier und Frankfurt a. Main in Tätigkeit gesehen und brennt vor Begierde, sie im Bereich der E. T. C. einzuführen. Der voll ausgerüstete Apparat, mit 50 Schienen à 3 Thlr., dem Geber (400 Thlr.), Schreiber (100 Thlr.) und den nötigen Lettern kostet ca. 1000 Thlr. Endlich sind wir mit dem Schienenguß ganz in Ordnung und gießen tapfer Vorrat! Die Form ist wirklich ein Meisterstück der Mechanik! Soviel ist klar, daß dieser Apparat einen dauernden Platz in der Telegraphentechnik einnehmen wird. — 7. Juni. Es ist hier jetzt offiziell konstatiert, daß man die Drähte mittelst dieser Apparate 4—5 mal besser verwertet und dazu sichere fehlerfreie Depeschen bekommt. Das ist doch ein wichtiges Moment, und dabei sind die Apparate nicht kompliziert, sondern sehr einfach. — 8. Juli. Chauvin läßt schon überall 30 cm schwere Drähte ziehen, um noch schneller und weiter sprechen zu können. Die Telegraphen-Konferenz hat schon im Hinblick auf die schnelle Korrespondenz die Preise der Depeschen auf ein Drittel herabgesetzt. Wird auch mal einen guten Werkstatt-Abschluß geben, da wir natürlich guten Verdienst rechnen. — 23. April 1864. Eine Garantie für die Leistung zu übernehmen ist bedenklich, da es ganz von der Behandlung der Apparate und von einer Menge kleiner Rücksichten und Vorurteile abhängt, ob sie gute Leistungen geben oder nicht. — 7. Juli 1864. General Lüders ist nach England geschickt, um den Hughes'schen Apparat zu studieren, für den Guerhardt schwärmt, auf dessen Urteil man aber in Rußland nichts gibt, obgleich er die Macht in Händen hat. — 9. Dezember. Chauvin geriert sich jetzt vollständig als Pflegevater des Schnellschreibers. Er setzt es wahrscheinlich durch, daß dieselben obligatorisch werden für die internationale Telegraphie. Damit wäre ein großer Schritt vorwärts gemacht zu unserer telegraphischen Hegemonie. — 23. Februar 1865. Chauvin will mit Guerhardt versuchen, den Schnellschreiber als offiziellen Apparat ins europäische Konzert aufzunehmen. Das würde viel gewinnbringende Arbeit und einen neuen moralischen Aufschwung geben.

Die in dieser Zeit von Werner Siemens wiederholt ausgesprochene Erwartung eines „moralischen Aufschwungs" führt zurück zu den Hauptursachen der moralischen Depression, an der er damals litt. Vor allem gehören hierher schwere politische Sorgen.

Blick auf Werner's politische Tätigkeit in der „Konfliktszeit". Werner hatte sich 1848 anfangs mit Begeisterung in die politische Bewegung geworfen, solange sie seiner preußisch-deutschen Gesinnuug entsprach, war aber rasch davon zurückgekommen, als diese Gesinnung keine Nahrung mehr fand, und sich zugleich die wirtschaftlichen Sorgen wieder meldeten[1]). Bezeichnend für den Stimmungswechsel sind namentlich zwei, etwa $1^1/_2$ Jahre auseinander liegende Äußerungen Werners. Anfang April 1848 hatte er geschrieben:

Der deutsche Michel scheint die Schlafmütze, die er seit drei Jahrhunderten nur auf kurze Zeit ein bißchen gelüftet, jetzt gänzlich abgelegt zu haben und mutig und trotzig um sich zu blicken.

Dagegen am 27. August 1849:

Der deutsche Michel hat mit Schmerz seinen leer werdenden Geldbeutel befühlt und brummt: „O selig, ein Kind noch zu sein!" Bald wird er wieder schlafen.

Wohl sah er klar voraus, daß das nur auf eine Zeitlang geschehen könne:

Es ist für Deutschland als ein Glück anzusehen, daß es noch irgend einen Patriotismus gab, der den Kern eines kräftigen deutschen Patriotismus bilden konnte und Deutschland vor dem gänzlichen Falle bewahrte. Die wichtigste Frage ist nur die, wie diese Umwandlung geschehen soll. Vollständig kann es nur durch eine Not- und Bluttaufe geschehen, in der Deutschland als Ganzes zusammensteht oder fällt!

Aber — so fügte er gleich hinzu —

Der wichtigste Kampf, der vorher durchgefochten werden muß, ist der der materiellen Interessen;

und ferner:

Wir sind wirklich politisch noch sehr unreif — —. Was nützt es, Idealen nachzujagen, die keinen gesunden Boden haben? — — Hoffentlich werde ich im Drange der Geschäfte die deutsche Schmach vergessen.

So war Werners Entwicklung 1848 typisch gewesen für die des norddeutschen Bürgertums. Typisch war sie auch darin,

---

[1]) Vgl. oben S. 42 ff.

daß sein politisches Interesse sofort nach Einsetzung der Regentschaft in Preußen 1858 wieder erwachte[1]). Die „neue Ära" entsprach seiner liberalen Überzeugung. Im Herbste 1858 berichtete sein Freund William Meyer:

> Werner hat sich ganz in den politischen Strudel gestürzt,

und einige Monate später klagte er selbst über

> die leidige Politik, die jetzt viel Unruhe und Zeitverlust macht,

wiederum sehr charakteristisch für die Stellung des erwerbstätigen Bürgertums, das damals erst im Anfange seiner großen wirtschaftlichen Aufgaben stand und es als Störung empfand, daß es durch sein Pflichtgefühl genötigt wurde, sich wieder mit der Politik zu beschäftigen. Einige Jahre lang hören wir dann weiter nichts von Werners politischer Tätigkeit. Aber im Anfange des Jahres 1861 war das Verhältnis noch das gleiche.

> Werner 1. Februar 1861. Politik kostet viel Zeit. Ich habe große Mühe, mir die Wahl zum Abgeordneten vom Halse zu halten. — 10. September. Mich wollen sie mit Gewalt zum Abgeordneten machen, und ich habe Mühe, sie mir vom Halse zu halten. **Ich habe keine Zeit zum Schwatzen.** — 14. März 1862. Die fatale Politik! Ich habe es diesmal nicht ablehnen können, dem Zentral-Komitee der Fortschrittspartei für die Wahlen beizutreten. Ich arbeite für meine zukünftige Freiheit von **politischer Zeitverschwendung**, die mir eigentlich nur wenig zusagt und worin ich doch nur wenig oder doch nichts Außergewöhnliches leisten kann. Jetzt ist aber **Pflicht** eines jeden, nach Kräften für seine Überzeugung einzustehen.

Im April mußte er sich als Kandidat für die Wahl zum preußischen Abgeordnetenhause im Wahlkreise Solingen aufstellen lassen,

> um ein leichtsinnig gegebenes Versprechen zu halten. — 25. April. Eben bin ich mit meinem politischen Programm fertig. O Jemine!

Er wurde tatsächlich gewählt und erfüllte nun seine Pflicht als Abgeordneter im vollsten Maße, doch unter fortgesetztem Stöhnen:

> 16. Januar 1863. Parlamentarisch wird jetzt ein energisches aktives Vorgehen gegen die Krone — eine eigentliche Regierung haben wir gar nicht — vorbereitet. Die nächste Zeit kann recht interessant werden. Wenn sie nur nicht so viel Zeit fräße! — 19. Februar. Du hast recht, die Politik absorbiert mich jetzt sehr. Morgens allgemeine oder Kommissionssitzungen und abends Parteisitzungen nehmen den

---

[1]) Vgl. damit Werners eigene Darstellung in den L. E. S. 187 ff., die einiges anders wiedergibt und manches enthält, was hier weniger in Betracht kommt.

größten Teil der Zeit fort. Der Rest ist dann dringend nötig für das Geschäft. Jetzt macht der Polnische Aufstand und die wahnsinnige Politik unserer Regierung wieder mal zu schaffen. — 17. April. Die leidige Politik frißt Zeit ohne Maß und Ziel! Namentlich kann ich mich der Militärfrage nicht entziehen, da ich in dieser eine besondere Lösung anstrebe und eigentlich eine eigene Partei bilde. Doch dies muß mal durchgemacht werden.

Am 27. April besuchten Kronprinz und Kronprinzessin die Siemens'sche Werkstatt und interessierten sich sehr für deren Gedeihen:

In parlamentarischen Kreisen will man ein Kokettieren des Kronprinzen mit der Fortschrittspartei darin finden. — 20. Mai. Wie die Sache jetzt liegt, wäre es Feigheit, würde wenigstens so aussehen und angesehen werden, wollte man sich der politischen Tätigkeit entziehen. Es ist auch notwendig, daß unabhängige und entschiedene Leute am Platze bleiben, um Mutlosigkeit und halbe Maßregeln nicht aufkommen zu lassen. Bis jetzt ist uns das in unserer Fraktion wenigstens so leidlich gelungen. Wahrscheinlich läßt man uns aber Adresse, Ungültigkeitserklärung der russischen Konvention etc. nicht beschließen, sondern vertagt uns oder löst uns auf. Im letzteren Falle soll ein geniales Wahlgesetz oktroyiert werden, wie es heißt, à la Napoleon, mit allgemeinem Stimmrecht und Regierungskandidaten, doch mit der genialen Abmachung, daß alle nicht Erscheinenden für den Regierungskandidaten gezählt werden! Das könnte uns doch so langsam in die Revolution treiben! Man hat sich nur daran den Magen verdorben, da bei der vorigen so wenig Ersprießliches herausgekommen ist, und 200000 Soldaten sind auch kein gutes Prognostikon! Auswärtiger Krieg wird wohl die traurige Losung und Lösung des Konfliktes werden! — 7. Juni. Hülfe ist nur durch Regierungswechsel, freiwillig oder gezwungen, zu erwarten. Gegen letzteres spricht das langsame und nicht tatkräftige deutsche Naturell fast mehr, wie die Macht der Gegner! Vielleicht gehe ich oder auch wir nächstens allein mit Steuerverweigerung vor. Jeder hält es für notwendig, doch niemand für zeitgemäß. Dann präsentiere ich mich vielleicht als politischer Flüchtling! Doch auch ohne das kann allen Deputierten dies Schicksal bevorstehen. Unsere Junker sind, wie die Pflanzer Nordamerikas, va banque-Spieler, denen man jede Schandtat zutrauen kann, wenn sie den König erst gänzlich über Gesetzes- und Eidschwur-Skrupel hinweggeholfen haben[1]). Leider hat auch der Kronprinz nur halb und sehr schwächlich protestiert, eigentlich nur seine Teilhaberschaft wegen mangelnder Anwesenheit abgeleugnet. Daß Preußen über diesem Konflikt zugrunde geht, nimmt man ziemlich allgemein an. Wenn nur ein einiges Deutschland aus seiner Asche entstände, könnte

---

1) Vgl. hier Bismarcks Gedanken und Erinnerungen I, 316 ff. Es war nach der Preßverordnung vom 1. Juni 1863. Von der früheren Episode mit König Wilhelm, die Bismarck a. a. O. I, 284 ff. erzählt, hatte man vielleicht einige Kenntnis erhalten.

uns das ganz recht sein. Aber der Gedanke eines Habsburgischen Deutschlands ist auch nicht verlockend. „Vive la republique!" wird bei der nächsten Katastrophe die Losung in Norddeutschland sein. — 13. Juni (vor einer Reise ins Ausland). Ich freue mich darauf, mal wieder freie Luft zu atmen. Unsere Hallunkenwirtschaft ist doch auf die Dauer nicht auszuhalten.

Um diese Zeit veröffentlichte Werner die in den L.-E[1]) ererwähnte anonyme Broschüre „Zur Militärfrage", in welcher er seine, sowohl von den Vorschlägen der Regierung wie von den Ansichten seiner politischen Freunde abweichende Meinung über den Gegenstand des Konfliktes niederlegte.

Er war damals schwer leidend und wollte sich nach Auflösung des Abgeordnetenhauses nicht wiederwählen lassen, mußte sich aber schließlich dazu bereit erklären:

21. September. Schon das bloße Gerücht hat meinen Wahlbezirk ganz wild gemacht, und ich fand gestern eine so dringende Aufforderung meiner früheren Wähler vor, mich wieder zu bewerben, daß ich nicht „nein" sagen kann — —. Alles ist jetzt dafür gestimmt, wenig zu schwatzen, sondern schnell und möglichst gewichtig zu handeln und es dadurch zum gänzlichen Bruch des herrschenden Systems oder zur Revolution zu treiben.

Dann entstand die Schleswig-Holsteinsche Frage, welche bei Werner den Liberalismus zugunsten der nationalen Gesinnung in den Hintergrund drängte, ohne ihn indes mit Bismarck auszusöhnen:

28. November 1863. Wenn Schleswig jetzt aus deutschem Unfrieden etc. verloren geht, so verzweifle ich an Deutschland und ziehe mich ganz von der Politik zurück. — 3. Dezember. Die Politik läßt einem jetzt nicht viel Ruhe. Die Schleswig-Holsteinsche Frage ist wie ein Feuerbrand in das Pulverfaß unserer inneren Zerwürfnisse gefahren und wirft Freund uud Feind durcheinander. Es fragt sich jetzt in erster Linie, wer hat Sinn und Herz für ein einiges und mächtiges Deutschland und wer nicht? Hoffentlich bleibt der erste Teil auch bei uns in Preußen Sieger. — 2. März 1864 (nach dem Scheitern der englischen Versuche, zugunsten Dänemarks zu intervenieren). England ist ja gewaltig zu Kreuze gekrochen! Schade, daß wir uns solcher Werkzeuge bedienen mußten, um den englischen Übermut etwas einzuschränken! Ich denke, die Freundschaft wird künftig auf soliderer Basis beruhen. — 19. April. Hier flaggen und illuminieren wir jetzt zu Ehren der Erstürmung Düppels. Wenn nur das viele vergossene Blut auch Früchte bringen wird!

---

1) S. 190.

Werners schlechter Gesundheitszustand[1]). Werner Siemens klagte schon in den vierziger und fünfziger Jahren vielfach über Kränklichkeit. Seit 1852 waren es namentlich die vielen Reisen nach Rußland, in offenen „Teleggen", bei jedem Wetter, die ihn stark angriffen. Noch nachteiliger wirkte die Rothe-Meer-Expedition 1859, bei der er tagelang in glühendem Sonnenbrande als Schiffbrüchiger auf einer Felseninsel fast ohne Speise und Trank aushalten mußte. So wie er seit 1854 sich möglichst vor Reisen nach Rußland hütete, so schrieb sein Freund Meyer 1859:

> Das Südklima ist nichts für ihn; er darf nicht wieder fort.

Er klagte über Magenbeschwerden, Verdauungsstörungen und Druck in der Lebergegend. Dazu kamen „infolge übermäßiger Anstrengungen" (Körte) immer häufiger Kopfschmerzen, dumpfer Druck, Schlaflosigkeit und nervöse Erregtheit:

> Anfang 1860. Diesen Winter bin ich tüchtig auf dem Posten, obschon ich mich auch oft ziemlich angegriffen fühle von der ewigen Plackerei; doch die Maschine wird schon aushalten.

In den Jahren 1861 und 1862 klagte er öfters, sein Kopf sei so „konfus" und dergleichen. Der Arzt riet ihm dringend eine Erholung an; nach vielen vergeblichen Mahnungen ging er endlich nach Kissingen. Es war die Zeit vor der Expedition nach Algier. Er fühlte sich „geistig ganz reduziert und unfähig"; der Doktor setzte ihm die Pistole auf die Brust, indem er ihm ein unheilbares Gehirn- und Rückenmarksleiden in sichere Aussicht stellte, wenn er nicht ausspannte:

> Seit 1—2 Jahren machen mir Aufregung und Ärger immer heftiges Kopfweh, und die Beine wollen nicht mehr recht pendeln, als wenn die Gelenke nicht geschmiert wären — —. Ich bin jetzt recht zerärgert und physisch wie geistig heruntergekommen, habe Erholung nötig, weiß aber noch nicht, wie sie mir zu schaffen. Ich glaube, es wird bald Zeit, das Buch ganz zuzumachen! Unsere politische Schmach und die lange vergangene und jetzige Aufregung trägt auch das ihrige dazu bei.

Die politischen Sorgen hatten in der Tat auf Werners Gesundheitszustand einen sehr üblen Einfluß:

> 15. Februar 1865. Die Politik ist körperlich und geistig anstrengend und abnutzend. — Über politische Zustände — so berichtet sein Arzt —

---

[1] Hier kann ich mich, außer auf den Briefwechsel, auch auf den langjährigen Hausarzt Werners, den Geheimen Sanitätsrat Dr. Körte beziehen, der den Inhalt des Briefwechsels hinsichtlich dieses Punktes bestätigt und ergänzt hat.

regte er sich in dieser Zeit fast noch mehr auf, als über geschäftliche, weshalb ich in ihn drang, seine politische Tätigkeit aufzugeben.

Daran hatte er, wie wir wissen, schon 1863 gedacht; doch sollte erst das Jahr 1866 den Entschluß zur Reife bringen.

Schwerer Kummer. William Meyers Erkrankung.

Inzwischen kam anderes hinzu, was Werners seelische Verstimmung aufs Höchste steigerte. Zunächst mehrjährige Trübung des Verhältnisses zu Wilhelm und zu Halske. Letzterer löste sich immer mehr von ihm, ein unvermeidlicher Prozeß, dessen notwendige Entwicklung unser dritter Abschnitt schildern wird; aber daß er notwendig war, verringerte nicht den Kummer über den Abschied von dem treuen Mitarbeiter.

Um dieselbe Zeit erkrankte Werners Jugendfreund und zweiter Berliner Mitarbeiter William Meyer schwer; die Hoffnungslosigkeit der Erkrankung stellte sich allerdings erst später heraus aber Meyer war als Prokurist im Geschäfte schwer zu ersetzen, was Werners Sorgen vermehrte:

Werner 24. März 1866. Meyer ist sehr krank; er wird im Sommer schwerlich arbeiten können. Was tun? Es fehlt ganz ein Ersatzmann für Meyer. Ich kriegte es vielleicht fertig, seine Arbeiten mit zu übernehmen; es würde mich aber ganz fesseln und absorbieren. Halske wird wieder auf ein paar Monate verreisen, und man kann ihm solche Detailarbeit (Anschläge etc.) auch nicht ansinnen. Haase müßte im Kaukasus das Geschäft kaufmännisch organisieren, am besten in diesem Sommer. Dann ist aber in Berlin um so mehr eine Kraft nötig, welche mit der ganzen Technik des hiesigen Geschäfts schon bekannt ist und welche auch die nötige Autorität nach unten hin hat. — Antwort Karls: Warum kann Haase nicht Meyer ersetzen? Ich bin schon vor 9 Jahren einige Wochen mit H. allein in Berlin gewesen und habe gesehen, daß er sogar technische Anfragen selbständig beantwortete. Wenn Du einen tüchtigen Kaufmann an der Hand hast, so kannst Du ihn ganz ohne Haase nach Tiflis schicken. Das Kaufmännische wird dort so allmählich in Gang kommen, daß Bolton es unbemerkt lernen wird. Überhaupt besteht das Ganze (das Kaufmännische) ja nur in Kenntnis der Üsancen, abgesehen von der Buchhalterei, welche Bolton ja kennt. — Werner 31. März. Du schätzest die Arbeit der hiesigen Geschäftsleitung (d. h. Meyers Arbeit) zu gering. Verwaltungsarbeit läßt sich forcieren und dirigieren. Die Leitung einer Fabrik, an die stets verschiedene und neue Anforderungen gestellt werden, verlangt fortlaufend eigene Arbeit, die nicht zu übertragen ist. — 1. Mai. Meyer ist noch nicht wieder arbeitsfähig. Halske geht bald auf seine zweimonatliche Wanderung.

Will ich nicht ganz auf Charlottenburg[1]) verzichten, so sind Störungen nicht zu vermeiden, wenn kein anderer Prokurist ernannt wird[2]).

Wie einsam mußte sich Werner unter solchen Umständen mehr und mehr im Berliner Geschäft fühlen, und das in einer Zeit größter geschäftlicher Schwierigkeiten! Die russisch-kaukasischen Geschäfte befanden sich in sehr übler Verfassung, die englischen begannen eben erst sich etwas besser zu entwickeln und bedurften energischer Förderung mehr als je. Die Berliner Werkstatt hatte zwar schon etwas mehr als in den Jahren 1860—1863 zu tun; aber das rührte her von Dingen, die Werner wenig interessierten (Wassermesser, Drähten, Isolatoren); der „Schnellschreiber", von dem Werner so viel erwartet hatte, unterlag jetzt endgültig den Hughes-Apparaten, die noch schneller und wegen ihrer größeren Einfachheit auch sicherer arbeiten. Das Jahr 1866 entschied bereits den Sieg der Hughes-Apparate, wie Werner Siemens sofort öffentlich anerkannte[3]).

Auch Werners Haus war verödet. Im Juli 1865 starb ihm die geliebte Frau nach langer Krankheit:

Mir will das Leben, so klagte er im Anfange des folgenden Jahres, gar nicht wieder freundlich scheinen. Ich weiß nicht, ob es die herannahenden 50 oder die Nachwirkungen des Verlustes meiner Mathilde sind, die mir das Leben so uninteressant machen. Sie war trotz ihrer Krankheit bis zuletzt das geistig erfrischende Element meines Hauses und Lebens. Es ist mir oft, als wäre ich geistig mit ihr zur Ruhe gegangen.

Mit Wilhelm und Karl Siemens stand es nicht viel besser. Wilhelm mußte es gerade damals erleben, daß das wichtigste Unternehmen seines Lebens, die Anwendung des Regenerativprinzips auf die Stahlbereitung (der später sogenannte „Siemens-Martin-Prozeß"), nicht von ihm selbst, sondern von dem französischen Fabrikanten Martin praktisch verwertbar gestaltet wurde. Und Karl stand unmittelbar vor dem Fehlschlagen seiner russischen Glas- und Holzgeschäfte.

---

1) Werner hatte sich in Charlottenburg angekauft und gedachte dort mehr seinen wissenschaftlichen Studien zu leben.

2) Weiteres über diese organisatorischen Fragen im dritten Abschnitte.

3) In seinem populären Aufsatze über „Die elektrische Telegraphie" (Heft 22 der Sammlung gemeinverständlicher wissenschaftlicher Vorträge, herausg. von Virchow und Holtzendorff, jetzt auch: Technische Schriften, S. 189 ff.).

Der moralische Aufschwung des Jahres 1866. Werner Siemens hat in seinen Lebenserinnerungen[1]) bereits auf die große unmittelbare Wirkung hingewiesen, welche die Ereignisse des Jahres 1866 auf das wirtschaftliche Leben Deutschlands, insbesondere auf den Unternehmungsgeist ausgeübt haben, eine Wirkung, die sonst gar nicht oder wenig erwähnt wird. Aus dem Briefwechsel der Brüder können wir ersehen, wie stark und rasch diese Wirkung sich tatsächlich gezeigt hat. Überhaupt ist der massenpsychologische Vorgang, der sich hier vollzog, noch nie so deutlich geschildert worden, wie in folgenden Äußerungen Werners:

24. März 1866. Die Kriegsfurcht ist ziemlich allgemein und groß. Ich glaube aber nicht recht an diesen Wahnsinn, gleichzeitig Krieg nach innen und außen zu führen! Freilich, Fanatismus und Dummheit sind schlecht zu berechnen. — 31. März. Es wäre doch möglich, daß der Kriegswahnsinn akut würde (ähnlich noch am 11. April). — 14. April. Bismarcks revolutionärer Schritt[2]) hat noch alles betäubt. Wir gehen vielleicht einer großen Zeit entgegen. „Ich wittere Morgenluft", schreibt mir Schulze[3]) eben. Ich auch. Schade, daß man nicht 20 Jahre jünger ist. **Wenigstens wird das Leben wieder etwas interessanter werden.** — 12. Mai. Wir waren hier lange Jahre der Meinung, daß das Geschäft zu Ende gehen müßte, wenigstens das telegraphische, und jetzt müssen wir mitten im Kriegsgeschrei an Vergrößerung denken und einen Flügel anbauen. Wir können schon seit längerer Zeit nicht mehr den Anforderungen entsprechen, und jetzt droht das Wassermessergeschäft[4]) uns zu verschlingen, und die Alkoholometer- und Kontroll-Apparate stehen drohend im Hintergrund. Man baut jetzt billig und kann am Ende das Geld nicht solider anlegen. Übrigens spielen die 5000 Taler, die der Bau höchstens kostet, keine Rolle. — 4. Juni. **Preußen muß aus dieser Krisis entweder als liberaler Leitstaat Deutschlands hervorgehen oder zu einem Kleinstaat herabgedrückt werden;** sonst haben wir doch nur neue Wirren statt der gewünschten Ruhe zu erwarten. Die englische Revolutionspredigerin — — ist lächerlich; bei 750000 Soldaten unter Gewehr ist das einmal keine Kleinigkeit, und dann ist der Besuch der Kroaten in Berlin und die Herrschaft des österreichischen Pfaffenregiments in Deutschland doch noch ein größeres Übel wie unsere innere Misere! — 11. Juni. Unsere österreichisch gesinnten Herren Preußen in Woolwich sind Narren[5]). Wir müssen mal die Sünden der Regierung, die wir so lange geduldet haben, aber nicht wegzubringen die Kraft

---

1) S. 251.
2) Der Antrag auf Bundesreform (9. April).
3) Schulze-Delitzsch.
4) Vgl. oben S. 128.
5) Vgl. hier auch oben S. 172.

hatten, ertragen und ausfressen. Die Hiebe bekommen wir, das preußische Volk und der Staat, der doch immer die einzige Hoffnung Deutschlands bildet. Preußen lähmen oder vernichten heißt doch Deutschland das antun. Österreich kann nie der Kern eines freien, kraftvollen Deutschlands werden, das sieht und sagt jeder verständige Mensch in Deutschland und Österreich, der die Verhältnisse kennt. Ist der Krieg mal entbrannt, so muß das preußische und schließlich das ganze deutsche, nach Einigung strebende Volk den Kampf aufnehmen und siegreich durchführen. Das ist mal unser Verhängnis. Gleichzeitig muß es natürlich das preußische Regiment beseitigen, um den Krieg nutzbar zu machen. Die alte deutsche Misere, diese Mischung von Eifersucht und Ohnmacht und kleinstaatlicher Überhebung und albernen Lokalpatriotismus, kann und darf nicht wieder aufleben. Krieg, gleichgültig aus welchen Gründen entbrannt, bedeutet einen deutschen Regenerationskrieg, in dem schließlich Preußen die Fahne der Freiheit und Einheit tragen und hoffentlich zum Siege führen wird[1]. — 2. Juli. Geht alles wie erwartet, so stehen wir in vier Wochen an der Donau, und ganz Deutschland ist tatsächlich unter einem Hut. Zu fürchten ist freilich, daß dynastische Interessen die nationalen Früchte des Sieges ruinieren! Namentlich betrachtet man Bayern mißtrauisch — —. Wir hätten alle gewünscht, der Krieg wäre unter besseren inneren und äußeren Auspizien begonnen; einmal ausgebrochen, muß Preußen siegreich bleiben im Interesse deutscher Kultur und seiner Zukunft als einiger mächtiger Staat. Ohne gewaltsame Niederwerfung würden wir weder Jesuitismus noch Kleinstaaterei je loswerden. Insoweit hatte Bismarck recht mit seinem Ausspruche im Abgeordnetenhause, nur „Blut und Eisen" könnte Deutschland zusammenkitten. Es traute ihm nur niemand den festen Willen zu, noch die Geschicklichkeit und Macht, die Camarilla zu überwinden und den König zum Kriege mit Österreich zu treiben. Macht er wirklich einen wesentlichen Fortschritt zur Vereinigung Deutschlands, so wird er ein großer Mann, und seine alten Sünden tun seinem Ruhm wenig Eintrag. — 7. Juli. Es ist doch ein eigen Ding mit einem großen Siege über einen alten gefährlichen Feind! Er erhebt und veredelt den Menschen und ihre Bestrebungen und tröstet auch über die herbsten Verluste. Es ist ein schrecklicher, blutiger Krieg. Doch es scheint ja, als ob ein solcher, die Luft von den faulen Miasmen eines 50jährigen Friedens reinigender Sturm notwendig war! Viel hängt jetzt von den übrigen

---

[1] Karl 14. Mai. Wenn es zum Kriege kommt, wird sich Bismarck wohl nicht lange mehr halten können. — Wilhelm 13. Juni. In politischer Hinsicht bin ich schließlich wohl mit Dir einverstanden. Ob aber der Bismarck'sche Sieg nicht doch zum Verderb von Freiheit und Einheit in Deutschland führen wird, davon bin ich nicht so überzeugt. Eine anfängliche Schlappe würde ihn vielleicht beseitigen, und dann könnte die Sache eine neue Wendung nehmen. — Wilhelm 7. Juli. Der außerordentliche Erfolg der preußischen Waffen hat die ganze Welt mit Erstaunen erfüllt, und jeder Deutsche kann jetzt nur wünschen, daß der starke Arm alle vereint. Selbst die Times ist jetzt entschieden dafür, nur die Tory-Blätter sind wütend und hoffen auf Frankreich.

Deutschen ab. Gelingt es ihnen, sich auf die Höhe der Situation zu erheben und für die Bildung eines einigen, starken Deutschlands, mit Preußen an der Spitze, einzutreten, anstatt in erster Linie nach ihren verjagten oder davor zitternden Fürsten zu jammern, so werden unsere Kinder ein wirkliches Vaterland bekommen und Bismarck und die preußische Armee segnen. Anderenfalls ist die Gefahr groß, daß Deutschland für immer in feindliche Stücke gerissen wird! — 28. Juli. Leider wird das Resultat der erfochtenen Siege nicht das erwartete sein [1]). Jetzt wird sich der Nachteil der schlechten Fahne, unter der gekämpft ist, fühlbar machen! Hätten wir eine liberale Regierung, so wäre jetzt die deutsche Frage gelöst. Doch vielleicht fallen dem deutschen Volke jetzt die Schuppen von den Augen, und es erhebt noch rechtzeitig die rechte Fahne! — 11. August. Jetzt bin ich wieder in der parlamentarischen Tretmühle. Ist jetzt besonders unangenehm. Es ist schwer, immer die richtige Straße inne zu halten, welche weder die nationalen, noch die liberalen Interessen kompromittiert. Eins tröstet mich dabei, daß nämlich Bismarck genötigt wird, sich um so mehr auf das künftige deutsche Parlament zu stützen, je weniger er mit dem preußischen kramen kann. Unsere Hauptaufgabe muß sein, die Etablierung eines vom übrigen Deutschland unabhängigen konsolidierten Großpreußen zu verhindern und die endliche Lösung nur durch den deutschen Nationalstaat möglich zu machen. — 25. September. Daß Bismarck wirklich jetzt vom heiligen Geiste einer großen nationalen Mission ergriffen ist, daß er den Willen hat, kein halbes, sondern ein ganzes Deutschland zu begründen, davon bin ich jetzt fest überzeugt. Darum habe ich mich auch von den meisten meiner alten politischen Freunde getrennt und habe für das Vertrauensvotum für seine äußere Politik gewirkt und gestimmt, als welches er die Bewilligung des Krediles auffassen zu wollen erklärte [2]). Damit soll nun aber, wie ich denke, meine politische Laufbahn vor der Hand wenigstens abgeschlossen sein — —. Ich muß mich im nächsten Winter ganz dem Geschäfte widmen und die Politik aus dem Gedanken verbannen. Die bisherige Zwitterstellung wurde mir doch sehr unbefriedigend.

Wie im Jahre 1848, so schied auch 1866 Werner Siemens aus der politischen Arena, weil die wirtschaftliche Tätigkeit seine Kraft beanspruchte. Aber wie groß war im übrigen der Unterschied! Im Jahre 1848 hatte er sich im Unmute über den Gang der Entwickelung zurückgezogen; jetzt tat er es im vollen Vertrauen auf den Leiter der deutschen Politik, in dem sicheren Bewußtsein, daß er die eigene Kraft ruhig anderen großen Aufgaben zuwenden durfte, für die er unvergleichlich besser befähigt war, als für die „politische Tretmühle".

---

[1]) Unzufriedenheit mit der Beschränkung des neuen Bundes auf Norddeutschland.
[2]) 24. September. Erklärung Bismarcks bei der Beratung der Kreditvorlage im Abgeordnetenhause.

Neue Bahnen. Die dynamo-elektrische Maschine. Im Herbste 1866, unmittelbar nach den eben geschilderten Vorgängen, nahmen die Brüder die Vorbereitungen für die indo-europäische Telegraphenlinie in die Hand. Sie bildete seitdem einige Jahre lang den Angelpunkt ihrer ganzen Geschäftstätigkeit. Daneben fehlte es nicht an kleineren neuen Aufgaben. So wurde im November 1866 die Ausdehnung der Berliner Rohrpostanlage in Angriff genommen, und in London kam die Kabelfabrikation in Gang. Aber jetzt erkrankte Wilhelm, und Karl, der zu seiner Unterstützung nach London gehen sollte, siedelte stattdessen zunächst nach dem Kaukasus über. Halske bezeigte zwar damals wieder etwas Neigung, im Geschäfte zu verbleiben; aber das versprach keine Dauer und bedeutete auch wenig, angesichts der Notwendigkeit ganz neuer Bahnen. William Meyer wurde immer kränker.

So war denn Werner Siemens noch immer hauptsächlich auf die eigene Kraft angewiesen; aber jetzt fand er genug davon in sich, genug nicht nur für die Hauptleitung des sich vergrößernden Geschäfts, sondern auch für eine Tat, die zu den bedeutendsten der wissenschaftlichen Technik gehört, für die Erfindung der **dynamo-elektrischen Maschine**[1]).

Wie jede andere erfolgreiche Menschentat, so beruhte auch diese auf einer langen vorhergegangenen Entwickelung. Schon Faraday hatte 1831, nach Entdeckung der Induktion, vorausgesagt, daß diese zur Erzeugung starker Ströme führen werde; sie begann tatsächlich bereits 1832 mit der Konstruktion der ersten magnetelektrischen Maschine. Im Jahre 1834 baute sodann Jacobi in Petersburg einen elektrischen Motor, der 1838 ein

---

1) Wegen des Folgenden vgl. L. E. 177 ff., 252 ff.; Wiss. Schriften 208 ff.; Technische Schriften 234 ff., 342 ff., 377 ff., 392 ff., 476 ff.; Pole (engl. Ausg.) 224 ff. (Pole's Material enthält einige Irrtümer). Auf das Technische kann hier natürlich nicht näher eingegangen werden und ebensowenig auf den Prioritätsstreit mit den englischen Physikern Wheatstone und Varley. Dieser Streit ist, soweit das möglich ist, tatsächlich längst entschieden. Werner Siemens hat die zahlreichen Versuche von Wheatstone, Thompson, Brett u. a., seine Erfindungen zu ignorieren oder zu verkleinern, zwar — wie seine Briefe zeigen — namentlich in der älteren Zeit manchmal bitter empfunden, doch nur sehr selten in der Öffentlichkeit erwähnt. Beim Dynamo hat er eine Ausnahme gemacht (Technische Schriften 476 ff.), doch nur, um den ausschließlich **deutschen** Ursprung der Erfindung sicherzustellen gegenüber der Trübung des Sachverhalts durch das **englische** Nationalgefühl. „Möglich" — so hatte er früher einmal bei einer solchen Gelegenheit geschrieben —, „daß der englische Magen die Speise nicht verträgt, wenn der Koch kein Engländer, und das frikassierte Huhn kein foreigner ist."

Boot auf der Newa betrieb; dazu brauchte er freilich eine Batterie von 320 Zinkkupferelementen und erklärte am Schlusse seiner Versuche selbst, daß die Elektrizität zur Leistung schwerer Arbeit nicht brauchbar sei, weil diese zu kostspielig würde, und weil viele andere, ihm unüberwindlich scheinende technische Schwierigkeiten der Lösung der Aufgabe entgegenträten; doch war der Jacobi'sche Motor schon ein Vorläufer unserer modernen Wechselstrom-Motoren und erheblich besser, als seine nächsten Nachfolger. Wie stark das Bedürfnis nach Lösung des Problems empfunden wurde, geht auch daraus hervor, daß sogar der Deutsche Bundestag einmal einen Preis für die erste brauchbare elektrische Lokomotive ausschrieb!

Werner Siemens muß sich schon früh mit dem ganzen Problem beschäftigt haben; denn bereits 1847, nach seinen ersten elektrotechnischen Erfindungen, warf er die Bemerkung hin: „Wenn ich 'mal Muße und Geld habe, will ich mir eine elektromagnetische Droschke bauen". Doch für solche Experimente hatte er einstweilen weder Muße noch Geld übrig, und er beteiligte sich zunächst an der weiteren Entwickelung der Starkstromtechnik nur mittelbar, dadurch nämlich, daß er 1856 für seinen Zeigertelegraphen einen neuen Magnetinduktor erfand, die später so bekannte „Siemens armature" oder den „Doppel-T-Anker", der dann sowohl zur Verbesserung der magnetelektrischen Maschine wie bei der ersten Dynamomaschine verwendet wurde.

Die magnetelektrische Maschine wurde inzwischen auch sonst verbessert und diente seit 1854 mehrfach zur Erzeugung von Kraft und Licht. Aber die bei ihr verwendeten Stahlmagnete waren unzuverlässig und wenig leistungsfähig; die Maschinen mußten in sehr großen Dimensionen ausgeführt werden, was sie schwerfällig und kostspielig machte. Letzterer Übelstand wurde durch die Anwendung des Doppel-T-Ankers verringert; aber die Mängel der Stahlmagnete blieben in vollem Umfange bestehen, bis der Engländer Wilde 1866 zwei solche verbesserte Maschinen miteinander kombinierte, von denen die größere statt der Stahlmagnete einen großen Elektromagnet, die kleinere dagegen, die nur zur Erregung des Elektromagnetes diente, noch Stahlmagnete hatte. Beide Maschinen wurden durch die gleiche Welle einer Arbeitsmaschine angetrieben und so in den Windungen des großen Elektromagnetes sehr kräftige Ströme erzeugt.

Zur Erfindung der Dynamomaschine war nun nur noch ein Schritt nötig: die Ausschaltung der Erregungsmaschine mit ihren Stahlmagneten, die Benutzung des **eigenen** Stroms der Maschine zur Erregung des Elektromagnetes. Das geeignete Mittel zur Erreichung dieses Zweckes lag ohne Zweifel nahe, wie Werner Siemens selbst später gesagt hat. Da jede arbeitende elektromagnetische Maschine, wie längst bekannt war, Gegenströme erzeugt, welche den sie bewegenden elektrischen Strom schwächen, da ferner die Richtung dieser „Extraströme" von der Richtung abhängt, in der die Maschine gedreht wird, so muß ihre Rückwärtsdrehung den Strom **verstärken**; es muß also möglich sein, durch bloße Rückwärtsdrehung einer solchen Maschine, unter entsprechender Änderung ihrer Konstruktion, direkt starke Ströme zu erzeugen; der Verstärkungsprozeß kann durch eine kleine Batterie, oder durch zwei Stahlmagnete, oder auch durch den geringen Magnetismus eingeleitet werden, der in den Eisenkernen der Anker immer zurückbleibt.

Das war die Gedankenreihe, die in Werner Siemens entstand, als er im Herbste des Jahres 1866 sich mit der Verbesserung elektrischer Zündvorrichtungen für Bergwerke beschäftigte; er brauchte zu dem Zwecke eine wesentliche Verstärkung des Induktionsstromes und hoffte diese auf die geschilderte Weise zu erlangen. Der Versuch bestätigte seine Theorie weit über Erwarten. In der Tat genügte der in dem Elektromagneten zurückgebliebene geringe Erdmagnetismus, um ihn in einen kräftigen Magneten zu verwandeln und hierdurch den Strom sehr bedeutend zu verstärken.

Die Entdeckung des „**dynamo-elektrischen Prinzips**" lag also in der Luft, wie denn Wheatstone und Varley sofort behaupteten, sie hätten es schon früher gefunden; doch sind sie den Beweis dafür schuldig geblieben. Werner Siemens hat es entdeckt, zuerst angewendet und die Tragweite der Entdeckung sofort erkannt:

In späterer Zeit, als die Dynamo-Maschine nach wesentlichen Verbesserungen, namentlich durch Einführung des Pacinotti'schen Ringes und des von Hefner'schen Wickelungssystems, die weiteste Anwendung in der Technik gefunden und Mathematiker wie Techniker Theorien derselben entwickelten, da schien es fast selbstverständlich und kaum eine Erfindung zu nennen, daß man durch gelegentliche Umkehrung der Drehungsrichtung einer elektromagnetischen Maschine zur dynamo-elektrischen gelangte. Dem gegenüber läßt sich sagen, daß die nächstliegenden Erfindungen von prinzipieller Bedeutung in der Regel am spätesten und auf den größten Umwegen gemacht werden. Übrigens kann man nicht leicht zufällig zur Erfindung des dynamo-elektrischen Prinzips gelangen, weil elektromagnetische Maschinen nur bei ganz richtigen Dimensionen und Windungsverhältnissen „angehen", d. h. bei umgekehrter Drehung ihren Elektromagnetismus fortlaufend selbsttätig verstärken [1]).

Für eine solche Geistestat war ein guter Nährboden nötig, wie ihn die gehobene Stimmung jener Tage darbot:

Werner an Wilhelm 4. Dezember 1866. Der Effekt muß kolossal sein. Die Sache ist sehr entwickelungsfähig und kann eine neue Ära der Magneto-Elektrizität herbeiführen. Der Apparat wird in wenigen Tagen fertig sein. Magneto-Elektrizität wird billig, und elektrisches Licht, Galvano-Metallurgie und selbst kleine elektromagnetische Maschinen, von größeren getrieben, können durchführbar und nützlich werden. — 15. Januar 1867. Der neue elektrodynamische Induktor ist erfolgreich über Erwarten, selbst bei kleinen Dimensionen. Durch ihn ist die Frage der Zünder für Bergwerke und Steinbrüche schon praktisch gelöst. Es wird eine sehr wichtige Sache werden — —. Ich werde jetzt mit Viktor Meyer die Leuchtturmfrage in die Hand nehmen; jetzt sind die Mittel dazu vorhanden.

Am 17. Januar wurde die Beschreibung der Erfindung der Berliner Akademie vorgelegt und am 14. Februar der Royal Society in London, hier gleichzeitig mit einer analogen Mitteilung von Professor Wheatstone. Zugleich wurde ein größeres Exemplar des Apparates angefertigt; dabei zeigte sich aber schon der Hauptfehler, welcher dieser ersten Konstruktion einer Dynamomaschine anhaftete: das Eisen des Ankers wurde durch den schnellen und kräftigen Polwechsel stark erhitzt:

Werner an Karl 2. Februar 1867. Der große Induktor ist ein wütender Kerl, der sich noch sehr ungeschlacht benimmt. Wenn man ohne ansehnlichen Widerstand schließt, hält er ohne weiteres die Dampfmaschine fest, und zwar ohne Reibung, nur durch magnetische Kraft! Dabei wird der Anker des rotierenden Magnets (Eisen, nicht der Draht) heiß! Zur vollen Wirkung ist er noch nicht zu bringen gewesen, da die Maschine ihn bei kurzem Schluß nicht über 3—5 mal in der Sekunde umdrehen kann, anstatt 20 mal! Doch macht er einen 1 mm starken Eisendraht gut hellglühend dabei. — 4. März. Mit dem neuen Stromgeber werde ich am Donnerstag, wo große Vorstellung vor der Akademie stattfinden wird, zum Abschluß kommen. Dieser Apparat wird den Grundstein einer großen technischen Umwälzung bilden, welche die Elektrizität auf eine neue Stufe der Elementarkräfte erheben wird! Es sind zwar noch viele Schwierigkeiten zu überwinden; doch die Grund-

---

[1]) L. E. 254.

lage ist da und praktisch erprobt! Der Ausbau darf nicht vernachlässigt werden, um so weniger, als Wheatstone als Konkurrent aufgetreten ist. Dieser Apparat und Kontrollapparate werden uns in den nächsten Jahren übermäßig beschäftigen. Wir sind daher auch zum Neubau des Flügels an Stelle des Schuppens entschlossen und bereiten alles dazu vor. — 28. Mai an Wilhelm. Mit dem großen Dynamo-Induktor bin ich in letzter Zeit viel beschäftigt gewesen — —. Leider ist ein Übelstand wahrscheinlich nicht zu beseitigen, nämlich die Erwärmung des Eisens der Anker durch den Magnetisierungswechsel. — 3. Juni. Der große Induktor gibt prachtvolle Resultate. Mit 350 Umgängen (anstatt 1200) gibt er schon ein sehr schönes elektrisches Licht, etwa 60 Groves entsprechend. Leider werden aber die Anker warm.

Werner Siemens dachte damals schon an elektrische **Hochbahnen** durch Berlin zur Entlastung der Straßen, und auch seine Versuche zur Erzeugung von elektrischem **Licht** nahmen ihren Fortgang. Die neue Ära der elektrotechnischen Entwickelung war also tatsächlich bereits eröffnet; aber ihre wirtschaftliche Ausnutzung blieb einer späteren Zeit vorbehalten.

Neue Anstrengungen, Sorgen und Leiden. Es war eine entscheidungsvolle Zeit für die Brüder Siemens. Mit Schluß des Jahres 1867 trat Halske aus der Firma Siemens & Halske. Wilhelm wurde Teilhaber des Berlin-Petersburger, Karl des Londoner Geschäfts, so daß jetzt ein **Gesamtgeschäft** gebildet wurde, an dem alle drei Brüder beteiligt waren[1]). William Meyer starb im Januar 1868. Karl blieb im Kaukasus, Wilhelm beschäftigte sich immer mehr mit seinen Experimenten zur Verbesserung der Stahlfabrikation und begründete dafür ein eigenes Stahlwerk in Landore[2]). Die Vorarbeiten für die indoeuropäische Linie wurden immer umfangreicher, und die wachsende Hauptbürde der Leitung des Gesamtgeschäfts lastete schwerer als je auf Werner, der seine Vereinsamung und die Notwendigkeit einer Entlastung immer dringender empfand. So mußte er z. B. im März 1867 zuerst nach Petersburg reisen, wo das Geschäft sich in schlechter Verfassung befand, dann nach Paris, wo er Preisrichter für die Weltausstellung war und die Aufstellung der Dynamomaschine überwachte, dann nach London, dann nach Dresden, wo sein Bruder Hans gestorben war. Wie Meyers Tod, so traf ihn auch dieser Todesfall schwer, ebenso die Ver-

---

1) Weiteres im dritten Abschnitte.
2) Vgl. den zweiten Abschnitt.

unglückung seines zweitjüngsten Bruders Walter im Kaukasus
(Juni 1868); beide Brüder hinterließen überdies ungeordnete Verhältnisse. Um dieselbe Zeit erkrankte Werners ältester Sohn
Arnold schwer. Seine eigene Gesundheit begann abermals nachzugeben; er wurde von einem schmerzhaften Blutgeschwür am
Schenkel und von tiefen, ebenfalls recht schmerzenden Hautrissen
an der Hand gequält. Düstere seelische Verstimmung bemächtigte sich seiner aufs neue:

Werner an Wilhelm 17. Dezember 1867. Wir haben hier neben
den großen Geschäften eine Anzahl kleiner, verkehren mit hundert
verschiedenen Verwaltungen und eigensinnigen Ingenieuren und haben
sehr viel neue Sachen durchzuarbeiten. Das übersteigt meine Kräfte.
Im wirklichen Geschäftsinteresse liegt eigentlich, ich könnte mich, wenn
nicht ausschließlich, doch wenigstens vorherrschend mit Verbesserungen
und wissenschaftlichen Studien und Versuchen beschäftigen,
damit wir immer an der Spitze bleiben. Ein paar Tausend
Gehalt spielen dagegen ganz und gar keine Rolle. — 7. Januar 1868 an
Karl. Meine Verantwortlichkeit und Arbeit ist natürlich sehr vermehrt;
doch das tut nichts. Häusliche Sorgen machen mich fleißig. Mechanische
Spekulationen sind mein Opium. — 25. Mai. Die Arbeit häuft sich,
und die Kräfte mindern sich. Mir fehlen jetzt namentlich Meyer und
Elster, doch auch der alte tüchtige Weiß[1]). Ich komme mir oft ganz vereinsamt
vor. Haase hilft zwar treu und tüchtig, ist aber kein Techniker. Der
Doktor will mich fort haben, das ist aber gar nicht möglich, vielleicht
später, wenn die indo-europäische Linie ganz eingeleitet ist. — 13. Juni.
Ich glaube, daß er recht hat; ich fühle mich sehr reduziert. — 16. Juni.
Ich glaube nicht, daß ich lange das jetzige Leben werde fortführen
können. — 25. Juni (nach Walthers Tode) an Wilhelm. Wie aber,
wenn einer von uns beiden jetzt an die Reihe kommt? Wir müssen
wohl anfangen, abzubauen! — 18. Juli an Karl. Bitte, habe immer
nur in erster Linie die fernere Zukunft vor Augen. Die Geschäfte
lassen sich in unserer jetzigen Lage in jedem beliebigen Maße vergrößern,
die Grenze besteht nur in der guten Leitung. Wo die zu verbessern
ist, müssen alle anderen Rücksichten schweigen. Wir werden auch älter,
das Schicksal hat uns in den letzten Jahren gezeigt, wie vergänglich wir
sind; wir müssen daher alles so einrichten, daß wir im Notfalle entbehrt
werden können. Sonst stürzt bei unserem Abgange der ganze Bau zusammen und wir haben schlecht für unsere Nachkommen gesorgt. —
4. August. Es wäre jetzt leicht, dreimal so viele Aufträge zu bekommen.
Wenn der Baumkern faul wird, grünt er am stolzesten.

Werner befand sich damals in Ragaz zur Kur. Dort traf
ihn ein neuer Schlag: Karl wurde durch schwere Erkrankung
seiner Frau gezwungen, den Kaukasus zu verlassen, was die

---

[1]) Einer der ältesten Werkmeister.

Fortsetzung der Arbeiten an der indo-europäischen Linie und zugleich die Entwickelung des kaukasischen Kupferwerks sehr ernstlich gefährdete[1]). Doch das spornte ihn zu erneuter Kraftentfaltung. Er verließ sofort das Bad, ordnete in einer Zusammenkunft mit den Brüdern die schwebenden Fragen und reiste im Herbste 1868 zum zweiten Male nach dem Kaukasus, wo er sich aufs neue großen geistigen wie körperlichen Anstrengungen unterzog. Er machte halsbrecherische Hochgebirgstouren und hatte unter schweren Fieberanfällen sehr zu leiden, bekämpfte sie aber erfolgreich mit Chinindosen von einer Stärke, wie sie in Deutschland nicht üblich waren[2]).

Sein Befinden muß sich dann gebessert haben, wie denn überhaupt das Jahr 1869 eine wesentliche Besserung sowohl in persönlicher wie in geschäftlicher Hinsicht für ihn herbeiführte. Er heiratete aufs neue, und die liebenswürdigen Eigenschaften seiner zweiten Frau „brachten wieder warmen Sonnenschein in sein etwas verdüstertes arbeitsvolles Leben"[3]). Und was das Geschäft betrifft, so wurden jetzt die längst als notwendig empfundenen organisatorischen Neuerungen vorgenommen.

Organisatorische Neuerungen in Berlin. Karl Siemens ging, als er den Kaukasus verließ, zunächst nach Berlin, wo er nach Kräften und mit Erfolg Werner entlastete. Doch als seine Frau im Anfange des Jahres 1869 starb, ging er auf einige Wochen nach London, wo er das dortige Geschäft kennen lernte und für Schlichtung von Reibungen zwischen Berlin und London wirkte. Im Sommer leitete er mit Wilhelm zusammen die Kabellegung im Schwarzen Meere und nahm in der Direktion des kaukasischen Kupferwerks eine wesentliche Änderung vor. Von dort aus teilte er den Brüdern seinen Entschluß mit, endgültig nach London überzusiedeln, wo er hoffen durfte, seine besonderen Fähigkeiten besser zu verwerten als in Berlin. Im Herbste 1869 wurde dieser Entschluß ausgeführt. In Berlin aber wurden jetzt neue Mitarbeiter von Werner herangezogen.

---

1) Weiteres auch über das Folgende vgl. in den Kapiteln, welche von der Indo-Europäischen Linie und von dem Kupferwerk im Kaukasus handeln.

2) L. E. 226 ff. „Er kurierte gern selbst an sich herum", berichtet sein Arzt, „und war sehr geneigt, auch anderem als ärztlichen Rate zu folgen. Besonders hoch stellte er, in gewisser Beziehung mit Recht, die schwedische Heilgymnastik und Massage."

3) L. E. 257.

Der erste war Karl Frischen[1]). Er war technischer Leiter des hannöverschen Telegraphenwesens, dann der preußisch-norddeutschen Telegraphen-Verwaltung gewesen und hatte sich schon durch viele eigene Erfindungen hervorgetan. Werner Siemens stand mit ihm bereits 1854 wegen solcher Erfindungen in Verbindung. Auch war schon 1858 davon die Rede, ihn für die Firma Siemens & Halske zu gewinnen; doch hielt Werner ihn, obgleich für sehr tüchtig, doch nicht für besonders geeignet zur Leitung der damals im Vordergrund stehenden Kabelanlagen; er sei, so meinte Werner, „etwas flüchtig, unstät und durch neue Ideen hingerissen". Im Jahre 1867, als die indo-europäische Linie in Angriff genommen wurde, war sofort wieder davon die Rede, ihn anzustellen:

Werner an Karl 11. Juni 1867. Über Frischen hast Du mir noch nicht geantwortet. Kommt die persische Linie zustande, so muß notwendig ein praktisch tüchtiger Mann für sie beschafft werden. — An Wilhelm 26. November 1867. Sollen wir Frischen eventuell für die indische Linie gewinnen? Ich rate dazu, weil uns alle Verwaltungskräfte jetzt fehlen, und Frischen jetzt schon seine freie Zeit der Sache widmen könnte.

Aber erst im Jahre 1869 wurde die Sache durch Karls Entschluß, nach London überzusiedeln, ins Rollen gebracht und Frischen als Oberingenieur angestellt:

Karl an Werner 29. Juli 1869. Ein Zusammenleben mit Euch hat das Schicksal, wie es scheint, nicht gewollt. Ich habe mir die Sache gründlich überlegt und bin zu der Überzeugung gekommen, daß ich in London nützlich werden kann, in Berlin aber nur sehr wenig. Geschäfte meines Genres gibt es in Berlin nicht, und von der Fabrikation verstehe ich nicht genug. Frischen wird dort unendlich viel mehr nützen können, und ich würde gegen uns alle sündigen, wenn ich nicht das Feld räumte. Daß ich lieber in Berlin wäre, als mich in die neuen englischen Verhältnisse einzuleben, liegt auf der Hand; aber ich muß an Erwerb denken, da es in Kedabeg so schlimm aussieht. — 17. August. Gemütlicher wäre es sicher in Berlin, aber trotz alledem ist es doch nur Deine Person, welche mir meinen Entschluß schwer gemacht hat. Ich lebe 18 Jahre außerhalb Deutschlands und ich bin deutscher Verhältnisse entwöhnt[2]). — Werner an Wilhelm 24. August. Mit Karl habe ich nun brieflich definitiv besprochen, daß er nach London übersiedelt und die ganze Remonte-Verwaltung der indischen Linie übernimmt. — Werner

---

1) L. E. 256.
2) Bei Karls Entschluß wirkten auch englische Verhältnisse mit, auf die nachher einzugehen ist.

an Wilhelm 13. Oktober. Es ist nötig, für die Eisenbahn-Telegraphie, welche unsere hauptsächliche Auftraggeberin ist, eine Autorität der Eisenbahn-Telegraphie dem Geschäfte zu affiliieren. Das ist Frischen unbedingt. Durch seinen persönlichen Einfluß wird er uns viele Kundschaft zuführen. Daß er zu so billigen Bedingungen aus dem Staatsdienst aus- und bei uns eintritt, kommt daher, daß er im Staatsdienst sich nicht wohl fühlt und mit Leib und Leben Techniker ist. — Karl an Wilhelm 14, Oktober. Frischen kann dem Berliner Geschäfte von unberechenbarem Nutzen sein. Die Werkstatt muß unter kompetente Kontrolle kommen, wozu Werner keine Zeit hat; aber das ist das wenigste. In Berlin fehlt seit je ein Mann, welcher das Geschäft nach außen gehörig poussiert. Sie sitzen dort alle wie junge Kuckucke und warten, bis ihnen die gebratenen Tauben ins Maul fliegen. Auftraggeber wollen aber herangezogen und bearbeitet werden. Von dieser Notwendigkeit ist Frischen vollständig durchdrungen, und er ist auch ganz der Mann dafür, dem Übel abzuhelfen. — Werner an Karl 22. November. Frischen ist zwar nicht Prokurist, also nicht entscheidend, wird aber dennoch einen großen Einfluß auf die hiesige Technik ausüben. Natürlich sucht er jetzt das russische Geschäft zu protegieren und schimpft schon sehr darüber, daß die Werkstatt russische Bestellungen, die in Unmasse zu erhalten sind, jetzt wegen der englischen ganz zurückstellen muß.

Damals stand also für das laufende Geschäft immer noch der Telegraphenbau durchaus im Vordergrunde des Interesses, und auch das technische Interesse Werners an den Telegraphen-Apparaten war noch ein großes; bei ihrer Verbesserung half ihm 1869, außer Frischen, schon eine zweite sich damals emporarbeitende Kraft: von Hefner-Alteneck. Er hatte sich 1867 bei der Firma zum Eintritt als Ingenieur gemeldet, war aber, weil für eine Kraft dieser Art gerade kein Bedarf vorlag, abgewiesen worden und deshalb zunächst als einfacher Arbeiter eingetreten; zwei Jahre später war er schon Werners Hauptmitarbeiter bei Ausbildung des für die indo-europäische Linie bestimmten automatischen Telegraphen-Systems. Werner übertrug diese Aufgaben allmählich auf Frischen und namentlich auf Hefner. Letzterer wurde bald Chef des neugebildeten Konstruktions-Bureaus, dessen Arbeit die früheren rein praktischen Konstruktionen Halskes und seiner Werkmeister ersetzte:

Werner 7. Januar 1868. Ich reformiere jetzt eigentlich die ganze Telegraphie. — 22. November 1869. Wir verwenden jetzt viel auf gute Konstruktion und haben in Hefner und Frischen jetzt ausgezeichnete Kräfte dafür. Unser Bestreben geht dahin, Normal-Konstruktionen einzuführen, welche dann billig fabriziert werden können und uns so die Konkurrenz erleichtern. Wäre es nicht besser, London schlösse sich

Fabrikhof von Siemens & Halske, Berlin, Markgrafenstraße 94.

daran an? Ein tüchtiger Konstrukteur findet für London allein doch keine Beschäftigung, und die „Mechanikus"-Konstruktionen sind doch überlebt. — 29. November. Wir sind jetzt emsig beschäftigt, unsere ganze Fabrikation zu reformieren und auf richtige konstruktive Basis zu bringen. In Hefner und Frischen habe ich jetzt die richtigen Kräfte dazu. Es wäre wünschenswert, daß diese konstruktive Force für London nicht verloren ginge.

Werners Wünsche gingen allerdings in bezug auf den Telegraphenbau nicht in Erfüllung: in diesem Zweige ihrer Tätigkeit begann damals eine Zeit technischer Stagnation, nicht nur bei Siemens & Halske, sondern überall. Für die damaligen Bedürfnisse war die Telegraphentechnik genügend ausgebildet. Die Telegraphen-Verwaltungen verloren die Neigung, Neuerungen einzuführen, wodurch auch der Schaffensdrang der Techniker erlahmte. Aber die von Werner Siemens in der letzten Zeit herangezogenen und geschulten Hülfskräfte kamen bald den der Firma erwachsenden großen neuen Aufgaben zugute. Geschäftlich blieb der Telegraphenbau in Berlin einstweilen immer noch Hauptsache, nächstdem wurden auch Wassermesser und Spiritus-Kontroll-Apparate, namentlich für Rußland, stark angefertigt; technisch dagegen rückte, außer dem Dynamo und seinen Anwendungen, zunächst namentlich das elektrische Blocksystem für den Eisenbahndienst in den Vordergrund. Alle diese Anforderungen erforderten **Vergrößerungen der Fabrik:**

Karl 12. Dezember 1868. Unser Neubau geht nur sehr langsam vorwärts, weil wir gleichzeitig mit dem Hintermanne Krieg führen. — Werner 7. Dezember 1869. Wir müssen die benachbarte Bade-Anstalt (133 □ Ruten) für 45000 Taler ankaufen. Das ist allerdings viel; doch es ist die einzige Möglichkeit uns ausdehnungsfähig zu halten; wir sind dann auf 600—800 Arbeiter gesichert. Ich bin aber dafür, noch 30000 Taler zuzulegen und das Vorderhaus mitzukaufen. Der Schnitzel, der uns von der Charlottenstraße trennt, wird uns dann nach und nach zufallen. Grundstücke bilden jetzt die beste Geldanlage in Berlin. Der Wert wächst überall mehr wie 5 %. — 30. Juni 1870. Rußland will höchst wahrscheinlich die Kontroll-Apparate einführen und für nächstes Jahr 8000 Stück bestellen. Dann heißt es, eine Fabrik für ca. 1200 Arbeiter aus der Erde stampfen. — 9. September[1]). Die Not um Telegraphen-Apparate kommt teils durch den Krieg, teils durch Nichterfüllung der Pariser Lieferungen. Wird noch viel größer werden, da Paris nicht so bald wieder mitspielen wird. Auch wird Chauvin in Frankreich selbst noch viele Apparate brauchen. Italien wird die Schweizer Fabriken jetzt voll beschäftigen, vielleicht auch die Wiener, die aber für

---

[1] Vgl. hier auch unten S. 301 (25. Juli 1870).

Ungarn etc. genug zu tun haben. In Belgien gibt es nur kleine Quetschen. — 18. September. Wenn der „run" so fortdauert, werden wir wohl mit den Preisen in die Höhe gehen. Wenn wir nur mehr Mechaniker bekommen könnten! Es wird jetzt wohl nichts anderes übrig bleiben, als das Nachbargrundstück ganz für Telegraphie und Wassermesser in Beschlag zu nehmen und für Kontroll-Apparate eine ganz abgesonderte Fabrik zu bauen, vielleicht auf meinem Charlottenburger Grundstück. — 19. November. Schweden will bestimmt 200—300 Kontroll-Apparate bestellen, desgleichen wahrscheinlich Dänemark. Im Telegraphenfach übermäßig zu tun, wird dauern, da die Eisenbahnen viel Material nach Frankreich abgeben müssen. Blocksystem kommt zur Einführung und wird uns sehr zusetzen. Wassermesser verlangen dringend Werkstattvergrößerung. — 4. Dezember. Hier große Eisenbahn-Ingenieur-Versammlung, die sich im Prinzip für das Blocksystem entschieden hat. Werden im nächsten Jahre wohl für 8000 Meilen Eisenbahnapparate machen müssen.

So kündigte sich die kommende Zeit des großen wirtschaftlichen Aufschwunges an; aber sofort traten auch schon die ersten Anzeigen sozialer Kämpfe zutage. Im Sommer 1870, kurz vor dem Kriege, drohte ein **Arbeiterstreik**, der, wie es scheint, nur durch Werners persönliches Eingreifen verhütet wurde. Das wenige bisher vorliegende Material in bezug auf Arbeiterverhältnisse dieser Zeit wird im dritten Abschnitte mitgeteilt werden.

Um dieselbe Zeit wie Frischen und von Hefner-Alteneck wurden noch zwei andere Männer in die Zahl der Hilfsarbeiter ersten Ranges aufgenommen: **Lent**, der zunächst nach Petersburg gesandt wurde und 1870 in den Krieg zog; unser Material weiß sonst von ihm aus dieser Zeit nichts zu berichten. Sodann **Georg Siemens**, der seine Sporen bei der indo-europäischen Linie verdient hatte; im Herbste 1869 wurde seine Stellung, die bis dahin nur die eines Syndikus mit 500 Taler Gehalt gewesen war, erweitert und gekräftigt.

Werner an Wilhelm 13. Oktober 1869. Er ist zuverlässig und gescheut, und es ist gut, eine solche jüngere verwandte Kraft in unserem weitschweifigen Geschäfte zu haben. Nach meinem Tode wird er Vormund meiner Kinder werden. — Karl an Wilhelm 14. Oktober. Daß Georg mit seiner Rechtsgelehrsamkeit dem Geschäfte nützlich sein kann und es auch sein wird, ist nicht zu bestreiten; 1000 Taler können durch **einen** guten Rat gerettet oder eingebracht werden. Aber wirklich unentbehrlich wird er erst in Sterbe- und Krankheitsfällen. Wenn z. B. Werner was Menschliches passieren sollte, was soll dann aus unserem Berliner Geschäfte werden? Werners Jungen sind noch lange nicht so weit. Ist aber Georg mit dem Geschäftsgange vertraut, so kann er die Leitung übernehmen, wozu er so wie so schon als Vormund von

Werners Kindern berufen sein würde. Ein solcher stimmführender Vormund ist sehr störend, wenn er nichts vom Geschäfte versteht. In derselben Weise kann G. Dir und mir nützen, wenn unser Stündlein geschlagen hat. Haase drückte sich aus: „**Die Dynastie soll durch Georg gerettet werden.**"

Aber schon nach wenigen Monaten fand Georg Siemens einen größeren Wirkungskreis als Direktor der neugegründeten Deutschen Bank (1. April 1870); nur das Syndikat von Siemens & Halske durfte er einstweilen noch fortführen.

London. Auch für das englische Geschäft stand sichtlich eine große Zeit bevor. In den Jahren vor Karls Übersiedelung nach London war die Hauptleitung des dortigen Telegraphenbau-Geschäfts mehr und mehr Loeffler zugefallen; denn Wilhelm Siemens widmete sich, wie schon erwähnt, immer mehr der Stahlfabrikation. Aber obwohl London gut verdiente, gelang es Loeffler doch nicht, das Geschäft im großen Stile zu entwickeln. Die Kabelfabrikation geriet sogar wieder ins Stocken; die Übermacht der Telegraph Maintenance and Construction Company erschien noch als unüberwindlich.

Erst im Sommer 1869 schien die englische **Eisenbahn-Telegraphie** günstige Aussichten zu bieten, weil das öffentliche Telegraphenwesen verstaatlicht, und für die Eisenbahnen das Monopol der Electric Telegraph Company beseitigt wurde. Dies bestärkte Karl wesentlich in seinem Entschlusse, nach England zu gehen. Tatsächlich erfolgte sofort eine große Bestellung von Apparaten, wodurch die Berliner Werkstatt sogar in Verlegenheit geriet, weil sie die Aufträge der älteren russischen Kunden zurückstellen mußte, obwohl an ihnen dreimal so viel verdient wurde.

Im Jahre 1870 bekam auch die **Kabelfabrik** in London wieder zu tun, u. a. (vor Kriegsausbruch bestellte Kabel) für die französische Regierung, gegen deren Lieferung Werner energischen Einspruch erhob. Wir werden darauf zurückkommen.

In England herrschte 1869—1870 große Stimmung für Kabel-Unternehmungen, und Karl regte gleich nach seiner Ankunft in London, zusammen mit Wilhelm, bei Werner die Erweiterung der Kabelfabrik und die Errichtung einer **Guttapercha-Fabrik** an, um von der Telegraph Maintenance and Construction Company, welche das faktische Guttapercha-Monopol besaß und bei Lieferung der für die Kabelfabrikation nötigen Guttapercha-Adern

Schwierigkeiten machte, unabhängig zu werden. Dadurch eröffnete sich erst die Aussicht auf Teilnahme am großen transatlantischen Kabelgeschäfte. Wilhelm hatte dagegen zuerst Bedenken gehabt, hatte aber den Widerstand aufgegeben, als Karl ihm auf seine Frage: „Wer wird die Kabel legen?" antwortete: „Ich selbst bin bereit dazu!". Auch Werner war anfangs noch recht bedenklich, ließ jedoch dann ebenfalls seine Bedenken fallen [1]):

Werner 11. Dezember 1869. Die Core(G. P.-Adern)-Fabrik allein wird sich schwerlich rentieren, da man Verwendung für das schlechte Material haben muß, was man mitnehmen muß, um gutes zu bekommen. Dann ist die Frage, ob Hooper nicht doch schließlich mit Gummi siegt usw. Also keine Übereilung in dieser ungeheuer schwierigen Frage. — 10. Februar 1870. (Submarinschwindel.) Zu so kolossalen Schwindelgeschäften hätte ich doch keine Lust. Das sind brillante Erscheinungen, die wieder in nichts zusammenfallen! Ich ziehe ein solides Geschäft vor, mit gutem Verdienste, aber makellos und nicht so aufreibend. — 18. Februar. Eine G. P.-Fabrik anzulegen ist ein kitzliges und kostspieliges Ding für uns allein. Ich fürchte, die Kabellegung wird bald einen gehörigen Stoß bekommen, und die Maintenance wird wohl mehr als ausreichend sein, um dann noch übrig bleibende Bestellungen zu effektuieren. Guttapercha wird jedenfalls sehr im Preise steigen und überhaupt schwer zu haben sein usw. — 4. April. Laßt Euch nur nicht zu tief auf halsbrechende Kabelunternehmungen ein! Es gibt auf andere Weise Geld genug zu verdienen. — Karl 9. Dezember 1870. Mit dem neuen Jahre geht die Guttapercha-Fabrikation los. Alle Maschinen stehen. Das wird bestimmt ein gutes Geschäft, namentlich indirekt, indem es uns frei und unabhängig macht.

Die nächstfolgenden Jahre 1871 und 1872 lieferten allerdings für das englische Geschäft keine guten Ergebnisse. Um so glänzender gestalteten sie sich seit 1873 durch den Beginn der großen transatlantischen Kabel-Unternehmungen. Wie Karl Siemens in Rußland die erste feste Grundlage des Siemens'schen Vermögens hauptsächlich gelegt hatte, so erwies er sich auch jetzt wieder als die stärkste **geschäftliche** Kraft der Familie.

Ausbruch des Krieges 1870. Wir schließen hier mit einigen Briefen, welche den Eindruck wiedergeben, den der Ausbruch des Deutsch-Französischen Krieges auf Werner Siemens ausgeübt hat. Dazu gehören auch **geschäftliche** Erwägungen, die sich ihm in seiner Eigenschaft als Leiter großer Unternehmungen auf-

---

1) Vgl. dazu oben S. 200 (1867).

drängten. Zunächst befremdet es, dicht neben Äußerungen starker Vaterlandsliebe solche nüchterne Erwägungen zu bemerken. Aber gerade wir Deutschen haben jetzt alle Ursache, uns darüber klar zu werden, daß nationale Ereignisse und Strömungen tiefreichenden Einfluß auf das wirtschaftliche Leben ausüben, guten wie schlimmen Einfluß, der unseren Geschäftsleitern die Pflicht auferlegt, kühle Erwägungen jener Art anzustellen. Wir müssen uns an solche Denkweise gewöhnen:

Werner 12. Juli 1870. Heute früh von Helgoland zurück, finde ich die große und unsere Privatgeschäftswelt in vollen Flammen. Ich glaube, wir bekommen Krieg — — —. Ihr tut gut, ihn geschäftlich als höchst wahrscheinlich anzunehmen. Selbstverständlich können wir uns unter solchen Umständen auf keine kostspieligen Unternehmungen einlassen. Es wird ein fürchterlicher, zerstörender Krieg werden, und da muß man alle seine Reserven bereit halten. Da das jeder tut, so ist auf niemandes Hülfe zu rechnen und kein Groschen Geld zu bekommen. — 18. Juli. Natürlich absorbiert der Krieg alle Interessen und Kräfte. Transporte sind vorläufig auf den Eisenbahnen unterbrochen, werden aber, nachdem die Truppenmassen befördert sind, wieder gehen. Inzwischen habe ich natürlich einstweilen unsere Fabrik dem Telegraphen- und Kriegs-Departement zur Verfügung gestellt. Vorläufig hat man nur 10 Apparate genommen, die eben nach Dänemark abgehen sollten. Wir werden die fertigen Londoner daher absenden können, sobald wieder Güter angenommen werden. Die nötigen Kabel waren dummerweise in Chauvins Abwesenheit in Köln bestellt. Da Kabel in Mengen gebraucht werden, und man wegen der Kölner Lieferung in Not war, so habe ich einstweilen auf eigene Rechnung 10 Knots dünnes Kabel telegraphisch dort bestellt, die hoffentlich vor erklärter Blockade kommen. — Es sind 66 von unseren Leuten militärpflichtig und teilweise schon einberufen. Doch werden wir munter fortarbeiten können. — Geld ist hier natürlich jetzt sehr teuer; alle Werte schrecklich gesunken, sodaß unsere 60000 Taler Depositen bei Delbrück[1]) jetzt nicht 30000 repräsentieren. Wir schulden Delbrück gegen 20000, werden also noch etwa 10000 erheben können, wenn die Depositen nicht noch tiefer fallen. Wir müssen Delbrück schon 7 % (Bankdiskonto) zahlen. Es wäre nun jedenfalls sehr vorteilhaft, wenn wir Delbrück abbezahlen könnten mit Eurer Hülfe. Geht das, so würde gute Gelegenheit durch die Deutsche Bank sein, die große Zahlungen in Amerika zu machen hat (Gottlob!). Telegraphiere mir also. Überhaupt rate ich, soviel bar Geld wie nur immer möglich aufzuspeichern und in recht innigem Verkehr per Indodraht mit uns zu bleiben — —. Zwar kann nur Friede kommen, wenn Frankreich sich demütigt; doch der alte Louis bekommt vielleicht Furcht vor der erhebenden Einigkeit des ganzen deutschen Vaterlandes! Jedenfalls ist sein Ende als Kaiser nahe;

---

1) Delbrück, Leo & Co., die Bankiers von Siemens & Halske, die somit damals keinen uugedeckten Bankkredit hatten.

denn der furor teutonicus ist erwacht und lodert täglich heller auf — —.
Möglich, daß die Franzosen, die uns vollständig überrumpelt haben, bis
Berlin vordringen, aber Hiebe bekommen sie doch; denn glücklicherweise
ist Berlin nicht Deutschland, wie Paris Frankreich ist — —. Merkwürdig ist, daß keine Spur von Mutlosigkeit oder Angst hier aufzufinden
ist. Die Freude darüber, daß alle Deutschen einig und entschlossen
sind, Gut und Blut an die Züchtigung des Störenfrieds zu setzen, ist
bei weitem überwiegend! Es ist eine erhebende Zeit, aber — kostspielig! — Meine Kinder sind noch in Helgoland. Ich lasse sie auch
da, bis die Blockade erklärt wird. Der Gouverneur hat versprochen,
sie dann mit seinem englischen Dampfer nach Hamburg oder Bremen
zu bringen. Es ist mir Arnolds wegen lieb[1]), der natürlich gern mit-
ginge, namentlich da sein Vetter C. mitgehen will. Sein Herzübel macht
aber größte Schonung notwendig. Dauert der Krieg länger, was der
Fall sein wird, wenn wir nicht gleich entschieden siegen, so werde ich
ihn im nächsten Frühjahr ziehen lassen müssen, da er dann 17 Jahr
alt ist! Nun, dann gehe ich selbst wahrscheinlich auch noch mit! —
(Fortsetzung von demselben Tage.) Meine Kinder sind nach Cuxhaven
geflüchtet; Louis wird sie von dort abholen. Unsere Werkstatt hat viele
Leute verloren (68); doch fehlt es nicht an Arbeitern und noch weniger
an Arbeit. Chauvin, der gestern zurückgekehrt ist, hat alles beinahe
Fertige in Beschlag genommen. Ihr erhaltet also keine Apparate. Wäre
auch nicht möglich, sie jetzt zu befördern. Auch die 10 Knots Kabel
wird er nehmen und vielleicht noch eine große Bestellung machen.
Bleibt also darauf gefaßt. Mit dem Gummischlauch will ich selbst Krieg
führen gegen französische Panzer, die sich der Küste nähern, nämlich
vermittelst vom Ufer oder einem kleinen Schiffe aus dirigierbaren
Minen. — Es fehlt hier schrecklich an Geld. Wir mußten gestern
schon 9%, heute wie es heißt, 10% und wahrscheinlich bald 12%
und mehr Zinsen zahlen. Du tust gut, soviel zu schicken wie Du
irgend entbehren kannst; denn Geld ist von sehr großem Werte und
zwar vollkommen sicher — —. Wir sind alle guten Muts, wie unser
König in seiner eben erhaltenen Eröffnungsrede. Deutschland ist einig
und entschlossen, das ist genug! — 20. Juli. Wahrscheinlich werden
die Franzosen das Reutersche Kabel[2]) zerstören lassen, möglicherweise
auch die Holländer Leitungen. Es wäre von großer Wichtigkeit, dann
ein geheimes Kabel zu haben. Das läßt sich möglicherweise durch das
Helgoländer Kabel machen[3]). Von allergrößter Wichtigkeit wäre es,
wenn Du Nachrichten über telegraphische Anlagen der Franzosen an der
Grenze erhalten und mitteilen könntest. Du könntest dem Vaterlande
einen großen Dienst leisten, wenn Du in diesem Sinne tätig wärest. —
Arnold telegraphierte mir eben, daß er dem Fräulein W. (Gouvernante) deser-
tieren würde, um zur Armee zu gehen! Ich dachte mir's beinahe schon und

---

1) Werners ältestem Sohne.

2) Zwischen Deutschland und England.

3) Werner meinte, ein altes, nicht mehr benutztes Kabel über Helgoland, das wieder in Stand gesetzt werden sollte.

verdenke es dem Jungen nicht. Leider ist sein Herzleiden noch nicht ganz gehoben; ich werde daher fast contre coeur suchen müssen, ihn zurückzuhalten, auf Grund seines unzulänglichen Alters. Er ist erst 16 $^1/_2$ Jahre alt. Alle Vettern (Ali, Leo, Hermann) sind natürlich fort. Alles drängt zu den Fahnen, alle Parteien haben aufgehört, die Mainlinie existiert nicht mehr. Von der dänischen Grenze bis zum Bodensee herrscht derselbe Patriotismus, derselbe heilige Zorn — —. Wir werden siegen und gründlich siegen, ob früh oder spät! — — Benutze nur jede Gelegenheit, Geld hierher zu senden. Es ist hier jetzt mehr wert, wie wo anders. Ich muß auch für Ferdinand und Fritz sorgen! Wir arbeiten mit voller Kraft. Alle Lücken sind wieder ausgefüllt! Ich werde Dir bei erster Gelegenheit unsere amerikanischen Bonds schicken zum Verkauf. Hier ist für nichts Geld zu bekommen. — 25. Juli. Die Franzosen haben sich verrechnet, da sie noch nicht vorgegangen sind. Warten sie noch zwei Tage, so stehen wir ihnen an der Grenze schon gleich, und wird der Krieg wohl gleich in Frankreich abgespielt werden! Hier geht alles seinen ruhigen vorgeschriebenen Gang. Energische Tätigkeit, aber keine Überstürzung. Wer nicht eingeweiht ist, merkt kaum etwas davon. Die Siegeszuversicht ist gewaltig gestiegen. Jedenfalls dauert der Krieg nicht lange. Man hofft hier in zwei Monaten die französische Armee vollständig zertrümmert zu haben. Jedenfalls rechnet man hier sicherer als in Paris. — Wir haben anderweitige Geldeingänge gehabt und werden für Kabel und isolierten Draht, sowie für Apparate Zahlung erhalten. Der Wechselkurs London bessert sich — —. Banknoten können wir nicht gebrauchen. Die 2000 £ in Gold, die Du C. mitgeben willst, erwarten wir. Damit werden wir vorläufig für unser Geschäft gedeckt sein. — Wir haben erdrückend viel Bestellungen: Distanzmesser, Leuchtapparate, Telegraphen etc. Leider ist uns ein großer Teil der besten Arbeiter fortgenommen. Ihr müßt daher schon etwas Geduld mit uns haben. Militärische Sachen müssen den Vorrang haben, das geht nicht anders. Dann ist auch nur Kriegsmaterial zu transportieren. Jetzt sind für 9 Tage alle Bahnen gesperrt, für den Transport der Armee. — 26. Juli. Der deutsche Nationalkrieg entwickelt sich immer mehr mit aller Opferfreudigkeit und allen Leidenschaften desselben! Ich zweifle nicht mehr, daß das Resultat nur die Niederwerfung Frankreichs und die Auferstehung eines verjüngten einigen und mächtigen Deutschlands sein kann! — Da macht mir nur eine Bemerkung in einem der letzten Geschäftsbriefe viel Bedenken. Es steht, Ihr hättet für Staatszwecke 600 Knots Kabel für Frankreich in Bestellung. Das können nur Kriegszwecke sein. Schreibe mir, wie das zusammenhängt. Es geht nicht an, Ihr könnt jetzt Frankreich kein Kriegsmaterial liefern. Ihr seid und bleibt ein deutsches Geschäft, und es würde ein arger Makel auf uns fallen, wenn ein Teil unseres Gesshäfts dem Feinde dienstbar ist. Laßt Euch von Frankreich Garantien geben, daß das Kabel nicht zu Kriegszwecken verwendet werden soll, und inhibiert solange die Lieferungen! Tut das noch, bevor England in den Krieg hineingezogen ist — —. Später sieht die Sache gezwungen aus! Wilhelm schrieb mir über die französische Bestellung:

„Doch das läßt sich wohl noch ändern". Du könntest auch eine Depesche an Bismarck geben, des Inhalts, daß Frankreich bei unserer Londoner Fabrik 600 Knots Kabel, wahrscheinlich zu Kriegszwecken, vor Ausbruch des Krieges bestellt hätte, und daß Du bätest, die Ausführung durch die englische Regierung zu sistieren, falls dies im deutschen Interesse läge. Als englische Firma würdet Ihr sonst gezwungen werden zu liefern. — 2. August. Um Gottes willen seid vorsichtig mit dem Kabel. Als Vaterlandsverräter möchte ich nicht gebrandmarkt werden. — 3. August. Es freut mich, daß Telegraphenkabel von Frankreich nach einer Schiffsstation verboten sind. Diese Sache liegt mir schrecklich in den Gliedern.

In der ersten Hälfte des August beteiligten sich Siemens & Halske (das Berliner Geschäft) an den Arbeiten zur Verteidigung der deutschen Küste gegen eine damals drohende französische Landung; doch wurde das französische Landungskorps bekanntlich schon bald nach Frankreich zurückberufen. Bei jenen Arbeiten half Karl von London aus nach Kräften, wie denn überhaupt die wenigen aus dieser Zeit von ihm erhaltenen Briefe beweisen, daß auch er die große Zeit mit starkem deutschen Empfinden durchlebte, Wilhelm, von dem gar keine Äußerungen vorliegen, sicherlich auch. Aber die ganze Sachlage zeigt so recht deutlich, welche äußeren Schwierigkeiten und inneren Kämpfe ein deutscher Geschäftsmann im Auslande in solcher Zeit durchzumachen hat. — Zum Schlusse nur noch eine Äußerung Werners:

7. September 1870. Schon zweimal habe ich einen Brief an Dich angefangen, ihn aber alt werden lassen. Der „Napolium" muß schuld daran sein mit seinen 50 gefangenen Generälen.

Zweiter Abschnitt.
Andere Unternehmungen der Brüder Siemens.

Erstes Kapitel.
Regenerativöfen und Glasindustrie.

Das Regenerativprinzip und seine ersten Erscheinungsformen.
Schon frühzeitig hat man bemerkt, daß sowohl bei allen Arten von Öfen, wie auch bei Dampfmaschinen nur ein geringer Teil der erzeugten Wärme nützliche Verwendung findet, und hat nach Mitteln gesucht, um die nutzlos entweichenden heißen Verbrennungsgase zu verwerten. Daraus gingen z. B. schon in den ersten Jahrzehnten des 19. Jahrhunderts mannigfache erfolgreiche Versuche hervor, die „Gichtgase" von Hochöfen für verschiedene Zwecke nutzbar zu machen: zum Erzrösten, Kalk- und Ziegelbrennen, auch für die Erhitzung des Gebläsewindes der Hochöfen selbst usw.

Im Jahre 1816 erfand ferner der Pastor Stirling in Dundee einen Ofen mit zwei ausgezackten Schornstein-Passagen, in denen die Wärme nach ihrer ersten Verwendung beim Durchströmen aufgespeichert und beim Zurückströmen der erkalteten Luft von dieser wieder aufgenommen wurde, um nochmals verwendet zu werden. Dieses Prinzip suchte Pastor Stirling auch für eine Maschine nutzbar zu machen und ließ sich beides patentieren; doch blieb die Erfindung jahrzehntelang unbeachtet. Nicht besser ging es dem bekannten schwedischen Erfinder Ericsson, der 1833 die von ihm, wie es scheint, selbständig erfundene Anwendung jenes Prinzips auf Maschinen in einer besonderen Schrift veröffentlichte und der Erfindung den Namen „Kalorische Maschine" gab; in technischer Hinsicht enthielt Ericssons Maschine eher einen Rückschritt; wirtschaftlich erlangte sie ebensowenig Bedeutung wie die Erfindung Stirlings. Letztere wurde inzwischen von James Stirling, dem Bruder des Erfinders, weiter ausgebildet, und offenbar war es eine solche verbesserte Stirling'sche Luftmaschine, die im Jahre 1845 von Dundee aus lebhaftes Interesse in England erregte. Wilhelm Siemens sah sie oder hörte davon und beschrieb sie oberflächlich in einem Briefe an Werner, den das Prinzip außerordentlich interessierte.

Im ersten Kapitel des ersten Abschnittes ist hiervon schon gelegentlich die Rede gewesen[1]). Hier sei nur noch aus einem Briefe Werners an Wilhelm vom 27. Juli 1845 folgende Stelle angeführt:

Die neue geistreiche Luftmaschine hat jetzt alle Maschinenbauer bedeutend verblüfft. Es wollen mehrere Modelle nach einer von mir gemachten Zeichnung machen, die gedruckt und in alle Winde verteilt ist. Ich habe in drei gewaltigen Wortschlachten an besonders festgesetzten und öffentlich bekannt gemachten Tagen alle Zweifler, wenn nicht besiegt, doch gänzlich aufs Maul geschlagen. Das Ding ist wirklich hübsch und kann mal Epoche machen.

Werner wurde, wie wir wissen, durch seine Begeisterung für jenes Prinzip sogar einen Augenblick zu dem Glauben verführt, „ein Perpetuum mobile sei nun kein Unsinn mehr". Doch kam er schon nach wenigen Tagen hiervon zurück. Er veröffentlichte in Dinglers Polyt. Journal[2]) jenen Aufsatz, der jetzt seine wissenschaftlichen Abhandlungen und Vorträge einleitet. Darin begründete er das Prinzip der Maschine wissenschaftlich schon ganz in Übereinstimmung mit dem großen Grundsatze der Erhaltung der Kraft, der von Robert Mayer einige Jahre vorher entdeckt worden war, ohne daß indes Werner schon hiervon Kenntnis gehabt zu haben scheint. Überhaupt wurde ja das Prinzip der Erhaltung der Kraft erst allgemein beachtet und anerkannt, als Helmholtz es 1847 mathematisch formulierte.

Für Werner war das Problem der „Luftmaschine" mit seiner Abhandlung einstweilen so ziemlich erledigt. Er hatte damals keine Muße, sich weiter damit zu beschäftigen, mußte vielmehr seine ganze Kraft der Telegraphie zuwenden. Wilhelm dagegen verfolgte die Sache weiter. Von Stirlings Ofen hatte er offenbar damals noch keine Kenntnis, so wenig wie Werner.

Jedenfalls interessierte er sich zunächst nur für die Maschine, die nunmehr über ein Jahrzehnt lang den Angelpunkt seines Denkens und Lebens bildete. Es ist unmöglich, allen seinen vielfachen und vielverschlungenen Bemühungen in dieser Richtung zu folgen[3]). Genug, er erfand zunächst einen „Regenerativ-

---

[1]) Vergl. oben S. 16, 27.
[2]) Bd. 97, S. 324.
[3]) Näheres bei Pole, p. 67 ff., 88 ff.

Kondensator" für Dampfmaschinen, sowie eine „Regenerativ-Maschine", welche letztere mit überhitztem Dampf arbeitete, ein Prinzip, das vorher wie namentlich nachher viele Erfinder beschäftigt hat. Beides ließ er sich schon 1847 patentieren und nahm dann noch weitere Patente für Verbesserungen 1849, 1852 usw. Eine dritte Erfindung war der „Regenerativ-Verdampfer", der die gasförmigen Erzeugnisse der Verdampfung von Salz oder anderen Lösungen für die Wiederholung des Prozesses nutzbar zu machen suchte.

Wilhelm wußte für seine Erfindungen in der Welt der Wissenschaft und Technik viel Interesse zu erwecken und erhielt z. B. für den Kondensator 1850 von der hochangesehenen Society of Arts die Goldene Medaille, für die Maschine auf der Pariser Weltausstellung ebenfalls einen ersten Preis. Auch sein Bruder Werner gehörte lange Zeit hindurch zu den Bewunderern seiner Maschine, ohne indes sich sehr eingehend um sie kümmern zu können. Er unterstützte Wilhelm nach Kräften mit Geld, Empfehlungen usw., hielt es aber von Zeit zu Zeit für nötig, die immer wieder aufflammenden übergroßen Erwartungen des Bruders zu dämpfen.

Wilhelm bewog auch bedeutende englische Geschäftsleute zu erheblichen Opfern für seine Erfindungen. Namentlich bewahrte die Firma Fox & Henderson ihr Interesse für deren wirtschaftliche Verwertung lange Jahre, trotz mannigfacher Fehlschläge und Streitigkeiten mit dem Erfinder.

Im Jahre 1855 gelang es Wilhelm sogar in Paris, zusammen mit dem italienischen Marchese Cusani, eine eigene Aktiengesellschaft für seine Maschinen zu begründen, unter der Firma „Società Anonima Continentale, per le Macchine a Vapore, Sistema Siemens", mit dem Sitze in Genua. Auch Siemens & Halske beteiligten sich mit größeren Summen an der Gesellschaft, die in verschiedenen Ländern mit der Maschine Versuche anstellte. Aber diese Versuche mißlangen sämtlich, die Aktionäre weigerten sich schließlich, weitere Einzahlungen zu leisten, und nachdem die Gesellschaft seit der Handelskrisis von 1857 in bedrängte Lage geraten war, mußte sie sich 1859 auflösen.

Überhaupt erwiesen sich Wilhelms Anwendungen des Regenerativ-Prinzips sämtlich als ungeeignet für wirtschaftliche Verwertung, und die dafür von allen Beteiligten gebrachten großen Opfer wurden zunächst als weggeworfenes Geld betrachtet. Tatsächlich blieben sie dies auch für die meisten Beteiligten. Aber schließlich erlangten Wilhelms Bemühungen doch große Bedeutung dadurch, daß sie Friedrich Siemens veranlaßten, sich mit dem Regenerativ-Prinzipe zu beschäftigen.

Friedrich Siemens. Friedrich Siemens war im Jahre 1848 nach England gegangen, um dort unter Wilhelms Anleitung Werners Telegraphen-Apparate einzuführen. Als dies mißlang, blieb er in England, um im Dienste der Firma Fox & Henderson Wilhelm bei Ausgestaltung des Regenerativ-Prinzips zu helfen, was ihn außerordentlich interessierte. Aber die Brüder harmonierten nicht miteinander. Beide waren eigenartige nervöse Menschen. Wilhelms Stimmung wechselte zwischen übergroßen Erwartungen und (nach deren Enttäuschung) übellauniger Reizbarkeit. Friedrich, als Erfinder unstreitig dem Bruder überlegen, konnte seine Meinung nicht unterdrücken. Er hatte, wie Wilhelm klagte, geniale, aber schwer durchführbare Ideen. Wilhelms Einwendungen beachtete er nicht und setzte es sich in den Kopf, er könne eine bessere Maschine zustande bringen. Zunächst erfand er einige „perpetua mobilia", die er sich nur mit Mühe ausreden ließ. Im Jahre 1853 ging er dann auf längere Zeit nach Deutschland, wo er namentlich in der Maschinenfabrik und Schiffbau-Anstalt von Früchtenicht & Brock zu Bredow bei Stettin arbeitete, um für Wilhelms Maschine den für Erlangung eines Patents vorgeschriebenen Ausführungsnachweis zu erbringen und auf eigene Faust das Regenerativsystem auszubilden.

Die bedeutenden Kosten dieser Versuche wurden durch Siemens & Halske bestritten. Werner interessierte sich für sie zeitweilig lebhaft, wie er denn überhaupt von Friedrich viel hielt und dessen Partei Wilhelm gegenüber mehrfach nahm, ohne doch die Schwächen des ersteren zu verkennen:

Ich halte es für sehr günstig, schrieb er Wilhelm 1854, für die schnelle Ausbildung einer neuen Sache, wenn sie von zwei Seiten unabhängig bearbeitet wird, um einseitiges Festrennen zu verhüten. Durch Friedrichs unzählige Projekte hat er wenigstens sich gründlich in die Sache hineinstudiert und ist wohl der einzige, der Deine Maschine gründlich versteht; indes hat er sie in vielen Punkten ballhornisiert.

Aber im ganzen sprach er sich sehr günstig über Friedrichs Arbeiten aus, über einen von diesem konstruierten mechanischen Kälte-Apparat, eine kalorische Maschine usw.

Im Jahre 1856 kam Wilhelm mit dem Marchese Cusani auf einige Zeit nach Stettin, um Versuchen mit der „Regenerativ-Maschine" beizuwohnen, von denen er sich viel versprach. Früchtenicht & Brock brauchten damals neues Kapital, und Wilhelm suchte Siemens & Halske zur Hergabe desselben zu veranlassen. Sie sträubten sich lange, beteiligten sich aber schließlich, um ihre bisherigen Auslagen zu retten, an der Umwandlung des Unternehmens in eine Aktien-Gesellschaft[1]). So entstand die Gesellschaft „Vulkan", die indes zunächst keine guten Geschäfte machte, sodaß die Aktien Ende 1858 nur noch 30 Proz. ihres Nennwertes galten, und Siemens & Halske an ihrer Beteiligung (50000 Taler) viel verloren. Vergeblich war auch die viele Mühe, welche Werner persönlich aufwandte, um Wilhelms Erfindungen in Deutschland einzuführen.

Friedrich gelangte, auf Grund seiner Stettiner Erfahrungen, noch vor dem Ende des Jahres 1856 zu der Überzeugung, daß Wilhelms Anwendungen des Regenerativprinzips nicht praktisch durchführbar waren. Sehr ungern folgte er daher im Herbste dieses Jahres der Aufforderung Wilhelms, für ihn in Irland einen Verdampfungsapparat aufzustellen. Er dachte damals ernstlich daran, nach Amerika auszuwandern, um seine Brüder dort zu vertreten und seine eigenen Ideen weiter zu entwickeln. Wilhelm, der damals sich monatelang in Italien aufhielt, billigte diesen Entschluß, ebenso Werner, der darüber am 21. November 1856 an Karl folgendermaßen berichtete:

Fritz hat den sehnlichen Wunsch, mal ganz unabhängig und selbständig in der Welt zu stehen, er lebt bisher noch zu sehr in seiner Ideenwelt, und ich halte seinen Entschluß, ein Jahr lang in Amerika ganz selbständig in Fabriken zu arbeiten, für ganz vernünftig. Der praktische spekulative Geist Amerikas wird einen sehr guten Einfluß auf ihn ausüben, und eine rein praktische Tätigkeit fehlt ihm bisher als Lebensschule. Er verbindet daher zwei Zwecke miteinander. Gelingt Wilhelms Maschine vollständig, so bietet sich für Friedrich in Amerika eine sehr günstige Zukunft, wenn er durch amerikanische Pfiffe und Praxis abgeschliffen ist. Andernfalls ist er dann zu nützlichen Leistungen befähigt.

So war Friedrichs Lage und Stimmung in dem Augenblicke beschaffen, als er den ersten Regenerativofen konstruierte.

---

1) Früchtenicht hatte gedroht, sonst die Versuche mit der Maschine einstellen zu lassen, und Werner meinte: „Er bekommt sonst kein Geld, und wir sind schon zu tief drin."

Der Regenerativofen. Um diese Zeit kam ein Wiener namens Lenz als Vertreter des damaligen österreichischen Leutnants Uchatius nach London, um dort dessen neues Stahlfabrikations-Verfahren zu verwerten. Friedrich Siemens lernte Lenz bei dem österreichischen Konsul Kreeft in London kennen, unterstützte ihn mit seiner Kenntnis der englischen Sprache und unterhielt sich mit ihm über das Uchatius-Verfahren. Dieses Verfahren lieferte vorzüglichen Stahl; aber es war viel kostspieliger als das Bessemer-Verfahren, das damals gerade, durch Bessemers epochemachenden Vortrag in Cheltenham (16. August 1856), veröffentlicht worden war. Und zwar rührte die größere Kostspieligkeit des Uchatius-Verfahrens daher, daß bei ihm die für beide Prozesse erforderliche außerordentlich hohe Temperatur im Schmelzofen erzeugt werden mußte, während es beim Bessemern die bloße Einführung atmosphärischer Luft besorgte. Diese Schwierigkeit brachte Friedrich Siemens auf den Gedanken, einen Schmelzofen nach dem Regenerativsystem zu erbauen.

Die Anknüpfung mit Lenz und alles, was daraus hervorging, vollzog sich in Abwesenheit Wilhelms. Friedrichs briefliche Nachrichten über seine Erfindung scheinen keinen großen Eindruck auf Wilhelm hervorgebracht zu haben, und dieser kehrte erst nach London zurück, als der kleine Ofen Friedrichs schon im Betriebe oder doch fast vollendet war. Alles Weitere ergibt sich aus folgenden Briefen:

Wilhelm an Werner 29. November 1856. Fritz ist jetzt tüchtig dabei, hohe Hitzegrade zu erzeugen, wofür ihm namentlich das neue Uchatius'sche Stahlschmelzverfahren einen guten Markt bietet. Ich habe ihn mit Rat und Tat darin bestärkt, und sein jetziger Apparat ist wirklich sehr wirksam und praktisch. Das Unglück war, daß er sich früher immer auf andere verließ. Ich habe daher von vornherein alle Teilnahme abgelehnt, und das scheint ihn angespornt zu haben. Eine amerikanische Schule würde ihm wohl sehr gut sein, wenn er hinginge, um zu arbeiten, aber er fängt dann doch gleich mit neuen Projekten an. Allem Anschein nach kann er mit seinem Schmelzofen ein brillantes Geschäft machen.

Friedrich an Werner 11. Dezember 1856. Du wirst wohl von dem Verfahren von Uchatius aus Wien, Stahl zu machen, gehört haben. Herr Lenz war von Wien von ihm hierher geschickt, um sein Verfahren hier zu patentieren und zu verkaufen, was er auch beides ausführte und 35000 £ dafür gelöst haben soll. Mit ihm traf ich hier in London bei einem von seinen Versuchen zusammen, und er sagte mir, daß die

Hauptschwierigkeiten und Kosten bei seinem Verfahren im Schmelzen desselben beständen, indem es zur gehörigen Herstellung des Stahls mehr wie Schmelzhitze bedarf. Ich schlug ihm darauf vor, seine Schmelzeinrichtung so zu machen, wie ich mal in Berlin probierte — mit zwei Rohren ineinander, wie Du Dich wohl noch erinnerst — so daß die zum Verbrennen dienende Luft von der Feuerluft vorgewärmt wird. Dieser Plan gefiel ihm anfangs ungemein, und er erbot sich, das Patent auf eigene Kosten zu nehmen und die Schmelzöfen, die er hier zu bauen beabsichtigte, sogleich so einzurichten. In derselben Woche schon wollte er den Kram in Newcastle probieren. Es kam ihm aber allerlei dazwischen, er fand auch Schwierigkeiten und mußte plötzlich nach etwa 14 Tagen, ohne irgend einen Schmelzofen eingerichtet zu haben, nach Wien abreisen. — Kurz nachdem er fort war, fiel mir ein anderer und viel vorzüglicherer Plan ein, große Hitze zu erzeugen, bei welcher Anordnung man vielleicht auch ohne Schmelztiegel auskommt, was von der allergrößten Wichtigkeit sein würde. Diese neue Idee führte ich sogleich in sehr roher Weise aus, und zwar folgendermaßen:

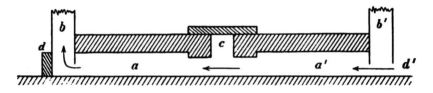

a a' ist ein Kanal aus feuerfesten Steinen, welcher auf beiden Seiten offen ist und außerdem auf jeder Seite mit einem eisernen Schornstein b b' in Verbindung steht. In der Mitte des Kanals a a' ist ein Loch c, um die Kohlen aufzunehmen. Zu beiden Seiten des Kohlenraumes fülle ich den ganzen Kanal a a' mit kleinen Stücken aus feuerfestem Thon. Das Loch c sowohl wie beide offene Enden d und d' des Kanals a a' können mit Steinen zugesetzt werden; die Verbindungen mit dem Schornstein sind jedoch permanent. Werfe ich glühende Kohlen in c ein und setze die Öffnungen c und d zu, so wird ein Zug in der Richtung der Pfeile entstehen, und der Regenerator oder die Tonstücke in a werden erhitzt. Nach etwa einer halben Stunde nehme ich den Stein von d fort und setze d' zu, der Zug wird entgegengesetzt laufen, und der Schornstein b' wird tätig. Diesen Stein wechsele ich alle halbe Stunde und steigere dadurch die Hitze beständig; c muß natürlich immer voll Kohlen gehalten werden. Trotz des sehr geringen Zuges, den ich hatte, erhielt ich nach etwa sechsstündiger Fortsetzung der Operation solche intensive Hitze, daß ich Stahlfeilen schmolz, und die allerfeuerfestesten Tiegel verbrannten. Dieser geringe Zug hat noch den bedeutenden Vorteil, daß er das Material sehr wenig angreift, wie es in den Flammöfen immer der Fall ist.

Dies war noch nichts anderes wie der schon 1816 erfundene und patentierte Regenerativofen des schottischen Pastors Stirling, den Friedrich damals aber noch nicht kannte. Wilhelm, der ihn schon kannte, nahm am 2. Dezember 1856 für Friedrich ein Patent, das nicht auf das Regenerativprinzip als solches lautete, sondern auf besondere Anwendungen, und zwar enthielt es, außer Friedrichs Anwendung, noch einige weitere, die von Wilhelm in Aussicht genommen wurden, so auch schon die Verwendung von Gas mit vertikalen einfachen und Doppel-Regeneratoren. Die Brüder begannen überhaupt alsbald mit verschiedenen Konstruktionen zu experimentieren, ohne indes praktisch vorwärts zu kommen. Sogleich entstanden wieder Meinungsverschiedenheiten. Wilhelm war für eine Konstruktion mit doppelter Zugumkehr, die Friedrich als unpraktisch betrachtete, namentlich weil er voraussah, daß dabei das zweite Ventil, trotz aller Schutzmaßregeln, viel zu heiß werden mußte, um noch funktionieren zu können. Wilhelm ließ sich diese Konstruktion trotzdem persönlich patentieren, gleichzeitig aber eine Neuerung, die sich später als bedeutsam erweisen sollte: den Gaserzeuger mit geneigter fester Ebene. Davon wollte Friedrich nichts wissen, und Wilhelm bestand einstweilen nicht auf Ausführung seiner Idee, von der er auch selbst später wieder zeitweilig zurückkam. Friedrich seinerseits kaprizierte sich, gegen Wilhelms Rat, zuerst darauf, mit Lenz, dann mit Bessemer Gemeinschaft zu machen, was sich als verfehlt erwies. Kurz, die Sache befand sich noch im Stadium der ersten tastenden Versuche. Doch erkannte Werner ihre hohe Bedeutung sofort:

Werner an Karl 27. Dezember 1856. Die Sache scheint mir sehr wichtig zu werden. Ich halte Friedrichs Prinzip (Regenerativ!) für sehr fruchtbar und auch für den Hüttenbetrieb sehr anwendbar. Ich habe ihm entsprechende Vorschläge gemacht. — 16. Februar 1857. Die neuen Schmelzöfen von Fritz machen sich ganz ausgezeichnet. Die Sache kann sehr wichtig werden, namentlich für alle Tiegelschmelzung, z. B. Stahlschmelzen usw.

Siemens & Halske erklärten sich bereit, das Ofengeschäft für Deutschland zu besorgen; Wilhelm sicherte weitere Patente[1], versuchte deren Ausbeutung und erwartete baldige hohe Einnahmen. Er brachte Friedrich mit einigen bedeutenden Stahlfabri-

---

[1] In Preußen wurde das Patent verweigert, weil angeblich schon die deutschen Ordensritter einen solchen Ofen gehabt hätten!

kanten in Sheffield, namentlich mit Atkinson (Marriott & Atkinson) in Verbindung, damit er in deren Fabriken größere Versuche anstellen konnte, deren Kosten größtenteils von ihnen gegen Zusicherung von Gewinnanteilen übernommen wurden. Wilhelm hatte es zunächst besonders abgesehen auf das Schmelzen von Stahl ohne Anwendung von Tiegeln, und noch viel weiter gehende Ideen tauchten schon damals auf, auch der Gedanke, Schmiedeeisen direkt aus Eisenerz herzustellen. Aber bald ergaben sich gewaltige praktische Schwierigkeiten, welche diese hochfliegenden Pläne in den Hintergrund drängten.

Versuche mit Stahlschmelz- und Glühöfen. Die ersten Versuche in Sheffield dauerten etwa neun Monate. Sie erstreckten sich namentlich auf Stahlschmelz- und Glühöfen mit Kohlenfeuerung, ohne Verwendung von Gas. Die Ergebnisse waren insofern vielversprechende, als die Ersparnis an Heizmaterial sich als außerordentlich groß herausstellte. Wilhelm bezifferte sie einmal sogar auf 94 Proz. Aber es fehlte ein Ofenmaterial, das der intensiven Hitze widerstand, und Friedrich mußte versuchen, diesem Mangel abzuhelfen. Nur die Glühöfen erwiesen sich als durchaus befriedigend; doch Friedrich ging nicht auf Wilhelms Wünsche ein, der zunächst irgendwelche praktisch unmittelbar verwertbare Ergebnisse haben wollte, um die Kosten wieder hereinzubringen. Es kam zu neuen Mißhelligkeiten zwischen den beiden, und Friedrich nahm seinen Plan, nach Amerika auszuwandern, wieder auf:

Wilhelm an Werner 9. November 1857. Der Ofen nimmt Zeit und Geldmittel jetzt hauptsächlich in Anspruch, und Fritz ist in seine Steine so vertieft, daß er mit praktischen Anlagen in Sheffield nur langsam vorwärts kommt. Die neuen Glühöfen arbeiten gut, aber die Anwendung von Öfen mit zwei Kammern und einem Feuer ist sehr beschränkt — — —. Wilhelm an Fritz 14. November. Da Deine Absicht, nach Amerika zu gehen, doch festzustehen scheint, so kann es nicht viel nützen, hier noch lange zu verweilen, zumal da unsere Ansichten sich so sehr kreuzen, daß eine gemeinsame Tätigkeit unmöglich geworden ist. — Wilhelm an Werner 17. November. Amerika ist schon seit Jahren sein Ziel gewesen, und ich glaube, daß jetzt der geeignete Augenblick gekommen ist, da es erstens die höchste Zeit ist, das amerikanische Patent zu sichern — —, und ferner macht der englische Winter ihn so schlechten Humors, daß wir doch nur schlecht zusammenkommen. Bis jetzt hat die Sache mich ziemlich viel gekostet, und die

Aussicht auf Gewinn ist noch immer in der Ferne, obgleich ich am endlichen Resultate nicht zweifle — —.

Da schlug Werner vor, Friedrich möge nach Deutschland kommen, um dort seine Versuche fortzusetzen. Friedrich ging darauf ein und überließ Wilhelm die weitere Ausbeutung der Sache in England, sowie in einigen anderen Ländern, gegen sofortige Bezahlung von 100 £ und Zusicherung eines Drittels des Reingewinnes. Wilhelms Versuche in England gingen tatsächlich weiter, wurden aber zunächst durch den Ausbruch der großen Handelskrisis sehr behindert und ergaben auch nachher zunächst noch nichts Wesentliches. Dagegen nahm jetzt Werner in Berlin mit Friedrich zusammen die Sache energisch in die Hand, woraus bald bedeutsame Fortschritte hervorgingen.

Anfangs beschäftigte sich Friedrich in Berlin hauptsächlich noch mit Verbesserung der Ofenbau-Materialien, wobei er sich namentlich sehr begeistert über „Infusorienkiesel" aussprach. Aber schon nach kurzer Zeit wendeten die Brüder ihr Hauptinteresse der Gasfeuerung zu, wobei sie merkwürdigerweise anfangs nicht die Zustimmung Wilhelms fanden, der doch das Prinzip der Gasfeuerung schon in das erste Ofenpatent hineingebracht hatte. Die Ursachen seiner Haltung werden indes aus dem Briefwechsel verständlich:

Wilhelm an Werner 20. März 1858. Deine Ansicht hinsichtlich der Vorteile der Gasfeuerung teile ich insofern, als „Erzeugung eines Effekts" in Betracht gezogen wird; auch wundert es mich durchaus nicht, daß Ihr mit diesem veredelten Material intensive Hitzegrade erreicht habt. Aber mir ist jetzt „Verdienen" das Hauptwort, und ich will sehr zufrieden sein, die Resultate verwirklicht zu haben, welche sich mit Kohlen erreichen lassen. Anwendung eines Schwelofens ist ein ander Ding und ist meiner Ansicht fast die einzige praktische Art, das Prinzip im großen zu verwerten. — Werner an Wilhelm 29. April 1858. Mit dem Gasofen ist jetzt Porzellan sehr gut gebrannt, in 12, statt, wie gewöhnlich, in 36 Stunden. Die Sache ist wirklich so praktisch und gut. Eisen muß sehr rein werden, da gar keine Kohle in den Ofen fliegt, man also auch mit dem schlechtesten Brennmaterial wird arbeiten können. · Wilhelm an Werner 8. Mai 1858. Ich sehe bei dem Gasofen nicht recht, wie bei Regenerierung der heißen Gase Gewinn sein kann. Die Temperatur derselben ist doch mindestens 600° C, mithin wird auch der Zug bei einer Temperatur von 700—800° C in den Schornstein gelangen, also heißer als bei einfacher Regenerierung für Luft allein — — —. Die Regulierung scheint mir auch für allgemeine Anwendung zu kompliziert zu werden. — Werner an Wilhelm 8. Mai.

Unsere Veränderung besteht wesentlich nur in der **Gasvorwärmung** und namentlich darin, daß ein Feuer **ohne doppelte Umkehr** mit heißem Ventil ausreichend ist, und daß Asche und Kohlen gänzlich ausgeschlossen ist. Ich sehe also keinen Grund, warum die Gasfeuerung nur auf Porzellanöfen beschränkt sein sollte. --- Werner an Wilhelm 24. Juni 1858. Namentlich für Gegenden, wo **Torf und Braunkohlen** das natürliche Brennmaterial sind (auch Holz), wird Gasfeuerung große Vorzüge behalten.

In der Tat bedeutete diese Art der Anwendung einen entschiedenen Fortschritt in der wirtschaftlichen Verwertbarkeit der Erfindung, während Wilhelm, der doch rasch verdienen wollte, mit seinen Stahlschmelz- und Puddelöfen diesem Ziele nicht näher kam. Da in Preußen kein Patent zu erlangen war, wandten **Werner und Friedrich** sich **Sachsen** zu. Sie ließen die Regenerativöfen sich dort patentieren und veranlaßten ihren Bruder **Hans,** sich dem Ofenbau in Sachsen zu widmen[1]). Dabei wurde schon die **Glasfabrikation** als ein geeigneter Boden für die Anwendung der Erfindung ins Auge gefaßt:

Werner an Wilhelm 11. Oktober 1858. Wozu immer die schwierigsten Sachen bei ungewöhnlich hohen Hitzegraden anfassen, während Soda und Glas ein so neues und leichtes Feld darbieten? — 5. November. Wir haben jetzt Patent in Sachsen, wo Hans mit Eifer Öfen bauen will. — 15. November an Karl. Deine Ofensorgen laß' nur fallen. Ich betreibe die Konstruktion jetzt selbst mit Vorliebe und kenne die Sache gründlich. Unser Stahlofen in Carlswerk ist der einzige, der gelungen ist, und **Stahlschmelzen ist das Schwierigste** — —. Glaube mir, es ist, namentlich für Rußland, eine wahre Segens- und hoffentlich auch Goldesquelle. Die Durchführung hat freilich ihre Schwierigkeiten, die früher wohl zu gering veranschlagt wurden. Mit der **Maschine** (Wilhelms Regenerativ-Maschine) kannst Du die Sache nicht vergleichen. Die beruht allein auf Wilhelms Ansichten, und der ist bisweilen etwas einseitig und hartnäckig. Übrigens ruht sie nur, mit auf meinen Antrieb; denn gleichzeitig mit dem Ofen kann sie nicht gut betrieben werden, und die Wahl kann keinen Augenblick zweifelhaft sein. — 16. Dezember. Eine große Glaskapazität in Sachsen interessiert sich sehr für die Öfen und wird einen großen Glasofen ausführen. -- 21. Dezember. Du wirst noch ein Schwärmer für Gasfeuerung werden. Das Ventil wird nie warm, so daß Wasserverschlüsse sich verwenden lassen. Dies kommt daher, daß die Vorwärmung des Gases und Vorwärmung der Luft gerade ausreicht, um dem Regenerator die von der Feuerluft zugeführte Wärme wieder zu entziehen, was durch Luft allein nicht der Fall sein kann. — Karl an Wilhelm 24. Dezember. Werner ist ganz und gar von seinen

---

1) **Hans** hatte eine Spiritusbrennerei in Mecklenburg übernommen, aber dabei **keine Seide gesponnen** (L. E. 291).

Gasöfen erbaut, nnd da die mit einfacher Feuerung nicht ordentlich aus der Stelle wollen, so wäre es wohl ratsam, wenn Du Dein Augenmerk auf erstere richten würdest. Geldverdienen ist immer die Hauptsache. Wenn der Gasofen erst gehörig Geld eingebracht hat, so kann man sich der anderen wieder annehmen. — Werner an Wilhelm 31. Januar 1859. Hans ist aus Sachsen zurück. Die beiden Öfen (Messingschmelz- und großer Kupferblech-Glühofen) gehen brillant, und die Einnahmen beginnen zu fließen. Änderungen gar nicht erforderlich gewesen. Besitzer wie Arbeiter ganz selig. — 8. Februar. Unsere Ventile schmelzen nicht nur nicht, sondern werden kaum kochwarm, wenigstens bei Torf und Braunkohle. Lies doch Schinz, Wärmemeßkunst, ein sehr instruktives Buch, theoretisch wie praktisch, ebenso Hartmanns Handbuch, mehr praktisch — — Gasvorwärmung ist sehr viel wichtiger als Luftvorwärmung, namentlich bei wasserhaltiger Steinkohle — —. Hans weiß in Sachsen nicht mehr, wie er alle Anforderungen befriedigen soll. Besitzer der ersten Öfen sind vollständig zufrieden, bestellen mehr Öfen, und der Eine hat selbst seine uns zu zahlende halbjährliche Ersparnis auf 12 000—14 000 Taler veranschlagt (Kupferblech-Glühofen).

Soweit also hatte sich die Gasfeuerung, die von Wilhelm im Interesse des raschen Geldverdienens bekämpft worden war, schon entwickelt, daß sie Erträge abwarf. Werner reiste dann nach dem Roten Meere und konnte sich seitdem überhaupt nicht mehr eingehend den Öfen widmen. Friedrich dagegen fuhr fort, solche zu bauen, und zwar wurde der erste mit Gasgenerator betriebene, wirklich brauchbare und im praktischen Betrieb verbliebene Ofen für die chemische Fabrik von Wagenmann, Seybel & Co. in Liesing bei Wien ausgeführt[1]). Dieser Ofen diente zum Schmelzen von Wasserglas auf dem Herde, war also schon ein sogenannter „Wannenofen", im Gegensatz zu dem sonst anfangs nur üblichen „Hafenofen". Unmittelbar darauf fanden noch mehrere erfolgreiche Ausführungen statt, und zwar von Stahlschmelzöfen und Schweißöfen auf den Werken von Franz Mayr in Leoben und Witkowitz, ferner Glasöfen an der ungarisch-steierischen Grenze und in Mähren auf den Glashütten von L. Reich.

Friedrich und Werner hatten anfangs mit Gasöfen nur bei Torf-, Braunkohlen- und Holzbetrieb Erfolge erzielt; doch hatten sie sich auch an Steinkohlenbetrieb gewagt, und Friedrich setzte in Österreich die Versuche mit diesem Material fort; aber er stieß andauernd, namentlich bei Kohlen, die Neigung zum Backen

---

[1]) Friedrich Siemens, Die Entwicklung der Regenerativ-Öfen (Ztschr. d. österr. Ingenieur- und Architekten-Vereins, 1886).

hatten, auf große Schwierigkeiten, deren Überwindung erst wesentlich später gelang und hauptsächlich Wilhelm zu danken war.

Wilhelm wurde durch die Erfolge seiner Brüder veranlaßt, es mit deren System auch seinerseits zu versuchen, und zwar entschloß er sich, in Sheffield einen Stahlschmelzofen nach diesem Systeme zu bauen. Friedrich erbot sich, ihn in Gang zu setzen und siedelte, als Wilhelm dies annahm, im Mai 1859 wieder nach England über, während sein Bruder Hans in Sachsen weiter arbeitete, wo er ebenfalls zunächst mit Stahlöfen experimentierte. Überhaupt hatte der Stahl für die Brüder, mit Ausnahme Werners, eine magische Anziehungskraft, sehr begreiflich in einer Zeit, als Bessemern und Stahlpuddeln die Augen der Welt auf dieses Gebiet lenkten.

Ein Jahr lang arbeitete Friedrich jetzt wieder für Wilhelm an Versuchen mit Stahlschmelzöfen in Sheffield bei Naylor, Vickers & Co. und bei Atkinson, ein Jahr voll schwerer Erfahrungen. Wilhelm wollte namentlich die Brauchbarkeit der Gasfeuerung bei Steinkohlen erproben. Im Juni 1859 wurde der erste für diese Versuche erbaute Stahlschmelzofen in Betrieb gesetzt, aber schon nach wenigen Tagen mußte aufgehört werden; eine Woche darauf wurde er von neuem angesteckt, nach zwei Tagen zeigten sich viele Risse in dem Ventil, infolgedessen neue Stockung. So ging es weiter. Unmöglich können hier alle die technischen Schwierigkeiten verfolgt werden, die sich Friedrich in den Weg stellten. Aber außer diesen sachlichen Schwierigkeiten gab es noch solche persönlicher Natur; die Fabrikanten in Sheffield und ihre Arbeiter machten Friedrich viel zu schaffen; einige Auszüge aus Friedrichs Briefen an Wilhelm mögen das illustrieren:

28. November 1859. Wo immer ich Ofen gebaut habe, ist mir so etwas nie vorgekommen. Jeder ist bedacht, aus dem Ofen schon so viel zu machen wie nur möglich. Mr. Atkinson denkt nur daran, Kohlen zu sparen und will keinen Heller für Extrabedienung ausgeben, außerdem hat er geschworen, Niemandem Überzeit zu bezahlen. Wenn es nötig war, nachts oder abends etwas zu tun, so mußte ich selbst die Leute bezahlen — — —. Der Schmelzer Cox hat Order, diese Öfen zu betreiben unter denselben Bedingungen wie die übrigen Öfen und erhält pro Ton 2 £. Der sucht das also mit so wenig Leuten wie möglich zu beschaffen und kalkuliert nur auf den gegenwärtigen Verdienst. Es ist absolut nötig, daß Leute speziell dafür angestellt werden, auf Tagelohn. Jetzt wird alles in höchster Eile gemacht, und die Leute lernen gar nichts, weil ihnen keine Zeit zum Nachdenken übrigbleibt. Heute z. B. wurden

die Tiegel wieder verkehrt angewärmt und sie platzten fast alle zusammen, so daß wir nur 7 ingots gemacht haben — —. — 2. Dezember. Mr. Atkinson, der, seitdem wir bei Vickers mit dem Betriebe des Ofens aufgehört hatten, einen gewaltigen Katzenjammer in bezug auf die Öfen gekriegt hatte, ist jetzt gerade in die entgegengesetzte Richtung übergeschlagen und ist übersanguinisch geworden. Seinen Schmelzer hat er fürchterlich zusammengeritten und ihm bei Lebensgefahr anbefohlen, die Öfen mit Aufmerksamkeit zu betreiben. Das Üble ist, daß der arme Kerl das mit dem besten Willen nicht kann — —. Die Arbeiter sind viel zu kurzsichtig und habsüchtig, der Betrieb muß vom übrigen Betriebe ganz getrennt werden — 4. Dezember. Für den Betrieb der Öfen sind reichliche, gut bezahlte Arbeitskräfte nötig. Die Öfen arbeiten viel intensiver als die alten: leicht 6 Tons pro Woche. Der Schmelzer hat dabei 2 £ übrig. Trotzdem verlangen die Arbeiter viele Extrageschenke.

Jeder Brief Friedrichs endigte mit einer Bitte um „etwas Geld", was Wilhelm, der selbst hart zu kämpfen hatte, naturgemäß nicht freundlich stimmte. Friedrich hatte überdies auch seine Fehler. Wilhelm klagte Werner:

Fritz springt zu sehr und bildet nicht bis zur praktischen Vollkommenheit. Er baut gern, ehe er zeichnet, und läßt infolgedessen alles in halbvollendetem Zustande.

Aber Friedrich befand sich schließlich in einer Lage, die seine Nervosität sehr erklärlich erscheinen ließ:

Dieses ewige Lamento, so schrieb er Werner, und dieser permanente Kriegs- oder Krakehlzustand ist furchtbar aufreibend für mich. Wenn die Leute sich besaufen, so habe ich mit Atkinson einen Strauß zu bestehen. Wenn letzterer die Leute nicht ordentlich bezahlt, so machen sie einen Angriff auf mich, während Wilhelms Vorwürfe und Klagen den noch übrig gebliebenen guten Mut völlig zerstören. Jeder macht mich für alles verantwortlich, während ich gar keine Macht besitze, da sich jeder hinter seinen eigenen Ausgaben verschanzt und sich daher berechtigt glaubt, zu tun, was er Lust hat.

Endlich verlor Friedrich — Anfang Februar 1860 — die Geduld:

Ich bin jetzt vollkommen zu der Überzeugung gelangt, daß meine Mission hier zu Ende ist — —. Wenn dieser Zustand noch lange dauert, so kann ich mich nur gleich begraben lassen. Ich halte die ewigen Täuschungen nicht mehr lange aus.

In der Stahlfabrikation betrachtete er Bessemer mit Recht als den Mann der nächsten Zukunft. Dagegen war es ihm jetzt klar geworden, daß für das Regenerativsystem die **Glasfabrikation** einstweilen die besten Aussichten darbot:

Es scheint, daß in der Stahlschmelzerei das Geschick gegen uns ist, und ich stimme dafür, daß wir uns eiligst mit so heiler Haut wie möglich daraus zurückziehen — — —. Alle Eigentümlichkeiten unseres Systems sprechen für Anwendung auf Glasöfen, und dies fiel mir sogleich auf beim ersten, den ich baute. Hätte ich damals nur ein bischen mehr Zeit gehabt, so daß ich mehr hinter alle die Tatsachen gekommen wäre, so hätten wir die ganze Stahlschmelzerei sparen können — —. Ich muß mir jedenfalls englische Glasöfen mit offenen Tiegeln ansehen, damit ich eine Zeichnung davon machen kann — — . Glasöfen gehen permanent, bei viel geringerer Hitze, und die Form unserer Öfen wird von der der gewöhnlichen Öfen nicht so verschieden. Beides sind Flammöfen, was bei Stahl nicht der Fall und wohl der Hauptgrund der Schwierigkeit ist, außerdem die schauerlich gute und billige Kohle in England.

Es bot sich ihm damals eine Gelegenheit, nach dem Festlande zurückzukehren und dort für einen Glasfabrikanten in Ungarn einen Glasofen zu bauen. Er hoffte, dort sich vielleicht eine dauernde Zukunft zu gründen:

Ich möchte gern etwas Solides anfangen, wenn ich auch nicht gleich reich dabei werden kann — . Ich bedauere ungemein, daß ich die Veranlassung gewesen bin zu so vielen Ausgaben Deinerseits — so schrieb er Wilhelm — ohne daß es irgendwem nur im Geringsten genutzt hätte, und daß ich mich selbst dabei vollständig auf den Hund gebracht habe.

Wilhelm nahm diese Erklärungen begreiflicherweise nicht sehr freundlich auf:

Wilhelm an Werner 16. Februar 1860. Ich habe große Lust, den ganzen Ofenschwindel mit den gehabten schweren Opfern aufzugeben. Fritz mit seinem Schwanken von einem Extrem ins andere, mit seiner natürlichen Unlust, irgend etwas gründlich durchzuführen, wird doch nie zu Resultaten kommen, und ich kann mich nicht speziell mit der Sache abgeben.

Ende März kam es zwischen Wilhelm und Friedrich zu einer äußerst heftigen Auseinandersetzung und fast zum völligen Bruche. Friedrich hatte einen Glasfabrikanten in Rotherham gefunden, der geneigt war, einen Ofen auf eigene Kosten zu bauen. Er gab deshalb seinen ungarischen Plan auf und teilte Wilhelm mit, daß er nach Rotherham gehen möchte. Darauf kündigte ihm Wilhelm die geschäftlichen Beziehungen:

Wilhelm an Friedrich 28. März. Du wirst Dich wohl entsinnen, daß ich lange Bedenken trug, mich auf Dein Ofenprojekt einzulassen, weil ich einmal persönliche Schwierigkeiten voraussah und ferner fühlte, daß das neue Unternehmen mich auf längere Zeit außer Stand setzen würde, meine eigenen Projekte zu verfolgen. Das Resultat hat meine Befürchtungen übertroffen. Solange Du einfach mit meinem Gelde und meinem Kredite experimentierst, bin ich mir selbst schuldig, ein Wort mitzureden. Da Du Dich nie erboten hast, persönliche Verantwortlichkeit zu übernehmen, so konnte es nicht anders sein. Ich bin aber entschlossen, diesem Elende coûte que coûte ein Ende zu machen, und schlage Dir folgendes Abkommen vor: Ich übermache Dir Dein erstes Patent und mein Verbesserungspatent in England, sowie auch die Patente in Frankreich, Belgien und Schweden, wie sie stehen und liegen. Ich streiche alle meine bisherigen Auslagen (ca. 3000 £) als absoluten Verlust aus den Büchern. Ich räume Dir endlich einen Kredit von 300 £ zur Verfolgung Deiner Pläne ein, welche Du mir, sobald Du kannst, nebst 5 % Zinsen zurück bezahlst.

Wilhelm an Werner 28. März. . Ich mußte gegen diese halbwöchentlichen Veränderungen der wesentlichen Verhältnisse der Öfen auftreten, die nur Geburten des Augenblicks sind und Arbeiter wie Meister wirr machen. Aber jeder Einwand ist ihm eine Einmischung, wodurch alles verdorben ist. Vickers und nachher Atkinson (beide für die Sache interessiert) sind nur Narren, die sich es zur besseren Aufgabe gemacht haben, ihn zu schikanieren. Die Arbeiter sind gar Kobolde! Bei dieser Geistesverfassung ist nichts zu erreichen, und die einzige Hoffnung ist, daß er Leute und Sachen unparteiischer beurteilen wird, wenn er fühlt, daß die ganze Verantwortlichkeit auf ihm ruht.

Fritz an Werner 31. März. Der Stahl wird eben doch nicht so gut wie in den gewöhnlichen Öfen. — — Das Verhältnis zu Wilhelm wird immer trauriger. Wilhelm hat an seine Veränderungen merkwürdige Erwartungen geknüpft, deren Nichterfüllung er jetzt allen möglichen Ursachen zuschreibt. Mein Eigenwillen, Mangel an kaufmännischem Talent, mein Bestreben, Geld zu vergeuden usw. — mag alles ganz gut sein. Es ist mir aber nicht erklärlich, wie alles dies Schuld haben kann an der Tatsache, daß diese Öfen zum Stahlschmelzen hier nicht zu verwenden sind. Ich dringe auf Einstellung der Versuche, um nicht mehr Geld und Zeit zu verlieren. — — Wilhelm ist so fürchterlich, ich möchte sagen, krankhaft empfindlich. Ich bedaure ihn ungeheuer, und möchte so gern mit ihm in gutem Verhältnis leben und habe durchaus nicht die Absicht, ihn zu kränken.

Werner an Wilhelm 31. März. Du und Fritz, Ihr könnt doch, wie es scheint, nie an einem Joche ziehen. Es ist recht schade, daß die schöne Sache, die wir nun seit drei Jahren mit soviel Geld- und Zeitopfern betrieben haben, die jetzt endlich auf eine praktische Bahn gebracht ist und anfängt, die Einlage und Mühe reichlich zu vergelten, unter dem Einflusse persönlicher, nicht der Sache selbst angehöriger Schwierigkeiten leiden oder für England sogar zugrunde gehen soll. Ich verkenne durchaus die Schwierigkeiten nicht, die in Fritz' Persönlichkeit liegen und es Dir schwer machen, mit ihm zu verkehren. Ich glaube aber, Du stellst Dich auch auf einen zu abstrakten Standpunkt. Du verlangst von Fritz, daß er als praktisch und gründlich durchgebildeter Zivilingenieur handelt, alles so gründlich vorbereiten und systematisch betreiben soll, wie Du es gewohnt bist. Dies widerspricht aber seinem Bildungsgang und Naturell. Fritz ist ganz **Autodidakt**. Er hat nur durch sich selbst und eigene Erfahrung was gelernt, und es ist ihm unmöglich, dem Ideengange eines anderen zu folgen, geschweige denn von anderen was zu lernen — — —. Er ist Tag und Nacht von seinen Aufgaben erfüllt, bearbeitet sie also stets, wenn auch nicht regelrecht und schulgemäß. Das kann er nicht, so wenig wie ein Fluß bergan laufen kann. Er ist am Platze, wenn es sich darum handelt, durch emsiges Grübeln und Probieren vorhandene Schwierigkeiten zu erkennen und Mittel zur Beseitigung aufzufinden, ist aber gar kein Geschäftsmann und wird es auch nie werden. Unter seiner selbständigen Leitung wird nichts aus der Sache werden, und ich würde ihm lieber raten, sie dort ganz fallen zu lassen, als sie allein, ohne Dich, zu betreiben. Er wird es auch nicht tun und sie lieber fallen lassen. — Werner an Wilhelm 2. April. Wir erhalten jetzt von allen Seiten die besten Nachrichten über Ofenfortschritte. Namentlich machen sich **Glasöfen** gut; das ist das Wichtigste für England. Ich betrachte **Stahlöfen** eigentlich nur als **Schaustück**, um alle Kaprizen der Öfen kennen zu lernen. Wir haben auch schon 20—30000 Taler in die Sache gesteckt, aber an 4 oder 5 verschiedenen Orten, haben also das Lehrgeld fünffach bezahlt.

Friedrich und Wilhelm schlossen indes bald wieder Frieden. Ersterer ging nach Rotherham, um Glasöfen zu bauen, und Wilhelm nahm mit dem Ingenieur Cowper zusammen den Plan in Angriff, das Regenerativsystem auf Winderhitzungs-Apparate für Hochöfen anzuwenden:

Friedrich an Werner 23. April. Wilhelm scheint seine Absicht, sich von der Ofensache ganz zurückzuziehen, wieder aufgegeben zu haben. Ich hindere ihn durchaus nicht, darin zu tun, was er will, und bin auch gewiß nicht die Veranlassung, daß er viel Geld dafür ausgibt, da ich mich gegen alle direkten Ausgaben oder direkte Übernahme von Garantien wehrte. Bei weitem das meiste hat er ja auch ausgegeben, wie ich gar nicht in England war, für seine Ofenänderung mit dem Feuerventil. Wenn ich an den Öfen, die ich selber baue, eine gewisse Machtvollkommenkeit beanspruche, so liegt das in der Natur der Sache, da ich allein die praktischen Erfahrungen habe. — Die Stahlöfen ruhen jetzt, und ich lebe etwas auf. Ich werde diesen Winter nie vergessen.

Glasöfen und Glasfabrikation. Privatwirtschaftliche Erträge hatten die Regenerativöfen bis dahin für die Brüder Siemens noch immer nicht abgeworfen; im Gegenteil: Wilhelm hatte etwa 20000 Taler, die Firma Siemens & Halske etwa 24000 Taler aufgewendet, denen in England noch gar keine, auf dem Festlande erst geringfügige Einnahmen gegenüberstanden. Erst indem

Friedrich sich jetzt energisch den Glasöfen zuwandte, wurde die Bahn **eröffnet**, die zum Erfolge führen sollte. Werner verlor sein Vertrauen zu dem Systeme nicht einen Augenblick. Als Karl gegen Ende 1860 sich über das Ofengeschäft etwas mutlos äußerte, schrieb Werner:

24000 Taler für Öfen sind nicht viel, wenn das Geschäft einschlägt. Sie sind dann sehr schnell wieder zu verdienen. Die große Frage ist jetzt, ob sich die Wannenschmelzerei bewährt, was mir sehr wahrscheinlich scheint. Darum gehen die ersten Erfinder gewöhnlich zugrunde, weil sie die Auslagen für zu gering halten, dann die Sache fallen lassen, wenn die Auslage groß wird, und andere dann mit geringen Zutaten reüssieren.

Werner war damals schon wieder einen Schritt voraus: bei der „Wannenschmelzerei" (d. h. bei einem Schmelzofen, der selbst die Glasmasse enthält, ohne Tiegel), die erst viel später wirtschaftliche Bedeutung erlangen sollte; damals hatte Hans Siemens eben erst angefangen, Regenerativöfen mit Wannenbetrieb in Sachsen zu bauen. Friedrich dagegen hatte in Rotherham bei Doubry & Co. seinen ersten Regenerativ-Glasofen „mit offenen Häfen" erbaut, einen kleinen Ofen, entsprechend dem geringen Umfange der Fabrik von Doubry & Co. Trotzdem erzielte er folgende Ersparnis an Rohmaterial und Kohlen:

Für 1 Ton gewöhnliches Flintglas waren erforderlich:

in den alten Glasöfen mit geschlossenen Häfen				im Regenerativofen mit offenen Häfen		
Sand	1149 ℔ zu 18 sh. p. Ton	£ 0 9 3		1610 ℔ zu 18 sh.	£ 0 12 10	
Blei	190 ,, ,, 28 £ ,, ,,	2 7 6		132 ,, ,, 28 £	,, 1 13 0	
Salpeter	137 ,, ,, 18 £ ,, ,,	1 2 2		96 ,, ,, 18 £	,, 0 16 0	
Soda	764 ,, ,, 18 £ ,, ,,	6 2 9		402 ,, ,, 18 £	,, 3 4 7	
		£ 10 1 8			£ 6 6 5	
Kohlen	4²/₃ t zu 4 sh. p. Ton	,, 0 18 8		1²/₁₅ t zu 4 sh.	,, 0 5 8	
		£ 11 0 4			£ 6 12 1	

was bei einer wöchentlichen Produktion von nur 5 Tons für den Ofen eine Ersparnis von 22 £ bedeutete!

Außerdem, so schrieb Friedrich am 6. Oktober 1860 an Werner, arbeiten wir fast doppelt so schnell und machen entschieden besseres Glas. Bei feineren Glassorten sind die Vorteile noch größer. Jetzt fehlt weiter nichts, als daß die Sache rüstig betrieben wird, und wir machen das großartigste Geschäft, was sich denken läßt. Ich glaube nicht, daß ich besonders zur Leitung dieses Befriebes geeignet sein werde, und ich fürchte namentlich mit Wilhelm nicht gehörig an einem Strange ziehen zu können.

Aber Wilhelm war, angesichts dieser greifbaren Vorteile, sofort wieder geneigt, die Leitung zu übernehmen, wobei ihm der Ingenieur Cowper wesentliche Dienste leistete:

Friedrich an Werner 27. Nevember 1860. Wilhelm ergibt sich der Sache jetzt vollkommen, und an Cowper haben wir eine famose Stütze. Der geschäftliche Teil scheint beinahe die Hauptsache zu sein; denn seitdem die Fabrikanten sich von den Vorteilen überzeugt haben, versuchen sie uns auf jede Weise übers Ohr zu hauen.

Wilhelm pries den Fabrikanten die neuen Öfen eifrig an. Er bewog die Leiter der großen Tafelglaswerke von Lloyd und Summerfield in Birmingham, dicht neben einem alten Glasofen einen Regenerativofen zu errichten, der von Friedrich errichtet und in Betrieb gesetzt wurde. Es scheint aber, daß bei der Konstruktion dieses Ofens zum ersten Male eine wichtige Neuerung zur Anwendung kam, die von Wilhelm herrührte. Die älteren Gasöfen waren nämlich sämtlich nach dem von den Hochöfen übernommenen Prinzip konstruiert worden, welches darin besteht, daß der Zug auf eine vertikale Säule von Heizmaterial wirkt. Die so konstruierten Gasöfen ließen sich bei „backenden" (wasserhaltigen) Steinkohlen, wie sie in England hauptsächlich vorkommen, nicht anwenden. Wilhelm konstruierte dagegen Generatoren **mit geneigter Ebene**, auf welcher der Brennstoff allmählich während seines Zerfalles herabsteigt, und mit einem Roste für den Einlaß von Luft am unteren Ende. Diese Konstruktions-Prinzipien sind seitdem allgemein maßgebend geblieben.

Wieder ergab sich eine große Ersparnis an Kohlen (6 gegen 14 Karren), und trotzdem wurde der Regenerativofen soviel heißer, daß die Charge Glas in der halben Zeit fertig wurde; überdies lieferte die größere Reinheit der Flamme eine viel bessere Qualität Glas. Diese Resultate wurden nun wieder anderen Glasfabrikanten vorgeführt. So gelang es Wilhelm, in wenigen Monaten bedeutende Geschäfte zustande zu bringen:

Werner an Karl am 1. Februar 1861. In England geht es jetzt, wie Wilhelm schreibt, mit Riesenschritten vorwärts. Mit den beiden ersten Glasfabriken der Welt sind Verträge abgeschlossen, wonach dieselben pro Ofen jährlich 200 £ zahlen. Es beginnt jetzt ein „run", der auch bald auf dem Kontinente nachwirken wird. Ich erwarte jetzt nur ungeduldig auf Hans' Resultate mit Schmelzen ohne Tiegel.

Die Rechtsgrundlage dieser englischen Erfolge bildete ein Patent auf Regenerativ-Gasöfen, das Wilhelm und Friedrich gemeinsam am 22. Januar 1861 erhielten, und dem bald Patente in anderen Ländern folgten. Friedrich experimentierte immer weiter, namentlich mit verschiedenen Formen der Gas-Generatoren, worauf aber Wilhelm verlangte, diese Experimente sollten streng getrennt werden von der Ausführung der übernommen Ofenkonstruktionen, weil man sonst unbegrenzten Ansprüchen auf Schadensersatz preisgegeben sei; auch sei es verkehrt, unerprobte Konstruktionen sofort wieder zu ändern. Bei allen glänzenden Aussichten war übrigens Friedrichs Einkommen damals noch so dürftig, daß er sich von Werner 20 £ zur Bezahlung von Schulden erbitten mußte; er fügte hinzu:

4. August 1861. Weitere 20 £ würden hinreichen, daß ich ein halbes Jahr (!) ganz anständig leben könnte und nichts zu unterlassen brauchte, was zum Erfolge des Ofengeschäfts nötig ist. Bis dahin hoffe ich mit ziemlicher Sicherheit darauf rechnen zu können, daß Einnahmen fließen werden.

Wohl hatte Karl recht, als er Werner damals schrieb:

Zum Glück scheint sich das Ofengeschäft machen zu wollen, und wird dann ja auch der arme Fritz endlich auf die Beine kommen. Ein trauriges Leben voller Mißgeschick hat der doch bisher geführt.

Aber selbst dann dauerte es noch lange Jahre, ehe sich entscheidende Erfolge einstellten. Und zwar ging es zunächst auf dem Festlande am langsamsten vorwärts, teils weil dort ein geschäftlicher Vertreter von Wilhelms Tüchtigkeit fehlte, teils weil kein genügender Patentschutz vorhanden war, und die Fabrikanten keine Patentgebühren bezahlen wollten, wie in England. So fanden die Brüder bald, daß namentlich für Deutschland eigene Fabrikation der einzige Weg war, um die Erfindung auszubeuten:

Friedrich an Werner 9. Dezember 1860. Stimmt mit Werner darin überein, daß eigener Ofenbetrieb für Deutschland das einzige Mittel ist, sie nutzbar zu machen. Auf diese Weise läßt sich die vorteilhafteste Lokalität wählen. Als solche ist Berlin gewiß sehr geeignet, da gutes Brennmaterial dort teuer, Torf dagegen in Hülle und Fülle vorhanden ist. Jedenfalls müssen wir bei Glasöfen stehen bleiben, da wohl keine Anwendung soviele Vorteile bietet, aber nur, wenn wir mit schlechterem Brennmaterial und offenen Töpfen gutes Glas fabrizieren, solches Glas, was man bisher nur in geschlossenen Töpfen oder mit Holzfeuerung erzeugen konnte. Auf diese Weise ist weißes Glas weit billiger als andere Fabrikate herzustellen, und die Aufgabe ist, nur solche Ware zu fabrizieren, wobei der Wert der Glasmasse selbst und nicht die darauf verwendete Arbeit am meisten ins Gewicht fällt; also: große einfache Stücke, die entweder bloß gepreßt oder einfach in Formen geblasen werden. Solange der Betrieb nicht großartige Dimensionen annimmt, können wir uns ja das Fabrikat selbst auswählen und durch Herabsetzen des Preises den Markt sichern.

Da Friedrich noch einige Jahre in England blieb, wurde dieser Plan zunächst in Deutschland nur von Werner und Hans weiter verfolgt. Werner studierte die Glasfabrikation gründlich, aber natürlich nur theoretisch, Hans hatte ebenfalls auf diesem Gebiete noch keine eigenen Erfahrungen gesammelt. Auch Karl begann sich damals in Rußland mit der Sache zu beschäftigen, indem er auf dem Gute Chmelewo sofort nach dessen Erwerbung Glasfabrikation anfing, mit der er noch weniger vertraut war als Werner und Hans. Letzterer assoziierte sich nun, nicht etwa mit einem Glasfabrikanten, sondern mit einem Maschinenbauer namens Mehlis zum Betrieb eines Ofen-Ingenieurgeschäfts und einer kleinen Glashütte in Dresden, welche Anfang 1862 für 30000 Taler gekauft wurde. Siemens & Halske gaben, als stille Kompagnons, das ganze Geschäftskapital von 50000 Talern her (wovon 15000 bereits auf frühere Ausgaben entfielen). Werner motivierte die Beteiligung zunächst mit der Notwendigkeit, eigene Erfahrungen zu sammeln, bevor Karl mit der russischen Anlage vorginge; im Grunde aber handelte er vorzugsweise im Interesse seines Bruders Hans:

Hans dringt besonders darauf, es zu tun, damit er einen Ort hat, wo er anderen Fabrikanten die Öfen im Gange zeigen kann, während sie ihn jetzt sofort überall an die Luft setzen, wenn die Sache im Gange ist.

In derselben Richtung wirkte auch noch Werners Empfindung, daß er selbst sich hier auf fremdem Boden befand, und daß es nötig war, das Ofengeschäft in eine besondere Unternehmung zu verwandeln:

Die Ofensache könnte jetzt, wo fast alle Konstruktionen sich vollständig bewährt haben, mit viel größerer Intensität betrieben werden. Hans ist ein sehr tüchtiger Pyrotechniker geworden, baut mit seinem praktischen Sinne und guter Beobachtung sehr sicher und zuverlässig, ist aber kein Geschäftsmann und kein Maschinenbauer. Beides ist Mehlis und dabei durchaus zuverlässig und treu wie Gold. Hans und Mehlis werden eine ausgezeichnete Legierung abgeben. Ich habe mit ihnen auf der Basis verhandelt, ihnen die Ofensache überall, wo wir sie in Händen haben, zu übergeben, also Österreich und Rußland inbegriffen. Hans und Mehlis sollten die Ofensache einheitlich betreiben und gleichzeitig Fabrikanlagen (wie Glasfabriken) in Entreprise nehmen. Ich halte es für einen Vorteil, daß wir dadurch das Ofen-Ingenieurgeschäft loswerden, was sich für uns kaum recht paßt und doch immer schlecht durch fremde Leute betrieben und stiefmütterlich behandelt wird. Außerdem kommen wir dabei in zweifelhafte Lagen, z. B. wäre es doch ungerechtfertigt, den Wannenofen, der ganz das Verdienst von Hans ist, ohne Vorteil für ihn in anderen Ländern zu benutzen.

Zunächst sollte nur Tafelglas gemacht werden, später vielleicht Spiegelglas, wofür mehr Kapital erforderlich war. Karl sprach sich etwas kritisch über die Geschäftsgründung aus.

Karl an Werner 14. Januar 1862. Wir übernehmen das ganze Risiko, während der Gewinn geteilt wird[1]), die gute Führung des Geschäfts kann allerdings den direkten Nachteil mehr als aufheben — — —. Mit der Spiegelglasfabrikation wartet aber so lange, bis wir wieder tüchtig Geld disponibel haben.

Wilhelm hatte im letzten Jahre viel von der Glasfabrikation gesehen und warnte auf Grund seiner Wahrnehmungen Werner, zu sehr auf Gelingen und Vorteil der Wanne zu rechnen:

Wilhelm an Werner 18. Januar 1862. Mit Öfen geht es jetzt tüchtig bei uns vorwärts. Chance & Co. wollen einen zweiten Monstreofen bauen für rolled plate (dick gerieftes Glas) mit 8 Töpfen von je 80 Ztr. Gehalt, also 640 Ztr. Glas täglich. Die British Plate Glass Company baut auch 4 Puddelöfen etc.

Für die feineren Glassorten ist es nötig, daß die Hitze nicht allein von oben kommt, für Flint(Blei-)Glas sind selbst geschlossene Töpfe durchaus nötig — —. Für plate glass muß man schon Töpfe haben, um zu gießen, mithin bleibt nur Fenster- und Flaschenglas, was bereits in so großen Massen gemacht wird, daß jeder Topf wie eine Wanne zu betrachten ist.

Im Frühjahr dieses Jahres (1862) wurde der große englische Physiker Faraday auf die Regenerativöfen aufmerksam, ersuchte Wilhelm um nähere Angaben, ließ sich von ihm im Juni die Öfen in Birmingham bei Chance & Co. vorführen und hielt sogar am 20. Juni darüber in der „Royal Institution" einen Vortrag, den letzten vor seinem Tode[2]). Wilhelm wußte diesen Vorgang sofort zu verwerten, z. B. gegenüber den Versicherungsgesellschaften, welche ihre Assekuranzprämien auf die Öfen erhöhen wollten, und auf andere Weise:

---

1) Vom Gewinn sollten Hans und Mehlis vorweg 2500 Taler erhalten, das übrige sollte zwischen ihnen einerseits, Siemens & Halske andererseits geteilt werden.

2) Pole p. 134 ff.

Wilhelm an Werner 31. Juli 1862. In Ofenangelegenheiten habe ich neuerdings einige gute Abschlüsse gemacht, und mit Faraday als Trompeter muß die Sache doch endlich wohl vorwärtskommen.

Tatsächlich wurden jetzt sowohl in England, wie auf dem Festlande mehr Regenerativöfen errichtet, und zwar nicht nur für Glasfabrikation, sondern auch für andere Zwecke. Wilhelm interessierte sich nach wie vor besonders für ihre Anwendung in der Stahlfabrikation; damit wollte es jedoch nicht recht vorwärtsgehen, und auch sonst fehlte es nicht an Fehlschlägen und langen Stockungen:

Wilhelm 20. März 1862. Mehrere neue Abschlüsse gemacht für Messing-, Stahl- und Porzellanöfen. Zwei Sheffielder Stahlfabrikanten wollen gern deutsche Stahlöfen sehen, ehe sie sich entschließen zu bauen. Der große Glasofen in Namur geht ausgezeichnet. Ich mache jetzt wenigstens auf Barzahlung ab, und die Sache fängt gottlob an, sich bezahlt zu machen. **Wilhelm 5. Juni.** (Damals waren in Dänemark und Hamburg bereits 60 Glas-Regenerativ-Öfen in Betrieb, aber meist nur ganz kleine, in Bremen war Aussicht auf Errichtung weiterer 50; Wilhelm fragte Werner, zu dessen Geschäftsbereich Bremen eigentlich gehörte, ob er das Geschäft abschließen solle.) Dann trägt die Glasfabrikation in der Nordwestecke Deutschlands (50 + 60) 30 £ = 22000 Taler, die sonst wohl verloren gehen würden, da es an Patentschutz fehlt. — **Werner an Karl 4. November.** Mit den Öfen geht es jetzt unter Wilhelms Leitung ausgezeichnet vorwärts. Ich war in Birmingham und habe dort viele große Öfen in bestem Gange gesehen, z. B. den großen Glasofen von Chance. Es sind schon 14 Reg.-Öfen in dieser Monstrefabrik, welche von einer Eisenbahn und 2 Kanälen (in 3 Etagen!) durchschnitten wird, im Gange. Noch großartiger entwickelt sich das Geschäft in Frankreich und Belgien. In Paris wurde Wilhelm wirklich überlaufen und machte in 3 Tagen großartige Abschlüsse, namentlich für Gas- und Gasretorten-Öfen. Letztere sparen nach eigener Angabe der Pariser Gasanstalt 40% Koks — —. In Paris ist die Gasanstalt bekanntlich im Besitze des Crédit mobilier, dessen technischer Leiter Lechatelier ist, Wilhelms Freund und Protektor. — Mit Hans und Mehlis geht es leider schlecht. Wie ich fürchtete, haben sie sich ganz in die Glasfabrik verbissen und sitzen nun fest. Außerdem zanken sie sich und wollen wieder auseinander. Recht traurig! — **Karl 9. Dezember 1862.** Wir haben uns in der Glasfabrikation leider recht bedeutend übertürzt. Man hätte das Fach vorher tüchtig studieren müssen. — **Wilhelm an Werner 27. November.** Das Dresdener Geschäft anlangend, so hast Du gewiß weise gehandelt, Dich herauszusetzen[1]). Es würde noch viel Geld gefressen haben und wäre doch nichts Rechtes geworden. Ich bin gerne bereit, meine Konstruktionen an Hans und Mehlis gegen

---

1) Vergl. unten den Brief Werners an Karl vom 5. Januar 1863.

Ersatz der bloßen Zeichnerkosten abzutreten. Aber auf ein Kompagniegeschäft möchte ich mich nicht einlassen. Es kommt doch darauf hinaus, daß der Eine die Arbeit macht und der Andere teilen hilft. So z. B. habe ich für Stolberg einen Zinkofen entworfen, wofür die Gesellschaft im Falle des Gelingens 4000 Taler zahlt. Nach Deinem Vorschlage würde ich davon an Hans und Mehlis und Fritz zusammen $^5/_6$ abgeben müssen, und blieben mir also für alle geistige und geschäftliche Arbeit, Risiko etc. 666 Taler, ohne daß ich für die abgegebenen 3333 Taler irgendwelche Gegenleistungen erhielte — —. Fritz's Hülfe anlangend, so besteht diese darin, Öfen in Gang zu setzen — — —. Ich bin mehr dafür, daß die Leute sich selbst überlassen bleiben, wie in Frankreich, wo die Sache am besten vorwärts geht, während wir in Birmingham nicht weiterkommen, indem die Leute, an Bevormundung gewöhnt, an der geringsten Schwierigkeit scheitern, Chance ausgenommen — —. Es ist ganz gut, daß Fritz mehr umherkommt. Er hat gar keine Ansprüche in Ländern ohne Patent, und da ich ihm seinen Anteil für alle Anlagen zukommen lasse, so scheint es mir ganz gerechtfertigt, daß er für das ungeeinte Deutschland nichts weiter kriegt, als für die von hier aus gemachten Auslagen, außer wenn seine Tätigkeit in Anspruch genommen wird. Sobald Hans und Mehlis ihrer Aufgabe gewachsen sind, müßten sie jedenfalls in Deutschland bedeutende Geschäfte machen können, und bei billigen Forderungen würden sie das Geschäft lange für sich ausbeuten können. Ich verderbe ihnen die Preise gewiß nicht und würde es sehr gerne sehen, wenn die Öfen dort tüchtig Boden faßten, um auf die trägen Engländer zurückzuwirken. Es ist das ein Hauptmotiv, weshalb ich die Aufträge von dort nicht von der Hand weisen möchte. Auch ist der Kontinent jetzt meine einzige Gewinnquelle, um meine Auslagen von über 5000 £ + 5 Jahren Arbeit zu decken. Österreich und Rußland, wie auch Schweden müssen sehr einträgliche Länder werden, indem Brennstoff sehr teuer und von schlechter Qualität ist. — Wilhelm 13. Dezember. Sollten Hans und Mehlis wirklich an meinem so liberalen Anerbieten Anstoß nehmen, so würde ich in die Lage gesetzt werden, mein Recht, auf alleinige Rechnung Ofengeschäfte in unpatentierten Ländern zu machen, in Anspruch nehmen. Es würde ihnen dann der Vorteil, meine Zeichnungen zu benutzen, entgehen, und der Fall einer Konkurrenz würde dann erst eintreten. Dies liegt nicht in meiner Absicht, aber ich wäre dazu jedenfalls auch moralisch gerechtfertigt; denn ich habe nicht nur Fritz von vornherein mit Rat und Tat unterstützt, sondern habe die Anwendung von Schwelgas und von Doppel-Regeneratoren sogar gleich anfangs patentiert — —. Sobald Hans und Mehlis sich rühren, anstatt in Dresden zu schlafen, so bin ich gern bereit, ganz von dort zurückzutreten; aber wenn mir die Leute ins Haus laufen, so wäre es geschäftlicher Selbstmord, sie einfach abzuweisen. Es ist die zweimalige Teilung meines Erwerbs[1]), die ich als durchaus ungerechtfertigt erachte. — Werner an Karl 5. Januar 1863. Hans und Mehlis haben jetzt gut zu tun und mehrere Glasfabriken ein-

---

[1]) D. h. einmal mit Friedrich und das zweite Mal mit Hans und Mehlis.

zurichten bekommen. Da hier kein Patent ist, haben wir ihnen die Ofensache für Norddeutschland ganz überlassen, und sie müssen uns unser Kapital verzinsen und in Raten zurückzahlen [1]). — In England und Frankreich geht die Sache jetzt ausgezeichnet. Im vorigen Jahre haben die beiden [2]) schon 5000 £ eingenommen. Dies Jahr wird sich diese Zahl wohl mindestens verdreifachen.

So brach das Jahr 1863 an, das wichtige Änderungen mit sich brachte. Zu den über 100 Regenerativöfen, die bei Beginn des Jahres im Betrieb waren, kamen zunächst noch 32 Öfen der Pariser Gas-Kompagnie. Dagegen wollte die Sache in England nach vielversprechendem Anfange nicht recht vorwärtsgehen. Wilhelm lehnte auf Grund der bisherigen Erfahrungen grundsätzlich die Übernahme einer Garantie für die Leistungen der Öfen ab, und zwar, wie er erklärte, hauptsächlich, weil sonst die Glasfabrikanten (um die es sich nach wie vor hauptsächlich handelte) kein ausreichendes Interesse haben würden, die scheinbaren Schwierigkeiten zu überwinden, die sich aus dem Widerstande der Arbeiter gegen die Öfen ergeben, und die zu- oder abnehmen würden im umgekehrten Verhältnisse zu der Lieferung von Bier an die Arbeiter.

Dieses Hindernis, mit dem Friedrich schon bei seinen ersten Versuchen zu kämpfen gehabt hatte, machte sich offenbar stark fühlbar:

Wilhelm an Sowerby & Neville in Gateshead o. T. 6. August 1863. Ich hatte den deutlichen Eindruck, daß ihre Arbeiter gegen den Ofen ein Vorurteil hatten, da die „Union"[3]) das System bekämpft. Dr. Lloyd mußte zweimal Leute von der „Union" entlassen, weil sie sich verschworen hatten, den Ofenbetrieb mißlingen zu lassen.

Aber auch der technische Erfolg der Öfen war noch kein unbestrittener. Die Zwistigkeiten zwischen Friedrich und Wilhelm nahmen wieder ihren Anfang. Da überdies auf dem Festlande ebenfalls der Fortschritt zum Teil kein befriedigender war, kam es zwischen Wilhelm und Friedrich zu einer Auseinandersetzung, und letzterer siedelte wieder nach Deutschland über:

Werner an Karl. London 27. Juni 1863. Mit dem Ofengeschäft ist es doch ein eigen Ding. Von hier aus gesehen, gehen die Öfen

---

1) Das Societätsverhältnis zwischen Siemens & Halske einerseits, Hans und Mehlis andererseits war also aufgehoben worden.
2) Wilhelm und Fritz.
3) Die Trade Union, der Gewerkverein der Glasarbeiter.

englischer Konstruktion alle ausgezeichnet. Gestern kam ein Brief von Wilhelms Ingenieur Boëtius aus Posen an, welcher berichtet, daß die Glasöfen (mit Torf) ausgezeichnet gingen. Der Besitzer bestätigte dies und verlangt den Bau von zwei neuen Öfen zu den alten Bedingungen. Ebenso geht das Ofengeschäft in Frankreich brillant und bringt Wilhelm und Fritz viel Geld ein. Ihr sowohl wie Hans seid dagegen mit den englischen Öfen nicht zustande gekommen. — 8. Juli. Die Brüder werden bald mit dem Gelde nicht zu bleiben wissen. Wenn ihr jetziger Plan, **Acetylen**, ein neues von Berthollet entdecktes helleuchtendes, in Weißglühhitze entstehendes Gas durch Schwelöfen kontinuierlich darzustellen, gelingt, werden sie kolossale Geschäfte machen. Dem gegenüber ist der Stand in Dresden, Wien und Petersburg deplorabel. Ich habe Friedrich daher veranlaßt, nach Deutschland zu kommen, Dresden und Wien zu besuchen und seine Erfahrungen dort zur Geltung zu bringen.

Wilhelm an Friedrich 21 Juli 1863. Mein Verdruß über das Mißlingen des Ofens bei Bishop & Co. erscheint Dir wahrscheinlich übermäßig. Aber es ist das meine empfindliche Seite. Nachdem jetzt bereits so viele Glasöfen im Gange sind, ist in jedem Mißlingen ein großer Vorwurf, und es ist daran auch nur schlechtes Betriebssystem schuld. — **Es ist das ein neuer Beweis, daß eine Veränderung eintreten muß! Es kann nur Einer die Verantwortlichkeit tragen**, und wer sie trägt, muß auch die Leitung vollständig in den Händen haben, sonst gibt es den Babylonischen Turm, Vorwürfe und Unglück. Wäre es da nicht das Beste, Du nähmest Dir ein Land ganz und gar in die Hand, und wir tauschten dann nur unsere Ideen aus, ohne daß Meinungsverschiedenheiten zu Zwistigkeiten Anlaß gäbe?! Um Dich in den Stand zu setzen, definitive Einrichtungen zu treffen, bin ich bereit, Dir von hier aus **500 £ pro Jahr als ein Minimum zu garantieren**. Wenn St. Gobain und Trelon erst bezahlt haben (gegen Ende des Jahres), wird dadurch **mein Einsatz gedeckt** sein, und wird dann auch nötig sein, daß wir uns vollständig über Gewinnteilung verständigen. Wir sprachen zu Anfang von **gleicher** Teilung, was bei gleichen Opfern und Anstrengungen auch das Richtige wäre. Du botest mir später, als ich hier die ganze Vertretung der Sache übernahm, ²/₃, und dasselbe hast Du mit Siemens & Halske für drüben abgemacht. Unter jetzigen Umständen scheint mir das Richtige, daß ich soviel **vorweg** habe, um die Repräsentationskosten und größeren Zeit- und Geldopfer zu decken, wogegen Du Zeit und andere Länder hast. Das würde meinen Teil etwa auf 60 % bringen. — Werner an Karl 21. August. Fritz hat sich mit Wilhelm auseinandergesetzt. Wilhelm wird das Ofengeschäft in Frankreich und England allein fortführen, natürlich auf gemeinschaftliche Rechnung mit Fritz; er garantiert ihm eine feste jährliche Zahlung von 500 £. Sie gehen mal nicht zusammen. Fritz will nun auf dem Kontinent wirken. — Wilhelm an Werner 24. August. Es freut mich, daß Du mit dem Arrangement mit Fritz einverstanden bist. Bei dem Dualismus hier kam die Sache eher zurück, wie vorwärts. Es ist durchaus nötig, daß Fritz seine Verantwortlichkeit selbst trägt; **sonst läßt er das Ändern nicht.**

Die Abrechnung, welche Wilhelm Ende 1863 Friedrich legte, ergab einen Gesamtgewinn von 2100 £, welche die noch ungedeckten älteren Auslagen Wilhelms gerade deckte, sodaß von einem Reingewinn erst seit 1864 die Rede sein konnte. Arm wie eine Kirchenmaus kehrte Friedrich nach Deutschland zurück, wo sowohl Siemens & Halske, wie Hans und Mehlis mit den Öfen noch lange nicht so weit gelangt waren, wie Wilhelm in England. Vielmehr waren durch die Unternehmung in Dresden die Opfer von Siemens & Halske noch bedeutend vergrößert worden, und das gleiche gilt von Rußland, wo die Glasfabrik in Chmelewo sich als ein vollständiger Fehlschlag erwies.

Friedrich Siemens in Deutschland. Friedrich hatte bei der Auseinandersetzung mit Wilhelm Deutschland, Österreich und den übrigen Osten Europas als Geschäftsgebiet übernommen. Er verlobte sich und siedelte nach Berlin über, wo er mit Werners Hilfe ein Ofenbaugeschäft begründete und 1864 heiratete:

Werner an Karl 29. September 1863. Fritz (verlobt) muß jetzt dauernd etabliert werden. Ich denke, er bleibt in Berlin und eröffnet hier ein Büreau. Hier ist er im industriellen Mittelpunkte des Ostens Europas, welchem er seine persönliche Teilnahme widmen will. Hans will sich von Mehlis wieder trennen und sich ganz der Glasfabrikation widmen. Ich werde ihm persönlich die ca. 30 000 Taler gegen Zinsen und hypothekarische Eintragung hinter 15 000 Taler borgen, so daß er mit dem Geschäfte (S. & H.) weiter nichts zu tun hat. Er wird dann Fritz sein bisheriges Ofengeschäft übertragen. Dadurch und durch Verkauf des schwedischen Patentes ist das Guthaben des Geschäfts an Hans (14 500 Taler Ofenkonto) vollständig gedeckt; 7 500 Taler stehen noch als „General-Ofenkonto" zu Buche, die Fritz zu $1/3$, Petersburg und Wien zu $1/3$ übernehmen müßten. Ich habe Halske, vorbehaltlich Deiner Genehmigung, angeboten, das ganze Ofengeschäft vom Gesamtgeschäfte abzuzweigen und es mit Dir als Privatgeschäft zu übernehmen. Einen Teil kann das Geschäft, wie Halske vorschlug, als Verlust übernehmen — — —. Sicher ist das Unternehmen; denn Fritz wird bedeutende Einnahmen aus England haben. — 8. Oktober. Fritzens Angelegenheit wird sich so regeln, wie ich Dir vorschlug — —. Fritz will mir absolut einen Anteil an seinem Geschäfte aufdringen; ich will aber keinen haben und ihn sein Geschäft allein betreiben lassen. Ich beschäftige mich sonst auch zuviel mit der Sache, auf Kosten anderer Dinge.

Zunächst ging es nun allerdings mit dem Ofenbaugeschäft Friedrichs noch recht langsam vorwärts; Krupp machte einen Versuch mit dem System; dabei aber blieb es:

Werner an Karl 2. März 1864. Fritz hat außer der Kruppschen Anlage nichts Neues bekommen, weder hier noch in Österreich. — 14. April. Hans geht nach Altona, von wo an Fritz furchtbar grobe und drohende Briefe wegen des Glasofens gekommen sind. Leider haben sie aber, wie Boëtius schreibt, den Ofen schon eingehen lassen. Fritz weiß leider mit den Leuten nicht zu verkehren.

Bereits einigemal ist der Name Boëtius genannt worden, der jetzt in den Vordergrund trat. Seit April 1862 war Boëtius bei Wilhelm tätig, zuerst als Zeichner, dann als Ingenieur. Im November 1863 nahm ihn Friedrich in seine Dienste. Damals schrieb Wilhelm an Friedrich:

Boëtius ist ein sehr tüchtiger Mensch, der aus eigenem Antriebe mitarbeiten und denken kann. Ich rate Dir, ihn gut zu stellen, indem er seine 10 % Brutto wie jetzt bekommt, nebst Gehalt. Kommt er aber dabei mit Mehlis in Konflikt, so nehme ich ihn wieder.

Im April 1864 schied Boëtius aus und begründete dann selbst ein Ofengeschäft, indem er das Siemens'sche System änderte und sich dem System des Württemberger Ofenbauers Schinz näherte. Diese Konkurrenz machte sich Friedrich bald sehr fühlbar und spornte ihn zu erhöhter Tätigkeit. Andererseits wurde das Regenerativsystem seit 1866 erst recht allgemein bekannt, namentlich durch seine Anwendung in der Stahlfabrikation („Siemens-Martin-Verfahren"), was Friedrich zugute kam.

Im Jahre 1864 erzielte Friedrich noch keinen Überschuß, im folgenden Jahre betrug dieser schon 4000 Taler; im Anfange des Jahres 1866 hielt er in der Berliner Polytechnischen Gesellschaft über die Regenerativöfen einen Vortrag, der sehr beifällig aufgenommen wurde:

Werner an Karl 17. Februar 1866. Fritz baut jetzt Öfen in den meisten großen und renommierten norddeutschen Glasfabriken. — 12. Mai. Ohne den Krieg würde Fritz in wenigen Jahren schon in Deutschland ein wohlhabender Mann werden. — Friedrich an Wilhelm 1. Nov. 1866. Ich bekomme hier jetzt im Ofenbau fürchterlich viel Konkurrenz, so daß ich auf neue Mittel sinnen muß, um das Geschäft im Gange zu erhalten. Ich glaube das Mittel darin gefunden zu haben, selbst gutes Ofenbau-Material zu fabrizieren, da es hier sehr an solchem Material fehlt und dies auch gerade die schwache Seite des Ofengeschäftes ist. — Werner an Karl 12. Februar 1867. Hans kann sich mit seiner Glasfabrik nicht halten. Das wird eine bittere Pille für mich werden. Fritz hat zwar den Plan, mit Hans zusammen feuerfeste Steine zu machen; doch fehlt noch jeder Anhalt dazu, und Geld würde das auch wieder kosten.

Da starb Hans Siemens am 28. März 1867, und Friedrich übernahm die arg heruntergewirtschaftete **Glasfabrik in Dresden**:

Werner an Karl 5. April. Fritz will aus eigenem Interesse auf die Übernahme der Glasfabrik für den Hypothekenwert eingehen. Wenn er nicht anderes Betriebskapital billiger erhalten kann, habe ich ihm noch 15 000 Taler versprochen unter den Hans'schen Bedingungen ($^1/_8$ Anteil). Fritz muß auch ein festes Geschäft erhalten, da die Landstraße ihm nicht mehr zusagt, und das Ofengeschäft überhaupt hier auf die Neige geht. Das Flaschenglasgeschäft geht übrigens in Dresden gut und wird sich unter Fritz rentieren.

Von dem durch Hans und Mehlis veranlaßten Defizit der Glasfabrik wurde ein kleiner Teil (ca. 3000 Taler) durch Wilhelm und Karl getragen, der bei weitem größte Teil durch Werner, der 21 000 Taler von seiner Forderung nachließ, Fritz 10 000 Taler bar bezahlte und außerdem noch 10 000 Taler Hypotheken übernahm. Dagegen gingen die Ofenpatente von Siemens & Halske unter der, allerdings nicht formell ausgesprochenen, Voraussetzung auf Friedrich über, daß dieser die durch die Patente verursachten Auslagen erstatten werde, was er denn auch in kurzer Zeit tatsächlich bewirkte:

Karl an Friedrich 18. Mai 1867. Gott gebe, daß Dir Deine Spekulation mit der Glashütte gut und nach Wunsch gelingen möge. Billiges Brennmaterial und große Sparsamkeit im Betriebe sind Bedingungen, welche der alte gute Hans nicht gehörig beachtet zu haben scheint. Er war auch wohl zu bequem und achtete nicht genug darauf, daß jeder Arbeiter das möglichste leistete. Die große Summe von Kleinigkeiten gibt den Gewinn bei einem solchen Fabrikations-Geschäfte.

Friedrich an Wilhelm 22. Juli 1867. Der Betrieb einer eigenen Glashütte wird mir unendliches Vergnügen gewähren — —. Meine Hoffnung auf Erfolg befestigt sich immer mehr; nur muß der Betrieb bedeutend erweitert werden, und dazu gehört Geld. Vor allen Dingen muß ich viel oder fast alles umbauen.

Sofort begann Friedrich mit einer neuen Ofenkonstruktion zu experimentieren, mit der „**gekühlten kontinuierlich arbeitenden Wanne**", an Stelle der bisherigen Hafenöfen und des von Hans erfundenen Wannenofens mit intermittierendem Betriebe. Bei diesem intermittierenden Betriebe mußte die ganze Glasmasse fertig geschmolzen und dann sofort sehr eilig verarbeitet werden. Bei der kontinuierlich arbeitenden Wanne dagegen wird der Boden gekühlt, und die dem Boden zunächst befindlichen Teile der Glasmasse werden hierdurch steifer und spezifisch leichter, die oberen Teile dagegen werden durch die Hitze fertig geschmolzen und sinken infolgedessen zu Boden. Zugleich erzeugen die an den Arbeitsstellen befindlichen Glasmacher, indem sie anfangen, fertige Glasmasse zu verarbeiten, in ihr einen hydrostatischen Druck, der sie nach den Arbeitsstellen hintreibt. Durch die gleiche Bewegung werden die auf der Glasmasse schwimmenden eisernen Kränze in der Richtung der Arbeitsstelle zusammengedrängt und hemmen hier das weitere Fortschreiten noch nicht gehörig durchschmolzener Glasteile, die an den Kränzen festgehalten werden, bis ihre Schmelzung vollendet ist; dann sinken sie zu Boden, und das Spiel beginnt von neuem. Das Auf- und Niedersteigen und unten ununterbrochene Fortschreiten der Glasmasse verursacht nicht nur deren völliges Durchschmelzen, sondern ermöglicht auch ihre unausgesetzte Verarbeitung, was die Leistungsfähigkeit des Ofens außerordentlich steigert. Natürlich mußten die Arbeitsstellen seitdem doppelt besetzt werden.

Friedrich Siemens teilte Wilhelm schon am 30. Oktober 1867 seine ersten Erfahrungen mit dieser geistreichen Konstruktion mit; doch dauerte es etliche Jahre, ehe der Betrieb ihn befriedigte. Hier seien nur noch einige Mitteilungen über die **geschäftlichen** Ergebnisse Friedrichs in diesen ersten Jahren wiedergegeben.

Friedrich an Wilhelm 3. März 1868. Mit der Glasfabrikation bin ich jetzt ziemlich in Schwung gekommen. Der Umsatz hat sich gegen früher etwa verdoppelt und wird noch mehr steigen. Wenn erst das Bauen vorbei ist, denke ich recht guten Verdienst zu haben, was bis jetzt allerdings nicht möglich war. Trotzdem habe ich mich immer noch auf dem status quo erhalten, natürlich mit Hülfe des Zuschusses meines englischen Anteils am Ofengeschäfte, sowie der hiesigen Einnahmen. Über dieses Maß will ich auch nicht herausgehen und nicht mehr auf Erweiterung und Verbesserung der Fabrik verwenden, als es meine Mittel bequem zulassen. Immerhin wäre mir aber zu diesem Zwecke ein Zuschuß sehr angenehm, und würde ich mich sehr freuen, wenn aus dem englischen Geschäfte auch in diesem Jahre ein Überschuß über meine gewöhnliche Rate sich ergeben würde [1]. — Werner an Wilhelm 2. Juli 1868. Der Betrieb des Patents in Böhmen muß an Fritz abgetreten werden; denn davon hängt Friedrichs Existenz als Glasfabrikant ab, da Böhmen sein Markt ist. — Friedrich an Wilhelm 20. August 1868. Dadurch, daß

---

[1] Wilhelm konnte, trotz hoher Einnahmen aus Ofenlicenzen, an Friedrich kein Kapital liefern, weil seine eigenen Stahlschmelzerei-Experimente alles verschlangen. Vergl. das folgende Kapitel.

ich jetzt gute Champagnerflaschen mache, bin ich mit der Glasfabrikation sehr in Fluß gekommen. In diesem Monate werde ich mindestens das Fünffache der im August vorigen Jahres umgesetzten Ware absetzen. Ich glaube jetzt, ohne weitere Geldzuschüsse die Entwicklung und Ausdehnung fortsetzen zu können. Meine Wanne ist zu klein, um recht mit Vorteil arbeiten zu können; ich möchte aber eine größere noch nicht anlegen, ehe die englischen Erfahrungen vorliegen. — Oktober 1868. Der monatliche Umsatz ist von 1000 auf 5000 Taler gewachsen. Friedrich Siemens an Th. Mundt 28. Oktober 1868. Für den vorteilhaften Betrieb mit Braunkohlen ist mein Ofensystem absolut notwendig — —. April 1869. Der monatliche Umsatz beträgt 7000 Taler. — 27. Mai 1870. Gewöhnliche Hafenöfen reichen nicht aus, die Leute alle zu beschäftigen, sowie das Bedürfnis zu befriedigen. — 3. Juni 1870. Die neue Wanne ist noch nicht angegriffen, obgleich sie schon über zwei Monate im Betrieb ist und täglich 6—7000 Flaschen erzeugt hat. An der Wanne spare ich ca. 25 %. Infolgedessen bin ich dabei, bereits die zweite Wanne zu bauen. — An Th. Mundt 9. Dez. 1870. Für Wannenfabrikat können, wenn nötig, auch noch zu geringeren Preisen Aufträge entgegengenommen werden, da wir vor allen Dingen hinreichend Absatz für zwei Wannen schaffen müssen. 27. April 1871. Suchen Sie jetzt nur möglichst viel Aufträge zu erlangen; denn es wird, seit die neue Wanne in Gang ist, enorm viel produziert. — 27. April 1872. Umsatz in diesem Monat bis jetzt 24000 Taler.

Schon im Jahre 1868 gelang es Friedrich Siemens ferner, in der Nähe von Dresden, bei einer „zufälligen" Betrachtung der zum Chausseebau verwendeten Steine, eine **Gesteinsart** zu finden (feinkörnigen Granulit), der, wie sich bei chemischer Analyse erwies, bereits gewisse Bestandteile des Glases enthielt, sodaß die Verwendung dieses Materials, die erst durch die überaus hohen Hitzegrade des Wannenofens ermöglicht wurde, bedeutende Ersparnisse an Zusätzen gestattete.

Wesentlich begünstigt wurde die Erweiterung des **Absatzes** gleich anfangs dadurch, daß 1868 der österreichische Zoll auf ordinäres grünes und braunes Hohlglas fortfiel, worauf es der Dresdener Hütte gelang, den österreichischen Markt zu erobern. Th. Mundt, einer der ersten Mitarbeiter Friedrichs, berichtet:

Beim ersten Besuch hielten mich die Wiener Weinhändler für „nicht gescheidt", mit den österreichischen Hütten konkurrieren zu wollen, und das war ja in der Tat nicht leicht. Die an eine gute Flasche gestellten Anforderungen sind nicht gering: vor allem gleiches Inhaltsmaß; gutes, glattes Mundstück; gleiche Höhe, gleichmäßige Wandungen usw. Aber wir waren darin fast allen Fabriken „über". Infolge der Härte des Glassatzes und der Solidität des Fabrikats hielten die

Dresdener Flaschen besser, als die böhmisch-mährischen. Ich warf den Weingroßhändlern die Siemens'schen Flaschen vor die Füße, ohne daß sie zerbrachen.

In den folgenden Jahren begann namentlich der böhmische Bedarf für Mineralwasserflaschen sich stark zu entwickeln. Später bürgerte sich der Hauskonsum von Bier in Flaschen ein. Und immer war es Friedrich Siemens, der diese Konjunkturen am energischsten zu nutzen wußte.

Übersicht über die spätere Entwickelung der Unternehmungen von Friedrich Siemens[1]). Es war die Zeit des allgemeinen wirtschaftlichen Aufschwungs. Der Wannenofen ermöglichte es Friedrich Siemens, ihn vollkommen auszunutzen. Die Produktion betrug 1873 trotz eines Arbeiterausstandes 7 Millionen, 1874 9 Millionen Flaschen; der monatliche Umsatz, der bei Übernahme der Hütte nur 3000 M. betragen hatte, war 1873 auf 68000 M., 1874 auf 80000 M. gewachsen. Im Jahre 1873 waren bereits außer zwei Hafenöfen, drei kontinuierlich arbeitende Wannenöfen im Betriebe, 1874 kam der vierte Wannenofen hinzu, obwohl der allgemeine Geschäftsaufschwung damals schon ins Stocken geraten war. Die Arbeiterzahl betrug 1873 bei 5 Öfen gegen 400, 1874 bei 6 Öfen gege 500. Auch hatte Friedrich Siemens 1872 für die Herstellung von Lampen und Beleuchtungsartikeln eine Hütte in Döhlen bei Dresden gekauft, wodurch er zugleich der Konkurrenz dieser Hütte in der Flaschenerzeugung begegnen wollte; aber die Döhlener Hütte erwies sich bald als eine Quelle langjähriger großer Verluste.

Die im Jahre 1873 ausbrechende schwere **Handelskrisis** traf die deutsche Glasindustrie besonders hart. Die Preise der Flaschen gingen stark zurück und noch mehr die der in Döhlen fabrizierten Waren. Dazu kam, daß Österreich, das wichtigste Absatzgebiet für die Dresdener Fabrikate, im Jahre 1879, als die Krisis ihren Höhepunkt erreicht hatte, einen Flaschenzoll wieder einführte. Doch erst im Kampfe mit diesen wachsenden Schwierigkeiten entwickelte sich die Kraft des leitenden Mannes zu ihrer vollen Größe.

Unausgesetzt war Friedrich Siemens jetzt darauf bedacht, die Betriebskosten, namentlich die Ausgaben für Feuerung, Ge-

---

1) Hauptsächlich nach handschriftlichen Aufzeichnungen von Friedrich Siemens, nach Mitteilungen seines Sohnes und seines Mitarbeiters Th. Mundt.

Friedrich Siemens

menge, Löhne zu ermäßigen. Darin gab es keinen Stillstand; Jahr für Jahr wurde aufs neue gerechnet nnd gespart[1]). Diese ihm durch die schlechte Geschäftslage aufgedrängte Tätigkeit führte zu wichtigen weiteren Verbesserungen der Technik, vor allem (seit 1877) zur Einführung des Ofenbetriebes **mit freier Flammentfaltung**. Er bezweckte, an Stelle der Flamme selbst, deren strahlende Wärme auszunutzen, sodaß die Flammen weder das Material, noch die Ofenwände berührte. Zu dem Zwecke wurden Riesenöfen gebaut, die in 24 Stunden 25 Tonnen Glas schmolzen, dabei nur 5 Tonnen sehr geringwertiger Steinkohle, sowie 5 Tonnen Braunkohle verbrauchten, viel länger hielten, als die älteren Öfen und dabei noch besseres Glas lieferten.

Die große Gefahr, welche durch Wiedereinführung des österreichischen Flaschenzolls erwuchs, wurde dadurch abgewehrt, daß Friedrich Siemens den längst bestehenden Plan ausführte, in Böhmen eine eigene Glashütte anzulegen. So durfte er hoffen, allein an Zoll, nach dem damaligen österreichischen Absatze, 100000 bis 150000 fl. zu ersparen. Doch sollte ihm die neue Hütte, wegen ihren besonders günstigen Produktionsbedingungen, noch weit größere Vorteile bringen. Als der am besten geeignete Ort wurde die Eisenbahnstation **Neusattl-Elbogen** gewählt. Die Kapitalbeschaffung machte anfangs Sorgen und Schwierigkeiten:

1878. Vielleicht kommen wir in Neusattl-Elbogen am allergünstigsten daran; denn die Kohlen sind am Platze, und die Bäder in der unmittelbarsten Nähe. Wenn Grund und Boden fast umsonst oder erst später zu bezahlen und der Eisenbahnanschluß günstig ist, so wäre dies Eger noch vorzuziehen — —. Die Döhlener Fabrikation muß auf ein sehr Geringes eingeschränkt und mit Dresden vereinigt werden. Dann werden die erforderlichen Mittel für die böhmische Anlage vorhanden sein — —. Wenn die Wagenstellung in Elbogen keine besonderen Schwierigkeiten macht, und die dortigen maßgebenden Persönlichkeiten uns entgegenkommen, so gibt es keinen günstigeren Punkt. Alle Materialien sind dort vorhanden, und Arbeiter gibt es, wegen der mannigfaltigen Industrie, die zum Teil still liegt, im Überfluß.

In der Tat lieferte die neue Glashütte glänzende Ergebnisse. Doch lag dies nicht allein an den günstigen äußeren Produktionsbedingungen, sondern auch daran, daß der neuen Hütte ohne

---

1) Einzelheiten in dem von mir herausgegebenen „Thünen-Archiv", Organ für exakte Wirtschaftsforschung.

weiteres die vieljährigen kostspieligen Erfahrungen der Dresdener Hütte zugute kamen, daß sie sogleich aufs rationellste eingerichtet werden konnte, daß vor allem das wichtigste von Dresden mühsam erworbene Absatzgebiet, nämlich das ganze österreich-ungarische Geschäft, von der neuen Hütte übernommen wurde.

Der Ertrag der Dresdener Hütte sank jetzt erst auf ihren tiefsten Stand. Sie mußte nun versuchen, im Inland und im übrigen Ausland Ersatz zu finden, was erst nach neuen großen Anstrengungen gelang. Glücklicherweise besserte sich gleichzeitig die allgemeine Geschäftslage. Die Hütten mußten erweitert und Öfen von immer größerer Leistungsfähigkeit gebaut werden, wodurch eine neue Ermäßigung der Produktionskosten erreicht wurde. Zugleich entstand aber dadurch auch aufs neue zeitweilig Überproduktion; es kam wieder zu Stockungen des Absatzes, welche zur weiteren Forcierung des Exports, namentlich nach überseeischen Ländern, nötigten. So wurde eine sehr billige **Massenproduktion** ermöglicht. Dabei litt aber die Qualität der Fabrikate keineswegs, wie schon daraus hervorgeht, daß die Siemenshütten meist bessere Preise erzielten, als andere Hütten. Nur wenn es galt, sich bestimmte Geschäfte und Absatzgebiete unter allen Umständen zu sichern, namentlich bei Gewinnung neuer Exportgebiete, wurde mit besonders billigen Kampfpreisen gearbeitet.

Friedrich Siemens war auch nicht nur auf Massenabsatz gängiger Marktware bedacht; vielmehr berücksichtigte er gern die besonderen Wünsche der Besteller. Durch die Fabrikation solcher **Spezialitäten** unterschieden sich seine Betriebe von manchen anderen großen Glasfabriken, die nur dasjenige lieferten, was sie fabrikmäßig bequem mit ihrer Arbeiterschaft herstellen konnten. Wer bei diesen Fabriken etwas nicht erlangen konnte, was von der Durchschnittsware abwich, wurde durch das Entgegenkommen der Siemens-Betriebe dauernd für diese gewonnen. Ihr Geschäft gestaltete sich dadurch zwar mühsamer; aber die erhöhten Herstellungskosten machten sich durch bessere Preise und Ausdehnung des Abnehmerkreises bezahlt. Neben der Fabrikation von gewöhnlichem Glas beschäftigte sich Friedrich auch mit der Herstellung von Hartglas, erfand dafür mehrere neue verbesserte Methoden und begründete in Dresden eine besondere Hartglasfabrik.

Seit 1879 widmete er sich ferner der Anwendung des Regenerativsystems auf die Beleuchtung und erfand die **Regenerativ-Gaslampen**, für deren Herstellung er Fabriken in Dresden, Berlin, Wien und London errichtete, sowie sich an solchen in Paris und Philadelphia beteiligte. Dieser Fabrikationszweig begann etwa seit 1888 aufzublühen; aber die Regenerativlampe wurde bald wieder durch das Gasglühlicht verdrängt, und jene Fabriken mußten sich später größtenteils einer neuen Anwendung des Regenerativprinzipes, der Herstellung von Regenerativgasöfen für **Zimmerheizung** (Reflektoröfen), zuwenden, welche jetzt einige von ihnen voll beschäftigt.

Inzwischen hatte sich Friedrichs Tätigkeit nach anderer Richtung längst immer weiter ausgedehnt. Durch Wilhelms frühzeitigen Tod (Ende 1883) wurde er genötigt, das **englische Ofengeschäft** zu übernehmen und nach Wilhelms Vorbild seine Erfindungen auch durch Vorträge in englischen Körperschaften zu vertreten, ein Verfahren, das seiner ganzen Natur widersprach und sich für ihn als überaus aufreibend erwies. Zugleich versuchte er jahrelang das von Wilhelm begründete große Stahlwerk in **Landore**, das mit bedeutendem Verluste arbeitete, rentabel zu gestalten, was ihm freilich nicht gelang. Aber sein Gedanke, das Prinzip der freien Flammentfaltung mit hohem Ofengewölbe auf die Flußstahlfabrikation anzuwenden, und die Errichtung eines Ofens dieser Art in Landore (1884) wirkte anregend auf die Entwicklung des Siemens-Martin-Prozesses. Friedrich baute sich sogar ein eigenes Werk, die „Elisenhütte" bei Nassau, für die Durchführung des von Wilhelm erfundenen „Erzstahlprozesses" (auch Landore-Prozeß genannt). Indes drang er damit ebenfalls nicht durch[1]). Auch Friedrichs **Motoren für den Kleinbetrieb** erregten zwar Interesse, kamen aber nicht zur praktischen Anwendung. Nur im Vorbeigehen kann ferner seine Beteiligung bei Durchführung des **Mannesmann-Walzverfahrens** erwähnt werden, die ihm bedeutende Opfer auferlegte. Um so größer ist dagegen in neuester Zeit der Erfolg geworden, den Friedrich Siemens mit seiner Erfindung **chemischer Regeneration der Wärme** von Flammgasen hocherhitzter Öfen (sogenannter „Neuer Siemensofen") erzielt hat. Bis zum Herbste 1902 sind durch seine technischen Büreaus in Dresden und London schon Lizenzen für mehr als 600 dieser Öfen erteilt worden.

---

1) Weiteres im folgenden Kapitel.

Friedrich Siemens beschäftigte schließlich (um 1888) in seinen Fabriken 3000—4000 Arbeiter. Während die Dresdener Erträge in dem Jahrzehnte 1873/82, nach Abzug der Kapitalzinsen, aber ohne Abzug des — nicht bekannten — Verlustes an der Döhlener Hütte, durchschnittlich etwa 115000 Mark betragen hatten, stieg der Ertrag nach Errichtung der Hütte in Neusattl-Elbogen (1879) innerhalb eines Jahrzehnts bis auf über eine Million Mark (1885/87). Im Jahre 1888 wurden die Glashütten einer Aktiengesellschaft für 9 Millionen Mark verkauft, wovon über die Hälfte Friedrich Siemens, der Rest seinem Bruder Werner gehörte.

Friedrich wendete dann seine Geisteskräfte und Kapitalien jenen anderen Unterehmungen zu, die er schon vorher in Angriff genommen hatte. Um für sie frei zu werden, hatte er die Glashütten so billig verkauft. Aber die anderen Unternehmungen endigten meist mit schweren Verlusten, und auch seine Kraft, die längst unter der aufreibenden Arbeit gelitten hatte, brach schließlich vollkommen zusammen.

Zweites Kapitel.
Das Siemens-Martin-Verfahren.

Der Bessemer-Prozeß. Die Regenerativöfen waren ursprünglich im Dienste der Stahlherstellung entstanden, als ein Nebenprodukt des Wetteifers, der seit der Mitte des 19. Jahrhundert sich der Herstellung von billigem Massenstahl zuwandte. Stahl war bis dahin ein kostbares, in verhältnismäßig nur geringen Mengen erzeugtes Material für die Herstellung von Messerwaren, Werkzeugen, Schmucksachen, Uhrfedern und dergleichen gewesen. Krupp erreichte es um 1850, große Gußstahlblöcke herzustellen; aber der Tiegel-Gußstahl war für einen Massenkonsum viel zu teuer. Billiger war das um dieselbe Zeit erfundene **Stahlpuddeln**, das aber Roheisen von besonderer Güte und sehr geschickte Arbeiter erforderte, auch immer noch sehr umständlich war und ein Produkt lieferte, das nur für grobe Waren, sowie als Rohstoff für die Gußstahlfabrikation verwendet werden konnte. Daher bemühte man sich vielfach, einen noch billigeren Weg zur Herstellung von direkt brauchbarem Massenstahl zu finden[1]). Die Verfahren von Chénot, Gurlt, Uchatius u. a. sollten diesem Zwecke dienen, vermochten sich aber nicht einzubürgern. Das gelang erst dem von Henry Bessemer in den Jahren 1854—56 erfundenen Verfahren, geschmolzenes Roheisen ohne Anwendung von Brennmaterial, durch bloßes Einblasen von Luft, in Stahl zu verwandeln. Und selbst dieses seitdem so berühmt gewordene Verfahren fand erst Eingang, als es in den Jahren 1856—1860 durch den Erfinder bedeutend verbessert worden war; raschere Fortschritte machte es erst seit 1864, zunächst namentlich in Großbritannien. Doch war das Bessemern bei allen Roheisensorten, welche Schwefel und Phosphor enthalten, d. h. bei den

---

1) Beck, Geschichte des Eisens IV, 649 ff., 883 ff., 900 ff.; V, 122 ff.

meisten Roheisensorten nicht anwendbar, weshalb manche Metallurgen noch lange Zeit keine große Hoffnung auf den Bessemerprozeß setzten.

Daher ist es begreiflich, daß Wilhelm und Friedrich Siemens nach Erfindung des Bessemerprozesses an der Hoffnung festhielten, mit Hilfe des Regenerativofens dem Bessemern Konkurrenz machen zu können. Friedrich kam hiervon seit den verunglückten Versuchen, die er 1860 in Sheffield anstellte, zurück und wandte sich der Glasindustrie zu, während Wilhelm dem Stahle treu blieb.

Die Anfänge des Siemens-Martin-Verfahrens. Das Problem, Gußstahl ohne Anwendung von Tiegeln, im offenen Flammofen zu erzeugen, hatte bereits manche Erfinder beschäftigt. Von ihnen hatte sich der Engländer J. M. Heath schon 1845 das richtige Mittel patentieren lassen, das darin bestand, geschmolzenes Gußeisen in einen Flammofen zu leiten und dort bei sehr hoher Temperatur durch Zusatz von Schmiedeeisen in Stahl zu verwandeln. Aber das Verfahren war im großen damals noch nicht durchführbar, weil die Erzeugung der erforderlichen hohen Wärmegrade, soweit überhaupt schon möglich, noch viel zu teuer war und für die Wände der Öfen rasch verderblich wirkte. Ebenso erging es einigen anderen Erfindern in den Jahren 1858—1862. Diese Schwierigkeiten wurden erst durch Anwendung des Regenerativofens, und zwar auch erst nach langjährigen weiteren Erfahrungen überwunden.

In dem englischen Patente von 1861, welches Wilhelm auf seinen und Friedrichs Namen für Regenerativöfen nahm, wurde bereits u. a. die Möglichkeit erwähnt, mittels derselben Stahl auf einem offenen Herde zu schmelzen; aber in einem Briefe, den Wilhelm am Tage vor der Patenterteilung (21. Januar 1861) an Friedrich über den Patentinhalt schrieb, war von dem „offenen Herde" nicht die Rede. Die Brüder beschäftigten sich damals nur mit der Anwendung des Ofens in der Glasfabrikation, für welche Hans Siemens in Deutschland um dieselbe Zeit das Prinzip des Schmelzens ohne Tiegel, in der „Wanne", bereits durchzuführen suchte, während Wilhelm sich noch im Anfange des folgenden Jahres (1862) gegen die „Wanne" aussprach.

Die Stahlfabrikation ruhte für ihn seit den unseligen Versuchen des Jahres 1860, und zwar, wie er am 10. Dezember 1862 in einem gleich noch zu erwähnenden Briefe an de Bussy äußerte, weil der Ofen bei den **Arbeitern** zu viel Widerstand fand:

Die Arbeiter sind die eigentlichen Herren in Sheffield. Ich habe daher meine Versuche dort gänzlich eingestellt.

Aber noch im Laufe des Jahres 1862 verhandelte er wieder mit englischen Stahlfabrikanten:

20. März. Zwei Sheffielder Stahlfabrikanten wollen gern deutsche Stahlöfen sehen, ehe sie sich entschließen zu bauen [1]).

Im Juli 1862 erteilte Wilhelm dem Stahlfabrikanten Charles **Atwood** in Towlaw (Durham) eine Lizenz zur Benutzung von Regenerativöfen auf Grund des Patents von 1861. Atwood wollte Tiegelbetrieb einführen, worauf Wilhelm ihm schrieb:

18. September 1862. In Leoben, Dresden und Berlin sind 15 Öfen im Betriebe [2]) mit je 10—20 Töpfen. Erfolg sehr gut. Nur die Töpfe selbst machen einstweilen noch unübersteigliche Schwierigkeiten [3]). **Ich bin daher stark für Stahlschmelzen in offenen Kammern.** — 10. Oktober. Dr. Percy [4]) sagt mir, daß Mr. Deville kürzlich für den Kaiser Versuche angestellt hat, Stahl in **offenen Öfen** zu schmelzen, was sehr zugunsten unseres Erfolges spricht. Die Qualität des Stahls war gut; alte Flaschen ergaben einen vortrefflichen Fluß.

Atwood war der erste, welcher aus Abfalleisen („scrap") und Spiegeleisen Stahl im offenen Herde schmolz; doch ging er bald zum Tiegelbetriebe über; ein Patent, das er im Jahre 1862 nahm, erwähnt den offenen Herd nicht. Dagegen erfolgte noch im gleichen Jahre die erste Anknüpfung mit den Männern, welche dann die Bereitung des Stahls auf dem offenen Herde wirklich durchgeführt haben, mit den Brüdern **Martin** in Sireuil (Frankreich) [5]). Sie ersuchten Wilhelm durch ihren Vertreter de Bussy um eine Lizenz für Benutzung von Regenerativöfen mit Schmelztiegelbetrieb, erhielten aber in Sheffield ungünstige Auskunft über die dortigen Versuche. Darauf schrieb Wilhelm an de Bussy, das

---

1) Vgl. auch oben S. 327 ff.

2) D. h. wohl Regenerativöfen im ganzen, nicht nur Stahlöfen und jedenfalls keine offenen Flammöfen; solche waren auch auf den von Mayr'schen Stahlwerken in Leoben damals noch nicht im Betriebe.

3) Sie hielten der Hitze nicht Stand.

4) Bekannter englischer Metallurg; die Versuche, für welche sich Kaiser Napoleon interessierte, wurden von Sudre angestellt (Beck V, 171 ff.).

5) Die Angaben bei Beck V, 172 ff. und Pole 145 ff. bedürfen noch der Ergänzung; mit Hülfe der Originalkorrespondenz der Brüder Siemens kann man jetzt die Lücken vollständig ausfüllen.

wundere ihn nicht; in Sheffield seien, außer dem Widerstand der Arbeiter, Hauptschwierigkeiten gewesen: die Unaufmerksamkeit der Leute nach Vollendung des Schmelzprozesses und infolgedessen das Niederschmelzen des Ofens. Die Temperatur des Stahlschmelzens komme der höchsten Temperatur, welche Thon noch aushalten könne, so nahe, daß stets die größte Sorgfalt nötig sei. Die Martins sollten lieber zunächst einen **Schweißofen** errichten und den Schmelzofen erst in Angriff nehmen, wenn die Arbeiter mit dem Regenerativsystem sich vollständig vertraut gemacht hätten.

Die Verhandlungen zwischen Wilhelm Siemens und den Brüdern Martin wurden auf dieser Grundlage abgeschlossen. In Sireuil wurde zunächst nur ein Schweißofen nach Wilhelms Angabe und mit Hilfe seiner Ingenieure errichtet, jedoch derart, daß er später in einen Schmelzofen verwandelt werden konnte, zu welchem Zwecke Wilhelm bestimmte Vorschläge machte wegen Ventilation der Herdsohle, wegen des Materials dieser Sohle (Sand) und der Ofenwölbung (Dinasziegel), Vorschläge, welche für die weitere Entwickelung von großer Bedeutung waren.

Wilhelm war gleichzeitig noch bei einem anderen Versuche beteiligt, der bereits direkt auf den offenen Herdbetrieb abzielte. Er erlaubte nämlich, auf Veranlassung seines Freundes, des bedeutenden französischen Metallurgen Le Chatelier, der Firma Boigues, Rambourg & Cie. in Montluçon, sein Regenerativsystem nach den Weisungen von Le Chatelier und Wilhelm zu benutzen. Sie wollten, wie Wilhelm am 14. März 1863 von Paris aus Werner mitteilte,

Gußeisen auf offenem Roste schmelzen und bei großer Hitze-Entwicklung so viel Erz zusetzen, daß man einen See von Gußstahl erhält. Die Sohle soll von Thon-Eisenstein gebildet werden, der fast unschmelzbar sein soll. Eine große Eisengesellschaft will die Sache in großem Maßstabe durchführen. Le Chatelier beansprucht ein Drittel.

Der Ofen wurde gebaut und in Betrieb genommen, lieferte auch etwas guten Stahl; doch das Gewölbe schmolz bald zusammen, und die Unternehmer verloren den Mut zu weiteren Versuchen.

Wilhelm erwartete damals, der Herdprozeß werde sich billiger stellen, als der mit hohen Patentgebühren belastete Bessemerprozeß. Dennoch tat Wilhelm nichts, um den Herdprozeß zu verbessern und lebensfähig zu gestalten. Vielmehr beschäftigte er sich zunächst nur mit Glas- und Stahlschweißöfen, und auch von letzteren wurden nur wenige errichtet. Am 26. August 1863 schrieb er Friedrich:

> Der Eisenofen bei Emil Martin gibt vollständige Zufriedenheit, und weitere Anlagen von Öfen auf demselben Werke sind in Aussicht.

Aber dieser „Eisenofen" war noch immer der alte Schweißofen. Erst am 8. April 1864 gelang es den Brüdern Martin, mit dem Ofen Stahl zu erzeugen, und zwei Tage darauf ließen sie sich das Verfahren in Frankreich, am 15. August in England patentieren[1], ohne daß Wilhelm davon Kenntnis erhielt.

Wilhelm beschäftigte sich damals und noch geraume Zeit später eifrig mit dem Versuche, das Regenerativsystem irgendwie mit dem Bessemerprozeß zu verknüpfen; als Ziel seines Bestrebens bezeichnete er am 21. April 1865 Friedrich gegenüber,

> gleich Erz und Kohlenpulver auf große Herde zu schütten und das Eisen direkt in den Bessemertopf abzuziehen. — 7. Juni 1865. Wegen Anwendung unserer Öfen auf Bessemer, so ist der Gewinn an sich wohl nicht größer als auf Eisen, aber der Vorteil besteht darin, daß man neue Einrichtungen treffen kann. So z. B. versenke ich die Heizöfen unter den Fußboden und stecke die ingots endways hinein, wie in den Stahlöfen. Ferner soll der Stahl nie kalt werden vom blast furnace an bis zur fertigen Schiene, und dafür eignet sich der Gasofen ganz besonders.

In solche Pläne und Experimente vertieft, verlor Wilhelm den Herdprozeß aus den Augen. Da traf er Ende Oktober 1865 mit Sir William Armstrong, dem bekannten Eisenindustriellen, bei einer Versammlung der British Association zusammen. Sir William fragte ihn bei dieser Gelegenheit, ob ihm bekannt sei, daß irgendwelche Öfen benutzt würden, um Stahl „on the open hearth" zu schmelzen. Hierauf bezieht sich folgendes Schreiben:

> Wilhelm Siemens an Sir William Armstrong 2. November 1865. Damals konnte ich keine bestimmte Antwort geben. Aber seitdem habe ich erfahren, daß Martin in Sireuil meinen Ofen mit einer Puddelofen-Sohle für diesen Zweck seit einiger Zeit verwendet hat, und daß er so allen Stahl für seine Räder schmilzt. Der Stahl ist von vorzüglicher Qualität, und der Konsum von Brennstoff unter 1 Tonne Kohlen für die Tonne Stahl.

---

[1] Beck V, 174. In der Korrespondenz von 1878 bezieht sich die Société Martin immer nur auf das zweite Patent von 1865.

Die Fabrikation der Brüder Martin beruhte auf der Schmelzung von Eisen oder Rohstahl in einem Gußeisenbade, bei andauernder Weißhitze (1500—1800° C) in einem Siemens-Flammofen, war also nichts anderes wie die Anwendung des Regenerativprinzips auf das Verfahren von Heath, dessen fabrikmäßiger Betrieb erst durch jenes Prinzip durchführbar wurde; denn so hohe Temperaturen, wie dies Verfahren beanspruchte, ließen sich eben fabrikmäßig nur durch das Regenerativprinzip erzeugen. Gewiß hatten die Gebrüder Martin noch manche Versuche anstellen müssen, ehe sie für diese Kombination das geeignete Mischungsverhältnis der verwendeten Eisensorten und das beste Ofenbaumaterial fanden; gewiß waren ferner noch erhebliche Verbesserungen nötig, ehe der Prozeß erfolgreich mit dem Bessemern konkurrien konnte. Dennoch war das, was die Gebrüder Martin erreichten, nur die notwendige nächste Folge der früheren Erfindungen, vor allem des Regenerativsystems, wie dies ein schlesischer Fachmann schon vorher (1863) deutlich ausgesprochen hatte [1]).

Wilhelm Siemens erkannte jetzt sehr wohl die Bedeutung des neuen Verfahrens und unterschätzte sogar die Schwierigkeiten, die dessen Entwickelung noch im Wege standen. Zugleich brannte er darauf, seinerseits die Gebrüder Martin zu übertrumpfen. Wir wollen seinen Bemühungen in dieser Hinsicht noch eine Strecke weit nachgehen und dabei auch den Wegen folgen, auf denen sich der Herdprozeß zunächst entwickelte. Wir werden ihn von jetzt an, dem in Deutschland herrschenden Sprachgebrauche folgend, „Siemens-Martin-Verfahren" nennen [2]).

Wilhelms weitere Bemühungen. Charakteristisch für Wilhelms Denkungsart ist die Tatsache, daß er, nachdem ihm Martins Erfolg im Herbst 1865 bekannt geworden war, nicht etwa dessen Verfahren annahm, sondern zunächst ganz im Geheimen in Birmingham Versuche anstellte, Abfall- und Spiegeleisen in Tiegeln zusammenzuschmelzen, also sich an Atwoods

---

1) Beck V, 263.
2) Abgekürzt: S.M.V., in England heißt es „Open hearth process" in Frankreich „Procédé Martin", eine Ausdrucksweise, die Wilhelm Siemens, wie wir sehen werden, zu heftigem Widerspruch reizte.

Verfahren anschloß[1]). Seine rechte Hand bei diesen Versuchen, die im März 1866 begannen, war der Ingenieur Hackney.

Wilhelm an Friedrich 25. März 1866. Das Stahlschmelzen auf offenem Herd geht vollständig bei Emil Martin in Frankreich, und er liefert guten Gußstahl billiger, wie Bessemer seinen erzeugen könnte. — **An William Clay 6. Juni.** Emil Martin verdankt es gerade dem sparsamen Betriebe seines offenen Herdes, daß er darin Stahl fabrikmäßig schmelzen kann. Dabei ist Martins Sohle nicht so dick wie diejenige des von Ihnen benutzten Ofens. Ist er zu dünn, so kann er leicht mit Sand erhöht werden. — **Wilhelm an Hackney 28. August.** (Macht ihm Vorwürfe, daß er die Vorteile des Stahlofens nach den Versuchen in Birmingham zu niedrig angebe.) Legen Sie doch Ihre eigenen Angaben zugrunde: Eine Tonne milden Stahles beansprucht 2 Tonnen Kohle zu 9 s. = 18 s.; derselbe Stahl würde in Sheffield $3^1/_2$—4 Tonnen Durham-Kohle beanspruchen, also $3^1/_2$ Tonnen zu 25 s. = £ 4.7.6. — — —. Es ist ebenso verkehrt, die Erfolge zu niedrig darzustellen, wie sie zu übertreiben; die Leute glauben dann, man hätte selbst kein Vertrauen. Die Tonne harten Stahles ist sicher mit 1 Tonne Kohle zu schmelzen, mildere mit $1^1/_3$ Tonne. Nicht die jetzigen verkrüppelten, sondern die künftigen Ergebnisse sind von allgemeinem Interesse. Die Ersparnis der halben Brennstoffkosten würde sicher kein Äquivalent bilden für das Risiko, welches der Umbau der vorhandenen Anlagen mit sich bringt.

Wilhelm selbst erklärte Interessenten geradezu:

Der Verbrauch von Brennstoff überschreitet nicht $1^1/_2$ Tonnen Kohlengrus (slack) für die Tonne Gußstahl der mildesten Art. Wenn man Stahl im Gasofen puddelt und in Tiegeln schmilzt, wie ich in Birmingham tue[2]), so kann ich eine Tonne Gußstahl billiger und in besserer Qualität herstellen als Bessemer.

Hackney scheint Wilhelms Weisungen befolgt zu haben; denn am 5. September berichtet Friedrich an Wilhelm, er habe aus Hackneys Briefe mit großer Überraschung den ausgezeichneten Erfolg der Stahlschmelzöfen ersehen,

da, wie Du weißt, ich mich mit nichts in meinem Leben so vergeblich abgequält habe, wie gerade mit diesen Stahlschmelzöfen. Es ist mir vollkommen einleuchtend, daß durch Veränderung der ganzen Betriebsweise gegen gewöhnliche Öfen, namentlich in der Form der Tiegel und andere Art ihres Antemperns viel erreicht werden konnte. Rätselhaft nur, welches Material feuerfest genug ist, um der Hitze so lange zu widerstehen.

---

1) Pole, p. 147 stellt diese Versuche so dar, daß man glauben muß, es habe sich dabei um den offenen Herd gehandelt.

2) Diesen Satz von „Wenn" bis „tun" hat Pole l. c. einfach ausgelassen.

Wilhelm antwortete am 21. September:

Das Material, welches wir zu Stahlschmelzofen anwenden, ist Dynasbrick oder Sheffield silica brick, beides ziemlich gleich unschmelzbar. Ob der Ofen hält oder nicht, hängt sehr von der Mischung ab, welche vollendet sein muß, bevor die Flamme den Ofen durchkreuzt.

Gleich darauf begann Wilhelm mit Emil Martin über die Regelung ihrer geschäftlichen Beziehungen zu verhandeln, und es kam am 3. November 1866 zu einem Vertrage. Wilhelm erteilte Martin darin das Recht, seine Öfen anzuwenden, und zwar gegen jährliche Abgaben, die für einen Puddelofen 500 Frcs. betrugen, für einen Schweißofen 1000 Frcs., für einen Stahlschmelzofen mit Tiegeln 10 Frcs. p. Tonne Stahl, für das Schmelzen im offenen Herde („sur sole") in einem Flammenofen 1000 Frcs. von jedem Ofen, auf dem 3 Tonnen Metall in 24 Stunden Durchschnittsarbeit geschmolzen werden konnte, bei größeren Öfen entsprechend mehr. Ferner wurde Martin das Recht erteilt, das Verfahren anderen Fabrikanten in Frankreich, England, Italien und Spanien zu überlassen, mit Genehmigung Wilhelms. Letzteres jedoch nur zur Sicherung seiner Patentgebühr von 5 Frcs. für die Tonne. Auch nach diesem Vertrage scheint Wilhelm damals noch von dem Tiegelbetriebe mehr erwartet zu haben, als vom offenen Herde; denn eine jährliche Abgabe von 1000 Frcs. für jeden offenen Herd, auf dem 3 Tonnen in 24 Stunden geschmolzen werden können, ergibt bei 300 Arbeitstagen erst $3^{1}/_{3}$ Frcs. für die Tonne, während für Tiegelbetrieb 10 Frcs. vereinbart wurden.

Martin hatte inzwischen einen bedeutsamen weiteren Fortschritt gemacht: er hatte ein Verfahren erfunden, um die bisher unverwendbaren Abfälle des Bessemerprozesses in seinem Ofen zu verwerten. Dieses Verfahren, das Martin sich am 23. März 1866 patentieren ließ, hat sich später als besonders wichtig für die Entwicklung des S. M. V. erwiesen[1]).

Wilhelm Siemens dagegen versuchte sich jetzt an einem neuen Verfahren, das freilich schon seit Jahren bei ihm gespukt hatte, das aber erst jetzt von ihm energisch in Angriff genommen wurde. Dies war der „direkte Prozeß", „Erzprozeß", „Stahlerzprozeß"[2]), der seitdem Wilhelms Lieblings- und Sorgenkind wurde: er wollte dabei dem Roheisen Eisenerz, statt „scrap"

---

[1]) Beck V, 176 ff.
[2]) Beck V, 93, 179, 312, 565, 573 ff.; Pole, p. 150 ff.

(Abfalleisen), zusetzen, wobei ihm offenbar von Anfang an das Ziel vorschwebte, den Hochofen für die Stahlfabrikation ganz zu umgehen, was er später tatsächlich versuchte. Bessemer auf solche Weise zu schlagen, wurde Wilhelms fixe Idee, dem er seitdem den besten Teil seiner Kraft und viele Millionen opferte, ganz ähnlich, wie er in einer früheren Periode seines Lebens der „Regenerativ-Maschine" nachgestrebt hatte. Wir können hier seinen Bemühungen für den „Erzprozeß" nur beiläufig folgen. Uns ist seine Tätigkeit für das „Siemens-Martin-Verfahren" wichtiger, während er umgekehrt den „Erzprozeß" für viel wichtiger erklärte, ihn mit Stolz „Siemens-Prozeß" nannte, um ihn von dem „Scrapprozeß", dem „Martin-Verfahren" recht scharf zu unterscheiden; augenscheinlich war ihm sogar der Ausdruck „Siemens-Martin-Prozeß" nicht angenehm, weil er ihn daran erinnerte, daß die Martins ihm dabei zuvorgekommen waren. Und doch war es gerade deren Verfahren, welches namentlich seit der Pariser Weltausstellung von 1867 auch dem Regenerativsysteme erst die Aufmerksamkeit der Welt eroberte.

Bei Eröffnung der Pariser Ausstellung war der Betrieb der Brüder Martin in Sireuil noch der einzige seiner Art[1]). Er hielt sich in bescheidenen Grenzen, indem er nur mit $1\frac{1}{2}-2$ Tonnen Einsatz arbeitete. Erst am 1. Juni 1867 eröffnete der verdienstvolle Stahlfabrikant Verdié zu Firminy ein großes Martin-Stahlwerk mit Öfen von $3-3\frac{1}{2}$ Tonnen Einsatz. Auf der Ausstellung wurde den Gebrüdern Martin die goldene Medaille zuerkannt, Wilhelm Siemens der große Preis, während der eigentliche Erfinder des Regenerativsystemes, Friedrich Siemens, leer ausging.

Wilhelm an J. Whitworth 19. November 1866. Zur Herstellung von mildem Maschinen- oder Gewehrlauf-Stahl möchte ich die Verwendung offener Flammenöfen empfehlen. Ich bin im Begriffe, mehrere Öfen für diesen Zweck in England zu errichten.

Das bezog sich vermutlich schon auf Wilhelms Plan, selbst Stahl zu fabrizieren, einen Plan, den er 1867 ausführte; doch war noch kein eigentlicher Großbetrieb beabsichtigt; vielmehr gründete er nur in Birmingham eine kleine Fabrik zur Herstellung von Mustern bester Qualität; er nannte sie demgemäß: „The Siemens Sample Steel Works". Dort errichtete er gegen Ende des Jahres 1867 seinen ersten eigenen Flammofen für offenen Herdbetrieb.

---

1) Beck V, 176 ff.

Kurz vorher aber hatte er schon in Bolton einen solchen Ofen in Gang gebracht:

3. August 1867. Ich beabsichtige, einen Ofen in Birmingham zum Stahlschmelzen auf offenem Herde zu errichten (6 Fuß breit, 11 Fuß lang) für die Produktion von mildem Stahl. — 3. Oktober an Friedrich. In Frankreich geht es jetzt tüchtig vorwärts mit Stahlöfen sowohl in Töpfen wie auch auf offenem Herde. Letzteres haben wir jetzt auch in Bolton in Gang und gibt ganz gute Resultate. Der Stahl ist ebensogut als Topfstahl, und man kann 2—4 Tons mit einem Male gießen. Das Geschäft ist hier jetzt nur so furchtbar herunter, sonst würden gewiß schon viele hier bauen, wie in Frankreich. — Herbst 1867 an Friedrich. Ich weiß, daß Mayr von Leoben im Einverständnis mit Martin Anerbietungen machen, den Stahl auf der Sohle zu schmelzen. Aber dazu brauchen wir Martin nicht, und ich würde Dir abraten, darauf einzugehen. Ich habe es jetzt hier auch in Gang in Bolton und Barrow[1]) und erhalte ganz vorzüglichen Stahl durch Schmelzung von 2 Ztr. Spiegeleisen mit 10 Ztr. scrap iron oder scrap Bessemer. Das Spiegeleisen wird erst im heißen Puddelofen mit Sandbett geschmolzen und dann werden zur Zeit immer 2 Ztr. erwärmtes scrap darin aufgelöst. Glas zum Decken ist gar nicht nötig. — 5. November (an die Bolton Iron & Steel Company). Für Werkzeugstahl ist der Tiegelofen am besten geeignet, für Maschinenteile der offene Herd. Vorteile des letzteren: Ersparung an Töpfen, Brennmaterial, Arbeit. Für jeden Tiegel ist ein Gang Sheffielder trainierter Leute nötig. Kosten beim Tiegelbetrieb 6 £ p. ton, davon allein 3 £ für Tiegel, beim offenen Herd höchstens 30 s. p. ton — — —. Ich glaube fest, daß das Stahlschmelzen im offenen Regenerativ-Gasofen eine große Zukunft hat. — 5. Dezember (an dieselbe Gesellschaft). Schickt Pläne für einen offenen Herdofen für 3 Tonnen Einsatz; teilt die Ergebnisse eines Tiegelofens mit, nach Angaben von Anderson, Cook & Co. in Pittsburgh (Pa.) für die Woche vom 7. bis 14. November 1867 [2]):

24 heats, averaging $3\frac{1}{4}$ hours each, produced 43013 lbs.
and consumed 26448 lbs. coal (or 348 bushels of 76 lbs. each). Cost of fuel 3 cs p. bushel = $ 10.44
In the old furnaces: 5160 bushels selected coke à 10 cs „ 516.—
$ 505.56

Es wurden also erspart wöchentlich $ 505,56 bei einer Produktion von $21\frac{1}{2}$ Tons Stahl, d. h. $ 23.51 für die Tonne von 2000 Pfund oder 26 $ für die englische Ton.

---

1) In Barrow kam damals nichts zustande.
2) Diese Firma wird bei Beck V, 298 unter den ersten amerikanischen Firmen, welche Regenerativöfen in der Stahlfabrikation anwendeten, nicht genannt. Vertreter von Wilhelm Siemens in Amerika war damals die Firma Tuttle Gaffield & Co. in Boston.

14. Januar 1868. Stahlöfen gehen jetzt tüchtig in Frankreich und Amerika. Aber Sheffield ist noch immer stumm, woran zum Teil die schlechten Geschäfte im allgemeinen schuld sind.

27. Januar 1868. Wilhelm an J. Lowthian Bell[1]). Mein Ofen in Birmingham arbeitet nun seit einer Woche regelrecht; er erzeugt auf dem offenen Herde Stahl von ausgezeichneter Qualität aus Bessemer- und Eisen-Abfällen — —. Mit Erz wollen wir nächste Woche anfangen.

Um dieselbe Zeit begannen in Birmingham die Versuche, alte Eisenschienen in Stahl umzuwandeln, eine Anwendung des S. M. V., die später große Bedeutung erlangt hat. Diese Versuche erfolgten auf Anregung Wilhelms im Einvernehmen mit dem bekannten Ingenieur Ramsbottom, Direktor der Eisenwerke der London and North Western Eisenbahn in Crewe.

Offenbar war Wilhelm zu dieser Tätigkeit im Interesse des S.M.V. durch Martins Konkurrenz angestachelt worden, die sich jetzt empfindlich fühlbar machte, zumal Martin den Namen „Siemens" gar nicht erwähnte. Wilhelm hatte Martins Patent vom 23. März 1866, zur Verarbeitung der Bessemerabfälle, zunächst noch nicht als gefährlich angesehen:

3. Dezember 1866. Martin hat ein Patent genommen für einige unwesentliche Punkte beim Stahlschmelzen auf dem offenen Herde;

und auch als nach der Pariser Ausstellung Martins Ansehen immer mehr wuchs, fühlte Wilhelm sich scheinbar noch durchaus als der Überlegene, auf Grund seiner eigenen Versuche:

Wilhelm an Siemens & Halske 13. Januar 1868. Martin hat sich Patente erteilen lassen auf unbedeutende Handgriffe und unwesentliche Zusammensetzungen von besonderen Eisensorten und Schlacken zum Bedecken des Metallbades und hat großen Lärm von „Procédé Martin" geschlagen, nachdem er sich von mir eine allgemeine Lizenz hatte geben lassen, die Öfen anzuwenden. — Ich habe die Sache indes unabhängig verfolgt und sehr viel bessere Resultate erlangt (in Bolton und jetzt in Birmingham) als Martin, auch wende ich gar keine Schlacke mehr an. Die Eisenstäbe oder alten Schienen sinken auf schräger Ebene in das Metallbad und lösen sich darin wie Stangenzucker in Wasser, nachdem die Enden Zeit gehabt haben, sich weiß zu erhitzen. Ich baue jetzt mehrere große Öfen dieser Art in Frankreich und England und bin imstande, 1 Ton alte Schienen in 1 Ton Gußstahl von hinreichender Qualität, für Schienen und Bandagen zu 25 Frcs. p. Ton Gesamtkosten inkl. Kohle, Reparatur, Abbrand (fast = 0), Arbeit und Mangan herzu-

---

1) Der bekannte große Eisenindustrielle, der damals mit Wilhelm Siemens über Errichtung von Stahlwerken unterhandelte.

stellen. Bin hier auf dem Punkte, mit der London and North Western wegen Umwandlung ihrer Schienen in Stahl Kontrakt abzuschließen. Diese Sache ist von außerordentlicher Tragweite; auch ist eine Patentgebühr von 10—15 Frcs. leicht zu erzielen.

Erste geschäftliche Erfolge. Das Jahr 1868 war jetzt angebrochen und mit ihm die **erste Frühblüte des S. M. V.**, das die Aufmerksamkeit der größten Eisenindustriellen Europas erregte. Was die Brüder Siemens damals von dem S. M. V., erwarteten, ersieht man aus folgender Äußerung Werners:

> Es ist jetzt Wilhelm gelungen, Stahl guter Qualität im Wannenofen durch Zusammenschmelzen von altem Schmiedeeisen (Schienen) mit Gußeisen oder auch direkt aus den Erzen zu machen. Er macht damit jetzt großartige Geschäfte. Wahrscheinlich hat Bessemer seinen Meister gefunden, und seine Methode wird der Wilhelm'schen weichen müssen.

Aber so rasch, wie die Brüder es damals erwarteten, schritt diese Entwickelung nicht vorwärts, und zunächst ließen sich nur einzelne Fabrikanten zu Versuchen bewegen. So verhandelte zwar das bedeutendste Stahlwerk in **Frankreich**, die Firma **De Wendel Fils**, mit Wilhelm wegen allmählicher Errichtung von mehreren Hundert Puddel-, Schweiß- und Schmelzöfen nach dem Regenerativsysteme, unter denen sich jedoch nur **drei Öfen** für das offene Herdverfahren befanden; auch scheint die Firma die Öfen bis zum Ende des Jahres 1868 noch nicht in Betrieb gesetzt zu haben. Um diese Zeit wurde, außer bei Martin und Verdié, in Frankreich nur bei Chatillon & Commentry das S.M.V. betrieben, und zwar in Öfen von etwa 3 Tonnen Leistungsfähigkeit.

In **England** waren die Fortschritte auch noch keine großen. Von Charles Atwood & Co. in Towlaw (Durham) war schon die Rede. Sie hatten bisher nur Tiegelbetrieb gehabt, führten aber im April 1868 das S.M.V. auf den Stanners Close Steel Works in Wolsingham bei Darlington (Durham) ein, wobei sie zwar Wilhelms Pläne benutzten, sonst aber ganz selbständig vorgingen. Ausdrücklich für das S.M.V. errichtet wurde das Werk von B. Samuelson & Co. in Middlesborough o./T. Sie betrieben seit Juni 1868 einen Drei-Tonnen-Ofen und nahmen bald einen zweiten in Angriff. Sie fabrizierten Stahl für Schienen, Räder etc. durch Zusammenschmelzen von Cleveländer Puddeleisen und Hämatit oder schwedischem Roheisen; doch zeigten sich Schwierigkeiten, welche Wilhelm folgendermaßen darstellte:

14. Mai 1869. Die Schwierigkeit, welche bei Samuelson & Co. entstanden zu sein scheint, hängt mit dem S. M. V. gar nicht zusammen, scheint vielmehr daher zu stammen, daß S. & Co. Eisen mit Phosphor- und Schwefelgehalt angewendet und ohne Mitwirkung eines Chemikers gearbeitet haben. — 13. Juli. B. Samuelson & Co. haben meine Anleitung verschmäht und diejenige Martins vorgezogen, der die englischen Eisensorten nicht kennt. Sie haben schließlich das Stahlschmelzen ganz aufgegeben.

Sonst wurde das S. M. V. um diese Zeit in England nur noch betrieben in dem kleinen Versuchsofen der „Sample works" in Birmingham, sowie bei der Bolton Iron and Steel Company, wo Wilhelm ebenfalls persönlich die Leitung hatte. Dort wurden hauptsächlich Bessemerabfälle verarbeitet und nach Wilhelms Angabe von Anfang an glänzende Resultate erzielt, mit Hülfe von zwei Puddlern, ausgesuchten tüchtigen und zuverlässigen Arbeitern.

Für Deutschland gewann Wilhelm im Frühjahr 1868 den ihm von früher bekannten Ingenieur G. Gregor in Siegen als Vertreter, wobei Werner die Vermittlung übernahm. Gregor veranlaßte Krupp zu Versuchen mit dem S. M. V.[1]).

Wilhelm an Gregor 6. Juni 1868. Ich bin erfreut zu hören, daß Sie Krupp in Bewegung gebracht haben. Ich kann keine Verantwortlichkeit übernehmen für die von Ihnen erwähnten Fehlschläge, da die Öfen hier vollkommen gut arbeiten und überhaupt an allen Orten, wo man meine Pläne und Instruktionen befolgt. Ich kann für den Erfolg garantieren, wenn Krupp ebenso verfährt.

Bald darauf schickte Krupp mehrere Ingenieure nach England, und Wilhelm erlaubte ihnen, die „Sample works" in Birmigham zu besuchen:

Wilhelm 6. August 1868. Krupps Ingenieure haben hier Stahlschmelzen in Töpfen und auf dem Herde studiert und sind höchst befriedigt und verwundert zurückgekehrt. Die sofortige Anlage eines großen Siemenswerkes ist beschlossen.

Der erste Ofen wurde bei Krupp schon 1869 in Betrieb gesetzt, das geplante große S.M.-Werk jedoch erst 1871. Gleichzeitig wurden noch auf einigen anderen deutschen Werken (Georgs-Marien-Bergwerk-Verein, Borsig usw.) S.M.-Öfen teils geplant, teils schon gebaut; doch waren 1871 erst 11 davon im Betriebe.

---

1) Für andere Zwecke hatte Krupp das Regenerativsystem schon 1863 eingeführt. Vgl. oben S. 331.

Die Konkurrenz Martins machte sich in dieser Zeit, besonders in Deutschland, sehr fühlbar.

Werner an Wilhelm Juli 1868. Gregor wird Dir den Vorschlag gemacht haben, Dich mit Martin auch für die Länder, wo keine Patente sind, zu vereinigen. Martin hat in Sachsen und wohl auch in anderen deutschen Staaten Patente genommen, hat sehr intelligente Agenten, und das Wannenstahlschmelzen heißt in Deutschland überall das „Martinsche" Verfahren. Kohn (Martins Agent in Wien) meint, Martin würde sich sehr gern mit Dir vereinigen, würde auch einverstanden sein, das Verfahren des Stahlschmelzens aus Eisen in Wannenofen das „Siemens-Martinsche" zu nennen und eine Vereinbarung über gemeinschaftliche Exploitation zu treffen. Ich rate es zu tun, sonst habt Ihr alle nichts. Du hast die Zeit verpaßt. Auch Dein erstes österreichisches Patent hat gar keinen Wert mehr, da es nicht binnen Jahresfrist ausgeführt ist. Ich rate, Gregor zu instruieren, nur auf Anlage einiger ganz großer Anstalten in Norddeutschland hinzuwirken, vielleicht Krupp und eine große alte oder neue Aktien-Stahlfabrik in Schlesien in Szene zu setzen, ferner Gregor zu autorisieren, mit Martins Agenten Peipers für Norddeutschland in Verhandlung zu treten.

In Schlesien bemühte sich Friedrich für das S.M.V. Aber die Laurahütte und die Gräflich Stollbergsche Hütte, die anfangs fest entschlossen waren, das Verfahren einzuführen, lehnten es später unter allerlei Vorwänden ab. Friedrich vermutete, daß auch dort Martins Agent die Hand im Spiele hatte. In Sachsen, wo Friedrich ebenfalls gute Aussicht hatte, konnte er wegen Martins Patent gar nichts tun.

Wilhelm befolgte daher Werners Rat: er verständigte sich mit Martin wegen des S.M.V. auf der Grundlage gleicher Berechtigung beider Teile; Patentgebühr: 10 Frcs. für die Tonne, wovon der andere Teil ein Drittel erhielt. Eine beschränkte Konkurrenz bestand also fort, und es scheint, daß Martin auch später in Deutschland größere Erfolge erzielte, als Wilhelm, der nach wie vor den „Erzprozeß" für wichtiger hielt, als das S.M.V.

Wilhelm an Friedrich 15. Dezember 1868. Der Erzprozeß ist ungleich wichtiger, namentlich für Deutschland. — Friedrich 15. April 1869. Der Martinsche Augent Peipers wird sehr unangenehm, indem er viel in den Journalen schreibt und immer nur vom „Martinschen" Ofen und dessen Verfahren spricht. — Wilhelm 2. Mai 1869. Übermorgen erwarte ich Gregor hier. Er hat verschiedene Abschlüsse gemacht, läßt sich aber zu sehr herabdrücken.

Wilhelm an J. Lowthian Bell 19. Januar 1869. Kleine Versuchsöfen geben nie gute Resultate und ruinieren den guten Ruf der Erfindung. — 15. November 1869 an Vickers Son & Co. Ich kann die Anwendung des Prozesses nur im großen Maßstabe empfehlen; nur so lassen sich dessen Vorteile voll verwirklichen. Auch wünsche ich die Zahl meiner Lizenzen einzuschränken.

Wilhelm motivierte dies noch folgendermaßen:

Wilhelm an D. M. Gordon 2. Dezember 1869. Ich beabsichtige, die Anwendung des S. M. V. auf wenige große Betriebe zu beschränken und hierdurch den Fehler zu vermeiden, den Bessemer begangen hat, durch Gewährung von Lizenzen an jedermann, wodurch er sich den Markt verdorben hat.

Bessemer ermäßigte damals seine Patentgebühren bedeutend, ein Weg, auf dem Wilhelm ihm aber für das S.M.V. noch nicht folgte. Nur in den amerikanischen Gebührensätzen ließ er schon eine Änderung eintreten, worauf gleich zurückzukommen ist.

Wie groß die Erwartungen Wilhelms in bezug auf den „Erzprozeß" waren, geht daraus hervor, daß er diesen an Krupp nicht überlassen wollte und ihn aus dem Vertragsentwurfe strich, ebenso aus dem Vertrage mit einer amerikanischen Firma. Martin dagegen hielt nichts von dem „Erzprozesse", und auch der erste englische Fachmann J. Lowthian Bell sprach sich skeptisch über ihn aus; doch Wilhelm hielt nur um so hartnäckiger an ihm fest.

Wilhelms Vertreter in Amerika war, wie schon erwähnt, die Firma Tuttle Gaffield & Co. in Boston. Wilhelm versah sie im Frühjahr 1868 mit ausführlichen Nachrichten über das S.M.V. und seine Erfolge:

1. Mai. Die Produktionskosten von 1 Ton Stahl aus „scrap" und Gußeisen übersteigen nicht 20 s. Der Schmelzer hat nur darauf zu achten, daß das Guß- oder Schmiedeeisen, entsprechend dem Zustande des Metallbades, zugesetzt wird, und das Metall in die Gießpfanne abzuzapfen. Man könnte einen Puddler anlernen, aber ein Stahlschmelzer ist vorzuziehen. Ein intelligenter billiger Arbeiter ist nötig oder ein guter Vorarbeiter zur Überwachung verschiedener Öfen. Die größte Genauigkeit in der Mischung des Stahls kann erzielt werden und auf solche Weise auch große Homogenität. Das Metall wird probiert vor der Zusetzung von Spiegeleisen — —. Drei Öfen nebst Gasgeneratoren kosten in England 3000 £. Zwei davon produzieren bei kontinuierlichem Betriebe 20 Tons Stahl in 24 Stunden; der dritte bleibt in Reserve. Die Öfen arbeiten drei Monat Tag und Nacht, ohne einer Reparatur zu bedürfen. — 5. Oktober. Ein Ofen für zwei Chargen von je 4—5 Tons in 24 Stunden kostet mit allem Zubehör (jedoch ohne die Umfassungsmauern des Gebäudes und den Schornstein) ca. 1200 £, ein größerer Ofen wird verhältnismäßig weniger kosten, Chargen von 8—10 Tons werden wohl durchaus möglich sein.

Soweit aus dem Briefwechsel zwischen Wilhelm Siemens und seinen amerikanischen Vertretern hervorgeht, war die Firma Cooper Hewitt & Co. die erste, welche in Amerika das S. M. V. durchführte[1]). Aber der Fortschritt war auch dort in den ersten Jahren ein geringer. Wilhelm sprach sich am 14. November 1868 sehr unzufrieden aus über die von seinen amerikanischen Vertretern erhobenen hohen und ungleichmäßigen Gebühren. Er setzte neue Maximalsätze fest, die aber immer noch (einschließlich dessen, was die Agenten und Martin bekamen) für das S. M. V. 2 £ pro Tonne betrugen, also viermal soviel als die englische Gebühr. Wilhelm sprach sich damals gegen die von den amerikanischen Vertretern angeregte Gewährung ausschließlicher Privilegien aus; das Patent, so erklärte er, müsse allen zugänglich bleiben. Einnahmen hatte er bis dahin aus Amerika überhaupt noch nicht bezogen.

Die Firma Cooper Hewitt & Co. erlitt bei dem S. M. V. Verluste und ersuchte nun ihrerseits um Ermäßigung der amerikanischen Patentgebühr, worauf Wilhelm anfangs nicht einging. Im Jahre 1870 wurde indes die Gebühr herabgesetzt und zugleich die Agentur für Amerika an Richmond, Pott & Loring in Boston übertragen:

Wilhelm an Richmond, Pott & Loring 8. Oktober 1870. Die Gebühr für das S. M. V. soll 3 Dollar pro Tonne betragen, welchen Durchschnittssatz ich Mr. Hewitt mitgeteilt habe. Ich glaube nicht, daß ich weniger nehmen kann, trotz Ermäßigung der Gebühren Bessemers.

Für England berechnete Wilhelm damals 10 sh. Gebühr, Bessemer dagegen nur $3^1/_2$ sh.

Wie sich nun nach alledem die Produktionskosten des S. M. V. damals für England stellten, soweit die Erfahrungen Wilhelms reichten, ergaben folgende zwei Berechnungen:

I. 23. April 1869.

10 cwt pig iron	at £ 4 10	£ 0	10	8
3 tons 10 cm. scrap	„ „ 3 15	„ 3	5	8
8 cwt spiegeleisen	„ „ 5 10	„ —	11	0
2 tons coal	„ „ — 6	„ —	3	0
labour	„ „ 1 5	„ —	6	0
repairs, interest, management		„ —	2	6
royalty		„ —	10	—
	per ton £	5	8	10

---

1) Nach Beck V, 296 hätte schon vorher Frederik J. Slade zwei Regenerativfeuerungen für den offenen Herdprozeß angelegt.

II. 22. Juni 1869.

An open hearth melting furnace will yield about 12 tons of steel per 24 hours to which purpose the following materials and wages will be absorbed:

$10^1/_2$ tons scrap	at	£ 3	10	£	36	15	0
$1^1/_2$ „ pig iron	„ „	5	10	„	8	5	0
$^3/_4$ „ spiegel	„ „	6	10	„	4	17	6
12 men, 6 for days, 6 for nights, of which per furnace							
2 men at 5 s 6 d each				„	—	11	0
2 „ 4 s „				„	—	8	0
2 „ 2 8 „				„	—	5	4
for pit:							
2 at 4				„		8	0
4 „ 2 8				„	—	10	8
8 tons coal at 6 s				„	2	8	0
2 men for producers 1 day, 1 night				„		6	0
wear and tear of furnace				„		12	0
royalty 10 s p. ton				„	6	0	0
			p. 12 tons	£	61	6	6

= £ 5.2.8 p. ton in ingots.
Cogging and rolling, including heating, wages, wear and tear of furnace mills etc.   30 s p. ton.

Landore. Prioritäts-Streitigkeiten. Wilhelms ganzes Verhalten in diesen Jahren hinsichtlich des S. M. V. ist sicherlich mit beeinflußt worden durch seinen Wunsch, selbst große Stahlwerke zu errichten, und zwar hauptsächlich für den „Erzprozeß". Die „Sample Steel Works" hatten sich sehr bald als zu klein erwiesen, um brauchbare Ergebnisse zu liefern; selbst wenn er dort Materialien schmelzen ließ, die ihm von anderen Stahlwerken zum Probieren zugesandt wurden, waren die Resultate dem Rufe des Verfahrens nicht günstig. Daher versuchte er schon seit Ende 1867, eine Gesellschaft zur Errichtung großer Stahlwerke zu begründen. Als geeignete Örtlichkeit erwählte er die Umgebung von Swansea, hauptsächlich weil dort relativ reines Eisenerz für den „Erzprozeß" leicht zu erlangen war. Im Laufe des Jahres 1868 gelang die Begründung der Gesellschaft. Zu den Gründern gehörte auch der Zinkfabrikant Dillwyn in Swansea, der in Landore bei Swansea ein geeignetes Grundstück besaß, ferner Wilhelms Schwager Donald Gordon und einige andere. Leitender Direktor der „Landore Siemens

Steel Company" wurde Gordon, der aber nur Geschäftsmann ohne technische Spezialkenntnisse war, weshalb noch ein technischer Direktor angestellt wurde. Die Bauleitung wurde Wilhelms Ingenieur Cowper übertragen.

Bald entstanden erhebliche Meinungsverschiedenheiten unter den Gründern. Wilhelm fürchtete, beim „Erzprozeß" würde ihm, wie beim S. M. V. ein anderer zuvorkommen, und wollte deshalb so rasch wie möglich recht umfangreiche Werke anlegen. Dagegen erschraken die übrigen Beteiligten über die Höhe der Anlagekosten. Nur mühsam gelang es eine Verständigung zu erzielen.

Wilhelm an Cowper 7. September 1868. Was auch immer geschehen mag, die Anlage für den Erzprozeß darf keinesfalls aufgeschoben werden; denn dieser ist das „cheval de bataille" der neuen Kompagnie, und würde er gehemmt, so riskierte ich, daß ein anderer „Martin" aufstände, um Priorität praktischer Ergebnisse zu beanspruchen.

Die Landore-Werke wurden 1869 in Betrieb genommen und entwickelten sich anfangs äußerlich glänzend; doch war das eben nur Schein; zu einer großen geschäftlichen Entwickelung ist es nicht gekommen.

In dieser Zeit entstanden zwischen Friedrich und Wilhelm neue Konflikte, wobei **Fragen des geistigen Eigentums an der Erfindung der Regenerativöfen** hauptsächliches Streitobjekt bildeten; doch spielten auch wirtschaftliche Fragen eine Rolle.

Friedrich an Werner 22. November 1870. Mit Dir habe ich nicht zu fürchten, daß Du bestrebt bist, mich unterzufuttern und nicht recht aufkommen zu lassen, was mein Verhältnis in England so unangenehm und ich möchte sagen, verderblich machte. Mein schwacher Punkt ist, anderen gegenüber meinen Standpunkt zu behaupten.

Werner an Karl Dezember 1870. Auf meine Frage, ob er (Friedrich) durch die in England jetzt so gut gehende Stahlfabrikation durch Regenerativöfen jetzt gute Einnahmen habe, meinte Fritz, daß daraus wohl nicht viel werden würde, da Ihr die Sache in Landore wohl möglichst monopolisieren würdet. Ich ging nicht weiter darauf ein, denke mir aber, daß Fritz von Landore doch wohl dieselben Einnahmen hat, wie von jeder fremden Stahlfabrik — —. Mein Bestreben ist ausschließlich, Frieden zwischen den Brüdern zu erhalten und durch rechtzeitige kleine Hülfe Mißverständnisse aufzuhellen, bevor sie fressend werden. Übrigens beurteilt Wilhelm Fritz immer zu hart und ganz vom Standpunkte seiner Gefühle und Anschauungen aus; dazu hat er kein Recht — —. Es ist ja erklärlich, daß Wilhelm, vielleicht ihm selbst nicht ganz bewußt, einen gewissen Verdruß darüber empfindet, daß er bei Anwendung des regenerativen Prinzipes auf Kraftmaschinen hängen blieb und nicht selbst auf die Idee kam, es auf Heizzwecke zu übertragen. Das muß er aber überwinden. Dazu kommt noch, daß Fritz quasi sein Schüler war. Unrecht hast Du aber, zu sagen, daß Fritz Wilhelms regeneratives Prinzip auf Öfen angewendet hätte. Lies im Dinglerschen Polytechnischen Journal von 1845 meinen Aufsatz darüber nach, zu Deiner Information[1]). Ganz unberechtigt scheint mir Wilhelms Anschauung, daß sie beide für alle Länder gemeinschaftliches Geschäft gemacht hätten. Es hat langes Zureden von meiner Seite bedurft, bis Wilhelm sich überwand, die Sache für England in die Hand zu nehmen, und ihre Abmachung hatte nur auf England Bezug[2]). Für Rußland und Deutschland inkl. Österreich machte ich ja mit Fritz Arrangement. Hier wurden von uns die ersten Versuche mit Gasheizung gemacht, nachdem die Öfen mit direkter Heizung in England Fiasko gemacht hatten. Wohl wenige werden, so wie ich und Fritz, Wilhelms hervorragende Eigenschaften anerkennen, und seine Redlichkeit ist beinahe krankhaft übertrieben zu nennen; doch Weavers großer Ausspruch[3]) macht sich bei Wilhelm wider seinen Willen sehr geltend, namentlich wenn seine Ideen ins Spiel kommen.

Wilhelm an Friedrich 29. Oktober 1872. Es ist mir lieb, daß die Frage über Ursprung der Regenerativöfen unter uns zur Diskussion gekommen ist, indem die bisherige Unklarheit Anlaß zu beiderseitigen Nachteilen und unbrüderlicher Stimmung gegeben hat. Du sagst, Du könntest Dein Anrecht auf die Entwickelung des Systems nicht aufgeben. Ich kann wohl mit Zuversicht sagen, daß ich Dir diesen Anteil in jedem Zirkular oder Argumente zugestanden habe, daß es aber mich oftmals sehr unangenehm berührt hat, zu erfahren, daß Du anderen gegenüber die Sache für Dich allein beanspruchst. Die Mitteilungen des Brockhaus liefern dafür den schlagendsten Beleg. Wäre es nur der Umstand, daß ich dem Regenerativsystem seit 25 Jahren meine unausgesetzte Tätigkeit gewidmet habe, mit unsäglichen Opfern, welche schließlich auch für Dich mit schönen Resultaten gekrönt wurden, und daß Du zur Zeit des ersten Ofenpatents mein Assistent warst, so wäre damit schon der Beweis meiner Mitberechtigung geführt; aber es ist nötig, auf Einzelheiten hinzuweisen. Du sagst, und ich bezweifle es nicht, daß Du zur Zeit Deines Vorschlages mit Stirlings früherem Projekt unbekannt warst, aber Du irrst Dich, wenn Du darum ein ausschließliches Erfindungsrecht beanspruchst: mir war Stirlings Ofen wohl bekannt, wie Du aus der Fassung Deines Patents ersehen kannst, welches ich so spezifizierte, daß die Claims nicht das Prinzip (den Austausch der Temperatur zwischen frischer und verbrannter Luft), sondern besondere Einrichtungen umfaßten. Zu meinen Zusätzen gehörte namentlich auch die

---
[1]) Vgl. oben S. 17.
[2]) Vgl. oben S. 350 ff. Wilhelm hatte geltend gemacht, daß er auch von Friedrichs deutschen Geschäften keinen Gewinnanteil erhielte.
[3]) Weaver war der Betriebsdirektor der Indo-Europäischen Telegraphenlinie. Er tat den Ausspruch, daß das Urteil oft unbewußt durch das Selbstinteresse bestimmt werde.

Anwendung von Gas mit vertikalen, einfachen und Doppel-Regeneratoren. Im zweiten Patente (1857) setzte ich den Gaserzeuger mit geneigter fester Ebene hinzu, in Form eines Regenerativ-Glasofens, welcher mit dem jetzt von Boëtius erbauten fast identisch ist. Es war mir klar, daß die vollständige Durchführung dieser Ideen lange und teure Versuche erheischen würde, und war daher zufrieden, daß wir zunächst ohne Gas namentlich das Stahlschmelzen zu bewerkstelligen suchen wollten. Als Du England 1857 verließest, führtest Du mit Werner Gaserzeuger für Braunkohle erfolgreich aus, und ich bin gern bereit, diesem Erfolge volle Anerkennung beizumessen. Bei Anwendung auf Steinkohlen waren aber die praktischen Schwierigkeiten so groß, daß Du später darauf ausgingest, das Regenerativprinzip selbst zu verlassen und auf gewöhnliche Feueranlagen mit Vorheizkammern überzugehen, was namentlich in Böhmen versucht wurde. Die Durchführung des Systems für Steinkohlen und für große Anwendungen war wieder mein Werk. Es würde mir aber nie einfallen, hierauf Sonderansprüche zu gründen. In der Industrie gibt es wenig oder gar keine neue Prinzipien — diese gehören in die reine Wissenschaft —, und der richtige Erfinder eines praktischen Verfahrens ist derjenige, welcher dasselbe mit jahrelanger Aufopferung von Zeit und Mitteln, trotz aller Kleingläubigen und Widersacher, bis zum erfolgreichen Ende durchführt. Es gehören dazu unendlich viel mehr Scharfsinn, Ressourcen und Enthusiasmus für die Sache, als zum Umhertappen in den Nebelregionen unreifer Ideen, wie sie Stirling und Ericson auch bereits vorschwebten. Aber solche Grübler sind meist von überschwänglicher Arroganz beseelt, und wenn unter zehn unreifen Ideen mal eine Weisheit enthalten ist, welche von einem echten Manne auch angefaßt und durchgeführt wird, so beanspruchen sie als wahre Raubritter das Verdienst. In der Regenerativofen-Angelegenheit hast Du, wie ich, ernst und anhaltend gearbeitet, und es wäre jämmerlich, wollten wir uns gegenseitig das Verdienst schwächen. Auch gestehe ich gern Werner das Verdienst effektiver Mitwirkung zu. Hans hat sich ebenfalls ein lokales Verdienst darum erworben. — Möge von jetzt ab ein besseres Einverständnis hierüber obwalten!

Die Antwort Friedrichs auf diesen Brief ist leider nicht erhalten geblieben; doch geht aus unserer aktenmäßigen Darstellung hervor, inwieweit Wilhelms Anschauungen berechtigt waren.

In bezug auf das Siemens-Martin-Verfahren entstand im Jahre 1878 zwischen Wilhelm Siemens und den Brüdern Martin ein ähnlicher Streit, der unentschieden blieb: die Martins erkannten dabei das Siemens'sche Verdienst um die Regenerativöfen willig an, nahmen aber für sich das ausschließliche Verdienst ihrer Anwendung auf den Herdprozeß in Anspruch, was Wilhelm energisch bestritt. Friedrich Siemens seinerseits äußerte sich bei diesem Anlasse nicht. Er war aber (auch später noch) überzeugt, daß Wilhelm ihn von den Stahlbereitungsversuchen der Jahre 1862 und 1863 absichtlich ferngehalten und es dadurch verschuldet habe, daß nicht die Brüder Siemens, sondern die Brüder Martin das S. M. V. erfanden. Aus dem ganzen Verlaufe der von uns geschilderten Entwickelung scheint die Richtigkeit dieser Anschauung hervorzugehen. Unzweifelhaft müssen die Brüder Martin als die eigentlichen Erfinder der **ersten** erfolgreichen Anwendung von Regenerativöfen auf den Herdprozeß angesehen werden. Aber das **jetzige** S. M. V. verdankt den Brüdern Siemens so viel, daß man sie, auch abgesehen von den Regenerativöfen, als Miterfinder zu betrachten hat.

In Landore wurde anfangs hauptsächlich das Verfahren der Brüder Martin nachgeahmt; doch bald vertiefte Wilhelm sich immer mehr in den „Erzprozeß", in den „Präzipitationsprozeß", der den Hochofen ganz überflüssig machen sollte, und in andere Experimente, durch welche er die Entwickelung der Technik zweifellos förderte, aber keine privatwirtschaftlichen Erfolge erzielte; im Gegenteil: er brachte große Opfer, und in den schlechten Jahren nach 1873 geriet Landore in steigende Bedrängnis. Millionen gingen schließlich dabei verloren, obwohl nach Wilhelms Tode (1883) seine Brüder sich bemühten, das Unternehmen wieder lebensfähig zu gestalten. Es fehlte stets die richtige Werkleitung. Die Örtlichkeit erwies sich für eine Massenproduktion als wenig geeignet, und die rastlose Versuchstätigkeit, die in Landore von Wilhelm betrieben wurde, ließ eine planmäßige Fabrikation kaum aufkommen.

Schlußergebnisse. Überhaupt hatten die Brüder Siemens vom S. M. V. keinen Vorteil, sondern nur schwere Verluste. Ihre für dieses Verfahren in Betracht kommenden älteren Ofenpatente liefen meist schon 1875 ab, womit das englische Patentofen-Geschäft (abgesehen von Friedrichs kontinuierlichen Glas-Wannenöfen) so ziemlich zu Ende war. Die Vertreter Wilhelms auf dem Festlande hatten sich schon vorher anderen Unternehmungen zugewendet. Wilhelm setzte sich mit Martin wegen der Patente für das S. M. V. auseinander, indem er ihm in Frankreich freie Hand ließ und selbst für England die gleiche Freiheit erhielt. Darauf ermäßigte er seine Patentgebühren auf ein Drittel, kann indes kaum noch große Einnahmen erzielt haben, da die weitere Entwickelung des S. M. V. die älteren Patente rasch entwertete. In den Jahren 1880—1883 schien Wilhelms „Erzstahlprozeß" einen großen Aufschwung nehmen zu wollen; doch erwies er sich schließlich als zu teuer, und als Wilhelm 1883 starb, gelang es auch Friedrich nicht, ihn durch Anwendung auf Flammöfen existenzfähig zu machen. Vielmehr mußte der Betrieb in Landore schließlich nach sehr großen weiteren Opfern eingestellt werden und das gleiche Schicksal hatte die von Friedrich Siemens für die Ausbildung des „direkten Erzstahlprozesses" begründete „Elisenhütte" bei Nassau. Doch als außerordentlich fruchtbar für die weitere Entwickelung des S. M. V. haben sich diese Versuche erwiesen.

So manche Neuerungen, die später anderen Erfindern und Unternehmern viel Ansehen und Einnahmen verschafft haben, sind von Wilhelm und Friedrich Siemens zuerst angewendet worden, außer dem Erzzusatze namentlich die Vergrößerung der Öfen. Friedrich Siemens baute in Landore 1885 einen Ofen von 65 Tonnen Einsatz. Auch führte er damals schon kontinuierlichen Betrieb ein, indem nur etwa der sechste Teil der fertigen Charge abgestochen wurde, während der Rest als flüssiges Metallbad im Ofen blieb, um tunlichst gleichmäßige Temperatur zu unterhalten und die höchst schädliche Abkühlung des Bodens durch neuen Einsatz zu vermeiden (jetzt sogenannter „Talbot-Prozeß").

Die Ausbreitung des S. M. V. nahm erst nach 1880 große Dimensionen an. In Deutschland überholte es den Bessemerprozeß 1888, in England erst 1894, in den Vereinigten Staaten von Amerika ist Bessemer sogar erst in allerjüngster Zeit überflügelt worden. Vieles mußte geschehen, ehe diese Umwälzung sich vollziehen konnte: die Erfindung der Entphosphorung durch den „Thomasprozeß" und dessen vorteilhafte Anwendung auf das S. M. V.[1]), die Vergrößerung der Öfen, die Einführung neuer Zusätze (Kalkstein, Ferromangan, Ferrosilizium usw.), wie überhaupt eine sehr mannigfaltige chemische Ausgestaltung des Prozesses, die namentlich in Deutschland stattgefunden hat.

Ganz besonders wirkte auf Ausbreitung des Verfahrens infolge besserer Erhaltung des Ofens und günstigerer Ausnutzung des Brennstoffs eine Erkenntnis von Friedrich Siemens, der er

---

1) Das S. M. V. ermöglicht es, mit jedem Phosphorgehalt des Materials zu arbeiten, während für den sauren Bessemer-Prozeß nur Roheisen unter 0,1 %, und für den basischen nur Roheisen über 1,5 % Phosphor brauchbar ist. (Mitt. d. Geh. Bergrats Prof. Dr. Wedding).

zum ersten Male im Verein zur Beförderung des Gewerbefleißes 1884 in Berlin Ausdruck gab. Diese Erkenntnis beruhte auf der Ausnutzung der freien Flammenentwickelung.

Geh. Bergrat Prof. Dr. H. Wedding in Berlin sagte darüber in seinen Vorlesungen folgendes:

Bis dahin hatte man das Gewölbe des Flußeisen-Flammofens stets in der Mitte des Herdes abwärts gezogen, in der Meinung, dadurch die Flamme besser auf das Metall zu leiten und seine Schmelzung und Oxydation zu begünstigen. Fr. Siemens zeigte, daß dies irrig sei. Die zur Heizung des Ofens dienenden Gase verbrennen nicht augenblicklich; berühren sie vor vollkommener Verbrennung einen festen Gegenstand, hier das Gewölbe des Ofens, so wird die völlige Verbrennung und die Wirkung der Strahlung beeinträchtigt und das Gewölbe durch den Anprall schnell zerstört. Wird dagegen das Gewölbe so gespannt, daß die Flamme es nicht unmittelbar berühren kann, so spart man nicht nur an Brennstoff, sondern vermeidet auch häufige Ausbesserungen oder Erneuerungen des Gewölbes.

Diese Anschauung von Fr. Siemens wurde anfangs von den meisten Eisenhüttenleuten bekämpft, aber die Erfahrung bekehrte sie schnell. Es vergingen kaum einige Jahre und stillschweigend waren in Deutschland alle S. M.-Öfen umgebaut. Fand man auch, daß es nicht gut sei, das Gewölbe kuppelartig zu erhöhen, so verließ man doch überall das herabgezogene Gewölbe und ging zu einem hochliegenden Tonnengewölbe über. Jetzt erst zeigte es sich, daß die Brennstoffersparnis in einem nach dem Grundsatze der freien Flammenentwickelung gebauten Ofen so groß war, daß das Verfahren den Wettbewerb mit dem Bessemerverfahren aufnehmen konnte, bei dem der Brennstoffaufwand zum Schmelzen des Roheisens und zum Betriebe des Gebläses höher ausfällt.

Durch alle diese Verbesserungen wurde das S.M.V. befähigt, sich dem Bedürfnisse sowohl in Bezug auf Quantität wie auf Qualität der Produktion besser anzupassen, als das Bessemer-Verfahren. Zugleich wurde das S.M.V. derart verbilligt, daß der größte Stahlindustrielle der Welt vor einigen Jahren den Anspruch tun konnte[1]:

Es ist kaum zu glauben, daß noch Erfindungen kommen werden, welche die Produktionskosten des Stahls unter ihren jetzigen Stand von zwei Cents für drei Pfund ermäßigen könnten. Das 20. Jahrhundert, mag es auch noch so große Wunder der Technik in seinem Schoße bergen, wird für die Stahlfabrikation voraussichtlich dort enden, wo diese sich jetzt schon befindet, beim Siemens-Martin-Verfahren.

---

[1] Carnegie, Development of steel manufacture in the United States (The 19th century, 1901).

Wenn Andrew Carnegie damit recht behält, so hat das S. M. V. die Kosten der Stahlerzeugung auf ihr absolutes Minimum ermäßigt, eine Wirkung analog derjenigen, welche das Regenerativsystem in der Glasindustrie hervorgebracht hat. Die Männer, die den Grund dazu gelegt haben, gehören zu den großen Demokraten der Industrie, denen die wirtschaftliche Kultur den breiten Strom ihrer Entwicklung verdankt. Doch ihre Leistungen gelangen unfehlbar früher oder später an eine nicht zu überschreitende Grenze. Es scheint, daß diese Grenze bei Stahl und Glas schon erreicht worden ist.

Drittes Kapitel.
Kupferbergbau im Kaukasus.

Walter Siemens. Dieser zweitjüngste der Brüder Siemens war bei aller Begabung ein Schmerzenskind der Familie, und seine Fehler dürfen hier nicht bemäntelt werden, weil ohne ihre Kenntnis das gegenwärtige Kapitel nicht verständlich ist, und weil ihr Zusammenhang mit den Schicksalen des Siemens'schen Kupferbergbaues im Kaukasus ein Moment von großer typischer Allgemeinbedeutung ist, das hier nicht übergangen werden kann. Schon als Kind hatte Walter dem Familienchef Werner viel Sorge bereitet. Er geriet auf der Schule in schlechte Gesellschaft, „schwänzte" die Schule, war träge und hatte noch andere schlimme Eigenschaften:

Werner 11. August 1845. Das vermaledeite Flunkern sitzt von der Großmutter noch unauslöschlich tief in ihm. Er weiß, daß er nie Strafe bekommt, wenn er die Wahrheit sagt, aber das ist ihm nicht möglich.

Werner mußte ihn bei seinem Schulrektor in Pension geben, was aber auch nicht dauernd half, und im Jahre 1850 wurde er von der Schule relegiert, worauf Werner ihn bei einem Schlosser in die Lehre gab:

Eitelkeit ist Walters Grundfehler. Ich denke, den wird Molle und Schurzfell, nebst den sonstigen Leiden des Lehrjungenstandes, schon kurieren.

Später arbeitete er in England, dann beim Telegraphengeschäft in Warschau und beim Kabelbau in Asien. Während der Warschauer Zeit rühmte Karl sein Talent, mit Menschen umzugehen; ebenso machte er sich beim Kabelbau sehr beliebt durch Diensteifer und Liebenswürdigkeit. Doch Werner ließ sich dadurch nicht bestechen:

Walter ist oberflächlich in allen seinen Leistungen. Er hat seine Jugend nicht benutzt und hat sich zu wenig Kenntnisse erworben. Es fehlt ihm an Beharrlichkeit und Festigkeit.

Im Jahre 1860 gab Karl seinem Geschicke eine andere Wendung:

Karl an Werner 29. Februar 1860. Ich habe jetzt eine Beschäftigung für ihn, welche ihm Gelegenheit bietet seinen Leichtsinn abzulegen und seine Tüchtigkeit zu zeigen. Die Kaukasier haben nämlich keinen tüchtigen Mechaniker für den Bau ihrer Linie finden können und haben mich um einen solchen für ca. 5 Monate gebeten. Ich habe es angenommen und muß also jemand hinschicken. Eine unserem Interesse unbedingt ergebene Person ist durchaus dafür nötig; denn wir müssen suchen, das Geschäft in die Hand zu bekommen. Auf fremde Mechaniker ist durchaus kein Verlaß.

Walter war erst wenige Monate im Kaukasus, als er Karl schon den Vorschlag machte, ein Bergwerk anzukaufen, was aber damals abgelehnt wurde.

Die Erschließung des Kaukasus. Es war die Zeit, als die moderne Wirtschaftspolitik ihren Einzug in Rußland hielt, als das russische Verkehrswesen einen neuzeitlichen Charakter annahm und die Errichtung von Unternehmungen aller Art auf jede Weise gefördert wurde. So suchte die russische Regierung auch die Naturschätze des Kaukasus mit Macht zu erschließen Wenige Jahre vorher war noch kein sicherer Fleck im Lande gewesen, und der Verkehr hatte mit den größten Schwierigkeiten zu kämpfen gehabt. Poti, der Hafen Kaukasiens, war 1860 noch ein elendes Nest von Holzbaracken. Im folgenden Jahre war die Chaussee Poti-Tiflis fast vollendet, eine andere Chaussee nach Norden ebenfalls. Telegraphen wurden gebaut, belgische Ingenieure waren mit Vorarbeiten für eine Eisenbahn vom Schwarzen nach dem Kaspischen Meere beschäftigt und unterhandelten wegen Bewilligung von Staatsgarantie. Ein Schweizer Unternehmer errichtete mit Staatsunterstützung große Eisengruben und Hüttenwerke. Silber- und anders Erzlager, Kohlenfelder, Naphthaquellen, deren Ausbeutung die Regierung allein bisher vergebens versucht hatte, harrten der Erschließung durch tüchtige Unternehmer[1].

---

[1] Als Karl Siemens 1862 über die Errichtung einer Gasanstalt in Moskau verhandelte, kam auch der Kohlenmangel im Kriegsfalle zur Sprache. Karl meinte: „Vielleicht bekommen wir billig Naphthalin vom Kaukasus. Es liegen dort am Kaspischen Meere unergründliche Lager davon; doch sträubt man sich noch, sie zu exploitieren, wahrscheinlich weil man das Erlöschen des ewigen Feuers von Baku befürchtet." Diese Annahme rührte wohl von Walter her.

Namentlich von der Eröffnung der Eisenbahn erwartete man den Anbruch einer neuen Ära, und wie es in solchen Fällen zu geschehen pflegt, unterschätzte man außerordentlich die Schwierigkeiten der ganzen Entwickelung. Wurde doch die Eisenbahn Poti-Tiflis erst ein Jahrzehnt später vollendet, und wie es bis dahin noch mit der Verbindung nach Norden wie nach Westen bestellt war, ersieht man daraus, daß Karl, als er 1867 von Petersburg nach Tiflis reiste, folgende Reiseroute einschlagen mußte: Eisenbahn bis Nischnij-Nowgorod, Dampfer auf der Wolga bis Zarizyn, Eisenbahn bis an den Don, Dampfer bis Taganrog, Seedampfer über Kertsch nach Poti, Flußdampfer und Fuhrwerk bis Tiflis. Im folgenden Jahre reiste Werner von Berlin nach Tiflis; diese Reise dauerte einen vollen Monat. Immerhin war damals schon eine wesentliche Besserung der Verkehrsmittel erfolgt, und hätte man im Tempo der ersten Zeit nach 1860 fortgearbeitet, so würden die Erwartungen, die man auf die Entwickelung des Landes setzte, sich gewiß rascher verwirklicht haben. Zu denen, welche damals durch diese Erwartungen zu bedeutenden Unternehmungen im Kaukasus veranlaßt wurden, gehörten in erster Linie auch die Brüder Siemens.

Kupferbergbau-Projekte. Der wachsende Bedarf nach Kupfer, besonders für Zwecke der Telegraphie, erzeugte in den fünfziger Jahren des 19. Jahrhunderts Kupfermangel und hohe Kupferpreise. Trotz Erschließung mancher neuer Kupferlager, namentlich in Chile, lieferte damals die englische Provinz Cornwall noch einen sehr bedeutenden Teil des Kupferbedarfs der Erde. Swansea war der Ort, wo das meiste Kupfer der Welt verhüttet wurde, und ein englisches Syndikat beherrschte den Kupfermarkt. Die nordamerikanische Zufuhr war noch nicht bedeutend. Diese Sachlage veranlaßte allgemeines Suchen nach neuen Kupferlagern, und den Brüdern Siemens mußte eine Beteiligung dabei, wegen ihrer Stellung in der Telegraphie, besonders naheliegen. Schon 1857 wurde bei Siemens & Halske ein solches Projekt kurz erörtert, und 1862 ließ sich Werner wirklich zu einem Versuche dieser Art bestimmen.

Ein junger Berliner Mineraloge fand in alten Archivakten, daß in einem Orte des Thüringer Waldes vor dem 30 jährigen Kriege umfangreiche Kupferhütten mit Erzen von großem Werte betrieben worden waren. Er ermittelte die alten Werke, aus denen diese Erze stammten, in Ohrdruff, und eine genaue Untersuchung ergab angeblich, daß dort mit sehr wenigen Mitteln (25—30000 Talern!) sich ein brillantes Geschäft machen ließ. Werner schenkte diesen Angaben zunächst vollen Glauben; er berichtete alles ohne Kritik oder Bedenken an Karl und bezeichnete das Unternehmen als „höchst interessant und vielversprechend"; ja, er fügte hinzu:

Die Sache scheint uns sehr; das kann noch mal was für unsere Jungens werden. Berg- und Hüttenbau unter soliden und günstigen Verhältnissen ist doch immer die Aristokratie der Industrie.

Er war schon im Begriffe, das Bergwerk von dem Entdecker zu kaufen; da dessen Angaben sich indes nicht vollständig bewährten, so wurde das Werk zunächst nur auf zwei Jahre mit Vorkaufsrecht gepachtet. Vier Wochen darauf wurde der Kaufkontrakt doch vollzogen, der Kaufpreis auf 25000 Taler festgesetzt und eine Anzahlung von 4000 Talern geleistet, dabei aber dem Käufer das Recht vorbehalten, nach zwei Jahren zurückzutreten, unter Verlust der Anzahlung und der bis dahin gehabten Aufschlußkosten. Auch Karl war „gewaltig neugierig" auf die Ergebnisse und erklärte, die Sache interessiere ihn ganz besonders. Wieder vier Jahre später lauteten die Nachrichten aus Ohrdruff noch so günstig, daß Werner meinte:

Ohrdruff kann für uns und unsere Nachkommen eine Gold- anstatt eine Kupfergrube werden.

Aber bald darauf wurden die Berichte weniger günstig, und nach Verlauf von 9 Monaten hieß es:

Der „alte Mann" (der Unternehmer vor dem 30jährigen Kriege) hat doch arg gewütet und immer die besten Bissen ausgesucht;

es war also Raubbau betrieben worden. Am Jahresschluß mußten fast 9000 Taler als Verlust auf dieses Unternehmen gebucht werden. Die Episode ist so bezeichnend für die damalige Geneigtheit der Brüder, sich auf solche Projekte einzulassen, daß hier etwas ausführlicher darüber berichtet werden mußte, als ihre Bedeutung an sich erfordert.

Wir haben uns hier zu erinnern, wie sehr damals das Telegraphengeschäft daniederlag, am meisten in Rußland, wo Karl zu den verschiedensten ganz fernliegenden Spekulationen verleitet wurde, an denen dann viel Geld verloren ging. Das stellte sich aber erst später heraus. Um die Zeit, von der wir jetzt sprechen (1863), war Karl in bezug auf solche außertelegraphische Geschäfte noch überwiegend optimistisch gesinnt. Auch in Berlin war man damals, wie wir wissen[1]), mit dem Gange des Telegraphengeschäfts sehr unzufrieden, und Werner suchte ebenfalls nach anderen Gebieten für seine Tatkraft. Wie weit selbst Werners Neigung in dieser Richtung ging, beweisen einige Briefe, die er im Jahre 1863 an Karl schrieb. Darin berichtet er über eine von ihm gemachte höchst interessante chemische Entdeckung, die in Gelehrtenkreisen ungeheures Aufsehen macht. Ich habe nämlich Kohlenpulver elektrisch so stark erhitzt, daß es ein permanentes Kohlengas geworden ist — — —. Die Sache kann so zu wirklichen Diamanten führen. Es ist nämlich möglich, daß große Kälte und kolossaler Druck das Gas kondensieren und gefrieren läßt, und das Eis schmilzt dann vielleicht ebensowenig wie die Kohle oder der Diamant. (Einige Monate später). Mit Kohlengas bin ich noch nicht in Ordnung. Bekomme immer Wasserbildung und daher Zersetzungsprodukte des Gases d. i. $CO + H$ anstatt $C + HO$. Der Henker weiß, wo das Wasser bei frisch ausgeglühtem Apparate und Kohle herkommt. Holzkohle kann doch kein Kohlehydrat sein?! Scheinen eigentümliche Geschichten im Spiele zu sein. Die Elektrolyse durch den Flammbogen führt uns am Ende noch in ganz neue Reiche der Chemie hinein! Doch wollen vorläufig keine Luftschlösser bauen! Müssen die Sache schon eine Weile einstellen.

Bei Werner führte der damalige Drang nach erfolgreicher Tätigkeit vorübergehend hauptsächlich zu solchen Spekulationen, während er bei Karl sich nur geschäftlich betätigte. Die größte, schwierigste — und schließlich erfolgreichste — seiner damaligen Unternehmungen war das Kupferbergwerk Kedabeg im Kaukasus. Der Anstoß dazu ging aber von Walter aus.

Das Kupferbergwerk Kedabeg. Am 10. Juli 1863 teilte Walter schriftlich Karl mit, es sei ein glänzendes Geschäft im Kaukasus zu machen: eine überaus wertvolle Kupfermine sei billig zu haben. Die Mine liege 150 Werst von Tiflis, 30 Werst von der Straße Tiflis-Elisabethpol. Es befänden sich dort eigentlich zwei Gruben, von denen die eine schon seit lange auf sogenannte „asiatische" Weise betrieben werde, während neuerdings auf der anderen Seite des Berges ein viel reicheres Lager entdeckt worden sei, oder vielmehr: der ganze Berg besteht aus Kupfererz, je tiefer, desto reicher. Im Durchschnitt sei der Kupfergehalt

---

1) Vergl. oben S. 272 ff.

20%, stellenweise 25%. Ein Mann in Tilfis habe den dummen Vorbesitzern 35 von 40 Anteilen der Mine für 14 525 Rubel abgekauft und sei geneigt, sie mit einem entsprechenden Nutzen wieder zu verkaufen. Ein grade in Tiflis anwesender preußischer Hüttenmann Dr. Bernoulli, Spezialist im Erzsuchen, habe die Mine untersucht und eine glänzende Auskunft erteilt. Alle Sachverständigen in Tiflis hielten es für ein brillantes Geschäft. Der mit Walter persönlich bekannte Chef der Domänen und Forsten im Kaukasus, Witte (der Vater des späteren russischen Finanzministers), der Walter vorher schon für Eisengruben zu interssieren versucht hatte, habe sich ebenfalls sehr günstig ausgesprochen.

Es handelte sich um das Kupferbergwerk Kedabeg, das Werner in seinen „Lebenserinnerungen„ folgendermaßen beschrieben hat[1]):

Das Kupferbergwerk Kedabeg ist uralt; es wird sogar behauptet, daß es eins der ältesten Bergwerke sei, aus denen bereits in prähistorischer Zeit Kupfer gewonnen wurde. Dafür spricht schon seine Lage in der Nähe des großen Goktscha-Sees und des von dem westlichen Ufer desselben aufsteigenden Berges Ararat, eine Gegend, die ja vielfach als die Wiege der Menschheit betrachtet wird. Eine Sage erzählt sogar, das schöne Tal des Schamchorflusses, welches zum Waldrevier des Bergwerks gehört, sei der Ort des biblischen Paradieses gewesen. Jedenfalls zeugt für das Alter des Bergwerksbetriebes die Unzahl alter Arbeitsstätten, die den Gipfel des erzführenden Berges krönen, ferner das Vorkommen gediegenen Kupfers und endlich der Umstand, daß in der Nähe Kedabegs ausgedehnte prähistorische Grabfelder liegen, deren Erforschung Rudolf Virchow großes Interesse zugewendet hat. Das Bergwerk hat eine wirklich paradiesisch schöne Umgebung mit gemäßigtem Klima; es liegt etwa 800 m hoch über der großen kaukasischem Steppenebene, die sich vom Fuße des als Goktscha-Kette bezeichneten Ausläufers des Kleinen Kaukasus bis an das Kaspische Meer hinzieht. Der Betrieb desselben kam, als der uralte, auf die Verarbeitung der zutage tretenden Erze gerichtete Pingenbau nicht weiter fortgesetzt werden konnte, in die Hände der Griechen, deren schräge, treppenförmig niedergetriebene Schachte, auf denen sie auf dem Rücken Erze und Wasser hinauftrugen, zur Zeit der Übernahme durch Bruder Walter noch im Betriebe waren.

Bedenken und Warnungen. Karl ging alsbald mit Feuereifer auf Walters Vorschlag ein:

Karl an Werner 20. September 1863. Wir müssen durchaus auf das Kupfergeschäft eingehen; denn so etwas findet man nicht alle Tage. — 25. September. Die Sache scheint ausgezeichnet. Das wäre ein Geschäft, das uns ordentlich auf die Strümpfe bringen würde.

---
1) L.E. 200.

Werner dagegen hatte zunächst Bedenken:

Die Perspektive von Ohrdruff war so glänzend wie nur möglich, aber unter der Erde sah es nicht so aus, wie nach den Aufschlüssen erwartet werden mußte, und das Resultat war ein Verlust von 10000 Talern, um nicht noch tiefer hineinzugeraten. Diese Geschichte hat mir viel Ärger und Verdruß gemacht. Halskes Spruch: „Schuster, bleib' bei Deinem Leisten" hat dadurch bedeutend an Macht gewonnen, namentlich in Verbindung mit den bisherigen dortigen Resultaten[1]).

Er erkundigte sich bei Sachverständigen, namentlich bei seinem Freunde, dem Geologen Roth, der Bernoullis Lehrer gewesen war. Dieser bezweifelte u. a. Bernoullis Angabe, daß das Kupferlager in Kedabeg ein stehendes Stock von Kupferkies sei, also eine bis zum Mittelpunkte der Erde oder beinahe so weit reichende ausgefüllte Spalte. Wäre das der Fall, so wäre das Vorkommen einzig dastehend. Wahrscheinlich sei es aber eine Blase, wie im Rammelsberg am Harz. Auch in bezug auf die etwaige Ausbeutung des Bergwerks empfahl Werner ein vorsichtiges, langsames Verfahren:

Werner an Karl 4. November 1863. Walter wird hoffentlich nach Empfang meines Briefes durch Elster in seinem Feuer etwas gedämpft sein. Der Junge kann uns in eine tolle Patsche bringen, wenn er sich bindend verpflichtet oder Geld zahlt, bevor alles ganz à jour ist. Namentlich die Rechtsverhältnisse der Mine scheinen sehr verwickelt und schwierig zu sein. Walter scheint es sehr eilig zu haben, was ihm gelegt werden muß. Ganz entschieden bin ich dagegen, gleich mit großen Hütten- und Walzwerksbauten vorzugehen. Das wäre auch im günstigsten Falle sehr verkehrt — —. Für Anlage eines Kupferwerkes halte ich Dr. Bernoulli noch gar nicht erfahren genug — — —. Verweigere Walter sehr bestimmt jedes Geld zu anderen Sachen, als zur Erwerbung von Rechten, und zwar muß er auch hierbei in erster Linie Ökonomie im Auge haben. Es ist jetzt Mode geworden, die Kupfererze der ganzen Welt nach Swansea zu senden, wo sie auf Kupfer verhüttet werden. Möglicherweise könnten wir mit Vorteil dasselbe tun. Walters Tartaren werden bei großem Betriebe doch nicht genug Kupfer brauchen, und dieses müßte doch nach Europa geschickt werden. Das Erz wird freilich über dreimal so viel zu transportieren kosten; doch dafür ist die Arbeit in England auch sehr viel billiger, und Kohlen in Swansea gewiß auch viel billiger, wie dort Holz in der Hütte. Wird etwas Geld auf den Weg nach der Grube verwendet, was doch geschehen muß, so läßt sich das ganze sonstige disponible Geld auf die Erzförderung und den Transport verwenden. Lohnt sich das Unternehmen auch nur mäßig, so ist es immer unendlich besser, als große Summen in Hüttenanlagen zu stecken. Sehen wir dann, daß die Förderung dauernd gute Resultate

---

1) Hinweis auf Sägemühle, Glasfabrik usw.

gibt, so lassen sich größere Mittel anwenden. Das Kupfer enthält etwas Blei, die Kupferqualität wird also nicht sehr gut sein. Ratsam wäre es gewiß, die Erze dort zu rösten und einmal zu schmelzen, um sie dadurch bedeutend anzureichern und den Transport billiger zu machen. — 3. Dezember. Für solche rohen Länder ist der Handel die einzige sichere Erwerbsquelle. Ich meine, wir müßten dahin streben, den Erzhandel zu etablieren, der viel Geld einbringen kann. Möglichst schnell viel gutes Erz an den Markt bringen! Keine Hüttenwerke! Wenn möglich auch kein Bergbau! Lieferungsverträge mit anderen guten Gruben abschließen! Man lernt dadurch alles kennen und kann dann sicherer bergmännische Unternehmungen daran knüpfen. Da Bernoulli ganz guter Geognost ist, so wäre er für Erzhandel gerade geeignet, weniger für Hüttenanlagen. Da könnte er gewaltig viel Geld verbuttern und doch keine gute Ware liefern. Natürlich ist es für die Leute dort verlockender, Hütten anzulegen; das mußt Du ihnen aber austreiben. Hüttenanlage müßte erst durch Erzhandel verdient werden. Dazu braucht man weder Wälder noch Kontrakte und kann wahrscheinlich gleich loslegen. — 12. Dezember. Da Kupfer dort an so vielen Stellen vorkommt, werden die Kupferbergwerke wahrscheinlich wie Sand am Meere wachsen. Es haben also nur die Arbeiten, nicht der Besitz des Erzes in der Erde Wert. Darauf darf also nicht viel Geld verwendet werden.

Bernoulli kam zunächst wieder nach Berlin und wurde dann nach England geschickt, um sich dort zu orientieren. Dort war Otto Siemens, der jüngste der Brüder Siemens, der Hüttenkunde studiert hatte, bereits im gleichen Sinne tätig. Er gab günstige Berichte; so schrieb er u. a. von der in England herrschenden Kupfererznot, von dem Syndikate der Kupferschmelzer, der „Copper assoziation", von der eigentümlichen Preisbildung in Swansea etc. Otto machte sogar das Syndikat auf den kaukasischen Erzreichtum aufmerksam, wodurch die Leute sehr begierig wurden, Näheres zu erfahren, und selbst einen Sachverständigen hinschicken wollten. Daraufhin fand auch Werner, es sei hohe Zeit, das Bergwerk zu kaufen, hielt aber im übrigen an seinen Bedenken fest, in denen er durch energische Warnungen Wilhelms bestärkt wurde; Halske wollte ebenfalls nichts von einer Beteiligung an dem Unternehmen wissen. Entscheidend wirkten bei Werner Rücksichten auf Walter mit; doch wurde er auch durch Bernoullis Berichte überzeugt, daß in Kedabeg wirklich ein glänzendes Geschäft zu machen war:

Werner an Karl 26. Februar 1864. Bernoulli ist ganz meiner Meinung: Auslesen der feinsten Erze für den Transport, Selbstverhüttung der schlechteren. Man kann dann mit den Einnahmen gleich beginnen und kann schneller zu großem Betriebe kommen, da der Bergbau leicht und ohne Kosten, der Hüttenbetrieb nur langsam und kostspielig ist. Notwendig ist eine baldige genauere Untersuchung anderer, namentlich für den Erztransport günstiger Stellen des Kaukasus. Einmal wird ein wahres Rennen der Engländer jetzt eintreten, wie schon aus Ottos Briefe sich zeigt, und zweitens ist der alleinige Besitz einer ebensogut oder besser gelegenen Mine das einzige Mittel, die fatalen Moritz & Co. (Vorbesitzer der Mine, die weiter beteiligt sein wollten) 'mal unter mäßigen Bedingungen auszukaufen; ewige Verbindung mit denselben wäre sehr störend. — Werner an Wilhelm 27. Februar. Die Menge bester Erze ($20-30^0/_0$) ist nach Bernoullis Bericht unbegrenzt, die Gewinnung sehr leicht und billig. Transport freilich 80 Kopeken pro Pud bis Poti, so daß der Zenter $25^0/_0$iger Erze in Poti wohl $2^1/_2$ Taler kosten wird, macht ca. 7 £ pro Tonne. Wenn Dein Gewährsmann 22 £ zahlen will, so bliebe ein netter Verdienst! Verhüttung sehr billig, da wir über eine deutsche Quadratmeile Wald um die Hütte umsonst bekommen. — 3. März an Karl. (Aussicht auf Bau einer kaukasischen Bahn; „dann wären wir Herren des Landes"). Eine Hüttenanlage in der von Bernoulli gedachten Größe würde sicher 300000 Taler fressen, und das könnte uns auch im glücklichsten Falle, d. h. ohne großes Lehrgeld zu zahlen, ruinieren. Ohne die Chancen des Erztransports würde ich daher nicht auf die Sache eingehen. Halske will in kein Kontraktsverhältnis mit Walter treten.

Wilhelm an Werner 2. März. Deine Minenspekulation kann gut einschlagen; aber reichlich so sicher wäre es jedenfalls, wenn Du das Geld in einem Atlantischen Kabel anlegtest. Die Anzahlung will mir nicht scheinen (riecht nach Schwindel), und auf alle Fälle würde ich Dir raten, die Sache selbst an Ort und Stelle zu studieren, bevor Du Dich bindest. Um Fabrikation nach gutem Systeme einzurichten, brauchst Du mindestens noch 50000 £. Die scheinbare Abneigung der Interessenten Elster und Bernoulli, Erz zu verschiffen, scheint mir darauf hinzudeuten, daß es nicht in beliebigen Quantitäten zu haben ist. Es sind dies nur so meine Befürchtungen, und ich würde Dir nur ernstlich abraten, darauf einzugehen, wenn Du glaubst, dadurch Walter auf die Strümpfe zu helfen. Gehst Du aus innerer Überzeugung darauf ein und mit dem Entschlusse, à tout prix zu gewinnen, so glaube ich an den Erfolg; aber solche Hülfsleistungen sind Irrlichter, welche nur bis an den Abhang führen, aber nicht darüber hinweghelfen. Walter wird glücklicher sein ohne eine solche moralische Last auf dem Halse. — 5. März. Mr. Mason sagt, Kupfererz würde jedenfalls noch weiter steigen, weil die Minen in Chili wegen Wassermangel meist in Stillstand geraten sind. Du müßtest daher suchen, noch diesen Sommer an den hiesigen Markt zu kommen. Überlege nur zweimal, bevor Du Kupferwerke anlegst; alle Sachverständigen warnen sehr davor.

Werner an Wilhelm 9. März. Deine Annahme, daß ein Komplott (Elster-Bernoulli), dem Walter entweder angehören, oder dessen dupe er sein müßte, gegen uns existieren könne, ist kühn. Elster könnte es bequemer als unser Prokurist haben, sich auf unsere Kosten zu bereichern!

Ich habe ganz unbedingtes Vertrauen in seine bewährte Redlichkeit! Bernoulli wäre jedenfalls sehr dumm, seine gute hiesige Staatsanstellung aufzugeben, um sich auf 10 Jahre für 10% des Ertrages der Grube ohne sonstiges Gehalt an uns zu fesseln, um einen kleinen Anteil des Kaufgeldes von 70000 Rubel zu gewinnen — —. Was meine **Rücksichtnahme auf Walters Lebensstellung** betrifft, so bekenne ich gern, daß solche **ungeschäftliche Rücksichten** mich häufig mehr wie nötig und vorteilhaft influenzieren. Es ist das aber mal mein Fatum, und ich werde mich auf meine alten Tage darin nicht mehr ändern. Die Last der Dankbarkeit ist ein schöner Mythus und verwandelt sich jedenfalls in das Gegenteil, wenn das Endresultat ein günstiges und für alle Teile vorteilhaftes geworden ist. So, denke ich, soll das Kupferunternehmen im Kaukasus, **auf welches wir ohne Berücksichtigung von Walters Interesse keinesfalls eingegangen wären**, uns allen zu großem Nutzen gereichen. **Die sorgfältigste Untersuchung zeigt nur, daß das Unternehmen wirklich auf sehr solider Grundlage beruht.** — Werner an Karl 9. März. Nach Bernoullis Erzählungen scheint großer Erzreichtum wahrscheinlich, aber noch nicht gewiß.

  Wilhelm an Werner 16. März. Du scheinst meine von Dir geforderten Ratschläge nur schlecht aufgenommen zu haben. Wenn Du später mal auf die Tatsachen aller unserer geschäftlichen Beziehungen von Anfang bis zu Ende zurückblickst, so wirst Du vielleicht Deinen angedeuteten Vorwurf zurücknehmen[1]). Für den Augenblick genügt es mir, wenn ich dazu beigetragen habe, die Kupferschmelzerei in zweite Linie gedrängt zu haben. Wenn Bernoulli herkommt, wird er sich wohl von der Tollkühnheit einer solchen Anlage im größten Maßstabe im Kaukasus überzeugen. Mason und Elkington haben nur ein kleines Kupferwerk; sie fingen mit 50000 £ Kapital an, mußten aber 200000 £ hineinstecken, bevor es rentierte. Es fiel mir sicher nicht ein, die persönliche Ehre von Bernoulli und Elster in Frage zu ziehen. Die glänzenden Berichte über das Thüringer Kupferwerk und die goldenen Aussichten mit dem sich selbst fressenden Atlantischen Kabel waren auch sicher nicht Resultate der Böswilligkeit, sondern sanguinischer Unkenntnis.

  Der Kauf von Kedabeg. Die Leute, mit denen Walter über den Kauf von Kadebeg unterhandelte, hatten — wie schon erwähnt — von der alten fast wertlosen Kupfergrube einen Teil billig an sich gebracht. Als Zwischenhändler diente ein Mann namens Tanner, den Werner noch im Frühjahr 1864 Wilhelm gegenüber als einen „braven Mann" bezeichnete, der aber in der Tat ein Schwindler war; er scheint für seine erfolgreiche Tätigkeit von seinen Genossen 38% des Kaufpreises erhalten zu haben.

---

1) Wir werden auf diese nicht unwichtige Äußerung, die sich hier nicht ausreichend erklären läßt, im dritten Abschnitt zurückkommen.

Dieser betrug 70000 Rubel bar und 40% vom Ertrage der Grube, eine Gewinnbeteiligung, die Werner als sehr lästig betrachtete. In der Tat erwies sich das Verhältnis zu diesen zweifelhaften Existenzen als eine Quelle schlimmer Weiterungen und mußte später mit ansehnlichen Opfern gelöst werden.

Bernoulli wurde als technischer Direktor angestellt und siedelte im Mai 1864 endgültig nach dem Kaukasus über. Er erhielt keinen Gehalt, sondern nur 10% Anteil an dem erwarteten Gewinne, was natürlich das Vertrauen in seinen Angaben bedeutend stärkte. Er handelte sicher im guten Glauben, Kedabeg sei wirklich so beschaffen, wie es Karl und Werner gegenüber dargestellt wurde. Das Kapital wurde von Karl und Werner zu gleichen Teilen hergegeben, Walter wurde dritter Mitinhaber und Oberleiter des kaukasischen Geschäfts mit dem Domizil Tiflis[1]).

Die Erwartungen der Brüder waren sehr hochgehende; auch Werner hatte sich offenbar fortreißen lassen; doch blieb er dabei, daß große Hüttenbauten bedenklich seien und wußte seiner Ansicht Geltung zu verschaffen:

Werner an Wilhelm 10. März 1864. Vorläufig wird nur die alte asiatische Hütte wieder in Gang gesetzt und nur zum Rösten der vorhandenen und der weniger reichhaltigen Erze, sowie zum Zusammenschmelzen derselben zu 40% kupferhaltigem „Kupferstein" benutzt. Die reichhaltigen (20—28%) werden roh versandt. Auf die Weise werden wir zum September gegen 20000 Ztr. Kupferstein und etwa 20000 Ztr. Erz zur Verschiffung in Poti haben. Das wäre schon eine kleine Schiffsladung, und der Ertrag würde schon so ziemlich die Gesamtkosten decken! — Werner an Karl 10. März. Es ist nötig, einen großen Betriebsfond zu bilden und einen Reservefonds. — 18. März. Bernoulli ist nach Böhmen gereist, um Kupfergruben und Hütten anzusehen und einige Bergleute zu engagieren; Hüttenleute anzunehmen habe ich vorläufig inhibiert. — 21. März. Bernoulli hat keine Leute in Böhmen bekommen. — 19. April. Durchhauen bis aufs Erz, Regulieren der Buchführung und des Geschäftsganges, Verhandlung mit den Behörden, Regulierung der Erzausfuhr etc., das sind die jetzt zu lösenden Aufgaben. — Karl 2. Mai. Das Projekt einer Eisenbahn von Tiflis nach Poti ist schon dem Kaiser zur Bestätigung vorgelegt. Die Bahn soll in drei Jahren fertig werden. Es gibt viele ihr entgegenstehenden Privatinteressen. Ist die Strecke fertig, so ist die Fortsetzung bis Baku nur Frage der Zeit[2]). Haben wir die erst, so können wir getrost sagen: „Was kostet Berlin?"

---

[1]) Weiteres über das damalige geschäftliche Verhältnis unter den Brüdern im folgenden Abschnitt.

[2]) Kedabeg lag in den Bergen, zwischen denen diese Fortsetzung der Bahn nach Baku führen mußte.

Die Eisenbahnarbeiten begannen tatsächlich im folgenden Jahre; aber die Fertigstellung dauerte lange Jahre, und noch viel länger dauerte es, bis die schon „zum September" erwartete Deckung der Anlagekosten erreicht wurde.

Im Sommer 1864 besuchte Karl den Kaukasus, um sich vom Zustande der Dinge zu unterrichten und Direktiven zu geben. Wir wissen von dem, was er dort tat, nur eins: er entdeckte ein Stück Kobalterz. Bernoulli hatte es irgendwo auf einer Halde gefunden; aber weder er noch Walter hatte seine Natur erkannt. Unbeachtet lag es in einer Ecke bei Walter, wo Karl es aufstöberte. Erst auf seinen Antrieb reiste Bernoulli nun nach der Grube Daschkessan, woher es stammte. Karl mußte sehr drängen, um Bernoulli und Walter zur Anmeldung und weiteren Verfolgung der Sache zu bewegen; unbegreiflich, angesichts des Wertes, den das Kobalterz für die Herstellung des hochgeschätzten Farbstoffes „Smalte" hatte. Solche Wahrnehmungen mochten Karl wohl zum Nachdenken darüber anregen, ob die Leitung des kaukasischen Unternehmens in den rechten Händen war; aber zur Klarheit in dieser Richtung gelangte er erst viel später. Einstweilen gingen seine Sorgen noch nicht so weit, trotz der gewaltigen Summen, welche der Kaukasus verschlang:

Karl 16. November 1864. Bernoulli will anfangen, auf asiatische Weise Kupfer zu machen, weil er keine Schmelzer hat. Möchtest Du doch bald Schmelzer bekommen! — Im Tifliser Geschäft stecken jetzt, ohne den bisherigen Gewinn (?) von ca. 30000 Rubel in Anschlag zu bringen, 204000 Rubel, davon 120000 Rubel im Kupfergeschäft, während die ursprüngliche Ankaufssumme sich inkl. Erz auf 100000 Rubel beläuft.

So ging das Gründungsjahr 1864 zu Ende.

Fall der Kupferpreise. Rentabilitäts-Berechnungen. Die Brüder Siemens hatten eben Kedabeg gekauft, da erfolgte etwas von ihnen nicht Erwartetes: die Konkurrenz der nordamerikanischen Kupferminen warf die Kupferpreise. Die reichsten Kupfergruben der Welt liegen bekanntlich am Obern See in Michigan. Das Kupfer kommt dort vorwiegend gediegen vor, und die Gruben liegen für die Verschiffung so günstig wie nirgends sonst auf der Erde. Sie wurden seit 1845 rationell ausgebeutet; aber erst in den sechziger Jahren nahm die Produktion größere Dimensionen an. Wie aus folgender Tabelle ersichtlich ist, wurde das Kupferbergwerk Kedabeg angelegt, als die Kupferpreise ihren höchsten Stand erreicht hatten. Sie haben seitdem nie auch nur entfernt so hoch gestanden[1]).

	Chilibars in London Mark für 1000 kg
1860	1907
1861	1787
1862	1747
1863	1727
1864	1787
1865	1666
1866	1626
1867	1425
1868	1405
1869	1385
1870	1305

Karl an Werner 28. Januar 1865. Die Kupferpreise fallen. Erzpreise franko Swansea: das Pud von 50% 4 Rb. 96, 45% 4,42, 25% 2,46, 20% 1,96, 15% 1,47, 10% 0,98. Seetransport und Unkosten 25 Kop. p. Pud. Wir werden wohl nur die allerreichsten Erze (von mindestens 25%) und möglichst reichen Kupferstein exportieren können. Möchten doch erst die Fabrikationskosten gehörig festgestellt sein! — 3. Februar. Wenn unser Geschäft überhaupt gut ausschlägt, so werden wir bald nur fertiges Kupfer versenden, das unterliegt gar keinem Zweifel. — Werner an Wilhelm 15. Februar. Wenn nur die Preise des Kupfers nicht so enorm fielen! Nach den statistischen Tabellen hat sich die Einfuhr von Kupfer im vorigen Jahre mehr wie verdoppelt, die Erzeinfuhr vermindert. Es wird überhaupt, ich glaube, viermal so viel Kupfer in England eingeführt, wie Erz. Woher kommt diese Masse Kupfer? Aus Nordamerika? Wenn es so fortgeht, wird Kupfer bald so billig werden wie Eisen.

Bernoulli und Walter ließen sich freilich durch solche Vorgänge nicht in ihren hochfliegenden Erwartungen beirren. Bernoulli setzte nur jetzt den Rentabilitätstermin etwas später an: Ende 1866, so erklärte er, werde das in das Bergwerk gesteckte Kapital wieder herausgekommen sein. Karls Anschauungen und Erwartungen schwankten bereits. Einmal schrieb er, er sei durch das fortwährende Pech, das ihn schon seit Jahren verfolgte, ein ungläubiger Thomas geworden, und traute dem Handel erst, wenn er das Geld in der Tasche hätte.

Dann aber gewann Bernoullis Sanguinismus wieder Einfluß auf ihn. Nach Bernoullis Angaben berechnete er im Frühjahr 1865 den Kubikgehalt der Grube mit 59 Millionen Pud zu 10% Kupfergehalt, was zum Preise von 9 Rubel für das Pud einen Wert

---

[1]) Neumann, Die Metalle (1904) S. 119.

von 53 Millionen Rubel bedeutete. Ein anderes Mal rechnete er sogar für ein schon gefördertes kleines Quantum Kupfererz 117% Überschuß heraus, wobei er allerdings die Angaben einer schwedischen Kupferhütte mitbenutzen mußte. Das Ganze war noch äußerst vage, und er gestand selbst:

> Das ist das Leiden bei allen Fabrikationen, daß alle Vorausberechnungen zu nichts nützen,

was jedenfalls auf den Bergbaubetrieb zutreffen dürfte; aber bei diesen luftigen Berechnungen stieg seine Zuversicht wieder bedeutend.

> 17. April 1865. Je mehr ich die Kupferfabrikation studiere, desto stärker wird meine Zuversicht. Kein Kupferwerk der Welt ist so günstig situiert, höchstens die Werke am Obern See in Nordamerika und die machen auch brillante Geschäfte. Rechne ich sämtliche Kosten (exkl. Baukosten) des Bernoulli'schen Etats, so bleiben für Zinsen und Gewinn immer noch 49000 Rubel übrig, wobei ich das Pud 50% Kupferstein nur mit 3,50 R. loco Hütte veranschlage, während es in England 5 R. kostet. — 19. April. Geringer Kohlenverbrauch beim Schmelzen in Kedabeg, weil die Erze sehr rein und daher leicht schmelzbar sind. Ich bin jetzt ganz ruhig wegen des Kedabeger Geschäfts; denn die dortigen Verhältnisse sind im Vergleiche mit denen aller anderen Kupferhütten außerordentlich günstig. Der einzige fragliche Punkt bleibt noch die Mächtigkeit unseres Kupferlagers, worüber ich aber gar nicht besorgt bin.

Doch im Laufe des Jahres kamen aus dem Kaukasus allerhand bedenkliche Nachrichten. Bei Walter war wieder die Neigung erwacht, den Grand Seigneur zu spielen, was viel Geld kostete. Die verwickelten Rechtsverhältnisse der Grube machten Kopfzerbrechen, ebenso die Tatsache, daß sowohl die Vorbesitzer, wie auch Walter und Bernoulli zwar am Gewinn beteiligt waren, aber kein Kapital hergegeben und daher auch die etwaigen Verluste nicht zu tragen hatten, wodurch ein sorgloses Umgehen mit dem von Werner und Karl hergegebenen Kapitale herbeigeführt wurde. Vor allem: Bernoulli mußte berichten, daß die Erze durchschnittlich nur 15% Kupfer enthielten. Das warf alle anfänglichen Voraussetzungen über den Haufen und erweckte ernste Zweifel an der Zuverlässigkeit seiner Angaben. Unter dem Drucke dieser Sorgen entschloß sich Werner, selbst nach dem Kaukasus zu reisen.

Werners erste Reise nach dem Kaukasus[1]). Werner zählte diese Reise später zu den angenehmsten Erinnerungen seines Lebens; aber später blieben eben nur die interessanten Erlebnisse der Reise in der Erinnerung haften, traten ihre wirtschaftlichen Zwecke und Sorgen zurück. Für uns hier sind sie umgekehrt allein bedeutungsvoll, während wir im übrigen auf Werners „Lebenserinnerungen" verweisen müssen.

Am 5. November 1865 kam Werner nach mehr als dreiwöchentlicher Reise in Tiflis an. Diese lange Reise mit Eisenbahn, Seedampfer, Flußdampfer und Fuhrwerk war ganz geeignet, ihm die Schwierigkeiten zu veranschaulichen, welche der von ihm beabsichtigte Erztransport zu überwinden hatte; doch hielt er zunächst noch daran fest; er schrieb aus Tiflis an Karl:

> Walter ist sehr beliebt; er benimmt sich taktvoll und den Verhältnissen entsprechend. Die Unternehmung ist gut, aber alles ist schrecklich verwickelt und geht sehr langsam. Bernoulli ist ganz tüchtig, aber Sanguiniker. Für Erztransport ist viel Betriebskapital nötig. Das ist meine Hauptsorge.

Eine Woche später traf er in Kedabeg ein. Den Anblick, den es damals darbot, hat er in seinem L.E. folgendermaßen geschildert:

> Außer dem hölzernen Direktorialgebäude, das sich auf einer dominierenden Höhe dem Auge zeigte, waren nur wenige Hütten- und Verwaltungsgebäude sichtbar. Die Arbeiterwohnungen waren nur durch Rauchstellen an den Bergabhängen kenntlich. Denn sie bestanden sämtlich aus Erdhöhlen.

Im Übrigen war der erste Eindruck kein ungünstiger:

> 12. November aus Kedabeg. Die Öfen gehen ausgezeichnet, Erzreichtum ausreichend. Schade, daß die Hütte nicht am Wasser im Schamchor-Tal angelegt ist! Ein großes Lager wasserfreien reinen Tons ist aufgeschlossen. Wichtig für Fabrikation feuerfester Steine erster Qualität. In Daschkessan scheint es gut zu stehen. In einigen Wochen werden ca. 1000 Pud Kobaltspeise unterwegs sein nach Poti und Triest. Das wird dann gegen 30000 Taler bar Geld in die Kasse bringen.

Werner blieb nur einige Wochen im Kaukasus. Aber in dieser kurzen Zeit entfaltete er eine rastlose Tätigkeit. Alle schwebenden Fragen wurden gründlich erörtert und die Beschlüsse protokolliert. Außerdem teilte Werner sie Karl brieflich mit. Drei Gruben waren damals teils in der Aufschließung,

---

[1] L.E. 201 ff.

teils schon im Betriebe begriffen: die Kupfergruben Kedabeg und Posadonoff, sowie die Kobaltgrube Daschkessan:

Kedabeg. Der Hauptstollen ist noch immer im schwarzen toten Gestein. Der Pingenzug wird nach einigen Faden erreicht sein. Nach Beschlußprotokoll soll er höchstens noch 20 Faden fortgetrieben werden. Erreicht er dann das Erz nicht, so ist es nicht da, was mir nicht unmöglich scheint — — —. Der Seitenstollen wird wahrscheinlich bald auf Erz stoßen; es fragt sich aber, wie stark der „alte Mann" gewütet hat — —. Posadonoff. Von ihr erwartet Werner noch immer vieljährigen gewinnbringenden Betrieb. Es arbeiten jetzt dort etwa 40 Mann an Erzförderung. Im Tiefsten hat das Erz II. Sorte etwa 1 Faden schon angestanden und bleibt hoffentlich so bei; noch einige Faden, und wir sind ganz gesichert. Daschkessan. Bernoulli glaubt, es sei ein kontinuierlicher Gang; ich glaube, es ist ein Nest. Letzteres wird aber wohl 10000 Pud enthalten, und es ist wahrscheinlich, daß sich andere Nester finden, die gewöhnlich durch schmale Erzstreifen verbunden sind. Hütte. Zwei griechische Öfen sind seit etlichen 20 Tagen in guter Arbeit und liefern täglich 200—280 Pud Kupferstein (soll 40% halten). Der asiatische Betrieb ist längst eingestellt. Gründe nicht recht ersichtlich. Bernoulli und Walter haben die Sache wohl nicht ordentlich verstanden und zu sanguinisch auf Fertigstellung der ganzen Hütte schon in diesem Herbst gerechnet. Dies ist verhindert durch schlechten Sommer, schlechte Wege, unzuverlässige Holzlieferanten. Erst die Umfassungsmauern sind fertig. Die Brett- und Balkenschneider wurden sogar während meiner Anwesenheit durch die beiden Pfaffen im Schamchortale mit überlegener Gewalt vertrieben, weil diese den rechtlichen Besitz des Tales beanspruchen. Walter hat darauf bestanden, daß der dritte Teil der neuen Hütte sofort provisorisch eingedeckt und der dritte Ofen gebaut wird. Dazu ist Material und Kraft vorhanden, und Bernoulli hat fest versprochen, den Ofen noch in diesem Jahre in Gang zu bringen, wird es auch halten können. Verwertungsart. Mittlerer Erzreichtum 12%. An Erzausfuhr ist also nicht zu denken. Doch wird bei Kupferstein-Export noch hinlänglicher Verdienst bleiben, wenn die Engländer nicht zu schlechte Preise geben[1]). Der Transport wird per Dampfschiff (Ballastfracht) von Konstantinopel nach Liverpool gehen. Ich denke, es wird schon im Februar eine erste Sendung in England erscheinen. Kobalt. Diese Blase wird hoffentlich 500—1000 Ztr. 40% Kobaltspeise geben. 200 Ztr. sind in Sachsen zu 3 Taler das Pfund Kobalt, also 120 Taler für den Ztr. fest verkauft. Voraussichtliche Produktion und Kapitalbedarf. Es werden im nächsten Jahre 66000 Pud Kupferstein exportiert und 33000 Pud mit 15000 Pud Kupfer verhüttet werden. Die Kosten dafür werden 190000 Rubel betragen, die gedeckt werden müssen. Wir müssen jetzt durch und dürfen es hier an Geld nicht fehlen lassen. Rechne auf 50000 Rubel Geld-

---

1) Die Kupferpreise waren damals vorübergehend wieder gestiegen.

bedarf¹). Damit wird dann aber das Loch gefüllt sein, und die Überschüsse werden zu fließen beginnen. **Ordnung im Betriebe.** (Betriebsetat und Rentabilitätsberechnung aufgestellt.) Es ist mein hauptsächliches Bestreben, Ordnung in die Geldverwaltung zu bringen, da Walter ein geborener Dunkelmann darin ist. Leider fehlt es auch mir ganz an Zahlen- und Ordnungssinn, und der gute Wille reicht nicht weit. Ich wollte, ich hätte Haase mit hier. **Walters Lebensführung.** Ich habe jetzt eine Kasseninstruktion gegeben und Bolton persönlich für deren strenge Innehaltung verantwortlich gemacht. Er soll seinen Abschied verlangen, wenn Walter sich nicht streng daran binden will — —. Walters Neigung zur Großtuerei — —; doch ist Walter nur dadurch zu dieser Allerwelts-Bekanntschaft gekommen, die dem Geschäfte in vieler Hinsicht nützt. Er ist auch schon häuslicher und solider geworden. Walters jetzt ganz bereinigtes Privatkonto ist gegen 20000 Rubel. **Rechtsverhältnisse.** Von den Vorbesitzern Tanner und Moritz wurden fortwährende Streitigkeiten angezettelt. Tanner, der uns geradezu angeführt hat, soll verklagt werden. Moritz ist bereit, uns seinen Anteil zu verkaufen und uns dann gegen Tanner zu helfen. Das kostet freilich 40000 Rubel, davon 20000 sogleich. Was eigentlich Rechtens ist, weiß man hier oft selbst nicht. Die Regierung und die Beamten protegieren uns, und solange uns das Geld nicht ausgeht, und Walter sich nicht gewichtige persönliche Feinde macht, werden wir in allen diesen zweifelhaften Punkten oben bleiben.

Walter an Karl 2. Dezember 1865. Es war ein großer Segen für das hiesige Geschäft, daß Werner hier war. Es ist jetzt wohl so ziemlich alles streng kaufmännisch geordnet.

Auch auf der Rückreise war Werner noch im Interesse des kaukasischen Geschäftes tätig. So riet er einem einflußreichen russischen Diplomaten, den er unterwegs traf, ebenso wie dem Großfürsten, der in Tiflis residierte, zunächst in Poti einen Hafen anzulegen, da die Eisenbahn ohne Hafen wenig Wert habe. In Konstantinopel regelte er ferner mit dem dort gewonnenen Vertreter die für Kedabeg so wichtigen Transportfragen. So schien alles auf bestem Wege zu sein. Aber schon die nächste Zukunft lehrte, daß dies ein Irrtum war.

Erste Betriebseinnahmen (Kobalt). Schlechte Geschäftsleitung. Die Normen, welche Werner für den Betrieb im Kaukasus hinterlassen hatte, waren zwar von ihm gemeinsam mit den dortigen Geschäftsleitern ausgearbeitet worden. Dennoch blieben sie grösstenteils auf dem Papiere stehen, weil die Menschen,

---

1) Diese Zahl ist mit der ersten von 190 000 Rubel nicht ohne weiteres zu vereinigen. Vermutlich meinte Werner, der Erlös der ersten Kuferausbeute werde die Kosten der weiteren Produktion decken.

denen er ihre Durchführung anvertraute, dafür nun einmal nicht geeignet waren. Ihre Fehler waren Werner wohl bekannt; aber durch diese Erkenntnis wurde das Vertrauen, das er in sie setzte, offenbar erst allmählich erschüttert. Nur der Kobaltabsatz kam in Gang.

Werner an Karl 16. Januar 1866. Knuffe Walter gehörig, daß er Erz verschickt, aber nicht im Privatbriefe, damit Boltons Kontrolle zur Geltung kommt. Privatbriefe steckt er in die Tasche und hat sie bald vergessen. — Karl 26. Januar. Wenn nur die Strecke Tiflis-Poti nicht zu teuer wird. Unbegreiflich langsame Förderung der Kobalterze, die doch zutage liegen. — Karl 2. Februar. 400 Pud Kobaltspeise und 1000 Pud Erz sind unterwegs, müssen 18360 Taler ergeben. Leistet Kedabeg daneben nur annähernd das von Dir angegebene Quantum Kupferstein und Kupfer, so muß Ende dieses Jahres Tiflis schlecht gerechnet kostenfrei dastehen. Solche Geschäfte liebe ich. — Werner 6. März. Bernoulli bringt beim Kobaltschmelzen Gesundheit und Leben der armen Arbeiter[1]) durch Arsenikdämpfe in Gefahr. Ich mag ihm gar nicht darüber schreiben, weil ich zu grob werden würde. Schreib doch an Walter, daß er kein Pfund Kobalt mehr zu schmelzen erlaubt, bis ein sicherer Arsenikfang eingerichtet ist. — Karl 7. März. Wenn man doch genau erfahren könnte, wieviel Kobalt im allgemeinen gewonnen wird, und wieviel jede bestehende Fabrik verarbeitet. Es gibt ja in Berlin ein Statistisches Bureau, wo man es doch wissen müßte. — Werner 24. März. Heute sind als erster Segen des Kaukasischen Bergbaues ca. 10000 Taler von den Sächsischen Blaufarbenwerken eingeschickt. In 8 Tagen erwarte ich Abgesandte der Blaufarbenwerke hier, um über ausschließliche Lieferung an sie zu verhandeln. Sie machen das zur Bedingung der Abnahme von weiteren 1000 Ztr., d. h. wir sollen uns verpflichten, außer diesen 1000 Ztr., die sie uns abnehmen, im Laufe des Jahres kein Kobalt weiter auf den Markt zu bringen. Wenn sie den alten Preis von 3 Taler pro Ztr. geben, so denke ich für dieses Jahr mit ihnen abzuschließen; doch haben sie schon auf eine nötige wesentliche Preisermäßigung hingedeutet. — Karl 11. April. Im ganzen sind bis jetzt für ca. 70000 Taler Kobalt spediert, und es sollen vor dem 1. Juli gegen 20000 Ztr. Kupferstein zur Versendung kommen, ich begreife aber nicht, wie das möglich werden könnte. — Walter 28. April. Das erste gediegene Kupfer gefunden. Die drei Öfen liefern 5000 Pud Kupferstein monatlich, und die anderen drei werden hoffentlich in drei Monaten auch fertig werden. Transportkosten von Kedabeg nach Tiflis 30 Kopeken pro Pud, von Tiflis bis Poti höchstens 75 Kopeken. In den nächsten Tagen kommt der Agent der Dampfschiffahrts-Gesellschaft und wird wohl Vorschläge für den Transport nach England machen.

Aber dabei blieb es. Lange Zeit hindurch erhielten die Brüder nicht einmal Berichte aus dem Kaukasus. Bernoulli tat

---

1) Asiaten, namentlick Tartaren (L.E. 210, 216).

nichts von dem, was ihm oblag. Er scheint damals selbst die Unerfüllbarkeit seiner früheren Erwartungen und Versprechungen eingesehen zu haben. Karls Vertrauen zu ihm ging jedenfalls um diese Zeit in die Brüche. Von Kupferabsatz war nicht die Rede. Sogar die Kobaltförderung geriet zeitweilig ins Stocken, ohne daß die Ursache den Brüdern bekannt wurde. Der Kontrakt mit den Blaufarbewerken konnte deshalb nicht eingehalten werden:

Karl 31. Oktober und 2. November 1866. Bernoulli hat nur für Ausgaben und nicht für Einnahmen gesorgt, die Arbeiter nicht beaufsichtigt usw. Hätte er doch wenigstens die „alten" Baue gereinigt und zugesehen, was eigentlich darin steckt. Er mag im Grunde ein ganz guter Kerl sein, aber er ist noch sehr grün und dabei zu sehr von sich eingenommen. In Tiflis scheint man allgemein zu sagen, das Geschäft müßte in reifere Hände kommen und würde so nicht gehen. Ein tüchtiger praktischer Hüttenmann ist nötig.

Seit kurzem befand sich auch Otto Siemens im Kaukasus. Aber sowohl er, wie namentlich Walter machte den Brüdern neue Sorgen. Das ganze im Kaukasus festgelegte Kapital betrug schon über 400000 Rubel! Sehr begreiflich, daß unter solchen Umständen Karl der Gedanke kam:

Ich hätte wohl Lust, auf ein Jahr nach dem Kaukasus zu gehen, um dort eine andere Wirtschaft einzurichten. Es ist gerade der richtige Moment, dort etwas zu machen, bevor die Engländer kommen. — — Ich will gar nicht behaupten, ein besonderes Spekulationsgenie zu sein; aber ich habe doch schon so manches gesehen, gehört, gelesen und erfahren, daß ich mitnehme, was sich findet, z. B. Kobalt usw. Es liegt gewiß noch manches derart im Kaukasus vergraben, und in Tiflis selbst ist auch noch viel zu fischen. Dasselbe sagte mir noch soeben der General Kap-herr, welcher 20 Jahre im Kaukasus und zuletzt Gouverneur von Tiflis war. —

Walter ging auf einige Monate nach Deutschland, und aus seinen Berichten erkannte auch Werner, daß im Kaukasus ein anderes Regiment eingeführt werden müsse. In diesem Sinne sprach er offenbar mit Walter ein ernstes Wort, und Walter suchte dann im Kaukasus auf Bernoulli ähnlich zu wirken:

Walter an Karl 1. April 1867. Mit Bernoulli mache ich jetzt, seit meiner Rückkehr wenig Umstände und bearbeite ihn mit Paragraphen seines Kontraktes. Er ist selbst schuld daran, ich habe lange genug gewartet, daß er selbst klug werden solle. Übrigens, seit er sieht, daß es Ernst geworden ist, muckt er nicht mehr.

Doch auf die Dauer half das um so weniger, als Walter selbst seine Natur auch nicht änderte. — Im Anfange des Jahres 1867 faßte Karl den Plan, auf einige Zeit nach dem Kaukasus überzusiedeln, ernsthaft ins Auge. Außer der schlechten dortigen Geschäftsleitung sprachen noch zwei andere Momente für diesen Schritt: die Zuträglichkeit des kaukasischen Klimas für seine leidende Frau und die Aussicht auf weitere Geschäfte im Kaukasus.

Karls Übersiedelung nach dem Kaukasus. Karls Vertrauen in die Zukunft des kaukasischen Geschäfts war unerschüttert; aber die augenblickliche dortige Lage war kritisch genug, um seine Tatkraft aufs äußerste anzustacheln. Seit Jahren hatte geschäftliches Unglück ihn verfolgt. Jetzt stand das Ergebnis seiner vieljährigen Arbeit auf dem Spiele. Wilhelm hatte versucht, ihn für die Mitleitung des aufblühenden Londoner Geschäfts zu gewinnen, worauf er später einging. Damals aber kehrte er der Weltstadt den Rücken und wendete sein ganzes Interesse dem Kaukasus zu:

Das kaukasische Geschäft, so schrieb er Werner am 16. Februar 1867, ist derart, daß es noch unsere Urenkel ernähren kann.

Es kamen neue Momente hinzu, um ihn zur Übersiedelung nach dem Kaukasus zu veranlassen. Vor allem entstand in Kedabeg Kohlenot:

Karl. Als ich vor drei Jahren in Kedabeg war, haben wir die Kohlenfrage weitläufig bearbeitet; denn die Sache schien mir gleich von größter Wichtigkeit zu sein. Bernoulli sollte im Schamchor-Tal einen Wehr anlegen, dort das den Fluß heruntergeflößte Holz auffangen und die Köhlerei an diesem Punkte en gros betreiben. Wir berechneten, daß gerade 100 Maulesel nötig sein würden, um die nötigen Kohlen heranzuschaffen. Die Maulesel sind auch, soviel ich weiß, beschafft, und zwar auf Rechnung der Kohlenunternehmer, zur allmählichen Abzahlung. Ob der Unternehmer nun die Maulesel mitgenommen oder sie im Stich gelassen hat, darüber schweigt die Geschichte. Wie Walter angesichts dieser Kalamität ruhig auf Entdeckungsreisen gehen konnte, ist mir ein Rätsel. Es ist wirklich Zeit, daß endlich mal ein anderer Zug in das kaukasische Geschäft gebracht wird — —. Seit drei Jahren wird gearbeitet, und zwar fast ohne Produktion, und doch fehlt es an Kohlen. Die lumpige Produktion von 3000 Pud Kupfer und 40000 Pud Stein hat meinen dreijährigen Kohlenvorrat konsumiert. Schade, daß die Erdpech-Ablagerungen nicht näher bei Kedabeg liegen! Es ist eine furchtbare Dummheit von Bernoulli, daß er in den vergangenen drei Jahren nicht für einen tüchtigen Kohlenvorrat gesorgt hat. — Walter. Bernoulli ist ein eingebildeter Egoist, der nicht einmal einsieht, daß er in der Kohlenangelegenheit gefehlt hat, Jedesmal, wenn ich in Kedabeg war, sprachen wir davon, aber er war stets seiner Sache absolut sicher. Er hat sich durch die Versprechungen des Kohlenunternehmers hinhalten lassen.

Der von Karl erwähnte Reichtum des Kaukasus an Naphta, der damals erst in geringem Maße ausgebeutet wurde, bildete für Karls Unternehmungsgeist ein starkes Lockmittel. General Iwanitzky, früherer Bergchef des Kaukasus, erzählte ihm viel über die dortigen Naphtaquellen, wodurch er auf den Gedanken kam, dieses Material möchte sich als Heizmaterial für Kedabeg eignen, ein Gedanke, der freilich schon wegen der Entfernung der Naphtaquellen von Kedabeg damals nicht zu verwirklichen war, später aber entscheidende Bedeutung für den dortigen Betrieb erlangen sollte. Die Pacht einer Naphthaquelle wurde, übrigens gegen Werners Rat, bereits 1868 übernommen, wobei auch an die Versorgung der Stadt Tiflis mit Gas gedacht wurde; Otto widmete sich diesem Unternehmen speziell; es wurde aber dabei nur Geld zugesetzt:

Werner an Karl 11. Juni 1867. Wir müssen mal einen Abschnitt machen und **nichts neues anfangen**, bis wir beim alten nicht Platz genug mehr für Arbeit und Kapital finden. **Man muß nicht alles selbst verdienen wollen**, und das kolossal angelegte Bergwerks-Unternehmen ist für unsere Kräfte schon reichlich groß.

Karl kam denn auch allmählich von seinen, anfangs sehr weitgreifenden Plänen zurück. Um so eifriger beschäftigte er sich, und zwar bereits vor seiner Übersiedelung nach dem Kaukasus, mit dem Plane der Errichtung einer zunächst nur ganz primitiven **Kupfer-Raffinerie**, wodurch er den dortigen Bergbau erst rentabel zu machen hoffte. Auf diesen Gedanken brachte ihn der große Unterschied der englischen und der kaukasisch-persischen Preise des raffinierten („garen") Kupfers[1]. Sie waren in der Nähe der Gruben, selbst ohne Berücksichtigung der Fracht, viel höher als in England, wo überhaupt die Kupferpreise wieder sehr niedrig standen. Es mußte sich also in hohem Grade ren-

---

[1] Man unterschied früher 1. Kupfererz; 2. nach dem „Rohschmelzen" der kupferreicheren „Kupfersteine"; 3. nach dem „Konzentrationsschmelzen" das „Roh- oder Schwarzkupfer"; 4. nach dem „Rohgarmachen" das „Garkupfer"; 5. nach dem „Hammergarmachen" das „Hammergare Kupfer". Doch sind diese Produktionsstadien jetzt durch Fortschritte der Technik zum Teil ausgeschaltet worden.

tieren, das Kupfer an Ort und Stelle zu raffinieren, ein Gedanke, der dem Geschäftsmanne nahe lag, während Bernoulli auf derartige Ideen nicht verfiel:

24. April 1867. Walter ist auch schon auf diese Idee gekommen. Am besten wäre es, wenn Walter sich den Garmacher vom Ural kommen ließe, den der neue Bergchef proponiert hat. Der weiß wenigstens, wie das gute russische Kupfer gemacht wird, nnd kennt auch die Ofenkonstruktion. — 8. Mai. Wir können für einen tüchtigen Garmacher jedes beliebige Gehalt zahlen.

Auch die **Kobaltgrube Daschkessan** machte wieder viel zu schaffen:

27. Mai. Es ist sonderbar, wie sich die Nachrichten über Kobalt widersprechen. Walter schrieb und telegraphierte doch, die Ader hätte sich wieder gebessert, und jetzt heißt es wieder, sie sei schlecht. Verdammt oberflächlich sind unsere Kaukasier doch. Künftig soll das gebessert werden. Das Verschlucken der Hauptsachen ist mir ein Greuel. — 1. Juni. Die Kobaltader hat uns also doch schließlich schmählich im Stich gelassen; ich glaube aber, daß sie sich wieder finden muß; es wird nur etwas Geld kosten.

Erst im August wurde ein neues Kobaltnest gefunden. — Das Hauptübel, an dem das kaukasische Geschäft krankte, war und blieb die **Unordnung** in der Geschäftsleitung:

18. Februar. Walter läßt den lieben Herrgott zu sehr einen guten Mann sein. Besorgnisse kennt er gar nicht. Mir wird manchmal angst und bange vor der Unordnung der dortigen Verhältnisse. — 22. April. Wie kommt Walter dazu, dem T. 10000 Rubel für seine zwei Anteile (an Kedabeg) zu zahlen? Der Hauskauf in Borjom[1]) ist auch gelungen. Ich wollte dort für den Sommer ein Haus mieten. Was sollen wir aber künftig mit einem Hause in B. machen? Kedabeg ist der natürliche Sommeraufenthalt, sowohl für mich, wie künftig für Walter. Ich werde mir ein kleines Häuschen aus Holz in Kedabeg bauen lassen. — 19. Juni. Darüber, daß Walter und Otto in Tiflis, statt in Kedabeg und Daschkessan, sitzen, wundere ich mich schon lange. Aber trotz meiner Briefe kleben sie dort fest. — 17. Juli. Sonderbare Menschen, die Herren Brüder. Man kann ihnen die Oberflächlichkeit in ihren Berichten nicht abgewöhnen. Was sie schreiben, das habe ich mit Fässern voll Tinte herausgepumpt. Die meisten Fragen lassen sie unbeantwortet. Walter liest die Briefe nicht, wenn er schreibt.

Anfang Oktober 1867 siedelte Karl nach dem Kaukasus über, und schon sein erster Brief an Werner kündigte an, daß in bezug auf Bernoulli die Parole jetzt lauten müsse: „Biegen

---

1) Sommerfrische für Tiflis.

oder brechen!" Der Chef des kaukasischen Bergwesens riet ihm, Bernoullis Baufieber zu zügeln. Andererseits fehlte es aber noch an der Möglichkeit, größere Erzmengen zu verhütten, und in den Kupfergruben waren bisher auch fast nur Aufschlußarbeiten betrieben worden, während der Erzbau kaum ernsthaft begonnen hatte. Die auf Karls Veranlassung aus den Demidoffschen Kupferwerken im Ural durch den kaukasischen Bergchef ganz geheim besorgten „Garmacher" hatten ihre Arbeit auch eben erst angefangen, und der Kupferverkauf war noch nicht in Gang gekommen.

Karl 16. Oktober. Kündigt Probesendung (300 Pud) des von den Sibiriern gemachten neuen Kupfers an. Hier geht es schlecht mit dem Kupferverkaufe, vielleicht in Persien besser[1]). Augenblicklich 1000 Pud auf Lager — —. 25. Oktober. Die Rechtsverhältnisse sind endlich geordnet: Reguläre Anteilscheine, $^2/_5$ auf Werners, $^2/_5$ auf Karls, $^1/_5$ auf Walters Namen (bisher war alles nur auf Walters Namen gegangen). Betrogen wird Walter natürlich auf allen Seiten, und außerdem hat er vom Werte des Geldes keinen Begriff. Er könnte nur durch bittere Not kuriert werden. — 30. Oktober. Bei der bisherigen Wirtschaft wären wir zugrunde gegangen. Wo ich hinkomme, sagt man mir dasselbe, so verrufen ist die Wirtschaft schon. Gegen Bernoulli hat man eine ordentliche Wut; denn jeder Mensch sieht ein, daß er das Geld vergeudet. Ich habe ihm jetzt durch Geschäftsbrief kategorisch erklärt, was er zu tun und zu lassen hat. Mit den vorhandenen sechs Öfen, wenn sie erst fertig sind, können nicht 40000 Pud Kupfer jährlich gemacht werden; es kommt höchstens die Hälfte heraus. Bernoulli muß das doch auch gefunden haben. Warum macht er uns also falsche Hoffnungen mit seinen 40000 Pud? Walter scheint nie zu rechnen, sondern alles für bare Münze zu nehmen, was B. ihm vorschwatzt, und deshalb ist er so ins Geschirr gegangen; also auch den hat B. auf dem Gewissen — —. Vorläufig habe ich B. Ordre gegeben, alle Bauten außer Öfen und Mittelstollen zu unterbrechen. — 20. November. Walters Finanzen noch immer völlig undurchsichtig; vielleicht kommt es noch aus der Zeit des Umgangs mit den Aristokraten russischer Zucht. Ein solcher Mensch braucht in einem Tage 30000 Rubel, was in Petersburg mehr als einmal vorgekommen ist. — 23. Dezember. Rechtsverhältnisse. Nach gräulichen Schwierigkeiten bin ich endlich so weit, daß nur noch Formalitäten zu erfüllen sind. Eine Menge Menschen intriguierten gegen mich, aber ich habe sie durch Konsequenz, Überredung und Liebenswürdigkeit aus dem Felde geschlagen; lieber hätte ich allerdings mit den Fäusten dreingeschlagen. 8. Januar 1868. Es scheint ein wahrer Fluch auf allen unseren Fabrikationen zu ruhen.

---

[1]) Walter war nach Persien gereist, um die Konzession für die indo-europäische Linie zu erlangen und nebenbei für Kupferabsatz zu sorgen.

Kaum haben wir angefangen, etwas zu fabrizieren, wie Glas, Bretter, Kupfer, Kobalt, so gehen die Marktpreise enorm herunter.

Werner ging auf Karls Reformpläne bereitwillig ein; nur empfahl er, mit Bernoulli den Bogen nicht zu straff zu spannen:

Er hat auch seine guten Seiten und würde uns doch schrecklich fehlen. Wer weiß, ob sein Nachfolger nicht noch größere Fehler hätte, ohne seine guten Seiten?

Er schlug vor, einen tüchtigen Hüttenmann als Bernoullis Assistenten anzustellen, wozu sich gerade eine geeignete Kraft anbot. Vor allem aber wurde in dieser Zeit die Errichtung eines leistungsfähigen **Kupferhütten- und Walzwerks** zwischen den Brüdern erörtert.

Werner 4. März 1868. Es hat sich der frühere Kupferhütten-Direktor **Dannenberg** in Böhmen, welcher Bernoulli früher sehr liberal instruiert und unterstützt hat, nach Auflösung des Werkes für den Kaukasus gemeldet. Er scheint mir sehr geeignet als B.'s Assistent und ist mit einer solchen Stellung zufrieden. Ich glaube, wir sollten zugreifen und ihn engagieren. Er ist ein erfahrener Dirigent, würde sein Gehalt leicht einbringen und macht B. weniger unumgänglich, was auch sein Gutes hat. Kupferpreise spottschlecht (etwa 25 Taler p. Ztr.), und Euer Kupfer ist nicht fein genug, um als „select" zu dienen. Der beste Absatz wird nach Odessa sein; 10 Rubel ist ein sehr guter Preis, 9 noch gut, erst bei 7 könnte Export rentieren — —. **Walzwerk:** Ich halte es auch für wichtig, dort zu walzen, um mehr Kupfer anzubringen. Hier Konkurrenz sehr groß, und „select" Ware, die gut bezahlt wird, kann erst Produkt langer Erfahrungen sein. — April. Deine neueste Kupferprobe ist schon weit besser als die frühere. Ich habe ganz guten Draht daraus gezogen, dessen Leistungsfähigkeit jetzt bestimmt wird. Es sind aber immer im frischen Bruche noch kleine Bläschen zu erkennen, und die Qualität ist nicht No. I. Nur für diese ist hier ein guter Markt. — —. Für 8 Rubel würde ich dort und überhaupt in Rußland (Odessa, Nischnij-Nowgorod) alles zu verkaufen suchen. Mehr wie zu 23—24 Taler netto wird hier doch nichts unterzubringen sein, wenn nicht prima Qualität geschickt wird. Übrigens bessern sich die Preise. — Werner 25. Mai 1868. Hartmann (ein Ingenieur, der für Werner diese Dinge technisch bearbeitete) ist beschäftigt, die **Walzwerksanlage** mit Wasserweg (Schamchor), Regenerativ-Glühöfen und Schwanzhämmern zu projektieren. Wenn ich nur wüßte, wie Ihr ohne guten Weg die schweren Stücke hinschaffen wollt. **Wegebau** scheint No. 1 zu sein. H. kann dann auch einen Regenerativ-Kupferröstofen bauen, welcher sicher die Röstung des Kupfersteins, die Gewinnung des Rohkupfers und die Raffinierung in **einer** Operation ausführt. — Dannenberg will seine Funktionen im allgemeinen kennen, damit er sicher ist, nicht fünftes Rad am Wagen zu sein. Ich möchte ihm Walzwerksanlage und Betrieb übertragen, daneben vielleicht Daschkessan. In seinem Kontraktprojekt verlangt er koordinierte Stellung zu Bernoulli als zweiter Direktor, 2000 Rubel Gehalt und $2^1/_2$ % Tantième. Darauf kann ich nicht eingehen; doch ist es schwer, ihm eine einigermaßen gesicherte Tätigkeit zuzusichern — —. Ich fürchte, Euer Kupfer wird auch noch jetzt als gutes Walz- oder Drahtkupfer nicht auf den Markt gebracht werden können. Aus dem bisherigen war absolut kein Draht zu ziehen; ich konnte daher die Leitungsfähigkeit nicht untersuchen. Vollständig frei von schwefliger Säure, von Sauerstoff und Kohle muß es sein; alles übrige ist Schwindel. Dann in gute, ganz bläschenfreie Platten gegossen, die zur direkten Verschmelzung ohne Umschmelzung geeignet sind. Umschmelzen erfordert neues Garmachen. Das alles wird sich erst nach langer Praxis lernen. Suche so viel wie möglich dort loszuwerden, auch bei geringeren Preisen, bis Ihr Meister geworden seid.

So stand es jetzt. Der kaukasische Kupferbergbau war nach vierjährigem Betriebe erst so weit gelangt, daß die Brüder die eigentlichen von ihnen zu lösenden Aufgaben erkannten: die Herstellung einer für elektrische Zwecke geeigneten **Kupferqualität**, zu dem Zwecke die Errichtung neuer großer **Anlagen**, die Aufwendung gewaltiger weiterer **Kapitalien**. Aber in dem Augenblicke, als die Brüder dies erkannten, vollzogen sich im Kaukasus Ereignisse, welche die Lösung jener Aufgaben einstweilen wieder in den Hintergrund drängten.

Walters Tod und Karls Fortgang. Am 25. Juni 1868 fand Walter Siemens in Tiflis seinen Tod durch den Hufschlag eines Pferdes, mit Hinterlassung recht unerquicklicher Finanzverhältnisse.

Walters Tod machte es notwendig, die Geschäftsleitung in Tiflis durch eine Kraft zu verstärken, und die Verhandlungen mit Dannenberg wurden deshalb rasch zum Abschluß gebracht.

Werner 27. Juni. An Dannenberg habe ich geschrieben, daß wir ihm jetzt eine Stellung als Dezernent der bergmännischen Angelegenheiten proponieren könnten. Minimal-Einkommen von 3000 Rubeln muß garantiert werden (inkl. Tantième). — 18. Juli. Dannenberg hat jetzt akzeptiert, gegen ein garantiertes Minimum von 3000 Rubeln, von denen nach unserem Ermessen ein Teil als Tantième stipuliert werden kann, nach Tiflis zu gehen, zur Bearbeitung unseres Berg- und Hüttenwesens — —. Ein tüchtiger Mann ist D. unbedingt, und ich glaube, wir können uns auf ihn verlassen. Sein Fach kennt er gewiß gründlicher wie Bernoulli, schon weil er längere Erfahrungen darin hat. Doch er muß in Tiflis in Deinem oder Ottos Namen handeln, sonst ist der Krieg mit Bernoulli in sicherer Aussicht. Ich bin übrigens entschieden dafür, ihm $2^1/_2$ % Tantième von der ganzen nichttelegraphischen Tifliser Einnahme zu geben. Ich habe noch immer gefunden, daß es die größte Verschwendung ist, diejenigen, welche an der Leitung von Geschäften beteiligt sind, nicht am Resultat zu beteiligen. Eine einzige Dummheit weniger kann das schon wieder einbringen. Bei großen und namentlich verzweigten Geschäften, die man nicht selbst übersehen und speziell dirigieren kann, muß man einen wesentlichen Teil des Gewinnes seinem Stellvertreter zuwenden. Das ist eine Grundregel für den guten Betrieb großer Geschäfte — —. Ich kann nicht sagen, daß mir Dannenbergs Brief besonders gefällt. Er greift etwas weit und zeigt, daß er eines Zügels bedarf. Andererseits muß man berücksichtigen, daß er lange Jahre in selbständiger Stellung als Direktor und alleiniger Dirigent eines Aktien-Kupferwerkes funktioniert hat, und daß ihm die Unterordnung unter andere, als die Besitzer, natürlich schwer fallen muß.

Als Walter starb, war Karl in der Sommerfrische Borjom, wo seine Frau ihrer Niederkunft entgegensah. Diese erfolgte gleich darauf. Unmittelbar nach der Entbindung zeigte sich bei ihr ein schweres Lungenleiden, und die Ärzte verlangten, sie solle den Kaukasus sofort verlassen. Karl mußte sich, so schwer es ihm wurde, und trotzdem seine Anwesenheit in Tiflis dringend nötig war, diesem Ausspruche fügen; er konnte nicht einmal Tiflis besuchen, sondern mußte Hals über Kopf abreisen. Schon Anfang August traf er in Wien ein. Werner war gerade in Bad Ragaz, als ihn diese neue Hiobspost traf. Sofort beschloß er, selbst nach dem Kaukasus zu reisen:

Karl an Werner 5. Juli. Was ich hier durchlebe, ist die Hölle auf Erden. Ich muß jetzt die Ohren verdammt steif halten und darf die Courage nicht verlieren — —. Möchte uns doch mal wieder ein kleiner Glücksstern leuchten! — Werner an Wilhelm 22. Juli. Es scheint, das Schicksal hat es auf uns und unsere Unternehmungen abgesehen. Diese beiden kaukasischen Donnerschläge werfen unser ganzes Gebäude um. Karl hält Otto für zu kränklich und auch sonst außerstande, unser dortiges Geschäft zu leiten. Ich muß also notwendig jetzt hin. Es steht dort zuviel auf dem Spiele. Doch muß ich Karl vorher sprechen; sonst nützt es nichts. Du wirst Dich in den nächsten 5—6 Monaten — denn so lange wird meine Reise wohl dauern müssen — auch des Berliner Geschäfts annehmen müssen. Es stehen nicht nur unsere außertelegraphischen Unternehmungen im Kaukasus auf dem Spiele, sondern auch die Indische Linie, welche ohne unser kaukasisches Geschäft nicht durchführbar ist. Daher müssen auch alle Gründe gegen meine Reise dorthin, die keiner besser erkennt, als ich selbst, schweigen. — Werner an Karl, Berlin 4. August. Der Donnerschlag Deiner Mitteilung ließ mir natürlich keine Ruhe im Bade. In der Tat stellt sie ja auch meine ganze Existenz in Frage, und das macht Hypochondrie und selbst Krankheit, namentlich die Krankheit des herannahenden Alters, vergessen! Daß ich jetzt nach Tiflis muß, vielleicht auf lange Zeit, ist natürlich und wird auch von Dir so empfunden werden. Sonst ginge ich wohl nach

Petersburg, wo auch alles drunter und drüber geht. Gern käme ich gleich selbst nach Wien, um Euch zu sehen und zu trösten, so gut es ginge. Aber ich muß jetzt jede Stunde zu Rate halten, da jetzt viel auf meinen Schultern liegt. Natürlich muß ich Dich sprechen, bevor ich nach Tiflis reise. Doch auch Wilhelm muß ich vorher sprechen und zwar mit Dir zusammen, wenn möglich. Dann, d. h. nachher, muß ich Kontrakt mit Dannenberg machen, und auch den mußt Du sehen und kennen lernen; denn von dieser Wahl hängt unser, wenigstens mein Geschick, wesentlich ab. Das alles geht nur hier (Karl müsse also seine Frau auf einige Tage verlassen). Es ist das ein Gebot der Notwendigkeit und Pflicht, welchem auch ich in ähnlichen und wohl noch schrecklicheren Lagen stets gefolgt bin. Ich werde Dich nicht lange zurückhalten; aber ohne Deine Mitwirkung kann ich mich nicht für Tiflis vorbereiten und Geschäft und Haus bestellen — — —. **Seine Pflicht erfüllen, solange die Kraft ausreicht und das Weitere Gott befohlen, das ist die richtigste und beruhigendste Philosophie**, an der haltet fest, wie meine unvergeßliche Mathilde und ich mit ihr. —
Werner an Wilhelm 11. August. Das Tifliser Geschäft taxierst Du zu gering. Ohne das würde ich die Indo-Europäische Linie nicht zu unternehmen gewagt haben. Lokaler Einfluß ist in diesen Gegenden alles. —
Werner an Karl 15. August. Du wirst Dir selbst sagen, daß es notwendig ist, daß ich bald hinreise. Es ist ja alles dort noch unorganisiert und täglich tauchen neue Fragen auf. So ist die Kobalthütte eingestürzt, und Bernoulli beantragt Bau einer neuen. Aber die Mine ist augenblicklich ganz erschöpft. Als andere Fragen erwähne ich nur: Konsularfrage[1]), Ottos Stellung, Dannenbergs Engagement und Einführung, Höltzers Stellung[2]), Zoll und eine Masse Baufragen, Walzwerk etc. Ich sehe jetzt recht ein, wie leichtsinnig es doch war, sich auf so weitverzweigte Geschäfte einzulassen.

Werner an Karl 18. August. **Es ist eine Ehrensache und Lebensfrage für mich und uns überhaupt, die großen und schwierigen Unternehmungen durchzuführen.** Sowohl Indische Linie, wie Bergwerks-Angelegenheit verlangt unbedingt, daß einer von uns beiden in nächster Zeit in Tiflis ist. Bernoulli muß einen strengen Kontrolleur bekommen, sobald als möglich, das wird mir täglich klarer; den muß einer von uns einführen und ihm die Wege ebnen — — —. Geschieht dies alles nicht schnell und kräftig, so kann über Nacht unser ganzer geschäftlicher Bau zusammenstürzen. —

Otto Siemens. Werners zweite Reise nach dem Kaukasus.

Im Kaukasus befand sich seit zwei Jahren jetzt noch der jüngste Bruder Otto, dessen bisheriges Leben für Werner und Wilhelm eine fast ebensolche Kette der Sorgen gebildet hatte, wie dasjenige Walters. Auf der Schule schon hatte das angefangen. Im Jahre

---

[1] Walter war deutscher Konsul gewesen.
[2] Höltzer sollte das kaukasische Telegraphengeschäft leiten.

1854 wurde er nach England geschickt, wobei Werner an Wilhelm schrieb:

> Otto muß gleich in ein tätiges, arbeitsvolles Leben hinein, aber nicht in ein großes Geschäft, wo er unbeachtet bleibt und sich drücken kann.

Er wurde zu einem Maschinenbauer in die Lehre gegeben, kehrte aber 1858 nach Deutschland zurück, wo er kurze Zeit das Polytechnikum in Karlsruhe besuchte:

> Werner: länger als ein Jahr will er nicht in Karlsruhe bleiben, weil es dort zu langweilig wäre, will akkreditiert sein, weil er nicht wissen könne, wieviel er jeden Monat gebraucht, Mittel, um öfters einen Ball mitzumachen, müsse er haben — .—. Es ist recht schade, daß so gute Anlagen wahrscheinlich verloren gehen. Doch leider wird erst die Schule der Not ihm Ernst geben und dann vielleicht zu spät — —. Otto ist noch fähiger wie Walter, aber flüchtig und schwankend in seinen Entschlüssen und Handlungen.

Bald darauf sollte er in einer chemischen Fabrik untergebracht werden, wo man ihn aber nicht brauchen konnte. Stattdessen wurde er bei einem Chemiker, der für Gerichte und Publikum Analysen machte, in die Lehre getan. Dort wurde er recht solide, lernte gut und bildete sich innerhalb zwei Jahren zu einem sehr tüchtigen, praktischen Analytiker heraus. Im Jahre 1860 ging er wieder nach England zu Wilhelm, der ihn auch chemisch verwendete. Doch kam er sich wie das fünfte Rad am Wagen vor, weil Wilhelm offenbar kein rechtes Vertrauen zu ihm hatte. Im Jahre 1864 erkrankte er schwer und ging zu seiner Genesung nach Australien, dann nach Montreux und schließlich 1866 nach dem Kaukasus, wo Karl ihn anfangs günstig, später aber recht ungünstig beurteilte.

Jetzt wollte Werner ihn zum Teilhaber an Walters Stelle machen und

> zur Oberinstanz für das Dreimänner-Kollegium in Tiflis[1]), mit Familienautorität ausgestattet. Ottos Privatkorrespondenz wird uns wirklich au fait halten, was Geschäftskorrespondenz allein nie tut — —. Ottos letzter Brief hat mir recht gut gefallen. Fritz, der gerade hier ist, glaubt, daß Otto ein merkwürdiges Talent habe, sich nach seiner Umgebung und Stellung zu bilden. Er würde in kurzer Zeit sich auf dem Parket des Großfürsten so ungeniert bewegen und die Leute für sich gewinnen, wie früher die Arbeiter von Dog's Island bei London.

Karl riet zunächst ab:

---

[1]) Bernoulli, Dannenberg, Bolton.

Otto muß durchaus durch eigene Arbeit zu was kommen. Wird er gleich von vornherein an unserem großen Geschäfte beteiligt, so töten ihn die großen Zahlen. Das fühlt er auch selbst.

Aber Werner folgte seinem eigenen Urteil und ließ sich offenbar daneben noch etwas durch Ottos Berichte beeinflussen:

Nach den Vorschlägen Ottos würde Bolton[1]) Generalbevollmächtigter sein, also durch Tantième an allen Geschäften partizipieren. Das Tifliser Geschäft könnte später die Indo-Europäische Remonte für Kaukasus und Persien in Entreprise nehmen. Das eigentliche Geschäft würde von Dannenberg und Höltzer unter Boltons Mitwirkung und Gegenzeichnung geführt, während Otto frei wäre, dahin zu gehen, wo er durch Autorität eingreifen, inspizieren oder Differenzen schlichten müßte. Mit Otto wird Bernoulli jedenfalls besser zahm zu halten sein, wie ohne ihn. Unter strenger Aufsicht wird Bernoulli ganz gut sein, auch schwer zu ersetzen. In Zug werde ich die Gesellschaft schon miteinander bringen. Die Organisation muß aber so sein, daß einträchtiges Fortziehen wahrscheinlich und möglich ist. Tantième: Otto $10-15\%$ vom Gesamtgeschäft usw. Walzwerk: Abfall, Abbrand usw. 20%. Dieser Abfall trägt gewöhnlich die Walzkosten und gibt den Profit. Sind die Blechpreise nicht mehr wie $1/5$ höher als die Kupferpreise, so hat man keinen Vorteil. Ist jetzt nicht der Fall — —. Wozu jetzt schon walzen? — — Otto ist doch recht tüchtig, und ich denke, er wird sich, mit Autorität bekleidet, schon durchbeißen.

Am 13. September 1868 trat Werner seine zweite Reise nach dem Kaukasus an[2]), wo er schlimme Verhältnisse vorfand. Er schaffte nach Möglichkeit Ordnung, richtete eine verständige Forstwirtschaft ein usw. Aber die Wurzel alles Übels, die schlechte Geschäftsleitung, ließ er bestehen:

Tiflis 5. Oktober. Ich werde nächste Woche mit Otto und Dannenberg zu der Naphthaquelle und von da nach Kedabeg gehen und mich da einige Wochen vor Anker legen. Entweder muß B. zahm werden und aus der Hand, selbst aus der Dannenbergs fressen, oder es geht zu Ende mit ihm. Mit Dannenberg habe ich einige Metamorphose der Ansicht durchgemacht. Er hat nicht allzugroße allgemeine Kenntnisse, scheint aber doch ein recht tüchtiger Fachmann und geschulter Büreaukrat zu sein. Er hat jetzt die Kedabeger Akten durchstudiert und ist erstaunt über die Ilusionen, Inkonsequenzen und Eigenmächtigkeiten B.'s —. In Kedabeg soll der neue Etat und Betriebsplan gemeinschaftlich festgestellt und die Dienstordnung entworfen werden. Soviel ist sicher, daß Einer hier regieren muß — —. Seit ich Otto gesagt habe, wir wollten ihn zum sichtbaren Oberhaupte unseres Geschäfts in Tiflis machen, und er müsse sich jetzt ein mehr repräsentatives Benehmen

---
1) Büreauchef in Tiflis, seit 1854 im russischen Siemens-Geschäfte tätig.
2) L.E. 217 ff.

aneignen, hat er wirklich merkwürdige Fortschritte in diesem Sinne gemacht. — 23. November. In Kedabeg fand ich große Aufregung und Furcht. Ich fand B. aber bescheidener und nachgiebiger, als ich erwartete. Als er sah, daß Dannenberg ihn nicht fressen sollte, ging er bereitwillig auf den neuen Organisationplan ein und fühlte sich, glaube ich, wirklich erleichtert dadurch, daß ihm sachverständiger Rat zur Seite stand. Nach dem jetzigen Organisationsplan wird B. an strenge Ordnung und fortlaufende Kontrolle durch Tiflis gebunden. D. wird schon dafür sorgen, daß sie Wahrheit wird. Der Etat schließt mit R. 158 000 ab. Die 40 000 Pud Kupfer werden diesmal wirklich gemacht werden, und dann bleibt doch auch bei nur 9 R. Verkaufspreis ein guter Gewinn. Mein Grundsatz ist gewesen, einmal mit der Vergangenheit abzuschließen und die Zukunft zu sichern, und zweitens nicht à tout prix zu sparen, sondern das Resultat sicherzustellen, indem die Ursachen der früheren Mißerfolge beseitigt werden. Es fehlte in Kedabeg Arbeitsorganisation, spezielle Sachkenntnis und Harmonie im ganzen Betriebe. Einige Tausend dafür mehr ausgegeben, machen sich sehr schnell bezahlt! Neujahr werden Bolton und Dannenberg nach Kedabeg gehen, um ein genaues Inventarium des ganzen Werks aufzunehmen. Ferner wird D. den regelrechten Abbau des Erzes, von dem B. wenig versteht, dort in Gang setzen. Mit dem Erze sah es eigentlich nicht besonders aus. Aufgeschlossen sind Erze für 17 Jahre bei einer Produktion von 40 000 Pud — —. Besonders wichtig war es, einen besseren Ton in die ganzen dortigen Beamten zu bringen. Ich habe sie mit B. und D. zusammenkommen lassen, ihnen Otto und D. vorgestellt als ihre künftige Oberbehörde, an die sie jederzeit appellieren können, ihnen dagegen Gehorsam, Diensteifer und herzliches Zusammenwirken zur Pflicht gemacht — —. Von großer Wichtigkeit ist die Waldfrage für Kedabeg. Ich werde alle Segel aufspannen, um diese Frage günstig durchzuführen.

Aber auch diese Erwartungen erwiesen sich bald wieder als Illusionen. Mit formalen Normen und dergleichen ließ sich Kedabeg nicht sanieren.

Änderungen in der Geschäftsleitung. Bald war der Zustand wieder der alte. Wie Walter, so trieb auch Otto im Kaukasus viel zu großen Aufwand, war ebenso schwach im Vorborgen von Geld, trug sich gern mit allerhand weitausschauenden Projekten usw. Noch schlimmer aber war es, daß sich Bernoulli nicht änderte. Karl schlug daher vor, ihn zu entlassen. Doch erwartete er selbst von dieser Maßregel kaum noch eine durchgreifende Besserung des verfahrenen Unternehmens:

Karl an Werner. London 2. April 1869. Die letzten Nachrichten aus Kedabeg gehen mir gewaltig im Kopfe herum. B.'s Entlassung scheint mir jetzt mehr als je das beste Rettungsmittel zu sein. Unter den jetzigen Verhältnissen werden wir Kedabeg nicht lange mehr halten können; denn es frißt uns bei lebendigem Leibe auf — —. Ich bin bereit, nach Kedabeg zu gehen und die Exekution auszuführen. — —. Der Kaukasus hat uns kein Glück gebracht. Ich habe mich schon ganz mit dem Gedanken vertraut gemacht, daß dort alles verloren ist. Hoffentlich irre ich mich, und ist das Gefühl nur die Folge meiner allgemeinen Stimmung. Aber gehandelt muß werden.

Im Sommer ging Karl mit Wilhelm nach dem Schwarzen Meer, um das Kabel für die indische Linie zu legen. Bei dieser Gelegenheit wurde, nach reiflicher Überlegung mit den Brüdern, mit Dannenberg und Bolton, die **Entlassung Bernoullis ins Werk** gesetzt:

Karl 29. Juni. Der Mann hat mich schon ruiniert und wäre imstande, uns Alle zugrunde zu richten. Sobald Dannenberg Kedabeg den Rücken gekehrt hat, ist alles wieder in den alten Schlendrian zurückgefallen. Es ist mehr wie zweifelhaft, ob wir den größeren Teil des hineingesteckten Geldes retten werden, sicher nicht mit B.'s Hülfe. Gerne wäre ich selbst nach Kedabeg gegangen, aber dann wäre es wahrscheinlich zu Handgreiflichkeiten gekommen — —. Er handelt jeden Tag gegen die Vorschriften —. 29. Juli. Den B. hätte ich gern erwürgt, wenn ich ihn unter die Fäuste hätte kriegen können — —. Er hat uns auf die rücksichtsloseste Weise an den Rand des Verderbens gebracht, und wir müssen ihn jetzt mit derselben Rücksichtslosigkeit von uns stoßen. Laß Dich nur ja nicht erweichen — —. Verhungern wird er nicht, weil er ja 6% von Daschkessan behält. 7. Januar 1870. Für 3 Rubel wollte Bernoulli das Pud Kupfer herstellen, und nun kostet es 8 Rubel 42 Kopeken.

Das im Kaukasus damals festgelegte Kapital betrug nicht weniger als 900000 Rubel, d. h. es steckte dort fast das ganze Vermögen Karls und ein großer Teil vom Vermögen Werners. Beide hätten damals gern das nichttelegraphische Geschäft im Kaukasus für einen sehr billigen Preis verkauft; Werner meinte einmal, für 100000 Rubel werde er es mit Freuden tun. Um Geld zu schaffen, mußte 1870 eine Art Raubbau eingeführt werden: nur die reicheren Erze wurden verschmolzen, die ärmeren dagegen beiseite gelassen. Auf solche Weise wurde wenigstens ein weiteres Anwachsen des kaukasischen Anlagekapitals vermieden.

An Stelle Bernoullis war Dannenberg technischer Direktor von Kedabeg geworden. Er führte alsbald einen flotten Betrieb ein, konnte sich aber in die fremdartigen Verhältnisse nicht finden, weshalb er im Herbste 1871 durch den Bergassessor Schnabel ersetzt wurde, der bereits seit etwa einem Jahre zweiter Direktor gewesen war. Auf Schnabels Vorschlag wurden bedeutende Reformen beschlossen: die Kupfererze sollten, wie in England, zunächst in Gerstenhofer'schen Öfen geröstet und dann in großen Flammöfen geschmolzen werden. Doch der Verwirklichung dieses Planes stand zunächst die wachsende **Kohlennot** im Wege. Außerdem fehlte es nach wie vor an tüchtigen „**Garmachern**" (Raffineuren), weshalb das in Kedabeg gewonnene Kupfer nicht gut zu verwerten war.

Noch gegen Ende des Jahres 1870 war Karl in bezug auf Kedabeg äußerst pessimistisch gestimmt:

Karl an Werner 1. Dezember 1870. Das kaukasische Geschäft drückt jetzt wie ein Alp auf meinem Gewissen, gradezu auf meinem Gewissen; denn ich habe kein Recht, über meine Mittel dahinein zu gehen und mich in Schulden zu stürzen —. Ist der Überschuß von 1870 nicht wesentlich höher, so ist auch nicht anzunehmen, daß es in späteren Jahren besser wird, und dann lieber **weg mit der Geschichte!** Wir haben jetzt, Gott sei Dank, ein lohnendes Geschäft zu Hause, und es wäre ein Wahnsinn, wenn wir fortfahren wollten, den Gewinn immer von neuem wieder in den kaukasischen unersättlichen Schlund zu werfen. Es gehört natürlich Courage dazu, **eine Million Rubel** so ohne weiteres als nichts zu betrachten, aber weg mit den falschen Illusionen!

Da war es wieder **Werner**, welcher den Mut hatte, solchen verzweifelten Gedanken kräftig entgegenzutreten:

Werner an Karl 4. Dezember. Du siehst zu schwarz. Kedabeg hat das Geld in Kupfer auf Lager. Es hat über seinen Etat hinaus in diesen $^3/_4$ Jahr Kupfer gemacht. Wenn es, wie jetzt, wöchentlich ca. 1000 Pud Kupfer macht, also gegen 10 000 Rubel in Kupfer einbringt, so können wir uns nicht wundern, daß es 6—8000 Rubel wöchentlich verbraucht, da noch viele nicht direkt produktive Arbeiten und Ausgaben zu machen sind — —. Verlieren wir nur jetzt, da die Erzfrage günstig entschieden ist, nicht den Mut, lieber Karl! Jetzt müssen wir notwendig festhalten, bis Schnabel von Kedabeg berichtet. **Meinesteils habe ich jetzt gute Zuversicht auf ein glückliches Endresultat.**

Freilich hatten damals die steigenden Erträge der Geschäfte in Berlin und London die Tragweite des kaukasischen Risiko's schon stark verringert. Aber noch waren die schlimmen Zeiten für Kedabeg nicht überwunden, mußte doch sogar der Kobaltbergbau in Daschkessan, bisher der Notanker von Kedabeg, ganz eingestellt werden. Über letzteres urteilte Otto noch 1871:

Man kann keine Freunde an einem Unternehmen haben, in welchem unnützerweise Hunderttausende vergraben liegen. Mit meinen jetzigen

Erfahrungen über Land und Leute will ich jeden Tag ein reicheres Kupferwerk als Kedabeg mit der Hälfte des Kapitals herstellen. Kedabeg ist faul in der Wurzel, es liegt darauf ein ganz besonderer Fluch.

Auch Otto empfahl jetzt dringend den Verkauf des Werkes. Bald darauf starb er, und seitdem wohnte im Kaukasus keiner der Brüder Siemens. Aber Karl reiste in der späteren Zeit von London aus oft auf einige Zeit hin, und seiner Tätigkeit war es namentlich zu danken, daß Kedabeg schließlich doch ein blühendes Unternehmen geworden ist. Er übertrug, als auch Schnabel nach einigen Jahren fortging, die Gesamtleitung Bolton, der sie, obwohl er nicht Techniker war, erfolgreich führte. Natürlich hatte er Fachleute, einen Ingenieur, einen Hütteninspektor und einen gelernten Steiger, unter seinem Kommando.

Blick auf die spätere Entwicklung. Erst in den siebziger Jahren entwickelten sich die Verkehrsmittel des Kaukasus derart, wie es schon für das vorhergegangene Jahrzehnt erwartet worden war. Vor allem wirkte die Fertigstellung der Eisenbahn Baku-Batum belebend auf das ganze kaukasische Wirtschaftsleben. Doch gehörten auch die rechten Unternehmer dazu, um diese Besserung der Verhältnisse auszunutzen. So hat sich die kaukasische Petroleum-Produktion erst entwickelt, als seit 1874 die Gebrüder Nobel sie im amerikanischen Stile mit Röhrenleitungen, Tanksystem usw. zu betreiben anfingen. So bedurfte auch das Kupferbergwerk Kedabeg noch bedeutender Anstregungen der Unternehmer, um rentabel zu werden.

Der erste große Erfolg, den die Brüder Siemens in dieser neuen Entwicklungsperiode Kedabegs errangen, war die Ermittelung einer geeigneten Raffiniermethode zur Erzeugung erstklassigen Kupfers[1]):

Die Raffiniermeister der Kupferwerke bewahren nämlich ihre Methoden als ein Geheimnis, das sie niemanden verraten und vom Vater auf den Sohn vererben. Wir schickten wiederholt Leute zum Erlernen des Raffinierens in verschiedene Kupferhütten; sie kamen aber gerade so klug wieder, wie sie gegangen waren. Endlich sagte ich meinem Bruder Werner bei Gelegenheit einer Durchreise von London nach dem Kaukasus: „Jetzt komme ich nicht früher aus Kedabeg zurück, bis ich das Geheimniß herausgefunden habe", und ich habe auch Wort gehalten. Auf der Rück-

---

[1]) Das Folgende nach Mitteilungen des Herrn Karl von Siemens aus dem Jahre 1902.

reise hatte ich in Tiflis die Genugtuung, eine Depesche von Bruder Werner aus Berlin zu erhalten, welche lautete: „Die neue Kupferprobe ist der Paschkoffschen Vogelmarke mindestens gleich". Diese Marke galt nämlich damals als die beste der Welt.

Später erfand Werner ein Verfahren, um auch die ärmeren, früher eine Verarbeitung nicht lohnenden Erze auf rein elektrischem Wege ohne Anwendung von Brennmaterial in raffiniertes Kupfer zu verwandeln[1]):

Zu dem Zwecke müssen, so schrieb Werner 1890 in seinen L.E., im benachbarten Schamchortale große Turbinenanlagen hergestellt werden, welche über tausend Pferdekräfte zum Betriebe von Dynamomaschinen, die den erforderlichen Strom erzeugen, zu liefern haben. Dieser Strom soll über den etwa 800 m. hohen Bergrücken, der Kedabeg von Schamchor trennt, fortgeleitet werden, um direkt am Fuße des Erzberges das Kupfer aus dem Erzpulver zu extrahieren und galvanisch niederzuschlagen.

Dieser charakteristische Versuch fand jedoch keine praktische Anwendung.

Der Mangel an Brennmaterial nötigte ebenfalls zu großen Anlagen. Zunächst wurde eine schmalspurige Eisenbahn von Kedabeg über einen hohen Viadukt nach der 30 km entfernten, mitten in den Holz und Holzkohlen liefernden Wäldern belegenen Hüttenfiliale Kalakent geführt und von dort weiter bis zum Holzflößplatze am Schamchor[2]):

Viele Jahre lang hat diese Gebirgsbahn den großen Bedarf an Brennmaterial gesichert, aber so sorgsam auch die abgeholzten Strecken stets forstmäßig wieder bepflanzt wurden, schließlich drohte doch Mangel an Holz den Betrieb des Hüttenwerks zum Stillstand zu bringen. Indes die Not selbst ist in der Regel der beste Helfer aus der Not; das bewährte sich auch hier. Es gelang uns in neuerer Zeit, wie ich glaube, zuerst in der Welt, die Kohlen für den Hüttenbetrieb durch das Rohmaterial des Petroleums, die Naphtha, und durch das Masut, den Rückstand der Petroleumdestillation, zu ersetzen. Diese Brennstoffe werden von Baku auf der Tifliser Bahn bis zur Schamchorstation am Fuße des Gebirges geführt. Da es aber schwer ist, im Winter und während der Regenzeit Masut und Naphtha auf den dann grundlosen Wegen von der Bahnstation den Berg hinauf nach Kedabeg zu schaffen, so wird jetzt (1890) eine Röhrenleitung aus nathlosen Mannesmann-Stahlröhren erbaut, durch welche das Masut den etwa 1000 m hohen Bergabhang aus der Ebene hinaufgepumpt werden soll.

---

1) L.E. 218 ff. Das Siemens'sche Verfahren der elektrolytischen Kupferraffination wurde zuerst 1878 in Oker eingeführt.
2) L.E. 218.

Seit der Betriebseröffnung im Jahre 1891 liefert diese 45 km lange Röhrenleitung mittelst zwei Pumpstationen das zum Betriebe der Hütte und der Eisenbahn nötige Brennmaterial. Eisenbahn und Röhrenleitung kosteten zusammen etwa **drei Millionen Mark**, stehen aber gegenwärtig nur noch mit **einem Rubel** zu Buche.

Kedabeg lieferte seit 1876 ansehnliche **Reingewinne**, nämlich 1876: 107 842 Mark, 1877: 200 694 M., 1878: 136 254 M., 1879: 70 150 M. Dann folgten weniger gute Jahre; aber seit 1886 war die Entwickelung wieder eine günstige.

Die Erträge dieser späteren Zeit ermöglichten es, die früheren Verluste wieder einzubringen, alle Anlagenwerte zu amortisieren und darüber hinaus noch Überschüsse zu erzielen. Die **Naphthaleitung** bildete hierfür eine wesentliche Voraussetzung. Doch im Kampfe mit den von der Natur so überaus begünstigten amerikanischen Kupferwerken hätte das Siemenswerk trotzdem unterliegen müssen, wäre ihm nicht die russische Regierung durch Gewährung eines ausreichenden **Zollschutzes** zu Hülfe gekommen.

Nur auf solche Weise ist der „Fluch", der an Kedabeg so lange gehaftet hatte, siegreich überwunden worden. An der Stelle, wo vor vierzig Jahren einige elende tartarische Erdhütten standen, erhebt sich jetzt eine kleine Fabrikstadt von europäischem Aussehen.

Nachtrag. Dieses Kapitel läßt Walter und Otto Siemens in einem wenig günstigen Lichte erscheinen. Umsomehr ist es geboten, hier noch einer Äußerung Raum zu geben, welche wir uns von dem letzten Überlebenden der Brüder Siemens, von Herrn Karl von Siemens, nachträglich erbeten haben:

Mit Ottos Lerneifer war es anfangs wohl recht schlecht bestellt. Nachher hat er aber bei seiner hervorragenden Intelligenz vieles nachgeholt. Er wurde auf die Universität Halle geschickt, entwickelte sich dort zu einem tüchtigen Chemiker und kehrte mit der Doktorwürde von dort zurück. Nach dem Kaukasus schickten wir ihn nur seiner Gesundheit wegen; und um ihm dort eine für ihn passende Beschäftigung zu geben, erwarben wir eine Naphthaquelle, die aber wieder aufgegeben werden mußte, als die Eisenbahn nach den so viel reicheren Quellen in Baku eröffnet wurde. An den Kupfergruben Kedabegs wurde er erst nach Walters Tode beteiligt. Otto war entschieden der geistreichste der Brüder, und es fehlte ihm nur Gesundheit.

Eine ganz andere Natur war Walter. Er war ein kerngesunder schöner Mann, bekannt wegen seiner großen Liebenswürdigkeit und fabelhaft beliebt (bei Groß und Klein) im ganzen Kaukasus. Seine Beerdigung war wirklich großartig. In Tiflis waren an dem Tage die Läden geschlossen, und es war keine Droschke zu haben, weil beinahe die ganze Einwohnerschaft dem Sarge nach dem, weit außerhalb der Stadt gelegenen Kirchhofe folgte. Wer weiß, ob es uns ohne die so überaus liebenswürdige Persönlichkeit Walters gelungen wäre, die persische Konzession der Indo-Europäischen Telegraphen-Linie zu erlangen! Mit dem damaligen Vertreter Rußlands in Persien, dem jetzigen Botschafter Sinowieff in Konstantinopel, schloß Walter sofort Freundschaft und wurde von ihm nachdrücklich unterstützt.

Dritter Abschnitt.

Aus dem Innenleben der Siemens-Firmen.

Erstes Kapitel.
Kämpfe und Einigkeit innerhalb der Geschäftsleitung.

Die Firma Siemens & Halske 1847—1867. Die im Jahre 1847 begründete Firma Siemens & Halske in Berlin hatte stets drei Teilhaber. Von 1847 bis 1854 waren dies Werner Siemens, J. G. Halske und (als bloßer Kapitalist ohne eigentliche Teilnahme an der Betriebsleitung) der Justizrat Georg Siemens, erstere beide mit je 40 Proz., der dritte mit 20 Proz. Anteil am Geschäftsgewinn. Der Justizrat Siemens schied 1854 als Teilhaber aus. An seiner Stelle wurde Karl Siemens als Teilhaber aufgenommen, ebenfalls mit 20 Proz. Anteil am Geschäftsgewinn, zugleich aber mit bedeutsamer Beteiligung an der Geschäftsleitung: die Firma Siemens & Halske in Petersburg wurde als Filiale des Berliner Geschäfts begründet und der Leitung Karls unterstellt.

Das Verhältnis der Firma zu Wilhelm Siemens 1847—1858. Im Gegensatze zu diesem einfachen, klaren Verhältnisse war dasjenige der Firma Siemens & Halske zu Wilhelm Siemens in London unklar, wechselnd und verwickelt. Bis zum Jahre 1850 bestanden formell überhaupt keine geschäftlichen Beziehungen; vielmehr unterstützten Werner und Wilhelm einander nur privatim durch Bemühungen, Mitteilungen und kleinere Geldbeträge. Im Jahre 1850 übertrug die Firma Siemens & Halske Wilhelm ihre Vertretung für England gegen ein Drittel des Gewinnes von den durch ihn vermittelten Geschäften. Zugleich wurde ihm ein Kredit eröffnet für Beschickung der Londoner Weltausstellung, Beschaffung von Patenten usw. Die Firma war darin recht liberal.

Werner an Wilhelm, 24. Juli 1850. Durch Geld laß' Dich nicht abhalten, das will ich Dir schon nach Bedürfnis verschaffen. Wir müssen unsere unabhängige pekuniäre Stellung benutzen und das Geld nicht hinter den Ofen packen. — 28. August. Kannst Du dort nicht Geld disponibel kriegen, so schreib' es mir oder gleich Halske. Zeit gilt hier mehr als Geld. — 4. Mai 1851. Wenn Du Geld brauchst, so nimm' Wechsel auf uns, bis tausend Taler auf Sicht, mehr auf acht Tage nach Sicht.

Andererseits bemühte Wilhelm sich, wie wir wissen, nach Kräften, den Erzeugnissen der Firma Siemens & Halske in England und jenseits der See Absatz zu verschaffen, ohne indes damit lange Zeit hindurch große Erfolge zu erzielen. Erst durch die Verbindung mit Newall & Co. wurde London seit 1857 für das Berliner Geschäft sehr wichtig.

Nun betrieb Wilhelm aber, neben der Agentur der Berliner Telegraphenbau-Anstalt, noch andere Geschäfte als Zivilingenieur und namentlich eigene „Erfindungs-Spekulationen", unter denen Regenerativmaschine, Verdampfer, Kondensatoren, Wassermesser die wichtigsten waren. Wir wissen schon, daß ihn Werner dabei mit Rat und Tat unterstützte, wodurch mannigfache neue geschäftliche Beziehungen zu der Firma Siemens & Halske entstanden, deren Forderung bedeutend anwuchs, und das ganze Verhältnis sich so verwickelte, daß die Firma auf Regelung drang. Namentlich Wilhelms Regenerativmaschine verschlang Summen, welche für die damaligen Verhältnisse von Siemens & Halske entschieden zu groß waren. Wilhelm war damals durch die Erfolglosigkeit seiner langjährigen Bemühungen verbittert, und es entstanden unerfreuliche Reibereien, die indes von Werner mit brüderlicher Liebe wieder ausgeglichen wurden.

Wilhelm an Werner, 28. Februar 1857. Die Firma hat mich nicht immer in Geldangelegenheiten anständig behandelt, und ich will Gott danken, aus ihrer Schuld zu sein, was hoffentlich noch in diesem Jahre geschehen soll. Zu dem Ende muß ich aber rein als Geschäftsmann handeln und unprofitable Anstrengungen einstellen. — 6. März. Ich habe Dir persönlich keine Vorwüfe machen wollen. Aber ich will Dir ganz offen meine Klagen gegen das Routine-Geschäft Siemens & Halske aufzählen: 1. Durch den unglücklichen Ausgang des Verdampfers bin ich ziemlich tief bei Euch in Schulden geraten. Außerdem habt Ihr zwei Einzahlungen auf 300 Aktien der Société Continentale[1]) für mich geliefert, welches mir in jetziger Krisis eine bedeutende Erleichterung gewährt hat. Andererseits eigne ich mir auch einiges Verdienst zu dafür,

---

1) Vgl. oben S. 307.

daß ich S. & H. gegen Schaden in dieser Angelegenheit garantiert habe. 2. Auch habe ich Telegraphen-Angelegenheiten in England mit Eifer betrieben und habe bis jetzt meinen Einsatz nicht wieder heraus. 3. Es könnte daher wohl ein geschäftliches Verhältnis gegenseitigen Vertrauens eintreten, um so mehr, da das Telegraphen-Geschäft in England jetzt endlich einen Aufschwung genommen hat und ich von hier für Sendungen von Apparaten prompte Zahlung geleistet habe. 4. Herr H.[1]) aber hat sich's in den Kopf gesetzt, mich wie einen faulen Kunden zu behandeln, mir die Enormität meiner Schuld und seinen Zweifel an meinen Unternehmungen bei jeder Gelegenheit unter die Nase zu reiben und endlich mir Brandschatzungen aufzuerlegen ohne alle Warnung, wie es ihm einfällt und mir am wenigsten paßt. Um Dir eine Idee zu geben, wie störend diese letzteren Operationen unter meinen jetzigen Verhältnissen wirken, will ich Dir ein grobes Bild meines Gewinnes und Verlustes im vorigen Jahre geben:

Gewinn an Wassermessern, Telegraphen und sonstigen Geschäften . . . £ 2000
Dagegen gezahlt zwei Einzahlungen auf 1100 Aktien der Soc. cont. £ 2200
        Abtragung alter Schulden . . . . „ 225
        Haushalt und Unterhalt Otto . . . . . . „ 500 „ 2925

Das Defizit ist durch Anleihe von £ 1000 bei Cusani gedeckt, gegen Sicherheit von Aktien. Nun habe ich aber in diesem Monate allein an S. & H. ca. £ 800 für Apparate zu zahlen, wovon ich bis jetzt hier erst £ 300 erhalten habe. Grade jetzt beliebt es S. & H., meine Schuld bei Euch um £ 300 vermindern zu wollen, und demgemäß werde ich bombardiert mit Anweisungen, zu zahlen oder Draht zu senden. Die geschäftliche Weisheit des Schraubensystems bezweifle ich sehr. Ein eben emporkommender Geschäftszweig wird dadurch im Keime erstickt, und mir wird es unendlich erschwert, die Gesamtschuld zu tilgen. Ihr habt ein vollständiges Recht, Euer Geld zu verlangen, aber gebt mir Termin, sodaß ich Anstalten treffen kann — —. Von Halske's und Meyers gutem Willen bin ich überzeugt, aber sie sehen Spekulationsgeschäfte mit anderen Augen an, wie wir. — 15. März. Du scheinst anzunehmen, daß ich gegen geschäftliche Ordnung rebelliert und pflichtmäßige Zahlungen mit so schnöden Worten wie „Brandschatzung" belegt habe — —. Als Geschäftsmann habe ich, glaube ich, einige Anlagen, sonst hätte ich mein Fahrzeug nicht mit gutem Namen an so manchen Klippen vorbeigesteuert. Aber mein großer Fehler ist der Hochmut, daß am Ende niemand bei meinen Unternehmungen verlieren soll. Deshalb habe ich mir, gegen meine bessere Überzeugung, Lasten aufgebürdet, welche meine Kräfte zersplittern. Als bloßer Geschäftsmann wäre es mir nie eingefallen, die Ansprüche von H. W.'s Erben usw. zu befriedigen — —. Ich weiß wohl, daß mir das niemand dankt, sondern als geschäftliche Dummheit auslegt — —. (W. wünschte seine Schuld in fünf Jahresraten zu tilgen.) Ich habe einen Stolz, noch nie im Leben einen Termin gebrochen zu haben. Auch spreche ich jetzt nicht ohne Über-

---
1) Halske oder Haase.

legung; denn im Laufe dieses Jahres werde ich entweder soweit mit der Maschine sein, daß ich Nutzen davon ziehe, oder die Sache bricht zusammen und — so spricht der Kaufmann — ich beschränke mich auf meine sonstigen Gewinnquellen.

Die „Sache", d. h. die „Société continentale" zur Verwertung von Wilhelms Maschine brach tatsächlich, wie so viele andere Unternehmungen ähnlicher Art, in der großen Handelskrisis von 1857 zusammen, und Siemens & Halske erlitten große Verluste:

Werner an Karl, 6. November 1857. Der langsame Fortgang der Wilhelm'schen Maschine hat mir zwar immer Sorge gemacht, doch mehr Wilhelms wie unseretwegen. Daß Wilhelm sanguinisch ist und immer am Ziele zu stehen hofft, auch wohl etwas blind den Schwächen seiner Geisteskinder gegenüber, ist richtig, aber doch einigermaßen verzeihlich. Er hat einmal an die Maschine sein ganzes Leben gehängt und muß dieses daher als verfehlt erachten, wenn er die Hoffnung verliert. Unsere Geldbeteiligung ist zwar immerhin beträchtlich, aber doch selbst im unglücklichsten Falle verschmerzbar. Wir würden den Bau der Stettiner und der hiesigen Maschine — 10000 bis höchstens 15000 Taler — zu decken haben. Dafür haben wir zwar 40000 Francs von der Gesellschaft erhalten, aber mit unserer Zustimmung zur Hälfte in Aktien, auf die wir auch noch etwa 10000 Taler Einzahlung geleistet haben. Sollte die Gesellschaft bankrott und Wilhelm zahlungsunfähig werden, so könnte sich unser Verlust vielleicht auf 20000 Taler belaufen. Letzteres ist aber gar nicht zu befürchten, da Wilhelm gute Einnahmen hat und hoffentlich auch an den Öfen viel verdienen wird. Der Fehler Wilhelm's ist nur gewesen, daß er sich hat dazu bewegen lassen, statt des baren Geldes für seine bisherigen Versuche Aktien, auf die nur die erste Einzahlung geleistet war, anzunehmen. Er hoffte sie schnell mit Vorteil loszuwerden; doch der Aktienschwindel nahm plötzlich ein Ende mit Schrecken, und Wilhelm mußte die Aktien bis fast auf ein Drittel einzahlen. Er ist also ebenfalls ein Opfer des Schwindels. Anlaß zu Sorgen liegen genug in allen Verhältnissen; die Zeiten sind jetzt wirklich schlecht.

Werner beurteilte die Lage damals noch viel zu günstig. Die Verluste, welche er persönlich und die Firma Siemens & Halske schließlich, namentlich mittelbar, an diesen Engagements erlitten, waren wesentlich größer, als er annahm. Aber weit bedenklicher war es, daß der Gegensatz zwischen Wilhelm einerseits, Halske und dem Berliner Prokuristen William Meyer, zeitweilig auch Karl andererseits, sich in der folgenden Zeit noch vertiefte. Dadurch wurden namentlich Werners Aufgaben um so mehr erschwert, als Wilhelms geschäftliche Beziehungen zu der Berliner Firma sich seit 1858 sehr viel lebhafter und mannigfaltiger gestalteten, als vorher.

Die ersten Mißhelligkeiten der Firmen Siemens & Halske in Berlin und Petersburg mit Siemens, Halske & Co. in London.

Am 1. Oktober 1858 wurde die Firma Siemens Halske & Co. in London begründet für die Anlage von unterseeischen Telegraphenkabeln und sich daran knüpfende außereuropäische Unternehmungen. Das dafür nötige Betriebskapital lieferte die Firma Siemens & Halske in Berlin einstweilen gegen 5 Proz. Zinsen; doch wurde ein Drittel davon Wilhelm persönlich zur Last geschrieben, damit dieser insoweit das Verlustrisiko zu tragen hatte. Die Betriebsleitung wurde Wilhelm übertragen und zu dessen Unterstützung Loeffler bestimmt. Vom Londoner Reinertrage sollten zunächst Gratifikationen an die Beamten verteilt und 15 Proz. für die Ansammlung eines eigenen Betriebskapitals verwendet werden. Von dem übrigen Gewinne sollten Siemens & Halske zwei Drittel, Wilhelm ein Drittel erhalten. Das Londoner Geschäft wurde verpflichtet, seinen Bedarf an Telegraphen-Apparaten zu den gewöhnlichen Berliner Fabrikpreisen von dem dortigen Geschäft zu beziehen, es wurde ihm jedoch gestattet, alles was es billiger herstellen könne, selbst zu fabrizieren.

Soweit schien alles geregelt zu sein; aber schon wenige Wochen nach Begründung des Londoner Geschäfts ergaben sich Schwierigkeiten sowohl zwischen London und Petersburg, wie zwischen London und Berlin.

In Petersburg hoffte Karl damals das stockende russische Geschäft wieder beleben und zu dem Zwecke mit Wilhelm gemeinsam vorgehen zu können[1]). Aber das erwies sich bald als unmöglich. Die Konkurrenten machten wesentlich billigere Offerten, und bei einer Telegraphenlinie (Riga-Dünaburg), welche von den Siemens-Firmen in London und Petersburg für gemeinsame Rechnung angelegt wurde, entstand Streit dadurch, daß London dem Petersburger Geschäfte den Vorwurf zu hoher Preise machte.

Karl an Wilhelm, 18. November 1858. Ich habe allerdings Gewinn auf Material berechnet, auf Isolatoren mehr, auf Draht weniger, wie Du aber 80—90 Proz. herausrechnen kannst, ist mir unbegreiflich. Ich habe dieselben Preise angesetzt, welche die Große Russische Eisenbahn-Gesellschaft zahlt, und weiß aus Erfahrung, daß der Gewinn dabei nur ziemlich gering ist (Unkosten namentlich bei der Stangenbeschaffung sehr bedeutend usw.) — —. Es ist unser gemeinsames Interesse, solche Arbeiten nicht in die Hände von Konkurrenten fallen zu lassen — —.

---

1) Vgl. oben S. 98 ff.

Wenn Du auch kein direktes Interesse am hiesigen Geschäfte hast, so gewinnst Du doch indirekt dabei, wenn es an Großartigkeit zunimmt.

Gleich darauf geriet Wilhelm in Verlegenheit dadurch, daß eine Rimesse aus Petersburg über dorthin gelieferte Materialien sich verzögerte. Er schrieb deshalb an das Petersburger Geschäft einen Brief, dessen Ton ein derartiger war, daß Karl ihn geschäftlich überhaupt nicht beantworten konnte:

Karl an Wilhelm, 6. Dezember. Ich werde Deinen Geschäftsbrief nicht im Namen des Geschäfts beantworten; denn es könnte nur in dem von Dir angestimmten Tone geschehen und die Folge davon könnte sein, daß ich mich, einer lumpigen Geldsache wegen, mit einem Bruder verfeinde, den ich von jeher so sehr geliebt habe. Darum, lieber Bruder, wollen wir die Sache lieber als ungeschehen betrachten und unsere alte Freundschaft für immer bewahren.

Aber wenn auch diese Gefahr abgewendet wurde, so war es doch andererseits nicht möglich, durch gemeinsame Tätigkeit sich den russischen Absatz zu erhalten, wofür so viele Vorbedingungen gegeben waren. Die Geschäfte in London und Petersburg gingen stattdessen völlig gesonderte Wege: London widmete sich nur dem Kabelgeschäfte, Petersburg, außer der alten Remonte-Verwaltung, fast nur außertelegraphischen Geschäften, namentlich der Glasfabrikation und der Holzsägerei; und das, trotzdem sowohl Wilhelm wie Karl die Kraft der einheitlichen Arbeit wohl kannten, hatte doch Wilhelm bereits 1851 Werner geschrieben:

Es scheint mir überhaupt vorteilhaft, daß wir uns so viel wie möglich auf dieselben Industriezweige werfen; denn „Vereinigung ist Stärke", und wozu sollen wir von fremden Leuten das Fett abfüllen lassen?

Und was Karl betrifft, so beweisen nicht nur seine Worte, sondern auch seine Handlungen, daß er wenigstens im Jahre 1858 die Bedeutung der Kooperation mit London vollauf zu würdigen wußte; dennoch kam sie nicht zustande.

Noch klarer und dringlicher empfand Werner das gleiche Bedürfnis nach Einheit unter den verschiedenen Siemens-Firmen; aber selbst ihm gelang es nicht, die widerstrebenden Sonderinteressen im Zaume zu halten:

Werner an Wilhelm 15. November 1858. Im allgemeinen müssen wir uns über ein gleichmäßiges Verhalten unserer verschiedenen Geschäfte verständigen, damit wir alle Hand in Hand gehen. Namentlich ein fester, billiger Provisionssatz für besorgte Geschäfte ist nötig. Schlag' Du einmal vor. Hier hat sich, wie ich jetzt bei Wien deutlich gesehen habe, auch in manchen Punkten eine halsabschneiderische Praxis im kaufmännischen Büreau eingeschlichen, die abgestellt werden wird. Diese Kaufleute schonen Vater und Mutter nicht, wenn sie verdienen können. Die Tantième trägt freilich viel dazu bei.

Wie in Rußland, so wurden Siemens & Halske damals auch in Österreich hauptsächlich durch die Engländer verdrängt, wobei freilich manche Umstände mitwirkten, vor allem die Tatsache, daß die Wiener Geschäftsleitung den Anforderungen nicht entsprach; ferner betrachteten die Brüder das europäische Telegraphengeschäft damals überhaupt nicht mehr als hinreichend lohnend und interessant[1]). Aber selbst in der eigentlichen Domäne des Londoner Geschäfts, beim Kabelbau und bei überseeischen Telegraphen-Anlagen traten Gegensätze zwischen Berlin und London zutage.

Werner an Wilhelm, 2. Dezember. In große Verlegenheit sind wir durch Oppenheimer aus Melbourne gesetzt. Er war hier und wollte, wie er sagte, noch einen Versuch machen, unsere Apparate gegen die amerikanischen in Australien durchzusetzen. Ihn durch höhere Preise oder Abweisung an Dich zurückstoßen, hieße ihn den hiesigen Konkurrenten in die Arme zu jagen. Ich habe mich daher entschlossen, ihm die gewünschten Apparate zu den Preisen unseres Preiskurants zu geben. Ich schlage Dir nun vor, wir zahlen Dir für Bestellungen bei uns aus Australien, vielleicht auch aus anderen Kolonien, 5 Proz. von der Bestellsumme — —, jedoch nur, wenn Überweisung an Dich und Bedingung höherer Preise durchaus unzulässig und voraussichtlich ohne Erfolg ist. — Aus Karl's Brief und Kostenanschlag wirst Du wohl gesehen haben, daß Deine Annahme, daß man dort zu hohen Verdienst bei den Telegraphenlinien rechnete, nicht richtig war, wenigstens nur in der Art der Berechnung zu liegen schien. Viel ist bei Telegraphen-Anlagen in Europa nicht mehr zu verdienen.

Demgemäß wurde vereinbart, daß Wilhelm auf die in Berlin direkt einlaufenden Bestellungen aus überseeischen Gebieten 5 Proz. erhalten sollte, womit diese Schwierigkeit einstweilen beseitigt war.

Nicht so leicht war eine andere, namentlich von Loeffler ausgehende Londoner Beschwerde zu erledigen, welche sich gegen die angeblich zu hohen Preise der Berliner Apparate richtete; denn dabei handelte es sich um Gegensätze in den Grundprinzipien der Geschäftsführung. Wir wissen schon, wie Siemens & Halske die Londoner Forderung vor der Rotemeer-Expedition zurückwiesen[2]).

---

1) Vgl. oben S. 97 und S. 129.
2 Vgl. oben S. 139.

Unser Bestreben ist nicht, vor allem billige, sondern vor allem die **solideste** Arbeit zu machen. Leider ist hier der Markt so heruntergekommen, daß bei den bestehenden Preisen niemand mehr ernsthaft gute und vorzügliche Arbeiten ausführen kann.

William **Meyer** reiste Ende Dezember 1858 nach London, um diese und andere Differenzpunkte zu ordnen. Werner schrieb ihm am 27. Dezember:

Wir haben immer das Prinzip befolgt, billig und gut zu fabrizieren und unser Renommee zu erhalten, **an der Spitze zu bleiben** und durch Anlagen größeren Verdienst zu haben, die unser Renommee uns zuführt. Diese Gesichtspunkte muß Wilhelm natürlich auch annehmen und approbieren; sonst ist keine Harmonie da, und wir arbeiten einander entgegen. Für ein lukratives Fabrikationsgeschäft ist die Telegraphie nun einmal nicht mehr geeignet. Macht man schlechter, so machen andere es ebensogut, und man hat nichts mehr zu tun.

Werner wollte also seinen bewährten Grundsatz aufrecht erhalten, die Herstellung von mustergültigen Telegraphen-Apparaten nicht zur Erzielung unmittelbarer großer Erträge, sondern als Mittel zur **Hebung des Ansehens der Firma** zu benutzen, um auf solche Weise einträgliche Telegraphenbauten zu erlangen:

Im Vergleich mit früher wird allerdings dadurch Wilhelms Verdienst am Apparatverkauf kleiner; doch müssen wir hoffen, daß dafür die Zahl der Apparate viel größer wird, daß wir Anlagen bekommen und aus den Kabelunternehmungen guten Gewinn ziehen werden — —. Wir sind gerne bereit, wenn Wilhelm es wünscht, dem dortigen Geschäfte die Apparate zu **Selbstkostenpreisen** zu berechnen, anstatt zu Tarifpreisen abzüglich 15 Proz.; doch fürchte ich, Wilhelm hat keinen Vorteil davon — —. Du (Meyer) mußt seine Bedenken und Abers etwas aus ihm herauslocken; denn er verschluckt sie gern, und das verhindert volle Klarheit und Einverständnis.

Aber die Berechnung der Preise nach den genaueren **Berliner Selbstkosten** begegnete großen Schwierigkeiten, die wir weiter unten, bei Darstellung der Berliner Kalkulation, kennen lernen werden. Werner machte Wilhelm daher einen anderen Vorschlag:

Werner an Wilhelm, 3. Januar 1859. 1. Berlin berechnet London Preiskurantpreise wie allen anderen. 2. Nach Ablauf des Jahres wird der aus der Fabrikation erzielte Reingwinn unter die verschiedenen Geschäfte nach Maßgabe der gemachten Bestellungen verteilt, gleichgültig, durch welche Artikel der Gewinn erzielt worden ist. Jedes Geschäft kann aufschlagen, soviel es will, und es ist allgemeines Interesse, da arbeiten zu lassen, wo die Sache am billigsten ist. Bei nicht patentierten Sachen müssen wir aber immer suchen, die Preise so zu halten, daß die Konsumenten nicht billiger wegkommen, wenn sie direkt beziehen, falls sie alle Nebenkosten sich berechnen. Verdient Ihr dort dann auch weniger, so kann das Geschäft doch groß werden, und das macht nicht viel mehr Mühe wie ein kleines. Du persönlich mußt natürlich dahin streben, die telegraphischen Arbeiten hier machen zu lassen und hauptsächlich nur Deinen Namen herzugeben — —. 6. Januar. 15 Proz. Nutzen wollen wir Dir gerne garantieren. Wir haben dann stets gleiches Interesse, ob hier oder dort gearbeitet wird, und nur die Billigkeit entscheidet, ein Verhältnis, wie ich es immer angestrebt habe.

Doch auch dieser Ausweg erwies sich als nicht gangbar, und man kam wieder auf den früheren Vorschlag zurück, daß Berlin an London 15 Proz. für dessen sämtliche Bestellungen vergüten solle [1]).

Siemens & Halske, Berlin, an Wilhelm, 17. September 1859. Wir sind der Ansicht, daß das hiesige Geschäft mit dem dortigen ganz gleiche Preise halten muß (abgesehen von der durch Transport und Zoll bedingten Erhöhung für dort, da wir vorkommenden Falls nach Übereinkunft direkte Bestellungen nicht von der Hand weisen können, sondern solche ausführen und Ihnen 15 Proz. darauf vergüten werden). Es erleidet dadurch unser Geschäftsarrangement insofern eine Abänderung, als wir Ihnen in Zukunft für alle Lieferungen, die sich auf Telegraphie beziehen, 15 Proz. Provision gewähren und die Berechnung nach Preiskurant vornehmen werden.

Wenige Tage darauf schrieb Werner an Wilhelm schon wieder:

Ihr seid in Geschäftssachen jetzt ohne Grund mißtrauisch. Ihr mögt früher Grund dazu gehabt haben. Das ist aber gründlich beseitigt und sogar eine gewisse Ängstlichkeit vorhanden, Euch nicht im mindesten zu nahe zu treten. Kommt trotzdem was vor, so rügt es rücksichtslos! Um so mehr aber müssen unbegründete Reklamationen in scharfer Form vermieden werden, da sonst ein schlechter Korrespondenzton einreißt, der sehr unangenehm ist, und den ich hier unnachsichtlich rüge, wo er auftritt.

Im Frühjahre 1860 kam es zwischen Werner und Karl zu einer Auseinandersetzung von großer prinzipieller Bedeutung. Es war die Zeit, als Karl, hauptsächlich unter dem Einfluß seines Prokuristen Elster, sich auf alle möglichen, meist ihm ganz fernliegenden Projekte einlassen wollte, von denen einige in der Tat dann ausgeführt wurden und schwere Verluste herbeiführten [2]). Werner erhob wiederholt nachdrücklich seine warnende Stimme,

---

1) Vgl. unten 24. März 1864.
2) Vgl. oben S. 98 ff.

zunächst namentlich in bezug auf den „Tantième-Hunger der Angestellten", der bereits in dem Verhältnisse zwischen London und Berlin eine große Rolle gespielt hatte:

Werner an Karl, 23. März 1860. Du wirst vielleicht noch mehr gegen Interesse-Partikularismus zu kämpfen haben, wie ich hier; doch um so entschiedener müssen wir die Gesamt-Interessen im Auge behalten, um zu verhindern, daß durch Tantième-Bewilligung dem Ganzen Schaden geschieht. Wir müssen stets berechnen, was das Gesamtgeschäft bei irgend einer Maßregel gewinnt oder verliert, müssen dabei natürlich billige Rücksicht auf die Sonderinteressen nehmen, aber ohne sie zur Herrschaft kommen zu lassen. Wollte Wilhelm sein Spezialgeschäft aufgeben, so wäre ich aus diesem Grunde, ebenso wie früher bei Dir, dafür, Wilhelm zum Teilhaber des Gesamtgeschäftes zu machen. Vielleicht kommt das mit der Zeit von selbst, wenn das englische Geschäft so munter im Aufschwunge fortfährt wie jetzt.

Karl an Werner, 28. März. Ich nehme gewiß immer auch das Interesse des Gesamtgeschäftes wahr und kehre mich nur an die Interessen der Tantièmen, wenn es sich um eine Verrechnung handelt, wo einer durch den anderen benachteiligt wird. Ich mache hier jetzt meine Berechnungen ganz allein, ohne darüber vorher mit irgend jemand zu sprechen, da uns die frühere Art enormen Nachteil gebracht hat. Apparate verkaufe ich, wenn es nötig ist, ohne Gewinn für hier, und wenn meine Preise bisweilen höher sind, so kommt das durch die vielen Unkosten und Garantieleistungen. — Kompagnieschaft Wilhelms ist erst nach Abwicklung des russischen Geschäfts möglich. Im Jahre 1867 kommt z. B. sicher wenigstens eine Million Rubel Reservefonds zur Verteilung. Würde jemand mit dem 1. Januar 1867 Teilhaber des Geschäfts, so würde er also gleich die Ernte der ganzen Arbeit von 12 Jahren mitbekommen. Wir Brüder könnten allerdings eine solche Ausnahme mit Wilhelm machen, aber im allgemeinen und namentlich Halske gegenüber wäre es nicht billig. Beteiligt man Wilhelm andererseits nicht an den in der Abwicklung begriffenen russischen Geschäften, so kommt er besser weg, wenn er nur bei dem englischen Geschäfte bleibt. Wirklich lukrativ sind nur die hiesigen Remonten und das neue englische Geschäft.

In der nächsten Zeit entstanden zwischen Berlin und Petersburg noch andere Streitpunkte:

Karl an Werner, 8. Juli 1860. Ihr habt die Aktienverluste nur dem Kapitalkonto der Teilhaber zur Last geschrieben, was nach meiner Meinung nicht ganz richtig ist. Nur Weiß dürfte an dergleichen Verlusten nicht beteiligt sein[1]), wohl aber Meyer und Haase[2]), da sie

---

1) Weiß war unter Halske Werkführer der Berliner Telegraphen-Werkstatt; er war nicht, wie Meyer und Haase, am Gewinn des ganzen Berliner Geschäftes, sondern nur an dem der Berliner Werkstatt beteiligt.

2) Oberbuchhalter.

an den Kaufsdispositionen teilnehmen. Auf diese Weise ist Haase gar nicht dabei interessiert, ob gute oder schlechte Papiere gekauft werden, vertritt aber uns immer bei Generalversammlungen und hat, als einziger Kaufmann im Geschäfte, auch immer die Käufe und Verkäufe zu besorgen. — 26. August. Es ist gewiß Haases Erfindung, daß das Petersburgeu Geschäft mit einem Teile der Berliner Einkommensteuer belastet wird. Also dafür, daß das hiesige Geschäft die Einkünfte des Berliner Geschäftes vermehrt, muß es noch bluten. Ferner berechnet Berlin an Petersburg noch immer die alten Preise für Morse-Apparate, während die hiesige Telegraphen-Verwaltung erheblichen Rabatt bekommen hat. Petersburg muß zu den Kronspreisen liefern, verliert also bei allen Lieferungen. Uns gegenüber muß man dort immer um 5 Proz. billiger sein als gegen die am meisten begünstigten Abnehmer; sonst können wir keine Apparatgeschäfte zustande bringen.

Dies waren im Grunde nur Kleinigkeiten, über die der gute Willen bei den beiden Brüdern leicht hinweghalf. Weit bedenklicher war es, daß Karl seit 1861 durch den Kauf von Chmelewo und Strupowa das russische Geschäft in Bahnen lenkte, die weit ab führten vom Interesse des Gesamtgeschäftes. Auch dabei warnte Werner wieder anfangs nach Kräften vor „Zersplitterung des Interesses"[1]), und Karl selbst sprach sich wiederholt über die schlimmen Folgen aus, welche daraus hervorgingen, daß sein persönliches Verantwortlichkeitsgefühl durch Elsters eifriges Zureden geschwächt wurde; aber wie er auf Elster, so verließ sich Werner am Ende auf ihn, und erst als Karls Weg gar zu weit sich von der Mittellinie entfernte — zu Anfang des Jahres 1863 —, wurde ihm durch einen gemeinsamen Brief Werners und Halskes wieder ein Halt zugerufen:

Werner und Halske an Karl, 17. Januar 1863. Wir bitten Dich dringend, künftig Deine Geschaftsführung in strengerer Übereinstimmung mit unseren gegenseitigen Stipulationen zu halten und namentlich bei Deinen Entschließungen nur das gemeinschaftliche Interesse und keine persönlichen Rücksichten irgendwelcher Art zur Geltung kommen zu lassen. Nur die unwandelbar feststehende Überzeugung, daß ausschließlich das Interesse und der eng damit verknüpfte Ruf des Geschäftes alle Handlungen der einzelnen Kompagnons leitet, kann das gegenseitige Vertrauen unter ihnen auf der Höhe halten, die für das Gedeihen erforderlich ist. Wir wissen sehr wohl, daß Du nie absichtlich gegen diesen Grundsatz handeln wirst, die Erfahrung lehrt aber, daß Deine Gutmütigkeit und Deine Schwäche im Neinsagen Dich leicht wider Willen auf Abwege führt, die sehr verderblich werden können.

---

1 Vgl. oben S. 105 ff.

Mittlerweile hatte sich auch im Verhältnisse der Geschäfte von Berlin und London eine zentrifugale Entwicklung vollzogen, welche schlimme Folgen befürchten ließ.

Zuspitzung der Konflikte zwischen Berlin und London. Im Herbste 1860 wurde die erste Blüte des englischen Kabelgeschäfts durch den Bruch mit Newall & Co. jäh zum Stillstand gebracht [1]). Zwar hofften die Brüder, die Stockung durch eigene Kabelunternehmungen überwinden zu können; darüber aber kam es zu einer neuen und diesmal schwereren Krisis zwischen Berlin und London, die allerdings erst 1863 offen zum Ausbruch gelangte, indes schon vorher latent vorhanden war.

Zunächst war es Wilhelms Finanzlage, welche in Berlin wie in Petersburg lebhafte Bedenken erregte. Den äußeren Anlaß dazu bot der Berliner Geschäftsabschluß für das Jahr 1859, in dem das Londoner Geschäft mit 55 844 Talern und Wilhelm persönlich noch mit weiteren 31 644 Talern unter den Ausständen aufgeführt war:

> Werner an Karl, 2. November 1860. Wilhelms Finanzlage hat mir in letzter Zeit viel Stoff zum Nachdenken gegeben. Wilhelm hat die im Londoner Geschäft verdienten 3000 £ nicht nur ganz konsumiert, sondern ist sogar noch ca. 2000 £ im Rückstande. Er bot uns zur Ausgleichung an, ihm sein Wassermesser-Patent abzukaufen, welches ihm in 4—5 jährigem Durchschnitt ca. 12—1500 £ eingebracht hat. Er bot es uns für vierjährigen Durchschnitt an. Das schien uns aber nicht, da es kein recht anständiges Geschäft unter Kompagnons und Brüdern ist und W. die Einahme zum sicheren Lebensunterhalt gebraucht. Andererseits ist es eine häßliche Stellung für Wilhelm, mit Debet statt mit Kapital in den Büchern zu figurieren, und dann muß W. auch Geld haben, um die Öfen, die jetzt eben in England zum Durchbruch kommen, und die neue kalorische Gasmaschine, die mir eine sehr große und nahe Zukunft zu haben scheint, durchzuführen [2]). Ich habe mich daher entschlossen, Wilhelm von meinem Kapital ca. 5000 £ gegen 5 % Zinsen zu leihen, damit er flott wird und auf solide Basis kommt —. Es ist zwar immer ein Risiko dabei. Doch Wilhelm und ich haben unsere ganze technische Laufbahn getreulich nebeneinander gestanden, und ich könnte ihn daher nicht stecken lassen, auch wenn das Geschäftsinteresse nicht ebenfalls dringend verlangte, daß W. flott

---

1) Vgl. oben S. 150 ff
2) Vgl. oben S. 306 ff. Die Gasmaschine hatte Zündung mittels eines Platinhütchens, und Werner änderte seine anfängliche günstige Meinung über sie bald: 22. Dezember. Verdammt kompliziert erscheint mir das Ding, und bin ich sehr neugierig, ob die Maschine wirklich gehen wird.

erhalten wird; 2000 £ habe ich W. schon früher privatim gegeben (wird noch als „Separat-Konto" in den Geschäftsbüchern geführt). Ich hoffe aber, daß Wilhelm sich jetzt schnell emporarbeiten wird.

Karl an Werner, 3. November 1860. Das englische Geschäft steht noch mit 55 844 Talern belastet. Wo mag diese kolossale Summe stecken?

Werner an Karl, 12. November. Unser Interesse ist in bezug auf Wilhelm sehr kompliziert. Das englische Geschäft steht und fällt mit ihm. Ohne den englischen Markt kann unser hiesiges Geschäft nicht bestehen, da der übrige Absatz zu gering ist. Das englische Geschäft hat in telegraphischer Hinsicht allein eine Zukunft, und zwar möglicherweise eine recht bedeutende. Lassen wir Wilhelm fallen, so ist das der Tod unseres Telegraphengeschäftes nach Ablauf der russischen Remonten. Wir müssen daher Wilhelm oben halten. In England wollen wir namentlich die neuen Gummikabel fabrizieren; das hat große Aussicht — —. Übrigens hat die Neuanlage der Werkstatt und des Büreau's viel Geld gekostet, sowie Versuche mit Gummi-Maschinen und eisernen Stangen etc. — —. Kabelanlagen werden nie wieder aufhören, wenn sie auch noch so oft fehlschlagen. Es gibt keinen oberirdischen Ersatz, und das Bedürfnis wird immer dringender. Das sind gesunde Aussichten für die Zukunft für intelligente Arbeiter.

Karl an Werner, 14. November. Wilhelms Angelegenheit verstehe ich nur dann, wenn er in England früher viele Schulden gemcht hat, welche er jetzt abgezahlt hat und noch abzahlen will. Unmöglich kann er doch die Wassermesser-Einnahmen und außerdem noch 3000 £ verzehrt haben. Wozu will er die 5000 £ von Dir verwenden, wenn nicht zur Abzahlung anderer Schulden? Wenn Wilhelm doch aufhören wollte, mit Ausführung seiner Erfindungen gleich so riesig ins Geschirr zu gehen. Es wurde mir manchmal ganz plümerant, wenn ich hörte, daß Wilhelm in England an verschiedenen Orten, in Frankreich und Deutschland, Maschinen bauen ließ. Das muß ganz enorme Summen gekostet haben. Erstaunt war ich auch immer darüber, daß W. bei Ofenbauten immer gleich die Garantie übernahm und dann nachher blechen mußte. Wenn W. sich 'mal eingebildet hat, daß eine Sache gehen muß, so verpfändet er Haut und Haare dafür.

Werner 12. November. Wilhelms Finanzen sind durch Maschinen-Kompagnie usw. allerdings sehr ruiniert. Ich habe ihm ein Privatanlehen angeboten, damit er in Ordnung kommt. Er scheint aber versuchen zu wollen, so durchzukommen — —. Das eigentliche Ingenieurgeschäft bringt Wilhelm blutwenig ein. Von Wassermesser- und Telegraphen-Geschäft lebt er jetzt.

In der Tat blieben die Kapitalverhältnisse unverändert, und erst im Anfange des folgenden Jahres (1861) wurde die latente Krisis weiter um einen Schritt ihrer Lösung näher gebracht.

Werner betrachtete damals die Zukunft des ganzen Telegraphengeschäfts pessimistisch[1]), während Wilhelm und Loeffler

---
1) Vgl. oben S. 152.

sich bemühten, ihm neues Leben einzuhauchen. Zunächst dachten sie daran, in London selbst zu fabrizieren, wodurch sie notwendigerweise mit Berlin kollidieren mußten. Davon kamen sie allerdings bald wieder zurück; aber der Interessenkonflikt wurde trotzdem nicht beseitigt:

Werner an Wilhelm, 3. Januar 1861. Glaubst Du, daß Loeffler Recht hatte, wenn er meinte, man arbeite dort billiger wie hier? Oder war das nur eine Redensart, um auf die Preise zu drücken? Bitte, fasse die Sache ernsthaft ins Auge und schreib' mir, ob und inwieweit Du im im dortigen Geschäftsinteresse das Fortbestehen des hiesigen Telegraphen-Geschäftes verlangst. Ferner, ob Du der Meinung bist, daß das dortige Geschäft über die Zeit unseres Kontraktes hinaus, der ja nur auf wenige Jahre abgeschlossen wurde, fortbestehen kann und soll, also welche Auspizien Du ihm stellst, und welche Kontraktänderungen Du im günstigsten Falle verlangen würdest. Wenn Loeffler Recht hat, und Ihr könnt dort ebenso billig fabrizieren wie wir, so fällt der Grund, welcher bisher für das Fortbestehen des hiesigen Telegraphengeschäftes bestand, mit dem Aufhören unseres Kontraktes fort. Findest Du es dann vorteilhafter, das englische Geschäft allein fortzusetzen, so ist dagegen unsererseits natürlich gar nichts einzuwenden; wir werden Dir im Gegenteil nach Kräften dazu behilflich sein. — Werner an Karl, 15. Februar. Loeffler scheint Wilhelm jetzt zuzusetzen, er solle in England selbst arbeiten lassen. Sollte das wider Erwarten Erfolg haben, so wird es am besten sein, die Telegraphen-Fabrikation hier ganz eingehen zu lassen und andere lohnendere Arbeit zu machen. Nur die Aussicht auf den englischen Absatz kann uns veranlassen, die Telegraphen-Fabrikation fortzubetreiben. Alles andere, Rußland inbegriffen, ist zu wenig und zu unsicher.

Karl erwiderte, seiner Ansicht nach müsse die Fabrikation in England teurer sein, als in Deutschland, und Wilhelm selbst gab dies bald darauf zu:

Wilhelm an Werner, 5. April. Die hiesige Werkstatt hat in neun Monaten 600 £ Schaden gemacht. Ich hätte daher keine Lust, hier zu fabrizieren.

Dementsprechend erklärte Wilhelm ferner, er beabsichtige durchaus nicht, nach Ablauf des Gesellschaftsvertrages das Londoner Telegraphengeschäft allein zu übernehmen:

Ich habe mich für Telegraphie nur insofern besonders interessiert, als ich sie als Deine Sache betrachtet habe. Ich kann immer für andere besser handeln, als für mich selbst, und habe deshalb auch das Schiff soweit ganz sicher geführt. In einigen Punkten gefällt mir unser Kontrakt allerdings nicht — —. Es ist nicht üblich, daß der betriebsführende Teilnehmer eines Geschäftes dasselbe Kapital einzuzahlen hat, wie die anderen. Es wurde seinerzeit so aufgefaßt, weil Halske wie gewöhnlich, voll Vorurteil gegen das hiesige Geschäft war und gern erst den Gewinn und dann die Auslagen hat. Ich sehe aber keine Veranlassung, dieser Eigentümlichkeit weitere Opfer zu bringen.

Es war damals die Zeit, als Wilhelm die Brüder zur Übernahme der Legung, der Remonte und des Betriebes des Malta-Alexandria-Kabels zu überreden suchte, wovon Halske gar nichts und Karl sehr wenig wissen wollte, während Werner, als ihm Wilhelm erklärte, andernfalls müsse das Londoner Geschäft aufgelöst werden, sich auf seine Seite stellte[1]). Wilhelm erklärte schon damals ganz offen:

6. April. Am liebsten wäre es mir, wenn anstatt Halskes eine wirksame Potenz in das Geschäft käme. Wenn wir den Malta-Kontrakt erhalten und annehmen, wird das hiesige Geschäft jedenfalls sehr bedeutende Ausdehnung erhalten können. Da Halske kein Vertrauen zu Unterseelinien hat, wird es ihm sehr lieb sein, davon loszukommen. Andererseits hat Meyer jetzt in Berlin wohl einen weniger geeigneten Wirkungskreis und es ist mir die Idee gekommen, ob sich das hiesige Geschäft nicht in „Siemens, Meyer & Co." umwandeln ließe?

Aber auch Meyer war ein Gegner der Ideen Wilhelms, dem nur Werner sich anschloß. Welches dessen Gesichtspunkte waren, ersahen wir bereits aus jenem großen Briefe an Karl vom 19. April 1861[2]), dem wir hier nur nochmals die bedeutsamen Worte entnehmen:

Halske, der mehr, wie mir lieb, auf den ruhigen Rentier hinsteuert, war natürlich gegen den Malta-Kontrakt. Jede wesentliche Vergrößerung hat mich harte Kämpfe gekostet. Diesmal hätte aber leicht unser ganzes Geschäft explodieren können, da Halskes Mißtrauen gegen Wilhelm, Meyers und zuletzt auch Deine Zustimmung dazu kam. Ich konnte aber Wilhelm, solange sein Plan vernünftig war, nicht im Stich lassen und hätte lieber Halskes Antrag, das Geschäft aufzulösen, angenommen! Ich will und kann noch nicht zur Ruhe gehen, ich hasse das faule Rentierleben, will schaffen und nutzen, solange ich kann, sehne mich nicht nach den persönlichen Annehmlichkeiten und Genüssen des Reichtums. Ich würde körperlich und geistig zugrunde gehen, wenn ich keine nützliche Tätigkeit, an der ich Anregung und dadurch Beruhigung finde, mehr entfalten könnte!

Auch Wilhelm schrieb an Carl in gleichem Sinne:

16. April. In Deiner Abneigung gegen submarine Kontraktprojekte hast Du Halske und Meyer aus der Seele geredet. Wenn Du hier

---

1) Vgl. oben S. 153 ff.
2) Vgl. oben S. 156 ff.

wärest, würdest Du dafür sein. Es ist eine Lebensfrage für den Fortgang des hiesigen Geschäfts.

Carl trat nun ebenfalls auf die Seite seiner Brüder:

25. April an Werner. Wenn das Londoner Remontegeschäft zustande kommt, wird Halske wahrscheinlich sehr zufrieden sein, ganz aus dem Londoner Geschäfte auszuscheiden. Dann bleiben nur wir drei Brüder daran beteiligt, und was die Tätigkeitsfrage betrifft, so arbeitet ja hauptsächlich Wilhelm dafür, und wenn Du auch 'mal Hand anlegst, wie gegenwärtig[1]), so kommt das ja Halske wieder durch Apparatbestellungen zugute. Ich halte natürlich stramm zu Dir, ob mit oder ohne Gefahr. Ich bin auch schon so an Geschäftsaufregungen gewöhnt, daß ich nicht mehr ohne sie sein mag. — 29. April. Ich bin schon lange zu der Ansicht gekommen, daß Halske und Meyer riesige Philister geworden sind, Meyer ganz besonders. Fast jeder Geschäftsbrief liefert erneute Beweise davon. Halskes Austritt aus dem Gesamtgeschäft wäre natürlich nicht zu wünschen, weil wir ihm ungefähr eine halbe Million auszahlen müßten, und uns diese bedeutende Summe doch gar zu sehr lähmen würde. Dagegen wäre mein Vorschlag, Halske aus dem englischen Geschäfte herauszulassen, wohl in Erwägung zu ziehen. Ich kenne sehr gut Halskes Mißtrauen gegen Wilhelm, worin ihn Meyer nur bestärkt, und ist es daher natürlich, daß Dir immer die Hände gebunden sind, wenn es sich um Unternehmungen des englischen Geschäftes handelt.

Der Malta-Kontrakt wurde, wie wir wissen, durch ein Konkurrenzmanöver den Siemens-Firmen in letzter Stunde weggeschnappt und hierdurch die innere Krisis vertagt. Aus ihrem Verlaufe und Werners eigenen Worten ergibt sich, daß dessen anscheinende frühere Absicht, das Geschäft aufzugeben, nur der Reflex von Halskes Ruhebedürfnis war. In Wahrheit dachte Werner gar nicht daran, sich zur Ruhe zu setzen:

Werner an Karl, 1. Mai 1861. Existenz und Fortentwicklung oder Rückgang und Untergang des Geschäftes beschäftigen mich Tag und Nacht, und dieser Gesichtspunkt ist der vorherrschende für mich bei Beurteilung aller Fragen.

Wenn Werner Siemens diesen Standpunkt zwei Jahre darauf wieder verließ, so wurde das verursacht durch den üblen Einfluß, den die damaligen politischen Zustände, im Verein mit geschäftlichem Verdruß auf seine Gesundheit und Stimmung ausübten.

---

1) Werner wollte die Legung des Malta Kabels selbst leiten.

Die Krisis Berlin-London. Wiederholt schon hatte die Londoner Geschäftsleitung der Berliner vorgeworfen, daß sie jener **zu hohe Preise berechne.** Namentlich **Loeffler** nährte dieses Mißtrauen, zum größten Ärger Werners, dem endlich im Frühjahr 1863 der Geduldsfaden riß. Daraus erwuchs folgender Briefwechsel:

Werner an Wilhelm, 7. März 1863. Bist Du einverstanden mit Loefflers Vorgehen in der Bestellung der Porzellanhülsen bei Sch.? Es sieht doch sehr mißtrauisch gegen uns aus, wenn ein Geschäft, bei welchem wir so wesentlich beteiligt sind, und welches unsere Firma führt, sich von einem hiesigen Fabrikanten die Verpflichtung auferlegen läßt, uns die bedungenen Preise nicht mitzuteilen!! Und dann sollen wir die Abnahme bewirken. Daß Sch. einem englischem Hause billigere Preise bewilligt, um den dortigen Markt zu gewinnen, ist ja ganz in der Ordnung, auch direkte Verhandlungen sind ganz in der Ordnung; den formellen Abschluß müßt Ihr aber, schon des Dekorums halber, uns überlassen. Diese Geheimtuerei mit dortigen Preisen und Gewinnen, welche Loeffler 'mal in den Gliedern liegt, hat auch gar keinen Sinn und ist jedenfalls sehr störend für das gedeihliche Zusammenwirken.

Wilhelm an Werner, 9. April. Durch S. & H. können wir, außer Apparaten, nichts beziehen, weil ihre Selbstkostenpreise um 50—100 Proz. höher sind, wie wir dieselben Sachen von den deutschen Fabrikanten **direkt** geliefert erhalten. Die Besorgung sollte aber für 1—2 Proz. besorgt werden und zu **unseren** Vorteilen gehören. (Folgen Beispiele.) Es liegt da offenbar großer Mißbrauch vor. Entweder läßt sich das Berliner Geschäft um 100 Proz. übervorteilen, oder es vergißt seine kontraktlichen Verpflichtungen und schlägt für Besorgungen nicht $1^1/_2$ Proz., sondern über 100 Proz. auf. In beiden Fällen haben wir großes Recht zur Beschwerde, und ich bitte Dich, den Fall 'mal dokumentarisch zu verfolgen, damit wir den Schuldigen an den Pranger bringen. Die Tatsachen werfen allerdings ein unvorteilhaftes Licht auf die Berliner Verwaltung und es ist hohe Zeit, daß dem Unfug ein Ende gemacht wird.

Werner an Wilhelm, 16. April. Ich bitte künftig den, wie es scheint, Dir von Loeffler ins Ohr gesetzten Verdacht, als ob wir gegen die kontraktlichen Verabredungen wissentlich höhere Aufschläge machten (50—100 Proz.!) fallen zu lassen. Du wirst zugeben, daß Du uns dadurch einer unehrenhaften Handlung gegen Dein Interesse zeihst, das erste Mal in meinem Geschäftsleben, daß mir das vorgekommen ist. Irrtum ist stets möglich. Es ist auch häufig der entgegengesetzte Fall eingetreten, dann aber als unser Fehler nicht weiter urgiert. Absichtlich geschieht es seit unserer Regulierung faktisch nie, wie sich eigentlich von selbst versteht. Haases Entlassung wäre die sichere Folge eines geführten Nachweises — —. Soviel kann ich Dir bestimmt versichern, daß **wir hier sämtlich**, Meyer und Haase einbegriffen, keinen sehnlicheren Wunsch haben, als freundlich und loyal mit dem dortigen Geschäfte zu verkehren und das unerträgliche Mißtrauen und ewige Nörgeln zu beseitigen. — Doch wir müssen jetzt 'mal drangehen, für die Zukunft d. i. wenigstens für die nächsten drei Jahre bis zum 1. Januar 1867, ins klare zu kommen. Es ist nötig der Geschäftsdispositionen wegen und auch deswegen, weil ich darin mit einen Grund des unerquicklichen Verhältnisses finde. Ich glaube nämlich, daß Loeffler Dir den Beweis zu führen sucht, daß das dortige Geschäft ganz unabhängig von dem hiesigen betrieben werden könnte und müßte. Es sei fern von mir, Deinem persönlichen Interesse irgendwie durch Rücksichten entgegentreten zu wollen. Ich glaube auch, daß Du Dich bei einer vollständigen Trennung jetzt besser stehen würdest. Du hast Kräfte, Kundschaft und persönliches Renommee. Es ist mir wie Halske diese Anschauung sogar schon drückend geworden, und wir bitten Dich hiermit dringend, bei Deinem Entschlusse auf Deine persönliche Stellung zu uns nicht die geringste Rücksicht zu nehmen. Nur dadurch kommt man zu wirklich gesunden Verhältnissen. Wir bitten Dich daher, lieber Bruder, uns baldigst mitzuteilen, 1. ob Du vorziehst, den Kontrakt mit uns nicht zu erneuern, und welche Vorschläge Du wegen Auflösung unseres bisherigen gemeinsamen Geschäftes zu machen hast; 2. falls Du eine weitere geschäftliche Verbindung wünschest, uns Deine eventuellen Vorschläge darüber zu machen. Im letzteren Falle wird selbstverständlich Dein Gewinnanteil zu erhöhen sein. Es müßten dann aber notwendig Einrichtungen getroffen werden, welche jedes weitere Mißtrauen verbannen, indem sie die Interessen identifizieren, sodaß das eine Geschäft dem anderen brüderlich und ohne stete ängstliche Abwägung abweichender Interessen in die Hand arbeitet. Ich gebe zu, daß es schwer fallen wird, eine solche Basis zu finden. Gelingt es nicht, so bleibt freilich nur die erste Alternative. Auf eine halbe Geschichte, einen Zusammenhang, der das hiesige Geschäft einengt und in der freien Benutzung des Weltmarktes hindert, konnten wir natürlich nicht eingehen. Die Apparatanfertigung ist bei den jetzigen gedrückten Preisen kein lohnendes Geschäft, hat auch nie mehr geleistet, wie die Generalkosten gut zu decken und das hineingesteckte Kapital zu verzinsen. Wir hätten es längst aufgegeben, wenn wir nicht durch die Apparate Renommee bekommen hätten, welches uns Anlagen in die Hand brachte — —. Natürlich würden wir, solange wir Apparate machen, stets Deinem künftigen Telegraphengeschäfte (wenn Du die erste Alternative annimmst) Apparate liefern, doch ohne jede gegenseitige Verpflichtung und solange es unserem Interesse zusagt. Ganz frei oder ganz einig! das muß die Losung sein. — So geht es nicht fort. Auch Du hast Dich in eine Auffassung hineingedacht, die wir nicht teilen können. Daß Du uns nur das Recht persönlicher Einsicht in die dortigen Bücher, nicht aber das Recht, Mitteilungen über dortige uns interessierende Preise, sowie über den allgemeinen Geschäftsgang zu erlangen, vindizierst, widerstrebt unserer Auffassung. Es mag nach dortigen Geschäftsbegriffen richtig sein, für uns paßt es nicht. Als Aktionäre oder Kommanditäre — die aber doch wenigstens einmal jährlich detaillierten Rechenschaftsbericht verlangen können — mögen wir nicht funktionieren. Dann hätten wir nie Freude und würden uns in den Augen unserer eigenen Leute als erniedrigt vorkommen — —. Reelles, kein alleiniges Geldinteresse muß man an einem Geschäfte haben, wenn es einen befriedigen soll.

Werner an Karl, 17. April. Mit Wilhelm habe ich auch einen Klärungsprozeß vorgenommen. Es ist natürlich, daß Wilhelm, der doch von dem englischen Geschäfte die größte Arbeit hat, durch seinen Drittel-Anteil nicht recht befriedigt wird. Namentlich wenn er jetzt finanziell in die Höhe kommt, gebraucht er uns weniger. Unser Vertrag endet mit diesem Jahre. Es findet nun seit längerer Zeit ein recht unangenehmes Verhältnis mit dem Londoner Geschäfte statt. Loeffler scheint es sich besonders zur Aufgabe gemacht zu haben, das Verhältnis zwischen Berlin und London zu lösen und Wilhelm zu beweisen, daß er uns nicht braucht. Bei Differenzen sucht Wilhelm natürlich Loeffler zu vertreten und zu rechtfertigen. So sucht L. Wilhelm zu überzeugen, daß wir, dem Kontrakt entgegen, große Aufschläge auf unsere Preise und Kommissionen machen, was doch geradezu ein Schurkenstreich wäre und in Wirklichkeit natürlich nie geschieht, Versehen ausgenommen. Diesem unhaltbaren Zustande muß abgeholfen werden. Ich habe daher gestern an Wilhelm geschrieben. Es muß jetzt volle Klarheit werden. Das Schlimmste ist, daß die Interessen nicht identisch sind. Wir haben Interessen am Londoner Gewinne, Wilhelm hat aber keine am hiesigen. Wie dieser Übelstand zu beseitigen ist, weiß ich selbst noch nicht.

Wilhelm bat darauf Werner, seine schroffen Ausdrücke entschuldigen zu wollen; in der Sache entschied er sich für Fortsetzung des bisherigen Verhältnisses mit gewissen Änderungen:

Wilhelm an Werner, 21. April. Ich bin überzeugt, daß niemand etwas will, was nicht durchaus recht ist. Es bestehen aber in Deutschland andere Geschäftsgewohnheiten und Ansichten als hier — —. Ich bin ganz zufrieden, das Verhältnis zu lassen wie es ist, mit Freiheit, beiderseitig Einkäufe zu machen, wie und wo das Geschäftsinteresse fordert. Die Teilnehmerschaft am hiesigen Gewinne anlangend, so möchte ich vorschlagen, daß mein Teil auf 40 Proz. gesetzt wird, wovon 20 Proz. als Entschädigung für Leitung gesetzt würden und die übrigen 20 Proz. als ordentlichen Anteil, wofür ich meinen Kapitalanteil zu stellen hätte. Auf diese Weise wird es möglich sein, hinreichend Kapital in das Geschäft zu bringen, um vorteilhaft operieren zu können, was bis jetzt nicht der Fall gewesen ist, indem ich meinen Gewinnanteil bis auf einen geringen Betrag nicht darin lassen kann. So ist es auch in der ganzen Welt gebräuchlich, daß Arbeit für Kapital gesetzt wird. —

Werner erklärte sich einverstanden mit der Erhöhung von Wilhelms Gewinnanteil auf 40 Proz., trotz des Gleichbleibens seines Kapitalanteils wie bisher ($33^1/_3$ Proz). Aber zugleich verlangte er nochmals mehr Klarheit:

Werner an Wilhelm, 28. April 1863. Wir wollen vor allem ein geordnetes, Mißverständnisse beseitigendes Verhältnis zum dortigen Geschäft.

Ich verdenke es Dir gar nicht, daß Du Deine Leute in Schutz nimmst und ihre Auffassung verteidigst, wie Du dasselbe von mir annimmst. Daß jene das Interesse des dortigen Geschäftes wahren, wollen wir ihnen gewiß nicht verdenken. Führt es aber dahin, daß dem hiesigen Geschäfte vertragswidrige Überteuerung des dortigen zugeschrieben wird, so ist das auch ohne den Besitz einer speziellen preußischen Ehre nicht zu dulden, schon weil es falsch ist — —. Es ist eben schlimm, wenn ein Soupçon vorhanden ist, der solche Mißverständnisse zuläßt. Sonst wäre es doch Loefflers Pflicht gewesen, uns **gleich** auf den ungeheuren Preisunterschied aufmerksam zu machen — —. Wenn es umgekehrt wäre, so hätte die Sache noch einen Sinn. **Das hiesige Geschäft partizipiert ja bisher zu $^2/_3$ an dem dortigen Gewinne.** Der Wunsch, Euch gute Geschäfte zuzuwenden und zu ermöglichen, ist daher auch bei unseren durch Tantième beteiligten Leuten aus eigenem Interesse lebendig. Dort kann das natürlich nicht der Fall sein — —. Freie Konkurrenz der beiden Geschäfte würde den Argwohn noch steigern. Richtiger scheint mir, daß das hiesige Geschäft mit dem Deinigen ein **gemeinschaftliches geschäftliches Unternehmen** etabliert, unter der Firma Siemens, Halske & Co. Ich weiß auch eigentlich nicht, was Du dagegen einzuwenden hast, da es im Gegenteil die Interessen vermittelt. Freilich erhält dadurch die hiesige Firma, nicht unsere Personen allein, das Recht der Genehmigung von größeren Kontrakten und der Einsicht in die dortige Geschäftsführung. Das kommt aber in Wirklichkeit auf dasselbe heraus — —. Ich wünsche sehnlichst ein recht **brüderliches** und freundschaftliches Verhältnis zwischen unseren Geschäften — —. Jedem aufkommenden Mißtrauen muß mit unerbittlicher Strenge entgegengetreten werden. Es ist allerdings recht schwer, die einfache Regel zu befolgen, **zuerst Fehler bei sich selbst zu suchen,** diese unerläßliche telegraphische Grundregel; doch mit der Zeit bringt man es einigermaßen dahin, wenn man es bei jeder Gelegenheit einschärft und Rechthaberei als Kapitalverbrechen verpönt.

Wilhelm an Werner, 3. Mai. Eine **Firma** ist nur eine bequeme Larve für das laufende Tagesgeschäft, die aber morgen ihre Eigentümer wechseln kann und mithin dem Gesetze keine Bürgschaft gewährt. Das englische Gesetz kennt keine Firmen, sondern nur Personen. So z. B. muß jeder Kontrakt, den wir hier eingehen, als zwischen E. W. S., J. G. H. und C. W. S. trading under the style of S. H. & Co. einerseits und X, Y, Z andererseits, gefaßt werden. Aber auch abgesehen davon, ist eine Geschäftsverwaltung ihrer Natur nach **egoistisch** und **Teilnehmerschaft** gerade das entgegengesetzte Prinzip. Meiner Ansicht nach ist die **Vermischung** dieser beiden Prinzipien gerade der Grund der Mißverständnisse, die mitunter vorkommen. **Meine Auffassung ist folgende:** Ernst Werner Siemens und J. G. Halske sind Teilnehmer am hiesigen Geschäft und haben im Interesse dieses Geschäftes einen vorteilhaften Handelsvertrag mit Siemens & Halske in Berlin abgeschlossen. Diese Ansicht stimmt mit den Tatsachen und läßt einen geschäftlichen Verkehr zwischen Siemens, Halske & Co. und Siemens & Halske zu. In Geschäften ist es zulässig, ja notwendig, daß man Anstand nimmt, höhere Preise zu zahlen, wie nötig ist, sei es, daß der Erzeugungspreis nicht hinreichend in acht gezogen, oder die Konstruktion eines Apparates für den zu erreichenden Zweck zu kunstvoll ist. Unter Geschäfsfreunden sind solche Erörterungen gewöhnlich, aber unter Teilnehmern ganz unzulässig, weil jeder Gedanke an Sonderinteressen zu einer Verdächtigung wird. Zwischen Petersburg und hier gehen alle Geschäfte glatt ab, weil kein Zwang da ist.

Wilhelm empfahl also wiederholt volle Selbständigkeit und Freiheit der verschiedenen Geschäfte; aber Werner beharrte auf seinem entgegengesetzten Standpunkte, den er nur noch tiefer begründete:

Werner an Wilhelm, 13. Mai 1863. Du sprichst in Deiner Beleuchtung von der Stellung des dortigen Geschäftes dem Publikum gegenüber. Da hast Du vollkommen recht. Ganz dasselbe gilt von Petersburg und Wien. Nur bestimmte Personen können dem Publikum gegenüber verantwortlich sein, nicht Firmen — —. Es handelt sich jedoch bei uns um unser inneres Verhältnis. Das, lieber Bruder, muß anders werden, und darüber müssen wir uns verständigen. Du betrachtest immer unser hiesiges Geschäft als ein Fabrikgeschäft, das Apparate macht und gleich bezahlen läßt und damit basta! Das ist es aber keineswegs. Die Apparatfabrikation hat uns noch nicht den 20. Teil von dem eingebracht, was wir erworben haben. Wir haben sogar Jahre gehabt, in denen wir in Berlin mit Verlust gearbeitet haben. Das tut auch nichts. Wir haben immer gesucht, mit der Apparat-Konstruktion und überhaupt technisch an der Spitze zu bleiben, um Unternehmungen in die Hand zu bekommen, an denen zu verdienen war. Hört das auf, so ist es geboten, auch unsere Fabrikation zu schließen. Da wir aber von hier aus nicht fremde ferne Anlagen mit Vorteil ausführen können, so haben wir in Rußland, England und Wien Etablissements gründen müssen, die mit Hilfe unseres telegraphentechnischen Vorsprungs, unterstützt durch unsere Fabrikate und unser Kapital, wie auch unsere persönliche Mitwirkung, wo es nötig, Unternehmungen machen und unsere hiesige Tätigkeit verwerten konnten. Natürlich machten wir diesen Filial-Etablissements keine Konkurrenz von hier aus und begnügten uns mit dem Gewinne, den sie uns zuführten. Das ist die Grundlage unseres Verhältnisses zum englischen Geschäft. Wird die untergraben, so wird unser ganzer Geschäftsplan zerstört — —. Wenn die hiesige Werkstatt an das Londoner Geschäft, wie an jedes fremde, Apparate verkauft, ohne sonstigen indirekten Nutzen davon zu haben, so müßte London natürlich unsere gewöhnlichen Preise oder bei patentierten (neuen) Konstruktionen vielleicht wesentlich höhere bezahlen. Dann könnte es dabei aber nicht konkurrieren, da doch kein doppelter Verdienst an den Apparaten genommen werden kann und darf. Jetzt muß die Werkstatt zu mittleren Selbstkosten, also 15 Proz. unter unseren Verkaufspreisen, nach London liefern, und wird dafür, nach Eingang des dortigen Gewinnes entschädigt. Das ist zwar sehr kompliziert, aber nicht einfacher zu machen, ohne das Gesamtinteresse zu schädigen. Das war auch früher Deine Auffassung und es wäre auch alles gut gegangen, wenn Loeffler nicht stets mißtrauisch, verschlossen und eifersüchtig gewesen wäre. Das ist 'mal seine Natur, bei aller anerkannten sonstigen Tüchtigkeit. Hier fiel das natürlich auf fruchtbaren Boden, und ich kann Dich versichern, daß $9/10$ alles geschäftlichen Verdrusses, den ich in den letzten Jahren gehabt habe, durch Bekämpfung dieser, dem gedeihlichen Zusammenwirken höchst schädlichen Stimmung verschuldet ist. — Das Eingehen auf Deinen Vorschlag **gänzlicher Fremdstellung beider Geschäfte** würde das Übel nur vergrößern. Er ist gar nicht durchführbar. Bedenke nur, daß das hiesige Geschäft dann gleich gezwungen wäre, einen interessierten Agenten für seine Fabrikate in England anzunehmen, daß es selbst Anlagen in überseeischen Ländern zu erlangen suchen müßte, um doch auch Nutzen von seinen Arbeiten zu haben, daß es selbst Patente für Verbesserungen in England, welches einmal der Weltmarkt ist, nehmen müßte. Welche sonderbare verdrehte Lage würden wir, namentlich ich persönlich, dabei einnehmen! Wenn dagegen wirklich offenes gegenseitiges **Vertrauen** hervorzurufen wäre, wenn Ihr Euch die doch nicht so große Mühe machtet, uns regelmäßig wirklich au courant über das dortige Geschäft zu halten, wenn so hier der Argwohn, daß Ihr uns absichtlich dumm erhalten wollt, und dort der, daß das hiesige Geschäft die Interessen des dortigen nicht, wie seine eigenen (wenn auch, wie ich zugebe, bisweilen schlecht) begünstigte, wenn Ihr namentlich den stets wiederkehrenden und wenigstens seit den letzten Jahren ungerechten Verdacht gründlich aufgeben wolltet, daß hier nicht loyal, dem Kontrakte gemäß, gehandelt würde, — so würde sich die Freude und das Interesse am Gedeihen des dortigen Geschäftes neu beleben und der auch von Dir gewünschte brüderliche Ton würde auch im Geschäftsverkehre bald Platz greifen. **Hier** würde das um so natürlicher sein, da ja der Gewinn des englischen Geschäftes vollständig, soweit er uns zufällt, dem **Geschäfte**, also auch dem durch Tantième daran Beteiligten zugute kommt.

Werner an Karl, 20. Mai. Daß Wilhelm den Gesellschafts-Kontrakt, so wie er jetzt lautet, nicht verlängern wollte, hat er schon im vorigen Jahre erklärt. Er wollte erst 20, jetzt nur ca. 10 Proz. **vorweg**, als Manager der Gesellschaft haben, bei der er als Teilnehmer mit $1/3$ Kapital-Gewinn und -Verlust beteiligt ist. Das ist an und für sich nicht unbillig. In England erhält der Geschäftsführer, wenn er persönliches Renommee und Einfluß hat, **für alleinige Geschäftsführung ohne Kapitalbeteiligung** gewöhnlich 20 Proz. und selbst mehr vorweg. Wilhelm, wie er jetzt verlangt, 40 Proz. (anstatt $33 1/3$ Proz.) bis $1/3$ Kapitalbeteiligung zu geben, nehmen wir gar keinen Anstand. Die Schwierigkeiten liegen anderswo. Es sind die steten Häkeleien zwischen den Geschäften, die hauptsächlich daher kommen, daß Wilhelm den Grundsatz aufrecht erhält, er habe nur mit den **Personen**, die den Kontrakt gezeichnet, nicht mit dem **Geschäfte** zu tun, daß die Londoner sogar aus ihren Geschäftsoperationen **Geheimnis** gegen uns machen und außer der jährlichen Abrechnung keine Übersicht über

Geschäftsgang und Kapitalverhältnisse geben etc. Das geht so nicht. Für unser Gesamtgeschäft ist das Londoner ein Arm, der mit dem übrigen Körper harmonisch wirken muß. Der Apparatbau kann nie große Summen einbringen, sollte es auch nicht. Auf Entreprisen in fremden Ländern ist stets unsere Tätigkeit gerichtet gewesen; die zu fazilitieren, ist Apparatbau nötig; er ist die Ursache der dort erzielten Wirkung. England ist der Weltmarkt, ohne England können wir das bisherige Telegraphengeschäft nicht fortsetzen. Ein ganz von diesem getrenntes Londoner Geschäft, welches seine Apparate nimmt, wo es will und dem hiesigen Geschäft fremd ist, nützt uns nichts, selbst wenn es Apparate genug bestellt. Wir wären dann doch gezwungen, eine Kommandite in London anzulegen usw. Da liegt die Schwierigkeit. Wilhelm, wie Du vorschlägst, am Berliner Geschäft (allein) zu beteiligen, hat wenig Bedeutung, würde auch zu unzähligen Konflikten führen, wegen der übrigen Geschäfte[1]). Der Vergleich, den Du zwischen Deiner und Wilhelms Stellung anstellst, hinkt etwas, lieber Karl. Du kamst, als ganz junger homo novus, als Kompagnon in ein schon renommiertes Geschäft, welches bereits den Grund zu dem russischen gelegt hatte, als Du das Land noch gar nicht kanntest. Wilhelm dagegen hat durch seinen bereits vorhandenen Namen und Einfluß in England uns dort erst möglich gemacht, hat lange Jahre als unser Agent ohne Nutzen dort für uns gearbeitet und viel zur Begründung unseres Rufes beigetragen und trat dann als Kompagnon mit Kapitalbeitrag (freilich mehr nominell, da er andererseits unser und speziell mein Schuldner war) in das neue Spezialgeschäft London ein. Daß das englische Geschäft bisher keinen großen Gewinn abgeworfen hat, liegt teils in den Verhältnissen, teils ist es unsere Schuld, da uns das Risiko der Kabelanlagen im Mittelmeer, welche jetzt ähnlichen Rentengewinn wie das Petersburger Geschäft abwerfen würden und Glass & Elliot wirklich abwerfen, zu groß war. Es sind aber alle Elemente künftiger Prosperität vorhanden, und dann löst Wilhelm Dich vielleicht als Hauptschnitter früherer Saaten ab, was ja in unser aller Interesse läge! Denn hättest Du vielleicht doch nicht so übel getan, Teilnehmer des Gesamtgeschäftes zu werden, was übrigens allein vernünftig und ausführbar war.

Werner an Wilhelm, 29. Mai. Von einer Kontrollbehörde, wie Du es ausdrückst, seitens unseres Bureaus, ist nie die Rede gewesen. Wie wir aber unsere Personen dort von unseren Personen hier so streng scheiden sollen, ist mir unklar. In unserem Kontrakte geben ja S. & H. in Berlin Geld, Leute etc. zur Bildung des dortigen Geschäftes. S. & H. haben sich ferner verpflichtet, Apparate, Kommissionen etc. zu Selbstkosten oder bestimmten Mindestsätzen an S. H. & Co. zu liefern. Wir als Personen haben doch auch stets das Recht, unsere Rechte durch Mandatare oder Prokuristen ausführen zu lassen. In Geschäften aller Art handeln Werner Siemens und J. G. Halske eben als S. & H. In Wirklichkeit kommt es also ganz auf dasselbe heraus, und für das dortige Spezialgeschäft kann es nur von Vorteil sein, wenn das

---
[1]) Petersburg und Wien.

hiesige Geschäft in allen seinen Teilen das Londoner als Teil von seinem eigenen Fleisch und Blut ansieht, wie es ja in Wirklichkeit der Fall ist — —. Es tut mir sehr leid, l. Wilhelm, daß jetzt so oft dergleichen Klagelieder in meinen Briefen ertönen und Dir gewiß die Laune verderben. Aber es hilft nichts, immer um den Brei herum zu gehen und die Ursachen der Mißstände wo anders zu suchen, als wo sie wirklich liegen. Wir haben alle von unserem seligen Vater etwas die schlimme Eigenschaft geerbt, unangenehme Sachen nicht anrühren zu mögen, bis man sie zur eigenen Befriedigung ordnen kann. Es hat mich viel Überwindung gekostet, darüber einigermaßen fortzukommen, weil ich eingesehen habe, daß diese Eigenschaft, ins Geschäftsleben übertragen, geradezu verderblich ist.

So von Werner in die Enge getrieben, griff Wilhelm schließlich offen einen der wichtigsten Grundlagen des ganzen Wernerschen Geschäftsplanes an, den Satz nämlich, daß der Berliner Apparatbau (die wissenschaftlich-technischen Ideen Werners und deren schöne Ausführung unter Halskes Leitung) ein unentbehrliches Mittel seien, um ertragreiche Telegraphen-Unternehmungen zu erlangen.

Wilhelm an Werner, 2. Juni. Wir haben uns (ich seit 1848) stets sehr bemüht, die Apparate einzuführen, weil ich Euch damit einen besonderen Dienst zu erweisen glaubte. Es läßt sich aber nicht verhehlen, daß das hiesige Geschäft sich dadurch als ausländisches nur unbeliebt macht. Die Apparate sind 'mal als kompliziert verschrieen, und bei allen Kontrakten haben wir gar keine oder doch andere Apparate zu liefern — —. Die in Berlin vorherrschende Ansicht, daß die dortige Werkstatt als solche von wesentlichem Nutzen für das hiesige Geschäft ist, paßt daher durchaus nicht zu unseren Anschauungen. Streng davon zu scheiden sind Deine wissenschaftlichen Arbeiten und Vorrichtungen für submarine Telegraphie, welche von großem praktischen Werte sind und von noch größerem Werte sein würden, wenn ihre Durchführung auf englischen Boden verpflanzt werden könnte.

Grade damals bestellte London in Berlin eine ansehnliche Zahl Apparate, worauf Werner bemerkte:

7. Juni 1863. So ganz ungünstig scheint man also unsere Konstruktion und Arbeit doch nicht zu beurteilen, wie Dein letzter Brief annehmen ließ! Hinter dem Vorwurfe der Kompliziertheit, dem ich keineswegs alle Begründung absprechen will, versteckt sich dort auch alle Abneigung gegen fremde Arbeit, die ja gerade durch die besondere Firma beseitigt werden sollte! Doch wäre es geradezu töricht, wollte man unsere Apparate mit Nachteil für das dortige Geschäft einführen. Ist das wirklich und allgemein der Fall, so ist es ja viel besser, dort beliebige andere Apparate zu nehmen. Hier werden wir dann noch die vielversprechende

neue Ära der Schnellschreiber ausnutzen und dann die Bude zumachen, wenn das Geschäft keinen Nutzen mehr bringt.

Wir wissen bereits, daß die „Ära der Schnellschreiber" für Werners eigene Konstruktion damals ohne Bedeutung blieb, weil das aufgehende neue Gestirn des Hughes-Apparates Werners „Typendruck-Schnellschreiber" schlug, und weil die Telegraphen-Verwaltungen seitdem von neuen Konstruktionen Nichts mehr wissen wollen [1]). Wilhelm behielt in diesem Punkte Recht; doch dauerte es noch drei Jahre, ehe es soweit kam.

In dem Augenblicke, bei dem wir jetzt halten, wurde der Streit zwischen Werner und Wilhelm ohne volle Verständigung beendet. Es war die Zeit, als die Brüder die Legung des Oran-Cartagena-Kabels für eigene Rechnung übernahmen [2]). Dadurch wurden jene wichtigen Organisationsfragen in den Hintergrund gedrängt. Werner ersuchte Wilhelm nur noch um gegenseitige spezifizierte Mitteilung der Selbstkosten bei auffallenden Preisunterschieden:

7. Juni. Das würde viele Mißverständnisse beseitigen und beide Geschäfte in die Lage bringen, die Vorteile beider Arbeitsmärkte möglichst gut auszubeuten! — — Ich schließe unsere verdrießliche Korrespondenz mit dem wiederholten telegraphischen Grundsatz und Rat: Jeder suche den Fehler mehr bei sich wie bei den Nachbarn; dann wird er am sichersten gefunden! Leider fehlt man doch immer dagegen, auch bei dem besten Willen. Das ist 'mal nicht anders. Es wird sich aber alles regeln [staatlich [3]) wie geschäftlich], wenn nur jeder Klarheit, Wahrheit und Recht vor allem anstrebt.

Zwischen den Brüdern war damit der Friede zunächst wiederhergestellt. Sie arbeiteten gemeinsam an den Vorbereitungen für die Oran-Cartagena-Expedition, wobei Werner, wie wir wissen, nach einigem Widerstreben, Wilhelm die Führung überließ — zum Unheil für die Expedition! Mitten in diesen Vorbereitungen, welche u. a. auch die Errichtung einer Kabelfabrik in Woolwich mit sich brachten, mußte Werner zu seinem Schmerze eine Erklärung seines Freundes und Kompagnons Halske entgegennehmen, welche die kaum geschlossene Krisis wieder eröffnete und erweiterte.

---

1) Vgl oben S. 282, 295.
2) Vgl. S. 164 ff.
3) Hinweis auf die preußische „Konfliktszeit".

Halskes Austritt aus dem englischen Geschäfte. Provisorische Regelung für die Zeit 1864—1867. Halske war nie sehr unternehmungslustig gewesen, hatte vielmehr sogar den ersten russischen Unternehmungen, wie wir wissen, Widerstand geleistet. Gegen Kabellegungen für eigene Rechnung war er unbedingt. Werner wußte das alles; dennoch war er überrascht, als Halske ihm Ende August — Werner war gerade aus Kissingen zurückgekehrt — sein gänzliches Ausscheiden aus der Firma ankündigte:

Werner an Karl, 31. August 1863. Halske hat jetzt wiederholt die Erklärung abgegeben, daß er nicht gewillt ist, den Gesellschafts-Kontrakt mit uns zur gemeinschaftlichen Fortführung des Geschäfts zu erneuern. Hauptsächlich glaubt er mit mir nicht mehr zur beiderseitigen Befriedigung das Geschäft in seiner bisherigen Richtung fortführen zu können. Möglich, daß wir doch noch einen Ausweg finden, der den Fortbestand des Geschäfts nach 1867 möglich macht. Anderenfalls müssen wir uns mit Halske über die Grundlagen der Auflösung event. Neubildung des Geschäftes verständigen. Halske hat wohl schon früher sich ähnlich ausgesprochen, ich glaubte aber nicht, daß er nach Wiederkehr seiner Gesundheit dabei stehen bleiben würde. Natürlich ist es für Halske jetzt von erster Wichtigkeit, die Geldmittel des Geschäfts **sicher und entbehrlich** anzulegen resp. zu halten. **Meinesteils** habe ich noch keinen bestimmten Entschluß gefaßt. Eine neue Firma zu etablieren, dazu bin ich zu alt, die altgewohnte fortführen nach Austritt H.'s mag ich nicht, würde auch nicht einmal angehen. Wenn Wilhelm erklärt, daß ein Berliner Fabrikgeschäft nicht für das dortige nötig ist, so wird es am besten sein, hier **ganz zu schließen**. Ob ich mich dann persönlich oder vielleicht nur als Kommanditär mit Kapital beim englischen und russischen Geschäfte beteilige, falls Du und Wilhelm es fortführen wollt, oder ob vielleicht eine innige Kombination zwischen uns Dreien zustande zu bringen ist, welcher Halske vielleicht einen Teil seines Vermögens als Kommanditär überläßt — das will eben gründlich überlegt sein. Daß es für mich eine traurige Beschäftigung ist, an der Zertrümmerung des mit so vieler Mühe und Liebe großgezogenen Geschäftes zu arbeiten, brauche ich Dir kaum zu sagen.

Diese Stimmung ging jedoch bald vorüber:

Werner an Wilhelm, 21. September 1863. Halske bleibt bei dem Entschlusse, vollständig auszuscheiden, bei billigen Fristen für Rückzahlung des Kapitals. Ich habe persönlich Karl auch vorgeschlagen, mit Dir vereint das englische Telegraphen-Geschäft schwunghaft zu betreiben und das hiesige und russische Geschäft aufzulösen. Kapital würde ich Euch zu billigen Bedingungen überlassen. Es sind aber sehr gewichtige **Bedenken** dagegen, die bei Karl vorläufig überwiegen. Karl ist in Petersburg eine sehr einflußreiche Persönlichkeit, in fast noch höherem Grade wie Du in England. In England wäre er doch nur eine tüchtige Büreaukraft ohne persönliche Geltung. In Rußland wirkt unsere getane Arbeit fort, gibt Macht und Kredit; beides wäre verloren! Die dortigen Unternehmungen sind im besten Aufschwunge[1]) und wären nur mit großem Verluste aufzulösen. Dazu kommt, daß Walter mit dem Ansehen und Kredit unserer Firma in Rußland jetzt in Tiflis sich einen großen Wirkungskreis verschafft hat, der eine Goldgrube zu werden verspricht. Auch das würde zu Wasser werden, wenn unser Petersburger Einfluß aufhört. Mich persönlich anlangend, so würde ich jedenfalls Halskes Beispiel gefolgt sein, mich auch ganz von den Geschäften zurückzuziehen, wenn ich nicht jetzt Hoffnung hätte, meine körperliche und geistige Frische ganz wieder zu gewinnen. Kissingen hat mir aber sehr wohl getan, und ich denke jetzt, daß mir das Faulenzen doch wohl noch nicht munden würde. Vorausgesetzt, daß ich mich nicht über mich selbst täusche, findet sich vielleicht ein Weg, der unsere Arbeitskraft und das Resultat unserer bisherigen Leistungen noch eine Reihe von Jahren nützlich verwendet, ohne daß der eine dem anderen dadurch ein Opfer zumutet!

In diesem Briefe wird bereits deutlich auf das Kupferbergwerk Kedabeg hingewiesen, dessen Übernahme grade damals von Karl und Walter zuerst angeregt wurde, ein Projekt, das nicht grade geeignet war, Halske zur Fortsetzung des Gesellschafts-Vertrages zu begeistern. Dagegen erhob sich Werners Unternehmungsgeist damals zu hohem Fluge, der es ihm ermöglichte, einen weiten Blick in die Zukunft zu tun, die mögliche künftige Entwicklung der Siemens-Firmen wie in einem Zauberspiegel zu erblicken:

Werner an Karl, 4. November 1863. Halske will von einer Beteiligung des Geschäfts an den Kupferminen nichts wissen. Wir müssen daher allein mit der Sache vorgehen. Der Kontraktpunkt, welcher Privatgeschäfte verbietet, wird daher jetzt aufgehoben werden. Wir aber müssen doppelt vorsichtig sein — —. Über unser künftiges Geschäftsverhältnis habe ich auch mit Wilhelm vorläufigen Meinungsaustausch angeknüpft, d. h. ich habe ihm vorläufig meine Meinung mitgeteilt zur Überlegung. Das bisherige halbe Verhältnis, bei welchem Wilhelm halb Privat-Ingenieur auf eigene Rechnung, halb Kompagnon ist, scheint mir keine geeignete Grundlage für ein definitives Verhältnis zu bilden. Ich habe Wilhelm daher vorgeschlagen, von 1867 ab mit Dir und mir vollständig in Kompagnie zu treten. Die Firma soll „Gebrüder Siemens" werden, und es sollen drei abgesonderte selbständige Häuser in Berlin, Petersburg und London bestehen. Jeder von uns führt sein betreffendes Geschäft selbständig als alleiniger Disponent und ist nur bei größeren mit Risiko verbundenen Unternehmungen und bei größeren Kapitaldispositionen etc. an die Zustimmung der Kompagnons gebunden. Jeder erhält ein Drittel

---
1) Reflex von Karls damaliger optimistischer Auffassung der neuen russischen Unternehmungen. Vgl. oben S. 111.

des Gewinnes des eigenen Geschäftes vorweg, der Rest kommt zur Verteilung — —. Privatgeschäfte sind, wie bisher, unter uns verboten. Eine gegenseitige Bücher-Revision soll ex officio zu bestimmten Terminen stattfinden. — Wilhelm wird es jedenfalls schwer fallen, sein jetzt blühendes Ingenieur- (Ofen-) Geschäft in den allgemeinen Topf zu werfen; doch sind die Vorteile einer solchen Gesamtfirma ihm einleuchtend, und das Präzipuum gewährt ihm ja doch $5/9$ vom Ertrage des eigenen Geschäfts und für die aufgegebenen $4/9$ dagegen $2/9$ der übrigen Erträge. Freilich wird Berlin mit seinen jüngeren Geschwistern nicht konkurrieren können; doch dafür hat es auch noch bedeutende Anrechte an dem Patent- und sonstigen Vermögens-Besitzstand des jetzigen englischen Telegraphen-Geschäfts. Daß ich speziell etwas schlechter fahren werde, wie Ihr Brüder, mag durch mein höheres Alter und beginnende geringere Leistungsfähigkeit seine Ausgleichung finden. — — — Mein leitender Gedanke zu diesen Vorschlägen war der, eine dauernde Firma zu stiften, welche vielleicht 'mal später unter der Leitung unserer Jungens eine Weltfirma à la Rothschild u. a. werden könnte und unseren Namen in der Welt zu Ansehen bringt. Diesem großen Plane muß der einzelne, wenn er ihn für gut hält, persönliche Opfer zu bringen bereit sein. Eine einfache, klare und gesunde Basis ist dabei die Hauptsache.

Werner reiste darauf mit Halske nach Rußland, wo beide mit Karl u. a. auch diese Zukunftsfragen erörtert haben werden. Von Petersburg reiste Werner in wenigen Tagen nach Südspanien. Dort ging, ebenfalls innerhalb weniger Tage, das Oran-Cartagena Kabel verloren und damit dem englischen Geschäft etwa ein Viertel seines Kapitals. Weitere ebenso bedeutende Verluste folgten. Die Sachlage wurde dadurch naturgemäß nicht grade im Sinne des großen Wernerschen Planes beeinflußt; vielmehr strebten die zentrifugalen Kräfte jetzt erst recht auseinander. Unter dem frischen Eindrucke des Kabelunglücks beschloß Werner sofort, die Forderung der Firma Siemens & Halske an das englische Geschäft auf seine Privatrechnung zu übernehmen, und auch sonst hielt er an dem Entschlusse fest, Wilhelm nicht fallen zu lassen. Aber ganz ohne Einfluß konnte diese neue schwere Erfahrung auch auf ihn unmöglich bleiben, zumal sie größtenteils durch Wilhelm verschuldet worden war:

Werner an Wilhelm, 18. Januar 1864. Das Guthaben von Siemens & Halske ans dortige Geschäft werde ich wohl auch auf mein Privatkonto übernehmen müssen. Die Summe selbst wird wohl auch vom Kabel gefressen sein — —. Du mußt mich nicht zu knapp mit Nachrichten lassen; denn ich bin ja jetzt mit einem sehr bedeutenden Teile meines Vermögens dabei engagiert — —. Es sind hier schlimme Nachrichten in Kurs, daß das Londoner Geschäft bei dem Konkurse von N. an den mexikanischen Lieferungen bedeutend verloren hätte, ebenso in Spanien, wo ja wieder der Teufel los ist. Ist die Sache, wie ich leider vermute, begründet, so zeigt das wieder recht schlagend, wie richtig unser hiesiges Prinzip „No. 1 Sicherheit" ist. Was nutzt jahrelange Arbeit, wenn ein unsicheres Geschäft alle Früchte raubt und vielleicht sogar das ganze Geschäft zerstört?

Einige Wochen später hatte Werner sich schon wieder zu einer hoffnungsvolleren Auffassung durchgearbeitet:

Werner an Karl, 10. Februar. Halske ist jetzt gegen jede Unternehmung, namentlich von vornherein gegen alles, was mit Wilhelm zusammenhängt. Seit Wilhelms Öfen aber so brillante Revenuen bringen und das Londoner Telegraphengeschäft auch (abgesehen von unserem Kabelunglück) so brillante Geschäfte macht, wäre es doch töricht, uns vom Londoner Geschäfte zurückzuziehen, wie Halske es wünscht. Ohne das Londoner Geschäft kann das Berliner nicht existieren, und jetzt, nachdem mit 15 jähriger Arbeit das Londoner Geschäft endlich in guten und einträglichen Fluß gekommen ist, das Gewehr in den Graben zu werfen, weil man ein Unglück gehabt hat oder aus persönlicher Abneigung, das wäre doch eine Sünde.

Wilhelm seinerseits wollte von Halske auch nichts mehr wissen und wünschte jetzt, die gemeinsame Firma der Brüder möchte gleich ins Leben treten, aus folgenden Gründen:

Wilhelm an Werner, 17. Februar. 1. Das Londoner Geschäft hat jetzt gerade eine neue Richtung eingeschlagen, und da ist vor allen Dingen vollständiges Einverständnis unter den Teilnehmern nötig. 2. Abgesehen von dem Geldinteresse, ist es mir zuwider, für jemand zu arbeiten, der durchaus kein Interesse für die Sache hat, ja, mit Widerwillen allen Unternehmungen entgegenarbeitet. 3. Kabelgeschäfte sind zwar lukrativ, aber zu spekulativ für jemand, der vor allem Ruhe sucht, Halske selbst wird daher auch ein glücklicherer Mensch sein, wenn er nichts damit zu tun hat. — Kapital brauchen wir in London auch nicht mehr, wie wir jetzt haben. Das Kabel ist jetzt vollständig bezahlt, außerdem die Kabelfabrik (3000 £), und wir haben noch mindestens 10000 £ ausstehen. Andererseits schulden wir allerdings S. & H. 8000 £, die wir aber hoffentlich aus dem Kabel an Bord des „Dix Décembre" herauskriegen. In Ofenangelegenheiten erwarte ich ferner in diesem Jahre noch ziemlich bedeutende Zahlungen. Um mit der Kabelfabrik tüchtig vorzugehen, wäre es allerdings zu wünschen, daß 5000 £ von St. Petersburg im Geschäfte blieben.

Optimistische Erwartungen, die sich meist nicht verwirklichen. Karl trat jetzt mehr auf Halskes Seite und sprach sich gegen die sofortige Errichtung eines Gesamtgeschäftes aus. Zu den schon vorhandenen Gegensätzen kam noch ein weiterer hinzu: Kedabeg hatte viel Kapital nötig. Wilhelm war deshalb gegen

Kedabeg, was wieder Karl kopfscheu machte. Dieser hielt ferner das Kabelgeschäft für zu riskant, während Wilhelm ähnlich von dem kaukasischen Kupfergeschäfte dachte. Aber es gab noch andere Momente, welche gegen sofortige Vereinigung sprachen:

Werner an Karl, 26. Februar 1864. Halske bleibt bei seinem Austritt event. Nichtbeteiligung bei den kaukasischen Unternehmungen nichttelegraphischer Natur. Ebenso rät er, in England von jetzt ab ein Privatverhältnis mit Wilhelm einzugehen. Kapitalschwierigkeiten wird er nicht machen. Gleich austreten mag er nicht, da er meint, es ließe sich das nicht gut berechnen, und es würde ihm später drückend werden, wenn wir Verluste hätten und bei der schließlichen Abwicklung zu kurz kämen[1]). Es kommt nun wesentlich darauf an, **unter uns** eine feste Basis zu gewinnen. — Karl an Werner, 25. Februar. Wilhelm schon jetzt an unserem Gesamt-Privatgeschäfte zu beteiligen, wird wohl nicht angehen; denn wir haben ihm nur die Kupfermine zu bieten, wogegen er ja eingenommen zu sein scheint. Nach 1867 kommt nur die Sägemühle dazu; denn Chmelewo ist kein Geschäft; erweist sich das Kupfergeschäft als brillant, so werden wir wohl unsere Kräfte dort konzentrieren und die Mühle verkaufen. Vor der Hand wird wohl nichts anderes übrig bleiben, als Wilhelm in England zu lassen. Das ist auch insofern besser, als Wilhelm ein sehr mißtrauischer Kunde ist, und sein Eigensinn könnte uns hier manchen Possen spielen. Seine Idee über das Zustandekommen des Kupfergeschäfts hat mich kopfscheu gemacht[2]). Wie kann er beurteilen, wie es im Kaukasus aussieht, und welche Gründe hat er für so absurde Vermutungen? Mit dem hiesigen Geschäfte wird Wilhelm auch nie in nähere Beziehungen kommen, wohl aber mit dem Berliner Geschäfte. Das wird hauptsächlich für England arbeiten und müßte daher mit diesem eins bilden.

Auf Grund dieser Erwägungen schlug Karl folgendes Arrangement vor:

Bis zum Jahre 1867 ist Wilhelm nur beim englischen Geschäft mit x Proz. vom Reingewinn beteiligt und nach 1867 in gleicher Weise beim Berliner Geschäfte. Bis 1867 behält W. Öfen und Wassermesser für sich, wogegen neue Sachen in den gemeinschaftlichen Topf kommen, wenn wir sie haben wollen, sonst muß er ganz davon abstehen, weil er sein Geld im Geschäfte lassen muß. Ich setze hierbei voraus, daß er nicht mit den Öfen spekuliert, sondern daß diese nur für fremde Rechnung gebaut werden und somit nur eine Einnahmequelle bilden. Nach 1867 wird das Berliner Geschäft ganz mit dem Londoner vereinigt. Petersburg bleibt ganz für sich.

---

1) Das war Halskes wirkliche Meinung; er war überzeugt davon, daß Werner und Karl das Risiko der verschiedenen russischen und englischen Geschäfte unterschätzten.
2) Vgl. oben S. 373.

Karl schlug ferner vor, in England solle Werner 60 Proz. vom Reingewinn erhalten, Wilhelm 40 Proz. + 250 £. Werners größeren Anteil rechtfertigte er damit, Wilhelm habe ja nur Arbeit und kein Risiko, Werner habe beides. Der Rest berührt weniger Wilhelm, sondern ist eine Frage zwischen Dir und mir, und wir werden schon einig. Wollen wir dann später alles zu einem Geschäft vereinigen, so werden wir Wilhelm unsere Propositionen machen. Er ist jetzt so für England eingenommen und hat eine so schlechte Meinung vom Reste, daß wir doch nicht mit ihm zustande kommen werden.

Werner schwankte zunächst zwischen den beiden Möglichkeiten: sofortige vollständige Vereinigung der Geschäfte und Annahme von Karls Vorschlag; er erwog sogar nochmals die dritte Eventualität: vollständige Trennung von Wilhelm, kam aber davon sogleich wieder zurück. Er litt schwer unter den unausgeglichenen Gegensätzen zwischen den Brüdern und unter dem ganzen unerquicklichen Zwischenzustande, legte aber schließlich Karls Vorschlag Wilhelm vor und modifizierte ihn nur dahin, daß er damit gleich die endgültige Regelung für die Zeit nach 1867 verband:

Werner an Karl, 3. März. Ich schrieb an Wilhelm, er möge seine weiteren Unternehmungen so einrichten, daß er kein Kapital von uns brauche und womöglich unser dort befindliches Kapital zum Teil disponibel machte. Vielleicht ist es mit die letzte Aufforderung, die Wilhelm mit einem Male mißtrauisch gegen den Kaukasus gemacht hat. Er vermutet, wir wären das Opfer eines weitangelegten Schwindels geworden, es sei kein Erz mehr in hinlänglichem Maße vorhanden usw. Eine Anlage des Geldes im Atlantischen Kabelaktien hält er für reichlich so sicher. Er mag darin nicht so ganz unrecht haben — —. Die Trennung von Wilhelm hat Schwierigkeiten, weil Kapital, Patente und wenn Du willst, auch das lange bezahlte Lehrgeld gemeinsam sind und von Wilhelm nicht entschädigt werden können, weil wir ohne Verbindung mit dem englischen Geschäft vom Weltverkehr verschwinden, unser telegraphisches Renommee, welches doch auch ein Kapital repräsentiert, nicht verwerten können und weil ohne Wilhelm kein englisches Geschäft möglich ist. — Halbe, teilweise Verbindung mit Wilhelm gibt wieder unzählige Schwierigkeiten und Unklarheiten — —. Ganze Verbindung mit Wilhelm hat auch ihre großen Bedenken. Es ist doch unser und hauptsächlich künftig allerdings mein Kapital, welches das Risiko der Unternehmungen trägt, bis neues gemeinsames Kapital gewonnen ist. Wilhelms Ofenanlagen bringen allerdings viel Geld ein, doch wird das zu Ende gehen, und es wird nicht leicht sein, auf Wilhelms Unternehmungen immer ausreichend moderierend Einfluß zu üben. Fürs erste wird das unglückliche Resultat der Kabellegung allerdings sehr günstig wirken;

doch das kann durch einige glückliche Unternehmungen leicht verwaschen werden — —. Verkennen läßt sich andererseits nicht, daß eine gemeinsame Firma unseren Kredit und unsere Unternehmungen ungemein befördern würde. — Werner an Wilhelm, 9. März 1864. **Halskes Austritt aus dem englischen Geschäft ist nicht zu verschieben** ohne große Komplikationen (für den Kaukasus hat die Regulierung schon stattgefunden). Du mußt notwendig eine Berechnung resp. Schätzung aller vorhandenen Werte und Lasten vornehmen, daß wir dann mit Halske ein Pauschquantum für die Abtretung oder Auflösung vereinbaren können. — Werner an Wilhelm, 16. März. Die definitive Abrechnung mit Halske muß unter allen Umständen baldigst geschehen. Du mußt daher den Jahresabschluß der Bücher möglichst betreiben. Dann mußt Du ermitteln, wieviel von dem sich ergebenden Guthaben von S. & H. zum Fortbetrieb des Geschäfts erforderlich ist. Da Halske unbedingt auf Ausscheidung besteht, und Karl die russischen Kapitalien sehr in Anspruch genommen hat, so muß ich diesen Betrag ganz auf **mein Privatkonto** übernehmen. Karl schlägt daher auch vor, ich solle mich **allein mit Dir** über den Fortbetrieb des englischen Geschäftes einigen, sodaß er also ausschiede und sein Geld ganz in **Rußland** zur Verwendung käme. Mitspielen mag bei diesem Vorschlage wohl etwas, daß er das englische Geschäft für etwas riskant hält, wie Du das russische und speziell die kaukasischen Unternehmungen. Mir gehen jetzt alle diese ungeordneten Geschichten schrecklich im Kopfe herum. Es ist eine gräuliche Lage, so ganz vom guten Willen eines Mannes abzuhängen, wie ich jetzt von Halske. Da jeder von uns kontraktlich das Recht hat, die Hälfte des Verdienstes der letzten 10 Jahre, also beinahe die Hälfte seines Kapitals, aus dem Geschäfte zu ziehen, so kann Halske es mir ganz unmöglich machen, privatim in anderen als rein geschäftlichen Sachen Geld anzulegen, da ich schon über zuviel disponiert habe. Durch Herausziehen seines ganzen Vermögens am 1. Januar 1867 könnte er ferner wahrscheinlich den Fortbetrieb des Geschäftes überhaupt unmöglich machen. Obgleich er beides nicht tun wird, so ist es doch eine drückende Lage, die mir in schwachen Stunden die ganze Sache verleidet. — Werner an Wilhelm, 18. März. Ich glaube, daß **Karls Vorschlag** jetzt in der Tat der einzig ausführbare ist. Bis zum Ablauf unseres allgemeinen Geschäftskontraktes und der russischen Remonten bleibt kein anderes Mittel, als eine Vereinigung zwischen uns beiden für England und von Karl und mir für Kaukasien. Das Schwierigste ist nur, daß in dieser Vereinigung gleich die für das **Verhältnis nach 1867** mit enthalten sein muß. Denn es wäre gegen mein Interesse, dem Geschäfte (S. & H.) für diese Übergangszeit alles Verlustrisiko abzunehmen, ohne Sicherheit, dadurch im gehofften glücklichen Fall, d. h. wenn die Geschäfte in London und Kaukasien gut reüssieren, auch später Nutzen zu haben. Nach drei Jahren wird hoffentlich weder in London, noch Kaukasien die Kapitalfrage weiter ins Gewicht fallen. Sollten aber diese beiden bis dahin zu Fall kommen, was doch immerhin möglich ist, so wäre ich dadurch völlig ruiniert. In meinen Jahren wäre das für Lebenszeit.

Werners Vorschlag ging dahin, Wilhelm möchte mit ihm gleich auf 13 Jahre, also bis 1877, einen neuen Gesellschaftsvertrag für das englische Geschäft abschließen, derart, daß Wilhelm seine Ofengeschäfte usw. für sich behielt, die telegraphischen dagegen zu gleichen Teilen mit Werner. Dieser erklärte sich bereit, die 170000 Taler, welche London an Berlin und Petersburg damals im ganzen schuldete, auf sein Privatkonto zu übernehmen. London und Berlin sollten auf dem Fuße meistbegünstigter gewöhnlicher Kunden miteinander verkehren; damit aber London mit Berliner Apparaten Geschäfte machen könne, wollte Werner die bisher an London dafür vergüteten 15 Proz. privatim tragen. Die neue Firma sollte „Gebrüder Siemens" lauten. Karl gegenüber motivierte Werner diesen hochherzigen Vorschlag noch folgendermaßen:

Für das Geschäft (S. & H.) ist ein solches Arrangement jedenfalls das beste. Zurückforderung des Geldes würde Wilhelm umwerfen und das Geld verloren machen, während so jeder Verlust vermieden wird und der Absatz nach London und dadurch der Weltmarkt erhalten bleibt. Wollen hoffen, daß ich persönlich auch gut dabei fahre. Nach 1866 hast Du dann vielleicht eine bessere Meinung vom Londoner, und Wilhelm vom Russischen Geschäfte, und es läßt sich dann besser über eine innigere Verschmelzung diliberieren.

Man sollte denken, daß Wilhelm Werners Vorschlag mit Freuden hätte aufnehmen müssen. Stattdessen entstand jetzt erst ein sehr ernsthafter Konflikt zwischen den beiden, und ihr ganzes Verhältnis drohte in die Brüche zu gehen. Der in dieser bösen Zeit geführte Biefwechsel ist nur lückenhaft erhalten, und von dem, was vorliegt, wollen wir hier nur dasjenige ausheben, was in prinzipieller Hinsicht besonders bedeutsam ist.

Den Ausgangspunkt bildete eine Äußerung Wilhelms über Kedabeg, welche wir schon kennen[1]). Sie enthielt eine Warnung vor Beeinflussung durch ungeschäftliche Rücksichtnahme auf Walter bei dem damals noch nicht fest beschlossenen kaukasischen Unternehmen:

Wilhelm 2. März 1864. Ich würde Dir ernstlich abraten, darauf einzugehen, wenn Du glaubst, dadurch Walter auf die Strümpfe zu helfen — —. Solche Hülfsleistungen sind Irrlichter, welche nur bis an den Abhang führen, aber nicht darüber hinweghelfen. Walter wird glücklicher sein ohne solche moralische Last auf dem Halse. — Werner 9. März. Was meine

---

1) Vgl. oben S. 374.

Rücksichtnahme auf Walters Lebensstellung betrifft, so bekenne ich gern, daß solche ungeschäftliche Rücksichten mich häufig mehr wie nötig und vorteilhaft influenzieren. Es ist das aber 'mal mein Fatum und ich werde mich auf meine alten Tage darin nicht mehr ändern. Die Last der Dankbarkeit ist ein schöner Mythus und verwandelt sich jedenfalls in das Gegenteil, wenn das Endresultat ein günstiges und für alle Teile vorteilhaftes geworden ist. — Wilhelm an Werner, 16. März. Wenn Du später 'mal auf die Tatsachen aller unserer geschäftlichen Beziehungen von Anfang bis zu Ende zurückblickst, so wirst Du vielleicht Deinen angedeuteten Vorwurf zurücknehmen.

Wilhelm hatte also jene Äußerung Werners von dessen „Beeinflussung durch ungeschäftliche Rücksichten" und von dem „schönen Mythus" der Last der Dankbarkeit als einen Vorwurf für sich selbst empfunden, den er kurz zurückwies, weil er glaubte, für Werner ebensoviel getan zu haben, wie dieser für ihn. Auch hatte er jetzt auf Beteiligung am Gesamtgeschäft gerechnet und sah sich enttäuscht, als Werner ihm stattdessen seinen Vorschlag unterbreitete, der für ihn ja sehr günstig war, aber jenen Stachel sicherlich noch verstärkte.

Wilhelm an Werner, 24. März. Sozialverhältnisse anlangend, so nimmst Du solche Sachen, scheint es mir, zu ernstlich. Ich glaube, Karl hat ganz recht, daß es besser ist, Du bleibst nach beiden Seiten hin interessiert, aber Rußland und England bleiben getrennt. Über die Details jetzt schon zu korrespondieren, scheint mir auch noch verfrüht, es ist das eine Stunde Sache, und es müssen erst Abschluß von 1863 und Deine Ordnung mit Halske vorliegen. Die Apparatlieferungen von Berlin werden nur sehr gering sein. Das einzige Interesse für die 15 Proz. meinerseits[1]) war die Möglichkeit, der hiesigen Konkurrenz damit ohne Verlust zu begegnen. Wir finden jetzt aber, daß wir die gewöhnlichen Apparate hier bedeutend billiger beschaffen können, wie von Berlin mit den Unkosten. Auch können wir den Wünschen unserer Abnehmer vollständiger entgegenkommen. Ich habe mich bisher gegen Apparatfabrikation hier gesträubt, aber Loeffler hat während meiner Abwesenheit die Werkstatt sehr erweitert und gute Resultate aufzuweisen. Verlaß Dich daher nicht auf größere Lieferungen nach hier bei Übernahme der Werkstatt, es sei denn, daß die Sache fabrikmäßig angegriffen werden könnte, mit Billigkeit als Wahlwort.

Werner an Karl, 26. März. Wilhelm hat die Proposition noch nicht angenommen. Es scheint, als gefiele ihm der Kontrakt bis 1876 nicht. Auf kürzeren Termin werde ich mich aber nicht einlassen. Für 10 Jahre nach Ablauf unserer Kontrakte will ich sichere Grundlage haben, sonst mache ich lieber gleich das Buch zu. Da Wilhelm jetzt die Londoner Apparatfabrikation für seine Bedürfnisse ausreichend betreibt, Berlin

---

1) Vgl. oben S. 407 ff.

also nicht mehr braucht, und da die Öfen jetzt brillant gehen und viel Geld einbringen, so wird er bald in der Lage sein, ganz auf eigenen Füßen zu stehen, wenn er es vorzieht. Um so weniger habe ich Veranlassung, noch für einige Jahre Risiko mit zu übernehmen und dann, wenn das Geschäft einträglich wird, von Wilhelms gutem Willen abzuhängen. Ich bin zwar überzeugt, daß W. stets brüderlich billig handeln wird; doch die Ansichten darüber weichen oft ab, und es ist auch immer unangenehm, auf die Übereinstimmung rechnen zu müssen.

Werner an Wilhelm, 26. März. Halske hat eingewilligt, daß der Paragraph unseres Kontraktes, welcher uns Privatgeschäfte verbietet, annulliert wird. Er will ferner nach 1866 den größten Teil seines Kapitals im Geschäft lassen und vielleicht beim Berliner Geschäfte als Kommanditär beteiligt bleiben. — Wenn Dir meine Propositionen nicht gefallen, so mache andere. Aber worauf ich unbedingt bestehen muß, das ist einmal Beschränkung meiner Kapitaleinzahlung auf die jetzigen 160000 bis 170000 Taler, und sodann Abschluß auf eine längere Reihe von Jahren.

Welche Vorschläge Wilhelm darauf machte, wissen wir nicht. Jedenfalls waren sie für Werner unannehmbar. Bei der hierüber entstandenen Erörterung kamen auf beiden Seiten, namentlich aber bei Wilhelm, manche lange zurückgehaltenen Empfindungen zum Ausdruck.

Werner an Wilhelm, 23. April. Eins möchte ich Dich noch ganz besonders bitten, lieber Wilhelm, schreib' in geschäftlichen Fragen immer Deine volle, auf Deine eigene Anschauung begründete Meinung. Wir wollen uns ja gewiß beide gerecht und billig behandeln; wir haben seit etlichen 20 Jahren in steter, reger Verbindung miteinander gestanden und haben beide die beruhigende Überzeugung in uns, dem anderen auf seinem Wege brüderlich zur Seite gestanden und ihn nach Kräften unterstützt zu haben! Daß die Auffassungen dabei bisweilen verschieden sind, ist ja natürlich, weil jeder mehr oder weniger abhängig ist von örtlichen Anschauungen und Gewohnheiten und von seiner Umgebung. Haben wir eine solche Sache 'mal gründlich und ohne alle Reserve besprochen, so sind wir auch immer bald damit in Ordnung gekommen. Nur die unglückliche Familieneigenschaft, die es uns so schwer macht, ohne Erregung Sachen zu besprechen, von denen wir annehmen, daß sie dem anderen unangenehm sind, hat oft anhaltende Mißverständnisse zur Folge. — 30. April. Ich bin der Meinung, daß Ihr dort bald finden werdet, daß die Apparatfabrikation nicht so vorteilhaft ist, wie es jetzt scheint, wenn man nicht neue oder patentierte Apparate macht, und daß Du für den großen Bedarf doch künftig auf Berlin zurückgreifen mußt. Stelle nur erst 'mal alles in Rechnung! Wir haben uns früher auch getäuscht. Sobald der Fortschritt in der Apparatfabrikation aufhört, wird der Verdienst unerheblich. Ich bin überzeugt, daß London für Berlin notwendig ist und auch umgekehrt. Das würdest Du bald kennen lernen, wenn aus der Interessengemeinschaft ein Konkurrenzverhältnis sich entwickelte.

Wilhelm 3. Mai. Was wir mit Vorteil von Berlin beziehen können, würden wir nach wie vor tun. Aber nach neueren Erfahrungen stehen wir uns besser dabei, in London zu fabrizieren. Wir haben z. B. die 100 Doppelnadel-Instrumente mit gut 30 Proz. Reingewinn fabriziert und haben jetzt einen Auftrag für 210 Apparate in Angriff genommen — —. Meine patentierten Verbesserungen sind nicht ohne merkantilischen Wert, wenn sie auch zu Deinen wissenschaftlichen Leistungen für die Telegraphie in keinem Verhältnisse stehen — —. Mein jetziger Barbestand im Geschäfte beträgt 5000 £ und mehrt sich wesentlich.

Werner 10. Mai. Die bisherige Unsicherheit ist für uns nicht zu ertragen — —. Es ist eine ungesunde Grundlage, wenn das eine Geschäft (Berlin) beim anderen interessiert ist und alle möglichen Rücksichten im eigenen Interesse nehmen muß, während letzteres kein Interesse am ersteren hat. Auch beim besten Willen der Chefs lassen sich dabei Konflikte, Verdrießlichkeiten und schädliche Maßregeln nicht vermeiden. Haben doch z. B. weder wir, noch Du selbst es durchsetzen können, daß das Londoner Geschäft uns ebenso, wie wir es tun, mit seinen Verkaufspreisen au courant hielt, obschon dies doch gewiß im beiderseitigen Geschäftsinteresse lag. — Daß Dir, bei Deiner etwas exklusiven Richtung, wie man sie bei tüchtigen und viel leistenden Leuten gewöhnlich findet, jede Verbindung, die Deine volle Freiheit einengt und eine Teilung des errungenen Ruhmes und Gewinnes bedingt, im Grunde der Seele zuwider ist, ist ja erklärlich. Unsere Gefühle und Lebensanschauungen sind darin verschieden, bei aller sonstigen Harmonie. Letztere wird aber bewirken, daß Du meinen Entschluß billigst: 1. keine neue Verbindung mit Dir einzugehen, die Dir widerstrebt und Deiner Auffassung nicht durchaus gerecht, billig und zweckmäßig erscheint; 2. keine einzugehen, die mir nicht zusagt, die mich in London zur Stellung eines Geldspekulanten erniedrigt[1]), mich dabei im eigenen Geschäfte beengt, demselben schadet und mir dadurch eine Menge künftiger Verdrießlichkeiten schafft, die ich satt habe. Auf die Frage, wie ich finanziell im einen oder anderen Falle fahre, kommt es mir in erster Linie nicht an. Ich werde mir schon so viel verdienen, wie ich brauche und bin nicht geldgierig. Ich will arbeiten bis an mein Lebensende, soviel ich kann, will aber dabei Freude an meiner Arbeit haben. — Nach Deinen letzten Vorschlägen sehe ich wirklich keinen anderen Ausweg, als den jetzt von mir vorgeschlagenen: gänzliche Aufhebung unserer langjährigen geschäftlichen Verbindung.

Wilhelm 13. Mai. Wollte ich meinem jetzigen Gefühle nach handeln, so würde ich hier ausverkaufen und mich von allen Telegraphengeschäften zurückziehen — —. Was mir diese Unterhandlungen so sehr verleidet, ist Deine entschiedene Tendenz, die Leistungen der Berliner Werkstatt und überhaupt die dortigen Leistungen höher zu heben, wie ich im Interesse des Rechts- und Selbstgefühls zugeben kann. So sagst Du jetzt: „Wir haben das ganze Risiko der Einführung unserer

---

1) D. h. eines bloßen Kapitalisten, eine Stellung, welche Werner stets widerstrebte.

Firma in England getragen", während ich doch von 1848—1858 auf meine alleinige Gefahr gearbeitet habe. Ich hatte drei Monate Ziel vom Tage der Absendung von Berlin und durchaus keinen Rabatt, hatte ferner vor Abschluß des Kontraktes Verbindungen mit Indien, Türkei, Ägypten, Chili, Newall & Co. und anderen Absatzquellen bereits etabliert! Was kann es nützen, diese Leistungen zu übergehen?

Werner 19. Mai. Deine große Gereiztheit und ohne rechte Veranlassung überwallende Heftigkeit, welche immer mehr zuzunehmen scheint, macht mich wirklich besorgt um Dich. Deine Annahme, daß ich Deinen Leistungen nicht volle Gerechtigkeit widerfahren lasse, ist etwas komisch. Du bist der einzige mich genau kennende Mensch in der Welt, der mir nicht gerade das Gegenteil vorwirft.

In sachlicher Hinsicht bestand offenbar zwischen den Brüdern ein Mißverständnis, von dem nur soviel klar ersichtlich ist, daß es damit zusammenhing, ob Werner beim Londoner Geschäft nur als Kapitalist oder auch als mitarbeitender Gesellschafter beteiligt werden solle. Werner schlug zuletzt vor, sein ganzer Gewinnanteil am Berliner Geschäfte solle schon jetzt mit dem des Londoner Geschäftes vereinigt werden und von der Summe solle er wie Wilhelm jeder die Hälfte erhalten. Dadurch wollte er Wilhelm das gleiche Interesse am Berliner Geschäfte geben, das er selbst besaß. Die Kapitalbeteiligung am Londoner Geschäfte solle einstweilen die bisherige bleiben, Werner also nach wie vor mit 80—90 Proz. am Londoner Kapitale beteiligt sein. Würde aber eine Erhöhung des derzeitigen Kapitals nötig sein, so sollte Wilhelm zunächst seinen Kapitalanteil bis zur Hälfte des Gesamtkapitals vermehren müssen, ehe Werner seinerseits zur Hergabe weiteren Kapitals verpflichtet sei. Damit wollte Werner sich vor Wilhelms übergroßer Unternehmungslust schützen.

Die Halbierung seines Gewinnanteils bedeutete für Werner ein großes Opfer; aber er erkaufte damit etwas, was ihm wichtiger war: die endgültige Verhinderung der Londoner Absonderungsgelüste und damit im wesentlichen auch schon den Frieden mit Wilhelm. Dieser erklärte sich mit Werners Vorschlage vollständig einverstanden und fügte hinzu:

Ich würde nicht verlangt haben, Deinen Anteil am Berliner Geschäfte vor 1867 zu teilen, aber es wird unser Verhältnis dadurch sehr rein und klar, was mehr wert ist, als eine Extra-Einnahme.

Werner seinerseits erwähnte sogar Karl gegenüber kaum etwas davon, welches Opfer er brachte; vielmehr entschuldigte er Wilhelms Gereiztheit, die ihm selbst doch so schwere Stunden bereitet hatte:

Der arme Junge hat jetzt viel um die Ohren und eine gewisse nervöse Aufregung ist da verzeihlich.

Darauf übernahm er persönlich alle Rechte und Verpflichtungen der Firma Siemens & Halske am Londoner Geschäft, das vom 1. Januar 1865 an unter der Firma „Siemens Brothers" von Werner und Wilhelm allein betrieben wurde.

Neue Erörterungen über die Zukunft der Siemens-Firmen. 1866. Im Februar 1866 regte Werner bei Wilhelm und Karl aufs neue eine Beratung an über endgültige Regelung der Gesellschafts-Verhältnisse für die Zeit nach 1867. Die Sachlage war damals die folgende:

1. Werner, Karl und Halske betrieben noch immer für gemeinschaftliche Rechnung gemäß den Gesellschaftsverträgen von 1847 und 1854 die Geschäfte in Berlin und Petersburg.
2. Werner betrieb außerdem mit Karl Kupferbergbau im Kaukasus.
3. Werner betrieb mit Wilhelm Kabelgeschäft in London.
4. Wilhelm betrieb privatim Zivilingenieur-Geschäfte, namentlich mit Lizenzen und Plänen für Regenerativöfen, zugleich für Rechnung von Friedrich.
5. Karls und Werners Kapitalien waren grösstenteils festgelegt, jene in Rußland, namentlich im Kaukasus, diese im Kaukasus und in England. Dort arbeiteten sie noch mit großem Verlust, hier erst mit verhältnismäßig geringem Nutzen. Wilhelm hatte überhaupt noch kein großes Kapital.
6. Das Berliner Geschäft wurde also fast ganz mit Halskes Kapital betrieben, ergab übrigens auch noch immer mäßige Erträge.

Die Lage der Siemens-Firmen war danach keineswegs glänzend, und Werner sah der bevorstehenden Auseinandersetzung mit Halske nicht ohne Sorgen entgegen, wobei er freilich in seiner Gewissenhaftigkeit viel weiter ging, als es Halske erwartete, der — wie sich bald ergab — seinerseits sich keine großen Sorgen mehr machte.

Werner an Wilhelm, 12. Februar 1866. Mein und Karls Kapital steckt fast ganz in England, Tiflis usw. Halske verlangt natürlich Auszahlung, wenigstens zum größten Teil, und für das andere Sicherheit. Das ist nicht möglich zu leisten. Belassung des Geldes im Geschäft ohne Sicherheit mag ich H. gar nicht anbieten, da es unbillig ist. — Werner an Karl, 17. Februar. Halske würde vielleicht sich noch weiter als Associé en commandite beteiligen. Ich bin dieser Frage noch nicht nähergetreten. So lieb es mir in vieler Hinsicht wäre, mit Halske, dessen praktischer Blick und Verstand, Geschäftskenntnis und Spezialkenntnis der Mechanik von größtem Werte für das Geschäft ist und bleiben würde, in näherem geschäftlichen Verkehre zu bleiben, so schwer scheint mir die Sache jetzt, nach der Vereinigung des hiesigen mit dem Londoner Geschäft.

Karl bemühte sich, Werner zu beruhigen, indem er nachwies, daß Halskes Anteil am Gesellschaftskapital und am Russischen Remonte-Reservefonds, zusammen voraussichtlich etwa 73000 Taler, größtenteils durch Grundstücke und Wertpapiere sichergestellt werden könne.

Karl 26. Februar 1866. Der Gesellschaftskontrakt (von 1854) wurde vor Abschluß der späteren Remonten geschlossen, so daß letztere über den Termin (1. Januar 1867) hinausgehen. Die letzte Linie wird erst am 19. September 1867 übergeben, und dann erst wird eine reguläre Auseinandersetzung mit Halske möglich. Es wird also wohl nichts anderes übrigbleiben, als unseren Gesellschaftsvertrag bis 1. Januar 1868 zu verlängern — —. Von Unsicherheit kann im hiesigen Geschäfte überhaupt nicht die Rede sein, weil nie Wechsel auf uns laufen. Für bloße Verluste werden Dein und mein Anteil immer über und über ausreichend sein. Halske kann also vollkommen sicher sein, daß er nie Verluste erleiden kann, nachdem er unser Geschäft verlassen hat. Ende des Jahres werden wir noch einen ganz anderen Standpunkt einnehmen und Halske schon einen tüchtigen Posten bar auszahlen können. Liefert Tiflis das, was es versprochen hat, so können wir ihn Ende 1867 ganz auszahlen, besonders wenn das Holzgeschäft aufgegeben wird.

Das waren freilich allzu optimistische Erwartungen; aber Karls Zahlen behielten doch einen großen Teil ihres Wertes. Im gleichen Sinne wirkte jedenfalls ein zweiter Brief Karls, der deshalb von ganz besonderem Werte ist, weil er das Verhältnis der Brüder zu Halske rückschauend beleuchtet[1]):

Karl an Werner, 27. Februar 1866. Wir denken Halske gegenüber zu empfindlich. Vor Verlusten müssen wir ihn schützen, aber kein übertriebenes Zartgefühl! In der ganzen Welt ist es üblich, daß ein

---

1) Er trägt die Bezeichnung: Privatissime (nicht für H. bestimmt), woraus man schließen darf, daß Halske sonst die Privatbriefe der Brüder meist zu sehen bekam.

austretender Associé sein Geld vorläufig im Geschäft läßt, wogegen er Wechsel, in verschiedenen Terminen zahlbar, bekommt. Das ist auch nur billig; denn diejenigen welche das Geschäft fortführen, laufen Gefahr, ihren letzten Groschen zu verlieren, während der Austretende nur sehr wenig verlieren kann, natürlich nur, wenn er mit ehrlichen Leuten zu tun hat. Geben wir also Halske alle unsere Wertobjekte als Sicherheit und außerdem Wechsel für den Rest, so tun wir mehr, als in solchen Fällen üblich ist. Ginge er nicht darauf ein, so müßte das ganze Geschäftseigentum à tout prix verschleudert werden. Du meinst, H. wäre berechtigt, ebensoviel Geld aus dem Geschäfte zu ziehen, als wir. Das klingt ganz billig, aber in unserem Falle ist es doch nicht richtig; denn ich nenne die Übernahme des englischen Geschäftes durch Dich und die Übernahme Chmelewos durch mich nicht „Geld aus dem Geschäft ziehen"; es geschah oder würde nur aus Rücksicht auf H. geschehen, damit er keine Verluste mehr dadurch erleiden soll. — Alle zusammen haben wir ungefähr $1^1/_2$ Millionen. Wir müssen also schon 900 000 verlieren, wenn H. seine 600 000 nicht voll bekommen soll. Das ist jedoch ohne Wechselschwindel kaum möglich. — Du schreibst, H. möchte nicht gerne mit russischen Hypotheken zu tun haben; das ärgert mich, weil ich es im höchsten Grade unbillig finde. Rechne doch 'mal nach, wie H. sein hiesiges und sein dortiges Geld verdient hat. Nur allein in Rußland; denn was er in Berlin verdient hat, steckt in seinem Hause, und den Rest hat er verzehrt, und selbst vom Berliner Gewinne hat Rußland beinahe die Hälfte geliefert, besonders weil die ersten Jahre, in welchen viel durch Bauten verdient wurde, dort verrechnet worden sind. Und was hat H. für das russische Geschäft getan? Anfangs war er mit Hand und Fuß dagegen, später räsonierte er darüber und endlich ließ er sich ruhig gefallen, wenn sein Konto jährlich um ca. 50 000 Rubel sich vergrößerte. Sein Verdienst um das russische Geschäft ist lediglich ein indirektes, indem die guten Apparate aus Berlin unserem Renommee geholfen haben. Ich habe noch die Briefe, welche ich in Deiner Abwesenheit und bei Gelegenheit des Geschäftes mit der Grande Société [1]) von Berlin bekommen habe, und das Resultat war ein Gewinn von 150 000 Rubel, also nicht durch, sondern trotz Halske und trotz Meyer. Glaube nur ja nicht, daß ich dies erwähne, um mir dadurch große Verdienste beizumessen. Gott bewahre! Ich habe nur das Maul offen gehalten, als die gebratenen Tauben angeflogen kamen. Leider habe ich in den letzten Jahren eine Menge schlechter Tauben herunterschlucken müssen; aber die Sonne kann ja nicht immer scheinen. Es wird schon wieder kommen.

Glaube mir, Werner, wir wärmen uns alle, wie wir da sind, an Deinen Strahlen, und Du kannst mit reinem Gewissen sehr viel von uns, also auch von Halske verlangen. Ohne Dich und Deinen Unternehmungsgeist wäre Halske, sogar trotz der Telegraphie, ein Handwerker und Shopkeeper geblieben, von mir gar nicht zu reden; denn ich wäre ohne Dich vielleicht schon längst von den Haifischen verdaut oder ein elender

---

1) Vgl. oben S. 100 ff.

Seefahrer. Ich begreife sehr wohl, daß Du dort H. gegenüber in einer unangenehmen Lage bist, weil er, wie immer, gegen alles ist, was über die Grenzen der Werkstatt hinausgeht, und dabei hält er uns für verlorene Leute — —. Es wird gehen, wie damals mit dem hiesigen Geschäfte. Halske meinte immer, es würden in Rußland nur Zahlen verdient, er sähe kein Geld. Aber in Zeit von einem Jahre zahlte es die ganze Schuld ab und noch so viel darüber, daß wir nicht wußten, wo wir mit dem Gelde bleiben sollten. Zu der Zeit machte H. den Vorschlag zum Ankauf des Köpenicker Feldes.

Darauf wiegelte Werner seinerseits ab:

Werner an Karl, 3. März. Halske ist gern erbötig, eine weit größere Summe im Geschäfte zu lassen, erklärt überhaupt wiederholt, daß er uns jeden persönlichen Kredit geben und in jeder Hinsicht die Fortführung des Geschäftes erleichtern wird. Das Hindernis liegt nur an mir: ich nehme namentlich von Freunden nicht gerne Opfer für mich in Anspruch, wenn ich sie nicht entgelten kann. Es wird H. offenbar schwer, dem Geschäfte, welches mit durch ihn groß geworden, ganz fremd zu werden. Für das Geschäft wäre das auch sehr nachteilig. Es ist nur schwer, dafür eine geeignete Form zu finden. Ich möchte am liebsten ein Kapital von 100 000—200 000 Tlr. von Halske im Geschäft behalten und ihn im Verhältnis dieser Summe zu unserem Kapital als Kommanditär beteiligen.

Krisis Berlin-Petersburg. Aber bald trat eine noch viel wichtigere Frage in den Vordergrund: Karls eigene künftige Stellung in dem Gesamtgeschäft bedurfte dringend der Regelung, da es sich ergab, daß darüber Mißverständnisse entstanden waren. Damit hing eine Fülle anderer wichtiger Fragen zusammen, die jetzt nach Lösung zu drängen begannen. Fast $1^1/_2$ Jahre lang wurde verhandelt, ehe sie sämtlich geregelt waren.

Zunächst fragte Werner bei Karl an, ob dieser künftig noch in Rußland bleiben oder nach Berlin übersiedeln wolle, wovon bereits mehrfach die Rede gewesen war. Karls Beteiligung an dem künftigen Berliner Geschäfte werde sich wohl mit Wilheln vereinbaren lassen, da es Werner selbst auf etwas mehr oder weniger Gewinnanteil nicht ankäme.

Ich sähe auch gern, fährt Werner fort, daß Halske in irgend einer Weise am hiesigen Geschäfte interessiert bliebe. Er und Meyer sind meine alten Mitarbeiter und Freunde, und ich werde mich ohne sie schrecklich vereinsamt und ungemütlich befinden[1] — —. Es muß bald eine organisierende Periode in unserem Geschäfte eintreten.

Karl an Werner, 23. März. In bezug auf Zukunftspläne scheinst Du Deine Ansichten verändert zu haben, und dadurch bin ich auch

---

[1] Meyer war schwer erkrankt. Vgl. S. 281 ff.

wieder deroutiert worden; z. B. war noch nie die Rede davon, daß ich ganz aus dem Berliner Geschäfte heraus sollte[1]). Dann natürlich könnte ich nie nach Berlin ziehen, was ich eigentlich als abgemachte Sache betrachtete. Ein gutes Geschäft würde ich durch diesen Austritt eben nicht machen; denn das Berliner Geschäft fängt jetzt erst an, nachdem es alle faulen Geschäftszweige tot gemacht hat, rentabel zu werden. Das vergangene Jahr war z. B. das beste von allen, und kein außergewöhnliches Geschäft hat das gute Resultat bewirkt. Es ist also anzunehmen, daß es so fortgehen wird. Nach Abgabe der Remonten bleibt von dem russischen Geschäfte nur die Glasfabrik; denn auf alles andere ist nicht zu rechnen. Gelegentliche Telegraphengeschäfte mußt Du Dir ganz aus dem Kopfe schlagen; denn dabei ist nichts zu verdienen — —. Sämtliche Behörden dürfen nur im Notfalle etwas im Auslande bestellen. — Mein innerster Wunsch ist der, stets und überall mein Interesse mit dem Deinigen vereint zu sehen. Daran bin ich von Anfang an gewöhnt. Wenn ich Dir damals meinen Austritt aus dem englischen Geschäfte proponierte, so geschah dies einzig und allein aus der Rücksicht, daß ich demselben weder Geld noch Arbeit bieten konnte. Bringt mir das Tifliser Geschäft überschüssige Mittel, und seid Ihr damit einverstanden, so trete ich gern wieder ein. Aus Deinem Briefe ist nicht klar zu ersehen, wie Du Dir die künftige Organisation des Berliner Geschäftes gedacht hast. (Wilhelm und Halske können nicht zusammen beteiligt sein.) Nach meiner Meinung ist die Frage also, ob Wilhelm oder Halske, und in beiden Fällen kann ich dabei bleiben. Den Wunsch, in Rußland zu bleiben, habe ich jedenfalls nicht; denn 13 Jahre bin ich hier, und gerade so lange steht mein Sinn ebensosehr nach Süden, wie der von Kolumbus nach Westen — —. Vielleicht erscheint es zweckmäßig, daß ich 'mal ein Jahr in Tiflis und Kedabeg zubringe.

Karl hatte also seine Ansicht über das Londoner und über das Berliner Geschäft seit zwei Jahren geändert. Beide erschienen ihm jetzt aussichtsreicher als früher. Dagegen hatte er in Rußland inzwischen recht schlechte Geschäfte gemacht, und seine Gesundheit, wie auch die seiner Frau, hatte immer mehr unter dem russischen Klima gelitten. Diese Frontänderungen Karls bildeten an und für sich gewiß keine Veranlassung für den verstimmenden Einfluß, den Karls Brief, wie wir sehen werden, auf Werner ausübte. Doch in dessen Seele sah es damals, wie wir wissen[2]), überhaupt wieder recht dunkel aus, und er dachte aufs neue ernsthaft daran, sich ganz vom Geschäfte zurückzuziehen:

---

[1]) Werner hatte von Karls Beteiligung an dem künftigen Berliner Geschäft wie von etwas nicht ganz Sicherem gesprochen; daraus erst ersah Karl, daß eine Trennung von Berlin und Petersburg, nach Werners Auffassung, zunächst bevorstand.
[2]) Vgl. oben S. 282.

Werner an Karl, 31. März 1866. Du schreibst, ich schiene hinsichtlich unserer Zukunftspläne meine Ansicht verändert zu haben und hätte Dich dadurch decontenanciert. Ich gestehe, daß ich es durch diese Deine Auffassung bin. Die Sache ist mir mehrere Tage im Kopfe herumgegangen, und ich mußte die alte Korrespondenz mit Wilhelm und Dir vorsuchen, um mich wieder zu orientieren. Ich schicke Dir beifolgend zwei Briefe von Wilhelm und einen von Dir, die auch Dich in jene fatale Zeit zurückführen werden. Ich will hier gleich zum Überfluß nochmals bemerken, daß es sich gar nicht darum handelt, was werden **soll** — wie ich darüber gesonnen bin, habe ich Dir schon neulich geschrieben — sondern darum, ob ich zu der **bisherigen** Verabredung berechtigt war oder nicht. Ich wäre es nicht gewesen, mit Wilhelm die Vereinigung des Londoner mit dem Berliner Geschäfte zu stipulieren, wenn Halske und namentlich Du nicht damit einverstanden gewesen wäret. Der Vorschlag ging aber gerade von Dir aus. Du hattest damals, bei Deinem Hiersein, nur eine geringe Meinung von der künftigen Leistungsfähigkeit des hiesigen Geschäfts und hast Dich bisher noch nie für Deine Übersiedelung nach Berlin entschieden. Du wirst Dich erinnern, daß Du noch am Tage vor Deiner Abreise gegen die Klausel meines Testament-Entwurfs Einsprache erhobst, die Deine Anwesenheit in Berlin nach meinem Tode voraussetzt. Du hattest keine Lust, nach meinem Tode in Berlin zu wohnen, obgleich dies **geschäftlich** doch dann erst recht nötig gewesen wäre. — Was die faktische Sachlage anbetrifft, so ist Dir doch lange bekannt, daß ich bereits seit zwei Jahren **meinen** Gewinnanteil am hiesigen Geschäfte dem Londoner zediert habe. Wie hast Du Dir denn das erklärt? Es war notwendig, um nach Aufhören der direkten Verbindung der beiden Geschäfte die Gelegenheit der Interessen aufrecht zu erhalten und zu verhindern, daß London uns überall Preiskonkurrenz machte und sich selbst in größerem Maße auf Apparatfabrikation einrichtete. Mit einer Vertröstung auf die Zukunft war Wilhelm nicht zufrieden — —. Mein erster (Woolwicher) Vorschlag bestand darin, alle vier Geschäfte zu vereinigen und jedem ein Präzipuum für die Geschäftsführung zu bewilligen. Damit waret Ihr beide nicht einverstanden, obschon Wilhelm sich dessen gegenwärtig nicht mehr entsinnt. Gegenwärtig würde Wilhelm damit einverstanden sein, aber ich glaube, Du wirst es nicht sein. Walters Kontrakt ist hinderlich, und es ist auch jetzt, nachdem das große Tifliser Risiko überwunden ist, nicht mehr billig. Freilich gilt das zum Teil auch für London. **Wilhelm ist überhaupt nicht geneigt, auf Risiko ein wesentliches Gewicht zu legen.** Er fühlt sich persönlich gekränkt, wenn man Gefahren sieht oder Zweifel ausspricht, und meint, das Kapitalinteresse sei durch die Zinsen völlig kompensiert[1]). Es ist schwer, diese abweichenden Grund-

---

1) Zu diesen „sonderbaren Ansichten Wilhelms über Kapital und Arbeit" bemerkte Karl: „Inzwischen dürfte ihm wohl die Erfahrung die Unhaltbarkeit seiner Theorie bewiesen haben. Was hat man von den Zinsen, wenn diese mit dem Kapital zum Teufel gehen, was doch bei der famosen Kabellegung der Fall war? Der Arbeitende verliert in solchem Falle nur die Arbeit von einigen Monaten, während der

anschauungen unter einen Hut zu bringen. Ich fange an, daran zu verzweifeln. Die Resultate ändern immer die früheren Ansichten über das, was recht und billig ist. Ich habe jetzt auch einen hübschen Anteil von Halskes Anschauungen eingesogen und fange an, mich nach **Ruhe** zu sehnen. — Die Sache steht nun faktisch so, daß **Tiflis** gleichmäßig von Dir und mir organisiert ist mit unserem gemeinsamen und gleichen Kapitalrisiko. Es ist also in der Ordnung, daß dies Geschäft unter Walters Leitung fortgeht, wie es unter uns festgesetzt ist. **England ist** ganz auf mein Risiko basiert; denn für das Guthaben von Siemens & Halske muß ich natürlich als Teilhaber der Firma Siemens Brothers in London haften. Mit Wilhelm gemeinsam dasselbe Geschäft zu leiten, ist aber nicht angenehm, da er zu ehrsüchtig und etwas mißtrauisch ist. Ich glaube, er würde zufrieden sein, wenn ich als Associé en commandite mit ein Drittel oder meinetwegen ein Viertel Anteil am Gewinn in das abgesonderte Londoner Geschäft einträte, und wenn er dafür sein Anteilsrecht am Berliner Geschäft aufgäbe. Bleibt dann das **Berliner und Petersburger Geschäft**. Die könnten wir auflösen, verkaufen, zusammen betreiben, oder Du allein mit mir als Kommanditär, wie in England (schlafender Kompagnon, wie Wilhelm sagt). Ich glaube beinahe, letztere Alternative wäre die beste. **Das laufende geldbringende Geschäft wird mir doch schon langweilig.** Ich denke, Tiflis wird schon mehr bringen, wie ich brauchen kann. **Durst nach großen Reichtümern habe ich gar nicht. Für die Kinder sind sie sogar ein Unglück.** Beschäftigen — konstruktiv und wissenschaftlich — könnte ich mich ja doch nach Belieben. Ich muß gestehen, daß mich die künftige Zersplitterung der Interessen und das fremde konkurrierende Verhältnis zwischen England und Berlin zurückstößt. Mit Dir ist das was anderes. Du bist noch jünger und hast eine größere Meinung von dem Glücke, reich zu sein, wie ich. Das Geldinteresse wird Dich über manche Verdrießlichkeiten fortführen.

Die Stimmung dieses Briefes hielt jedenfalls noch eine Weile an, wie das aus folgenden weiteren Briefen hervorgeht, weniger aus dem ersten, als aus dem zweiten und auch noch aus einigen späteren:

Werner an Karl, 11. April. Ich wünsche Fortdauer der eingeleiteten Geschäfte unter lebensfähigen Bedingungen und wünsche, daß die, welche ihr Geschick an unsere Geschäfte geknüpft und uns treu gedient haben, möglichste Berücksichtigung und fernere sichere Existenz

---

Kapitalgeber vielleicht das Resultat seiner Arbeit von 30 Jahren verliert. Wilhelm sagte und schrieb früher oft: „Wärme ist Kraft, und Kraft ist Wärme, weil man eins ins andere beliebig verwandeln kann." Mit demselben Recht kann man auch sagen: „Arbeit ist Kapital, und Kapital ist Arbeit." Wärme läßt sich sogar noch leichter in Kraft, als Arbeit in Kapital verwandeln, während jeder Faulpelz und Dummkopf sehr leicht Kapital in Arbeit verwandeln kann. Wilhelm würde ganz recht haben, wenn er in seinem Geschäfte das Kapital hypothekarisch sicherstellte."

finden. Alles übrige steht in zweiter Reihe für mich, am meisten mein persönlicher Komfort. — 14. April. Das hiesige Geschäft braucht wirklich jüngere Arbeitskräfte; ich fühle mich nicht mehr lebensfrisch genug dafür. Ehrsucht und Golddurst wollen nicht mehr recht ziehen. Nur das wissenschaftliche Interesse hält noch etwas Stich; doch auch da mangelt der frische Impuls. Darunter leidet das Geschäft. Halske geht es nicht anders und Meyer ist ein alt gewordener schwer kranker Mann. Schon das wird Dir plausibel machen, daß mein Vorschlag ernst gemeint ist, Du mögest, wenn Du jetzt fest entschlossen bist, Rußland zu verlassen, das hiesige und das Petersburger Geschäft übernehmen und mich als Associé en commandite mit $1/_3$ Anteil mit meinem Kapital im Geschäft behalten. Halske und ich bleiben dann die alten Geschäftsonkel — —. Auch ich hielt es früher für unbillig, weniger wie $1/_2$ Anteil am Londoner Geschäft zu haben, während ausschließlich mein Kapital dort arbeitet. Jetzt bin ich darin anderer Ansicht. Die persönliche Leitung und intelligente Arbeit ist mehr wert!

Karl an Werner, 23. April. Nach meiner Meinung müßte zunächst festgestellt werden, unter welchen Bedingungen Halske im Berliner Geschäft bleiben will, und unter welchen Bedingungen Wilhelm auf seine Beteiligung am Berliner Geschäfte verzichtet. Sind diese beiden Punkte erledigt, so werden wir bald einig werden. Überhaupt möchte ich Dich bitten, in dieser Beziehung ganz nach Deinen Wünschen zu verfahren. Wenn ich je merken sollte, daß Du nicht ganz zufrieden mit Deinem Schicksale bist, so werde ich erst recht unzufrieden sein. Schreibe mir also 'mal ausführlich, wie die Sache arrangiert werden müßte, wenn sie so recht nach Deinem Schnabel sein sollte. Ich bin auch gar nicht solch' ein Jäger nach Reichtümern, und da ich jetzt auch die Überzeugung habe, daß das Tifliser Geschäft mir mehr abwerfen wird, als ich brauche, so ist mir die Anteilsfrage in bezug auf die übrigen Geschäfte ziemlich gleichgültig. Mein Traum ist eigentlich, künftig so wenig als möglich gebunden zu sein, wenigstens für eine gewisse Zeit. Der 13 jährige Zwang hat mich etwas wild gemacht, aber das wird sich bald wieder legen. Wenn ich z. B. künftig speziell das Berliner Geschäft leiten sollte, so möchte ich ein paar Monate im Jahr oder auch nur 6 Wochen ganz frei sein können, und fragt es sich, ob das möglich zu machen ist.

Werner an Karl, 30. April. Nimm nur immer an, unsere Angelegenheiten regulieren sich so, daß Dir die spezielle Leitung des Berliner Geschäftes zufällt, wenn Du „für diesen Fall" entschlossen bist, Deinen regelmäßigen Wohnsitz in Berlin zu nehmen. — 12. Mai. Mit Wilhelm denke ich auf der schon früher mitgeteilten Basis zu verhandeln, daß er auf Anteil am Berliner Geschäfte verzichtet und dagegen das englische Geschäft allein übernimmt, mit mir als stillem Kompagnon und $1/_3$ Gewinnanteil. Da er jetzt eben gute Kabelgeschäfte in Wien abgeschlossen hat (Verkauf des in Toulon liegenden Kabelrestes und ansehnliche Neubestellung), so wird er nicht abgeneigt sein. Ich werde nötigenfalls mit $1/_4$ Anteil zufrieden sein.

Prinzipielle Entscheidung für ein Gesamtgeschäft. Am 12. Mai war Werner also noch zum Rücktritt entschlossen. Eine Woche später faßte er dagegen schon die Eventualität ins Auge, als aktiver Teilhaber im Geschäft zu bleiben. Was hatte sich inzwischen geändert? In seinen persönlichen Verhältnissen gar nichts, in den geschäftlichen nur wenig; denn eine **Belebung des Geschäftes** war schon vorher eingetreten:

Werner, 12. Mai. Wir waren hier so lange Jahre der Meinung, daß das Geschäft zu Ende gehen müßte, wenigstens das telegraphische — und jetzt müssen wir mitten im Kriegsgeschrei an **Vergrößerung** denken und einen Flügel anbauen. Wir können schon seit längerer Zeit nicht mehr den Anforderungen entsprechen, und jetzt droht das **Wassermesser-Geschäft** uns zu verschlingen, und die **Alkoholometer und Kontroll-Apparate** stehen drohend im Hintergrunde. Man baut jetzt billig und kann am Ende das Geld nicht solider anlegen. Übrigens spielen die 5000 Taler, die der Bau höchstens kostet, keine Rolle.

Das war es nicht, was Werner wieder mehr Tätigkeitsdrang einflößte; wir wissen es ja: diese gewöhnlichen, wenn auch einträglichen Geschäfte interessierten ihn nicht. Nein, etwas ganz anderes hatte inzwischen begonnen: der so lange sehnlichst von ihm erwartete „**moralische Aufschwung**". Wir haben schon gesehen, wie befreiend und anspornend die sich damals vorbereitende **große polititische Krisis des Jahres** 1866 auf ihn (und nicht nur auf ihn) wirkte[1].

Wilhelm hielt sich Mitte Mai auf der Durchreise einige Tage lang in Berlin auf[2]. Werner machte ihm in dieser Zeit folgende Vorschläge:

Durch Karls Absicht, Rußland zu verlassen und nach Berlin zu ziehen, modifiziert sich meine Stellung zum hiesigen Geschäfte notwendigerweise, und es ist ein anderes Arrangement mit Wilhelm in London und hier notwendig. Es sind drei Eventualitäten in Betracht zu ziehen:

I. **Ich trete als Kompagnon sowohl aus dem englischen wie aus dem hiesigen Geschäfte aus**, bleibe nur im russischen mit Karl und Walter assoziiert nach Maßgabe des mit Walter abgeschlossenen Kontraktes. Da das englische und das Berliner Geschäft hauptsächlich mit meinem Kapital und Risiko etabliert sind und auch noch betrieben werden, ich auch anderweitig zum großen Teil die **technische Grundlage** beider Geschäfte geliefert habe, so glaube ich zur Forderung eines fortwährenden Anteils von einem Drittel des Gewinnes an beiden Orten außer Verzinsung des Kapitals mit 5 Proz. berechtigt zu sein. Ein

---
1) Vgl. oben S. 283.
2) Danach ist Pole p. 184 richtig zu stellen.

Arrangement zwischen Wilhelm und Karl zur Vermeidung einer unpassenden und schädlichen Konkurrenz zwischen beiden Geschäften bleibt ihnen vorbehalten. Ich behalte mir im Berliner Geschäfte ein Laboratorium und in beiden Geschäften die Zustimmung resp. Ablehnung von neuen mit wesentlichen Risiken verknüpften Unternehmungen vor. Firmen-Frage bleibt offen.

II. **Ich bleibe im Londoner und Berliner Geschäfte als aktiver Associé.** Dies läßt sich auf zwei Weisen arrangieren.

1. Karl tritt mit mir und Wilhelm in das Berliner und Londoner Geschäft ein. Wir haben uns über ein Präzipuum Wilhelms für Führung des Londoner Geschäftes zu verständigen, welches ihn für die finanzielle Einbuße durch Karls Eintritt entschädigt;

2. Karl tritt mit uns beiden zum Londoner und Berliner Geschäft als Kompagnon ein. Karl erhält $1/5$, wir beide je $2/5$ des Gewinnes.

Wilhelm erklärte sich mit **beiden Vorschlägen Werners** einverstanden, worauf dieser sie Karl unterbreitete:

Werner an Karl, 19. Mai. Es steht nun die Entscheidung bei Dir. Ohne völlige Vereinigung des hiesigen und Londoner Geschäfts mag ich an der speziellen Geschäftsführung nicht partizipieren. Ich fürchte die störenden Reibereien und die nicht zu vermeidende gegenseitige Konkurrenz. Auch wäre etwas gewaltsame Ruhe mir am Ende ganz gut. Meine Stellung **außer** beiden Geschäften würde mich doch als Vermittler zwischen Euren divergierenden Interessen ganz nützlich machen — —. Im Falle Du Dich für **volle Vereinigung** entscheidest, soll ein **einheitliches** Geschäft mit **einem** Kapitalkonto (Berlin) und Anteil der Tantièmisten gleichmäßig an beiden Geschäften etabliert werden — —. Soviel ist klar, daß das **Londoner Geschäft durch Wilhelms Persönlichkeit ein solides Fundament gelegt hat, daß es sich großartig entwickeln kann und wird**, wenn es nicht mehr durch Kapitalmangel gehindert wird und die Zeiten nicht zu schlecht werden. Bisher hat Wilhelms großer **persönlicher Kredit** den Kapitalmangel teilweise gedeckt, wie schon daraus folgt, daß das Geschäft etwa dreimal im Jahre sein **ganzes Kapital umgesetzt hat**, obschon gut $1/3$ in Aktien pp. festliegt, die an Zahlungsstatt genommen werden mußten. Bei uns wäre so was gar nicht möglich. **In England ist der persönliche Kredit ein viel wichtigerer Faktor als bei uns.**

Karl entschied sich für Werners zweiten Vorschlag, wodurch dessen bisherige Stellung als Hauptleiter der Siemens-Firmen erhalten blieb. Im Prinzipe bedeutete dies schon die Errichtung eines einheitlichen **Gesamtgeschäftes** mit folgender Gewinnbeteiligung: Werner 40 Proz., Wilhelm 40 Proz., Karl 20 Proz.; doch wurde formell noch nichts abgemacht, und es waren auch noch bedeutende Schwierigkeiten zu überwinden.

Wilhelms Gesundheitszustand. Karl soll nach London übersiedeln, entscheidet sich aber für den Kaukasus. Die Anstrengungen und Sorgen, welche große Unternehmungen mit sich bringen, übten um diese Zeit auch auf Wilhelms Konstitution ihre Wirkung aus. Gegen Ende Juli 1866 wurde er so krank, daß er einen Monat lang an der See sich von jeder Tätigkeit fernhalten mußte [1]):

Werner an Wilhelm, 11. August. Deine Mitteilung über Dein Unwohlsein hat mich recht erschreckt. Ruhe und Seeluft werden hoffentlich die alte Frische bald wieder hervorgerufen haben, doch mußt Du Dich künftig mehr schonen und in acht nehmen vor zu großer Aufregung und Anstrengung. Vor ungefähr 6 Jahren, also etwa in Deinem Alter, fing auch bei mir das Oberstübchen an „aufzumucken", wie der Berliner sagt. Seit der Zeit muß ich auch meinen Kopf schonen und fühle trotzdem eine wesentliche Abnahme meiner Arbeits- und Geisteskraft [2]).

Im Oktober war Werner in London. Während seines Dortseins hatte Wilhelm einen neuen Anfall, der Werner sehr besorgt machte. Er schlug deshalb, im Einverständnisse mit Wilhelm, Karl vor, nach London überzusiedeln und die Leitung des dortigen Telegraphengeschäfts zu übernehmen:

27. Oktober. Wilhelm ist längere Ruhe notwendig. Er hat dieselben Zustände, an denen ich vor 2 Jahren litt, in verstärktem Maße. Vor einigen Tagen bekam er wieder einen Anfall von Blutandrang zum Kopf, mit eiskalten Extremitäten, Schwindel etc., der recht ängstlich aussah. Er fühlt selbst, daß er Ruhe braucht, möchte sich entlasten und eine zuverlässige Hülfe haben, die ihm einmal das Telegraphengeschäft wesentlich abnimmt, dann aber auch den Fortbestand des Geschäftes für den Fall plötzlicher Invalidität sicherstellt. Jetzt würde ja mit Wilhelms Tode so ziemlich alles aus und das Kapital größtenteils verloren sein. Anne [3]) hätte dann nichts zu leben. Wilhelm schlägt also vor, Du möchtest nach London ziehen und zpeziell die Leitung des Telegraphengeschäftes übernehmen. Das Londoner Telegraphengeschäft wird sicher das Berliner ganz ungemein überwiegen. Ohne die großen alten Verluste (Oran, Spanien, Mexiko) würde es schon lange alles Kapital (etwa 200 000 Taler) zurückgezahlt haben. Wären nicht noch gegen 8000 £ Spanier totzumachen, so würde in diesem Jahre der Verdienst auf über 20 000 £ zu schätzen sein. Im vorigen Jahre war ein ähnliches Verhältnis, nur waren

---

1) Es war die Zeit, als Emil Martin das wichtige Verfahren zur Verwendung des Bessemerabfälle im Siemens-Ofen sich hatte patentieren lassen, während Wilhelm sich mit Tiegelbetrieb und „Erzprozeß" abquälte. Vgl. oben S. 348 ff.

2) Einige Jahre später schrieb Fr. Crome an Wilhelm: Dein Organismus ist kein Stahlofen, als welchen Du ihn bisher behandelt hast.

3) Wilhelms Frau.

die Bären noch größer[1]). **Kaufmännische Vorsicht** ist dem Geschäfte also vor allen Dingen nötig, dann ist es fast jeder Ausdehnung fähig. Es ist also der rechte Platz für Dich, und ich kann nicht umhin, Wilhelms Vorschlag zu unterstützen, so lieb es mir wäre, Dich in Berlin zu haben. Gehst Du darauf ein, so schlägt Wilhelm vor, daß wir drei das Londoner Geschäft gemeinschaftlich und zu gleichen Gewinnteilen führen. Meinesteils lasse ich mich noch handeln, namentlich für den hoffentlich bald eintretenden Fall, daß mein Kapital nicht mehr das ganze Risiko trägt.

Die Sachlage komplizierte sich noch weiter dadurch, daß Halske inzwischen auch wieder unternehmungslustig geworden war und gerne im Geschäft geblieben wäre.

Werner an Karl, 18. Oktober. Halske könnte dann $1/8$ des Gewinns von Berlin behalten, und die übrigen $2/8$ würden, wie jetzt mein Anteil, in London als Gewinn gebucht werden. — 6. November. Halske ist jetzt durchaus nicht abgeneigt, im Berliner Geschäfte als Kompagnon zu bleiben; aber es gibt zwei schwierige Haken: 1. sträubt er sich gegen Assoziierung mit Wilhelm aus bekannten Gründen, und 2. fürchtet er eine schiefe persönliche Stellung dem englischen Geschäfte gegenüber, da er allein an demselben unbeteiligt wäre; er wäre aber nicht abgeneigt, sich als Kommanditär mit einem kleinen Anteil an demselben zu beteiligen.

Karl schwankte längere Zeit, ob er dem Rufe Folge leisten solle, der „wie ein Blitz aus heiterem Himmel" in seine Pläne einschlug. Seine Frau war erkrankt, und weder er noch sie konnte sich unter diesen Umständen rasch entschließen. Auch die Frage der Wiederbeteiligung Halskes ließ sich nicht gleich entscheiden:

Wilhelm 12. November. Wenn Halske auch wieder hinzutreten will, so wird die Teilungsberechnung allerdings komplizierter. Zu wünschen wäre es, daß alle Telegraphen-Unternehmungen in einen Topf geworfen würden, um dann auch größere Unternehmungen durchführen zu können. Es fragt sich aber, ob Halske auch Lust zu neuen Unternehmungen hat!?

Es war der Augenblick, als die Brüder die **Indo-Europäische Linie** unternahmen; Wilhelms Zweifel war also doppelt begründet.

Die Beseitigung dieser Bedenken konnte erst im Jahre 1867 erfolgen, während die Gesellschaftsverträge schon Ende 1866 abliefen. Da überdies die Abgabe der russischen Remonteverwaltung auch erst teilweise 1867 stattfand, so wurden die Gesellschaftsverträge zunächst einfach bis zum 1. Januar 1868 verlängert.

---

1) Es handelte sich um Abschreibungen auf die Forderungen an Spanien und Mexiko Vgl. oben S. 172.

Im Januar 1867 faßte Karl den Gedanken ins Auge, nach dem Kaukasus, statt nach England überzusiedeln, wofür mancherlei gewichtige Gründe sprachen: das gute Klima, Notwendigkeit einer Überwachung der sehr mangelhaften dortigen Geschäftsleitung, die Aussicht auf neue Geschäfte (Naphtha usw.)[1]:

Karl an Werner, 31. Januar 1867. Mein kaukasischer Plan gefällt mir von Tag zu Tage besser. Für London gibt es passendere Leute als ich; denn Rußland kenne ich, England aber nicht, und solltest Du auch wirklich Dein Geld in England unter meiner Aufsicht sicherer glauben, so wird Dir auf der anderen Seite der Kaukasus sehr bald den Unterschied tausendfach bezahlen. Unser Interesse liegt vielmehr auf dieser Seite, das kannst Du glauben. Ich habe natürlich ein noch viel größeres Interesse als Du; denn erstens steckt mein ganzes Haben im Kaukasus, und zweitens bietet dieser die Aussicht, endlich eine gesunde Frau zu bekommen.

Werner überließ Karl die Entscheidung während Wilhelm diesen von seinem Plane abzubringen suchte, was aber nicht gelang:

Werner an Karl, 16. Februar. Ich bin ganz Deiner Ansicht, daß Du in Tiflis ebensoviel wie in England nützen kannst. Der Fehler ist nur, daß Du noch länger ohne festen Zukunftsplan und festes Domizil bleibst, was für Dich und die Deinigen nicht gut ist. Ob Tiflis gerade für Deine Frau so nützlich ist, weiß ich nicht zu beurteilen. Ist das aber Eure feste Überzeugung, dann ist ja diese Rücksicht entscheidend. Wilhelm wird sich schon durchhelfen, wenn nötig, mit Loefflers Aufnahme in die Firma. Wir sind nun 'mal alle Sklaven unseres Geschickes! Auf meinen pekuniären Vorteil nehme ich selbst keine entscheidende Rücksicht, laß' die also nur bei Seite. Glaube mir, daß ich immer mehr Deinen und Wilhelms Nutzen und Interesse bei meinen Vorschlägen im Auge gehabt habe. Ich glaube sogar selbst, daß mein Geldinteresse besser aufgehoben ist, wenn Du auf einige Zeit nach Tiflis gehst. Überlege Dir also alles ruhig vom Standpunkte Deines häuslichen und pekuniären Interesses aus und sei meiner Zustimmung sicher, wenn Du zu einem bestimmten Entschlusse gekommen bist.

Karl an Werner, 28. Februar. Ich schicke Dir Wilhelms Antwort auf meinen Brief. Ich muß gestehen, daß ich jetzt froher bin denn je, daß aus meiner Übersiedelung nach London nichts geworden ist. Ich habe schon viel darüber nachgedacht und gefunden, daß sehr vieles dagegen spricht. Wilhelm ist ein braver und gescheuter Mann, aber es ist schwer mit ihm fertig zu werden — —. Ich bin zwar früher in England ganz gut mit Wilhelm fertig geworden, aber wenn ich die Sache bei Licht besehe, so war ich allein derjenige, welchem das Verdienst daran zuzuschreiben ist. Ich war damals ein junger Mensch ohne eigenen Willen und tat alles, was Wilhelm wollte, und was ihm angenehm war.

---

1) Vgl. S. 382 ff.

Es liegt auf der Hand, daß ich seitdem ein ganz anderer Mensch geworden bin. Ich bin bald 14 Jahre ganz selbständig, gewohnt, daß alle, die mich umgeben, nach meiner Pfeife tanzen, und nun soll ich plötzlich selbst das Tanzen lernen und zwar nach einer Pfeife, die sehr häufig nichts weniger als harmonisch pfeift. Du, lieber Werner, kannst das gar nicht so beurteilen, weil Deine Beziehungen zu Wilhelm ganz andere sind. Ich bin ihm immer der jüngere Bruder ohne jedes Ansehen in England und ihm in bezug auf technische Kenntnisse sehr nachstehend. Meine Stellung könnte mit der Zeit unerträglich werden, und das Ende vom Liede würde sein, daß ich mich eines schönen Tages gründlich mit Wilhelm verzankte. Lieber will ich trockenes Brot essen, als in Unfrieden leben. Unfriede ist meiner Natur zuwider. Ich habe den Fehler, anzusammeln, aber dann schließlich wie eine Bombe zu platzen. Unter solchen Umständen bleibe ich tausendmal lieber Wilhelms lieber Bruder und guter Freund und versuche mein Heil wo anders. Eine ganz andere Sache wäre es, wenn Du an Wilhelms Stelle wärest. Mit Dir würde ich schon fertig und dann würde ich auch ganz gerne nach Deiner Pfeife tanzen, aber nur im äußersten Notfalle nach der Pfeife eines anderen. — Was W. über den Kaukasus schreibt, beweist nur, daß er ihn nicht kennt, weiter gar nichts. Ich will gerne glauben, daß er sich dort nie wohl fühlen würde; aber ich befinde mich in einer ganz anderen Lage. Ich lebe schon seit 14 Jahren in einem halbkultivierten Lande und bin, was Wissenschaft betrifft, selbst ein halber Wilder geworden. Durch das geschäftliche Treiben und auch durch Mangel an dem richtigen Umgange bin ich mehr Kaufmann als Techniker geworden, so daß ich gar keinen so großen Drang nach dem Focus der Zivilisation habe. Mein Streben ist nach gemütlichem Leben und lohnender Beschäftigung gerichtet. Beides finde ich im Kaukasus, in London aber keinesfalls beides, vielleicht sogar keins von beiden. Außerdem steckt ja das Resultat meiner 14jährigen Arbeit dort und zwar, wie wir beide sehr gut wissen, in nicht sehr sicheren Händen. Was ist also wohl natürlicher, als mein Streben, dort mitzuwirken und wo es fehlt, nachzuhelfen?

Werner an Karl, 4. März. Du würdest gut mit Wilhelm fertig werden, ohne nach seiner Pfeife zu tanzen. Wilhelm ist anders geworden, wie er war, und würde Dir gerne die ganze Geschäftsleitung überlassen. Es wird sich das aber auch vielleicht noch in ein oder zwei Jahre arrangieren lassen, und sollte Wilhelm vorher andere definitive Arrangements machen wollen, so wird Berlin immer guten Platz für Dich lassen.

Karl ging also nach dem Kaukasus. Vorher aber wurde die endgültige Neuregelung der Gesellschaftsverhältnisse vorgenommen.

Daß Wilhelm ein Anderer geworden war, geht auch hervor aus seinem, noch im selben Jahre gefaßten Plane, mit Werner zusammen ein Gut im Schwarzwald zu kaufen. Werner rieth ihm davon ab:

19. November 1867. Wir würden in den nächsten Jahren höchstens einige Wochen der Erholung widmen können und die würden wir rationell

zu Fußreisen in der Schweiz, Tirol u. s. w. verwenden. Bei mir kommt noch der Umstand hinzu, daß ich künftig immer suchen werde, die Zeit der Schulferien zu Exkursionen mit meinen Jungens zu benutzen. Ich würde voraussichtlich blutwenig von dem „Schloß am Rhein" haben. Überdies macht ein solcher Besitz erfahrungsmäßig sehr viel Last und Ärger und wenig Vergnügen. Wenn ich mal viel Geld nutzlos liegen hätte, würde ich mehr geneigt sein, ein großes schönes, in bester Ordnung befindliches Landgut in erreichbarer Nähe zu acquirieren als dauernden Familiensitz.

Die Begründung des Gesamtgeschäftes 1867. Die Vereinigung der drei Geschäfte in Berlin, Petersburg und London war im Prinzipe bereits entschieden, während Kedabeg einerseits, Wilhelms Zivilingenieur-Geschäfte andererseits draußen bleiben mußten. Daß Karl jetzt nur in dem Privatgeschäfte Kedabeg für seine und Werners Rechnung tätig zu sein beabsichtigte, und daß auch sein Kapital dort fast ganz festlag, erschwerte naturgemäß seine Stellung innerhalb des Gesamtgeschäftes. Werner zerbrach sich den Kopf über eine gerechte Verteilung des künftigen Gewinns, zumal er auch Walter und Halske dabei beteiligen wollte; Karl kam dabei nicht besonders gut weg. Werner schlug Karl (noch im Februar 1867) folgende Verteilung vor:

Werner 30 Proz., Wilhelm 25 Proz., Halske 20 Proz., Karl 20 Proz., Walter 5 Proz. Es ist das nur eine Idee, ich hoffe aber, die anderen werden darauf eingehen, da Wilhelm befriedigt sein würde. Sage mir rund und nett deine Ansicht ohne Gefühlströdel und Reserve!

Karl nahm den Vorschlag ohne weiteres an. Aber im übrigen blieb alles noch in der Schwebe, bis schließlich im August Werner von den Brüdern dringend, ja, in heller Verzweiflung über die sich immer wieder einstellenden Hindernisse, die endgültige Regelung verlangte.

Karl an Werner, 8. März. Walter und ich sind mit allem zufrieden, was Du für uns tust. Einige Dich also mit Wilhelm und Halske in Deinem und unserem Namen. Betrachtet man die Sache objektiv vom Rechtsstandpunkte, so haben Walter und ich gar keine Ansprüche an das Geschäft von S. & H., weil wir in Tiflis sind; ich höchstens durch mein geringes Kapital, welches in diesem Geschäfte mitarbeitet. Sonst hätten wir uns ausschließlich an Dich zu wenden und zu sagen: „Wir arbeiten hier in Deinem Interesse, gib' uns also Anteil an Deiner Arbeit."

Wilhelm war damals durch die Entwicklung des Siemens-Martin-Verfahrens und durch sonstige Ofengeschäfte derart in

Anspruch genommen, daß er im August dem wiederholten Drängen Werners wegen einer Konferenz in Berlin, wo Karl bereits eingetroffen war, nicht folgen zu können erklärte. Da schrieb ihm Werner zuletzt am 12. August:

> Solchen Lebensfragen unseres ganzen geschäftlichen Daseins gegenüber verschwinden Deine Lichtblitz- und Stahlmachungsgründe. Ich rechne sicher auf Dein Kommen! Du würdest mich sonst zu verzweifelten Entschlüssen treiben, die uns allen vielleicht leid täten. Ich kann in den jetzigen unklaren Wirren von Interessen nicht länger existieren. Es muß Ordnung und bestimmte Klarheit eintreten, bevor Karl zurückreist!

Darauf kam auch Wilhelm nach Berlin, und die Brüder besprachen sich sowohl über diese Fragen, wie über die ebenfalls sehr wichtigen schwebenden Fragen der Indo-Europäischen Linie.

Der Hauptinhalt der damals abgeschlossenen **Gesellschaftsverträge** war der folgende: Wilhelm wurde als Teilhaber in das Hauptgeschäft aufgenommen und Karl in das Londoner Geschäft. Das Petersburger Geschäft wurde als solches aufgelöst und als Kommanditgesellschaft in eine Filiale des Berliner Geschäfts verwandelt. Das Londoner Geschäft behielt die Firma Siemens Brothers bei. Karl Siemens sollte auf zwei Jahre seinen Wohnsitz in Tiflis nehmen, um der Anlage der Indo-Europäischen Linie durch Rußland und Persien, sowie der Einrichtung und dem Betriebe derselben seine Kraft zu widmen,

Das Gesamtgeschäft bildete fortan eine **Familien-Unternehmung**, an deren Erträgen Werner mit 40 Proz., Wilhelm mit 35 Proz. und Karl mit 25 Proz. beteiligt sein sollten. Halske ließ 360000 Taler einstweilen als Darlehen im Geschäft gegen 5 Proz. Zinsen und 10 Proz. als Anteil am Gewinn, die gleich den Tantièmen der Beamten vorweg auszuzahlen waren, ehe die Gewinnanteile der Teilhaber an die Reihe kamen.

Die ganze damalige Regelung war erfüllt von dem Geiste wechselseitigen Entgegenkommens. Am 1. Januar 1868 trat die neue Ordnung der Dinge in Kraft:

> Werner an Karl, 7. Januar 1868. Die neue Geschäftsregulierung ist nun schon Wirklichkeit geworden. Letzten Sonntag habe ich Halske, Vetter Georg, Dubois und sämtliche Beamte und Meister zum Diner eingeladen und ihnen die eingetretenen Veränderungen — Austritt Halskes und Eintritt Wilhelms — mitgeteilt. Halske versprach nochmals unvermindertes Interesse und Tätigkeit im Geschäft und wird es auch halten.

Im Herbste 1869 siedelte Karl nach London über, und sein Gewinnanteil wurde infolgedessen auf 30% erhöht, derjenige Wilhelms auf dem gleichen Satz ermäßigt. Karl war seitdem mit Erfolg bemüht, die immer wieder entstehenden Reibungen zwischen Berlin und London auszugleichen. Werner schrieb ihm gleich nach seiner Ankunft in London, am 7. Dezember 1869:

> Was Du über die Stimmung zwischen dem Berliner und Londoner Geschäfte sagst, hat manches für sich. Meyer und Halske urteilten früher nach den erzielten Resultaten und sahen zu wenig in die Zukunft. Du warst damals dem Londoner Geschäfte und seinen Unternehmungen auch nicht gerade günstig. Meine Stellung war daher sehr schwierig, umsomehr, als auch Wilhelm oft Miene machte, das Telegraphengeschäft ganz fallen zu lassen. Ich habe es damals gehalten, es freut mich also auch natürlich umsomehr, daß das Londoner Geschäft jetzt den Beweis führt, daß ich darin nicht nur brüderlich, sondern auch geschäftlich vernünftig handelte. Beseitigung des unfreundlichen, oft gehässigen Tons zwischen den beiden Geschäften ist meine stete Aufgabe gewesen. Um sie durchzuführen, mußte ich natürlich hier ganz Londonisch und in London ganz Berlinisch reden. Dies ist mir, auch ganz natürlich, auf beiden Seiten verdacht worden. Loeffler hat immer nur London und die dortigen Interessen gesehen und hat Wilhelm darin oft weiter mitgezogen, als wünschenswert gewesen wäre. Dagegen habe ich an Haase zu rühmen, daß er mein Bestreben frühzeitiger erkannt und mich stets unterstützt hat. Ich hoffe, daß solche Einseitigkeiten durch Deine vermittelnde Stellung beseitigt werden. Sonst könnte das Zusammenwirken Einem wirklich verleidet werden. Doch Du mußt Dich hüten, nicht selbst einseitig zu sehen, und Dich immer auf den Standpunkt des Andern stellen.

Im Anfang des Jahres 1870 wurde über eine von London ausgegangene Anregung verhandelt, das ganze Geschäft an eine englische Aktiengesellschaft zu verkaufen; doch Werner wollte davon nichts wissen. Für England, so meinte er, möge es vielleicht ganz zweckmäßig sein, da Kabelunternehmungen großes Kapital und Risiko erforderten. Anders in Berlin und Petersburg:

> Eine englische Kompagnie würde an unserer Stelle da keine Geschäfte machen; auch wenn wir Direktoren blieben, würde unsere Stellung und unser Ansehen geschwächt werden, und unsere jetzigen Freunde würden unsere Gegner werden. Schon vor 10—12 Jahren, wie hier der Schwindel grassierte, hätte ich unser Geschäft mit einer Million Nutzen verkaufen können. Ich mag aber kein Diener werden, und ohne uns kauft man unser Geschäft nicht.

Zweites Kapitel.

Personal, Umsatz und Ertrag der Geschäftsbetriebe.

Vorbemerkungen. Das Material für dieses Schlußkapitel des ersten Bandes ist bei weitem nicht so vollständig, wie für dessen sonstige Teile. Die Geschäftsbücher und die übrigen geschäftlichen Niederschriften sind fast sämtlich vernichtet worden; nur der größte Teil der Geschäftsabschlüsse ist erhalten geblieben. Die Privatkorrespondenz der Brüder Siemens, auf der unsere bisherige Darstellung fast ausschließlich beruht, enthält nur verhältnismäßig wenig Material, aus dem sich die Einzelheiten des inneren Geschäftslebens ersehen lassen. Allerdings ist manches Material, das hierher gehört, schon in anderen Teilen des Buches enthalten, und es wäre an sich geboten, dieses Material im Hinblick auf den inneren Geschäftsbetrieb noch einmal vorzuführen. In manchen Fällen wird das auch geschehen. Aber meist wird, entsprechend dem ganzen Charakter dieses Buches, das ja nur eine geordnete Materialsammlung sein soll, das Schlußkapitel nur dasjenige Material enthalten, das anderweitig noch nicht beigebracht worden ist. Einzelnes muß auch bis zum Schlusse des zweiten Bandes verspart werden, so namentlich alles, was noch über die persönliche Arbeit der Geschäftsleiter zu sagen ist.

Die Beamten. Schon in den Jahren 1850 und 1851 wurden bei der Firma Siemens & Halske die ersten Beamten angestellt: 1850 ein Zeichner, zunächst nur um Zeichnungen englischer Patentanmeldungen zu fertigen, 1851 mitten in der Nottebohm'schen Krisis, ein junger Techniker Elster („Elster senior"), sowie ein Buchhalter Fiedler, der später nach Rußland geschickt wurde. Im übrigen beschäftigte die junge Firma damals nur Lohnarbeiter.

Mit Beginn der russischen Unternehmungen stellte sich sofort Bedarf an weiteren tüchtigen Mitarbeitern ein. Karls erste Gehilfen beim Bau der russischen Telegraphenlinien waren, neben dem Berliner Klempner Loeffler — von ihm nachher — hauptsächlich der frühere Artilleriehauptmann Beelitz und Werners früherer Offiziersbursche Hemp, der ihm in Schleswig-Holstein 1848 wackere Dienste geleistet hatte[1]), Beelitz mit 1500 Rubeln, Hemp mit 1000 Rubeln Gehalt, bei freier Station, Gehaltssätze, die in Berlin allgemeinen Neid erregten. Es herrschte Not an tüchtigen Leuten, und man nahm sie, wo man sie bekommen konnte. Als vollends im Jahre 1854 das russische Geschäft einen mächtigen Aufschwung nahm, wurden weitere „intellektuelle Kräfte" erforderlich. Für selbständig denkende und arbeitende Gehilfen hatte die Firma seitdem meist Beschäftigung; aber es war oft schwierig, solche zu finden.

Für Berlin wurden zunächst William Meyer und Karl Haase gewonnen, für Petersburg Otto Elster.

William Meyer, Werners Jugendfreund, ebenfalls Artillerie-Offizier, hatte 1849 gleichzeitig mit Werner seinen Abschied als Offizier genommen und war technischer Leiter der preußischen Staatstelegraphie geworden. Im Jahre 1854 wurde er als Oberingenieur und Prokurist der Firma mit 2000 Talern Gehalt und 5 % Tantième vom Gewinne des ganzen Geschäfts angestellt. Er war ein systematischer, etwas umständlicher Geist, der mit Halske zusammen innerhalb der Geschäftsleitung das vorsichtig bremsende Element vertrat. Karl Siemens, der ihn anfangs halb scherzhafterweise als „Umstandskommissarius" und „Nachtwächter" bezeichnet hatte, erbat ihn sich schon einige Monate später für die Einrichtung des verwickelten russischen Telegraphenbau- und Remontedienstes. Dabei bewährte sich sein „Detail- und Ordnungstalent". Doch wurde das von ihm eingeführte büreaukratische Verwaltungssystem von Karl später in ein sparsameres und rascher arbeitendes kaufmännisches umgewandelt. In Berlin, wohin Meyer bereits nach einigen Monaten zurückkehrte, und wo er seitdem ständig blieb, führte er die geschäftlich-technische Korrespondenz, soweit sie von Bedeutung war, hatte für Anfertigung von Anschlägen und dergleichen zu sorgen, unterzeichnete die meisten Briefe und leitete das laufende tägliche Geschäft, vertrat auch Werner während

---

1) L.E. 55.

WILLIAM MEYER.

dessen häufigen Reisen. Als er gegen Ende des Jahres 1865 schwer erkrankte, äußerte Werner gegenüber Karl, der meinte, Haase könne Meyer wohl ersetzen[1]):

> Es fehlt ganz ein Ersatzmann für Meyer. Ich kriegte es vielleicht fertig, seine Arbeit mit zu übernehmen, es würde mich das aber ganz fesseln und absorbieren. Du schätzest Meyers Arbeit zu gering. Verwaltungsarbeit läßt sich forcieren und dirigieren. Die Leitung einer Fabrik, an die stets verschiedene und neue Anforderungen gestellt werden, verlangt fortlaufend eigene Arbeit, die nicht zu übertragen ist.

Er starb im Januar des Jahres 1868, zu Werners großem Kummer, der in seinen Lebenserinnerungen des Freundes wiederholt mit Liebe und Hochachtung gedacht hat; namentlich wird auch sein „bedeutendes Organisationstalent" gerühmt.

Gleichzeitig mit William Meyer trat Karl Haase als Oberbuchhalter und kaufmännischer Korrespondent in das Geschäft, mit 700 Talern Gehalt und $2^1/_2\%$ Tantième vom Reingewinn des Berliner Geschäfts. Er reformierte die bis dahin recht primitive, unbeholfene Buchhaltung und führte überhaupt kaufmännische Ordnung ein, was Werner um so höher schätzte, je mehr ihm selbst der Sinn für diese Dinge fehlte. Das Abrechnungswesen zwischen den verschiedenen Geschäften, die Kalkulation, die Gewinnbeteiligung der Angestellten — alles das gestaltete die Buchführung recht verwickelt; trotzdem war sie, soweit sich nach den Geschäftsabschlüssen beurteilen läßt, seit Haases Eintritt musterhaft klar, genau und übersichtlich. Auch sorgte er für rechtzeitige Beschaffung von Betriebskapital, für Innehaltung der Termine bei Bestellungen, für das Versandwesen, für Kasseinstruktionen, für Kassekontrollen usw.

Gegenüber den Sonderinteressen, welche durch Gewinnbeteiligung von Beamten in London und Petersburg entstanden — davon nachher —, vertrat Haase stets nachdrücklich das Geschäftsinteresse, soweit das innerhalb seines Ressorts möglich war. Dadurch zog er sich manche Gegnerschaft zu. Werner aber nahm ihn jederzeit in Schutz:

> 1860. Die technischen Sachen werden nicht von Haase gemacht, und auch in den Preisen folgt er nur den Anweisungen, die er erhält.
> — 1864. Haase ist ein sehr tüchtiger und zuverlässiger Buchhalter, weiß die Buchhaltung auch unter den kompliziertesten Verhältnissen zu beherrschen, eignet sich prächtig zum Kontrolleur, zur Einrichtung von Buchführung und deren Durchführung; doch fehlt es ihm an Initiative — —.

---

1) Vgl. oben S. 281.

Leider sind wir alle keine Kaufleute. Eine zuverlässige kaufmännische Vertrauensperson muß uns zur Verfügung stehen. — 1869. Ich habe Haases Tantième erhöht, weil man Leute um so besser bezahlen muß, je weniger man sie kontrollieren will oder kann. Haase ist der Vater unseres kaufmännischen Geschäfts. Sowohl in Berlin als in allen unseren Zweiggeschäften hat Haase die Buchführung usw. eingerichtet. Wir verstanden davon sämtlich nichts. Im Grunde ist er noch immer der einzige tüchtige Kaufmann im Geschäft, der die anderen instruiert hat und sie vorkommendenfalls sämtlich in die Tasche steckt. Haase ist als begabter Kaufmann in weiteren Kreisen bekannt. Ihn zu verlieren wäre ein größeres Unglück für alle unsere Geschäfte, wie der Verlust der drei anderen Besten, die wir haben, zusammen. Doch hat er noch niemals eine Forderung in seinem eigenen pekuniären Interesse gestellt, was ich ihm besonders hoch anrechne. — — Bücher führen kann jeder; aber die Organisation der Buchführung in unseren verschiedenen Geschäften, so daß sie klappt, ist nicht so ganz einfach. Haase ist eine ganz vorzügliche Arbeitskraft; er arbeitet schnell, richtig, zuverlässig und ist ein umsichtiger Geschäftsmann.

In Petersburg wurde um dieselbe Zeit, wie Meyer und Haase, Otto Elster („Elster junior") als Chef des russischen Ingenieurdienstes angestellt, mit 2000 Rubeln Gehalt. Im Jahre 1856 erhielt er Prokura für das russische Geschäft, sowie $2^1/_2\%$ Tantième vom Gewinne dieses Geschäfts; letzteres geschah auf Werners Wunsch, der ihm dadurch ein eigenes Interesse am Geschäfte geben und ihn besser für Karls Vertretung bei dessen häufigen Reisen befähigen wollte. Aber gerade diese Gewinnbeteiligung, der kein Verlustrisiko gegenüberstand, entfachte in ihm, als bald darauf das Telegraphenbaugeschäft der Firma in Rußland ein Ende nahm, jenen übermäßigen, ungeregelten Geschäftseifer, der für die Firma so schwere Verluste herbeiführte. Im übrigen ist von ihm bereits hinreichend im zweiten Kapitel des ersten Abschnittes die Rede gewesen[1]).

Auch sonst stellten Siemens & Halske in Rußland vorzugsweise Deutsche an, schon weil Russen aus besseren Familien mit guter Bildung damals nur in den Staatsdienst gingen, wo Rang und Orden ihrer warteten. Die Deutschen leisteten auch viel mehr.

Meyer. Petersburg 23. Oktober 1855. Ausländische Ingenieure sind den russischen Offizieren gegenüber selbständiger und geachteter, als Inländer; die inländischen Mechaniker haben mehr als die Deutschen zu leiden — —. Sonst melden sich genug Petenten, aber lauter abgelebte,

---

1) Vgl. oben S. 87, 98—117.

verlaufene Kerle, die ordentlich eklig sind. Recht brauchbar ist keiner dieser Burschen; ihrer drei kommen nicht gegen einen Deutschen auf, und dabei wollen sie stets höhere Gehälter haben.

Aber auch die deutschen Beamten und Lohnarbeiter gaben zu mannigfachen Klagen und Sorgen Anlaß. So verfielen sie oft, wie Elster, einer Art Größenwahnsinn: ein Schlosser nannte sich sofort Ingenieur usw. Sie waren nicht selten eigenwillig und fanden sich nicht immer leicht in die russischen Verhältnisse. Sie mußten sich, bevor sie nach Rußland gingen, zur strengen Wahrung aller Geschäftsgeheimnisse und namentlich auch dazu verpflichten, **nicht in russische Dienste zu treten**, wozu man sie häufig und seit 1856 nicht immer ohne Erfolg zu verleiten suchte. Werner gab damals Karl folgende Ratschläge, die sich sowohl auf Beamte wie auf Lohnarbeiter bezogen:

Werner 1856. Sei nur immer **streng** und rücksichtslos. Das ist in einem so großen Geschäfte nötig[1]). Fängst Du einmal an, auf Privatverhältnisse Rücksicht zu nehmen, so kommst Du in ein Labyrinth von Ansprüchen und Intrigen hinein — —. Einfache, rechtliche und tätige Leute müssen warm gehalten und anderen sichtlich vorgezogen werden. — Dezember 1857. Wichtig scheint es mir, dort durch persönlichen Verkehr mit den Leuten, durch teilnehmendes Eingehen auf ihre kleinen Wünsche resp. Bedürfnisse, durch Aufrechterhaltung ihrer Hoffnung auf die Zukunft, einen **guten Geist** unter den uns treu gebliebenen Leuten zu erhalten und zu erwecken. Ich glaube, Ihr habt dort den Beamtenton etwas zu sehr vorherrschen lassen, wozu der russische Geist allerdings sehr mitwirkt. Wenn die Leute nicht immer per „w i r" in Geschäftsangelegenheiten sprechen, nicht Gelegenheit haben, sich bei Ehre und Sorge des Geschäfts beteiligt zu fühlen, so kann man kein treues Festhalten auch in trüben Zeiten verlangen und erwarten. Meine Praxis, stets mit allen tüchtigen Leuten im Privatverkehr umzugehen, als wären sie ganz meinesgleichen, und geschäftliche Angelegenheiten, die sie angehen, so mit ihnen zu besprechen, als wäre es ihre Sache so gut wie die meinige, — eine Praxis, die mir übrigens natürlich, daher auch weiter kein Verdienst ist —, hat sich stets als zweckmäßig erwiesen. Einigemale lade ich jährlich Werkführer und Bureaubeamte ein etc. Das erweckt persönliches Attachement, welches manches andere erleichtert. Strenge verträgt sich damit sehr wohl.

Werner befürwortete auch stets zeitweiligen Wechsel der Beamten zwischen Berlin und Petersburg:

Die Leute dort dürfen nicht glauben, sie seien hier vergessen, und Rußland sei jetzt ihre Welt.

---

1) Vgl. oben S. 89, 102.

Das russische Geschäft wurde für die Firma bald eine **Pflanzschule** tüchtiger Telegraphenbauer, was der weiteren Entwicklung sehr zu statten kam, namentlich als der Kabelbau von London aus begann.

Gleich unter den ersten Ingenieuren, die Siemens & Halske 1857 nach dem Mittelmeer entsandten, um dort für Newall & Co. Kabel zu untersuchen, befand sich Louis Loeffler. ursprünglich Handwerker, der aber schon 1853, wie wir wissen, Karl in Rußland beim Telegraphenbau gedient hatte. Im Mittelmeer erwarb er sich die Anerkennung Newalls in hohem Grade. Er machte alles gründlich und tüchtig, war Tag und Nacht bei der Sache, wenn es notwendig oder auch nur nützlich war. Newall suchte daher, ihn Siemens & Halske abspenstig zu machen:

Werner an Wilhelm 29. April 1858. Newalls spekulieren auf Loeffler, und dieser scheint nicht abgeneigt, darauf einzugehen, wenn wir ihn nicht in England gut und gewinnbringend verwenden können. Er wird hohe Forderungen stellen.

Im Sommer 1858 richtete Loeffler in London die kleine Werkstatt ein, welche namentlich den von Siemens & Halske für Newall & Co. übernommenen Arbeiten dienen sollte. Als im Herbste desselben Jahres die Firma Siemens, Halske & Co. in London begründet wurde, erhielt Loeffler immer mehr die eigentliche Leitung des dortigen Geschäfts, da Wilhelm zu viele andere Geschäfte betrieb. Er wurde mit 5 % am Gewinne des Londoner Geschäfts beteiligt, was bei ihm, ähnlich wie bei Elster, einen Geschäftseifer auslöste, der vor allem darauf gerichtet war, die Londoner Umsätze durch Herabdrücken der Berliner Apparatpreise oder durch eigene Fabrikation in London zu steigern. Wir wissen, wie sehr diese Bestrebungen unter der Devise „Konkurrenz durch Billigkeit" Werner das Leben verbitterten und endlosen Hader zwischen den Geschäften in Berlin und London veranlaßten. Dieser Grundsatz Loefflers, der Werners ganzem Wesen widersprach, gab auch später noch vielfach zu starken Meinungsverschiedenheiten Anlaß. Wir werden auf ihn zurückzukommen haben.

In der ersten Periode des **Kabelgeschäfts** der Siemensfirmen konnten diese ihre Beamten zwischen Rußland und England austauschen:

Werner an Wilhelm 14. Mai 1858. Die Beamten bleiben bei uns, weil sie aus Erfahrung wissen, daß wir niemand entlassen, wenn er nichts verschuldet hat, selbst wenn wir nichts für ihn zu tun haben. Unsere russischen Kontrakte machen das ausführbar.

In dieser Zeit stieg die Zahl der Beamten schon ansehnlich:
Werner an Wilhelm 10. Oktober 1859. Unser Submarinestab besteht jetzt aus: 1. Wm. Meyer; 2. Hansen; 3. Esselbach; 4. Loeffler; 5. Walter; 6. Pfeiffer; 7. Pütsch; 8. Dede; 9. Hirz; 10. Weyrich; 11. Bärling; 12. Reinecke; 13. Delitscher; 14. Sonnemann; 15. Höltzer I; 16. Höltzer II. Eine ganze Reihe schon, die uns viel Kopfbrechen machen wird, wenn keine Kabel zu legen sind. Ich hoffe, 1–8 sind als Leiter zu gebrauchen, die beiden letzten erst nach wenigstens zwei Legungen. Aber gerade die Ausbildung von Leitern muß uns besonders am Herzen liegen; denn Hilfsarbeiter finden sich schon immer. Hansen ist schon lange in unserem Geschäfte, kann also mit Leuten wie den Mechanikern etc. nicht auf gleiche Stufe gestellt werden. Hirz und Sonnemann aus Rußland sind jetzt im Exerzieren. Ganz tüchtige Leute. Letzterer gelernter Chronometermacher, der mehrere Jahre bei Dent gearbeitet hat; fertiger Engländer und tüchtiger Telegraphenmann. Reinecke ist ein junger Mensch, der recht gute Anlagen zu haben scheint, die aber noch nicht vollständig entwickelt sind. Er hat früher Medizin studiert, ist aber durch Vermögensverhältnisse gezwungen gewesen, dies aufzugeben; er hatte bisher hier 25 Taler monatlich. Gieb' ihm soviel, daß er davon anständig in London leben kann; das genügt vorläufig. — 23. April 1860. Loeffler und Hansen werden bald von Alexandrien wieder hier eintreffen. Das beste wird sein, beide nach England weiter zu schicken. Hansen repräsentiert immer am besten. Weyrich ist in wissenschaftlichen Experimenten noch gar nicht bewandert, er würde daher Esselbach (erkrankt) nicht vertreten können. Pütsch ist der am meisten Geeignete. Er spricht auch fertig Englisch. Er soll noch 2–3 Tage den Gang der Kabeluntersuchungen und unsere Korrespondenz darüber durchstudieren und dann abreisen. Ich dachte, Weyrich den Drucker gründlich studieren und sich darauf einüben zu lassen und dann ihn mit demselben nach England zu schicken. Du hättest dann in Löffler und Weyrich tüchtige und rationelle Praktiker, in Hansen und Pütsch gute Experimentatoren. Sollte Esselbach wirklich ganz ausscheiden müssen, und Hansen nicht ganz zur Telegraphie übergehen wollen, so muß noch ein wissenschaftlicher Ersatzmann geschaffen werden. Wir haben dazu einen sehr tüchtigen Schuloberlehrer und Landwehroffizier in Aussicht.

Wie hieraus hervorgeht, hatten die technischen Beamten teils mehr wissenschaftliche, teils mehr praktische Aufgaben zu lösen, und in der Regel waren sie nur für das eine oder das andere gut geeignet. So verlangte z. B. Wilhelm 1858 einen wissenschaftlich gebildeten Mann für elektrische Kabelprüfungen. Werner schickte ihm darauf Dr. Esselbach, bezweifelte aber, ob er ein praktischer Telegraphenmann werden würde.

Als das englische Kabelgeschäft ins Stocken geriet, und zugleich auch in Rußland immer weniger zu tun war, konnten die Siemens-Firmen nur noch einen Teil dieser Beamten verwenden, von denen deshalb einige in den Dienst der englischen Regierung traten. Hierher gehört namentlich Esselbach, der aber schon 1862 bei Legung des persischen Meerkabels seinen Tod fand. Andere fanden bei Konkurrenten der Siemens-Firmen Unterkommen, ein Vorgang, der sich später immer häufiger wiederholte. Die Siemens-Firmen haben eine lange Reihe von Kräften ausgebildet, welche dann anderen Unternehmungen zugute gekommen sind.

Für selbständige Stellungen waren stets nur einzelne Beamte verwendbar. So wurden beim Bau der Indo-Europäischen Linie von den im Kabelbau ausgebildeten Beamten nur die beiden Höltzer als Leiter von Abteilungen verwendet und von den alten russischen Beamten nur der getreue Hemp, von dem Karl schon 1860 gesagt hatte, ihm fehle nur Schulbildung, um ein ausgezeichneter Administrator und Telegrapheningenieur zu werden. Werner legte beim Bau der Indo-Europäischen Linie das entscheidende Gewicht darauf, es müsse den leitenden Beamten möglichst viel Selbständigkeit gelassen werden [1]). Welche Erfahrungen damit gemacht wurden, ist früher geschildert worden: Höltzer I erwies sich als nicht ausreichend selbständig, Höltzer II anfangs als zu selbständig; Hemp befriedigte auch damals am meisten, obwohl er keine überdurchschnittliche Intelligenz besaß: er war ein durchaus praktischer Mensch, der unerwarteten Schwierigkeiten gegenüber das Notwendige tat, so gut er es verstand, nötigenfalls im Widerspruche mit erhaltenen Instruktionen, die er aber sonst sorgfältig beachtete.

Über unzureichende Leistungsfähigkeit und namentlich mangelhafte Selbständigkeit des Kontorpersonals klagten damals sowohl Wilhelm wie Karl Siemens:

Wilhelm 11. Juni 1863. Wir haben, denke ich, den Herren Kontorschreibern hinreichend viel Zeit geopfert, um dahin zu kommen, daß man ihnen nichts überlassen kann. — Karl 15. November 1862. Mein Kontorpersonal ist nicht besser, als Brennholz. Es sind Maschinen, die nur tun, was ich ihnen speziell vorschreibe. — 7. Februar 1897. Hollmann ist ein gewandter Kaufmann und ein sehr fähiger Mensch, der selbständig denken kann, wodurch er sich von unserem übrigen Personale unterscheidet.

Wie schwierig es war, selbständige geschäftliche Leiter größerer Unternehmungen zu finden, beweisen namentlich die Erfahrungen, die die Brüder mit ihrem Kupferwerk im Kaukasus machen

---

1) Vgl. oben S. 215 ff., 225, 252.

mußten. Drei Direktoren mit berg- und hüttenmännischer Ausbildung waren dort hintereinander erfolglos tätig. Schließlich übertrug Karl die Geschäftsleitung Bolton, der ursprünglich in Dorpat sich für die diplomatische Laufbahn vorbereitet hatte, aber 1854 in Petersburg bei Karl als Kontorist eingetreten war. Als er 1867 nach dem Kaukasus kam, verstand er vom Kupfergeschäft noch gar nichts und wurde zunächst nur Büreauchef in Tiflis. Aber nach Abgang des dritten Berg- und Hüttenmannes nahm Karl ihn nach Kedabeg mit, wo er ihn in drei Monaten so weit einübte, daß er mit Hilfe von technischen Hilfskräften die Direktion erfolgreich führen konnte:

Die Herren Berg- und Hüttenassessoren waren gar zu eigensinnig und konnten sich nicht an die kaukasischen Verhältnisse gewöhnen. Dorthin gehörte ein Mann, der, wie man zu sagen pflegt, mit allen Hunden gehetzt war. Geschäftserfahrung und Kenntnis der Landesverhältnisse waren vor allem nötig (Äußerung des Herrn Karl von Siemens aus dem Jahre 1902).

Wiederholt mußten die Brüder Siemens, namentlich anfangs, bittere Erfahrungen mit untreuen Beamten machen, wogegen dann Haase durch systematische Kontrolen nach Kräften wirkte:

Werner an Karl 4. November 1863. Diese ewigen Betrügereien sind doch gräulich und müssen uns sehr vorsichtig machen. Leider sind wir alle keine Kaufleute, daher leicht anzuführen.

Überhaupt vertraute besonders Werner seinen Mitarbeitern so lange wie möglich und trennte sich von ihnen nur höchst ungern, wie sich das am deutlichsten bei Elster und Bernoulli zeigte, deren Entlassung Karl oftmals dringend, aber vergeblich empfahl.

Werner bildete nicht selten junge Naturforscher und Techniker in seinen Methoden aus. Auch mit ihnen mußte er manchmal recht Unerfreuliches erleben, so z. B. mit den Engländern Jenkin und Sabine:

Werner an Wilhelm 5. Januar 1865. Herr F. Jenkin war mit Deiner Empfehlung hier, und ich habe ihn nach Möglichkeit unterstützt. Seine Versuche über submarine Stromleitung, die ich noch nicht kannte, wünschte er übersetzt und in Poggendorfs Annalen eingeschickt zu haben. Das Verlangen, daß ich dies bewirken sollte, ist eigentlich psychologisch interessant. Durch die ganze Abhandlung weht der Hauptzug, unsere Leistungen zu ignorieren oder als illusorisch darzustellen — —. 4. Januar 1866 (betr. Widerstandseinheit zur Messung des elektrischen Stromes; vgl. Wissenschaftl. und technische Arbeiten von Werner v. Siemens I, 184 ff.). Jenkin ist in Wirklichkeit ebenso wie Matthießen. Sieh' nur, wie er vertuscht und überkleistert, daß wir doch zuerst die Stromschätzung in Widerstandsmessungen verwandelt und alle Formeln, durch Widerstandsmessung Fehler zu bestimmen, gegeben haben, daß wir zuerst System in die Isolationsmessung gebracht und zuerst Widerstandsskalen nach Gewichtssystem aufgestellt haben. Ist das ehrlich? — Wilhelm an Werner Februar 1866. Willst Du Sabine, der wirklich ein braver, tüchtiger und zuverlässiger Mann ist, jetzt haben, so schicke Reiseordre. — Werner an Wilhelm März 1866. Sabine kann ich sehr gut gebrauchen. Er könnte jetzt Meyer vertreten. Wenn Wheatstones Schwiegervater, Mr. Sabine, behauptet, Wheatstone hätte bereits früh im Jahre 1866 das dynamoelektrische Prinzip entdeckt, so ist er den Beweis dafür schuldig geblieben — —. Mr. Sabine sagt, nachdem er Wheatstone als Erfinder und ersten Erbauer der Maschine hingestellt hat, kein Wort von dem doch vor Wheatstone angemeldeten und gehaltenen Vortrage meines Bruders Dr. C. William Siemens und erwähnt meiner nur am Schluß in der kurzen Bemerkung: Dr. Siemens read a paper before the Academy of sciences upon the same subject. Da Mr. Sabine als mein Eleve und mehrjähriger Beamter das Sachverhältnis genau kannte, so habe ich gewiß eine Berechtigung, über eine gewisse nationale Voreingenommenheit in dieser Angelegenheit Klage zu führen (Wissensch. und techn. Arbeiten II, 477 ff.).

Glücklicherweise waren das vereinzelte Erscheinungen. Andere Mitarbeiter blieben im Dienste der Siemens-Firmen und gelangten zu leitenden Stellungen, so z. B. Georg von Chauvin, ein Sohn des preußischen Telegraphendirektors. Werner Siemens nahm ihn 1868 in sein Laboratorium auf. Schon im folgenden Jahre war er bei dem überaus schwierigen und gefahrvollen Bau der kaukasischen Sektion der Indo-Europäischen Telegraphenlinie tätig; jetzt ist er Direktor der englischen Siemens-Gesellschaft. Hier ist ferner Alexander Siemens zu nennen, der ebenfalls zuerst beim Bau der Indo-Europäischen Linie beschäftigt wurde und jetzt auch der Geschäftsleitung der englischen Siemens-Gesellschaft angehört. Von ihnen war schon früher die Rede, ebenso von den anderen, um dieselbe Zeit eingetretenen hervorragenden Beamten: Frischen, v. Hefner-Alteneck und Lent. Sie blieben sämtlich jahrzehntelang im Dienste der Siemens-Unternehmungen tätig.

Der jährliche Gehaltsetat des Berliner Geschäfts betrug im Durchschnitt:

1855—1859	7 800	Taler
1860—1866	9 200	„
1867	9 800	„
1868	11 500	„
1869	13 300	„
1870	17 200	„

Die Handarbeiter der Werkstatt in Berlin. Über die Verhältnisse der Handarbeiter sind wir nicht so gut unterrichtet, wie über diejenigen der Beamten, weil die Leitung der Handarbeit in Berlin die Aufgabe Halskes war, weshalb die Brüder Siemens in ihrer Privatkorrespondenz wenig Anlaß hatten, sich mit den Einzelheiten dieser Verhältnisse zu befassen.

Unter Halske war zunächst als Werkstattsvorsteher bis 1866 „der alte Weiß" tätig, der ein Gehalt von 700 Talern bezog und seit 1858 am Gewinn der Werkstatt mit $2^1/_2$ % beteiligt war. Er gehörte also schon zu den Beamten, war aber aus der Klasse der Handarbeiter hervorgegangen. Unter ihm standen die Werkführer, deren es 1860 fünf gab mit zusammen 2375 Talern, 1864 vier mit 2130 Talern Einkommen, was für jeden einzelnen 1860 475, 1864 530 Taler ausmachte. In Rußland und England gab es natürlich entsprechende Arbeiterarten.

Was sodann die eigentlichen Handarbeiter betrifft, so war gegen Ende des ersten Geschäftsjahres (1848) die Berliner Werkstatt „voll besetzt" mit 10 Arbeitern und wurde sogar von ‚sonst seltenen Arbeitern überlaufen". Dagegen war 1849 Mangel an Arbeitern, namentlich an solchen, die sich zu Werkmeistern eigneten, was die schnelle Vergrößerung des Betriebes aufhielt. Im Sommer 1849 beschäftigte die Berliner Werkstatt 25 Arbeiter. Wenn Werner damals an Wilhelm schrieb:

Sämtliche mechanische Werkstätten Berlins haben zusammen nicht so viel Arbeiter, wie wir jetzt schon, und von ersteren ist nicht der dritte Teil für uns brauchbar, da Halske mit Recht nur die besten Arbeiter verwendet. Schlosser und dergleichen Arbeiter sind nur in geringer Zahl verwendbar, —

so muß der Anfang dieser Äußerung Zweifel über ihre Tragweite erwecken. Nach der preußischen Gewerbestatistik gab es 1849 in Berlin 133 „Mechanici für mathematische, optische, physikalische und chirurgische Instrumente" mit zusammen 221 Gehülfen, wobei die Firma Siemens & Halske jedenfalls mitgerechnet war. Gegen Ende desselben Jahres beschäftigte sie schon 32 Arbeiter, und die Zahl sollte damals bald auf 45 gebracht werden. Dann aber hören diese Nachrichten für einige Zeit auf. In seinen Lebenserinnerungen sagt Werner Siemens, beim Ausbruch der Nottebohm'schen Krisis, also 1851, habe die Fabrik schon einige hundert Arbeiter beschäftigt. Für die Werkstatt selbst ist diese Angabe sicher zu hoch; denn deren Arbeiterzahl erreichte selbst 1855, also während der Hochblüte des russischen Geschäfts, noch nicht hundert. Die übrigen müssen wohl 1851 im Außendienst, beim Telegraphenbau selbst, beschäftigt gewesen sein.

Die Arbeiter der Berliner Werkstatt waren fast durchweg Mechaniker und Schlosser, also **gelernte**, zum Teil besonders hochausgebildete Arbeiter. Als das russische Geschäft den bekannten großen Aufschwung nahm (1854), war es anfangs sehr schwierig, solche Leute in hinreichender Anzahl zu bekommen:

Werner 22. November 1854. Es fehlt an Mechanikern. Mit Apparaten lernen die Mechaniker erst nach langer Zeit umgehen. Es ist sehr schwer, verläßliche Leute zu finden.

Doch müssen diese Schwierigkeiten bald überwunden worden sein.

Die Handarbeiter scheinen meist lange in der Werkstatt geblieben zu sein, so daß diese schließlich überwiegend **ältere Leute** beschäftigte; denn im Jahre 1870 bei Ausbruch des Krieges wurden von 350 Arbeitern nur 66 als militärpflichtig eingezogen. **Lehrlinge** wurden in der Werkstatt nicht ausgebildet.

Zahl und Löhne der von den Siemens-Firmen in Rußland und England beschäftigten Handarbeiter waren für diese ältere Zeit nicht zu ermitteln. Für die Berliner Werkstatt dagegen enthält nachfolgende Tabelle einige Nachweise. Dabei sind die Werkführer nicht mit berücksichtigt und meist auch nur die Lohnarbeiter der eigentlichen Telegraphenwerkstatt, nicht die der Nebenbetriebe (Gießerei, Wassermesser-Werkstatt), deren Arbeiterzahl aber unbedeutend war. Nur in den Zahlen der Jahre 1869 und 1870 sind wahrscheinlich die der Nebenbetriebe mit enthalten.

Jahr	Arbeiterzahl	Lohnsumme Taler	Durchschnittslohn Taler
1847	10	?	?
1849	25—30	?	?
1855	85	26 000	306
1856	90	28 000	311
1857	95	29 000	306
1858	115	38 000	305
1859	125	40 000	322
1860	104	32 400	306
1861	100	32 400	324
1862	93	30 000	322
1863	130	42 000	323
1864	140	42 000	300
1865	110	33 000	300
1866	140	43 000	307
1867	177	53 000	300
1868	170	?	?
1869	236	87 000	366
1870	334	119 000	356

Wie daraus hervorgeht, betrug der Durchschnittslohn, mindestens von 1855—1867, mit unwesentlichen Schwankungen, rund 300 Taler im Jahr, oder einen Taler für jeden Arbeitstag. Dies war der Durchschnittslohn der von Siemens & Halske beschäftigten **Schlosser und Mechaniker**. Außerdem wurden noch seit 1860 neun Arbeitsleute ständig beschäftigt, deren Lohn 1860—64 1755—1760 Taler betrug, 1865 und 1866 1800 Taler, also von 195 auf 200 Taler jährlich stieg, aber auch dann erst sich auf 20 Groschen (= 2 Mark) für den Arbeitstag belief. Gegen Schluß der Periode scheinen die Löhne gestiegen oder die Sonntage mit zur Arbeit verwendet worden zu sein.

Über die in der Berliner Werkstatt damals angewendeten **Lohnsysteme** sind wir leider ungenügend unterrichtet. Ursprünglich hatte man das im Handwerk übliche **Tagelohnsystem** einfach übernommen, und Halske scheint sich lange gegen Einführung des **Akkordlohnsystems** gesträubt zu haben. Erst im Jahre 1858 wurde dieses System zuerst angewendet:

Werner an Karl 27. März 1858. Die Werkstatt hat nur sehr geringen Ertrag geliefert. Die Preise sind für Künstlerarbeit zu gering, und die Herren Künstler faullenzen zu sehr. Halske erkennt das jetzt, und es soll nun gründlich reformiert werden. Es wird eine abgesonderte Werkstatt für neue Konstruktionen, Versuche und Instrumente aller Art, welche wir machen müssen und nicht ablehnen können, damit der Ruf der guten Arbeit bestehen bleibt, und eine eigentliche Telegraphenfabrik errichtet, wo Akkordarbeit allgemein eingeführt wird. Ich freue mich sehr auf die Durchführung, durch die ein ganz anderes Leben eintreten wird. Wenn es auch bisher Prinzip war, daß die Werkstatt weniger direkt einbringen, als unser Renommee erhalten, Unternehmungen und Lieferungen bewirken soll, so geht es doch so, wie bisher, nicht. Unsere Leistungsfähigkeit ist zu gering. — Karl an Werner 3. April 1858. Soviel scheint festzustehen, daß die Fabrikation von Telegraphenapparaten das schlechteste Geschäft auf der Welt ist. Vielleicht wird es besser gehen, wenn die Akkordarbeit erst längere Zeit durchgeführt ist. — Werner an Wilhelm 6. Januar 1859. 15 % Nutzen vom Umsatz der Werkstatt wollen wir Dir jedenfalls garantieren. Schon in diesem Jahre kommen wir durch die jetzt eingeführte Akkordarbeit jedenfalls höher, und das muß sich umsomehr steigern, je mehr die Akkordsätze ausprobiert sind, und je mehr wir zu tun bekommen.

Doch hohe Ausbildung hat dieses System in der ganzen Periode sicher noch nicht erhalten:

Werner an Karl (in London) 11. Dezember 1869 (Selbstkostenberechnung). Wenn die Stücke teilweise dort mehr im Ganzen akkordiert sind, so kann man zum Vergleich mit Berlin die entsprechenden

Positionen unserer Berechnungen zusammenfassen. — Karl 28. Dezember 1869. Um Vergleiche anzustellen, solltest Du 'mal anordnen, daß man dort einige Apparate in hiesiger Weise in Akkord giebt.

Weiteres wird sich nachher ergeben, wenn wir „Kosten und Preise" betrachten.

Gewinnbeteiligungen und Inventurprämien. Werner Siemens war durchdrungen davon, daß es nötig sei, alle Mitarbeiter einer Unternehmung unmittelbar durch Gewinnbeteiligung für ihr Gedeihen zu interessieren. Das war bei ihm feststehende Überzeugung jedenfalls schon frühzeitig; denn bereits 1854 wurde, wie wir gleich sehen werden, danach gehandelt; im Schriftwechsel mit seinem Bruder finden sich jedoch erst später hierher gehörige Aussprüche:

31. März 1866. Ich halte es für besonders wichtig, in größeren Geschäften jedem Mitarbeiter unaufgefordert ein billiges, seinen Leistungen entsprechendes Äquivalent seiner Arbeit zu geben. — 25. Mai 1868. Ich bin grundsätzlich dafür, daß die Mitarbeiter einer Sache am Resultat partizipieren.

Derartige Äußerungen finden sich gerade aus dieser Zeit noch mehrfach, zuletzt in den Lebenserinnerungen[1]):

Es war mir schon früh klar geworden, daß eine befriedigende Weiterentwicklung der stetig wachsenden Firma nur herbeizuführen sei, wenn ein freudiges, selbsttätiges Zusammenwirken aller Mitarbeiter zur Förderung ihrer Interessen erwirkt werden könnte. Um dieses zu erzielen, schien es mir erforderlich, alle Angehörigen der Firma nach Maßgabe ihrer Leistungen am Gewinn zu beteiligen.

Wie wir schon früher mitgeteilt, wurde den obersten Beamten, die nach Abschluß der großen russischen Kontrakte angestellt wurden, eine Gewinnbeteiligung vertragsmäßig zugesichert, und zwar erhielten (teils schon 1854, teils erst 1856 oder 1858):

William Meyer 5% vom Reinertrage des ganzen Geschäfts
Carl Haase $2^1/_2\%$ „ „ „ Berliner „
Otto Elster $2^1/_2\%$ „ „ „ Russischen „
Louis Loeffler 5% „ „ „ Englischen „
August Weiß $2^1/_2\%$ „ „ der Berliner Werkstatt

Die Bewilligung von Tantième richtete sich also nach der voraussichtlichen Tragweite der Arbeitsleistung jedes dieser Beamten.

---
1) S. 270.

Die übrigen Beamten, sowie die Werkführer erhielten ohne vertragsmäßige Festlegung jährlich sogenannte „Inventurprämien", die sich nach dem jeweiligen Ertrage des Berliner Geschäfts richteten und nach dem Einkommen des einzelnen Angestellten abgestuft waren. Im Jahre 1855 wurden 10—15 % des Gehalts gegeben. Im Jahre 1866 wurde als Norm festgesetzt, daß 5 % vom Gewinne des eigentlichen Berliner Geschäfts (Telegraphen-Werkstatt, Gießerei und Wassermesser-Werkstatt) als „Tantième" an Beamte und Meister verteilt werden sollten, abgesehen von den vertragsmäßig normierten Tantièmen an die höchsten Beamten.

Über die Höhe der Tantièmen für die Geschäfte in Berlin und Petersburg gibt folgende Tabelle Aufschluß:

	Berlin Taler	Petersburg Rubel		Berlin Taler	Petersburg Rubel
1855	2508	7084	1862	472	5552
1856	1014	3194	1863	2179	5001
1857	1027	6365	1864	2778	—
1858	3577	5541	1865	4439	6607
1859	2579	8229	1866	5914	3913
1860	3368	16100	1867	21250	—
1861	686	9462			

Für London kennen wir nur die Tantièmen einiger Jahre, nämlich vom Jahre 1860: 388 £, 1861: 6 £, 1863: 167 £.

Die Inventurprämien ließen sich ebenfalls nicht genau ermitteln; sie scheinen in den Jahren 1856 und 1857 etwa 200 Taler jährlich, in den Jahren 1860—1863 etwa 800 Taler jährlich betragen zu haben, 1866: 2875 Taler.

Im Jahre 1868 hörte die Trennung der drei Geschäfte auf und es begann die Zeit des Gesamtgeschäfts mit folgenden Tantiemen und Inventurprämien:

	Tantièmen Taler	Inventurprämien Taler
1868	17 180	4700
1869	15 416	5500
1870	37 625	?

Werner Siemens hat sich über diese Einrichtungen schon während der hier behandelten Periode ausgesprochen:

18. Juli 1868. Ich habe noch immer gefunden, daß es die größte Verschwendung ist, diejenigen, die an der Leitung von Geschäften beteiligt sind, nicht am Resultat zu beteiligen. Eine einzige Dummheit weniger kann das schon wieder einbringen. Bei großen und namentlich verzweigten Geschäften, die man nicht selbst übersehen und speziell

dirigieren kann, muß man einen wesentlichen Teil des Gewinnes seinem Stellvertreter zuwenden. Das ist eine Grundregel für guten Betrieb großer Geschäfte. Seit in Berlin alle Meister sogar eine jährliche, vom Werkstattgewinn abhängige Prämie erhalten, ist ein ganz anderer Geist eingezogen; wir arbeiten mehr, billiger und besser und wissen dabei die Arbeit nicht zu bewältigen.

Aber andererseits ergaben sich aus dem „Tantième-Hunger der Angestellten" sehr empfindliche Nachteile für die Unternehmungen der Brüder[1]). Ferner entstanden, als die Bewilligung von Tantièmen sich immer mehr einbürgerte, peinliche Streitigkeiten über deren Höhe. So erhob z. B. 1869, nach Errichtung des „Gesamtgeschäftes", einer von ihnen Ansprüche auf Schadensersatz, weil er früher angeblich mehr Tantième bezogen habe, als in Zukunft; auch erklärte er die beabsichtigte Gleichstellung mit einem anderen der Oberbeamten für beleidigend. Er verlangte bedeutende Erhöhung seiner Tantième. Daß er diesen Anspruch schließlich durchsetzte, führte später zu neuer Schädigung des Geschäfts.

Überhaupt entstanden, als die Größe des Geschäfts zunahm, Schwierigkeiten für die richtige Bewertung der Leistungen verschiedener Beamten.

Karl an Werner 7. Januar 1871. Warum Haase gerade mehr als Frischen haben muß, sehe ich nicht ganz ein, wenn Länge der Dienstjahre allein den Grund dazu abgeben soll. Überhaupt bin ich kein großer Verehrer von Anciennetäts-Prinzipien. Diese haben sich bei uns durch das russische Remonte-Verwaltungsgeschäft eingeschlichen und werden natürlich durch die alte Garde nach Kräften gepflegt. Will man sie aufrecht erhalten, was auch sein Gutes hat, so muß man verschiedene Klassen bilden. Im Staatsdienste werden ja Pastoren und Offiziere auch nicht gleich behandelt. Daß Du gern etwas summarisch in dieser Richtung denkst, weiß ich aus einer Unterhaltung über H. und L. Du meintest, ersterer könnte nicht gut höher im Gehalte stehen, als letzterer. Das ist total falsch und kann leicht zu Nachteilen für das Geschäft führen. Ich würde L. sagen, wenn er sich beklagte: „Sie sollen dasselbe Gehalt bekommen, wie H., wenn Sie seinen Posten übernehmen wollen und dasselbe leisten." H. muß so gestellt werden, wie andere Geschäfte von ähnlicher Ausdehnung ihn stellen würden, und L. ebenfalls. Dann kann sich Keiner beklagen. Ein Pastor würde sich vielleicht beklagen, wenn ein anderer Pastor von gleicher Anciennetät besser gestellt wird, aber gewiß nicht, wenn ein Offizier oder Richter so glücklich ist.

---

1) Vgl. oben S. 271, 409, 412 ff., 456 usw.

Anfänge der Pensionskasse für Beamte und Lohnarbeiter.

Als die russische Remonteverwaltung 1867 aufgehört hatte und der angesammelte Reservefonds zur Verteilung gelangte[1]), wünschte Werner Siemens den Beamten des russischen Geschäfts einen Anteil am Gewinne desselben auszubezahlen. Karl hatte dagegen Bedenken, schlug aber vor, stattdessen einen **Pensionsfonds** für sie zu bilden, welcher Gedanke auf solche Weise zuerst erörtert wurde:

Karl 5. Juni 1868. Wie kommst Du eigentlich zu der Idee, die Petersburger Beamten, die **zufällig** jetzt noch dort tätig sind, am Reservefonds beteiligen zu wollen? Ich würde das für unpolitisch und sogar ungerecht halten. Ich habe früher dazu geraten, eine Summe von 50 000 Rubel zu reservieren, aber nicht zur Verteilung, sondern nur als eine Art von Invalidenfonds — —. Würden wir die Summe gerade unter die verteilen, welche wir am meisten bevorzugt haben, indem wir sie bei uns behielten, so würden wir unbegrenzte Ansprüche hervorrufen. Das glückliche Resultat unseres Remontegeschäfts verdanken wir keineswegs unseren Beamten, sondern lediglich den guten Kontraktabschlüssen, welche wir ohne deren Mitwirkung gemacht haben. Die Beamten wurden ihren Leistungen entsprechend honoriert und sogar darüber hinaus — —. Ich habe ihnen niemals auch nur eine Idee von Hoffnung auf Weiteres gegeben. Ich rate, 50 000 Rubel als Beamten-Invalidenfonds nach Berlin zu übertragen und die Zinsen zu Unterstützungen zu verwenden. — Werner an Karl 18. Juli 1868. Die 50 000 Rubel als Grundlage eines Pensionsfonds zu benutzen, damit bin ich durchaus einverstanden. Es erheben sich aber eine Masse formeller Schwierigkeiten — —. Ich denke, wir machen eine **gemeinsame, große Pensionskasse**, zu der die verschiedenen Geschäfte und die Leute selbst beitragen — —. Im übrigen haben Halske und ich den Reservefonds immer als ein Mittel betrachtet, die Leute festzuhalten, nicht bloß die Tantièmisten. Diejenigen, welche schon in andere Dienste übergegangen sind, haben deshalb keinen Anspruch mehr.

In der Tat wurden darauf für das Gesamtgeschäft mehrere Fonds gebildet zur Unterstützung von Beamten und Lohnarbeitern, deren Bestände am 31. Dezember 1869 die folgenden waren:

Beamten-Unterstützungsfonds	Rtlr.	23 732
Arbeiter-Unterstützungsfonds	„	2 122
Unterstützungskonto	„	3 902
Sparkassenkonto	„	23 495

Doch scheinen der zweite und der dritte Fonds nur vorübergehenden Zwecken gedient zu haben. Die endgültige Begründung einer Alters- und Invaliditäts-Pensionskasse für alle Angestellten erfolgte erst beim 25 jährigen Geschäftsjubiläum im Herbste des

---

1) Vgl. oben S. 92 und 115.

Jahres 1872. Davon wird später (im zweiten Bande) zu berichten sein. Ebenso wollen wir uns dies hinsichtlich einer kurzen **Arbeiterbewegung** aufsparen, die unmittelbar vor Ausbruch des deutsch-französischen Krieges bei Siemens & Halske entstand. Wenn man alle diese Nachrichten über die Arbeiterverhältnisse zusammenhält mit dem, was (namentlich im vorigen Kapitel) von der Geschäftsgestaltung während des Zeitraums 1847—1870 gesagt wurde, so ergibt sich, daß **Halske** die Arbeiterverhältnisse der Firma Siemens & Halske solange und soweit wie möglich nach Handwerksart behandelte, ein Einfluß, der erst gegen Ende der Periode mit dem Ausscheiden Halske's so ziemlich aufhörte. Schon vorher hatte **Werner Siemens**, im Vorgefühle der Schwierigkeiten, welche beim Größerwerden der Unternehmungen aus diesen Verhältnissen erwachsen mußten, begonnen, Einrichtungen zu treffen, welche dem entgegenwirken sollten. Doch nahmen auch sie erst gegen Schluß der Periode etwas festere Gestalt an, und die eigentliche Ausprägung der Verhältnisse in solcher Richtung vollzog sich erst seit dem Jahre 1870.

Kapitalbeschaffung und Kapitalverwendung. Bei Begründung der Berliner Firma im Jahre 1847 gab der Justizrat Georg Siemens gegen Gewinnbeteiligung 6843 Taler her, die Werner Siemens zur Bezahlung seiner Schulden verwendete. Ebenso lieferte in den Jahren 1853—1855 Hermann Kap-herr in St. Petersburg einen Teil des für die ersten russischen Geschäfte erforderlichen Kapitals (Ende 1855: 140000 Rubel), wofür auch er einen bedeutenden Prozentsatz erhielt, sogar vom ganzen Umsatze; aber Kap-herrs Vorschuß wurde schon 1856 aus den Erträgen des russischen Geschäfts zurückbezahlt, und das Kapital des Justizrats Siemens, das durch die Gewinnbeteiligung rasch bis auf 50000 Taler anwuchs, war 1860 ebenfalls aus dem Geschäft wieder verschwunden, nachdem die Gewinnbeteiligung schon 1854 aufgehört hatte. Außerdem erhielt die Berliner Firma nur noch 1855 aus dem Königlichen Familien-Fideikommißfonds 17000 Taler, die bis 1864 im Geschäft blieben. Das waren die einzigen für längere Zeit verwendbaren fremden Kapitalien; aber auch Bankkredit wurde in der ganzen Zeit vor 1867, soweit ersichtlich, nur 1859 in einigem Umfange beansprucht (Ende 1859: 24000 Taler). Das übrige Kapital, dessen die Siemens-Firmen bedurften, entnahmen sie ihren eigenen Erträgen, natürlich abgesehen von (nicht erheblichen) laufenden Geschäftsschulden.

Werner Siemens und Halske machten sich zwar gar nicht selten Sorgen wegen der Kapitalbeschaffung; aber das kam daher, daß sie die Bedeutung und Benutzbarkeit des Kredits noch wenig kannten. Auch Karl, der infolge des großen russischen Remonte-Reservefonds meist Überfluß an verfügbarem Kapital hatte, teilte zu anderen Zeiten, wenn Kapital knapper war, die Scheu vor Inanspruchnahme von Kredit, und dieser war ja in der Tat anfangs noch schwach:

Werner an Karl Oktober 1855. Mit unseren Finanzen sieht es jetzt sehr schlecht aus. Wir haben eben wieder eine Rechnung von 22000 Talern für Transporte nach Rußland zu zahlen, und unser Kredit ist ziemlich erschöpft. — Karl an Werner 17. November 1855. Kap-herr will uns keine Vorschüsse mehr machen aus Ärger (vgl. oben S. 90). Ich werde heute Schritte tun, Geld flott zu bekommen. — Werner an Karl Ende 1857 (Handelskrisis). Unser Kredit hätte einen argen Stoß erlitten, wenn Kap-herr wirklich gefallen wäre. — Werner 9. November 1859. Mit unserem Betriebsfonds sieht es infolge der beträchtlichen Auslagen für England, auch Wien etwas schwach aus, da wir jetzt zu viel Geld in unverkäuflichen Werten liegen haben. — Karl an Werner 5. April 1860. Ich weiß jetzt gar nicht mehr, was ich mit dem Gelde anfangen soll. — 20. August 1860. Das große Eisenbahn-Liefergeschäft ist unsererseits beendet, und habe ich jetzt die Gelder einzutreiben. Es gehört doch viel Geld zu solchen Geschäften, wenn man es nicht machen will wie die Kaufleute und Wechselreiter. Unser ganzer Vorrat ist erschöpft, und wir sind schon mit ca. 18000 Rubeln in Kap-herrs Schuld. Bald aber muß Geld eingehen.

Wilhelm dagegen war ganz frei von solchen Skrupeln und Sorgen; es gelang ihm auch stets ohne Mühe, die Kapitalien für seine, oft so riskanten und weitausschauenden Geschäfte zu erlangen. Der Gegensatz der beiderseitigen Anschauungen zeigte sich besonders scharf bei dem Cartagena-Oran-Kabel[1]), sowie in den langen Erörterungen über die Beziehungen der drei Geschäfte zu einander[2]). Hier kamen nicht nur persönliche Auffassungen, sondern auch bestimmte, durch Verschiedenheit der Verhältnisse veranlaßte nationale Eigentümlichkeiten zum Ausdruck.

Erst für die Indo-Europäische Telegraphenlinie mußten wieder große Beträge fremder Kapitalien herangezogen werden, das Anlagekapital durch Ausgabe von Aktien, das Betriebskapital für

---
1) Vgl. oben S. 167.
2) Vgl. z. B. S. 445 ff., 449.

den Bau durch Bankkredit. Beides gelang so gut, daß Werner dadurch von seinen Kapitalsorgen, wie es scheint, endgültig kuriert wurde. Sichtlich war jetzt das Ansehen der Siemensfirmen so fest begründet, daß selbst für eine so wenig kaufmännische Natur, wie es diejenige Werners war, Schwierigkeiten der Kapitalbeschaffung nicht mehr in Frage kamen.

Auch von der **Kapitalverwendung** ist nicht sehr viel zu sagen. Das **Anlagekapital** war, soweit die erhalten gebliebenen Bilanzen reichen, verhältnismäßig gering. Es betrug für die **Berliner Telegraphenwerkstatt**:

	Haus	Maschinen und Werkzeuge	Laboratorium	Gießerei	Zusammen
	Taler	Taler	Taler	Taler	Taler
1849	—	3 700	—	—	3 700
1855	68 013	10 881	—	—	78 894
1863 [1])	81 073	19 267	1166	1988	103 494

Außerdem hatte Berlin freilich noch andere Kapitalien festgelegt. Z. B.:

1855: 128 809 Taler im russischen Geschäft
       17 916 „ bei Wilhelm Siemens in London
1863: 121 086 „ bei Siemens, Halske & Co. in London
       17 516 „ bei Wilhelm Siemens persönlich
       39 374 „ in Wien
       32 250 „ in Aktien des „Vulcan" in Stettin (schwer verkäuflicher Rest größerer Aktienbestände, an denen viel Geld verloren gegangen war)
       50 650 „ Schuld des „Vulcan".

Aber teils betrafen diese Anlagen nicht das eigentliche Geschäft, teils waren sie nur vorübergehender Natur.

Petersburg hatte ebenfalls verhältnismäßig unbedeutende Anlagen, wenigstens so lange dort das Telegraphengeschäft blühte. Der größte Posten war auch hier ein Haus (60000 Rubel) und seit 1857 ein Fabrikgrundstück (33 160 Rubel). Erst als 1861 das Gut Chmelewo, die Glasfabrik und die Sägemühle dazu kamen, wuchs das russische Anlagekapital auf mehrere Hunderttausend Rubel, die aber ebenfalls das Telegraphenbaugeschäft nicht betrafen. Auch in **London** begann die Herstellung größerer Anlagen erst gegen Ende unserer Periode.

---

1) In diesem Jahre findet sich zum ersten Male unter den Aktiven das „Dampfmaschinenkonto" in Höhe von 4800 Talern. Im Jahre 1866 war das Anlagekapital noch ungefähr ebenso groß wie 1863.

Dagegen erforderte das Telegraphenbaugeschäft verhältnismäßig viel **Betriebskapital**. Die Berliner Werkstätte hatte zwar auch daran nicht viel Bedarf:

	Telegraphenmaterial	Wechsel Bargeld	Laufende Ausstände	Zusammen
	Taler	Taler	Taler	Taler
1855	43 393	29 204	19 423	92 020
1859	68 440	4 551	31 660	104 654
1863	44 231	5 602	22 554	72 387

Aber die großen Geschäfte in Rußland und England waren ohne ansehnliche Betriebskapitalien nicht durchzuführen. Die gesamte **Kapitalverwendung** ist aus folgender Tabelle ersichtlich. Die Berliner Zahlen enthalten auch die Kapitalverwendung der Geschäfte in London und Wien, für 1854 und 1855 überdies einen Teil derjenigen in Rußland, sodaß für diese beiden Jahre die von Berlin dorthin gelieferten Kapitalien doppelt gezählt sind:

	Aktiva: Berlin Taler	Petersburg Rubel		Aktiva: Berlin Taler	Petersburg Rubel
1854	372 500	194 420	1861	548 370	1 001 351
1855	329 035	545 590	1862	578 748	1 105 235
1856	390 197	425 565	1863	551 290	1 150 755
1857	404 057	578 526	1864	452 021	1 016 030
1858	462 669	669 358	1865	493 616	1 048 909
1859	487 775	740 936	1866	415 844	987 451
1860	502 547	963 031	1867		796 878

Für die letzten Jahre der Periode fehlen die entsprechenden Zahlen.

Kosten und Preise. Das Verhältnis der Kosten zu den Preisen ist eine Hauptgrundlage der Existenz jeder Unternehmung. Um so bedauerlicher ist es, daß grade für diesen Punkt unser Material an Genauigkeit und Vollständigkeit manches zu wünschen übrig läßt[1]). Indes ist daraus doch alles Wesentliche zu entnehmen.

In den ersten Jahren nach Begründung der Firma Siemens & Halske konnte sie ihre **Telegraphenapparate** außerordentlich **hoch** verkaufen[2]), so daß sie an ihnen etwa 40 % verdienten[3]). Das war aber auch nötig, da die Herstellung noch

---

1) Vgl. hier auch meine Studie „Fabrikant und Handwerker" im „Thünen-Archiv" Heft 1, S. 46 ff.
2) Vgl. oben S. 30 ff., 37 ff., 46 ff.
3) So nach den Bilanzen; nach einer älteren brieflichen Angabe sogar 50 %.

eine handwerksmäßige und der Umsatz ein entsprechend kleiner war. Die Ausführung der Apparate war unter Halskes Leitung eine so solide und exakte, daß im Jahre 1853 Dr. O' Shaughnessy, Telegraphenagent der Indischen Regierung in London, Karl Siemens gegenüber äußerte, es sei unmöglich, so vorzügliche Arbeit in England zu bekommen [1]). Dasselbe erklärten die englischen Sachverständigen hinsichtlich der in Berlin bei Siemens & Halske 1852 hergestellten ersten Wassermesser [2]). Aber deren Herstellungskosten beliefen sich auch so hoch, daß Wilhelm Siemens ihre fabrikmäßige Erzeugung einer englischen Firma übertragen mußte. Werner war sich über die Ursache dieser Erfahrung vollkommen klar: „Halske muß zu allem seine gehörige Zeit haben"; fabrikmäßige Herstellung ließ sich damit nicht vereinigen.

Bei den Telegraphen-Apparaten war Halskes „Künstlerarbeit" anfangs ein entschiedener geschäftlicher Vorteil: die vorzügliche Beschaffenheit der Apparate stärkte den Ruf der Firma und trug bei zur Erlangung von Telegraphenbau-Unternehmungen, an denen sehr viel mehr verdient wurde, als an den Apparaten [3]). Der direkte Gewinn bei letzteren wurde schon seit etwa 1854 und namentlich seit 1856 durch unsolide Schleuderkonkurrenz von Mechanikern „ohne Kapital und Intelligenz" auf ein Minimum herabgedrückt, der inländische Markt ging der Firma verloren, in Rußland geriet das Geschäft ebenfalls ins Stocken, und die Versuche, dafür in England Ersatz zu finden, hatten geraume Zeit hindurch noch keinen durchschlagenden Erfolg [4]).

Apparatpreise 1847: 600 Taler pro Stück; 1848: 500 Taler (Zeigerapparate); 1859: Magnetelektrische Zeigerapparate: 170—180 Taler; Morse-Schreibapparate: 200 Taler.

Schon im Jahre 1856 war hierdurch der Reinertrag der Berliner Werkstatt gegenüber dem Vorjahr von 50000 auf 20000 Taler gesunken. Angesichts dieses schlechten Ergebnisses tat Werner (der übrigens schon 1847 über den „Künstlerschlendrian" der Mechaniker geklagt hatte) den bereits von uns zitierten Ausspruch [1]):

1) Vgl. auch hier L. E. S. 80.
2) Vgl. oben S. 125.
3) Vgl. z. B. oben S. 442.
4) Vgl. oben S. 97, 128 ff., 272, 410 ff. **Besonders wichtig ist die Stelle auf S. 272.**

27. März 1858. Die Werkstatt hat nur sehr geringen Ertrag geliefert. Die Preise sind für Künstlerarbeit zu gering und die Herren Künstler faulenzen zu sehr. Halske erkennt das jetzt an, und es soll nun gründlich reformiert werden.

Aber diese Reformen gingen nicht weit; vielmehr behielt, wie Werner schon damals und dann immer wieder betonte, der Grundsatz die Oberhand:

Apparate können nur Lockvögel sein für anderweitigen Verdienst. Für ein lukratives Fabrikgeschäft ist Apparat-Herstellung nun einmal nicht mehr geeignet. Macht man sie schlechter, so machen andere es ebensogut, und man hat nichts mehr zu tun. Die Werkstatt dient nur dazu, technisch an der Spitze zu bleiben, um Unternehmungen in die Hand zu bekommen, an denen zu verdienen ist.

Das war die Mittellinie, auf der sich das Geschäft lange Jahre bewegte, die Diagonale der Kräfte, wie sie sich zwischen Wilhelm Siemens auf der einen, Halske auf der anderen Seite in Werner und Karl verkörperte. „Halske ist derartigen Fabrikanlagen wenig gewogen". So formulierte Werner den Standpunkt Halske's schon 1858, als die Brüder beabsichtigten, den Regenerativofen fabrikmäßig auszubeuten.

Nach Begründung der Firma in London entstanden alsbald die uns schon hinreichend bekannten Streitigkeiten, namentlich zwischen Berlin und London über die von Berlin dem Londoner Geschäfte zu berechnenden Preise[1]).

Zwei Arten der Berechnung wurden hauptsächlich erörtert: Berechnung zu Selbstkostenpreisen und zu gewöhnlichen Preiskurantpreisen abzüglich eines Durchschnittsertrages von 15 %. Die Selbstkostenberechnung erwies sich damals als untunlich:

Werner an Wilhelm 3. Januar 1859. Meyer hat sich davon überzeugt, daß die von ihm befürwortete Berechnung der Selbstkosten zu unendlichen Weitläufigkeiten und Verwicklungen in unseren Rechnungsverhältnissen führen würde. Die Selbstkosten sind genau gar nicht festzustellen; sie variieren nach der Jahreszeit, der Quantität der nach demselben Muster angefertigten Stücke, danach ob überhaupt viel zu tun ist oder nicht etc. Ferner fragt sich, wie die Versuchs- und Generalkosten zu verteilen sind. Kurz, es würde gar |nicht durchzuführen sein und stets Fluktuationen im Gefolge haben, wollte man genaue Selbstkosten bei jedem Stück angeben. Ferner würden wir gar nicht mehr sehen, was die Werkstatt abwirft, und könnten die durch Tantième Interessierten gar nicht mehr überzeugen, daß dieselbe richtig bemessen ist.

---

1) Vgl. oben S. 136 ff., 407 ff.

Man wählte also den anderen Ausweg: die Preise wurden wie gewöhnlich berechnet; aber London erhielt von allen Bestellungen 15 % Provision. Dadurch wurde indes der Gegensatz zwischen Berlin und London keineswegs beseitigt.

Werner trug Halske's Eigenart weitgehend Rechnung, suchte aber zwischendurch von neuem auf verbilligende Betriebsänderungen hinzuwirken. Eine bisher noch nicht angeführte Äußerung Werners zeigt das besonders deutlich:

30. März 1860. Die Preise für Apparate sind jetzt so spottniedrig, daß wir notwendig auch herunter müssen. Hoffentlich werden die neuen Morse-Konstruktionen angenommen, welche sehr einfach und billig werden. Wir müssen einfachere Konstruktionen sehr billig machen, das ist unabweislich. Da der englische Eingangszoll aufgehoben ist, so können wir uns damit einen großen Markt schaffen. Dem billigen Arbeiten stand u. a. bisher entgegen, daß wir keine Gießerei haben, und auch die Tischlerarbeiten außer dem Hause gemacht wurden. Guß- und Tischlerarbeiten bilden aber weit über ein Drittel unseres Umsatzes. Nach langem Zaudern haben wir uns daher entschlossen, uns noch eine Tischlerei und Gießerei zu bauen. Die Kosten von ca. 3000 Talern werden sich in einem Jahre schon ziemlich einbringen, wenn wir von 30000—40000 Talern Gießerei- und Tischlereirechnungen nur 10 % Nutzen rechnen. Dann werden wir wirklich billig arbeiten können.

Das klingt anders, wie Siemens & Halske ein Jahr vorher an Wilhelm geschrieben hatten:

18. März 1859. Für die Submarinapparate bestehen feste Preise, die wir nicht herabgedrückt zu sehen wünschen, weil wir gesonnen sind, sie mit außerordentlichster Genauigkeit zu arbeiten, und dies nur möglich ist, wenn uns der Preis den gehörigen Spielraum läßt[1]).

In gleichem Sinne berichtete Meyer an Wilhelm von der Rotemeer-Expedition vier Monate später:

14. Juli 1859. Unsere Apparate haben sich ganz vorzüglich gemacht. Wenn anfangs offenbar nationale Mißgunst bestand, so verstummte sie sofort, sobald einer unserer eleganten Apparate aus der Kiste gehoben wurde. Wir alle haben uns dabei überzeugt, daß wir notwendig nicht nur die solideste, sondern auch die eleganteste Arbeit liefern müssen, um des Sieges, des Triumphes gewiß zu sein. Ich halte jetzt positiv Loefflers Maxime, in der Ausstattung der Submarinapparate zu sparen, für grundfalsch; wir dürfen nirgends sparen, sondern müssen das Vorzüglichste in jeder Beziehung liefern und dafür dann kolossale Preise verlangen. Letztere gibt man uns gern, ja ohne sie hält man fast die Apparate für schlechter, als sie sonst gedacht werden.

---

1) Ähnliche Äußerungen aus derselben Zeit oben S. 139.

Ein solcher „Submarinapparat" wurde mit vollständiger Ausstattung damals für 380 Taler nach London geliefert, wo man sich freilich wiederholt über die Höhe des Preises beklagt, während die Berliner Werkstatt ihrerseits sich in London häufig über zu kurze Bemessung der Lieferfristen beschwerte, bei denen Tag und Nacht gearbeitet werden müsse, und doch die Lieferung nicht sicher zu gewährleisten sei.

Seit 1861 nahmen die Streitigkeiten zwischen Berlin und London, wie wir wissen[1]), zeitweilig eine sehr scharfe Tonart an, wobei die hohen Berliner Preise einen der wesentlichsten Streitpunkte bildeten. Werner mußte 1863 zugeben, daß London für einzelne Arbeiten weit billigere Selbstkosten hatte, und schlug jetzt selbst vor:

Gegenseitige Mitteilung von spezifizierten Selbstkosten bei auffallenden Preisen würde sehr nützlich sein, viele Mißverständnisse beseitigen und beide Geschäfte in die Lage bringen, die Vorteile beider Arbeitsmärkte möglichst gut auszunützen.

Er konnte sich die Ursachen solcher Billigkeit englischer Arbeiten, angesichts der dort so viel höheren Löhne, nicht erklären und als Wilhelm 1864 auf dem Höhepunkt des Streits[2]) drohte, London werde „die Sache fabrikmäßig angreifen, mit Billigkeit als Wahlwort", erwiderte Werner:

Wir sind jetzt hier mit Arbeiten überhäuft. Das kommt namentlich daher, daß unsere früheren süddeutschen Kunden, die vor 10 Jahren zur Schweiz übergingen, jetzt zu uns zurückgekehrt sind und uns mit Bestellungen überhäufen. Dort hat man die leichten und billigen Schweizer Apparate satt und will jetzt nur sehr solide, wenn auch teure Sachen haben. Ich rate Dir, in London nicht ins andere Extrem überzugehen. Billig und liederlich geht leicht ineinander über. Etwas teurer wie seine Konkurrenten muß man immer bleiben und dabei natürlich etwas solidere Ware liefern. Das erhält das Renommee.

In den Jahren 1864—1866 gestalteten sich die Preise überhaupt besser für das Berliner Geschäft, als in den besonders ungünstigen Jahren 1860—1863, wie folgende Zahlen erweisen:

Durchschnittliche Verkaufspreise Berliner Apparate (in Talern).

	1859	1860	1861	1862	1863	1864	1865	1866
Morse-Schreibapparate . . .	202	173	—	—	—	—	—	—
Magnet-Indukt.-Zeigerapparate	172	185	146	155	136	158	174	182
Schwarzschreiber	254	205	156	121	124	120	—	—
Reliefschreiber	—	—	136	117	122	123	121	128
Läutewerke	56	—	53	41	58	70	67	64

1) Vgl. oben S. 416 ff.
2) Vgl. oben S. 436.

Aber aus den Preisen allein läßt sich kein Einblick in die Existenzbedingungen der Werkstatt gewinnen. Vielmehr werden wir zu dem Zwecke nachher die Kosten mit Größe und Art der Umsätze vergleichen müssen. Zunächst aber sei noch weiteres Material vorgeführt, aus dem ersichtlich wird, daß auch am Schlusse der hier behandelten Periode das Problem des Streites zwischen Berlin und London noch das alte war. Und jetzt werden wir einen Einblick in die Ursachen des Streites erlangen:

Werner an Karl (in London) 9. Dezember 1869. Es ist natürlich eine Fabel, daß Woolwich billiger arbeitet, als wir. — 11. Dezember. Wir müssen die Selbstkostenfrage 'mal gründlich klären. Manche Positionen sind bei uns gewiß noch wesentlich zu ermäßigen, und dazu soll die dortige Kostenberechnung dienen. — 20. Dezember. Auffällig ist hier euer **billiges Material**, notabene, wenn nichts vergessen ist. — Karl an Werner 28. Dezember. Die letzte Berliner Korrespondenz ist wieder dazu angetan, böses Blut zu machen. Haase schreibt über die beabsichtigte Hersendung Jacobi's, als ob er Mißtrauen in die hiesigen Preisangaben setzte. Du selbst hast verschiedentlich die hiesigen Angaben bezweifelt, aber privatim; dagegen haben wir nichts; aber geschäftlich muß so etwas nicht geschehen — —. Jacobi wird höchstens finden, daß man hier **fleißiger arbeitet** und vielleicht auch, daß man durch passende **Werkmaschinen** einige Gegenstände auf vorteilhaftere Weise herstellt, und insofern ist seine Reise vielleicht von Nutzen. Um Vergleiche zu machen, solltest Du 'mal anordnen, daß man dort einige Apparate in hiesiger Weise in **Akkord gibt** — —. Fest steht, daß die Herren der Berliner Werkstatt von jeher gegen alle von außerhalb kommenden Vorschläge so lange opponierten, bis die äußerste Notwendigkeit sie zu deren Annahme zwingt. Das solltest Du den Herren 'mal ordentlich austreiben. Auch ein blindes Huhn findet 'mal ein Korn! Was hat es mich von Petersburg aus für Mühe gekostet, Berlin dahin zu bringen, die variablen Windfänge und die länger gehenden Federn in die Schwarzschreiber zu setzen! Meyer hat bogenlange Briefe dagegen losgelassen. Die Franzosen in Rußland[1]) wollten sie durchsetzen, und da gab man endlich nach. Auch die Wassermesser-Geschichte ist mir noch erinnerlich. Die Wasserwerke wollten die Flügel anstatt der Turbinen haben und keine anderen, und da endlich bequemte sich Berlin dazu. Jetzt macht man beides ausschließlich und kann sich den früheren Zustand kaum noch denken. Allerdings hieß es nachher: „Ja so ging es nicht, aber so". Aber endlich ist es doch immer so und nicht anders. Derartige unraisonnable Opposition kann doch nur dazu dienen, andere Leute zu ärgern und dem Geschäfte zu schaden. — Werner 30. Dezember. Die beabsichtigte Sendung Jacobi's faßt Du ganz falsch auf. Jacobi ist grade **unser Hecht im Karpfenteiche**, der immer mit Scholz[2]) und den Meistern

---

1) Vgl. oben S. 100.
2) Scholz war der Nachfolger von Weiß als Werkstatt-Vorsteher.

im Kriege liegt wegen zu teurer Arbeit usw. Wir wollen durch ihn grade von Woolwich lernen und gegenseitige volle Klarheit über die Erzeugungskosten erlangen. Euer Arbeitslohn ist ja in den einzelnen Positionen, wo ein Vergleich möglich ist, doppelt so teuer, wie der unserige. Im Material und den Generalkosten liegt die Differenz — — z. B. Schreibhebel: Schneidet oder macht der Mechaniker die Eisenanker selbst? Bohrt, hobelt und fräst derselbe Mann? Liefert oder macht er die Schrauben? Dann würden wir viel mehr Arbeitsteilung haben und könnten so gar nicht akkordieren —. Es ist ungeheuer schwer, richtige Angaben zu machen; so bezweifle ich z. B. ganz entschieden die dortigen Generalkosten[1]). Mir persönlich und auch Haase ist diese Sache sehr recht, weil sie eine gute Peitsche für uns ist, der Werkstatt gegenüber. Merkwürdig billig ist dort das Material. Hinsichtlich der alten hier begangenen Sünden gebe ich Dir im allgemeinen recht. Weaver sagt: „Man glaubt nicht, welchen Einfluß das eigene Interesse auf die Überzeugung hat"[2]). Doch Du gehst zu weit: die russischen Flügel-Wassermesser waren durchaus unbrauchbar und haben sich nirgends durchgearbeitet. Erst durch die feste Wand, welche die Wasser-Rotation im richtigen Verhältnisse hemmt, wurden die Flügelmesser, welche wir mit Wilhelm mehrfach probiert hatten, durchführbar — —. Natürlich treibt das Bedürfnis vorwärts, das „aber so" ist nur nicht immer gleich bei der Hand. Werner 5. Januar 1870. Loeffler hat an Haase einen sonderbaren Brief geschrieben. Auf einem Blatte sagt er, es sei ein Schimpf für uns, daß wir nicht billiger arbeiten könnten, und wenn Ehre und Energie hier noch zu finden wären, so müßten wir die eifrigsten Anstrengungen machen usw.; auf der anderen Seite faßt er eine dieser Anstrengungen, nämlich die Hinsendung Jacobis, als ein beschimpfendes Mißtrauen gegen sie auf. Als Antwort schlage ich vor, daß wir der Regel nach mindestens jährlich einmal uns wechselseitig jemand zuschicken, der auf der anderen Seite gleichzeitig als Schüler und Lehrer auftritt, um Verbesserungen im Betriebe beiderseits nützlich zu machen. Wenn Du übrigens die Akten nachsiehst, wirst Du finden, daß noch vor nicht langer Zeit London uns Selbstkostenpreise angab, die es absolut unmöglich machten, dort einen Teil unserer Bestellungen ausführen zu lassen, da die dortigen Selbstkosten höher waren, wie unsere Verkaufspreise. Woher kommt dieser plötzliche gewaltige Umschwung? — Karl 7. Januar 1870. Nur Engros-Fabrikation ist in England billig, Detailarbeit aber, auf welche man nicht eingefuchst ist, fürchterlich teuer. Das ist übrigens schon oft von hier geschrieben worden; aber es scheint beinahe, daß Ihr es dort nicht begreifen könnt. Tausend Laufwerke z. B. würde man hier nicht viel teurer machen als in Frankreich[3]), aber eins würde

---

1) Darüber später.
2) Vermutlich hier als Anspielung auf den „Tantième-Hunger der Angestellten" verwendet. Vgl. oben S. 359.
3) Die von Frankreich bezogenen Laufwerke waren viel billiger, aber auch viel schlechter, als die in Berlin hergestellten; jene ließen sich für die Kundschaft

vielleicht mehr kosten als zwei vollständige Apparate. Wenn nicht jeder immer und immer dasselbe Stück macht, wozu alle Einrichtungen und Vorarbeiten vorhanden, so geht es nicht. Es ist ja auch jedem bekannt, daß England Fabrikationsartikel billig liefert und darin mit der ganzen Welt konkurriert, und jeder weiß, daß alles andere in England fürchterlich teuer ist. Guest & Chrimes z. B. machen ihre Wassermesser wahrscheinlich billiger, als wir in Berlin, aber was würde sie wohl ein Dutzend Wassermesser anderer Konstruktion kosten? Das Ganze liegt in der fabrikationsmäßigen Arbeit. Solange in Berlin ein Dutzend nicht mehr zu machen kostet, als ein großes Quantum, kann man eigentlich von einer Fabrik nicht reden. Wenn die Herren Mechaniker erst durch Hausknechte abgelöst sind, wenigstens zum größten Teil, dann wird es anders werden. In Woolwich sind die deutschen Mechaniker nur mit feiner Arbeit, Zusammensetzen usw. beschäftigt, die Engländer machen aber immer nur dasselbe Stück. Mit den deutschen Mechanikern ist das nicht durchzuführen, selbst hier nicht. Hat solch ein Mann 'mal einen Monat dabei ausgehalten, so kommt er und sagt, die Geschichte hinge ihm nachgerade aus dem Halse, er wünsche eine andere Arbeit. Ein Arbeiter, der nur ein gewisses Stück zu machen versteht und sein Brot damit verdient, wird das nicht sagen. In Berlin muß nach Möglichkeit dahin gestrebt werden, die verschiedenen Apparatmodelle abzuschaffen; dann kommt die wirkliche Fabrikation von selbst. Darin sind wir ja auch schon lange einig. — Werner 12. Januar. Nach Normalkonstruktionen und der Fabrikation weniger Typen strebe ich seit 15 Jahren. Es ist aber sehr schwer. Jede Bahn und Direktion hat ihre Liebhabereien. Es ist bisher noch nie vorgekommen, daß wir Bestellungen von Hunderten gleicher Apparate bekommen haben. Von einer eigentlichen Massenarbeit konnte also bisher keine Rede sein! — Werner 12. Januar. Die Zusammenstellung der Selbstkostenberechnung von hier nnd dort ist recht interessant und wird manchen guten Fingerzeig geben. Doch sind unsere Arbeitslöhne wesentlich (ich glaube fast um ein Drittel) billiger als Eure. Dagegen ist Euer Material billiger, wesentlich nur Draht und Federn. Bei beiden ist mir die Differenz nicht recht erklärlich, da wir beide dieselben Lieferanten haben. — Karl 15. Februar. Im allgemeinen macht man in Berlin alles zu schwer[1]). In neuerer Zeit ist es besser geworden. Aber der Hang dazu ist immer noch vorhanden.

Damit ist die Eigenart des Berliner Werkstattbetriebes klar gekennzeichnet: es war eben noch ein stark handwerksmäßig gefärbter Fabrikbetrieb, und diese Eigenart mußte grade in dem

---

von Siemens & Halske nicht verwenden, wohl aber für Lieferungen nach England. Werner schrieb: „In Laufwerken können wir vorläufig mit den Franzosen nicht konkurrieren; doch werden wir dahin streben".

1) Vgl. schon oben S. 162.

für die ganze Entwicklung des Unternehmens so wichtigen Verhältnisse von Kosten und Preisen am schärfsten sichtbar werden. Die Geschäfte in England und Rußland hatten einen durchaus anderen Charakter. Aber das bisherige Material genügt noch nicht, um den Unterschied genau zu erfassen und damit die Tragweite der eben geschilderten Tatsachen für die Entwicklung der Siemens-Firmen klarzustellen. Zu dem Zwecke sind noch die Kosten möglichst genau zu analysieren und den „Umsätzen" gegenüberzustellen.

Kosten, Umsätze und Erträge. Das Material der nachfolgenden Berechnungen ist wieder den Geschäftsabschlüssen der Siemens-Firmen entnommen, die wir jetzt etwas näher betrachten müssen. Die Abschlüsse der Jahre 1847—1850 sind auf Grund einer sehr unvollkommenen einfachen Buchführung zustande gekommen[1]. Dann folgt eine Lücke in der Reihe der Abschlüsse. Für 1851, 1852 und 1853 kennen wir nur die Geschäftserträge. Erst mit dem Jahre 1854 beginnt die Reihe der regelrechten, auf doppelter Buchhaltung beruhenden Abschlüsse, die jedoch anfangs teilweise noch zu summarisch sind, um das Verhältnis von Kosten und Umsätzen genau erkennen zu lassen. Für Berlin und Petersburg ergibt sich seit 1857 auch die Möglichkeit genauerer Analyse der Kosten. Für London dagegen liegen überhaupt nur einige summarische Abschlüsse vor.

Die Ausdrücke „Umsätze" und „Kosten" werden nicht immer im gleichen Sinne verwendet, und auch in unserem Material fehlt es nicht an solchen Verschiedenheiten der Auffassung. Hier können wir als „Umsätze" nur die Betriebseinnahmen zugrunde legen, also den Entgelt, den die Unternehmung für ihre Leistungen erhält, und als „Kosten" nur die Betriebsausgaben nebst Kapitalzinsen und Abnutzung der Anlagen. So hat Haase, die kaufmännische Autorität der Firma Siemens & Halske in diesem Zeitraume, jene Ausdrücke verwendet. Sowohl „Umsätze" wie „Kosten" bedürfen möglichst genauer Analyse. Die hierfür erforderlichen Kalkulationen sind zum Teil schon in den Abschlüssen enthalten, zum Teil mußten sie hier erst vorgenommen werden.

1847--1850. Für diese Jahre kennen wir nur die Gesamtsummen der baren Betriebsausgaben und Betriebseinnahmen. Zu

---
[1] Sie sind oben S. 55 und S. 60 abgedruckt.

ersteren müssen die Betriebsschulden hinzugerechnet werden, die ebenfalls bekannt sind. Da ferner die Betriebsausgaben auch die Kostenbeträge der noch nicht verbrauchten Werkzeuge und Materialien, sowie der noch nicht von den Abnehmern bezahlten angefangenen Arbeiten und fertigen Warenvorräte mit umfassen, so müssen alle diese Beträge, die in den Bilanzen unter der Rubrik „Einnahme" (= Activa) aufgeführt sind, zu den baren Betriebseinnahmen hinzugefügt werden, um letztere mit den „Kosten" vergleichen zu können. Dagegen gehören nicht zu den Betriebseinnahmen die (ebenfalls unter den Aktiven aufgeführten) Kosten der Patente, weil Patente später nie mehr als Activa aufgeführt wurden, und weil überdies die hier in Frage stehenden Patente sich bald als wertlos herausstellten. Ferner ist noch zu erwähnen, daß in diesen Abschlüssen nicht, wie später stets, den Kapitalien der Teilhaber Zinsen gutgeschrieben, und daß vielleicht auch keine Abschreibungen erfolgt sind. Die Abschlüsse sind daher mit denen der späteren Zeit nicht völlig vergleichbar; doch werden wahrscheinlich jene Fehler nicht sehr erheblich sein. Danach ergibt sich folgendes Verhältnis von Kosten und Umsätzen:

	1./10. 1847—31./12. 1849		1850	
	Taler	%	Taler	%
Kosten	23 890	61	54 652	58
Erträge	15 118	39	39 101	42
Umsätze	39 008	100	93 753	100

Die Firma Siemens & Halske war in dieser Zeit hauptsächlich beschäftigt mit Herstellung der von Werner erfundenen Zeigerapparate, sowie mit dem Bau unterirdischer Telegraphenlinien in Deutschland, wobei die ebenfalls von Werner erfundenen Guttapercha-Drähte verwendet wurden. An diesen Erfindungen, besonders an den Apparaten wurde stark verdient, zumal die allgemeinen Kosten jedenfalls noch sehr gering waren, hatte doch die Firma noch keine Beamte. Aber unmittelbar darauf entstand die Nottebohm'sche Krisis; zugleich wurden die Zeigerapparate durch Morse verdrängt und auch der Preis der letzteren wurde stark herabgedrückt[1].

1851—1854. Aus diesem Zeitraume kennen wir genau weder Umsätze noch Kosten, sondern nur die Erträge der Jahre 1851—1853. Werners Bestreben war damals weniger auf „direkten

---

[1] Vgl. oben S. 51 ff, 53 ff., 59.

Gewinn" als auf „moralische Effekte" gerichtet[1]). In den beiden, Jahren 1851 und 1852 wurden zusammen nur 8678 Taler verdient. Im Jahre 1852 begannen die russischen Geschäfte, die aber anfangs nur aus Apparatlieferungen bestanden. Erst 1853 begannen die russischen Telegraphenbauten der Firma, wobei ganz anders wie bisher gearbeitet werden mußte[2]). Der Ertrag stieg 1853 wieder auf 11250 Taler. Die Umsätze nahmen 1853 und 1854 jedenfalls schon bedeutend zu, hatte die Firma doch im Mai 1854 allein von der russischen Regierung 250000 Rubel zu fordern. Aber noch weit mehr muß im Jahre 1854 der Ertrag gestiegen sein; denn die Erträge der Jahre 1851—1853, zusammen rund 20000 Taler, waren, wie es scheint, den Teilhabern bar ausgezahlt worden. Das gesamte verantwortliche Geschäftskapital kann Ende 1853 keinesfalls mehr als 50000 Taler betragen haben, Ende 1854 aber betrug es, wie eine uns erhaltene summarische Bilanz ergibt, 262159 Taler. In diesem einen Jahre müssen also über 200000 Taler verdient worden sein, vermutlich über 50 % des Umsatzes.

Berlin 1855—1858. Schon seit 1854 wurden die russischen Geschäfte von denen des Berliner Geschäfts getrennt verbucht; aber die Erträge des Jahres 1854 sind aus der russischen Bilanz dieses Jahres noch nicht ersichtlich. Erst seit 1855, mit dem Eintritt Karls als Teilhaber, wurden auch die russischen Erträge in Petersburg berechnet, und es wurde für die Remonten ein besonderer „Reservefonds" gebildet, in den ein Drittel des Übernahmepreises der Remonten jährlich floß, so daß die jährlich berechneten Erträge noch nicht endgültige Bedeutung hatten, vielmehr das Endergebnis sich erst nach Ablauf der 12jährigen Kontraktzeit (1867) übersehen ließ[3]). Wir werden deshalb die russischen Umsätze und Kosten erst später für sich betrachten und uns zunächst auf das Berliner Geschäft beschränken:

	1855		1856		1857		1858	
	Taler	%	Taler	%	Taler	%	Taler	%
Material . .	?	?	92 174	57,65	80 556	51,31	83 434	45,83
Löhne . . .	26 000	?	28 000	17,50	29 000	18,47	38 000	20,88
Allgem. Kosten	20 246	?	19 753	12,31	27 116	17,27	24 368	13,39
Erträge . . .	50 171	?	20 073	12,54	20 328	12,95	36 198	19,90
Umsätze . .	?	?	160 000	100	157 000	100	182 000	100

---

1) Vgl. S. 59 und 63.
2) Vgl. übrigens schon S. 62, dann S. 69 ff.
3) Vgl. oben S. 80, 92 ff.

Mit dem Abschlusse für 1854 sind diese Zahlen nicht vergleichbar, weil sie nicht, wie derjenige für 1854, die Erträge der russischen Geschäfte mit enthalten. Doch ist der gute Ertrag der Berliner Werkstatt für 1855 mittelbar noch durch die Hochflut der russischen Geschäfte beeinflußt worden, die erst 1856 ins Stocken gerieten[1]). Inzwischen waren aber die allgemeinen Kosten (Beamtengehälter, Zinsen, Abschreibungen, Steuern, Reisekosten usw.) auf 20000 Taler gewachsen: die „Werkstatt" hatte sozusagen als oberes Stockwerk den Verwaltungs- und Vertriebsapparat einer modernen Fabrik erhalten, der sich nicht wieder abschaffen ließ, der aber, als die Preise sanken und die Umsätze stark zurückgingen, die bescheidene Werkstatt zu erdrücken drohte.

Der ungünstige Abschluß für 1856 war es, der Werner Siemens zu der uns schon bekannten Äußerung über die für „Künstlerarbeit" zu niedrigen Preise und über das „Faulenzen" der „Herren Künstler" Anlaß gab[2]). Es entstand jetzt das erste Streben nach Steigerung der Arbeitsintensität, das jedoch, soweit aus unseren Zahlen ersichtlich ist, zu keinem Ergebnis führte: denn das Verhältnis der Löhne zu den Umsätzen gestaltete sich in den folgenden Jahren nicht günstiger.

Das Verhältnis der Materialkosten und der Fabrikatpreise war 1856 besonders ungünstig, besserte sich aber schon 1857 wesentlich, wobei die Anfänge des englischen Kabelgeschäfts, für welches Werner Siemens seinen „Induktions-Schreibapparat" erfand, sich in erster Linie fühlbar machten[3]). Doch dieser Fortschritt war unvermeidlich verknüpft mit bedeutender Vermehrung der allgemeinen Kosten (Reisekosten, Zinsen usw.), sodaß das Endergebnis sich 1857 ebenso schlecht stellte wie 1856, da der Umsatz noch nicht zunahm, sondern nur seine Struktur änderte.

Erst im Jahre 1858 wuchs der Umsatz wieder ansehnlich; es wurden u. a. abgesetzt:

	1857	1858
Morse-Schreibapparate	230	273
Magnetelektr. Induktions-Zeigerapparate	158	117
Kasten-Morse-Apparate	27	82
Induktionsapparate für Ärzte	69	98
Läutewerke	84	177
Stations-Blitzableiter	108	377
Induktoren	49	42
Gewöhnliche Isolatoren	68 545	83 935
Spann-Isolatoren	7 408	9 353

---

1) Vgl. oben S. 94.
2) Vgl. oben S. 469.
3) Vgl. oben S. 131.

Auch wurde ja, wie wir wissen, bei den Submarin-Apparaten mehr verdient, als bei denen der Landtelegraphen. Aber das wichtigste Moment war, daß mit 24000 Talern allgemeinen Kosten 1858 ein Umsatz erzielt wurde, der um 25000 Taler höher war, als derjenige des Jahres 1857, in dem die allgemeinen Kosten sogar noch um 3000 Taler höher gewesen waren, als 1858.

In diesen Jahren wurde zuerst versucht, Selbstkosten und Erträge für die einzelnen Gruppen von Fabrikaten zu ermitteln, wobei man aber sofort auf die Schwierigkeit stieß, die allgemeinen Kosten richtig zu verteilen. Man gelangte zu dem Ergebnisse, daß das Geschäft in Drähten und Isolatoren 1858, trotz Steigerung des Umsatzes, ungefähr den gleichen Ertrag geliefert hatte, wie 1857, daß also dessen Besserung durch den Apparatbau veranlaßt worden war, dessen Ertrag danach sich von $8^1/_2$ auf $18^1/_2\%$ des Umsatzes gehoben hatte. Doch war das noch keine genaue Selbstkosten-Berechnung. Die Verteilung der allgemeinen Kosten war ziemlich willkürlich, und die unmittelbaren Fabrikationskosten waren, ebenso wie die Umsätze, nicht für die einzelnen Fabrikate, sondern lediglich für die drei Hauptgruppen ausgerechnet.

Berlin, London und Wien 1859—1862. Durch Begründung des Londoner Geschäfts im Herbste 1858 und durch die ungefähr gleichzeitige Eröffnung des Wiener Geschäfts[1]) komplizierten sich die Berliner Rentabilitäts-Verhältnisse erheblich. Den Geschäften in London und Wien wurden auf ihre Bestellungen in Berlin Provisionen gutgeschrieben und dagegen Anteile an den Berliner Kosten belastet. Ferner wurde nur ein Teil der Londoner Erträge in Berlin verrechnet: $7^1/_2\%$ wurden als Tantième der Londoner Beamten, 15% vom übrigen Ertrag zur Ansammlung von Betriebskapital, $33^1/_3\%$ vom Reste als Gewinnanteil von Wilhelm Siemens in London zurückbehalten. Auch sind uns nur die Berliner Umsätze bekannt, was aber für die Jahre 1859—1862 noch wenig ausmacht, da in diesen Jahren London noch fast alles aus Berlin bezog, und Wien überhaupt nicht ins Gewicht fiel:

---

1) Vgl. oben S. 136 und 270.

Berliner Berechnung der Geschäftsergebnisse für das Jahr 1859.

	Berliner Hauptwerkstatt Taler	London Taler	Wien Taler	Zusammen Taler	%
Material	65 461	—	- -	65 461	32,27
Löhne	40 252	- -	—	40 252	19,83
Allgem. Kosten .	25 888	15 953	944	42 785	21,10
Ertrag	28 399	24 400	1 554	54 353	26,80
Umsatz	160 000	40 353	2 498	202 851	100

Von diesen Erträgen der Berliner Telegraphenwerkstatt in Gesamthöhe von 54 353 Talern gingen zunächst 5530 Taler Verlust auf nicht telegraphische Geschäfte ab, so daß das Berliner Geschäft einen Reinertrag von 48 823 Talern ergab.

Sodann verrechnete Berlin, wie schon erwähnt, nicht den ganzen Londoner Ertrag. Dieser betrug

$$£ \; 11\,562 = \text{Rtlr. } 77\,026,$$

wovon in London bereits abgezogen wurden:

£ 867 Tantième der dortigen Beamten
„ 1 604 zur Ansammlung von Betriebskapital
„ 3 030 Gewinnanteil von Wilhelm Siemens
£ 5 501 zusammen,

so daß nur £ 6 061 = Rtlr. 40 353 übrig blieben, wovon noch der Anteil an den Berliner Kosten = Rtlr. 15 953 in Berlin abgezogen wurde.

Rest: Rtlr. 24 400 wie oben.

Will man den ganzen Ertrag berechnen, so müssen statt der 40 353 Taler jene 77 026 Taler als Londoner Ertrag eingestellt werden, worauf Werner aufmerksam machte, als Karl den Ertrag des Londoner Geschäfts nicht den hohen Erwartungen entsprechend fand. Dann ergibt sich folgendes:

	Taler	%
Material	65 461	27,20
Löhne	40 252	16,70
Allgem. Kosten . .	42 785	17,80
Erträge	91 026	38,30
Umsätze . . .	239 524	100

Die Bedeutung dieser Zahlen wird jedoch wieder dadurch verringert, daß der Londoner Ertrag nicht, wie der von Berlin und Wien, aus dem Jahre 1859 allein stammt, sondern aus den 18 Monaten: 1. Oktober 1858 bis 1. April 1860.

Immerhin war es ein gutes Ergebnis, aber mit denen der Vorjahre läßt sich dieses Gesamtergebnis keinesfalls vergleichen, sondern nur allenfalls das Ergebnis des Berliner Geschäfts, einschließlich dessen Anteilen an den Geschäften in London und Wien:

	1856 %	1857 %	1858 %	1859 %
Material	57,65	51,31	45,83	32,27
Löhne	17,50	18,47	20,88	19,83
Allgem. Kosten	12,31	17,27	13,39	21,10
Erträge	12,54	12,95	19,90	26,80
Umsätze	100	100	100	100

Daraus ergibt sich, daß die Besserung des Ertrages nicht durch Ersparnisse an Löhnen und allgemeinen Kosten erzielt worden war. Die letzteren waren sogar weit stärker als die Umsätze gestiegen, infolge der Rotemeer-Expedition und der anderen Kabel-Expeditionen von Newall & Co., für welche Siemens & Halske Beamte stellten. Der gute Ertrag von 1859 war vielmehr den Lieferungen teurer Submarin-Apparate zu danken, sowie den Einnahmen aus den Kabel-Untersuchungen für Newall & Co. Aber diese Besserung des Jahresertrages war teuer erkauft worden durch hohe und keineswegs sichere Ausstände, durch zu starke Lagerbestände, durch Verstärkung des Personals, sowohl der Beamten wie der Lohnarbeiter, endlich durch die Notwendigkeit von Bauten und sonstigen Anlagen in Berlin und London. Die Betriebserweiterung gab schon zu ernsten Sorgen Anlaß, als das Geschäft, wie jährlich im Winter, vorübergehend stockte:

Siemens & Halske in Berlin an Siemens, Halske & Co. in London 22. September 1859. Sie wissen, daß wir nur höchst ungern auf Lager arbeiten und uns Vorräte von fertigen Fabrikaten am liebsten gar nicht hinstellen, weil nach der Natur unseres Geschäfts die Konstruktionen zu wandelbar sind. Tritt einmal Mangel an Bestellungen ein, so lassen wir einzelne Teile anfertigen, die später allen möglichen Apparaten angepaßt werden können. 8. November. (Wünschen Apparatbestellungen.) Durch eine sonderbare Konstellation haben wir grade jetzt sehr viel magnetelektrische Zeiger für Bayern und Dänemark zu liefern, daher volle Arbeit für die Abteilung. Für gewöhnliche Morse-Apparate und überhaupt für die ersten Monate des neuen Jahres haben wir Kräfte vollauf. Werner an Karl 13. Januar 1860. Wir müssen im Sommer notwendig wieder bauen, was ca. 15000 Taler kosten wird. Sonst können wir uns nicht auf den großen englischen Markt wagen, wo noch soviel zu schaffen ist. Freilich fatal in so kritischen Zeiten mit soviel drohenden Wolken am Himmel. Doch Stillstand ist Rückschritt für uns, und vor dem ersten Rückschritt muß man sich hüten. 26. Januar. Sehr lieb wäre es uns, wenn Du uns etwas Arbeit zuführen könntest. Wilhelms angekündigte türkische Bestellungen bleiben aus, und wir sind plötzlich trocken geworden. Es ist das häufig wiederkehrende Winterübel, aber sehr fatal, da wir die entlassenen Arbeiter dann nicht mehr so schnell wieder bekommen. Karl an Werner 5. April. Ihr müßtet Euch eigentlich auf die Fabrikation eines **Handelsartikels** legen, um daran während der Stockungen arbeiten zu können, auch wenn es ohne Gewinn geschehen müßte[1]). Karl an Werner 3. November 1860. Das englische Geschäft steht noch mit 55844 Talern belastet. Wo mag diese kolossale Summe stecken? Die 68439 Taler, welche im Berliner Material stecken, sind auch ein fataler Posten. Was würde wohl da herauskommen, wenn man alles verkaufen wollte? Ich habe hier erfahren, was man unter dem angeblichen Werte eines Materiallagers zu verstehen hat. Ein Verkauf à tout prix würde nicht den vierten Teil des angeblichen Wertes ergeben — —. Der Zinsen wegen ist es schon sehr nachteilig, große Lager zu halten. Lieber höhere Preise für das Material zahlen, wenn es grade nötig ist. Soviel scheint mir festzustehen, daß die dortigen drei Geschäfte noch manches Jahr arbeiten müssen, um die unter „Debitores" aufgeführten Summen, sowie die anderen Werte in wirkliches Geld zu verwandeln.

Im Herbste 1860 geriet das englische Kabelgeschäft der Siemens-Firmen vollkommen ins Stocken, und der bisherige Optimismus Werners verwandelte sich bald in schwere Sorgen, ja in die Absicht, das Geschäft aufzugeben[2]).

Werner an Karl 5. Dezember 1860. Wenn möglich, verschaffe uns Arbeit, da wir sonst die meisten unserer Arbeiter entlassen müssen und dann keine sobald wieder finden, die was verstehen. Die gewöhnliche Winterebbe ist dieses Jahr ungewöhnlich stark. Werner an Wilhelm 3. Januar 1861. Der Verdienst an der Fabrikation ist bei den jetzigen Preisen schon sehr gering, wenn wir vollauf beschäftigt sind, reduziert sich aber auf nichts, wenn wir nur sporadisch zu tun haben. Wir gehen daher ernstlich mit dem Gedanken um, die Telegraphenfabrikation, wenn nicht ganz aufzugeben, doch so zu beschränken, wie das Interesse des englischen und des russischen Geschäftes es irgend gestatten.

Das Jahr 1860 lieferte noch leidliche Ergebnisse, obwohl London sich nur mit drei Vierteljahr beteiligte, weil das erste Vierteljahr schon im Vorjahr verrechnet worden war.

---

1) Darauf war Werner tatsächlich schon vorher bedacht gewesen, so hatte er bereits im Roten Meere ein elektrisches Log erfunden, von dem er sich viel versprach; im Januar 1860 erfand er einen kleinen Zählapparat für die Berliner „kohlensauren Jungfrauen"; ebenso wurde damals der Feder-Centrifugal-Regulator für Maschinen wieder aufgenommen usw. Vgl. oben S. 272.

2) Vgl. S. 152.

Berliner Berechnung der Geschäftsergebnisse für das Jahr 1860.

	Berliner Hauptwerkstatt Taler	London Taler	Sonstiges Taler	Zusammen[1]) Taler	%
Material	66 946	—	—	66 946	38,90
Löhne	32 240	—	—	32 240	18.75
Allgem. Kosten .	28 774	9 150	293	38 217	22,20
Ertrag	22 040	10 919	1 700	34 659	20,15
Umsatz	150 000	20 069	1 993	172 062	100

Löhne und allgemeine Kosten weisen gegenüber dem Vorjahre keine nennenswerte Veränderung auf, wohl aber Material und Ertrag:

	1859 %	1860 %
Material	32,27	38,90
Ertrag	26,80	20,15

In Anbetracht, so schrieben Siemens & Halske, daß das Londoner Geschäft nur für $3/4$ Jahr zu berechnen war, und daß die Berliner Telegraphen-Werkstatt fortwährend zu **weichenden Preisen** arbeiten muß, ist das Gesamtresultat noch ganz befriedigend ausgefallen.

Der Rückgang der Preise[2]) hätte sich noch fühlbarer gemacht, wäre es nicht gelungen, die Herstellung der im Preise stark gefallenen Apparate teilweise durch besser lohnende Fabrikate zu ersetzen:

	1859			1860		
	Stück	Durchschnittspreis Taler	Erlös Taler	Stück	Durchschnittspreis Taler	Erlös Taler
Morse-Schreibapparate	301	202	61 558	178	173	30 807
Schwarzschreiber	93	254	23 641	107	205	21 984
Magnet. Induktions-Zeigerapparat	118	172	20 235	228	185	42 315

Jetzt aber, im Winter 1860/61, begann erst so recht die trübste Zeit in der ganzen Entwicklung der Siemens-Firmen[3]). Das Geschäft stockte, die Preise gingen immer weiter zurück, die allgemeinen Kosten dagegen blieben so hoch wie bisher; es mußte auf Vorrat gearbeitet werden:

---

[1]) Nach Hinzurechung der in Berlin nicht mit verrechneten Londoner Ertragsteile stellt sich das Ergebnis folgendermaßen: Material 66 946 = 35,50 %, Löhne 32 240 = 17,10 %, Allgem. Kosten 38 217 = 20,30 %, Ertrag 51 106 = 27,10 %, Umsatz 188 509 = 100 %.

[2]) Vgl. oben 481.

[3]) Vgl. S. 104 ff., 152 ff., 271 ff., 415 ff.

Werner an Karl 15. Februar 1861. Das Lager ist der Krebsschaden unserer Fabrikation — —. Hätten wir jetzt auch alle Arbeiter entlassen, so hätten wir doch die Räume, und wenn dann plötzlich, wie gewöhnlich im Frühjahr, große Bestellungen kommen, so hätten wir nichts schaffen können. Sollen wir immer schnell liefern können, so müssen wir unsere guten Arbeiter behalten und müssen sie auf Lager arbeiten lassen, wenn Bestellungen fehlen, damit sie später da sind, und Vorrat, namentlich an einzelnen Teilen, vorhanden ist. Darum können wir nicht so billig arbeiten, wie Mechaniker, die nur auf Bestellung mit langer Lieferzeit arbeiten [1]).

Wenn diese Äußerung Werners den Tatsachen entsprach, so wurde die damals beklagte Schleuderkonkurrenz von „Mechanikern ohne Kapital und Intelligenz" dadurch ermöglicht, daß sie nicht jenen schweren Oberbau einer modernen Fabrik hatten, wie die Werkstatt von Siemens & Halske. Letztere wäre also durch ihre Zwitterstellung zwischen Fabrik und Handwerk Beiden gegenüber im Nachteile gewesen: gegenüber der Fabrik durch ungenügende Arbeitsteilung, unzureichende Intensität der Handarbeit und Maschinenausstattung, gegenüber dem Handwerk umgekehrt durch relativ erhebliches, Verzinsung heischendes Anlagekapital, durch starke Vorräte und die Notwendigkeit, ein relativ großes, ständiges Personal zu unterhalten.

Berliner Berechnung der Geschäftsergebnisse für das Jahr 1861.

	Berliner Hauptwerkstatt	Sonstiges	Verlust London [2])	Rest	
	Taler	Taler	Taler	Taler	%
Material	53 829	—	—	53 829	43,40
Löhne	32 400	. .	-	32 400	26,15
Allgem. Kosten .	28 037	500	4 883	33 420	27,00
Ertrag	3 734	5 116	4 579	4 271	3,45
Umsatz	118 000	5 616	304	123 920	100

Hier haben sich gegenüber den Vorjahren alle Verhältnisse verschoben:

	1859 %	1860 %	1861 %
Material	32,27	38,90	43,40
Löhne	19,83	18,75	26,15
Allgem. Kosten . .	21,10	22,20	27,00
Ertrag	26,80	20,15	3,45
Umsatz	100	100	100

1) Vgl. hier S. 152.
2) Nach dem Londoner Abschlusse ergab sich ein nomineller Ertrag von etwa 90 £.

Es waren nicht nur Preise und Umsätze zurückgegangen, die Lohnsummen dagegen ebenso hoch geblieben wie vorher, und sowohl Material- wie allgemeine Kosten dem Rückgange der Preise und Umsätze nur sehr unvollständig gefolgt. Außerdem hatte sich auch die Struktur des Umsatzes von 1860 auf 1861 ungünstig verschoben:

Siemens & Halske an Carl Siemens 11. September 1862. Wir haben mit dem vorjährigen Umsatze eben nur unsere sämtlichen Unkosten gedeckt, die aber auf ein viel größeres Geschäft berechnet waren. Dazu kommt, daß sich der Absatz von 1861 fast nur in solchen Artikeln bewegt hat, an denen wir der Konkurrenz halber fast gar nichts verdienen, an einzelnen sogar verlieren mußten. Von der Konkurrenz ausgeschlossen sind nur noch **Induktions-Zeigerapparate** und **Untersuchungs-Instrumente**, für die sich hinsichtlich des Umsatzes folgendes ungünstige Resultat ergab:

	1860		1861	
	Stück	Taler	Stück	Taler
Induktions-Zeigerapparate	228	42 315	41	5 997
Untersuchungs-Instrumente	für	5 852	für	2 832

Wenn Sie nun erwägen, daß wir an diesen Artikeln noch, aufwärts gerechnet, $33\,^1/_3 - 50\,^0/_0$ verdienen und bei einem größeren Umsatze als 118 000 Talern den entsprechenden Mehrbetrag desselben ganz frei von Unkosten gehabt hätten, so ergibt sich daraus, wie ungünstig die Verhältnisse für uns gewesen sind. — Die Lebensfrage für die Berliner Telegraphen-Werkstatt, wie die Preise jetzt sind, ist Erzielung eines großen Umsatzes. Wir müßten denselben bis auf 200 000 Taler ausdehnen können, und ist unsere ganze Aufmerksamkeit auch auf dieses Ziel gerichtet. Für das laufende Jahr werden wir nun zwar schwerlich weiter wie 1861 kommen; wir versprechen uns aber sehr viel von dem Erfolge der Londoner Ausstellung, auf der unsere Sachen ja enormes Aufsehen gemacht haben sollen. Ebenso denken wir mit dem neuen Typenschreiber recht günstige Erfolge zu erzielen[1]). Wir bitten aber vor allem recht dringend um Ihre Unterstützung.

Das Jahr 1862 gestaltete sich in Berlin nur wenig besser als das Jahr 1861, in London noch wesentlich schlechter. Dazu kamen wachsende Verluste an außertelegraphischen Geschäften (Bergwerk Ohrdruff u. a.). Das Schlußergebnis war kläglich:

Berliner Berechnung der Geschäftsergebnisse für das Jahr 1862.

	Berliner Hauptwerkstatt Taler	Sonstiges Telegr.-Geschäft Taler	Zusammen Taler	%
Material	39 442	—	39 442	35,40
Löhne	30 000	—	30 000	26,90
Allgem. Kosten .	26 369	5 441	31 810	28,55
Ertrag	9 189	1 038	10 227	9,15
Umsatz	105 000	6 479	111 479	100

---
1) Vgl. oben S. 275, betr. Wien S. 271.

Von den hier nachgewiesenen 10227 Talern Ertrag gingen noch 8739 Taler Verluste auf außertelegraphische Berliner Geschäfte ab. Ferner waren in London noch weitere 1918 £ verloren gegangen, die aber nicht in Berlin verrechnet, sondern von Londoner Betriebskapital (vgl. oben S. 489ff.) gedeckt wurden Rechnen wir diese 1918 £ = 12789 Taler von jenen 10227 Talern ab, so ergibt sich ein Gesamtverlust von 2562 Talern allein aus dem Telegraphengeschäft, und dann stellt sich die Rechnung folgendermaßen:

	Taler	%
Material	39442	40,00
Löhne	30000	30,30
Allgem. Kosten .	31810	32,15
	101252	102,45
Verlust	2562	2,45
Umsatz	98690	100

Berlin und London 1863. Im Jahre 1863 verschoben sich die Abrechnungsgrundlagen zwischen Berlin und London aufs neue. Das Londoner Geschäft erlangte größere Selbständigkeit dadurch, daß es das Cartagena-Oran-Kabel herstellte und legte[1]) Das Unternehmen mißglückte, und es erwuchs daraus ein sehr großer Verlust. Trotzdem hob sich der Umsatz des Londoner Geschäfts derart, daß es wieder steigende Erträge abwarf. Aber die Londoner Umsätze bestanden jetzt nicht mehr überwiegend aus Berliner, sondern aus Englischen Fabrikaten, und der Umsatz in letzteren ist uns nicht bekannt. Auch sonst ist die Vergleichbarkeit mit den Vorjahren wesentlich beeinträchtigt, und die folgenden Zahlen sind nur vorsichtig zu benutzen:

Berliner Hauptwerkstatt		
	Taler	%
Material	51326	37,30
Löhne	42000	30,50
Allgem. Kosten .	34175	24,80
Ertrag	10199	7,40
Umsatz . . .	137700	100

Gesamterträge		
		Taler
Berliner Hauptwerkstatt	. .	10199
„ Gießerei	. . . .	1945
London		17446
Wassermesser	. . . . .	5133
Sonstiges		1350
		36073
ab:		
Provisionen		4260
Verluste Wien, Kiew	12128	16388
		19685

Mit den Vorjahren sind die Prozentzahlen nicht zu vergleichen. Die Umsatzziffer ist zu niedrig, da sie die Londoner Erträge aus den Berliner Lieferungen nicht mit enthält. Die

---

1) Vgl. oben S. 164 ff.

Höhe dieser Lieferungen ist uns zwar bekannt; sie betrugen 41 688 Taler, gegenüber nur 7037 Talern im Jahre 1862. Der Unterschied von rund 34 000 Talern entspricht ziemlich genau dem Anwachsen des Umsatzes von 105 000 auf 137 700 Taler. Die Londoner Bestellungen waren also auch in diesem Jahre noch entscheidend für das Berliner Ergebnis. Aber wir wissen nicht, wieviel London an den Berliner Lieferungen verdiente, da das Londoner Ergebnis diese nicht von den selbständigen Londoner Umsätzen trennt.

Das Londoner Ergebnis betrug im ganzen 3336 £, wovon 2595 £ = 17 446 Taler in Berlin verrechnet wurden. Das war relativ mehr als früher, und ferner wurde dem Londoner Geschäfte in diesem Jahre kein Anteil an den Berliner Kosten mehr belastet, wie bisher. Diese Berechnungsweise hatte offenbar zur Folge, daß das Londoner Ergebnis gegenüber dem Vorjahre zu günstig, dagegen das Berliner Ergebnis, trotz bedeutender Steigerung des Werkstatt-Umsatzes, zu ungünstig erschien. Preise und Beschaffenheit des Werkstattumsatzes hatten sich seit 1862 im Durchschnitt wenig verändert:

		1862			1863	
	Stück	Preis Rtlr.	Umsatz Rtlr.	Stück	Preis Rtlr.	Umsatz Rtlr.
Reliefschreiber . . .	189	117	22 100	232	122	28 304
Schwarzschreiber . .	104	121	12 600	324	124	40 010
Indukt.-Zeigerapparat .	83	155	12 900	78	136	10 581

Was durch die Preissteigerung von Relief- und Schwarzschreibern verdient worden war, ging durch die Preisverringerung der Induktions-Zeigerapparate wieder verloren. Für den Gesamtertrag fiel die Herstellung von Apparaten überhaupt nicht wesentlich ins Gewicht. Die Hoffnungen, welche Werner Siemens damals auf den „Typen-Schnellschreiber" setzte, gingen nicht in Erfüllung[1]).

Berlin 1864—1867. Mit Ende des Jahres 1863 traten Karl Siemens und Halske aus dem Londoner Geschäfte, dessen einzige Teilhaber seitdem Werner und Wilhelm Siemens blieben. Damit hörte die bisherige enge Verbindung zwischen Berlin und London für einige Jahre auf, und unser Material enthält für diese Jahre demgemäß hinsichtlich der Londoner Geschäftsergebnisse nur noch

---

1) Vgl. oben S. 274 ff., 426 ff.

wenige Einzelheiten, auf die wir nachher zurückkommen werden. Das Wiener Geschäft wurde 1864 aufgelöst, und für die nächsten Jahre bis 1867 einschließlich müssen wir zunächst die Berliner Abschlüsse allein in Betracht ziehen.

1864

Berliner Telegraphenwerkstatt			Berliner Gesamterträge		
	Taler	%			Taler
Material	73 058	39,90	Telegr. Werkstatt . . .		34 612
Löhne	42 000	23,00	Gießerei		863
Allgem. Kosten .	33 330	18,20	Wassermesser		4 350
Ertrag	34 612	18,90	Sonstiges		1 659
Umsatz	183 000	100	ab:		41 484
			Verlust Wien	9 682	
			Laboratorium	2 487	
			Sonstiges	1 532	13 701
					27 783

Lohnsummen und allgemeine Kosten waren nicht höher als im Jahre 1863, der Umsatz aber war bedeutend gestiegen und infolgedessen der Ertrag der Werkstatt ebenfalls. Daß auch die Lohnsumme, trotz der Umsatzsteigerung, gegenüber dem Vorjahre die gleiche geblieben war, bedarf der Erklärung. Betrachten wir zunächst die Zusammensetzung der Umsätze:

	1863 Taler	1864 Taler	Steigerung Taler
Drähte . . .	1 635	12 463	10 828
Isolatoren . .	3 214	7 741	4 527
Diverses . .	9 241	8 486	— 755
			14 600
Instrumente .	123 610	154 310	30 700
	137 700	183 000	45 300

Instrumente

	Stück	Preis	Taler	Stück	Preis	Taler
Reliefschreiber . . .	232	122	28 304	297	123	36 474
Schwarzschreiber . .	324	124	40 010	275	120	33 031
Indukt.-Zeigerapparate .	78	136	10 581	115	158	18 012
Läutewerke	170	58	9 923	484	69	33 166

Danach hatte sich eine nicht unwesentliche Veränderung in der Beschaffenheit des Umsatzes vollzogen. Der Umsatz in Drähten, Isolatoren und sonstigen Fabrikaten, die nicht viel Arbeit erforderten und zum Teil bloße Handelsartikel waren, hatte sich um 14 600 Taler vermehrt, die Herstellung von Instrumenten, die viel Arbeit erforderten, um 30 700 Taler, und auch hier hatte sich durch Preissteigerung von Induktions-Zeigerapparaten und Läutewerken eine Vermehrung des Umsatzes um etwa 6900 Taler vollzogen, ohne daß die Handarbeit zunahm. Das erklärt bereits teilweise die Umsatzsteigerung bei gleichbleibender Lohnsumme; doch bleibt noch ein unerklärter Rest, der durch zu niedrige Umsatzbezifferung für 1863 veranlaßt worden sein kann, oder durch Verstärkung der Arbeitsintensität bezw. Verbesserung der maschinellen Einrichtung (Dampfmaschine?).

Die Rentabilität hatte sich wesentlich gebessert:

Siemens & Halske an Karl Siemens 28. April 1865. Das Jahr 1864 ist für die Telegraphenwerkstatt ein recht günstiges gewesen, insofern der Umsatz von 1863 bedeutend überholt worden ist und infolgedessen der Reingewinn sich erheblich gesteigert hat. Leider hat der Verlust am Wiener Geschäft das Endresultat wieder bedeutend geschmälert; auf jeden Fall sind wir aber doch nun diese Quelle ewiger Verluste und so vielen Ärgers los.

Das Wiener Geschäft war nämlich 1864 aufgelöst worden.

Das Jahr 1865 verlief für das Berliner Geschäft noch günstiger, obwohl die Telegraphenwerkstatt ein weniger gutes Resultat ergab, als im Jahre 1864:

1865

Berliner Telegraphenwerkstatt			Berliner Gesamterträge	
	Taler	%		Taler
Material	110 140	56,00	Telegraphenwerkstatt	22 776
Löhne	33 000	16,70	Röhrenpostanlage .	4 729
Allgem. Kosten .	31 084	15,80	Wassermesser . .	13 428
Ertrag	22 776	11,50	Gießerei	2 004
Umsatz	197 000	100	Alkoholometer . .	3 110
			Sonstiges	1 645
			ab:	47 692
			Verschiedenes . .	3 301
				44 391

Die Telegraphenwerkstatt hatte also 12 000 Taler weniger verdient als im Vorjahre, trotzdem der Umsatz wieder um 14 000 Taler gestiegen, dagegen die Lohnsumme um 9000 Taler, die der allgemeinen Kosten um 2000 Taler zurückgegangen war. Die Verschiebung in der Beschaffenheit des Umsatzes hatte eben weitere Fortschritte gemacht:

	1864	1865	Steigerung
	Taler	Taler	Taler
Drähte . . .	12 463	66 419	53 956
Isolatoren . .	7 741	21 672	13 931
Diverses . . .	8 486	13 571	5 085
			72 972
Instrumente . .	154 310	95 338	ab 68 972
	183 000	197 000	14 000

Die Umsätze in Drähten, Isolatoren usw. waren schon größer als die in Apparaten; es waren allein für 64 000 Taler Eisendraht darunter, für 14000 Taler gewöhnliche Isolatoren. Auch der Apparatbau weist die gleiche Entwicklungstendenz auf:

	1864			1865		
	Stück	Preis	Taler	Stück	Preis	Taler
Reliefschreiber . . .	297	123	36 474	171	121	20 727
Schwarzschreiber . .	275	120	33 031	—	—	—
Farbschreiber . . .	—	—	—	178	91	16 179
Zeigerapparate . . .	115	158	18 012	92	173	15 992
Läutewerke	484	69	33 166	241	67	16 253

Mehr Kapitalumsatz, weniger Arbeit, weniger Ertrag. Das war die Signatur der Berliner Telegraphenwerkstatt im Jahre 1865. Rohrpost, Wassermesser, Alkoholometer vermehrten den Ertrag, änderten aber im übrigen den Charakter des Geschäfts wenig oder gar nicht.

Es war eine Art des Werkstattbetriebes, die dessen ursprünglichem Charakter durchaus zuwiderlief. Die Devisen „Viel Arbeit, wenig Kapital!", „Sobald der Fortschritt in der Apparatfabrikation aufhört, wird der Verdienst unerheblich" schienen damit überwunden zu sein. Sehr begreiflich unter solchen Umständen, daß nicht nur Halske sich zurückzog, sondern daß auch Werner Siemens erklärte, ihm sei das „laufende gewinnbringende Geschäft langweilig" geworden, daß er sich nach einem „moralischen Aufschwunge" sehnte[1]).

Die Abschlüsse der Jahre 1866 und 1867 lassen nur mäßige Änderungen dieser Sachlage erkennen, obwohl sich grade damals jener „moralische Aufschwung" vollzog, der zur Indo-Europäischen Telegraphenlinie und zur Dynamo-elektrischen Maschine führte; aber die Ergebnisse der Indo-Europäischen Linie kamen erst in späteren Abschlüssen zum Ausdruck, und die der Dynamomaschine brauchten noch erheblich mehr Zeit, um geschäftlichen Charakter anzunehmen.

Berliner Telegraphenwerkstatt

	1866		1867
	Taler	%	Taler
Material	68 356	37,25	?
Löhne	43 000	23,45	53 190
Allgem. Kosten .	35 173	19,20	30 489
Erträge	36 971	20,10	38 086
Umsätze	183 500	100	?

---

[1]) Vgl. S. 275, 437 ff.

Berliner Gesamterträge

	1866 Taler		1867 Taler
Telegraphenwerkstatt	36 971	Telegraphenwerkstatt	38 086
Brasilian. Kabel	14 000	Wassermesser	16 230
Gießerei	2 374	Gießerei	3 971
Wassermesser	10 821	Sonstiges	705
Alkoholometer	4 011		58 992
Sonstiges	2 238	ab Verschiedenes	6 759
	70 415		52 233
ab Verschiedenes	7 334		
	63 081		

Zusammensetzung des Telegraphenwerkstatt-Umsatzes

	1864 Taler	1865 Taler	1866 Taler
Drähte	12 463	66 419	20 537
Isolatoren	7 741	21 672	11 282
Diverses	8 486	13 571	10 372
Instrumente	154 310	95 338	141 309
	183 000	197 000	183 500

Die Zusammensetzung des Umsatzes war also im Jahre 1866 annähernd wieder dieselbe geworden wie im Jahre 1864, und so auch das Verhältnis von Umsätzen und Kosten:

	1864 %	1866 %
Material	39,90	37,25
Löhne	23,00	23,45
Allgem. Kosten	18,20	19,20
Ertrag	18,90	20,10
Umsatz	100	100

Aus dem Jahre 1867 ist uns weder Beschaffenheit noch Summe des Umsatzes bekannt, sondern nur folgende Äußerung Werners:

23. Mai 1868. Das Berliner Geschäft hat im vorigen Jahre hauptsächlich Läutewerke und dergleichen schlecht rentierende Arbeiten gemacht.

Die Lohnsumme war 1867 um rund 10000 Taler höher als 1866, der Ertrag ungefähr der gleiche. Der Charakter des Geschäftsbetriebes hatte sich also jedenfalls auch jetzt noch nicht wesentlich verändert.

London 1864—1867. Der Londoner Umsatz bestand in diesen Jahren größtenteils aus eisernen Telegraphenstangen, Isolatoren und Drähten[1]). Außerdem wurden kleinere Kabel hergestellt. Die Höhe des Umsatzes kennen wir nur für das Jahr 1865; damals betrug er 100000 £ (= 670000 Taler). Die Erträge waren ebenfalls sehr gute; es wurden verdient:

1865 : 13 000 £ (= 87 000 Taler oder 13 % des Umsatzes).
1866 : 12 000 „
1867 : 22 000 .,

Aber den hohen Erträgen standen entsprechende Risiken gegenüber, wie denn in diesen Jahren allein an schlechten Forderungen etwa 13000 £ verloren gingen. Es war ein völlig andersartiges Geschäft wie in Berlin.

Rußland 1855—1867. Das Berliner Stammhaus hatte bis zur Nottebohm'schen Krisis sowohl Telegraphenbau wie Apparatfabrikation betrieben. Als ersterer der Firma in Deutschland abgeschnitten wurde, blieb für Berlin im wesentlichen nur der Apparatbau übrig. Dagegen befaßte sich das russische Geschäft von Anfang an hauptsächlich mit dem Bau und der Unterhaltung („Remonte") von Telegraphenlinien, sowie gelegentlich auch mit der Lieferung von Apparaten und sonstigem Telegraphenmaterial.

Die russischen Ergebnisse der ersten Jahre bis 1854 einschließlich wurden in Berlin verrechnet und sind nicht mehr genau zu ermitteln; es müssen aber etwa 200000 Taler gewesen sein, die größtenteils aus Telegraphenbauten und Apparatlieferungen stammten[2]). Die Remonten hatten damals noch nicht begonnen. Der Hauptbetrieb begann überhaupt erst 1855, und seitdem läßt sich wenigstens für die Jahre 1855—1861, auf Grund der Geschäftsabschlüsse, das Verhältnis von Umsätzen und Kosten gut übersehen:

---

1) Vgl. oben S. 171 ff.
2) Werner an Karl 27. Juli 1854: Nottebohm hat Guerhardt wiederholt gesagt: „Was müssen die Menschen verdienen!" und ist ganz melancholisch geworden. — Die russische Regierung bezahlte noch 1855 für Apparate 1000 Rubel pro Stück, Berlin berechnete an Petersburg 500 Rubel. Das waren andere Preise, wie die, welche damals in Deutschland zu erzielen waren.

— 503 —

Russische Geschäftsergebnisse 1855—1861.

Alle Beträge in Rubeln.

Jahr	Bauten und Lieferungen			Remonten				Jahres-Ergebnis			Remonte-Reservefonds		
	Umsatz	Kosten	Ertrag	Umsatz	Kosten	Ertrag	+ Ertrag aus dem Reservefonds	— nicht telegr. Verluste	Umsatz	Kosten u. Verluste	Ertrag	Bestand	Zugang	Abgang
1855[1])	738 386	569 820	168 566	204 587	163 017	41 570	—68 196	—	942 973	801 012	141 940	—	68 196	—
1856[2])	127 749	98 112	29 637	323 098	191 834	131 264	—	10 119	450 847	300 065	150 782	68 196	108 133	—
1857	43 300	32 165	11 134	359 617	277 818	81 799	—	8 072	402 917	318 055	84 862	179 329	118 692	52 635
1858	45 937	41 584	4 354	360 187	287 290	72 897	—	3 368	406 124	332 242	73 882	245 386	123 899	50 396
1859	174 767	136 443	38 324	350 230	263 755	86 475	—	15 074	524 997	415 272	109 725	318 889	126 127	77 142
1860[3])	378 386	318 601	59 785	293 238	201 084	92 154	78 714	15 982	750 338	535 667	214 671	367 874	114 755	99 644
1861	166 426	131 490	34 936	269 738	189 306	80 432	—	—	436 164	320 796	115 368	382 985	108 448	31 508
1855—61	1 674 951	1 328 215	346 736	2 160 695	1 574 104	586 591	10 518	52 615	3 914 360	3 023 130	891 230	459 925		

Allgemeine Erläuterungen. Vom Remonte-Umsatz wurde jährlich ein Drittel dem Remonte-Reservefonds zugeführt, um alle Anschaffungen von Betriebsmaterial zu bestreiten, die sich bis zum Ablauf der Remonte-Kontrakte als notwendig erweisen würden. Die jährlichen Remonte-Erträge der Tabellen enthalten dieses Drittel (außer 1855) nicht mit, das vielmehr zunächst zu den Kosten gerechnet ist und außerdem in dem Wachsen des Reservefonds zum Ausdruck kommt. Erst bei Ablauf der Remonte-Kontrakte (1860 und 1867) kommen die Restbestände der Reserven nebst Zinsen dem Jahresergebnisse zugute.

Besondere Erläuterungen. 1) Die Remonten für 1855 ergaben nur 45 170 R., während die Dotierung des Reservefonds 68 196 R. absorbierte. Deshalb ist ausnahmsweise in diesem Jahre der zum Reservefonds abgeführte Betrag erst nach Berechnung des Jahresertrages der Remonten abgezogen worden.

2) Für das Jahr 1856 sind die allgemeinen Kosten nicht, wie für die folgenden Jahre, im Abschlusse selbst auf Bauten und Remonten verteilt; das ist hier erst nachgeholt.

3) Eine Spezifizierung der Ertragsberechnung findet man auf S. 101.

Russische Geschäftsergebnisse 1862—1867.

Alle Beträge in Rubeln.

Jahr	Ertrag der Bauten und Lieferungen	Ertrag der Remonten	Allgemeine Kosten	Nicht telegraph. Erträge u. Verluste	Jahresergebnis	Bestand des Remonte-Reservefonds
1862 [1])	17 950	120 382	30 231	— 34 069	74 032	459 925
1863 [1])	18 124	114 260	31 071	— 34 630	66 683	534 975
1864	452	123 408	33 384	— 197 808	— 107 332	636 179
1865 [2])	9 515	131 772	36 636	— 16 560	88 091	604 201
1866 [2])	8 673	122 635	30 738	— 48 394	52 176	651 597
1867 [2])	12 968	51 227	8 652	+ 37 885	93 428	736 101
1862—67	67 682	663 684	170 712	293 586	267 068	557 964

Allgemeine Erläuterungen. Für die Jahre 1862—1867 liegen nicht mehr so genaue Abschluß-Kalkulationen vor, wie für die Jahre 1855—1861. Die Umsatzziffern fehlen, ebenso die Spezialkosten; die allgemeinen Kosten sind nicht auf die einzelnen Geschäftsgruppen verteilt. Es sind also nur die Jahresergebnisse der beiden Tabellen miteinander vergleichbar.

Besondere Erläuterungen. 1) Vgl. für 1862 und 1863 oben S. 110. 2) Einzelheiten der Ertragsberechnung für 1865—1867 findet man auf S. 115. Daraus geht hervor, daß von den im Jahre 1867 vom Bestande des Remonte-Reservefonds abgeschriebenen 221 258 R. nicht weniger als 190 407 R. von nicht telegraphischen Geschäften herrührten.

Aus den Tabellen ergibt sich, daß das russische Geschäft für die Jahre 1855—1867 folgende Erträge lieferte:

```
1855—1861  . .   891 230 Rubel
1862—1867  . .   267 068   „
Reservefonds 1867 557 964   „
                1 716 262 Rubel
```

Dabei sind die 1854 in Berlin verrechneten ca. 200000 Taler oder ebensoviele Rubel nicht mit berücksichtigt. Andererseits sind darin mit enthalten folgende Verluste auf nicht telegraphische Geschäfte:

```
1855—1861  . .    52 615 Rubel
1862—1867  . .   293 586   „
Abgeschrieben auf
Reservefonds 1867 190 407   „
                 536 608 Rubel
```

Wenn wir diese 536 608 Rubel und die in Berlin 1854 verrechneten 200000 Rubel zu jenen 1 716 262 Rubel hinzurechnen, so ergibt sich, daß das russische Telegraphengeschäft im Ganzen von 1853—1867 rund fast $2^1/_2$ Millionen Rubel Ertrag lieferte wovon rund eine halbe Million durch außertelegraphische Geschäfte wieder verloren gingen[1]).

Bei den **Bauten und Lieferungen** betrugen in den Jahren 1855—1861 zusammen

$$\left.\begin{array}{l}\text{Die Kosten } 79{,}30\ \%\\ \text{Die Erträge } 20{,}70\ \text{„}\end{array}\right\} \text{ der Umsätze}$$

während für die Jahre 1862—1867 (in denen von solchen Geschäften nur wenige und bedeutungslose gemacht wurden) eine derartige Berechnung nicht anzustellen ist.

Bei den **Remonten** dagegen läßt sich die Berechnung für die ganze Zeit 1855—1867 ziemlich genau rekonstruieren, da die Umsätze der Remonten für 1862—1867 aus der Dotierung des Reservefonds zu ersehen sind. Dann ergibt sich folgendes:

Umsätze			Erträge
	Rubel		Rubel
1855—61	2 160 695	Netto-Erträge 1855—61 . . .	586 591
1862—67	1 320 128	Brutto-Erträge 1862—67 . . .	663 684
	3 480 823	Reservefonds 1867 R. 557 964	
		+ Abschreibungen auf nicht telegr. Geschäfte 190 407	748 371
			1 998 646
		Ab Anteil an den allgem. Kosten 1862/67	150 000
			1 848 646 = 51 % der Umsätze.
		Und abzüglich der aus den Remonten entstandenen außertelegraphischen Verluste von . .	536 608
			1 312 038 = 37,70 % d. Umsätze.

Wie wir wissen, war bei Abschluß der Remonte-Kontrakte nicht entfernt ein derartiger Ertrag zu erwarten gewesen; vielmehr hatten die Brüder Siemens sie als recht riskante Geschäfte betrachtet und wären anfangs nicht ungern davon losgekommen[2]). Daher auch die hohe Dotierung des Reservefonds. Dem entspricht

---

1) Danach sind die Angaben auf S. 116 zu berichtigen.
2) Vgl. oben S. 80 ff., 92, 96 ff. Die Remonte-Kontrakte wurden meist 1854 abgeschlossen, während das ökonomische mechanische Kontrollsystem erst im Jahre 1855 durch Karl eingerichtet wurde, nicht ohne daß Werner dagegen Widerstand leistete; hier noch einige Nachträge:
Karl an Werner 13. Februar 1855. Es geht jetzt sehr gut mit den Galvanoskopen, da die Leute anfangen, die Sache ordentlich zu begreifen; für die Zukunft werden die Wärter total unnütz sein; die ewigen Reisekosten werden auf diese Weise erspart. Werner 12. März. Hinsichtlich der Remonte gib vorläufig nicht zuviel auf die Galvanoskope. Karl 16. März. Vor allem möchte ich Dir die Anstellung von Wärtern alle 10 Werst ausreden; was sollen wir mit den Faulpelzen machen?

es, daß die Remonten im Jahre 1855 nicht einmal soviel Ertrag lieferten, wie zur Dotierung des Reservefonds erforderlich war, so daß scheinbar noch mit Verlust remontiert wurde, obwohl Karl Siemens damals bereits jenes mechanische Kontrollsystem eingeführt hatte, dem der hohe Überschuß bei der Remonte hauptsächlich zu danken war. Die Größe dieses Überschusses ergab sich erst 1867.

Überhaupt ersehen wir aus den russischen Geschäftsabschlüssen recht gut, wie verschiedenartig sich das Verhältnis von Umsatz und Kosten, demgemäß also auch der Ertrag bei den einzelnen Geschäften stellte. So schwankte z. B. der Jahresertrag (ohne Reservefonds) bei

	Bauten			Remonten		
	in Rubeln auf 1 Werst					
1857	v. $27^1/_2$ bis 66,	Durchschnitt	46	v. $3^1/_2$ bis $23^1/_2$,	Durchschnitt	$9^3/_4$
1858	v. 11 „ 26	„	18	v. 1 „ 24	„	$8^1/_2$
	in Prozenten vom Umsatze					
1857	v. $13^1/_2$ bis 46,	Durchschnitt	26	v. 5 bis 40,	Durchschnitt	23
1858	v. 5 „ 16	„	10	v. -23 bis $+37$	„	$20^1/_2$

Im Jahre 1860 wurden verdient in Prozenten des Umsatzes d. h. des Erlöses:

bei einer Apparatlieferung	$13^1/_2$ %	
„ „ großen Materiallieferung (Submission)	$15^1/_2$ „	im Gesamtdurchschnitt
„ Telegraphenbauten im Durchschnitt . .	$16^1/_2$ „	$22^1/_2$ %
„ Remonten	$31^1/_2$ „	

Diese Verhältniszahlen sind insofern typisch, als in den späteren Jahren (nach 1855) bei den Apparatlieferungen in der Regel am wenigsten, bei den Remonten am meisten verdient wurde, und die Bautenergebnisse sich in der Mitte zwischen beiden hielten. Freilich gehörten die Remonte-Kontrakte auch noch zu den Geschäften der glänzenden ersten Jahre, die ja für die ganze Periode entscheidend gewesen sind.

Konjunktur und geschäftliche Rührigkeit. Von den $2^1/_2$ Mill. Rubeln, welche das russische Telegraphengeschäft von 1853—1867 einbrachte, wurden $2^1/_4$ Mill. tatsächlich schon in den ersten Jahren bis 1855 verdient und nur $^1/_4$ Million an den Bauten und Lieferungen der Jahre 1853—1867, während andererseits diese letztere Periode Verluste in Höhe von mehr als $^1/_2$ Million Rubel mit sich brachte, an nicht telegraphischen Geschäften, die durch das Stocken des Telegraphengeschäfts, durch das Brachliegen bedeutender Arbeits- und Kapitalkräfte veranlaßt wurden. Zu solchen

Verlusten führte dieselbe geschäftliche Rührigkeit, die unter dem Drucke der Nottebohm'schen Krisis und unter günstigeren Verhältnissen so Großes erreicht hatte. Karl Siemens suchte in den 60er Jahren auch in Berlin wiederholt wieder größere Rührigkeit zu erwecken. Er schrieb einmal an Werner:

9. Mai 1867. Es muß dort ja sehr flau im Telegraphengeschäft hergehen, da es Euch trotz der außergewöhnlich großen Bestellungen von hier noch an Arbeit fehlt. Ich glaube, Ihr laßt Euch die gebratenen Tauben zu sehr ins Maul fliegen und bemüht Euch nicht genug um Aufträge. Es sollen ja jetzt mehrere unserer Konkurrenten in Berlin ausgedehnte Geschäfte machen, obwohl ihnen unser Renommee fehlt. Schon vor Jahren schlug ich Dir vor, einen fixen Kerl als Geschäftsreisenden in die Welt zu schicken und komme nochmals auf diesen Vorschlag zurück. Fast alle größeren Fabriken Deutschlands lassen reisen, und da die Telegraphie jetzt ein ganz gemeines Handwerk geworden ist, so müssen wir es wie die anderen machen. Wir würden hier auch nicht alle Eisenbahnen bekommen, wenn wir sie nicht suchten, wie der Teufel die arme Seele.

Aber tatsächlich erzielte diese Regsamkeit im russischen Telegraphengeschäft nicht mehr dauernde Erfolge. Und was andererseits Berlin betrifft, so hatten zwar Halske und Meyer in der Tat wenig Neigung, sich auf neue Geschäfte einzulassen; aber bei Werner Siemens war diese Neigung, wie wir wissen, kräftig entwickelt[1]. Nur äußerte sie sich anders wie bei Karl; als dieser noch Ende 1869 von London aus seine Anregung größerer kaufmännischer Betätigung wiederholte, antwortete Werner:

7. Dezember 1869. Du kennst die hiesigen Verhältnisse genug, um zu wissen, daß hier kein Trade mit Isolatoren, Draht usw. möglich ist. Jeder Inspektor oder Direktor hat den Tisch voll direkter Anerbietungen der Fabrikanten, die ihm außerdem durch ihre Agenten gute Provision gewähren. Das Geschäft liegt hier 'mal anders wie in England. Hier kann sich auch kein Zivil-Ingenieur halten, weil die Maschinenfabriken deren Geschäft selbst machen. Hier regieren die Submissionen alle Lieferungsgeschäfte; sie schließen Zwischenhändler absolut aus. Wir hätten zwar vielfach Lieferungsgeschäfte nach anderen Ländern, wie Ägypten, Plata-Staaten usw. übernehmen können, haben es aber absichtlich nicht getan, weil diese Länder naturgemäß in die Londoner Geschäftssphäre fallen. Nicht einmal nach Indien haben wir, trotz der bestimmtesten Aufforderungen, Offerten gemacht, um London das Geschäft nicht zu verderben. Ich denke auch, es soll so bleiben, daß wir den über-

---

1) Vgl. oben S. 106 ff., 156 ff., 271 ff., 417 ff. Vgl. aber auch S. 117 Werners Äußerung über „Die schwere Kunst, gute Geschäfte abzuwarten", ferner S. 291.

seeischen Markt London nicht verderben und lieber London durch Lieferung billiger Apparate unterstützen.

Diese Arbeitsteilung ging hervor aus Werners ganzer Natur, die aller geschäftlichen Reklame widerstrebte, wenn er auch gelegentlich seinerseits die Brüder zu größerer geschäftlicher Rührigkeit animierte, so im Frühjahr 1870, um im Konkurrenzkampfe zwischen den Indo-Europäischen Überlandtelegraphen und der Kabellinie den Sieg zu erringen[1]:

Macht etwas Lärm und zieht die Aufmerksamkeit auf die Leistungen der Linie. Bei solcher Konkurrenz auf Leben und Tod siegt der Rührigste.

Das war eine Ausnahme. In der Regel suchte Werner Siemens nur durch die Güte der technischen Leistung selbst zu wirken, vor allem dadurch, daß neue Erfindungen es der Firma immer wieder ermöglichten, „an der Spitze zu bleiben"[2].

Das Gesamtgeschäft 1868—1870. Für die letzten Jahre der hier betrachteten Periode gestattet uns das Material wieder nur wenige tiefere Einblicke in die Ursachen der geschäftlichen Ergebnisse. Es waren die ersten Jahre des „Gesamtgeschäfts", das damals hauptsächlich von der Indo-Europäischen Telegraphenlinie beherrscht wurde; doch war auch das sonstige Geschäft im besten Aufblühen begriffen, wie folgende Zahlen und Erläuterungen beweisen.

Gesamterträge

	Taler
1868	313 600
1869	390 225
1870	627 087

Einzelheiten

	1868 Taler	1869 Taler	1870 Taler
London	220 403	161 383	468 699
Petersburg	Verlust 3 712	102 040	
Berl. Telegr.-Werkstatt	67 930	85 586	
Wassermesser	15 653	18 773	
Gießerei	3 596	5 225	
Pneumat. Anlage	6 772	—	158 388
Aktien	—	26 390	
Sonstiges	2 324	4 248	
	316 678	403 645	
Ab Verschiedenes	13 078	13 320	
	313 000	390 325	627 087

---

[1] Vgl. oben S. 258 ff.
[2] Vgl. auch L. E. S. 281.

Werner 25. Mai 1868. In diesem Jahre sind wir mit gut lohnenden Arbeiten überhäuft. Ich sehe in dieser Hinsicht sogar mit Angst in die Zukunft; denn die Arbeit häuft sich, und die Kräfte mindern sich.

Das war vor Gewinnung von neuen, mitleitenden Beamten geschrieben[1]).

Werner 1. April 1869. Berlin hat im vorigen Jahre 105000 Taler ergeben. Das ist für ein reines Fabrikgeschäft mit nur $^2/_3$ Tätigkeit, da die Neubauten erst im Laufe des Jahres in Betrieb kamen (Indo-Linie-Bestellungen repräsentieren nur ca. 40000 Taler Bestellungswert) und sehr gedrückten Preisen doch ein recht gutes Resultat. Behalten wir volle Beschäftigung, so werden wir im nächsten Jahre ansehnlich mehr gewinnen und zwar ohne alles Risiko.

London lieferte freilich schon damals noch erheblich höhere Erträge, aber wieder, wie schon in den Vorjahren[2]), mit ebenfalls recht hohen Einsätzen, betrugen doch 1870 Allgemeinkosten und Abschreibungen auf Verluste 34000 £, d. h. etwa 50 % des Reinertrags. Bei einem kleinen Umsatze, wie dem des Berliner Geschäfts, wäre das kein hoher Prozentsatz gewesen, für den Londoner Umsatz war er enorm hoch.

Die guten Berliner Ergebnisse waren offenbar hauptsächlich erzielt worden durch Steigerung der Umsätze (nicht der Preise) bei nicht entsprechender Steigerung der Allgemeinkosten. Diese betrugen, wie Werner Siemens Ende 1869 nach London schrieb, bei guter Beschäftigung kaum 60 % des Arbeitslohns, bei schlechter bis zu 90 %[3]). Über die Anrechnung der Allgemeinkosten bei der Kalkulation wurde damals eifrig zwischen Berlin und London verhandelt. Berlin hatte 90 % Allgemeinkosten berechnet, London nur 50 %; jenes war zu pessimistisch, dieses zu optimistisch berechnet:

Werner 9. Dezember 1869. In Wirklichkeit kommt es auf dasselbe heraus; nur ziehe ich im allgemeinen die Anrechnung hoher Generalkosten vor, um dadurch auf Ersparnisse an Material und Arbeit

---

1) Vgl. oben S. 291 ff.
2) Vgl. oben S. 502.
3) Vgl. hier die früheren Jahresabschluß-Kalkulationen z. B.

	1858		1861	
	Taler	%	Taler	%
Löhne	38 000	100	32 400	100
Allgem. Kosten	24 368	64	28 037	86

Die Berechnungsweise ist hier eine andere wie in den Tabellen auf S. 487—501, wo die Kostenbestandteile in Prozenten der Umsätze ausgedrückt sind.

hinzudrücken. 20. Dezember. Es ist angeordnet, daß für die Postbestellung[1]) nur 60% Generalkosten gerechnet werden.· Daß unser Ansatz von 90% zu hoch ist, folgt daraus, daß unser Verdienst im vorigen Jahre mu 25 % größer war, als wir erwarteten. 30. Dezember. Ich bezweifle entschieden die Richtigkeit der Generalkosten-Berechnung von 50%. Ihr könnt sie so gering ansetzen, da es ganz willkürlich ist, wieviel Mietzins, Kapitalverzinsung, Maschinenkosten, Beamtengehalte Ihr auf die mechanische Werkstatt, und wieviel auf Kabel, Isolatoren usw. rechnet. Eine einzige große Isolatoren-Bestellung usw. gleicht ja eine Differenz, welche für die mechanische Werkstatt von Bedeutung wäre, fast unmerklich aus — — —. Die mechanische Werkstatt ist nun einmal Euer Nestküken — —. Das schadet auch nicht soviel, wenn wir nur über Ursache und Wirkung im klaren sind.

Wir ersehen daraus, daß die damaligen Londoner Haupterträge aus großen Geschäften in Kabeln, Isolatoren und dergleichen herrührten, ganz ebenso wie schon in den Jahren 1864—1867; nur erlangten innerhalb dieses Geschäftskreises die Kabel immer mehr Bedeutung.

---

1) Große Bestellung von Apparaten für die englische Postverwaltung.